Sheng Si Jiao Tong Gang Hang Z

嵊泗交通港航

嵊 泗 县 交 通 运 输 局
舟山市港航管理局嵊泗分局 编

方志出版社
Publishing House of Local Records

沈家湾客运中心码头

通向码头的旅客
走廊通道

沈家湾客运站
候船大厅

嵊泗县交通运输局、舟山市港航管理局嵊泗分局办公大楼(摄于 2014 年)

嵊泗县公路管理局办公大楼(摄于2017年)

嵊泗县道路运输管理局办公大楼（摄于 2017 年）

嵊泗汽车站外观（摄于 2017 年）

1998 年 4 月马前岗隧道通车（图为现场举办通车仪式）

1990 年，舟山地区交通局局长郑福员（左 1）浙江省副省长柴松岳（左 2）上海市副市长倪天增（左 3）中共嵊泗县委书记徐显伏（左 4）浙江省建设厅副厅长胡理琛（左 5）上海市人民政府经济发展研究所所长黄大明（左 6）在嵊泗研讨交通发展规划。

2005 年 9 月 29 日，浙江省交通厅副厅长闫震（中间发言者）在李柱山客运大楼落成暨沿海环岛公路开通庆典仪式上致辞。中共嵊泗县委、县人民政府、县政协领导及相关单位代表参加庆典仪式。

嵊泗县交通管理局首任局长汤昌耀（右 1）谈李柱山码头建造经过。

1986 年 10 月，小菜园客货码头竣工，1987 年 1 月交付使用。县人民政府副县长王忠元（左 2）嵊泗县交通管理局副局长顾宽信（左 4）出席剪彩仪式。

1998 年 6 月，县交通管理局局长邵德士（左 2）与执法人员一起开展港航执法工作。

浙江省公路管理局局长郑黎明（左2）到嵊考察（2001年），嵊泗县交通局局长彭善定（右1）陪同考察。

2005年3月，浙江省运管局局长（右3）张平平考察嵊泗道路运输管理工作。

2011年11月3日下午，省交通厅副厅长徐纪平（左3）县交通运输局局长徐嵊军（右2）调研嵊泗在建交通工程。

2012 年 3 月 28 日上午，舟山市港航管理局局长顾央军（前左 1）到嵊泗调研港航工作，嵊泗港航分局局长钱海彬（前左 2）陪同。

建在泗礁山岛青沙石子岙的直升机停机坪（摄于 2003 年）

全国交通运输系统劳动模范张跃平（站立者）与同事们一起商讨工作（摄于 2005 年）

编委会主任、副主任：王伟波（左 4）、吴汉平（左 5）、刘益宾（左 3）、毛方忠（右 3）、朱龙华（左 2）、孙忠祥（右 2）、滕耀东（左 1）、周维（右 1）

参加《嵊泗交通港航志》终审会部分人员，（右起）前排：彭宪初、叶正康、陆燕君、方长生、周永富、章新亚、毛辅国、张世新，后排：周苗、贲可斌、解永绥、方交良、李世庭、徐瑞兴（2018.3.23）

《嵊泗交通港航志》编委会

主　任：王伟波（前主任钱海彬）

常务副主任：吴汉平

副主任：刘益宾　毛方忠　朱龙华　孙忠祥　滕耀东　周　维　潘　明

（前副主任：董凯云　郑志维　叶海章　何琪明）

委　员：沈毅斌　肖　辉　贺玖玫　陆　瑛　王　斌　王　琪　张　于　徐　运

车　磊　裴波涛　夏　宇　江银福　叶正康（特邀）

特邀顾问：任瑞宏　郑福员

特聘编审：龚烈沸　章新亚

编委会办公室主任：肖　辉（前主任沈毅斌）

编委会办公室副主任：叶正康

主　　编：潘　明（兼）

执行主编：叶正康

总　　纂：张世新

编　　辑：毛辅国　王书超　张世新　叶正康

编　　务：毛佳妮　陈　丹　钟　贝　陆群伟　李良平　徐梦婷

序

在全县上下深入学习、贯彻中共十九大精神之机，《嵊泗交通港航志》付梓出版，这是嵊泗县交通运输局、舟山市港航管理局嵊泗分局在交通文化建设上的一项硕果，一件喜事，可庆可贺！

交通是人类文明演进的一个重要方面，交通的发展史是一部人类的文明史。交通运输在传统社会向现代社会迈进的各个时期都与经济社会紧密联系，相互作用，共同推动人类文明不断进步。

盛世修志，是中华民族的优良传统。编修志书是认识过去，服务现在，开拓未来的重要事业。《嵊泗交通港航志》全面翔实反映了县交通港航事业发展的历史轨迹，是贯通古今，统揽历史的资料工具书，是开展交通科学研究，提供交通信息咨询的文献资料，有助于了解和认识嵊泗交通，宣传嵊泗交通。

《嵊泗交通港航志》记述时间跨度远，收集资料多，工作难度大。在整个编撰过程中，得到了舟山市港航管理局、舟山市交通运输局及定海区交通运输局、岱山县交通运输局、普陀区交通运输局的有力配合和大力支持。编撰人员不辞辛苦，多处奔波，收集资料，伏案编写，终于完成了志书编撰任务。在此表示崇高的敬意，并对关心支持编撰工作的众多相关单位和同志们表示衷心感谢！

我们嵊泗交通人，要继续坚持和发扬架桥铺路，引领发展的先行精神，顽强拼搏、攻坚克难的奋斗精神，廉政为民、建设嵊泗的奉献精神。在以习近平新时代中国特色社会主义思想指引下，不忘初心，牢记使命，在新的历史起点上，踏上建设交通强县的新征程。

嵊泗县交通运输局
舟山市港航管理局嵊泗分局 局长 [signature]

2018年3月

凡　例

一、《嵊泗交通港航志》以马克思列宁主义、毛泽东思想、邓小平理论、“三个代表”重要思想、科学发展观、习近平新时代中国特色社会主义思想为指导思想，坚持辩证唯物主义和历史唯物主义立场观点方法。遵循国务院《地方志工作条例》规定，立足当代，统贯古今，记述嵊泗县境内交通港航事业发展轨迹。上溯事物发端，下限至2014年年底，重大事项酌情顺延。

二、记述范围包括嵊泗县全境港口资源、港区、港口建设、港航设施、交通运输、港航企业、交通港航管理、口岸管理、旅游交通、人物和文辑等，重点记述改革开放以来嵊泗交通港航事业的发展变化。

三、文体采用现代汉语语体文，述而不论，述、记、志、传、图、表、录诸体并用，设9篇38章109节。

四、采用数据来自统计部门和相关单位提供的资料。数字表述，计量单位使用及标点符号用法均按国家相关标准。历史资料中的度量衡单位，按原貌照录，必要时换算成或加注现行法定计量单位。

五、民国及以前纪年采用通常历史纪年法，括注公元纪年。中华人民共和国成立后，采用公元纪年；“解放前”“解放后”，指1950年7月7日嵊泗解放前后。

六、人物直书姓名，必要时在姓名前冠以职务、职称。

七、入志资料取自正史、档案、文件，当事人、知情人的口述和回忆录，并经过鉴别考证，一般不注出处。重要引文不在此例。

总　　述

嵊泗县是以嵊泗列岛置县，位于杭州湾以东，长江口东南，北纬 30° 24′～ 31° 04′，东经 121°～ 125° 25′之间，地处浙江省的东端，舟山市北端。县境西起滩浒黄盘山，与上海金山卫相望；东至海礁（童岛）的泰礁；北迄花鸟岛，连接佘山洋；南至浪岗山岛、白节山一线。东西长 180 千米，南北宽 23 ～ 91 千米。海陆总面积 8824 平方千米，海域面积 8738 平方千米。陆、海分别占总面积的 0.97%和 99.03%，有“一分岛礁九九海”之说。亚热带季风海洋性气候，温和湿润，四季分明，空气清新，春夏多雾，夏秋多台风，年平均气温 16.1℃，降水量 1092.2 毫米，雨日 135 天。

嵊泗列岛已发现多处新石器时代人类活动遗跡。夏商周三代和周春秋十二诸侯时期，即有居民开发渔场，秦汉唐宋年代，境域是朝廷行政包括军事外交经济活动的热地，是海上丝绸之路的中转站、连接点。到了近代，江、浙两省争要嵊泗列岛版图的事件不断发生。清康熙二十二年（1683）朝廷改变海禁政策后，内陆沿海渔民纷纷移嵊泗海岛定居。康熙二十七年（1688）舟山置定海县，嵊泗属定海县管辖。康熙二十九年（1690），除大洋、黄龙南港仍属定海县外，其余岛屿划归江苏省苏州府太仓州崇明县。民国 23 年（1934）3 月，嵊泗列岛为崇明县第五区。抗日战争期间，嵊泗列岛均属汪伪政府的定海县第十区。民国 35 年（1946）11 月，改嵊泗第五区为江苏省直属区。民国 36 年（1947）改直属区为“设治局”。民国 38 年（1949）10 月，撤设治局置嵊泗县。1950 年 7 月嵊泗解放，设嵊泗列岛军事管制委员会，9 月改嵊泗特区军管会。1951 年 3 月，置嵊泗县人民政府，隶属江苏省苏南行署松江专区。1953 年 3 月，嵊泗县划归浙江省舟山专区。1958 年 10 月，嵊泗县建置撤销，改设嵊泗人民公社，属浙江省舟山县（1959 年 11 月后舟山县划归宁波地区，1962 年 5 月从宁波地区划出）。1961 年 1 月，嵊泗人民公社划归上海市管辖（中共上海市委沪委〔1960〕第 248 号通知），1962 年 4 月，恢复嵊泗县建置，划归舟山专区。1987 年 7 月，舟山撤地建市，嵊泗县属舟山市。

一

嵊泗列岛悬居海中，岛屿众多，海上交通非舟莫属，海运业历史悠久。南宋时，朝廷在嵊泗海域设防巡洋，有官船或兵船沟通海岛与内陆的联系。宋、元、明、清时期，嵊泗海域逐步开发洋山、嵊山、马迹山等渔场，福建及浙江的温州、台州、宁波等地的渔民商贾纷至前来捕鱼、从商。民国期间，嵊泗与内陆始有交通船舶营运，先后有“北洋”“嵊山”“东海”“朝阳”“湖广”“南海”“益民”“大连”“同源”“小岱山”等客船营运于嵊山、泗礁、衢山、岱山、沈家门、宁波等地。境内金平、马迹、嵊山等渡口有不定期渡航船往来。嵊泗解放前夕，当局封港扣船，隔断海岛与外界的联系。

1950 年 7 月后，中共嵊泗县委、县人民政府租用民船，调用军船，满足军政人员和渔民群众调用物资、人员往来的需要。境内各住人岛遂有客渡船通航。1953 年 6 月，嵊泗轮船公司成立，“英雄 3”和“英雄 5”号轮投入营运，往返上海、泗礁、黄龙、嵊山。1956 年，浙江航运公司舟山分公司“中浙 2”轮营运上海—泗礁—定海航线，3 天 1 班。1958 年 10 月航线改为上海—泗礁—衢山—定海。此后，浙江航运公司舟山分公司先后投入“海星 601”轮、“浙江 808”轮、“浙江 801”轮、“浙江 805”轮、“浙江 815”轮营运该航线。

1963 年开通泗礁至嵊山的县内岛际航线，至 1986 年，先后由浙江航运公司舟山分公司“浙江 715”轮、“浙江 706”轮、“浙江 811”轮、“浙江 802”轮、“浙江 803”轮、“浙江 807”轮主航该航线，航班由 2 天 1 班改为当日班。1986 年 9 月，浙江航运公司舟山分公司与嵊泗县交通管理局共同建造客运“海山”轮，1987 年 4 月开始营运泗礁—绿华—花鸟—壁下—嵊山航线，每天 1 班。1989 年 6 月，嵊泗航运公司“碧海”轮接此航线。

1992 年，境内客运量 74.32 万人次，旅客周转量 510.99 万人千米。1993 年，以县城泗礁山岛为中心，辟有客运航线 18 条，其中跨省航线 2 条，跨县航线 1 条，县内航线 1 条。是年，全县海上客运量 56.57 万人次，旅客周转量 5082.66 万人千米。1995 年 2 月，嵊泗东珠客运有限公司客船“东珠”号开通枸杞—嵊山—沈家门客运航线。同年，嵊泗大洋船务公司客船“有财”号开通泗礁—镇海航线。同年 6 月，浙江茂盛海运有限公司高速客船“茂盛”号经营泗礁—定海西码头和泗礁—芦潮港客运航线。1996 年 2 月，嵊泗县航运公司客滚船“舟桥 1”号开通泗礁—芦潮港客滚运输航线。1999 年 10 月起嵊泗航运公司“嵊翔 2”号轮营运嵊山—泗礁和嵊山—枸杞—宁波航线。2000 年年末，境内有客（滚）船舶 14 艘 2287 客位、15 车位，其中普通客船 7 艘 1359 客位、高速客船 2 艘 394 客位、客滚船 1 艘，324 客位 15 车位、客渡船 4 艘 210 客位。是年，全县客运量 63.20 万人次，旅客周转量 4747.28 万人千米。（注：人次乘以距离）

2002 年起，境内发展高速客运，高速客运船逐年增加，普通客船逐年减少。嵊泗县昌盛海运有限责任公司高速客船“嵊鹰 1”号、“嵊鹰 2”号投入营运。2003 年，嵊泗大洋船务有限公司和浙江茂盛海运有限公司高速客船“甬兴”号和“茂盛 2”号开通衢山—大洋—芦潮港和泗礁—大洋—芦潮港—普陀山高速航线。2005 年，境内海上客运企业改组成立嵊泗县东方海运有限责任公司。是年，嵊泗县东方海运有限责任公司高速客船“茂盛 6”号投入营运。2006 年 3 月东海大桥通车。境内多条渡航撤线，渡船停航。

2009 年 6 月，嵊泗县交通局制定《嵊泗县水路客运交通发展补贴资金管理暂行办法》。

此《暂行办法》激发全县各海路客运企业新建、购买和改造客船的积极性。此后，嵊泗县东方海运有限责任公司、嵊泗县昌盛海运有限责任公司、嵊泗县双龙轮渡运输有限公司、嵊泗洋山港口客运有限公司、嵊泗大洋船务有限公司等海上客运企业相继有6艘高速客船（1597客位）和2艘客渡船投入境内外航线。通过运力结构调整，发展高速客运，实行海上提速，形成以泗礁山岛为中心，贯通内陆，辐射县境内各岛的海运交通网络格局，实现全县1小时岛际交通经济圈。

2012年7月15日，沈家湾客运中心投入运营。从小洋临时客运码头开往泗礁的所有海路客运航班移至沈家湾客运码头，泗礁至沈家湾正常航班每天达8班。16日，客滚船“岱山9”号营运的泗礁—沈家湾客滚航线延伸至枸杞，方便嵊泗东部乡镇车辆进出和鲜活水产品运输销售。

2013年6月，东方海运有限责任公司客运企业改制为嵊泗县同舟客运轮船有限公司。

2014年7月1日起，泗礁—大洋—镇海、泗礁—衢山—镇海航线停止营运，泗礁至宁波方向航班由泗礁—定海三江—宁波南站海陆联运营运方式替代。泗礁至三江方向航班每天由4班增至5班，同时调整泗礁至沈家湾、大洋的部分航线及航班。

2014年，全县境内有渡口11个，渡航线2条，渡航船舶4艘。是年，境内客运量21.66万人次，旅客周转量124.15万人千米。嵊泗通往县境内外客运航线20条，有进出县境内外客（滚）运船舶31艘，6957客位。其中境内自有客（滚）运船舶（包括租用）21艘（普通客船5艘、高速客船9艘、客滚船3艘、客渡船4艘）计5222客位。是年，全县客运量199.7万人次，旅客周转量9456.8万人千米。

二

嵊泗货运业自古以海水产品流通为主。宋代以来，嵊泗列岛，已是供应杭州等大都市海水产品的重要基地。明清时期，嵊泗大洋山、小洋山及嵊山，渐成海水产品交易运输集散港口。民国以来，海水产品收购和运输，主要由冰鲜船承担。同时冰鲜船从内陆运来生产资料和生活资料。

1950年代初，苏南水产公司嵊山、洋山办事处和嵊泗列岛公营商店参与运输业，境内各乡镇陆续建立海运组织。水产、商业、盐业、粮食、木材、燃料等部门建有各自船队，向境外运输海水产品，向境内运输渔需物资、粮油、建筑材料及居民日用物品等。1951年起，全县各地先后建有运输站、队，由于运输工具落后，船型小，运量很少，多为境内岛际运输和港口驳运。

1956年2月，嵊泗县水产供销公司成立，拥有运输船舶26艘，1390吨位，成为全县水产品运销境外的主力。1960年代，专业运量一般在2000吨到9000吨之间。1974年专业运量为1.13万吨。中共十一届三中全会后，嵊泗海运业得到快速发展，随着改革开放深入，菜园、青沙等运输站改建为运输公司，陆续更新增添钢质船舶，增加运量，扩大运输业务。主要运输粮食、煤炭、钢材、水泥、建筑材料等货物。

1984年至1992年，相继成立嵊泗县海运公司、嵊泗县航运公司、嵊泗县海港运输公司。货运航线从原来的江浙沿海延伸到南至福州、厦门、汕头、深圳、海南岛，北达青岛、烟台、大连甚至鸭绿江口。

1997年后，海运企业转制重组，海运业开始快速发展。在政府引导下加大海路运输业的招商引资力度，制定《嵊泗海运业发展优惠政策》。2006年，舟山中昌海运公司落户嵊泗，成立嵊泗中昌海运有限公司，公司投入“中昌118”货船（4.11万载重吨，7120千瓦功率），为嵊泗县首艘万吨级货轮，经营马迹山港矿砂二程运输业务。是年，县境内海运总运力达到10.1378万吨，首次突破10万吨大关，改写了嵊泗海运业务无万吨级船舶的历史。为促进嵊泗海运业发展，中共嵊泗县委县人民政府实施“发展港口优势，实施与长江黄金水道无缝对接”的战略。制定《嵊泗县海运企业贷款转贷方案》《嵊泗县港航联动货源运输分配办法》，采取财政扶持、资金补助、融资保障等多方优惠措施，优化服务环境，建立公正的港航货源运输分配机制。

2007年，嵊泗洋山江海联运有限公司集装箱船舶《飞洋1》号《飞洋2》号投入营运，开创境内集装箱运输的历史。

2014年，全县海上货运船舶169艘，功率113433千瓦。载货量46.92万吨，載箱量1479TEU（标准箱），其中万吨级货船13艘，56585千瓦19.27万总吨，载货量31.31万吨；集装箱船5艘，8268千瓦，1.4万吨，载货量1.79万吨，载箱量1479集装箱，是年，全县海上货运量1646万吨，货物周转量101.79亿吨千米。

三

解放前，嵊泗没有公路，岛上居民村落间的往来、负重运送各类物品，无不以肩挑手提徒步行走在崎岖山路的羊肠小道上。1953年5月，驻嵊解放军建造了第一条菜园至马关简易公路，随后又相继建造菜园至五龙、青沙、李柱山、天罗岗、插旗岗、长弄堂及高场湾至大悲山的砂石路面公路。这些公路标准低，路况差，全部为等级外公路。1959年，嵊泗县汽车站成立。翌年3月，开通菜园至马关公交线，以后相继开通菜园至五龙、菜园至青沙、菜园至李柱山等公交线。1961年起，由地方交通部门养护部分路段。1971年，主要公路全部移交地方交通部门养护。1978年，有公交客车3辆，93座。1987年后，公路建设快速发展。1991年4月以后，先后开通嵊泗至上海、嵊泗至杭州汽车东站、嵊泗至瑞安、嵊泗至南京、嵊泗至安徽阜阳、嵊泗至杭州汽车南站等省际、市际长途客运班线。1992年，有公交客运线路4条，有大、中型公交客车15辆，461座。境内有公路114.05千米。其中，泗礁山岛62.85千米；县道34.09千米；三级公路16千米；水泥混凝土路面8.71千米，沥青路面6.31千米。1999年1月，嵊泗县汽车运输公司转制，长途客运由嵊泗县永盛汽车运输有限责任公司经营。随着客滚船通航，嵊泗客运试水内陆客运市场，开通嵊泗至县境外车船联运线。

2000年后，外岛乡镇相继开通公交客运线路。2004年10月1日起，黄龙乡实施“康庄工程”，开通客运班线4条，用于各村村民出行、接送旅客及学生。2005年10月，开通花鸟岛内循环客运班线。是年，新购11辆空调中巴车，专供泗礁本岛农村班线运营，以解决偏僻渔村群众出行困难。李五线（李柱山至五龙）海马度假村至环卫化粪池路段改建完毕，标志乡道砂石公路全部改造完成。2009年7月，嵊泗首条沥青公路李马线（长弄堂水库至蒙恩堂段）完成路面浇筑工程，李马线（李柱山至马关）全线通车。公路建设进入沥青路面修复阶段。2011年1月，三礁江大桥建成通车，5月17日，嵊山至枸杞客运班车营运，开通客运班线2条。2013年，开通洋山镇公交班线。2014年5月，开通县城公交1号线和2号线，两条线路投放CKZ6590DA4恒通牌空调车10辆；2015年1月，开通3号线。城区公交实行无人售票，自动投币，票价1元。同时使用市民卡和群岛通卡，刷卡实行8折优惠，70周岁以上（含70周岁）老年人和残疾人士凭证可免费乘坐。

2014年，境内公路总长170.526千米，（包括公路桥5座，1739.4米；公路隧道6条，2017.5米）分布于泗礁山岛和各主要岛屿。其中县道公路86.503千米、乡道公路34.969千米、村道公路38.846千米、专用道公路10.208千米。泗礁山岛公路99.266千米，包括县道公路74.796千米，乡道公路7.844千米，村道公路6.418千米，专用道公路10.208千米。等级公路128.772千米（二级路10.129千米、三级路59.979千米、四级路58.664千米），准四级路17.747千米，等级外公路24.007千米（全部为村道）。境内公路沥青混凝土路面26.087千米，水泥混凝土路面140.835千米。境内平均每百平方千米有公路198千米，每万人有公路21.84千米。

2014年年底，泗礁本岛有公交客运班线10条，总长度72.5千米，投入运营中巴车31辆。

1950年代以前，货运以肩挑背驮的人力运输为主，劳动强度大，工具简单，效率低。1952年起，各乡镇先后成立搬运工会或搬运小组承担货物搬运装卸业务。1956年，青沙搬运服务站购置7辆手拉车，而后菜园、嵊山、大洋等搬运组织也先后购置手拉车，以减轻劳动强度，提高运力。1969年，县域内各乡镇搬运组织拥有手拉车91辆。1970年代初，菜园、青沙等地搬运站始购置拖拉机用于货运，人力手拉车逐渐退出搬运装卸市场。1984年2月，国务院颁行《关于农民或个体联户购置机动车、船和拖拉机经营运输业的若干规定》后，个体拖拉机运输业发展迅速，主要运输建筑材料、黄沙、块石及日杂货等。1988年全县有拖拉机123辆。

汽车货运的车辆最早是嵊泗解放初驻岛解放军的解放牌大卡车，用于部队兵员运送和物资运输。地方上汽车货运始于1960年，第一辆货车是县汽车站的道奇牌货车，载重4吨，当年货运量384吨。1960年代末至1970年代，陆续购置载货汽车。1968年起，非交通部门开始拥有货车。水产、粮食等部门还建立车队。1987年，非交通部门有载重货车91辆，年货运量47.5万吨。1992年，全县陆上货运量35.1万吨，货物周转量172.9万吨千米。

1993年，嵊泗县海港运输公司增加投入，更新车辆，提升运输能力，开拓境外运输市场。

投入5辆货车在宁波设点，扩展内陆市场货运业务，南到深圳，北至丹东等边远省市。1996年4月，嵊泗县运输公司抓住客滚船“舟桥1”开通的机遇，购置1辆冷藏车、8辆大吨位货车，进驻内陆货运市场。2001年，全县营业性货运车辆达247辆，433.5吨位。随着改革开放的深入，打破交通行业货运市场垄断局面，形成国营、集体、个体一起上的货运市场。2004年开始，发展个体运输，到2008年，小型货运车辆以年均31.5%的速度增长，达到445辆。2007年起，发展重型货车，2009年达45辆，2013年80辆。

2014年，全县拥有载货汽车651辆，其中，重型85辆，中型79辆，轻型486辆。全年货运量172万吨，货物周转量为4137万吨千米。

四

嵊泗列岛海域辽阔，港口众多，水深不淤，海底平坦，航道锚地众多，岸线总长471.35千米，离岸200米～300米水深大多在20米～60米之间，深水岸线28.2千米，建港条件优越。

1999年前，境内有交通运输港口9处，其中客货两用港8处。

绿华山港在泗礁山岛东北18.52千米处，濒临长江入海口，与上海外高桥港区隔海相望，至长江引水锚地55.56千米，至吴淞口111.12千米，是船舶进长江口、上海港国际航线的必经之地。构成主体有绿华山深水岸线和绿华山南锚地。1974年，为解决上海港外轮通航水浅条件限制的问题，中国人民解放军总参谋部和国家交通部联合行文，批准开放绿华山南锚地作为上海港外轮减载过驳作业锚地。1976年，由国务院、中央军委批准，列为中国十大外轮锚地之一。1979年，交通部批准10万吨级“双峰海”轮锚泊绿华山港，作为减载母船，服务进入上海港外轮减载过驳，可供20万吨级以下中外货轮锚泊、避风、减载。当年减载货物32.6万吨，1980年减载货物108.3万吨。上海港在绿华山成立减载站，并划定3.43平方千米海域（北纬30°47′～30°48′、东经122°37′～122°38′范围内）为外轮过驳减载作业锚地。1979年以来，进入这一海域的外轮有美国、日本、荷兰、加拿大、葡萄牙、巴拿马及东南亚各国的商船。1997年，上海浦远船舶有限公司投入一艘10万吨级“新双峰海”减载平台，配套4艘1.69万吨级散货船和一艘7.3万吨级全球无限航区散货船“卡玲娜”轮。

2008年1月，嵊泗浦远散货减载有限公司在西绿华海域建造海上固定散货减载平台，改变以往船—船过驳的减载方式。平台一侧有20万吨级卸船泊位1个，另一侧有2万吨级、3.5万吨级装船泊位各1个。设计年吞吐量1400万吨（装、卸各700万吨），减载能力每小时4200吨。总投资7亿元。平台配套卸船机械、装船机械、皮带机以及中控、变电所等辅助设备，整个生产流程通过中控指令运转，平台变电所担负平台各个区域用电。2009年9月，海上固定散货减载平台投入试生产，2010年12月17日通过验收投产。是年，货物吞吐量1753.458万吨，2013年货物吞吐量1504.40万吨。

马迹山港在泗礁山岛西南约4.6千米，与宝钢原料码头航距101海里。港区前沿海域开阔，深水近岸，深水岸线长7300米，连接国际航道水深大于20米，20万～30万吨巨轮可自由进出。1992年5月，上海宝山钢铁（集团）公司选马迹山岛为宝钢矿石中转深水港港址。1995年7月，国家计委批准《宝山钢铁（集团）公司建设嵊泗马迹山矿石中转港一期工程项目建议书》。1998年11月，一期工程正式开工。2002年建成投产，主要包括25万吨级（兼顾30万吨级船舶靠泊）卸船泊位1个，3.5万吨级装船泊位、工作船泊位各1个，港口海域面积48.5公顷。2004年，实现矿石吞吐量2530万吨。2005年6月，国家发改委、交通部批复马迹山中转码头二期工程开工，新建30万吨级卸船泊位1个，5万吨级、1万吨级装船泊位各1个，设计年吞吐能力3000万吨。二期工程完成后，马迹山港年吞吐能力达4000万吨。2006年9月，挪威籍36.5万吨特大型散货轮"博格斯坦"号首次靠泊马迹山港。是年，实现吞吐量2617万吨。

洋山港区在泗礁山岛西南的崎岖列岛，位于杭州湾入海口，长江与钱塘江交汇处，距上海南汇芦潮港27.5千米，距离国际航线68千米，是离上海最近的具备15米以上水深条件的优良港区。中共十四大提出的重大战略，要把上海建成国际经济、金融、贸易"三个中心"。1990年代开始，上海的集装箱业务进入高速发展时期，而上海港不能满足集装箱运输发展的需求，故寻求新的可供第五代、第六代集装箱船舶进出的深水港址。

2001年3月，经国务院同意，国家发展计划委员会行文批准洋山深水港区一期工程项目建议书。一期工程建造5个7万～10万吨级泊位，可停靠第五、第六代集装箱船（码头结构兼顾8000TEU船舶的靠泊需求），设计年吞吐能力220万标准箱，可停靠新一代超巴拿马型集装箱船舶。建造国内第一座外海跨海大桥——东海大桥，全长32.5千米。2005年5月25日大桥全线贯通，大桥设计基准期为100年。6月，国家发改委核准洋山深水港区二期工程项目，集装箱专用码头，位于一期工程西南，码头岸线与一期工程相连。工程建设4个7万吨级集装箱泊位（兼顾15万吨集装箱船靠泊）和相应的配套设施，设计年吞吐能力210万TEU。2006年12月建成投产。2008年3月，国家发改委核准洋山深水港区三期工程项目。工程建设7个7万～15万吨级集装箱泊位（结构均按靠泊15万吨级集装箱船设计），设计年吞吐能力500万集装箱。2008年年底，三期工程建成，2009年9月通过国家验收。标志洋山深水港区主体工程全面建成。洋山港区功能齐备，建立了完整的安全生产运转体系。2013年，洋山深水港区完成1310万标准箱。2014年10月18日，国家发改委同意建设洋山深水港区四期工程。建设集装箱码头2350米，2个7万吨级和5个5万吨级集装箱泊位（水工结构均按靠泊15万吨级集装箱船舶设计和建设），并有1个工作船泊位等配套设施，泊位总长2800米。港区用地总面积2.23平方千米。设计年吞吐能力630万标准箱。项目总投资116.6亿元。12月23日动工建设，2017年完成。

泗礁山岛在嵊泗解放前没有固定交通码头。1956年，驻岛解放军在泗礁山岛石柱岙口建造一座小型固定式码头，能靠泊渔船和登陆艇。此后，有些单位和部门根据实际需要，相继建造了不同类型和功能的码头或埠头。1959年，交通部门在泗礁山石柱嘴头建成县内第一座交通浮码头，后被大风浪侵袭毁之。1975年9月，1000吨级的李柱山客货交通码头建成，结束了进出泗礁山岛的旅客不能从码头直接上下船的历史。1992年，全县有交通码头11座，专用码头20座，交通部门专设渡埠头8座。各乡镇、生产队和其他部门自建小码头或埠头38座。至2014年，全县建造（扩建、续建）码头38座，其中客货码头28座，车渡码头9座，专用码头1座。配套候船室15594平方米，停车场36403平方米。

2004年始有岛际航空。至2008年，共建设直升机停机坪4座（泗礁、嵊山、枸杞、花鸟）。2014年年底，泗礁青沙和枸杞两座起降点共飞行3870架次，运送旅客17000多人次（其中救援飞行28架次）。

经济发展，交通先行。嵊泗交通港航事业形成海陆空的发展格局，是历经解放后恢复和初建阶段，中共十一届三中全会以来及“九五计划”“十一五计划”“十二五计划”不同时期的加大投入，基础设施条件不断改善，疏港公路建设快速推进，岛际海路客运日益便捷，海陆货物运输长足发展，港口开放开发、港区建设突飞猛进。交通运输为促进嵊泗经济发展和提高人民生活水平，发挥了重要作用，并将在建设富强、文明、美丽的中国特色社会主义事业中，作出新的更大贡献！

目　　录

第一篇　海陆环境

第二篇　海　　港

第三篇　港区建设

第四篇　海上运输

第五篇　陆上运输

第六篇　交通　港航管理

第七篇　旅游交通

第八篇　群英录

第九篇　丛　　录

大　事　记

春秋战国

公元前468年，周贞定王元年，越王勾践率“死士八千，戈船三百”经嵊泗“海道北上”大会诸侯，逐鹿中原。

公元前306年，周赧王九年，越为楚所灭，嵊泗为楚国江东郡句章县境甬东地。

汉

建元三年～元封元年（公元前138～前110年），汉武帝刘彻，海道用兵，在甬东嵊泗海域造战船、演水师，在嵊泗海域站潮候风，浮海南下。

隋

大业六年，（610年）炀帝遣骠骑将军陈棱泛海征琉球，舟师分屯蓬莱马迹山（泗礁山）。

唐

开元二十六年（738年）舟山置翁山县，嵊泗为其北境。

宋

北宋熙宁六年（1073）舟山置昌国县，两浙路明州昌国县蓬莱乡设北界村（嵊泗县境）。

南宋宝祐六年（1258）

11月　水军在花鸟岸边救起遇难高丽（今朝鲜）船舶1艘，高丽人6名，带回庆元府（今宁波市）安置，后遣送回国。

南宋朝廷尝于招宝山抵陈钱(山)、壁下置十二铺，其中八铺在嵊泗境内。

元

至元十三年(1276)嵊泗为昌国县蓬莱乡。至元十五年(1278)元世祖“诏告令沿海官司，允日本人通市泊”一时海贾拥入，商旅云集。

明

洪武十九年(1386)始“海禁”，驱迁岛民入内陆，嵊泗遂成荒岛。

万历十八年(1590)

都督侯继高率水师在嵊泗海域督汛御倭，于枸杞岛里西山岗题词并镌刻“山海奇观”四个大字。

清

康熙二十三年(1684)

朝廷颁“展海令”开海禁。康熙二十七年(1688)，舟山置定海县，嵊泗为定海县蓬莱乡。

清同治八年(1869)9月

建造大戢灯塔，塔身高14.18米，为长江口主要灯塔之一。

同治九年(1870)

英国人建造花鸟灯塔，塔身高16.47米，光束射程24海里，位于花鸟山西北角山嘴，时为远东第一大灯塔。

光绪九年(1883)

建造白节灯塔，塔身高14.34米，位于白节山南端，国际级灯塔。

光绪三十年(1904)

建造半洋灯塔，塔身高9.76米，位于半洋山顶东端，为过往白节海峡的船舶导航。

光绪三十三年(1907)

英国在唐脑山山顶西侧建造灯塔，为过往杭州湾的船舶导航。

中华民国

民国元年(1912)

建立嵊泗特区护渔事务所。

民国17年(1928)

菜园、青沙、金平三地乡绅集资与沪商合营的“北洋”客轮通航，不久因触礁海损而停航。

民国19年(1930)

11月　马关人金正德购入100吨位木质机动船经营运输，1932年3月该船搁沙撞崩沉海。

民国23年(1934)

3月　嵊泗建区，属江苏省崇明县第五区。

6月19日起　“嵊山”轮每逢农历三、八日由定海开往沈家门、高亭、东沙、衢山、泗礁、嵊山，五、十日由嵊山开往泗礁、衢山、高亭、沈家门、定海。

民国24年(1935)

“朝阳”“东海”两艘客轮行驶宁波、镇海、定海、沈家门、普陀山、高亭、东沙、衢山、黄龙、泗礁、嵊山航线。

冬季带鱼汛起，又增“湖广”“南海”两艘客轮行驶上述航线。

民国26年(1937)

5月20日　晚，上海公大渔行“金裕隆”号冰鲜船在佘山洋面收鲜，被日本“大贞”号白皮渔轮撞沉，船货全部落水，日轮见死不救，后获途经该处的国内渔船救护。

8月，日本侵略者占领嵊泗列岛，是年，在滩浒山大山岗顶建滩浒山灯桩。

民国33年(1944)

在花鸟灯塔下铺设海底电缆通往日本东京。

是年，嵊山成立民间搬运组织。

民国36年(1947)

8月19日　嵊泗建立设治局，统管嵊泗军政民。

是年　菜园人陈阿昌木质航船营运泗礁至岱山航线，刘全利木质航船营运泗礁至宁波航线。

民国 38 年（1949）

1 月 27 日　上海中联轮船公司豪华客船“太平”轮由上海驶往台湾基隆。晚 11 时 45 分，在嵊泗白节山附近与货船“建元”轮相撞。“建元”轮撞后沉没，船上 74 人中 72 人死亡，2 人获救。“太平”轮于 28 日约 0 时 10 分沉没于白节山海域，船上 900 余名旅客和 124 名船员遇难，39 人被澳大利亚军舰救起。

5 月，江苏省政府主席丁治磐等官员溃退到嵊泗，驻枸杞岛

中华人民共和国

1949 年

10 月 10 日　撤嵊泗设治局，置嵊泗县。

1950 年

7 月 7 日　嵊泗列岛解放。

是月　建立中国人民解放军苏南军区嵊泗列岛军事管制委员会，9 月改名为嵊泗特区军管会。

9 月　成立嵊山镇搬运小组。

11 月 9 日至 10 日　交通部门代表姜孝财出席嵊泗特区第一届各界人民代表会议。

是年底　特区政府第一艘交通船启用，该船系 70 吨位木帆船。翌年 4 月，改装为机帆船，定名“英雄 1 号”，为政府公务船，由县政府秘书室管理。

1951 年

3 月　建立嵊泗县，隶属江苏省苏南行署松江专员公署。

是年秋，台风过境，泊在小菜园岙口的 3 艘 80 吨～ 100 吨位木质船遭风浪击毁。

1952 年

5 月 1 日至 2 日　交通部门代表姜孝财出席嵊泗特区第二届各界人民代表会议，并当选常务委员。

是年　成立嵊山镇搬运工会和青沙搬运工会。

建造五龙北朝阳灯桩和马关东南、外马廊山岛北端的外马廊山灯桩。

1953 年

3 月　嵊泗县划归浙江省舟山专区。

5 月　驻嵊泗解放军建造境内第一条简易公路——菜园至马关。

6 月　嵊泗轮船公司开业，“英雄 3 号”“英雄 5 号”轮营运于上海、泗礁、黄龙、嵊山。

10月　中共嵊泗县泗礁区委购置两辆自行车用于发送公文，是为嵊泗列岛最早出现的自行车。

是年　成立菜园镇搬运工会，石柱、金平、枸杞、大洋、小洋乡搬运小组和黄龙搬运工会相继成立。

1954年

5月　菜园至五龙田岙简易公路通车。

是年　建成嵊山满嘴头前端的满嘴头灯桩（时称鳗鱼头灯桩）、嵊山箱子岙湾坎礁（铅礁）的坎礁灯桩（时称铅礁灯桩）、壁下东南大嘴岛（羊舌嘴）顶端的大嘴岛灯桩（时称羊舌嘴灯桩）、大洋东部薄刀嘴岛东北角的薄刀嘴灯桩。

1955年

2月　成立嵊泗县航运管理站。

11月4日　英籍商船“贝克斯普罗”轮在嵊泗浪岗山岛东南海面，撞沉定海县新生渔业生产合作社渔船，死亡3人，伤3人。

是年，建造小洋山岛西北部的小乌龟岛灯桩、大洋山岛东南的野猪礁灯桩、金平北部的里泗礁灯桩、洛华山西部的猫山灯桩、枸杞山北侧的小捣臼屿灯桩（时称捣臼礁灯桩）。

1956年

6月　嵊泗县工业手工业交通部副部长李财新出席中共嵊泗县第一次代表大会。

浙江省航运公司舟山分公司“中浙2号”客轮投航上海—泗礁—定海航线，冬季带鱼汛弯靠嵊山，1958年10月起增靠衢山。

11月12日　交通系统职工金信根出席嵊泗县第二届人民代表大会第一次会议。

是年，建造壁下北部庄海岛（章汉山）西峰的庄海岛灯桩（时称章汉山灯桩）、马关马迹山岛北端里小山顶的马迹山灯桩。

1957年

10月9日　县人民政府公务船“曙光号”被石品玉等人劫持逃往台湾。

是年，建成泗礁小菜园嘴头前端的小菜园灯桩、青沙东侧剑门水道的中门柱礁（东小礁）的中门柱礁灯桩（时称青沙滩东小礁灯桩）、金平东部外礁顶的外礁灯桩（时称半洋灯桩）、金平西北偏北大毛峰岛（大毛烘）西北端的大毛峰岛灯桩（时称大毛烘灯桩）、青沙北鼎星岛东南草鞋耙礁（龙礁）顶的草鞋耙礁灯桩（时称南龙礁灯桩）、青沙西部牛屙礁的牛屙礁灯桩。

1958年

3月　成立嵊泗县工业交通科，与嵊泗县手工业联社合署办公。

6月3日　交通系统金信根出席嵊泗县第三届人民代表大会第一次会议。

10月　嵊泗撤县建立人民公社，成立嵊泗人民公社工业交通委员会。

是月　菜园、青沙、嵊山搬运站合并成立嵊泗人民公社运输大队，隶公社工业委员会管辖。

11月　壁下与安基两岛间建起木质桥，时称“东海第一桥”，1963年3月改建钢筋混凝土桥，1975年填海筑堤，堤面成路，桥废。

1959年

1月　马关石柱岙西南侧建造趸船式浮动客轮停靠码头，1960年2月竣工，不久被风浪冲毁。

4月11日　江苏吕泗渔场遭狂风袭击，在该渔场捕鱼的嵊泗渔民死亡110人，损坏渔船220艘。

12月　成立嵊泗汽车站，受嵊泗县航运管理站领导。翌年初改为浙江省宁波区公路运输局舟山运输段嵊泗站，受舟山运输段管辖。

是年，成立嵊山航运管理组。

1960年

1月22日　开通菜园至黄龙渡航线，登陆艇航渡，不久停航。

3月　境内第一条汽车客运——菜马线开通（初时到石柱与交通船衔接），第一辆客运汽车在该线营运。设立马关汽车站。

4月　嵊泗汽车站建造简易站房及停车棚。

是年　嵊泗汽车站的第一辆道奇牌货车（载重4吨）经营货运业务。

1961年

1月　嵊泗划归上海市管辖。成立上海市嵊泗交通运输管理站，与嵊泗航运管理站合署办公，实行“两块牌子，一套班子”管理模式，隶属上海市第二交通局。

是年　嵊山运输站建造第一艘总吨8吨、功率11.03千瓦货运机帆船。

1962年

4月　嵊泗恢复县建制，改隶浙江省舟山专区，上海市嵊泗交通运输管理站更名为嵊泗县交通运输管理站，仍与嵊泗航运管理站合署办公。

5月初　上海市第二交通局拨给嵊泗交通牌和解放牌卡车各1辆、木质交通船1艘。不久，卡车和交通船调往舟山，交通船定名“浙江805”。

5月14日　开通菜园至五龙公交线，解放牌卡车代客车营运该线。

是月　撤销嵊泗人民公社运输大队，恢复小洋、青沙、嵊山搬运服务站。设五龙汽车站。

9月21日至24日　交通系统姜孝财出席嵊泗县第四届人民代表大会第一次会议。

1963 年

10 月　嵊山至枸杞渡航由小机帆船代替手摇渡船。

11 月 17 日至 19 日　交通系统姜孝财出席嵊泗县第五届人民代表大会第一次会议。

是年　舟山第一海运公司“浙江 715”轮营运泗礁—嵊山客运航线，隔天 1 班。

1964 年

1 月　舟山专区养路工区投资 7984 元在菜园基湖建造 100 平方米养路道班房。

10 月 5 日　金平渡船在小菜园渡埠碰撞，菜园搬运站副站长乐秀芳在埠头推船时被涌浪卷落水中，身亡。

1965 年

11 月　舟山第一海运公司“海星”轮代替“中浙 2”轮营运上海—泗礁—衢山—定海客运航线。

是年　石柱码头废弃，码头候船室及仓库有偿转让给驻军。

1966 年

3 月　舟山第一海运公司“浙江 806”轮替代“浙江 715”轮营运泗礁—嵊山客运航线，沿途停靠洛华（绿华）、花鸟、壁下。

4 月　马关插旗岗隧道由驻军建成通车，隧道全长 123 米。

9 月　开展“文化大革命”，学校停课，学生造反闹革命。

11 月　马迹至关岙渡船由手摇改为机动。

1967 年

3 月 19 日　中国人民解放军驻岛部队和县人民武装部对嵊泗实行军事管制，成立县军管会。

是月　驻嵊部队和县人武部组成军管组进驻县交通系统，对嵊泗县交通系统实行军事管制。

9 月　嵊泗汽车站在菜园镇天弓路建造站房及宿舍 200 平方米，翌年 11 月竣工。

1968 年

6 月 9 日　小菜园老码头驳船驳旅客登船，因风浪大旅客拥挤翻船，东海舰队航保处工程师陆熙彦落水身亡。

1969 年

3 月至 9 月　“文化大革命”中因两派群众组织发生武斗，海上交通中断。

10 月　舟山专区养路工区投资 4000 元在菜园基湖建造 75 平方米养路道班房（1975 年出售）。

1970 年

6 月 30 日　交通与邮政合并，成立嵊泗县交通邮政局，受县军管会领导。

10 月 30 日　成立嵊泗县交通邮政局交通运输管理站革命委员会。

是年　舟山第一海运公司“浙江 808”轮代替“海星”轮行驶上海－泗礁－衢山－定海客运航线。

1971 年

5 月　金平至菜园渡船由手摇改为机动。

是月　建立县交通邮政局革命委员会党的核心小组。

6 月 27 日　成立嵊泗县革命委员会，撤销县军管会。

8 月　县交通邮政局购置第一辆邮政摩托车。

12 月　开通菜园至青沙客运公交线。设立青沙汽车站。

是年　菜园搬运服务站首次购置 2 辆手扶拖拉机用于岛上载货运。

1972 年

1 月 19 日　成立中共嵊泗县交通邮政局支部委员会。

24 日　成立嵊泗县革命委员会生产指挥组交通邮政局革命领导小组。

是月　大洋搬运队改为大洋运输站，由乡镇集体企业转为县属大集体企业。

4 月 17 日至 19 日　县交通邮政局盛振有、李希森等 8 名党员出席中共嵊泗县第三次代表大会。

5 月　连接东洛华（东绿华）和西洛华（西绿华）两岛的洛华（绿华）大桥由驻军建成通车，南京军区司令员许世友为大桥通车剪彩。

是年　驻军建成小洋山老厂干隧道和大洋山猢狲呑隧道。

1973 年

1 月 1 日　舟山第一海运公司“浙江 801”轮（原“前进 813”轮）代替“浙江 808”轮行驶上海－泗礁－衢山－定海客运航线。

4 月　金平运输站成立，经营金平至小菜园渡航。

6 月　青沙至李柱山公路延拓工程开工，8 月竣工，9 月 1 日通车。

9 月　撤销嵊泗县交通邮电局，复建嵊泗县交通运输管理站。

10 月 4 日　建立中共嵊泗县交通系统支部委员会，撤销中共嵊泗县交通邮政局支部委员会。

11 月　建造李柱山公路桥。

1974 年

4 月　李柱山千吨级客货码头工程动工。

8月　李柱山跨海公路桥工程竣工，9月1日通车。

9月　兴建1000吨级李柱山客货码头，翌年10月竣工，与李柱山客运大楼同时交付使用。至此，结束客货船无码头可泊的历史。

10月　“浙江802”轮替代“浙江811”轮营运泗礁—嵊山航线，改隔日班为当天来回班。

是年　中国人民解放军总参谋部和交通部联合行文，批准开放洛华（绿华）山岛南锚地，该岛南面1平方海里海域作为上海港外轮过驳减载作业锚地。

1975年

10月8日　成立嵊泗县交通监理站。

是年　中华人民共和国上海港务监督在洛华（绿华）设置外轮引航站。

1976年

1月　李柱山公路桥（二桥）工程竣工。

3月1日　菜园、青沙、嵊山运输站合并建立嵊泗县运输公司。

4月12日　撤销嵊泗县交通运输管理站，成立嵊泗县交通管理局。

8月23日　成立嵊泗县交通安全委员会。

9月　建立中共嵊泗县交通局支部委员会。

是年　嵊山泗洲塘隧道工程竣工。

1977年

3月　成立嵊泗县港航监督。

4月　马迹山大桥工程竣工。

是年　国务院8个部委副部长、副主任等130余人由上海市副市长陈锦华陪同考察嵊泗洛华（绿华）港。国务院副总理谷牧、上海市委领导苏振华、彭冲等一行由浙江省委书记陈伟达陪同，考察嵊泗洛华港及洛华（绿华）山锚地。

1978年

2月　成立中共嵊泗县公交办公室党组。

8月15日　交通部门管理的水产运输船舶移交水产部门管理。

19日至23日　李友仁、汤昌耀、曾忠根、俞世岳为交通系统代表出席中共嵊泗县第四次代表大会，王永章、林月明、汤夏根、王雅娣为列席代表出席会议。

25日至28日　胡志根、辛金林、屈志祥、金信根为交通系统代表出席嵊泗县第七届人民代表大会。

10月　嵊泗县交通监理站更名为嵊泗县车辆监理站。

是月　新加坡、日本、联邦德国、法国、丹麦、澳大利亚、挪威、中国香港等国家和地区的客人考察嵊泗洛华（绿华）港。

1979年

1月　浙江省宁波区公路运输局舟山运输段嵊泗站改称浙江省汽车运输公司舟山分公司嵊泗站。

3月19日　成立嵊泗县交通管理局工会。

5月　成立嵊泗县公路养路工区。

8月29日　嵊泗县运输公司解体，复建菜园、青沙、嵊山三个运输站。

10月　浙江汽车运输公司嵊泗站投资12万元在菜园镇天弓路建造834.8平方米的候车室及办公楼。

是年　上海港务局11万吨级“双峰海”轮泊驻洛华山（绿华山）锚地，承担外轮减载过驳任务。是年，菜园运输站在小菜园扩建200吨级货物装卸码头。

1980年

1月　大洋—泗礁、大洋—南汇县芦潮港航线通航。

4月　建造小菜园老码头162平方米候船室。

10月21日至27日　交通系统顾宽信、陈满水、辛金林出席嵊泗县第八届人民代表大会第一次会议。

31日　成立嵊泗县菜园公路隧道工程指挥部，副县长强润泉任指挥。

12月　滩浒—金山嘴渡航开通，由滩浒渔工商经营的“滩渡1”渡船营运。

1981年

4月　菜园隧道工程开工。

5月30日　嵊泗县公安局治安股购入一辆自行车，登记牌号为“0001”，为境内第一辆登记牌照的自行车。

6月　上海港务局在西洛华（西绿华）反岗建立港务监督站。

9月1日　菜园农业队运输船“浙嵊副机19”在衢山西北触云水桶礁而翻船，死亡1人，直接经济损失6万元。

1982年

1月13日　县人民政府批复县水产公司船队改建为嵊泗县海运公司船队，仍属水产公司管理。

15日　黄龙交通运输站成立。

8月　李柱山码头客运大楼屋顶安装嵊泗第一座128平方米太阳能海水淡化装置，解决旅客候船室饮用水源。

12月　建造小菜园渡船码头候船室350平方米（1985年改建双菜线时拆除）。

1983年

1月　青沙航海仪器厂从上海海洋渔业公司购入一艘载货100吨的旧渔轮，改装后参与海上运输，是为境内第一艘钢质货运船舶。

5月 开通菜园高场湾—黄龙岞岙渡航线，由民间渡船不定期渡运。

10月 嵊泗县航运管理站更名为嵊泗县航运管理所，嵊山航管组改称嵊山航运管理站。

1984年

3月 建立中共嵊泗县交通管理局党组。

4月25日 举行菜园隧道通车典礼，隧道全长245.5米。

5月15日 成立小菜园石油、交通码头工程指挥部，副县长龚景明任总指挥，顾宽新、沈其章任副总指挥。

7月27日至29日 交通系统党员顾宽信、辛金林出席中共嵊泗县第五届代表大会第一次会议。

8月24日至27日 小洋—泗礁、小洋—芦潮港渡线通航。

是月 上海市副市长朱宗葆等一行30余人考察洛华(绿华)港。

11月2日 青沙运输站改建为嵊泗县海运公司(嵊泗县第一海运公司)。

是月 舟山第一海运公司"浙江805"轮投入上海－泗礁－衢山－定海客运航线，与"浙江801"轮同时在该航线营运，航班由3天1班增至3天2班。

12月15日 嵊泗县海运公司新建482载重吨，198.45千瓦钢质货船"浙舟701"轮并投航。

是年 国务院上海经济协作区规划办公室主任王林、副主任周光著等一行40余人考察嵊泗港口。

1985年

1月24日 大洋设立航运管理工作组。

2月3日 上海经济区"四港"委员会和上海海运学院专家、教授8人到嵊泗，考察港口和研究建造深水码头。

4月12日 嵊泗县车辆监理站与嵊泗县公路运输管理所合并，改称嵊泗县交通监理所。

1986年

1月 嵊泗县航运管理所与上海通联航运服务公司达成协议：经嵊泗中转的联运物资，通过联运，实行全国江——海——河——铁一条龙服务。

3月 设立嵊山镇交通监理站，属民办性质，业务受县交通监理所指导。

5月12日 大洋运输站运输船"嵊机402"在上海长江口南支航道21号灯标附近搁浅，直接经济损失4.7万元。

7月14日 菜园运输站运输船"嵊机101"在金鸡尾巴里侧约500米处沉没，直接经济损失6万元。

是月 500吨级小菜园交通码头竣工交付使用(1985年5月开工)。1000吨级小菜园石油码头工程竣工(1985 年 5 月开工)。

26 日　成立嵊泗县海运公司,为县属大集体企业。

1987 年

1 月　舟山第一海运公司“浙江 815”轮代替“浙江 805”轮行驶上海－泗礁－衢山－定海客运航线。

是月　菜园运输站改名嵊泗县运输公司。

3 月 8 日　滩浒乡一艘 13 吨位,17.64 千瓦渔船从定海长白乡修理出厂,返回途中翻船沉没,船上 42 人全部遇难。

3 月 31 日至 4 月 3 日　中共嵊泗县交通局党组书记、县交通局局长顾宽信出席中共嵊泗县委第六次代表大会。

4 月 21 日　浙江省航运公司舟山分公司与嵊泗县交通管理局合资建造客船“海山”轮投运泗礁—绿华—花鸟—壁下—嵊山航线,7 月 30 日停航。

是月　在菜园镇东海路新建 1440 平方米交通大楼,投资 43 万元。

5 月 13 日　嵊泗县航运公司成立。

6 月　建立中共嵊泗县交通管理局总支委员会。

7 月 1 日　新建 500 吨级小菜园交通码头竣工交付使用,总投资 82 万元。

24 日　嵊山渔业二队“嵊副机 41”号船在岱山海域沉没,死亡 1 人,直接经济损失 5.5 万元。

是月　菜园至马关公路第一期改建工程竣工(1985 年 10 月开工)。

9 月 25 日　嵊泗县交通监理所划归嵊泗县公安局管辖。

是月　嵊泗养路工区更名为嵊泗县公路管理段。交通监理划归公安管理,3 名监理人员随调公安局。

10 月 7 日　嵊山运输站归属嵊山镇管辖。

是月　建立嵊泗县公路运输管理所、嵊泗县公路稽征所、嵊泗县公安局李柱山派出所。

11 月　建立交通管理局码头工程办公室。

1988 年

1 月 25 日　成立嵊泗县渡口安全管理办公室。

3 月 12 日　李柱山码头扩建工程开工,10 月竣工。

6 月　嵊泗县渡口安全管理办公室与有渡口的乡镇签订《县乡渡口安全管理责书》,各渡口由所在乡镇配备渡口管理员,负责渡口安全管理工作。

7 月 21 日　大洋镇无证渔船违章搭客遇风翻沉,船上 18 人失踪。

24 日　嵊山镇泗洲塘 500 吨级客货码头工程开工。

8 月 1 日　撤销局属大洋运输站,由大洋镇新建大洋运输站接替其业务。

10月24日 浙江省汽车运输公司舟山分公司嵊泗汽车站体制下放给县，更名为嵊泗县汽车站，归县交通管理局领导。

12月16日 成立嵊泗县汽车运输公司，与嵊泗县汽车站一套班子，一个核算单位。当年，嵊泗县汽车站被表彰为舟山市春运最佳服务单位，获市“金龙杯春运安全优质服务竞赛优胜集体”称号。

是年 五龙渡轮站成立。

1989年

1月 开通壁下至大盘渡航线，由“壁下渡1”渡船营运，日航2班次。

3月15日 大洋航运管理组改建为洋山航运管理站。

6月6日 嵊泗县航运公司客船“碧海”轮投运泗礁—绿华—花鸟—壁下—嵊山航线。

11月2日 大洋工程队“浙嵊97069”号船在上海金山卫6号坝海域遭风浪袭击损毁，直接经济损失10万元。

1990年

3月25日至29日 中共嵊泗县交通管理局总支副书记、局长刘宽宏出席中共嵊泗县委第七次代表大会，选为县委委员。

4月11日 新建1492.08平方米交通管理局宿舍楼竣工，投资53万元。

12日至16日 刘宽宏、张信久出席嵊泗县第十一届人民代表大会第一次会议。

是月 开通枸杞小石浦—嵊山箱子岙渡航线，由“枸杞渡1”渡船营运，日航8班次。

是月 嵊山镇泗洲塘500吨级客货码头竣工使用，总投资160万元。

5月 嵊泗县汽车运输公司兴建720平方米宿舍楼，翌年3月竣工。

6月7日 成立嵊泗县货物中转联运服务站。

12日 开通泗礁至宁波货运航线，由载重70吨的“86001”号钢质机动船营运。

7月 浙江省交通厅厅长邵尧定等一行5人莅嵊泗考察交通。

9月 大洋500吨级客货码头工程动工，翌年7月竣工。

11月13日 大洋化工厂“浙嵊97016”号船在大洋圣姑码头因带电铁钩与装有甲醇的铁桶碰撞引发火灾，直接经济损失16.8万元。

24日 成立嵊泗县交通管理局工会工作委员会。

12月11日 绿华外贸站2号船在上海军工路码头因柴油灶油管脱落发生火灾，经济损失3万元。

是月 菜马公路改建工程竣工，全长7.01公里，投资221.2万元，该公路为嵊泗第一条三级公路。

是年 成立路政大队。嵊泗县汽车运输公司、嵊泗县航运管理所客运站分别被评为舟山市公路、水路车客站容貌优胜单位。

1991 年

1 月 24 日　大洋镇个体“浙嵊 97065”船在滩浒洋面遭风浪袭击，船体尾部油灰脱落，造成大量进水沉没，死亡 5 人，直接经济损失 6.84 万元。

4 月　开通嵊泗第一条省际客运航线泗礁—芦潮港，嵊泗县航运公司客船“金沙”轮营运。开通泗礁至上海车船联运线路。

5 月 10 日　嵊泗县交通管理局成立《嵊泗县交通志》编纂领导小组。

28 日　开通五龙边礁岙—黄龙南港渡航线。

31 日　成立共青团嵊泗县交通管理局总支委员会。

6 月 4 日　开通西绿华—东库渡航线，由“绿渡 1”渡船营运，日航 1 班次。

是月　建造嵊山镇泗洲塘码头客运楼，10 月竣工。

嵊泗县公路段改称嵊泗县公路管理段。

8 月　高场湾至五龙公路 1.14 千米沥青路面浇灌工程竣工。

是月　由县人民政府、驻军、马关镇、县城建局、县交通管理局集资浇注马关镇人民政府门口至陆军招待所沥青路面 0.9 千米。

9 月 23 日　嵊泗县青沙海运站改名为嵊泗县第二海运公司。

是月　菜园农工商合作社副业队、东昌汽车修理厂转隶县交通管理局管辖。

10 月　改造菜马线 2.05 千米砂石路为混凝土路面工程动工，翌年 4 月竣工。

12 月 13 日　东昌汽车修理厂与马关车辆修配厂合并建成嵊泗县曙光汽车修理厂，为县交通管理局下属企业。

是月　菜园副业队装卸队改名为嵊泗第二装卸运输公司，副业队船队划归县海运公司管理。

是年　6 辆人力三轮车首先纳入行业管理。

1992 年

1 月 12 日　嵊泗县对外贸易公司与日本国高田水产株式会社首次合作，日方 150 吨级运输船“若潮丸”首运出口冰鲜鮟鱇鱼 0.5 吨、活蟹 3.11 吨赴日。

2 月 8 日　嵊泗县汽车运输公司开通嵊泗—芦潮港—杭州长途客运班车。

3 月 20 日　县装卸运输公司和县第二装卸运输公司合并组建成嵊泗县海港运输公司。

4 月 10 日　交通部第三航务工程勘察设计院、上海宝钢运输部专家 6 人，踏勘马迹山港址和大洋山海域。

19 日　嵊泗县水产供销公司冷藏船“舟山 9”轮装载冰鲜鲳鱼首航日本长崎。

5 月 1 日　冶金部副部长、宝钢总厂总指挥黎明等 11 人，考察嵊泗绿华海域、马迹山海域和泗礁部分地区。

21 日　交通部第三航务工程勘察设计院 9 位领导和专家踏勘马迹、绿华、嵊山、枸杞、大洋等海域。

是月　黄龙300吨级客货交通码头竣工，投资208万元。

7月8日　宝钢设计管理处会同三航院一行6人踏勘嵊泗马迹山港域。

28日　嵊泗第一条文明路(菜园隧道口至高场湾岗墩计2.25千米)举行揭碑仪式。

29日　嵊泗县海港运输公司开始经营汽车出租业务。

是月　嵊泗县海运公司购入一艘1290载重吨钢质货船参与海上运输。

8月26日　嵊泗县汽车运输公司和嵊泗县海港运输公司旅游车服务部各自购置4辆和2辆华西中型旅游客车参与客运。

是月　上海航道设计研究所副总工程师陈学良带领该所5位专家勘察马迹山海域、航道。

9月11日　金平乡个体运输船“浙嵊90026”在滩浒洋面触鸡娘礁沉没，直接经济损失7.7万元。

28日　嵊泗县海港运输公司设立汽车机械修配厂。

11月12日　嵊泗县商业石化销售公司与上海宏光实业总公司合资联营的7万吨级油船“绿华山”轮锚泊绿华海域，经营石油储销业务。

26日　增开黄龙南港—大岙—峙岙—菜园渡航线，由“黄龙航1”渡船营运。

是年　嵊泗县水产供销公司“舟山11”号冷藏运输船为嵊泗首艘出国运输船。

1993年

3月13日　成立嵊泗县人民法院驻嵊泗县公路运输管理所、稽征所执行室和嵊泗县人民法院驻嵊泗县公路段执行室。

18日　嵊泗县人民政府颁发《嵊泗县公路两侧建筑红线管理暂行规定》。

21日　设立舟山市船舶检验处嵊泗检验所、舟山港务监督嵊泗监督站。

4月9日　成立嵊泗县海运公司工会。

13日　新加坡海皇轮船有限公司副董事郭成庆在中国对外贸易运输总公司副总裁乐天祥和宝山钢铁集团总公司运输部副部长胡安田陪同下，一行11人考察嵊泗港口，着重踏勘马迹山港域。

5月19日　黄龙乡南港四村“嵊渔运0518”运输船在定海册子岛以北1海里处翻船，船上20人，13人获救，7人遇难。

7月1日　枸杞500吨级客货码头竣工交付使用，总投资298万元。

12日　国家计委综合运输研究所所长刘丽如一行6人，在舟山市副市长马其忠及有关部门领导陪同下到嵊泗调查、考察港口资源。

8月7日　浙江省人民政府副省长徐运鸿率省计经委、省交通厅等部门负责人和专家，在中共舟山市委副书记姚德隆陪同下考察马迹山港。

14日　中国航空油料总公司副总经理胡有清和中国对外贸易运输总公司副总裁乐天祥一行8人，考察嵊泗港口。

9月9日　交通部计划司副司长林亚平一行10人，在省交通厅总工程师黄抗陪同下考察嵊泗港口，实地察看马迹山港。

27日　嵊泗汽车站停车场发生石块混凝土塌方，民工2人死亡，2人重伤。

11月1日　北京航空油料总公司计划处项目经理一行7人考察嵊泗绿华港。

24日　由国家计委交通能源司副司长蔡一鸣、交通部运输司副司长胡汉雄、煤炭部计划发展司副司长王瑞武、冶金部计划司司长梁方、中国国际咨询公司项目部副经理文庭荣、上海宝钢副指挥企华、三航院副总工程师颜方良、上海航道勘察设计研究院副总工程师陈学良、上海海运学院副教授胡世英等组成的国家港口考察团，在金沙大酒店听取25万吨级兼35万吨级矿石中转码头选址情况介绍。

26日　民革中央“长江三角洲一带港口建设问题考察组”一行10人考察嵊泗马迹山等港口。

27日　民革中央副主席程论清、胡敏一行7人在省交通厅厅长邵尧定陪同下考察嵊泗港口。

11月，于1991年12月动工的嵊泗县汽车站原址扩建工程竣工并投入使用，扩建场地1500平方米，新建站房1397平方米。

是年，设立舟山市船舶检验处嵊泗检验所。

1994年

1月　成立舟山港务管理局嵊泗分局。

2月15日　嵊泗县航运公司、香港茂盛国际有限公司、浙江省海运集团有限公司合资的中外合资企业浙江茂盛海运有限公司成立。

3月6日　国家科委政策体改司副司长黄英达带队的国家科委、国家计委、交通部水利规划院一行5人实地考察嵊泗马迹山20万～30万吨中转码头港址。

4月4日　嵊泗大洋船务公司成立。

是月　嵊泗东珠客运有限公司成立。

5月9日至10日　冶金部部长刘琪一行12人在宝钢集团副总裁（副总经理）沈成孝陪同下，考察嵊泗马迹山建造矿砂中转码头及配套地泗礁岛的旅游、交通、通信、水电等基础设施。

28日至29日　国家计委专职委员、中国国际工程咨询公司总经理、宝钢集团公司副总指挥一行9人，考察嵊泗马迹山港址、绿华山港国际锚地和横贯嵊泗南北的两条国际航道以及与此相配套的各项基础设施和旅游文化设施建设情况。

7月8日至9日　民航华东管理局副局长刘观昌会同上海航空公司领导和民航专家一行7人，到嵊泗，就拟建民用机场事宜进行现场踏勘。

8月17日　交通部副部长郑光迪一行14人，到嵊泗，考察马迹山港，并就长江航道整治工程石料提供等事宜与有关部门进行商谈。

9月15日　李柱山汽渡码头动工兴建。

10月6日　嵊泗县汽车运输公司开通嵊泗—芦潮港—杭州—温岭长途班车。

12月　大洋船厂建造全县第一艘300吨位钢质运输船。

是年　小洋300吨级客货码头竣工使用，总投资237万元。舟山港务管理局成立舟山货运船舶代理处嵊泗代理所。嵊泗县海港运输公司在宁波设立驻甬水陆货运办事处；在杭州设立短途货运点。

1995年

1月1日　嵊泗大洋船务有限公司客船“有财”轮开通泗礁—衢山—镇海客运航线。

2月7日　嵊泗东珠客运有限公司“东珠”轮开通枸杞—嵊山—沈家门客运航线。

3月28日　由嵊泗县航运公司、浙江省海运总公司、香港茂盛国际有限公司合资建造，浙江茂盛海运有限公司经营的嵊泗第一艘高速客船“茂盛”轮投入试运行。

5月20日　壁下200吨级客货码头竣工使用，总投资140万元。

6月13日　浙江茂盛海运有限公司高速客船“茂盛”轮开通泗礁—定海西码头高速客运航线。

7月3日　国家计委批准宝钢马迹山矿石中转港一期工程立项。

11日至14日　上海市人大常委会副主任胡传治一行15人考察洋山港口。

17日　世界银行官员熊清、浙江省公路局副局长闫振考察嵊泗公路建设。

是月　李柱山客滚船码头建成。金平码头工程竣工，总投资180万元。

22日　中共浙江省委书记、省人大常委会主任李泽民到洋山，视察上海市在洋山开发工程。

是月　嵊泗县第一海运公司和嵊泗县第二海运公司合并，组建成嵊泗县海运公司。

是年　嵊泗县交通大楼建成，总投资258万元。

1996年

2月1日　马迹山港进港公路开工。

6日　嵊泗县第一艘客滚船嵊泗县航运公司“舟桥1”轮，首航泗礁—芦潮港客滚航线。

4月19日　3时40分大洋镇新宫村“浙嵊97041”货船（169总吨）装运石块120吨，在大洋港圣姑礁西北侧锚泊，遇大风浪，货物移位，倾覆沉没，死亡3人，失踪12人，直接经济损失115万元。

5月28日　嵊泗县昌盛海运有限责任公司开通泗礁—大洋—芦潮港客运航线，由高速客船“嵊翔”轮营运。

是月　嵊泗客运站更名为嵊泗客运总站，下辖李柱山客运站、小菜园客运站、嵊山客运站、枸杞客运站、大洋客运站、小洋客运站。

7月　高场湾至五龙公路改建工程开工。

8月10日　嵊泗县航运公司客船“奇观”轮营运嵊山(枸杞)—沈家门航线。

9月25日　嵊泗县汽车运输公司开通嵊泗至杭州、嵊泗至温州长途班车。

10月　花鸟300吨级交通码头工程开工。

12月　绿华300吨级交通码头工程开工。

是年　嵊泗黄龙运输站“黄航2”渡船营运黄龙—五龙渡航线。

1997年

2月5日　小洋交通管理站钢质渡船“小洋航2”和滩浒乡人民政府钢质渡船“滩渡1”投入大洋—小洋和滩浒—上海金山渡航线营运。

3月7日　嵊泗县绿华石油销售有限公司成立。

16日　嵊泗大洋船务有限公司客船“有财2”轮替代“有财”轮运营泗礁—衢山—镇海航线。

4月21日　9时48分,嵊泗大洋船务公司客船“有财2”轮由泗礁开往镇海,雾中航行,进衢山港,与“浙岱渔04471”船相撞,2人落水获救,造成直接经济损失5.77万元。

是月　马迹门大桥竣工,同年5月通车,大桥全长195.6米。

7月　小菜园隧道工程竣工,10月通车,隧道全长234.5米。

8月27日　花鸟灯塔入列浙江省省级文物保护单位。

是月　嵊泗至温州长途客车班线延伸至瑞安。

10月　嵊泗五龙渡轮站渡船“五渡1”营运五龙—黄龙渡航线。

11月　建立中共嵊泗县交通管理局委员会。

12月18日　嵊泗县航运公司宣布破产。

1998年

1月1日　《中华人民共和国公路法》实施。

2月12日　菜园通往马关的马前岗隧道工程竣工通车,隧道全长785米。

是月　浙江省航运公司舟山第一海运公司“浙江801”轮退出定海道头—衢山—泗礁—上海十六铺航线。

3月　开通泗礁至上海浦西的省际直达班车线路。

4月14日　花鸟300吨级交通码头工程竣工,总投资300万元;绿华300吨级交通码头工程竣工,总投资300万元。

5月18日　大洋“浙嵊97076”船装载块石230吨,由大洋镇大梅山石宕驶往岱山港,至岱山鳌蓬山西北侧海域船体触及水下不明物,产生重度左倾,所载石块移位,船舶沉没,10名船员全部获救,直接经济损失85万元。

30日　马迹山进港公路竣工,总投资4867万元。

6月7日　上海市港务局领导、交通部三航院院长考察大洋山、小洋山。

7月9日　爆破清理小菜园鸭脚板礁。

10日　菜园交通码头工程开工。

是月　舟山市第一海运公司高速客船“飞鹰湖”轮投运定海—衢山—泗礁客运航线。

8月5日　县人民政府与上海宝钢集团公司举行马迹山港进港公路竣工验收暨工程移交签证仪式。

是月　嵊泗县汽车运输公司设立“出租轿车管理站”。

9月10日　小菜园至金沙大酒店沿港公路竣工，全长2.111千米，总投资750万元。

11月8日　宝钢马迹山矿石中转港一期工程开工。

12月30日　嵊泗县人民政府制定并实施《嵊泗县公路两侧建筑控制区管理办法》。

高场湾至大悲山至田岙公路3.85千米改建工程竣工，总投资300万元。

1999年

1月15日　嵊泗县汽车运输公司改制成嵊泗县永盛汽车运输有限责任公司。

26日　剑门大桥（金青大桥）工程开工。

2月12日　嵊泗县昌盛海运有限责任公司成立。

3月20日　黄龙峙岙至大岙公路工程开工。

4月12日　小洋乡石料建材公司袁阿定“浙嵊98015”货船（183总吨），从上海金汇港驶往嵊泗，在小乌龟灯桩以西约3海里处遇风浪沉没，2人死亡，13人失踪，经济损失100万元。

是月　建成小菜园300吨级3泊位货运码头1座，总投资420万元。

6月　建立嵊泗县机动车辆综合性能检测站，核定为C级站。

7月　嵊山箱子岙客运码头及配套客运房、进港码头投入使用。

10月28日　五龙会城公路工程竣工，长1千米，总投资60万元。

是月　嵊泗县航运公司客船“嵊翔2”轮投运嵊山—泗礁和嵊山—枸杞—宁波航线。

12月　公路养护体制下放，舟山市公路局为主管理的嵊泗县公路管理段划归嵊泗县管理。

2000年

5月　大洋镇公路建设工程开工。

7月　嵊泗县永盛汽车运输有限责任公司开通嵊泗至南京长途班车线路。

2001年

1月20日　中共中央政治局委员、国务院副总理吴邦国，中共中央政治局委员、上海市委书记黄菊，上海市市长徐匡迪，国家计委主任曾培炎，交通部部长黄镇东，浙江省副省长卢文科在舟山市委书记王辉忠、市长张家盟，嵊泗县委书记钟达、县长忻海平陪同下，就建设上海国际航运中心深水港选址问题实地考察大洋山、小洋山。

2月　定海道头—衢山—泗礁—上海十六铺航线停营，浙江省航运公司舟山第一海运公司“浙江815”轮退出。

3月10日　经国务院批准，国家计委批复同意上海国际航运中心洋山深水港区建设一期工程项目建议书。

4月7日　交通部副部长洪传祥率国务院安全生产督察组检查嵊泗交通安全工作。

9日　中国银行浙江省分行副行长韩立光率领考察组考察洋山港开发。

是月　中华人民共和国舟山嵊泗海事处成立，嵊泗港务监督站及嵊泗县航管所21人划归嵊泗海事处。撤销菜园公路运输管理站，设立洋山、嵊山、黄龙公路运输管理站。

6月28日　连接金平与青沙两岛的金青大桥（剑门大桥）举行通车仪式，大桥全长584.4米。

7月　上海金海峡渡船有限公司高速客船“恒法”轮营运芦潮港—泗礁航线。

8月22日　嵊泗县旅游局与芦潮港金海峡轮渡公司达成协议，开通上海十六铺至嵊泗的旅游专线。

10月12日　县长忻海平、副县长李永清陪同冶金部原副部长、宝钢集团董事长黎明，宝钢集团原副董事长兼常务副总经理沈成效考察马迹山港。

11月15日　浙江省重点港口建设现场会在嵊泗召开。

12月　嵊泗县交通管理局更名为嵊泗县交通局。

是月　中共嵊泗县交通管理局委员会改为中共嵊泗县交通局委员会。

是月　成立嵊泗县茂盛运输有限公司

2002年

1月4日　黄龙南港—菜园渡航线改为黄龙南港—大岙—峙岙—高场湾渡航线。

2月22日　枸杞渡船因螺旋桨被渔船缆绳缠住失去动力而触礁翻沉，幸无人员伤亡。

3月7日　洋山镇客运车辆纳入交通行业管理，成立车辆管理公司。

20日　根据交通部《关于整顿和规范个体运输船舶经营管理的通知》，个体及联户运输船舶逐步纳入企业化管理。

21日　委托嵊泗县江山海运有限公司（筹）承担洋山地区个体运输船舶的安全管理任务。

5月2日，嵊泗县工商局“嵊工商检1”船由嵊泗小菜园码头驶往嵊山途中，14时25分，在绿华山锚地南侧，因浓雾与一拖带船组发生碰撞沉没，船上7人，2人获救，5人失踪。

23日　嵊泗县江山海运有限公司成立。

30日　澳大利亚“阿瑞绍萨”货轮满载17万吨矿石靠泊宝钢马迹山港。

6月5日　马迹山港航管理检查站对外开展工作。

17日　嵊泗与岱山进行交通安全工作对口检查。

26日　洋山深水港一期工程开工建设。

8月8日　嘉兴市城郊航管所一行14人走访嵊泗县交通局。

13日　嵊泗洋山港口客运有限公司成立。

20日　剑门大桥至大鱼岙公路进场施工。

21日　舟山市交通委副书记郑为成、副主任张家平一行9人，到嵊泗县交通局作半年工作调研。

是月　嵊泗洋山港口客运有限公司成立。

9月29日　嵊泗县交通局召开嵊泗县公路管理体制与运行机制改革方案实施动员大会。

是月　县人民政府制定《嵊泗县公路管理体制与运行机制改革实施方案》。县交通局制定《嵊泗县公路管理段中层以上干部职位竞岗实施办法》和《嵊泗县公路管理段岗位人员聘用实施办法》。

10月12日　嵊泗洋山港口客运有限公司滚装船“泽成2”轮投运大洋—小洋航线。

24日　经南京军区同意，浙江省人民政府批准马迹山列为外国人开放地区。

嵊泗县装卸运输协会成立。

是月　嵊泗洋山港口客运有限公司客渡船“泽成1”轮投航大洋—小洋渡航线。

11月12日　洋山镇1.8千米公路通过市交通委验收，为乡镇级公路，允许营运通车。

12月11日　嵊泗县宏达航运有限责任公司成立。

12日　黄龙北岙交通码头工程开工。

18日　嵊泗县昌盛海运有限责任公司高速客船“嵊鹰1”轮投运泗礁—大洋—镇海航线。

27日　成立嵊泗县兴盛公路养护工程有限公司，举行授牌仪式。

是年　嵊泗县交通局成立人才工程(科教兴交战略)领导小组。李柱山二桥工程竣工。五龙300吨级交通码头建成。

2003年

1月17日　中共嵊泗县委组织部批复交通局党委，同意彭善定、邬志鹰、姜祥安3人为中共嵊泗县第十次代表大会代表。

是月　上海福岛船务有限公司客渡船“瀚鼎”经营滩浒—奉贤金卫港渡航线。

2月16日　浙江省公路水运咨询监理公司董事长方贤平一行4人，到嵊泗调研。

3月21日至22日　浙江省交通厅副厅长薛振安、厅港航局副局长邵银泉、厅运安处副处长黄河等一行4人莅嵊泗调研安全工作，并察看洋山海域。

26日　嵊泗县洋山顺达客货运输有限公司成立。

4月12日　舟山市交通委“星级站”考评小组考评嵊泗客运总站的各站点，李柱山站为“三星级站”合格站，枸杞、洋山站为“二星级站”基本合格站。

4月19日至21日　嵊泗县交通局与定海区交通局对口进行安全大检查。

28日　宁波镇海威运海运有限公司高速客船“威远2”轮营运镇海—大衢—泗礁航线。

是月　嵊泗洋山港口客运有限公司开通大洋—小洋—沈家湾渡航线，由“洋渡1”“泽成1”船承航。

5月14日　嵊泗县人民政府再次制定实施《嵊泗县公路两侧建筑控制区管理办法》。

18日　嵊泗县洋山超凡汽车运输有限公司成立。

23日　黄龙北岙至南港隧道工程动工。

25日　县人民政府设立嵊泗县乡镇运输船舶专项整治领导小组。

26日　县人民政府调整嵊泗县渡口安全管理领导小组。

6月2日　成立嵊泗县通杭客运有限公司。

7月20日　嵊泗县航运公司客滚船“舟桥2”轮投入嵊泗—芦潮港客滚航线。

8月12日　舟山市交通委主任沈旺率舟山市乡村康庄工程领导小组组长张家平、副组长王恩才等一行7人，到嵊泗调研乡村康庄工程实施情况。五龙渡轮站和黄龙交通运输站合并组建成嵊泗县双龙轮渡运输有限公司。

13日　嵊泗大洋船务有限公司开通衢山—大洋—芦潮港航线，由高速客船“甬兴”轮运营。

9月20日　30车渡高桩墩式李柱山北岙车渡码头工程竣工，总投资1500万元。

24日　装载26万吨巴西铁矿石的巴拿马籍32万吨超大型散货轮“埃米尔”(AMYN)号靠泊宝钢马迹山港。

25日　李柱山北岙客货码头工程开工。

是月浙江茂盛海运有限公司高速客船“茂盛2”轮营运泗礁—大洋—芦潮港—普陀山航线。

10月1日　李柱山北岙车渡码头试运行。

是月　建成嵊泗(青沙)直升机停机坪。

11月1日　成立嵊泗县鑫盛海运有限公司。

12月24日　成立嵊泗县交通行政执法大队。

2004年

1月1日　《中华人民共和国港口法》、《港口危险货物管理规定》实施。

2月10日　嵊泗县江山公司“浙嵊97071”船在上海川沙附近被荷兰“华沙”轮撞沉，

死亡6人，4人失踪。

3月12日　成立嵊泗县客运总站。

19日　浙江省交通厅副厅长薛振安莅洋山，调研水路运输市场经营和安全生产状况。

5月1日　枸杞北岙客货码头工程开工。

30日　舟山通达高速客轮有限公司高速客船“飞舟1”轮营运三江—洋山—泗礁航线。

6月14日　冶金部原副部长、宝钢集团董事长黎明考察宝钢马迹山港。

16日　交通部副部长胡希捷在浙江省交通厅副厅长薛振安和舟山市人民政府副市长陈宗尧陪同下考察嵊泗港口。

是月　嵊泗县泰安驾驶技术培训中心成立。

7月26日　黄龙南港至北岙的黄龙隧道工程竣工，隧道全长476.5米，投资700万元。

是月　李柱山北岙客货码头工程竣工，投资800万元。

9月8日　浙江省港航局局长郑惠明率港口发展规划组一行4人，在舟山市交通委副书记郑为成、舟山港务管理局副局长潘胜陪同下到嵊泗，调研港口发展规划。

21日　浙江省交通厅副厅长阎震、省港航局副局长任忠等一行在市交通委副主任张家平陪同下考察嵊泗陆岛交通。

23日　举办全县乡镇船舶安全管理员培训班，7名乡镇船舶安全管理员和站长、分管领导参加培训。

10月30日　浙江省公路局局长郑黎明在舟山市公路局局长王恩才陪同下，到嵊泗检查工作。

是月　开通泗礁至安徽阜阳的长途班车线路；黄龙岛开通2条循环班车线路。

11月3日　上海市人民政府副秘书长、洋山深水港建设指挥部总指挥张惠民率上海国际航运中心洋山深水港建设指挥部有关负责人，考察枸杞乡、嵊山镇。

12月16日　小菜园客运站候船室改建工程竣工，投入使用。

是月　嵊泗县双龙轮渡运输有限公司新建“双龙2”客渡船营运五龙边礁岙—黄龙峙岙—黄沙岙—南港渡航线。

是年　在嵊山万金山西侧，建成嵊山直升机停机坪。

2005年

1月13日　黄龙北岙候船室交接给嵊泗县双龙轮渡运输有限公司。

20日　枸杞北岙客货码头通过竣工验收投入使用。

是月　嵊泗县航运公司与浙江茂盛海运有限公司合并转制，组建为嵊泗县东方海运有限责任公司。

3月9日至10日　浙江省运输管理局局长张平平在舟山市公路局局长王恩才陪同下

到嵊泗调研。

28日　嵊泗县昌盛海运有限责任公司高速客船“嵊鹰2号”轮投入泗礁—洋山—三江航线营运。

4月　泗礁—大洋—芦潮港—普陀山航线停航。

5月8日　花鸟北岙交通码头工程竣工(2004年4月开工)。

24日　中共浙江省委副书记、省长吕祖善一行考察宝钢马迹山矿石中转码头。

25日　小洋山岛至芦潮港跨海大桥——东海大桥贯通仪式举行，中共上海市委书记陈良宇，副书记、市长韩正，交通部副部长翁高勇，中共舟山市委常委、市委副秘书长钟达，县委书记、县人大常委会主任忻海平等领导出席，大桥全长32.5千米。

7月1日　舟山港务管理局履行绿华山锚地港政管理职能，负责绿华山锚地至过驳平台的船舶引领和作业过程中的移泊工作，舟山港务管理局嵊泗分局负责该辖区具体的港政管理。

15日　嵊泗县东方海运有限责任公司高速客船“茂盛6”轮首航泗礁—嵊山(枸杞)航线。

8月4日　嵊泗县人民政府第三次完善并施行《嵊泗县公路两侧建筑控制区管理办法》。

9月29日　举行李柱山客运大楼落成暨沿海环岛公路贯通仪式。

10月　开通花鸟山岛公交班车循环线路。

12月9日　嵊泗中昌海运有限公司成立。

10日　上海国际航运中心洋山深水港开港。

28日　马迹山港二期主体工程开工建设。

2006年

2月6日　嵊泗县东方海运有限责任公司客滚船“舟桥1”轮营运泗礁—芦潮港航线。

3月5日　嵊泗县东方海运有限责任公司开通泗礁—小洋高速客运航线，由高速客船“茂盛1”“茂盛6”轮营运。

4月19日　15时左右，“浙嵊86098”运石船从小黄龙开往芦潮港途中沉没，6名船员失踪。

是月　舟山市通达海运有限责任公司开通西码头—双合—小洋客滚航线，客滚船“通达2”轮承运。

5月28日　嵊泗县东方海运有限责任公司高速客船“嵊翔”轮开通嵊山—大洋—芦潮港航线。

是月　因东海大桥通车，大洋、小洋至芦潮港客渡船退出运营。

是月　岱山县蓬莱客运轮船有限公司开通衢山—小洋客滚航线，由客滚船“高运”轮营运。

6月 岱山县蓬莱客运轮船有限公司高速客船“仙洲5”轮营运高亭—小洋山航线。

是月 嵊泗县东方航运有限责任公司开通泗礁—小洋客滚航线，客滚船“舟桥1”轮承运。

8月3日 嵊泗中昌海运有限公司4万吨级货船“中昌118”轮在嵊泗丰华国际大酒店举行首航庆典仪式。

20日 因“甬兴”轮转卖易主，退出营运。衢山—大洋—芦潮港航线停航。

29日至31日 浙江省港航局局长郑惠明一行在舟山市港务管理局局长沈承宏陪同下莅嵊泗洋山、菜园调研港口开发情况。

9月7日 挪威籍36.5万吨特大型散货轮“博格斯坦”号首次靠泊马迹山港。

15日 嵊泗鑫达海运有限公司成立。

19日 舟山港务管理局副局长陈国芳陪同交通部规划院一行3人到嵊泗调研《宁波—舟山港洋山港区控制性详细规划》执行情况。

9月20日 大洋车渡码头竣工。

11月10日 3时30分左右，新加坡籍化学品船“WULANSARI”轮从宁波开往新加坡途中，在舟山浪岗山东北约5海里附近水域与“浙普渔42263”船发生碰撞，造成“浙普渔42263”船沉没，船上6名渔民全部失踪。

2007年

2月 舟山海星轮船有限公司高速客船“飞越”轮投运普陀山—小洋航线。翌年8月，由舟山海星轮船有限公司高速客船“宝陀”轮替换。

3月17日 22时50分，“惠荣”轮由天津开往泰国曼谷途中，与由黄骅港驶往广州港的“鹏延”轮在嵊泗浪岗山东北水域发生碰撞，“惠荣”轮沉没，17人遇难。

27日 三礁江大桥工程开工。

4月20日至21日 嵊泗客运总站召开第一次职工暨工会代表大会。

是月 铁马物流有限公司落户嵊泗，是为境内第一家集装箱运输企业。

5月16日 嵊泗第一家集装箱海运企业嵊泗洋山江海联运有限公司成立。

25日 枸杞车渡(货运)码头工程开工。

27日 马迹山港举行二期工程开工仪式。

7月24日 舟山市荣翔海运有限责任公司在嵊泗注册。

8月19日 浙江宝强船务公司在嵊泗注册。

21日 县交通局召开第一次妇女代表大会，成立第一届妇女委员会。

是月 舟山海星轮船有限公司高速客船“宝陀”轮投运普陀山—小洋航线。

27日 马迹山港二期工程举行投产典礼。

31日 舟山市嵊泗嵊兴海运有限公司在嵊泗注册。

11月1日　舟山宝洲海运有限公司在嵊泗注册。

5日　浙江省交通厅副厅长储雪青在舟山市交通委副书记陈国良陪同下到嵊泗调研。

2008年

2月25日　县交通系统党员方志浩出席中共嵊泗县第十一次代表大会2008年年会。

26日　嵊泗县鑫盛海运有限公司委管的货船“嵊飞7”从上海至镇海途中因超载在定海金塘海域沉没，1人死亡，2人失踪。

5月23日　凌晨4时，嵊泗县江山海运有限公司委管的货船“浙嵊97156”在大黄龙岛西北侧附近水域触礁沉没，10名船员，1人失踪，9人获救。

6月10日　县交通局机关工会换届选举。

30日　舟山市嵊泗嵊兴海运有限公司在嵊泗注册。

7月15日至18日泗礁山岛出租车驾驶员罢运，经多次协商，同意出租车驾驶员要求，不再实行挂靠经营和李柱山港区停车费收取标准改为1次1元或1年600元后罢运停止。

23日　浙江省副省长王建满率交通厅副厅长王洪涛、省港航局局长郑惠明到嵊泗调研，考察洋山深水港、绿华锚地减载平台、马迹山港等重点港口项目。

同日，嵊泗县交通局团总支改称嵊泗县交通局团工委。

8月12日　召开共青团县交通局工委第一次代表大会，选举产生县交通局第一届团工委。

9月10日　浙江省交通厅副厅长、省公路局局长李良福一行10人到嵊泗调研交通工作。

是月　舟山市通达高速客轮有限公司高速客船“飞舟12”轮营运三江—大洋—泗礁航线。

11月5日　位于五龙乡黄沙村的泗礁车客渡码头工程开工。

12月6日　上海国际航运中心洋山深水港北港区主体工程建成。

17日　浙江宝强船务有限公司在嵊泗注册。

是月　嵊泗洋山港口客运有限公司新建客渡船“洋盛1”投航大洋—小洋渡航线。

2009年

3月9日　嵊泗鑫达海运有限公司委管船舶“浙岱82399”装载900吨钢材在舟山桃夭门大桥附近水域沉没，7名船员，6名失踪。

23日　挪威籍36,5万吨位散货船“博格斯坦”号第二次停靠马迹山港。

4月1日　装载31万多吨矿砂的利比里亚籍散货船“宾恩”号靠泊宝钢马迹山港码头。

6月4日　嵊泗正和海运有限公司成立。

16日　开通五龙至菜园公交客车沿海班线。

9月10日　浙江新骆海运有限公司在嵊泗注册。

29日　嵊泗县东方海运有限责任公司高速客船“茂盛1”轮首航泗礁—高亭—三江

航线。

是月　嵊泗县永兴汽车修理有限责任公司成立。

11月1日　4时30分左右，伊朗籍杂货船“ZOORIK”轮因受寒潮大风影响，造成该轮在绿华山北锚地走锚触礁，造成船舶断裂，约510吨燃油外溢入海，无人员伤亡。

12月28日　举行洋山沈家湾客运码头工程开工仪式。

是月　交通港航指挥中心一期工程竣工。

是年，嵊泗第一条沥青公路李马线建成，全长2.141千米。

2010年

1月15日　嵊泗县交通投资有限公司成立。

是月　舟山港务管理局嵊泗分局更名为舟山市港航管理局嵊泗分局。

是月，嵊泗县港盛渡口客运有限公司成立。

2月2日　舟山市普陀区东极海运有限公司“东极”轮投入沈家门—嵊山—枸杞航线，与“奇观”轮对航。

是月　嵊泗县双龙轮渡运输有限公司新建“双龙7”客渡船营运五龙—黄龙峙岙—北岙渡口航线。

4月23日　嵊泗县东方海运有限责任公司高速客船“碧海1”轮投航泗礁—绿华—花鸟—嵊山航线。

27日　泗礁车客渡码头工程通过竣工验收。

是月　港航指挥中心楼投入使用，嵊泗港航各领域实施全方位、全天候、全过程实时监控。

5月1日　实施户籍在嵊泗的70周岁及以上老年人乘坐泗礁岛公交车免费优惠政策。

20日　嵊泗县陆岛物流有限公司成立。

6月15日　“浙嵊86108”船装载石子400吨，由小黄龙开往嵊泗中心渔港途中，在淡菜屿东面触礁，沉没，幸无人员伤亡。

17日　嵊泗县东方海运有限责任公司高速客船“碧海2”投航泗礁—小洋航线。

7月10日　开通菜园至五龙方向的旅游公交专线。

17日　开通嵊泗至杭州南站长途客运班车。

9月　嵊泗县邮政分公司新增代理全国飞机票预售业务。

12月17日　嵊泗绿华海上散货减载平台20万吨级散货码头工程竣工，投入试运行。

是年　花鸟直升机停机坪建成，投入使用。

2011年

1月6日　连接嵊山枸杞两岛的三礁江大桥建成通车，全长781米。

是月　嵊山—枸杞渡航撤线。

27日　嵊泗县昌盛海运有限责任公司客船“嵊鹰3”轮首航泗礁—洋山航线。

30日　舟山精澄海上平台工程辅助有限公司在嵊泗注册。

31日　浙江上铁旅游有限公司授权嵊泗客运总站办理全国火车票代售业务。

4月14日　浙江省交通集团、省物产集团、舟山市港务集团领导一行考察马迹山散货物流岛项目。

15日　浙江龙运船务有限公司在嵊泗注册。

18日　嵊泗县东方海运有限责任公司高速客船“碧海3”轮营运泗礁—小洋航线。

5月17日　嵊山至枸杞客运班车通车。

20日　交通港航指挥中心二期工程建设启动。

6月28日　舟山润宏海运有限公司在嵊泗注册。

是月　嵊泗县交通局改称嵊泗县交通运输局。中共嵊泗县交通局委员会改称中共嵊泗县交通运输局委员会。

7月11日　舟山洛达海运有限公司在嵊泗注册。

19日　浙江义海航道工程有限公司在嵊泗注册。

8月22日　浙江省港航局局长戚步云、舟山市港航局局长傅良国一行莅嵊泗调研“三位一体”港航物流体系建设。

31日　嵊泗县江山海运有限公司27247载货吨货船“浦盛6”轮下水。

11月3日至4日　浙江省交通运输厅党组副书记、副厅长徐纪平一行莅嵊泗调研。

15日　嵊泗绿华港航管理检查站站房动工建设。

是月　嵊泗县昌盛海运有限责任公司高速客船“嵊鹰5”轮投运泗礁—大洋—三江航线。

12月17日　绿华散货减载平台竣工。

2012年

3月22日　浙江省交通厅副厅长王德宝一行到沈家湾客运中心调研。

5月4日　嵊泗县方舟海运有限公司成立。

15日　县总工会为获得浙江省“工人先锋号”荣誉的嵊泗客运总站授牌。

28日　嵊泗县东方海运有限责任公司客滚船“舟桥2”轮试靠沈家湾客运码头。

6月1日　中共舟山市委副书记、市长周国辉考察嵊泗沈家湾客运中心。

4日　嵊泗半岛旅游客运有限公司成立。

12日　浙江万恒海运有限公司在嵊泗注册。

18日　县交通运输局设立嵊泗县交通工程质量监督站。

7月11日　成立嵊泗交通系统首支海上应急救助志愿者队伍。浙江省舟山市骏鸿船务有限责任公司在嵊泗注册。

15日　沈家湾客运中心投入使用。

16日　嵊泗县东方海运有限责任公司租赁岱山县蓬莱客运轮船有限公司的客滚船“岱山9”轮营运沈家湾—泗礁—枸杞客滚航线。

9月14日　为期5天的交通港航系统行政执法人员培训班在县委党校举行结业典礼，40余人参加培训。

10月9日　舟山市人民政府副市长李善忠，市交通运输委主任余本年、市港航管理局局长顾央军、港务集团董事长孙大庆到嵊泗调研交通港航工作。

12月14日　洋山港航管理检查站和大洋客运站迁址洋山镇里后门。

25日　嵊泗县交通投资有限责任公司收购嵊泗县永盛汽车运输有限责任公司。

2013年

1月28日　宝钢马迹山港二期码头正式对外国籍船舶开放。

4月14日　约20时40分，“丰祺油供2”轮在从嵊泗北鼎星水域起锚后，返回舟山定海途中，与锚泊候潮的干货船“六航机266”轮发生碰撞，造成“六航机266”轮进水沉没，幸无人员伤亡。

28日　嵊泗县东方海运有限责任公司、嵊泗县昌盛海运有限责任公司、嵊泗大洋船务公司合并，转制成立嵊泗县同舟客运轮船有限公司。

5月1日　沈家湾客运中心与上海黄浦集散中心实行票务对接。

6月5日　嵊泗县公路运输管理(稽征)所更名为嵊泗县道路运输管理局。嵊泗县公路管理段更名为嵊泗县公路管理局。

是月　嵊泗县交通运输局制定《嵊泗县公共客运交通规则》。

7月1日　泗礁—三江高速客轮直航航班开通。沈家湾—普陀山航线开通。

30日　嵊泗洋山港盛渡口客运有限公司滚装船“洋盛5”轮营运小洋—大洋渡航线。

8月　嵊泗县同舟客运轮船有限公司高速客船“碧海5”轮投航泗礁—沈家湾航线。

10月　嵊泗县同舟客运轮船有限公司高速客船“碧海6”轮投航泗礁—沈家湾航线。

是月　撤销中共嵊泗县交通运输局委员会，建立中共嵊泗县交通运输局党组。

11月19日　嵊泗县东晨海运有限责任公司成立。

是月　开通小洋山临时客运码头至杭州班车。

12月3日　成立《嵊泗交通港航志》编纂委员会。

是年　县道公路——枸嵊线(枸杞至嵊山)建成，全线长11.707千米。开通洋山镇公交班线。

2014年

5月　嵊泗县永盛汽车运输有限责任公司开通菜园城区1路、2路公交线。

7月1日　泗礁—大洋—镇海和泗礁—衢山—镇海航线撤线停航，泗礁至宁波方向航线由泗礁至三江至宁波南站的水陆联运方式替代。

7月10日　舟山市普陀区东极海运有限公司客船“舟山群岛奇观”轮营运沈家门—嵊山航线。

2015年

1月　嵊泗县永盛汽车运输有限责任公司开通菜园城区3路公交线。

第一篇　海陆环境

嵊泗县地处长江口东南、杭州湾以东的东海大陆架浅海中，由西向东呈喇叭形向外扩展，东西长而南北短，水域面积大而陆地面积小，海水深度由西向东逐步加大，由 10 米至 60 米不等，具有建造深水良港的天然地形条件。西部靠近大陆边缘处的海域因受长江、钱塘江径流影响，水质含流沙较多，滩涂以泥质为主，向东延伸后，混浊度逐步变小，东部海区水质较清，海水湛蓝，透明度较大。

从全国地图上看，嵊泗恰在全国南北海岸连线的中心位置，紧靠全国最大的经济中心城市上海，毗邻经济发达的长江三角洲诸省，通往长江中上游也非常方便，具有极强的区位优势。

第一章　海　域

嵊泗是一个纯海岛县，境内海域辽阔，海域面积 8738 平方千米，占全县海陆总面积的 99.03%。在嵊泗列岛周边大陆架海区的广大海域，先民习惯称之为洋。西北方位有大戢洋，东北方位有嵊山洋，西南方位有王盘洋，东南方位有黄泽洋。

第一节　近　洋

大戢洋

因大戢山而得名。位于县西北海域，北纬 30° 4′～30° 56′、东经 121° 57′～122° 24′。西起上海南汇沿海，北连佘山洋，东至嵊泗马鞍列岛，西南部临王盘洋，南至东南临近小戢山、崎岖列岛、徐公岛和北鼎星岛，洋面呈椭圆形，东北—西南走向。轴线长约 50 千米，宽约 35 千米，水域面积约 1600 平方千米。水深多在 7～9 米，泥质底，水呈黄色，透明度不高。年均水温 16.8 度，含盐度 11.38%。属规则半日潮，涨潮流向西，落潮流向东，流速 1～3 节，年均潮差 3.5 米左右。年平均风速 7.1 米 / 秒，4—8 月多东南风，9 月至翌年 3 月多西北风，5—11 月多台风。春季多雾，年平均雾日 34.7～54.3 天。洋面开阔，是远东和中国沿海船舶出入长江口的主航道。主岛大戢山上设有导航灯塔。

嵊山洋

位于县东北部海域，北纬 30° 32′～ 31° 02′、东经 122° 35 ～ 123° 24′。西起东、西绿华山，东至海礁以东领海线，北邻佘山洋，南与黄泽洋相接。西北—东南走向，轴线长 76 千米，宽 50.4 千米，面积约 3600 平方千米。洋面东部开阔，面北岛礁棋布。水深多在 20 ～ 60 米之间，海礁以南一带深达 70 米，年平均水温 16℃左右，最高水温在 8 月，30℃左右，最低水温在 2 月，略高于 10℃。海水年平均含盐度 29.37%，12 月份含盐度最高，达 34.81%，9 月份最低，10.73%。水质清，透明度 3 米左右。属规则半日潮，涨潮流向西北，落潮流向东南。多往复流，局部回转流，流速 3 ～ 4 节。年均潮差 3.5 米。泥沙底质，北部夹贝壳质。盛行季风，4～8 月东南风，9 月至翌年 3 月多西北风，年平均风速 7.25 米/秒，全年大风日 119.8 天，5～11 月多台风，年平均 4.29 次，最高年份 9 次，最少 2 次。春季多雾，一般在夜间出现，中午消失，年平均雾日 34.7 ～ 54.3 天。年平均波高 1 ～ 1.5 米，台风时波高 7 ～ 9 米，最大 10 米以上。嵊山洋是远东和国内南北航线船舶出入长江口和上海港的主航道，导航设施有花鸟灯塔、枸杞导航台等。该处又是著名的嵊山渔场，在航海、渔业和国防上均占有重要的地位。

王盘洋

又称黄盘洋、玉盘洋，位于嵊泗西部海域，北纬 30° 09′～ 30° 51′、东经 120° 57′～ 121° 51′，杭州湾内。西起钱塘江口外平湖县海域，东至嵊泗大洋镇之唐脑山，东南承甬江口外灰鳖洋，南接慈溪、余姚两市海域，北连金山、奉贤、南汇诸区海域，东北接大戢洋。水域面积 4000 余平方千米，主岛王盘山。清光绪《浙江沿海图说》载:“有王盘山，因名其洋曰王盘洋，西图则以水道可通杭州，也名杭州湾。”王盘山古名黄盘山，又称玉盘山。海图均标为王盘洋，也有陆图标作玉盘洋。水深多在 5 ～ 14 米，细泥沙混合底质。年平均水温 15.7℃，最高在 8—9 月份，30.5℃，最低 1 月份 10℃。水中含盐度年平均 11.38%，最高 3 月份，20.88%，最低 6 月份，5.73%。水质混浊，透明度低。不规则半日潮，往复流，涨潮流向西，落潮流向东。流速 1 ～ 3 节，大潮落潮时可达 4.7 节。潮差大。年平均风速 7.1 米 / 秒，最大风速在 17 米 / 秒以上，年平均大风日 146.8 天。5 ～ 11 月多台风，年平均 4.29 次，最多年 9 次，最少年 2 次。年平均雾日 45 天左右。该洋面为宁波、舟山等地船舶进入上海和钱塘江口的必经航路。唐脑山建有灯塔，滩浒山、对口山、下盘山等处设有灯桩。

黄泽洋

因境内有黄泽山而得名。北纬 30° 25′～ 30° 26′、东经 122° 54′～ 122° 56′、西起小衢山大洋山，东迄浪岗山列岛，北至鼻头礁、川湖列岛、白节山、南鼎星岛、大黄龙岛一线，东北接嵊山洋，南至衢山岛、鼠浪湖诸岛，三星列岛，濒临岱衢洋。东西走向。长约 67 千米，南北宽约 30 米，水域面积约 1700 平方千米，水深 12.8 ～ 55 米。规则半日潮，往复流，涨潮流向西—西北，落潮流向东—东南，流速 2—3 节。泥、泥沙底质。1—3 月多北风，4—9 月多东南风，10—12 月多西北风，7—9 月多台风，年均 2—3 次。年平均风速 6.9 米 / 秒，年均雾日 28.5 天，多出现在 4—5 月。近岛海域多锚地，有黄泽港之称。洋内白节峡是中国沿海南北航线重要通道，主要导航设施有半洋礁、白节山、下三星三座灯塔，鼻头礁灯桩。

第二节　海　区

嵊泗海区地理坐标为北纬 30° 24′～ 30° 04′、东经 121° 30′～ 121° 25′，东至海礁的南岳礁东 23 千米，西至野黄盘岛以西 3.5 千米，南至浪岗山列岛的南白渗礁以南 3.5 ～ 17 千米，北至花岛山以北 34 ～ 42 千米。西窄东宽，呈喇叭形。海底自西而东向下倾斜，坡度平缓。粘土质软泥、粉沙质软泥和砂质底质。10 米等深线在大洋山、小洋山、徐公岛以西海域，混水区，大洋山与小洋山之间的狭长水域水深在 10 米～ 20 米之间。20 米等深线在泗礁山、黄龙、绿华、花鸟山之间伸展，清、混水区。30 米等深线在壁下岛、嵊山以东清水区。

崎岖列岛海区

地理坐标为北纬 30° 33′～ 30° 39′、东经 120° 07′～ 122° 09′，杭州湾外，长江与钱塘江入海口交汇处，在上海芦潮港东南，相距 30 千米，泗礁山西南，相距 39 千米。历史上原有大小岛屿 69 个，主岛在大洋山岛和小洋山岛，北面以乌龟山—颗珠山—小洋山—镬盖档—大岩礁—中门堂—沈家湾构成西北至东南向岛屿链，南面以唐脑山—双连山—大山塘—大洋山—羊角礁—马鞍构成东西向的岛屿链。两条岛屿链之间水域形成洋山港区，面积 45 平方千米。2002 年，洋山深水港开始动工建设后，逐步将小洋山一侧的北部岛屿链连为一体。港区岸线前沿水深 15 米以上，等深线离岸约 200 米。港区常风向和强风向偏南，大于 6 级风历年出现频率 1.21%，出现天数 30 天左右。海雾出现于冬、春季，雾日 31 天，平均延时 2 小时 57 分，延时小于 3 小时的雾占 67.4%，小于 6 小时的占 85.8%，均年降水日数 155 天，其中大雨 12 天，年降水量 1096.7 毫米。行非正规半日潮，落潮历时略大于涨潮历时，平均潮差 2.78 米，最大可达 4.7 米。

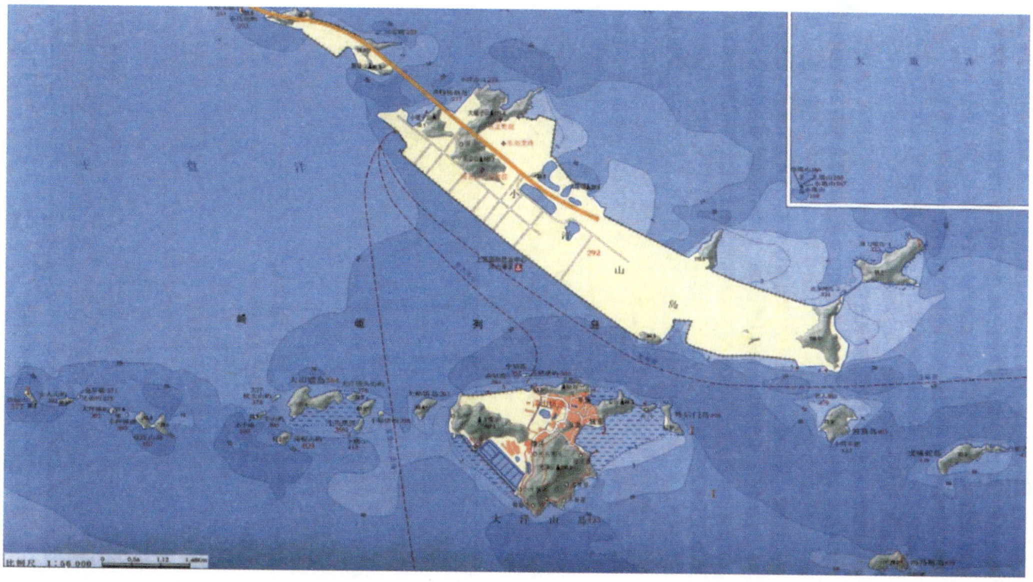

崎岖列岛示意图

泗礁诸岛海区

地理坐标为北纬 30° 36.1′～ 30° 47.6′、东经 122° 14.9′～ 122° 37.2′，由泗礁山为中心，南有大黄龙岛、小黄龙岛、南鼎星岛、马迹山岛等。北有金鸡山、北鼎星等岛，共有大小岛屿 160 个。历年平均气温 15.9℃，最高 36.7℃，最低 -7℃。年平均降水量 1007 毫米，最多年达 1613 毫米，最少年 601.8 毫米。冬季盛行偏北风，夏季偏南风。能见度小于 1 千米的年平均雾日 32 天，最多年 47 天，最少年 17 天。海区行正规半日潮，年最高潮位 3.41 米，最低潮位 -2.6 米，年平均高潮位 1.5 米，低潮位 -1.13 米，多年平均潮差 2.63 米，最大潮差 4.85 米。马迹山前沿至东北方向一线为深水区，水深大于 20 米岸线长 3500 米等深线离岸 50 ～ 300 米。

马鞍列岛海区

地理坐标为北纬 30° 41′～ 30° 51′、东经 122° 35′～ 122° 49′，该区岛屿众多，北部主要岛屿有东、西绿华岛和花鸟山岛，距泗礁 18.5 千米，濒临长江入海口。水路至长江引水锚地 56 千米，至吴淞口 111 千米，是船舶进出长江口和上海港的必经之地。国际航道在花岛山北侧 18.5 千米处通过，花鸟山上建有著名的国际灯塔。东、西绿华山南侧为深水区，水深大于 10 米岸线长 3000 米，10 米等深线离岸 2000 ～ 750 米，建有外轮减载过驳锚地。年平均气温 15.3℃，最高 36.7℃，最低 7℃。年均降水量 1000 毫米，最大 1335 毫米，最少 741.4 毫米。年平均风速 7.3 米 / 秒，最大 40 米 / 秒，经常风向为南西东及北北西，频率 11%，次常风向南及北，频率 10%。年平均雾日 35 天，5—6 月为雾季，能见度小于 1 千米的雾日数 12 天。行半日潮，历年最高潮位 5.14 米，最低 0.48 米，平均高潮位 3.53 米，低潮位 0.93 米，平均潮差 2.53 米，最大 4.89 米，最小 0.08 米。海流以往复流为主，涨潮流向西北，落潮流向东南。

海区南部的主要岛屿有嵊山、枸杞、壁下等。位在嵊泗列岛东部，是水深 20 米以上的深水海域，在嵊山岛西南侧自双胖咀至扫箕头一线的海岸，水深大于 10 米的岸线有 3500 米，

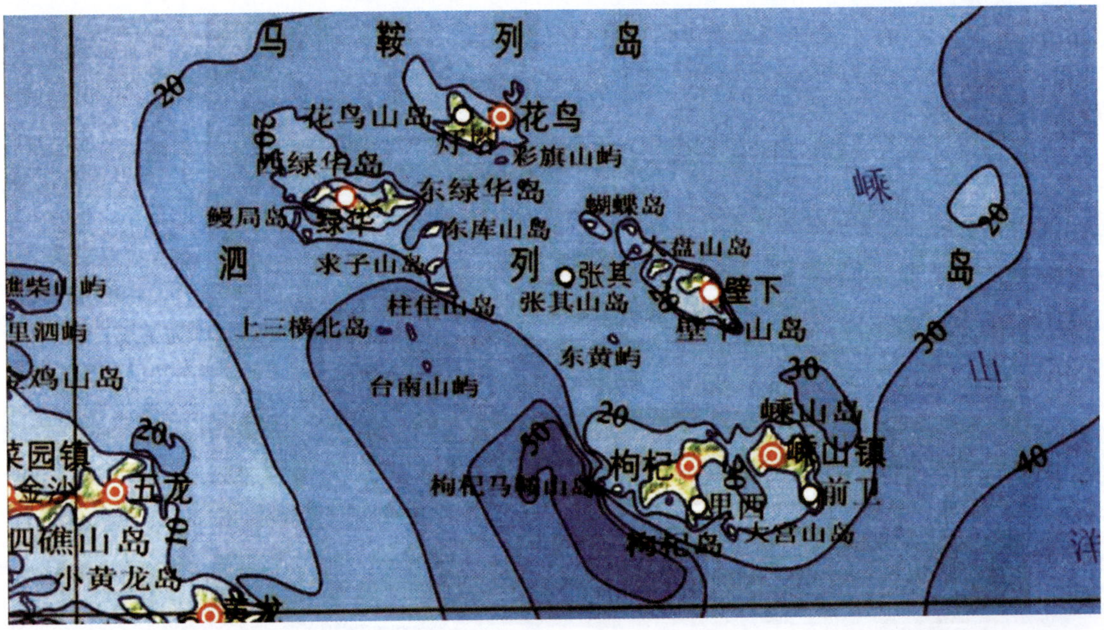

马鞍列岛示意图

等深线离岸 50 ～ 500 米。在枸杞岛南侧自江爿礁至黑西咀、洞门礁一线的海岸，水深大于 20 米的岸线长 3000 米，20 米等深线离岸 100 ～ 1000 米，是天然的优良港湾。该地年平均气温 15.8℃，年均降水量 930.7 毫米，常风向西北和南风，频率 25%，年均风速 7.2 米 / 秒，强台风时可达 40 米 / 秒以上。热带风暴影响主要在 7—9 月份。年平均雾日 35 天，3—6 月份最多，占年雾日的 68%，能见度小于 1 千米雾日 12.3 天。行半日潮，夏季潮位高，冬季潮位低，大潮位 4.2 米，小潮位 3.3 米。

滩浒诸岛海区

地理坐标为北纬 30° 33′～ 30° 39′、东经 121° 57′～ 122° 09′，位于崎岖列岛之西，杭州湾中部。有大小岛屿 22 个，主岛滩浒山，宋元旧志作许山，明代袭旧，也作浒山，清作浒山，或作滩山。海区地势低缓。因受长江、钱塘江径流影响，上游泥沙下泄，海水终年浑浊，滩浒以泥质为主，夏季海水透明度小于 1 米。水深在 10 米左右，岛屿周围局部水深在 10 米以上。行半日潮，涨潮流向西，落潮流向东，高潮与绿华山高潮有约 3.5 小时的时差，据 1978—1983 年资料，1—2 月份平均表层水温 6.15℃，8—9 月份平均表层水温为 28.11℃；海水盐度年平均值 11.80%，年最高值 20.66%，最低 4.13%。气象因素与崎岖列岛海区相似。

浪岗山列岛海区

在嵊泗县最东南处，中心坐标为东经 122° 56′，北纬 30° 26′，距县城约 55 千米，距嵊山镇约 45 千米，共有大小岛屿 4 个，主岛为中块岛，海图标注也作中奎岛，最高点海拔 89.2 米。岛两侧建有岸壁码头，可供大型渔船停泊、作业，并建有渔民生产、生活服务的用房多间，供汛期使用。海区内水深 20 ～ 50 米，东侧深 100 米，风浪大。

第三节　港　湾

后滩湾

泗礁山岛北侧，处尖山北麓，因地处菜园山后，地势偏僻，故名后滩湾，属菜园镇。湾口长 700 米，面积 0.5 平方千米。近岸为砾石滩，多危岩巨石，水深 3 米左右，湾口朝向东北，风浪大，不宜泊船。

南港

大黄龙岛南侧，属黄龙乡。港口北起泥黄坑东南侧，南至长山嘴尖端。港宽 1000 米，东西纵深 900 余米，面积约 0.8 平方千米。沙泥质底，水深 4.2 ～ 7.6 米，可泊 150 艘渔船，可避 7 级西北风。

北港

大黄龙岛西北部之黄沙岙外，属黄龙乡。北起峙岙，西南至江家山嘴。港宽 1000 米，纵深 600 米，水深 3.6 ～ 5 米，泥沙底质，可避东南风。

箱子岙湾

位于嵊山岛西北岸边，岙口呈箱形，故名，属嵊山镇。湾口朝向西北方，西起双胖嘴，东北至横栏嘴，南北长 500 米，东西宽 200 米，面积约 0.1 平方千米。口外坎礁上建有灯桩。主航道水深 8.8 米，最深处 9.6 米，近岸 50 米附近最浅处 6.2 米。为细沙质底，利于锚泊，可泊 700 余艘渔船，能避东—南 10 级大风。

泗洲塘湾和大玉湾

位于嵊山岛的南侧，岛东南外伸至满嘴头的半岛形凸出部分以西，西与枸杞岛海域相接，总称泗洲塘湾，属嵊山镇。湾内有两个并列的岙口，东为大玉湾，西为泗洲塘，均南向。大玉湾因岸线呈半圆形，似半只玉环得名，内近岸 50 米处水深 2 米，向外逐步加深到 11.4 米，可避 8 ～ 9 级东北风和 10 级北风。泗洲塘湾近岸处水深 3.7 米，外伸 50 米处渐深，最深处 19.8 米，可泊万吨级巨轮。海水清澈，透明度高，近岸 50 米内多砂砾，50 米外淤泥质，抓锚力强。岙口外埋有海底电缆，不准船舶下锚。

后头湾

位于嵊山岛北侧，属嵊山镇。西起横栏嘴，东至后头岭屿，宽 1000 米，纵深 1.2 千米，面积近 1 平方千米。岸线曲折，西陡东缓，水深 2.4 ～ 21.5 米，潮间水位差年平均 2.1 米。底质近岸 50 米处为软泥，离岸 100 米处为泥石质，湾内水质澄清翠碧。可避 8 ～ 9 级南风和 7 ～ 8 级西南风。南岸近 20 米处有 2 个干出礁，对船舶停泊无多大影响，可泊大中型船只。

干斜岙湾

位于枸杞岛西侧，属枸杞乡。南起老虎山北麓，东北至茭杯岛，湾口宽 900 米，纵深 700 米，面积约 0.6 平方千米。近岸沙滩，50 米以外为淤泥。水深 2 ～ 13 米，可避 6 ～ 7 级东南风。

南岙湾

位于壁下山南部西侧，安基村正南面，朝向西南，属嵊山镇。湾宽 350 米，纵深 300 米，面积约 0.06 平方千米。泥质底，水深 4.2 ～ 9.6 米，锚地良好，可供船舶锚泊。

花鸟山北湾

由东部的外嘴头岬角和西部的狗头颈岬角之间的海域构成，朝向西北，属花鸟乡。湾口长 400 米，纵深 600 米，面积约 0.2 平方千米。

水深 5 ～ 11 米，泥质底，局部石质，可避北—东北风。湾口有涌浪，东侧有乌盆礁、三礁、磨礁相围。

花鸟山南湾

花鸟山东南侧，居黄胖嘴与龙舌嘴两岬角之间，朝向东南，属花鸟乡。湾口长 400 米，纵深 600 米，面积约 0.2 平方千米。水深 5 ～ 13 米，湾底多泥，部分石底。可避北—东北风。湾口有涌浪，东侧有乌盆礁、三礁、磨盘礁相围。

花鸟山西湾

在花鸟山西侧，居双螺礁与稻棚嘴之间，属花鸟乡。湾口宽近 1 千米，纵深 700 米，面积约 0.5 平方千米，泥质底。水深 5 ～ 10 米，可避 6 ～ 7 级东南风，东北风时有涌浪。东北处围有防浪堤，供小型船舶避风锚泊。

东湾

位于大洋山薄刀嘴岛屿东侧，东嘴头与外小山之间，属大洋镇。湾口长约 500 米，纵深 700 米，面积约 0.06 平方千米。水深 2 ～ 5 米，沙质底。

山塘湾

位于大洋山大山塘岛南侧偏南，属洋山镇。该湾三面岛礁环列，有馒头山、小山塘北岛、小山塘南岛及浦帽山等，南北纵深 900 米，东西宽 1300 米，面积约 1 平方千米。水深由 2.2 米向外逐步加深到 10 ～ 20 米，为天然避风港湾，可避 7 ～ 8 级偏北风。

第四节　岸　线

嵊泗列岛的岸线总长 471.35 千米，其中岩岸 405 千米，占总长的 89%，沙岸 274 千米，占 5.9%，泥岸 23 千米，占 5.1%。离岸 200 ～ 300 米水深大多在 20 ～ 60 米之间。深水岸线 28.2 千米，水深在 7 ～ 8 米。7 ～ 15 米等深线位于大洋山、小洋山、徐公岛、北鼎星岛等连线以西海域；20 米等深线在泗礁山、黄龙岛、绿华岛、花鸟山、枸杞岛诸岛之间；30 米等深线紧贴绿华岛、花鸟山和嵊山、枸杞岛、壁下岛诸岛礁连线；70 米最深海域在海礁以南 0.5 千米处。水深 10 米岸线分布在嵊山（3.79 千米）、枸杞岛（2.4 千米）、花鸟山（0.7 千米）、绿华岛（3.5 千米）、大洋山（4.3 千米）、小洋山（1.2 千米）；水深 20 米岸线分布在枸杞岛（1.1 千米）、花鸟山（2.0 千米）、马迹山（2.5 千米）。

水位深，适合建设港口码头的岸段，有菜园北侧、李柱山南北两侧，马迹山南侧，大黄龙南北两侧，西绿华山南侧、小洋山南侧，大洋山北侧，嵊山西南侧，枸杞岛南侧、花鸟山东南侧等多处。

马迹山深水岸段

位于泗礁山岛西南端马迹山岛南侧，东北距县城菜园镇 5.2 千米，西北距上海芦潮港约 31 海里。马迹山岛总面积 1.81 平方千米，岸线总长 10998 米。其中马迹山岛南侧深水岸线长约 2500 米，前沿港池水深大于 20 米。

绿华山深水岸段

东西绿华山岛海岸线总长 19037 米（其中基岩 17637 米）。深水岸段位于岛的南侧，西自西绿华山岛的狗头颈，东自东绿华山岛的小铜钱礁，长约 3000 米。前沿水深 10 ～ 25 米，10 米等深线距岸 200 ～ 750 米，后缘无陆域平原。

枸杞深水岸段

枸杞岛海岸线总长 22509 米（其中基岩 21147 米）。深水岸段位于岛的南侧，西自江爿礁向东经里西嘴至南龙舌，长约 3000 米。10 米等深线距岸 100 ～ 500 米，20 米等深线距岸 200 ～ 1000 米。

嵊山深水岸段

嵊山岛海岸线总长 19264 米(其中基岩 17041 米)。深水岸段位于岛的西南侧,北自双胖嘴向东南经泗洲塘、大玉湾至鳗嘴头、扫箕头,长约 3500 米。前沿 10 米等深线距岸 50～500 米,后缘陆域为岩石山坡。港池水深 10～30 米,可泊渔船 5000 艘左右,能避西北风、北风和东北风。

小洋山深水岸段

总长约 9000 米,分为两段,西北侧岸段为小洋山岛—镬盖档岛—小岩礁等岛屿筑堤连接后,形成西北至东南延伸的约 6000 米深水岸线,堤坝前沿水深大于 10 米,多数大于 13 米,局部大于 20 米。东侧岸段为西门堂至沈家湾抢虾山嘴,深水岸线长约 3000 米。前沿水深 15 米～ 20 米。

大洋山深水岸段

自大洋山岛东嘴外后门向西至酒埕山嘴、野鸭嘴头、大三塘等岛筑堤连接,形成长约 7000 米深水岸线。以大洋山岛西北角的野鸭嘴头为界,向东岸线长约 4000 米,前沿水深大于 20 米。向西岸线长约 3000 米,前沿水深 10 ～ 20 米。

嵊泗县主要岛屿岸线情况表

表 1-1-1　单位:千米

岛　名	岸线总长	岩质岸线	砂砾岸线	人工岸线
泗礁山岛	57.47	40.126	6.679	10.662
马迹山岛	10.998	10.718	—	0.280
徐公岛	9.200	8.437	—	0.763
金鸡山岛	8.824	6.607	0.308	1.909
西绿华岛	10.004	10.004	—	—
东绿华岛	7.748	7.634	—	0.114
大黄龙岛	21.14	—	—	—
嵊山岛	19.264	17.041	0.086	2.138
壁下山岛	9.068	8.798	—	0.27
枸杞岛	22.509	21.147	1.027	0.335
花鸟山岛	36.003	16.103	—	—
大洋山岛	16.697	10.214	—	6.484
小洋山岛	14.211	12.54	0.158	1.513
滩浒山岛	6.535	5.862	0.248	0.462

第五节　锚　地

境内地质构造复杂，自然因素错综，海岸线变幻多姿，港湾锚地众多，方便船舶避风、锚泊。绿华山锚地约 7.32 平方海里，是境内最大锚地，可供万吨巨轮锚泊，其中约 1 平方海里经总参谋部和交通部批准对外开放。其余锚地分散在东部 11 处、中部 12 处、西部 3 处，共 26 处。

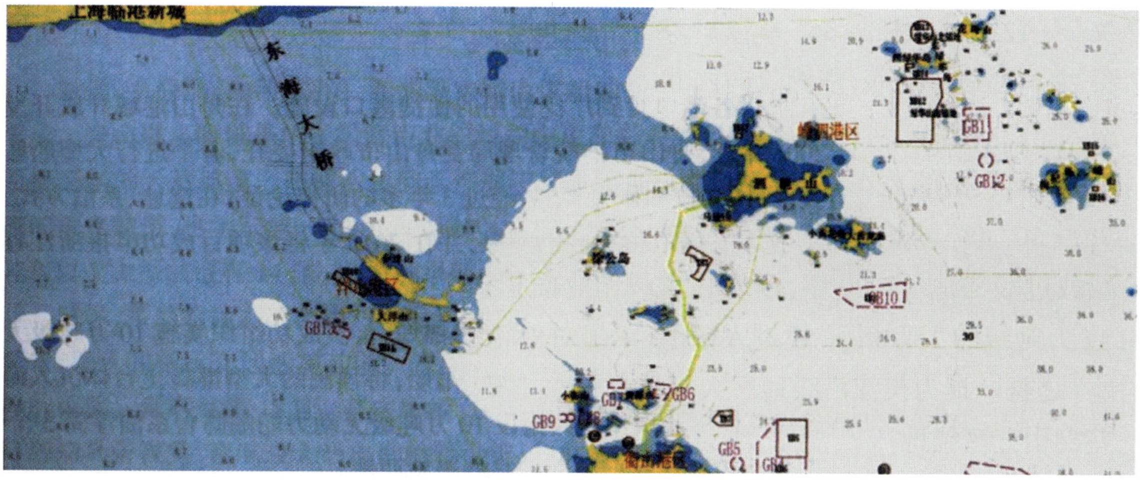

嵊泗海域锚地分布示意图

嵊泗海域主要锚地一览表

表 1-1-2

锚地名称	主要用途	水深（米）	面积（平方千米）	代表船型（万吨）	容量（艘）
马迹山引航锚地	引航、待泊	30	9.02	30	5
马迹山 2 #锚地	引航	22	7.51	20	6
马迹山 3 #锚地	待泊	12 ～ 30	0.7	3.5	2
洋山引航待泊锚地	引航 / 待泊 / 检验	22 ～ 24	16.56	15	13
洋山小型避风锚地	避风	10 ～ 12	3.0	1 ～ 2	5
大洋山南 1 #锚地	待泊、避风	13 ～ 20	6.3	≤ 10	6
绿华山南锚地 （含 18 万吨减载平台）	过泊 / 避风 / 锚泊	18 ～ 50	25.2	15	35
绿华山北锚地	活鲜水产品交货点	21 ～ 28	3.88	1	7
绿华山锚地		23 ～ 41	25.24	＞ 20	16
陈钱山北锚地	连接待泊	40	0.15	1	1

续表 1-1-2

锚地名称	主要用途	水深（米）	面积（平方千米）	代表船型（万吨）	容量（艘）
陈钱山南锚地	连接待泊	17 ～ 20	0.21	1	1
金鸡山锚地	连接待泊	5 ～ 7	0.28	＜ 0.1	2

绿华山锚地

绿华山锚地位于东、西绿华岛南侧，即北纬 30°45′～ 30°48′、东经 122°36′～ 122°36′、122°36′～ 122°38′之间，海域面积 7.32 平方海里，约 25 平方千米。锚地水深 25 ～ 56 米，泥底，涨潮流向西北，流速 4 节；落潮流向东南，流速 2.5 节。锚地范围大而水深，适宜于停泊万吨以上巨轮。锚地东侧即北纬 30°46′、东经 122°38′以东有上三横岛。1974 年，中国人民解放军总参谋部和交通部联合发文，批准开发绿华山南锚地。划定北纬 30°47′～ 30°48′、东经 122°37′～ 122°38′之间，面积 1 平方海里，约 3.4299 平方公里作为外轮减载过驳锚地。1980 年，锚地和减载作业面积扩大为 24.1 平方千米。1979 年，上海港务局 11 万吨级的“双峰海”轮进入锚地，承担对外轮的减载过驳任务。绿华山锚地享有“国际锚地”之誉。现为长江沿线地区大宗散货水水中转、水上过驳的重要基地。

花鸟山北湾锚地

位于花鸟山岛大岙北侧，面积 0.4 平方千米，水深 4 ～ 12 米，泥底，能避 6 级东南、西南风。湾口东侧有干出礁。

花鸟山西湾锚地

又称大水坑锚地，位于花鸟山岛西侧，面积 0.4 平方千米，水深 6 ～ 10 米，泥底，涨潮流向西北，流速 4 ～ 5 节，落潮流向东南，流速 2.5 ～ 3.8 节。属往复流，能避 6 级东南风。湾口北侧有干出礁。

花鸟山南湾锚地

位于花鸟山岛大岙南侧，面积 0.2 平方千米，水深 7 ～ 20 米，泥石底，能避 6 ～ 7 级东北风、北风。湾口东、西两侧有干出礁。

野猫洞锚地

位于壁下山岛野猫洞西侧，面积 0.4 平方千米，水深 5 ～ 20 米，泥底，涨潮流向西北，落潮流向东南，流速 3 节。能避北风、东北风。东风时有涌浪侵入，易拖锚。锚地两侧外口有百亩田礁。

嵊山锚地

位于嵊山、枸杞岛之间南侧，包括嵊山泗洲塘、大玉湾、枸杞岛东南海域。水域宽阔，面积约 10 平方千米，水深 6 ～ 20 米，泥底，涨潮流向西北，落潮流向东南，流速 2 ～ 3 节。能避 10 级以下偏北风。可供万吨船舶锚泊，外围有海底电缆。冬季带鱼汛期间，风暴来临时，有大批渔船来此避风。

箱子岙锚地

位于嵊山岛西北侧箱子岙湾，面积约 0.2 平方千米，水深 2 ～ 10 米，底质泥沙，能避 6 级东南风。冬季带鱼汛期间，风暴时各类渔船多汇集于此。

枸杞西北锚地

位于枸杞岛西北北风嘴外侧，面积约 1 平方千米，水深 7 ～ 20 米，底质泥沙，能避 6 ～ 7 级北风、东北风。

泗礁山北锚地

在泗礁山岛北侧，介于金鸡山岛与老鼠山之间，水域宽阔，面积约 9 平方千米，水深 2.5 ～ 6 米，泥底，涨潮流向西北，落潮向东南，流速 3 节。能避 7 ～ 8 级偏南诸风。东南风 7 级以上时有涌浪侵入。小菜园西北方水域较浅，锚泊时要留有富余水深；要注意低潮时搁浅。曾有吃水 2.3 米的舰船搁浅的历史。

泗礁山西锚地

位于泗礁山岛西侧 5 米等深线附近，面积约 8 平方千米，水深 3 ～ 8 米，泥底，能避 6 ～ 7 级东北、东南风。

泗礁山南锚地

位于泗礁山岛南侧，东西距离较长，从马迹山东侧起，到泗礁五龙边礁岙沿岸海域全长约 8 千米左右，面积约 8 平方千米，适宜处均可锚泊。水深 3 ～ 9 米，泥底，涨潮流向西，始于定海港高潮前 5 小时，落潮向东，始于定海港高潮 1 小时，流速 2 节左右。在东端和中部东经 122° 27′ 30″ 附近有海底电缆，锚泊时要注意。

朝阳锚地

位于泗礁山岛东端长礁嘴与六井头（鹿颈头）之间湾内，面积约 1 平方千米，水深 3 ～ 8 米，泥底，能避 7 ～ 8 级西南、西北风。船舶进入锚地时，宜略靠六井头一侧航行，避开淡菜屿附近众多礁石。

金鸡山西侧锚地

位于金鸡山大毛峰岛及泗礁山岛青沙外山嘴之间，面积约 2 平方千米，水深 3 ～ 8 米，泥底，流缓，能避 7 级东、东南风。

大黄龙西北锚地

位于大黄龙岛北港外侧，面积约 1.5 平方千米，水深 2.5 ～ 5 米，泥底，涨潮流向西，落潮流向东，流速 2 节左右。能避 6 ～ 7 级东南风。锚地东北侧有纱帽礁。

大黄龙东南锚地

位于大黄龙岛南港港湾内，面积约 0.8 平方千米，水深 5 ～ 8 米，泥底，能避 6 ～ 7 级北、西风。锚地东侧有扁担沙、中宝礁、外宝礁。锚地南侧长山嘴头有灯桩。

马迹山西北锚地

位于马迹山岛西北侧，面积约 1 平方千米，水深 3 ～ 5 米，泥底，能避 6 ～ 7 级西、西北风。马迹山北侧长山嘴头设有灯桩头。

白节山锚地

位于白节山岛东南侧，范围较小，水深9.2～16米，泥底，涨潮流向西，落潮流向东，能避7～8级西、西北风。

白节山西锚地

位于红小山与白节山灯塔连线一带，范围较小，水深5～10米，泥底，只限小船避东风、有涡流。

小白节山锚地

位于小白节山岛以西，范围较小，水深8～14米，泥底，小型船舶可避东风。

徐公西锚地

位于徐公岛西侧5米等深水线附近，范围不大，水深4～10米，泥底，能避东南风。锚地西侧有急流。

小洋山西南锚地

位于小洋山岛西南侧，范围较小，水深8～15米，底质泥沙，涨潮流向西，流速5.5节，落潮流向东，流速4.8节，可避7～8级偏北风。锚地东侧有海底电缆，船舶锚泊须避开。

大洋山西北锚地

位于大山塘岛与大洋山岛之间，范围较小，水深10米左右，底质泥沙，涨潮流向东，落潮流向西，流速2～3.5节，容易脱锚。可避7级东南风。锚地附近有海底缆线，锚泊时须注意。

大洋山西南锚地

在大洋山岛西南10米等深线以内。底质泥沙，涨潮流向东，落潮流向西，流速2～3.5节。可避7级东北风。锚地附近有海底缆线，锚泊时要注意。

第六节　航道　水道

航道

嵊泗位于南北海运和跨太平洋航线的交汇点上。花鸟山灯塔是南北航线、跨太平洋航线船舶进出上海港和向东至日本的地标。浪岗山列岛及浪岗山灯塔是南向航线及欧、非、澳、美等航线船舶出入长江口、上海港及嵊泗的标志，两灯塔以东的航道水深可达50米以上，以西内航线水深也在30米以上，沿泗礁山岛西部进入长江口航道，形成江海连接。

嵊泗主要大型航道有马迹山作业区进出港航道、洋山港区进出港航道和绿华山港区进出港航道。

马迹山作业区进港航道　位于马迹山周边海域。航道分为马迹山进港航道和马迹山港中转东、西航道。

马迹山进出港航道　位于马迹山南部水域，系进出泗礁港区马迹山作业区的主要航道。由外航道至马迹山港池前沿，宽度1000米，最小水深22.1米，满足25万吨级及以下船舶满载进港，25万吨级以上船舶乘潮进港。

马迹山中转东航道　位于马迹山以东海域，由马迹山港池向东连接东航路，北上驶往长江口。航道水深条件好，深度14米、宽度500米，满足5万吨级船舶双向全潮通航需要。

马迹山中转西航道　位于马迹山以西海域，由马迹山港池起，向西连接中航路，北上驶往长江口。航道水深最浅段约为9米，满足马迹山港二程船舶减载进入长江口。

洋山港区进出港航道　位于崎岖列岛以东水域。该航道是大型集装箱船、油轮等进出洋山港区主航道。三期进港主航道全程均为满足10万吨级和15万吨级集装箱船舶交汇通行的双向航道，有效宽度550米。2008年10月，按LNG船通航要求，开通650米宽航道。航道通航水深16.5米，其中约5.9海里的人工航槽段需疏浚维护，设计疏浚底标高–16.5米，满足10万吨级集装箱船舶全潮通航，15万吨级集装箱船舶候1.2米潮位通过。

绿华山港区进出港航道　位于绿华山以北和以南海域。绿华山港区水域开阔，水深流顺，南方来船可由黄泽洋习惯航路直接抵达绿华山锚地，航路水深大于20米；长江口来船经长江口船舶定制线分道口直接抵达绿华山锚地。出港则反之。

《浙江沿海及主要港口航行指南》，嵊泗海域主要航路：

外航路。自花鸟山灯塔正东方8.2海里处，经嵊山、南岗山列岛、渔山列岛以东海面至福建，该航路海域开阔，水深不限，可满足各类船舶全潮通航。

东航路。自长江口船舶定线制C3通航分道口，经西半洋礁以西、小板门、东亭山、渔山列岛以西，往南驶向台州列岛、南麂岛浙南沿海，该航路是0.5万吨～5万吨级船舶过境浙江沿海的常用航路。

中航路。自大戢山灯塔以东6.7海里处，白节峡至小板门，接入东航路，该航路是3000吨级～3万吨级船舶经上海港前往宁波—舟山港或浙南港口的另一常用航路。

西航路。自大戢山灯塔以东6.2海里处，沿金山航路至鱼腥脑灯塔方位96°、距离4.6海里处，金塘水道或西堠门、螺头水道、佛渡水道或青龙门、牛鼻山水道往南、途经鸟礁、东矶岛、洛屿、下浪珰以东海域驶向福建水域，该航路通常为5000吨级及以下船舶前往或过境浙江沿海的常用航路。

自黄泽洋灯船到洋山港东口门全长21.3海里。洋山港区支线航道共有三条，均为双向自然水深航道。

泗礁港区以马迹山港1号锚地为起点，经黄泽洋可分别到达泗礁港区与宝钢马迹山矿石中转码头。通航等级为20万～30万吨级船舶，航道最浅水深22.1米，航道宽度800～1200米。国内二程船有二条，一是经宝钢马迹山矿石中转码头港池往东，到马迹山2号灯浮转向，驶向大黄龙东南，沿东航路北上；二是船舶离马迹山码头后向西北航行约4海里，接中航路北上。

绿华山港区位于东航路马鞍列岛，近长江口，进出绿华山港区主航路的水域开阔，水深条件好，南方来船，可由黄泽洋东航路直接抵达绿华山南锚地，航路水深大于20米。长江口来船可经C3通航分道口，沿东航路南下，直接抵达锚地。

嵊泗海域航道情况表

表 1–1–3

序	航道名称	航道起点	航道讫点	航道规模（吨级）	航道长度（海里）	航道宽度（米）
1	黄龙进港主航道	外航路	黄龙岛	10 万	3.6	700
2	黄龙进港支航道	外航路	黄龙岛	1 万	7.2	800
3	黄龙进港港内航道	外航路	黄龙岛	5 万	2.3	800
4	黄龙进港分流航道	外航路	黄龙岛	25 万	21.3	500 ～ 1000
5	黄龙进港中转外航道	外航路	黄龙岛	10 万	16.4	1000
6	绿华山进出港航道	绿华	长江口	15 万	14.6	1500
7	枸杞 / 嵊山进港航道	外航路	枸杞、嵊山	30 万	7.3	1000
8	洋山二程中转东航道	小洋山	长江口	5 万	2.6	800
9	马迹山进港航道	外海	马迹山港区	30 万	40.5	1000
10	马迹山中转西航道	马迹山港区	中航路	30 万	3.78	1000
11	马迹山中转东航道	马迹山港区	东航路	30 万	6.0	1000
12	马迹山中转外航道	东航路	嵊山南	30 万	10.9	1000
13	马迹山作业区港内航道	马迹山进港航道	马迹山港区	30 万	2.3	1000
14	马迹山中转航道	洋山航道	马迹山港区	30 万	21.3	1000
15	绿华山进港航道	外航路	绿华山锚地	30 万	31.5	1000
16	洋山港区进港航道	马迹山航道	洋山港区	15 万	36.8	1000
17	洋山进港支航道	大戢山	大洋山东侧	10 万	13.4	自然宽度

水道

境内岛屿间共有水道 37 条，其中东部马鞍列岛附近 18 条，中部泗礁山岛附近 9 条，西部崎岖列岛附近 10 条。

马鞍列岛西侧水道 泗礁山与马鞍列岛之间，西北东南航道，水道宽阔，水深 15 ～ 30 米，靠马鞍列岛一侧深处达 60 米，涨潮流向西北，落潮流向东南，流速 2 ～ 3 节。是县境内南北通航的主要水道。水道中央靠泗礁山一侧有外百亩田礁，在外百亩田礁东方靠枸杞岛一侧有西半羊礁，船舶航行须避开。

嵊山、枸杞岛北侧水道 贯穿于嵊山、枸杞与壁下山、东西绿华诸岛之间，东西航向，水深 20 米以上，水道宽阔，涨潮流向西北，落潮流向东南，流速 2 ～ 3 节。沿北纬 30° 45′一线，禁止抛锚。泗礁山至嵊山、枸杞的船舶经此。嵊山与枸杞间水道，南北航向，水深 5 ～ 31 米，宽约 1 链（相当于 0.1 海里）。涨潮流向北，落潮流向南。通过此航道时，须避开水道东北侧之上山礁、下山礁、中山礁一群礁石，靠枸杞岛一侧航行，在两岛南口到枸杞岛沙嘴头时，须避开航道西侧之鹅礁，靠嵊山双胖嘴一侧航行。

花鸟山与白礁之间水道　西北、东南流向，水深10米以上，宽约5链，涨潮流向西北，落潮流向东南，宜小型船舶或渔船通行。水道中央有高2米的大缸礁和干出1米的小缸礁，航行时应该从该礁西侧通过。靠白礁一侧有急流。

花鸟山与彩旗山之间水道　水深10米以上，东西流向，涨潮流向西，落潮流向东，航道东端北侧有三礁、磨砻礁、牛角礁等，航道北侧有急流，船舶须保持在航道中央通行。

彩旗山与鸡笼山之间水道　宽约5链，(航海中的计量单位，链等于182.2米) 水深10米以上，东西航向，涨潮流向西，落涨流向东，船舶通过须保持在航道中央。

鸡笼山与大青山之间水道　宽约7链，水深10米以上，东西航向，涨潮流向西，落潮流向东，靠鸡笼山一侧有急流，船舶通过须保持在航道中央。

东绿华与其东南方诸岛之间水道　有大小水道4条，涨潮流向西北，落潮流向东南。西侧为绿华山锚地，船舶均可通航。其一为东绿华与东库山之间水道，宽约6.5链，水深15米以上。其二为东库山与求子山之间水道，宽约5链。水深15米以上，航道中央靠东库一侧有狮子礁及一干出礁。其三为求子山与柱住山之间水道。其四为柱住山与下三横山之间水道，宽约9链，水深15米以上，在下三横山东北侧约3链处有3.8米的浅水点，船舶航行时，宜略靠柱住山一侧行驶。

下三横与台南山之间水道　东西向宽约3链，水深22米，两侧有干出礁，船舶宜在中央航行。

海横头岛，东与西绿华，北与锚山，南与鳗局岛（原名鳗胎）之间形成3条水道，与西绿华之间水道，宽约1.6链，水深13.2～14米，南北航向；与锚山之间水道，宽约6链，水深12～20米，东西航向；与鳗局道之间水道，宽约3链，水深10～37米，东西航向，在水道东头，西绿华岛西侧有急流。3条水道均可通航。

鳗局岛与馒头山之间水道　东北、西南航向，宽约1.5链，水深10米左右，涨潮流向西，落潮流向东。东口有急流，泗礁—绿华—壁下—嵊山航线客轮由此通过。

野锚洞西侧水道　壁下山、大盘山、张其山与黄礁之间，宽度7链，水深约25米，涨潮流向西北，落潮流向东南，流速3节。船舶航行时须避开野锚洞西南约5链处的百亩田暗礁。靠壁下山南侧有急流。泗礁—绿华—花鸟—壁下—嵊山交通船从此水道通过。

大青山、张其山、黄礁西侧水道　水域宽阔，水深15～59米。涨潮流向西北，落潮流向西南，流速3节左右。航向西北—东南，是船舶南北通航的主要水道之一。水道北口中央有江礁（红礁），干出2.1米，半潮时适淹，江礁西侧有浅水点。

大宫山（大贡山）与洞礁（桶礁）之间水道　宽1.2链，水深20米以上，水道西侧有险恶地。

大毛峰（大毛烘）水道　大毛峰岛与里泗礁、虎鱼礁（花鱼礁）之间，东—西流向，宽5～6链，水深9～15米，涨潮流向西北，落潮流向东南，流速3节。大毛峰西北侧有干出3.3米的扁担礁，在大毛峰东侧的小毛峰、小龙礁、中龙礁、上龙礁附近有急流。

剑门水道　金鸡山与泗礁山之间，宽约100米，水深0.6～8.6米，西北、东南流向。涨潮流向西北，落潮流向东南，流速4节。水道中间有中门柱礁设有灯桩。涨潮时渔船可通过，但较危险。2001年金青大桥建成，两岛直通。

泗礁山与北鼎星之间水道　南北流向，宽约1海里，水深5～10米。涨潮流向北，落潮流向南，流速1～2节。泗礁山西侧有浅海区，靠北鼎星一侧有草鞋耙礁设有灯桩，上海至泗礁的船舶可由此通过。

马迹山水道　马迹山与中柱山之间，西北、东南流向，宽约100米，水深6～12米，涨潮流向西北，落潮流向东南，流速2～3节。可通过桥、坝等连岛工程与泗礁山岛连为一体，有公路直通泗礁山岛。

大岙门(黄龙门)水道　大黄龙岛与小黄龙岛之间，宽约1链，北口较窄，水深5～10米，南北流向，涨潮流向北，落潮流向南。门内靠小黄龙一侧多干出礁和渔棚，出北口江家山嘴为大黄龙岛西北锚地。

黄龙岛与泗礁山岛之间水道　东西流向，水道宽阔，水深6～15米。涨潮流向西，落潮流向东，流速2节左右，为船舶进入泗礁山南锚地主要水道。里马郎山周围2.5链内多礁石，不宜靠近航行。

黄龙岛与南鼎星之间水道　水道宽阔，水深10～24米，西北、东南流向，涨潮流向西北，落潮流向东南。南鼎星东南方4链内有延伸之浅水区，南鼎星尾部浅水点深1米，大黄龙岛西南侧有急流。

黄龙岛外马廊山之间水道　南北流向，水道宽阔，水深13～30米。涨潮流向北，落潮流向南。外马廊山西南一链处有干出0.4米的脚盆礁。南鼎星岛北侧，外马廊山南侧有急流。

川湖列岛与徐公岛之间水道　水道宽阔，水深8～15米。流速较快，船舶航行时须注意水道附近横流影响，一般落潮时经鼻头礁东侧通过，涨潮时经鼻头礁西侧通过。

颗珠门水道和颗珠山与大乌龟岛之间水道　颗珠山与小洋山之间的水道称颗珠门水道，宽约3链，水深9.6～29米，门中潮流湍急。与大乌龟岛之间的水道，南北流向，流速1～3节，水深4.6～14.2米。在洋山深水港及东海大桥工程建设中，大乌龟岛、颗珠山岛及邻近的蒋公柱岛都经填海与小洋山岛连成一片陆地，成为桥基，原来的水道不复存在。

大洋山东北侧水道　即大指头岛、大岩礁与将军帽、镬盖档之间的水道，原是大洋山与泗礁山航船的通道，洋山深水港建设中，经填海工程，上述岛礁连同沈家湾岛、薄刀嘴岛一起，已与小洋山连成一个整体，原有的水道不复存在。

虎啸蛇岛与筲箕岛之间水道　宽约7链，水深13.2～52米，东北西南流向。靠筲箕岛有水深2.6米的暗礁。筲箕岛南侧有急流。

老人家门水道　筲箕岛与沈家湾岛之间，宽约2.4链，水深11米以上，东西流向。靠筲箕岛一侧有老人家礁，门西靠大洋山北侧水流湍急。

大山塘与大贴饼之间水道　南北流向，宽约3链，水深4～9米。大山塘东侧为一片浅水区，有馒头山、外山塘北岛、小贴饼岛、小山塘南岛等，船舶通过须靠近大贴饼岛一侧。

双连山与大山塘岛之间水道　南北流向，宽约7链，水深7.8～19米，东侧水较浅，船舶航行须靠双连山一侧。

第二章　海　岛

境内为海岛丘陵地貌，岛屿星罗棋布，总体分散，局部集中。嵊泗境内岛屿500个，陆域面积81.1平方千米，其中有居民岛屿28个。

东部岛群，北起灯城礁和花鸟白屿，南至枸杞岛以南的大宫山岛，西起猫山屿，东至鳗鱼头屿，包括马鞍列岛、浪岗山列岛、海礁等，共有岛屿217个，其中有居民海屿11个，无居民海屿206个。陆域面积20.73平方千米，面积大于500平方米的岛屿191个。面积最大的岛屿为枸杞岛，陆域面积5.85平方千米；海拔最高的是花鸟山岛，最高点高程236.9米。

中部岛群，称泗礁诸岛，以泗礁山岛为中心，东起大黄龙岛，西至徐公岛，北起外泗礁，南至白节山岛。共有岛屿193个，其中有居民海屿9个，无居民海屿184个。陆域面积38.33平方千米，面积大于500平方米的岛屿181个。面积最大的岛屿为泗礁山岛，陆域面积22.66平方千米；海拔最高的是大黄龙岛，最高点高程223.5米。

西部岛群，北起大戢山岛以北灶前礁，南至马鞍礁，西起唐脑山岛，东至虎啸蛇岛以东的蛇舌礁，包括崎岖列岛、滩浒诸岛及大戢山岛、小戢山岛等。共有岛屿90个，其中有居民海屿8个，无居民海屿81个。陆域面积22.04平方千米，面积大于500平方米的岛屿34个。面积最大的岛屿为大洋山岛，陆域面积4.861平方千米；海拔最高的是大洋山岛，最高点高程204.0米。

第一节　有居民岛

泗礁山岛

位于嵊泗列岛中部，北纬30° 41′～30° 44′、东经122° 25′～122° 32′。曾名泗礁山。2011年更名为泗礁山岛。呈东西走向，状似自东向西的奔马，岛长11.41千米，宽5.84千米，近陆距离46.17千米，岸线长55.14千米，陆域面积22.66平方千米，是嵊泗列岛主岛。中北部谷地较开阔。岛上峰峦连绵起伏，山坡较缓，海拔100米以上的山峰有15座，最高点岛西南隅插旗岗，海拔217.8米。

岸线曲折，滩涂遍布。西侧和西南侧多为泥涂，东北、东南、东三面多为沙滩，沙质优。周围水深：西部1.0～6.0米，西北11.0～25.0米，北部4.0～9.0米，东北20.0～40.0米，东部2.0～12.0米，南部3.0～8.0米。

泗礁山岛为嵊泗县人民政府驻地，2014年，岛上总户数14796户，总人口37577人。建有 200 吨级以上码头 8 座，防浪堤 3 条，灯桩 2 座，灯桩由上海海事局宁波航标处管理。公路畅通，各乡镇均通客车；海上有客轮通往上海、定海、岱山衢山及境内各岛。

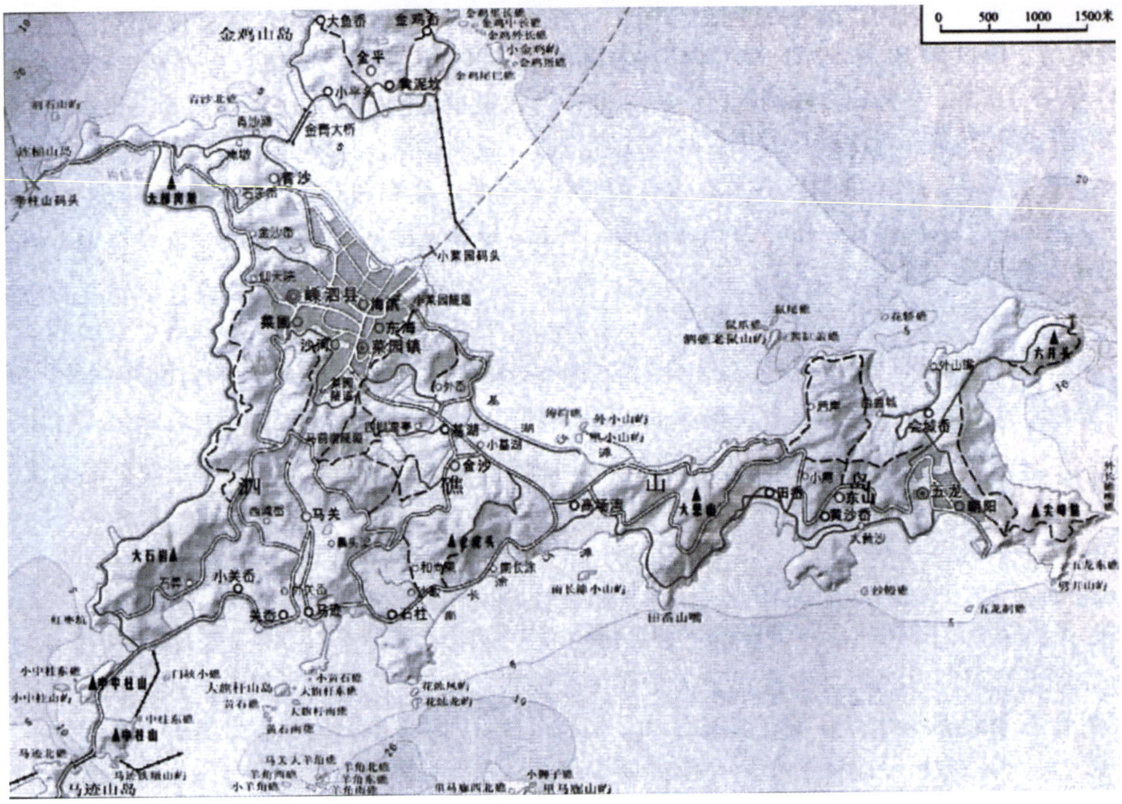

泗礁山岛

金鸡山岛

位于嵊泗列岛中部，泗礁山岛西北部北岸外，与泗礁山岛岸距 230 米，北纬 30° 45.1′、东经 122° 27.4′，距县城菜园南 2.8 千米。曾名金鸡山、鸡鸣山、大金鸡、鸡鸣屿。2011 年更名为金鸡山岛。属菜园镇。岛呈不规则多边形，岛长 2.15 千米，宽 1.24 千米，近陆距离 47.78 千米，岸线长 7.64 千米，陆域面积 1.987 平方千米，最高点高程 132.5 米。周围水深东西南三面 2.0 ～ 4.0 米，北面 6.0 ～ 9.0 米，西北、东北 10.0 ～ 11.0 米。岛上户籍人口 3553 人，常住人口 4069 人。有码头 11 座，建有金青大桥与泗礁山岛相通。东侧有嵊泗中心渔港防波堤 1 条和灯桩 1 座，灯桩由上海海事局宁波航标处管理。

金鸡山岛

连槌山岛

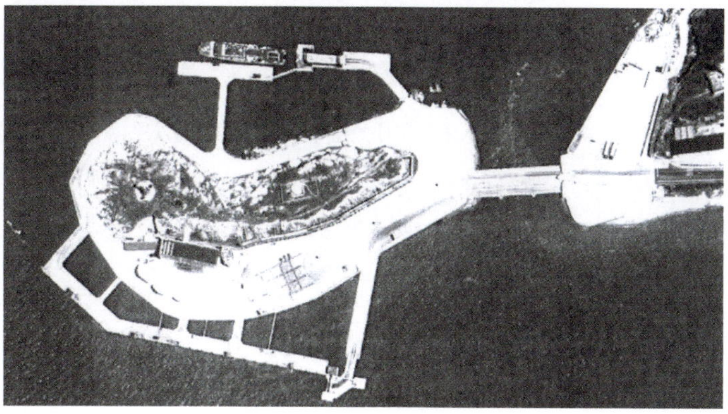

连槌山岛卫星摄像

位于泗礁山岛西北端西岸外50米，距县城菜园西北3.3千米，北纬30° 44.5′、东经122° 25.3′。曾名连槌山、练槌、李柱礁、李柱山。2011年更名为连槌山岛。属菜园镇。岛呈狭长形，岛长294米，宽148米，近陆距离45.88千米，岸线长808米，陆域面积0.032平方千米，最高点高程21.8米，周围水深6.0米。岛上户籍人口1人，常住人口20人。有李柱山桥与泗礁山岛相连，建有客运中心大楼和客货交通码头，客船通往上海、定海、岱山、衢山及境内各岛。

马迹山岛

马迹山岛卫星摄像

位于嵊泗列岛中部，泗礁山岛西南海域，与泗礁山岛岸距150米，距县城菜园西南4.6千米，北纬30° 40.7′、东经122° 25.0′，曾名马迹山。2011年更名为马迹山岛。属菜园镇。岛呈“人”字形，岛长2.49千米，宽1.58千米，近陆距离47.73千米，岸线长11.62千米，陆域面积1.942平方千米，最高点高程113.1米。地势南高北低，岩岸陡峭。周围水深0.5～5.6米，西北侧水深3.3～5.6米，宜锚泊，可避6～7级东风和东南风。岛上户籍人口1人，常住人口436人。有马迹门大桥与泗礁山岛相连。岛上建有上海宝钢集团公司马迹山矿石中转码头，建有30万吨级、3.5万吨级铁矿石中转码头各1座和工作船码头。北端临马迹门水道处建有灯桩1座，由上海海事局宁波航标处管理。

北鼎星岛

北鼎星岛

位于泗礁山岛西北海域，与泗礁山岛岸距3千米，距县城菜园西北3千米，北纬30° 45.3′、东经122° 23.3′。曾名北鼎星、鼎星、北丁兴山、北丁星、北鼎新、丁星、北丁兴，与黄龙乡的南鼎星岛南北相对。属菜园镇。岛呈狭长三角形，北南走向，岛长 2.29 千米，宽 809 米，近陆距离 41.78 千米，岸线长 6.47 千米，陆域面积 0.845 平方千米，最高点高程 144.0 米，周围水深 3.0 ～ 6.0 米。2014 年岛上户籍人口 1 人，常住人口 50 人。岛上有开山采石活动，建有码头 4 座，设有自动气象观测站。

徐公岛

位于嵊泗列岛中部，泗礁山岛西南海域，与泗礁山岛岸距 150 米，距县城菜园西南 17.9 千米，北纬 30° 38.7′、东经 122° 17.0′。属菜园镇。岛呈钩形，西南—东北走向，岛长 2.13 千米，宽 1.26 千米，近陆距离 39.52 千米，岸线长 8.45 千米，陆域面积 1.254 平方千米，最高点高程 133.2 米，周围水深：西北、东南两侧在 5.0 米以下，北端 8.0 米，南端 14.0 米以上。2014 年岛上户籍人口 1 人，常住人口 521 人。有采石场 1 个，码头 5 座，变电站 1 座，信号发射塔 2 座，自动气象观测站 1 座，防浪堤 1 条。

徐公岛

白节山岛

位于马迹山岛南 5.4 千米，西南隔白节峡与川湖列岛相望，距县城菜园西南 11.3 千米，北纬 30° 37.2′、东经 122° 25.4′。曾名白节山、白茇山、白揭山、白迹山。属菜园镇。岛呈不规则的直角三角形，岛长 1.40 千米，宽 740 米，近陆距离 51.94 千米，岸线长度 4.90 千米，陆域面积 0.535 平方千米，最高点高程 120.7 米，周围水深东北 3.3 米，西南 17.0 米。2014 年岛上户籍人口 1 人，常住人口 1 人。岛上建有码头 1 座，小灯桩 1 座，自动气象观测站 1 座。岛顶建有航标灯塔 1 座，是上海港经白节海峡往来南方及东南亚各国船只的主要导航设施之一，由上海海事局宁波航标处管理。

白节山岛

大黄龙岛

位于嵊泗列岛中部，泗礁山岛东南方向，与泗礁山岛岸距 3.3 千米，距县城菜园东南 11 千米，北纬 30° 38′ ～ 30° 40′、东经 122° 32′ ～ 122° 34′。曾名大黄龙山。属黄龙乡。岛形如梧桐叶，岛长 4.11 千米，宽 3.20 千米，近陆距离 60.15 千米，岸线长 21.09 千米，陆域面积

5.215平方千米，最高点高程223.5米，为嵊泗列岛第二高峰。岛岸曲折，湾澳环列，周围水深近处3.0～7.0米，外围7.0米以上。2014年岛上户籍人口9046人，常住人口10646人。建有500吨级码头和防浪堤，各岙建有岸壁码头。有简易公路连接各岙，有渡轮通泗礁山岛。岛南北端各建灯桩1座，由上海海事局宁波航标处管理。

大黄龙岛

小黄龙岛

小黄龙岛

位于嵊泗列岛中部，泗礁山岛东南，与泗礁山岛岸距3.3千米，东与大黄龙岛隔大岙门水道相望，距县城菜园东南9.24千米，北纬30° 40.1′、东经122° 31.8′，曾名小黄龙山。属黄龙乡。岛形狭长，东南—西北走向，岛长2.38千米，宽953米，近陆距离57.65千米，岸线长度7.33千米，陆域面积1.089平方千米，最高点高程162.8米，周围水深2.5～10.0米。2014年岛上户籍人口1人，常住人口25人。建有码头6座。

嵊山岛

位于嵊泗列岛东部，北望壁下山岛，西邻枸杞岛，距县城菜园东30.6千米，北纬30° 42′～30° 44′、东经122° 48′～122° 50′，曾名嵊山、陈钱山。2011年更名为嵊山岛。属嵊山镇。岛呈弯虾状，呈西北—东南走向。岛长4.11千米，宽2.46千米，近陆距离81.44千米，岸线长度21.08千米，陆域面积4.204平方千米，最高点高程213.5米。岸线曲折，沿岛多为石岸。周围水深：北13.8～15.6米，西5.0～17.4米，西南9.6～11.0米，东南20.0～24.0米，东10.0～14.0米。有南、西、北三个港湾，西侧箱子岙湾、南侧泗洲塘湾均为优良港湾，北侧后头湾可停泊船舶。周围海域，水产资源十分丰富，嵊山渔场是全国最大的渔场之一。2014年，岛上户籍

嵊山岛

人口 8298 人，常住人口 10238 人。建有油库、码头、沿港道路、防浪堤等设施。有客船通往沈家门、县城菜园及沿途各岛，2011 年建成三礁江大桥连接枸杞岛。岛南端建有航标灯桩 1 座，由上海海事局宁波航标处管理。

枸杞岛

位于嵊泗列岛东部，北望壁下山岛，东邻嵊山岛，与嵊山岛岸距 650 米，距县城菜园东 30.6 千米，北纬 30° 42′～30° 44′、东 122° 45′～122° 47′。曾名勾奇山、枸杞山。属枸杞乡。岛呈“T”形，似铁锚。由中心向东北、西南、东南延伸，构成西南向、东南向两宽阔港湾。岛长 4.33 千米，宽 3.26 千米，近陆距离 77.32 千米，岸线长 21.02 千米，陆域面积 5.85 平方千米，最高点高程 199.3 米。岸线曲折，北和西北岸多陡岩，东和西南岸有沙滩分布。岛周围水深：东北 4.2～9.2 米，西北 8.0～13.4 米，西南 10.0～15.8 米，东南 13.0～23.5 米。东南、西北海湾均为锚地，可供船舶避风。2014 年岛上户籍人口 8349 人，常住人口 9440 人。建有多座码头和环山公路，三礁江大桥与嵊山岛相连，有客船通往沈家门、县城菜园镇和沈家湾。

枸杞岛

花鸟山岛

位于嵊泗列岛东部，西南邻东绿华岛，东南与壁下岛相望，距县城菜园东北 25.9 千米，北纬 30° 50′～30° 52′、东经 122° 40′～122° 42′。曾名花鸟山、北马鞍岛、花脑山、花脑。2011 年更名为花鸟山岛。属花鸟乡。岛形似鸟，岛长 3.73 千米，宽 2.01 千米，近陆距离 66.17 千米，岸线长 19.69 千米，陆域面积 3.617 平方千米，最高点高程 236.9 米，是嵊泗列岛最高峰。岸线曲折，港湾环列。岛周围水深：近岸 2.0～6.0 米，稍远 6.0～11.0 米，外围在 11.0 米以上。2014 年岛上户籍人口 2061 人，常住人口 2788 人。有公路纵贯全岛，有客轮通往县城及附近各岛。花鸟山岛地处长江口外南侧，临近国际航道，岛西北端建有航标灯塔 1 座，灯高海拔 89.0 米，射程 24 海里，是东南沿海、东南亚地区以及经由东海进入长江口的船舶的重要标志，始建于 1870 年，有“远东第一灯塔”之称，由上海海事局宁波航标处管理。

花鸟山岛

西绿华岛

位于嵊泗列岛东部，东与东绿华岛相连，距县城菜园东北 19.6 千米、北纬 30° 49.3′、东经 122° 37.3′。曾名西绿华山、落华。属菜园镇。岛形狭长，似弯钩形镰刀，呈东西走向，岛长 2.9 千米，宽 820 米，近陆距离 61.05 千米，岸线长 8.92 千米，陆域面积 1.279 平方千米，最高点高程 104.9 米。山势陡峻，人工海岸和沙砾海岸主要集中在岛南北岸中段。周围海湾主要在南侧和北侧，南侧水深 7.0 ～ 14.0 米，北侧水深 5.0 ～ 20.0 米，是天然深水锚地。2014 年，岛上户籍人口 1300 人，常住人口 2188 人。岛上有公路，1972 年建有与东绿华岛相连的绿华大桥，可通机动车。岛上建有码头 3 座，有客船通往县城及附近各岛，建有港务监督机构。

西绿华岛

东绿华岛

位于马鞍列岛西北部，与西绿华岸距 170 米，距县城菜园东 21.3 千米，北纬 30° 49.3′、东经 122° 38.7′。曾名东绿华山。属菜园镇。岛呈箭簇形，由 3 个岬角拼合，岛长 2 千米，宽 550 米，近陆距离 64.11 千米，岸线长 10.26 千米，陆域面积 1.115 平方千米，最高点高程 144.0 米。岸线曲折，四周多岬角，附近水深 3.4 ～ 10 米。2014 年，岛上户籍人口 494 人，常住人口 787 人。岛上建有码头 3 座，与西绿华岛有绿华大桥相连，可通机动车。灯桩 1 座，由上海海事局宁波航标处管理。

东绿华岛

东库山岛

位于马鞍列岛西北部，与东绿华岛岸距 1 千米，距县城菜园东北 22.2 千米，北纬 30° 48.6′、东

东库山岛

经 122° 39.8′。曾名东库山、东枯山、东浦山。属菜园镇。岛略呈梭形，东北—西南走向，岛长 983 米，宽 490 米，近陆距离 66.28 千米，岸线长 2.88 千米，陆域面积 0.232 平方千米，最高点高程 74.2 米。港湾内水深较浅，约 2.8 米，其他海岸附近水深 10.0 ～ 19.0 米。2014 年岛上户籍人口 197 人，常住人口 463 人。建有码头 2 座，白色灯桩 1 座，由上海海事局宁波航标处管理。

住柱山岛

住柱山岛

位于马鞍列岛中部，与东绿华岛岸距 3.32 千米，与求子山岛岸距 550 米，距县城菜园北 21.7 千米，北纬 30° 47.4′、东经 122° 40.0′。属菜园镇。岛呈长条形，岛长 952 米，宽 370 米，近陆距离 66.99 千米，岸线长 2.60 千米，陆域面积 0.276 平方千米，最高点高程 80.1 米。四周水深 7.0 米～ 14.0 米。2014 年岛上户籍人口 1 人，常住人口 126 人。建有码头 2 座。

壁下山岛

壁下山岛

位于嵊泗列岛东部，西北与花鸟山岛相望，东南邻近嵊山、枸杞岛，距县城菜园东北 32.5 千米，北纬 30° 47.4′、东经 122° 46.9′。曾名壁下山、野猫洞。壁下山和野猫洞两岛中间隔一狭隘水道，1958 年架设木桥，时称“东海第一桥”，1963 年改建钢筋混凝土桥 1975 年在桥西侧填海筑堤，桥废，两岛连为一体，以壁下山为名。属嵊山镇。岛形如曲尺，呈西北—东南走向，岛长 2.45 千米，宽 1.18 千米，近陆距离 77.26 千米，岸线长 8.61 千米，陆域面积 1.183 平方千米，最高点高程 161.2 米。岸线蜿蜒曲折，多小湾澳。2014 年岛上户籍人口 388 人，常住人口 727 人。建有码头 7 座，有客船通往县城菜园镇及沿途各岛。

大盘山岛

大盘山岛

位于嵊泗列岛东部，与壁下山岛岸距 50 米，距县城菜园东北 30.9 千米，北纬 30° 47.7′、东经 122° 45.8′。曾名大盘山。属嵊山镇。岛形圆，岛长 1.12 千米，宽 679 米，岸线长 4.17 千米，陆域面积 0.487 平方千米，最高点高程 125.1 米。岛南岸岩崖陡峭，东南濒大盘门水道，周围水深 4.0 ～ 12.0 米。2014 年岛上户籍人口 166 人，常住人口 391 人。建有码头 2 座，避风港 1 个。

张其山岛

张其山岛

位于马鞍列岛中部，壁下山岛以西海域，与壁下山岛岸距 4.6 千米，距县城菜园东北 26.8 千米，北纬 30° 47.5′、东经 122° 43.3′。曾名张其山、涨峙。属嵊山镇。岛形狭长，呈西北—东南走向，岛长 908 米，宽 415 米，近陆距离 72.19 千米，岸线长 2.73 千米，陆域面积 0.207 平方千米，最高点高程 61.3 米。周围水深 5.8 ～ 14.0 米。2014 年岛上户籍人口 20 人，常住人口 127 人。建有码头 1 座，南侧防波堤 1 条。

浪岗中块岛

浪岗中块岛

位于浪岗山列岛中部，为浪岗山列岛的主岛，距县城菜园东南 56.3 千米，北纬 30° 26.3′、东经 122° 56.0′。曾名中奎岛、中块岛。2011 年更名为浪岗中块岛，属嵊山镇。岛呈长菱形。南北走向。岛长 997 米，宽 657 米，近陆距离 96.84 千米，岸线长度 3.53 千米，陆域面积 0.302 平方千米，最高点高程 44.4 米。岛周围水深达 20.0 ～ 50.0 米，东侧深达 100.0 米。风浪甚大。2014 年岛上户籍人口 1 人，常住人口 10 人。岛上建有码头 2 座（其中 1 座已废弃），建有白色灯桩 2 座，由上海海事局宁波航标处管理。

大洋山岛

位于杭州湾口，嵊泗列岛西部，北距小洋山岛 4 千米，距县城菜园西南 39.6 千米，北纬 30° 34′～ 30° 35′、东经 122° 3′～ 122° 5′。曾名大洋山。2011 年更名为大洋山岛。属洋山镇。岛呈扇形，东西走向。岛长 3.98 千米，宽 2.48 千米，近陆距离 32.13 千米，岸线长 13.56 千米，陆域面积 4.861 平方千米，最

大洋山岛

高点高程204.0米。岸线曲折，多澳口。周围水深3.6～5.0米，南面最深处达37.5米，东北面最深处41.0～65.0米。2014年岛上户籍人口11371人，常住人口8859人。岛上公路环布，建有码头、防浪堤、海塘。有客船通往定海、衢山、泗礁和小洋山岛。

小洋山岛

小洋山岛

位于杭州湾口，嵊泗列岛西部，南隔4千米与大洋山岛相望，距县城菜园西南39.2千米，北纬30°37.9′、东经122°03.9′。曾名小洋山、羊山、洋山、小羊山、殿前山、殿前屿。2011年更名为小洋山岛。属洋山镇。岛呈"Y"字形，西部一东南走向，岛长7.03千米，宽2.75千米，岸线长40.46千米，陆域面积14.9243平方千米，最高点高程141.7米。周围水深5.0～10.0米，东北附近海面最深达31.0米。2002年小洋山岛辟为上海国际航运中心洋山深水港，2005年连接小洋山岛与上海南汇芦潮港的跨海大桥——东海大桥通车，同年12月洋山深水港区开港。港区建设中，岛西侧蒋公柱岛、颗珠山岛以桥基与小洋山岛连为一体；通过填海将岛东侧镬盖档岛至沈家湾岛一线的诸多岛屿连成一片，使小洋山岛形成一个大岛，其地理原貌已基本消失。2014年岛上户籍人口1人，常住人口3425人。岛南建有国内最大的集装箱码头，东南侧建有LNG码头及罐区，东侧为小洋山交通码头，2012年沈家湾客运码头和客运中心投入使用。岛上建有白色灯桩1座，灯桩由上海海事局宁波航标处管理。

滩浒山岛

滩浒山岛

位于杭州湾口，嵊泗列岛西部，北望上海市金山区和奉贤区，距县城菜园偏南80.3千米，北纬30°36.7′、东经122°37.4′。曾名滩浒山、滩山、樵山、焦山、滩墟山。属洋山镇。岛呈"扳手"状，岛长1.97千米，宽900米，近陆距离23.26千米，岸线长5.66千米，陆域面积0.541平方千米，最高点高程75.0米。周围水深：东北19.2米，西北5.0米，西南8.0米，南、东南9.0～22.0米。2014年岛上户籍人口694人，常住人口894人。建有码头6座，无公路。

大戢山岛

大戢山岛

位于杭州湾与长江口交汇处，距县城菜园西北28.2千米，北纬30°48.6′、东经122°10.4′。曾名大戢山、大七山、檝山、大戚、大碛山、大戢。属洋山镇。岛呈长方形，东西走向，岛长461米，宽342米，近陆距离20.95千米，岸线长1.23千米，陆域面积0.088平方千米，最高点高程77.9米。周围水深10.0～20.0米。2014年岛上户籍人口1人，常住人口8人。建有码头2座，有白色航标灯桩1座，始建于1869年，是我国最早建造的沿海灯塔之一，由上海海事局宁波航标处管理。

唐脑山岛

位于崎岖列岛西南部，与大洋山岛西岸距8千米，距县城菜园西南48.5千米，北纬30°35.7′、东经121°58.1′，东距大洋岛8千米，与大洋山岛之间有十多个岛屿排成一列。曾名唐脑山、三唐恼、三唐脑。属洋山镇。岛呈狭长形，东南—西北走向，岛长315米，宽112米，近陆距离28.96千米，岸线长885米，陆域面积0.027平方千米，最高点高程30.2米。周围水深11～29米。2014年岛上户籍人口1人，无常住人口。东北端建有码头1座，西北端建有灯塔1座，是船舶进出杭州湾，往来沪甬线的重要助航标志。

唐脑山岛

大山塘岛

位于嵊泗列岛西部，崎岖列岛西南部，大洋山岛以西海域，与大洋山岛岸距2.1千米，距县城菜园西南43.5千米，北纬30°35.7′、东经122°01.5′。曾名大塘、大三唐、遮堂山。属洋山镇。岛形似如意，东西走向，岛长1.17千米，宽585米，近陆距离585米，近陆距离30.68千米，岸线长3.46千米，陆域面积0.355平方千米，最高点高程77.0米。

大山塘岛

周围水深 10.0 ～ 20.0 米。2014 年岛上户籍人口 1 人，无常住人口。岛北部建有码头 1 座。

小山塘北岛

位于嵊泗列岛西部，崎岖列岛南部，与大洋山岛西岸距 1.47 千米，与大山塘岛东南岸距 300 米，距县城菜园西南 42.6 千米，北纬 30° 35.6′、东经 122° 02.1′。曾名小塘、小三唐。属洋山镇。岛呈椭圆形，西南—东北走向。岛长 400 米，宽 150 米，近陆距离 31.45 千米，岸线长 1.76 千米，陆域面积 0.101 平方千米，最高点高程 43.9 米。周围水深 1.5 ～ 14.0 米。2014 年岛上户籍人口 1 人，无常住人口。岛南端和东北端分别建有简易码头 1 座。

小山塘北岛

蒲帽山岛

位于嵊泗列岛西部，崎岖列岛南部，与大洋山岛西岸距 2.96 千米，与大山塘岛西南岸距 200 米，距县城菜园西南 44.2 千米，北纬 30° 35.3′、东经 122° 01.1′。曾名蒲帽山。2011 年更名为蒲帽山岛。属洋山镇。岛呈椭圆形，西南—东北走向。岛长 318 米，宽 200 米，近陆距离 31.33 千米，岸线长 911 米，陆域面积 0.05 平方千米，最高点高程 52.0 米，周围水深 20.0 ～ 35.0 米。2014 年岛上户籍人口 1 人，无常住人口。建有简易码头 1 座。

蒲帽山岛

第二节　无居民岛

羊脚蹄屿

位于金鸡山岛偏北方向，与金鸡山岛岸距 3.3 千米，距县城菜园北 4.6 千米，北纬 30° 47.1′、东经 122° 28.4′。曾名羊脚蹄礁、羊脚礁、外泗礁。属菜园镇。岛呈椭圆形，岛长 110 米，宽 80 米，距大陆最近点 49.1 千米，最高点高程 29.5 米，陆域面积 6010 平方米，岸线长 296 米，周围水深 23 米。岛上建有灯桩 1 座，由上海海事局镇海航标处管理。

虎鱼礁

位于金鸡山岛以北海域，与金鸡山岛岸距 2.1 千米，距县城菜园北 5.8 千米，北纬 30° 46.7′、东经 122° 26.9′。曾名虎鱼礁 –2、鳆鱼礁、捕鱼礁、虾鱼礁。属菜园镇。近陆距离

47.30 千米，岸线长 64 米，陆域面积 285 平方米，最高点高程 4.9 米。周围水深 14 ～ 29 米。附近海域岛礁众多，渔业资源丰富，是传统的渔业生产作业区域，岛上建有灯桩 1 座，由上海海事局宁波航标处管理。

里泗屿

位于金鸡山岛以北，与金鸡山岛岸距 1.8 千米，距县城菜园北 5.5 千米，北纬 30° 46.4′、东经 122° 27.9′。曾名里泗礁、四礁。属菜园镇。岛呈橄榄形，由一大五小 6 块明礁组成，近陆距离 48.84 千米，岸线长 500 米，陆域面积 0.015 平方千米，最高点高程 34.5 米，周围水深 14 ～ 34 米。岛上建有简易码头 1 座，灯桩 1 座，由上海海事局宁波航标处管理。

大毛峰岛

位于金鸡山岛西北端以北 550 米，距县城菜园北 4.5 千米，北纬 30° 46.0′、东经 122° 26.7′。曾名大毛峰礁、大毛烘、大毛峰。属菜园镇。岛呈狭长形，南北走向，岛长 620 米，宽 200 米，近陆距离 47.10 千米，岸线长 1.53 千米，陆域面积 0.1181 平方千米，滩地面积 32.65 平方千米，最高点高程 52.5 米，周围水深 13 米。岛西南侧建有简易码头 1 座，西北侧建灯塔 1 座，由舟山市海洋与渔业局管理。

毯子礁

位于北鼎星岛以北海域，与北鼎星岛岸距 130 米，距县城菜园西北 7.2 千米，北纬 30° 45.9′、东经 122° 23.4′。曾名和尚礁。属菜园镇。岛呈等边三角形，近陆距离 42.30 千米，岸线长 97 米，陆域面积 628 平方米，最高点高程 4.0 米。南岸外为顶流门水道。

里皇坟屿

位于北鼎星岛以西北海域，与北鼎星岛岸距 300 米，距县城菜园西北 8.1 千米，北纬 30° 45.8′、东经 122° 22.7′。曾名里皇坟岛、里皇坟、黄文山。属菜园镇。岛呈椭圆形，西南—东北走向，岛长 140 米，宽 75 米，近陆距离 41.29 千米，陆域面积 9.28 平方千米，岸线长 380 米，最高点高程 23.6 米。该岛与北鼎星岛之间水道称为大门，也称皇坟门，宽 300 米，水深大于 20 米，可通航。

菜园草鞋耙礁

位于北鼎星岛南部前小山东岸外 800 米，距县城菜园西北 5.5 千米，北纬 30° 44.7′、东经 122° 23.9′。曾名草鞋耙礁、草鞋耙礁、钗盘礁。属菜园镇。岛形狭长，南北走向，岛长 180 米，宽 40 米，近陆距离 43.78 千米，岸线长 400 米，陆域面积 4.78 平方千米，最高点高程 10.8 米。该岛地处航道内，岸周多岩礁，有碍航行。建有码头 1 座，由上海海事局宁波航标处管理。

草鞋头礁

位于北鼎星岛南部前小山东岸以东 820 米，与菜园草鞋耙礁紧邻，距县城菜园西北 5.5 千米，北纬 30° 44.7′、东经 122° 23.9′。曾名草鞋耙礁 –2。属菜园镇。近陆距离 43.81 千米，岸线长 165 米，陆域面积 1830 平方米，最高点高程 10.8 米。该岛地处航道内，附近多岩礁，有碍航行。

牛屙礁

位于泗礁山岛西北端以西，与北鼎星前小山南岸 1.3 千米，距县城菜园西 7 千米，北纬 30° 44.0′、东经 122° 22.7′。属菜园镇。岛呈圆形，近陆距离 42.57 千米，岸线长 212 米，陆域面积 3070 平方米，最高点高程 11.6 米，周围水深 10 米。岛上建有码头 2 座，灯桩 1 座，由上海海事局宁波航标处管理。

里马蹄礁

位于泗礁山岛以南海域，马迹山岛东岸外 800 米，距县城菜园以南 6.3 千米，北纬 30° 40.3′、东经 122° 26.2′。属菜园镇。岛呈三角形，岛长 40 米，宽 20 米，近陆距离 50.49 千米，岸线长 120 米，陆域面积 900 平方米，最高点高程 5.2 米，周围水深 15 ～ 31 米，附近有渔船作业。岛上建有马迹山港专用灯桩。

外马蹄礁

位于泗礁山岛以南海域，马迹山岛东南岸外 1.3 千米，北纬 30° 39.8′、东经 122° 26.1′，距县城菜园以南 7.1 千米。属菜园镇。近陆距离 50.75 千米，岸线长 160 米，陆域面积 1810 平方米，最高点高程 7.3 米。岛上建有灯桩 1 座，由上海海事局宁波航标处管理。

里马廊山屿

位于泗礁山岛以南海域，与泗礁山岛岸距 1.4 千米，位于县城菜园南 5.2 千米，北纬 30° 40.9′、东经 122° 28.2′。曾名里马廊山、里马浪山。属菜园镇。岛呈弧形，岛长 350 米，宽 100 米，近陆距离 52.87 千米，岸线长 830 米，陆域面积 0.027 平方千米，最高点高程 45.3 米，周围水深 3.9 ～ 10.4 米。岛上建有灯桩 1 座。

外马廊山岛

位于泗礁山以南海域，与泗礁山岛岸距 2.5 千米，距县城菜园以南 6.9 千米，北纬 30° 40.3′、东经 122° 28.7′。曾名外马廊山、外马浪山。属菜园镇。岛呈狭长弯虾形，岛长 900 米，宽 260 米，近陆距离 53.79 千米，岸线长 2.54 千米，陆域面积 0.183 平方千米，最高点高程 59.7 米。周围水深：北面 5.8 ～ 9.6 米，西面 4.8 ～ 6.6 米，南面 8.6 ～ 20 米，东面 4.4 ～ 8.8 米，南北两面均有急流。岛上建有码头 1 座，木桥 1 座，建有灯桩 1 座，由上海海事局宁波航标处管理。

白节半洋屿

位于马迹山岛西南，白节山岛西北海域，距县城菜园西南 12.3 千米，北纬 30° 38.2′、东经 122° 22.5′。曾名半洋礁、半洋山。属菜园镇。岛呈长方形，岛长 150 米，宽 50 米，近陆距离 47.39 千米，岸线长 400 米，陆域面积 8920 平方米，最高点高程 15.0 米。岛上建有码头 2 座，岛顶部建有白色灯塔 1 座，是白节峡水道上的重要航标之一，由上海海事局宁波航标处管理。

猫山屿

位于马鞍列岛西部，西绿华岛西北，与西绿华岛狗头颈岸距 1.5 千米，距县城菜园东北 18.2 千米，北纬 30° 50.0′、东经 122° 35.7′。曾名猫山。属菜园镇。岛呈椭圆形，岛长 200 米，宽110米，近陆距离59.84千米，岸线长510米，陆域面积0.017平方千米，最高点高程30.2米。岛顶建有灯桩1座，由舟山市海洋与渔业局管理。

篷礁

位于马鞍列岛中部，距县城菜园东北21千米，北纬30° 45.3′、东经122° 40.1′。属菜园镇。岛呈三角形，近陆距离68.29千米，岸线长180米，陆域面积2240平方米，最高点高程7.2米。岛上建有灯桩1座。

小淡菜屿

位于县城菜园东南9千米，与泗礁山岛岸距700米、北纬30° 42.5′、东经122° 32.6′。属五龙乡。岛呈椭圆形，岛长120米，宽70米，近陆距离57.9千米，岸线长490米，陆域面积8.97平方千米，最高点高程30.5米，周围水深10～14米，岛东多礁石。岛上建有灯桩1座。

五龙洞礁

位于泗礁山岛边礁岙村以南海域，与泗礁山岛岸距380米，距县城菜园东7.2千米，北纬30° 41.9′、东经122° 31.2′。曾名桶礁、洞礁、香炉礁。属五龙乡。岛呈椭圆形，近陆距离56.49千米，岸线长270米，陆域面积3990平方米，最高点高程10.7米，周围水深7米，南侧有1个干出礁。该岛地处边礁岙口，是渔船进出必经之处，对航行有影响。建有白色灯桩1座，由上海海事局宁波航标处管理。

南鼎星岛

位于县城菜园东南10.6千米，大黄龙岛西南，与大黄龙岛岸距2.6千米，北纬30° 38.8′、东经122° 30.8′。曾名南鼎星、南丁兴、南汀心、南鼎新。属黄龙乡。岛呈东南—西北走向，岛长1.18千米，宽0.33千米，近陆距离57.81千米，岸线长3.86千米，陆域面积0.419平方千米，最高点高程115.3米。附近水深：南侧3～5米，西侧稍深，北侧11.8米。岛中部偏南侧有一小港湾，可供船舶停泊、避风。岛顶建有灯塔1座，由上海海事局宁波航标处管理。

庄海岛

位于马鞍列岛东部，壁下山岛西北海域，与壁下山岛岸距2.5千米，距县城菜园东北30.1千米，北纬30° 48.6′、东经122° 45.1′。曾名章海山。属嵊山镇。岛呈长条形，西北—东南走向，岛长700米，宽170米，近陆距离74.72千米，岸线长1.74千米，陆域面积0.098平方千米，最高点高程47.7米，附近水深7～20米。岛上建有灯桩1座，由舟山市海洋与渔业局管理。

西小盘屿

位于马鞍列岛东部，壁下山岛西北海域，与壁下山岛岸距2.6千米，距县城菜园东北29.8千米，北纬30° 48.1′、东经122° 45.0′。曾名西小盘岛、西小盘。属嵊山镇。岛呈椭圆形，岛长220米，宽130米，近陆距离75.03千米，岸线长650米，陆域面积0.030平方千米，最高点高程35.2米，周围水深10～24米。东侧有岩滩，与东小盘岛相连，落潮可通行。岛东可泊船，

蟹拉钳屿

位于马鞍列岛东部，壁下山岛西北海域，与壁下山岛岸距40米，距县城菜园东北31.5千米，北纬30° 47.6′、东经122° 46.3′。曾名蟹拉钳岛、蟹拉钳、哈拉机。属嵊山镇。岛呈长

弧形，南北走向，岛长 350 米，宽 170 米，近陆距离 77.22 千米，岸线长 960 米，陆域面积 0.047 平方千米，最高点高程 43.6 米，周围水深 5 ～ 15 米。岛南端有岩滩与壁下山岛相连，落潮可通行。西北侧大盘门水道，可通行 500 吨以下船舶。

大嘴屿

位于马鞍列岛东部，壁下山岛东南岸外，与壁下山岛岸距 650 米，距县城菜园东 33.4 千米，北纬 30° 46.4′、东经 122° 47.8′。曾名大嘴岛、大咀岛。属嵊山镇。岛长 200 米，宽 70 米，近陆距离 79.89 千米，岸线长 450 米，陆域面积 9620 平方米，最高点高程 21.6 米。岛上建有灯桩 1 座，由上海海事局宁波航标处管理。

坎屿

位于马鞍列岛南部，嵊山岛西北岸双胖嘴外，与嵊山岛双胖嘴岸距 190 米，距县城菜园东 33.5 千米，北纬 30° 43.6′、东经 122° 48.1′。曾名坎礁、嵌礁、灰袋山、槛礁、铅礁。属嵊山镇。岛呈“吕”字形，由大小相似的南北两块组成，中隔 10 米宽的水道。近陆距离 81.44 千米，岸线长 170 米，陆域面积 1880 平方米，最高点高程 13.1 米。岛上建有灯桩 1 个，由舟山市海洋与渔业局管理。

鳗鱼头屿

位于马鞍列岛东南部，与嵊山岛东南岸相距不足 10 米，距县城菜园东 36.6 千米，北纬 30° 42.1′、东经 122° 49.9′。曾名鳗鱼头岛、鳗鱼头。属嵊山镇。岛略呈圆锥形，岛长 150 米，宽 100 米，近陆距离 84.91 千米，岸线长 430 米，陆域面积 0.013 平方千米，最高点高程 39.2 米，周围水深 20.5 ～ 25 米。与嵊山岛满嘴头之间狭窄水道称南挨洋门，仅可通小渔船。背面满嘴头由灯桩 1 座。

华礁

位于海礁岛群的西部，为海礁诸岛的主岛，与嵊山岛岸距 31.2 千米，距县城菜园以东 66.3 千米，北纬 30° 44.1′、东经 123° 08.6′。曾名海礁、大块。属嵊山镇。岛呈三角形，长 350 米，宽 90 米，近陆距离 113.15 千米，岸线长 820 千米，陆域面积 0.025 平方千米，最高点高程 46.7 米，周围水深 22 ～ 33 米。岛上立有“海礁”（童岛）标志牌。岛顶设有灯桩 1 座，是船舶往来南北沿海航线及进出太平洋的重要助航标志，也是船舶避开孤立危险岛礁的重要标志，由上海海事局宁波航标处管理。

东南礁

位于海礁东南部，泰礁南偏东海域，与泰礁岸距 930 米，距县城菜园以东 68 千米，北纬 30° 43.5′、东经 123° 09.7′。曾名南岳礁、船礁、衡礁。属嵊山镇。近陆距离 115.35 千米，岸线长 50 米，陆域面积 120 平方米，最高点高程 2.0 米，东南岸外水深 17 ～ 20 米，其余岸外水深 23 ～ 60 米。该岛是中华人民共和国东南礁领海基点所在海岛。

黄石洞屿

位于马鞍列岛南部，枸杞岛西岸外，与枸杞岛岸距 1.38 千米，距县城菜园东 27.9 千米，北纬 30° 42.9′、东经 122° 44.2′。曾名黄石洞岛、黄石洞、西嘴。属枸杞乡。岛长 400 米，宽

85米，近陆距离75.68千米，岸线长840米，陆域面积0.025平方千米，最高点高程24.8米，周围水深5～42.5米。岛上建有码头1座，岛顶有灯桩1座，由上海海事局宁波航标处管理。

小戢山屿

位于小洋山以北海域，与小洋山岛岸距7.7千米，距县城菜园西38.4千米，北纬30°42.8′、东经122°03.1′。曾名小戢山、小七山、小檝。属洋山镇。岛呈半圆形，岛长180米，宽110米，近陆距离20.19千米，岸线长460米，陆域面积0.014平方千米，最高点高程45.0米，周围水深10米～16米。岛上建有灯桩1座，由上海海事局宁波航标处管理。

小乌龟岛

位于马鞍列岛西北部，小洋山岛西北，与小洋山岛岸距3.1千米，距县城菜园西南43千米，北纬30°39.6′、东经122°00.7′。属洋山镇。岛呈椭圆形，岛长175米，宽80米，近陆距离23.88千米，岸线长440米，陆域面积9240平方米，最高点高程18.0米，周围水深10～20米。岛上建有灯桩1座，由上海海事局宁波航标处管理。

第三章　自然条件

第一节　气　象

嵊泗海岛处大海包围之中，受季风和冷暖气流影响，四季分明，气候温和，冬暖夏凉，温差较小，光照充足。热带气旋、大风、暴雨、强冷空气、海雾，尤其是热带气旋导致的台风等，是主要灾害性天气。

四季

春季　3月1—26日至6月8—26日。初春冷暖气流交汇频繁，多阴雨天气，多海雾。季平均气温16.3—16.8℃，季平均雨日39.7～41.2天，季平均降水量312.7～360.0毫米。

夏季　6月—21日至9月24—30日。盛行偏南风，昼夜温差较小。初夏为梅雨期，6月中旬入梅，7月上旬出梅，其间温度高，湿度大。盛夏天气晴热，多雷阵雨，热带气旋活动频繁，多台风。季平均气温25.5℃，雨日33～36天，降水量318.8～423.2毫米，最高的1993年曾达662.7毫米。

秋季　9月25日—10月1日至11月30日—12月1日。天气比较稳定，秋高气爽。季平均气温15.9—17.2℃，雨日16.7～17.7天。平均降水量114.7毫米。

冬季　12月1—2日至翌年3月1—25日。盛行偏北风，多北方冷空气影响，气温急剧下降，风力猛增，最大风力达11级，俗称“打暴天”。季平均气温6.5～7.5℃，季平均雨日40天，季平均降水量210—225.7毫米。

气候

气温　年（1993年至2014年）平均气温16.1℃。全年8月气温最高，平均气温26.8℃，最高37.4℃（2013年8月8日）；1月最低，平均5.6℃，最低（1967年1月16日）–7.0℃。

风　风向受季节变化影响明显，全年多北和东南风，4月至8月多东南风，9月至翌年2月多偏北风，3月份冷暖空气交替频繁，多行东南和偏北风。小洋山金鸡门气象站（多年）测风资料显示，常风向为北到东北风，发生频率为12.6%；次常风向为东南风，发生频率为11.8%。强风向为北到西北风，其次为南到东南风，实测风速最大为29.1米/秒和26.7米/秒。嵊泗海区常风向为南东南向，1频率为22.4%次常风向南南东南向，统计频率为19.1%；海区强风向为北北西和北北东向，北北东向最大风速40.0米/秒，其次为南东南向，南东向风速实测最大为26.0米/秒。1993年至2014年，全县8级以上大风天年平均111.5天，最多（2005年）129天，最少（1999年）86天。

雾　海洋表面充足水汽决定境内多雾气候特征，锋面雾和平流雾居多，雾日各月均有分布，相对集中在冬、春季节，4月份最多。1993年至2014年，年平均雾日53天。最多（2014年）年雾日75天，最少（1995年）39天。大雾常影响交通运输，造成船舶偏航、触礁、碰撞、搁浅等事故。

雷暴　雷暴日各月份均有出现，8月份雷暴活动相对频繁，其次为7月份、6月份和4月份。全县年均雷暴日数18.6天左右，最多雷暴日数29天，最少10天，一般雷暴平均持续时间58分，最长4.9小时。

降水　1993年至2014年，年平均雨日135天，年平均降水量1092.2毫米。雨日最多196天（1997年），最少133天（2013年）。年降水量最多1534.6毫米（1997年），最少681.1毫米（2003年）。年平均降水量1000毫米左右多集中在6—7月的梅雨季节和7月下旬至9月的台风季节。很少下雪，年平均雪日5.5天。最大积雪深度1.0厘米（1977年1月30日）。年平均无霜期292.5天。

日照　境内日照充足，年平均日照2023.3小时。日照时数7月最多，年最多日照2392.7小时（2004年）；日照时数1月最少，年最少日照1761.5小时（1989年）。

湿度　境内空气湿润。1993年至2014年，年平均相对湿度77.9%。一年中，6月份平均相对湿度最大，月平均相对湿度87.1%；12月份平均相对湿度最小，月平均相对湿度69.5%。

1993—2014年嵊泗县主要气象要素值表

表1-3-1

年份	平均气温	最高气温（℃）	最低气温（℃）	雨日（天）	降水量（毫米）	大风天数（天）	日照时数（小时）	雾日（天）	无霜期（天）
1993	15.7	33.3	–2.8	183	1331.5	106	1946.9	57	253
1994	17.1	34.9	–0.2	167	1177.5	101	2106.1	60	269
1995	16.0	35.8	–1.5	160	1193.6	96	2201.4	39	279

续表 1-3-1

年份	平均气温	最高气温（℃）	最低气温（℃）	雨日（天）	降水量（毫米）	大风天数（天）	日照时数（小时）	雾日（天）	无霜期（天）
1996	16.1	33.4	−1.7	173	959.1	89	1958.0	49	247
1997	16.7	33.0	−1.4	196	1534.6	91	1902.0	41	281
1998	17.4	36.4	−3.6	183	1090.2	87	2069.2	53	289
1999	16.5	32.8	−2.8	182	1459.4	86	1883.5	53	305
2000	16.8	34.7	−3.0	185	1184.1	94	2077.6	44	279
2001	16.9	33.7	−2.3	188	1269.9	95	2110.9	52	292
2002	17.2	33.9	−0.5	185	1249.4	83	1865.6	40	293
2003	16.6	35.0	−3.0	161	681.1	81	2190.6	47	293
2004	17.2	33.4	−3.7	156	1009.3	126	2392.7	30	298
2005	16.5	34.8	−2.7	161	874.4	129	2186.8	39	277
2006	17.3	34.5	−2.0	178	1050.2	123	1915.7	42	277
2007	17.5	35.2	−1.3	170	1004.9	115	2008.7	30	330
2008	16.5	34.1	−1.2	163	1077.2	106	1941.5	39	298
2009	16.7	35.5	−5.5	165	1160.5	109	2029.8	37	334
2010	16.4	36.0	−3.7	173	1140.0	107	1805.2	51	295
2011	16.0	33.6	−3.0	147	892.1	101	1827.4	33	296
2012	16.1	33.9	−1.9	184	1294.1	96	1834.1	35	315
2013	16.7	37.4	−0.7	133	719.4	121	2003.7	31	337
2014	16.4	32.5	−0.3	163	1268.0	90	1818.3	75	342

异常天气

热带气旋、台风　受副热带高压影响，嵊泗每年 5 月至 11 月份均可能受到热带气旋（风力≥ 17.2 ～ 24.4 米 / 秒）和台风（风力≥ 32.6 米 / 秒）影响，其中 7 月至 9 月为热带气旋活动最频繁的季节，占全年影响总数的 78%。1993 年至 2003 年，平均每年 2.2 次，最多 4 次（1994 年和 2000 年），最少 0 次（1993 年）。2004 年至 2014 年，平均每年 3.6 次，最多 6 次（2004 年和 2007 年），最少 1 次（2009 年和 2010 年）。12 级以上的台风每 2 年出现 1 次，15 级以上的台风每 7 年出现 1 次。1960 至 1995 年，平均每年受到 3.6 次，最多年份 7 次；8 级以上强热带风暴过境 89 次，平均每年受到 2.4 次。

1997 年 11 号台风于 8 月 10 日在关岛以东洋面生成，8 月 18 日在浙江温岭地区登陆，台风生成时中心区域风速 60 米 / 秒，8 级风圈半径 500 千米，风速≥ 8 级（17.0 米 / 秒）影响嵊泗地区延续时间59小时，瞬时极端风速34.1米/秒。2013年10月5—7日，23号强台风“菲特”袭向嵊泗，风力9～10级，其中白节站测得极大风速26.6米/秒，风向东。2014年10月11—14日，19号台风“黄蜂”袭向嵊泗，风力10～11级，风向南南东转南南西，其中大戢山测得极大风速28.7米/秒，风向南南西。2002年7月4—5日5号台风“威马逊”袭向嵊泗，风力12～14级，风速44.6米/秒，风向南南西。

1988—2014年嵊泗县台风过境情况表

表1-3-2

年份/编号	极大风速风向(每秒)	过程降水量(米)	影响日期	进区及型号
1988/20	19.0NW	—	10月20—24日	1区(A型)
1989/09	25.8SE	18.5	7月20—24日	1区(A型)
1989/13	28.9NW	79.1	8月3—5日	2区(B型)
1989/21	25.4SE	29.2	9月12—14日	1区(A型)
1989/23	20.9	20.2	9月15—17日	1区(A型)
1989/24	17.6NW	—	9月19日	1区(A型)
1990/05	32.2SE	32.9	6月23—25日	1区(A型)
1990/07	17.9NW	18.8	7月9—14日	1区(A型)
1990/12	25.6E	4.03	8月18—22日	1区(A型)
1990/15	32.2E	51.5	8月30日—9月2日	1区(A型)
1991/09	26.0SE	—	7月21—30日	1区(A型)
1991/20	25.0NNW	1.3	9月27日	1区(A型)
1991/23	21.7NNW	—	10月25—30日	1区(A型)
1992/15	22.2N	—	9月3—9日	1区(A型)
1992/16	29.2ESE	104.0	8月29日—9月2日	1区(A型)
1992/19	30.5SSE	90.1	9月20—27日	1区(A型)
1994/14	27.3NNE	94.6	8月8—10日	2区(B型)
1994/15	20.2WSW	57.2	8月14—17日	2区(B型)
1994/17	28.5E	3.2	8月20—21日	1区(A型)
1994/30	42.5NNE	128.0	10月9—12日	1区(A型)
1995/07	27.1SSE	7.3	8月25—26日	1区(A型)
1996/08	25.4ESE	2.3	7月31日—8月3日	1区(A型)
1996/20	22.9NE	17.5	9月28—30日	1区(A型)
1997/06	21.5S	29.2	6月26—27日	1区(A型)
1997/11	41.3SSE	236.0	8月17—20日	1区(A型)
1997/16	21.0NNE	—	9月16—17日	2区(B型)

续表 1-3-2

年份 / 编号	极大风速风向(每秒)	过程降水量(米)	影响日期	进区及型号
1998/06	35.4NNE	9.9	9月19—21日	2区(B型)
1998/08	32.3N	59.4	9月27—30日	1区(A型)
1998/09	23.5N	12.2	10月16—17日	1区(A型)
1999/11	21.3NNE	7.2	9月17—19日	1区(A型)
2000/04 启德	30.4SW	1.6	7月10日	4区(O型)
2000/08 杰拉华	29.2ESE	1.3	8月10—12日	1区(A型)
2000/12 派比安	44.4ENE	1.7	9月29—30日	1区(A型)
2000/14 桑美	36.0N	105.4	9月12—15日	2区(B型)
2001/02 飞燕	20.4S	232.4	6月23—24日	1区(A型)
2001/09 利奇马	24.8N	10.1	9月27—30日	1区(A型)
2001/21 海燕	24.8NNE	—	10月16—18日	1区(A型)
2002/05 威马逊	44.4NNW	41.6	7月4—6日	1区(A型)
2002/16 森拉克	23.5NE	0.6	9月5—8日	2区(B型)
2003/14 鸣蝉	21.7N	6.4	9月11—12日	1区(A型)
2004/07 蒲公英	26.5WNW	26.2	7月2—4日	1区(A型)
2004/14 云娜	23.4E	31.3	8月12—13日	1区(A型)
2004/15 鲇鱼	23.2N	4.0	8月18日	1区(A型)
2004/18 桑达	24.4N	1.5	9月6—7日	2区(B型)
2004/20 海马	23.0SSE	39.3	9月14日	1区(A型)
2004/4号D	27.9NNE	39.7	9月10—12日	1区(A型)
2005/05 海棠	18.5SE	1.8	7月20日	1区(A型)
2005/09 麦莎	36.6ESE	232.6	8月5—8日	1区(A型)
2005/14 彩蝶	21.3N	—	9月5—7日	2区(B型)
2005/15 卡努	31.8ESE	18.5	9月11—13日	1区(A型)
2006/01 珍珠	26.6N	116.0	5月18—19日	4区(O型)
2006/03 艾云尼	19.2NNE	0.1	7月9—10日	1区(A型)
2006/04 碧利斯	30.3SSE	5.5	7月14—17日	1区(A型)
2007/04 万宜	22.1NE	—	7月13—14日	1区(A型)
2007/3号TD	29.5ESE	5.7	8月11—12日	2区(B型)
2007/09 圣帕	24.9SSE	12.1	8月19—23日	1区(A型)
2007/12 百合	23.3NNW	—	9月14—16日	2区(B型)
2007/13 韦帕	30.3SE	44.6	9月18—20日	1区(A型)
2007/16 罗莎	37.1N	109.2	10月6—9日	1区(A型)

续表 1-3-2

年份 / 编号	极大风速风向(每秒)	过程降水量(米)	影响日期	进区及型号
2008/07 海鸥	25.9SSE	12.1	7 月 18—20 日	1 区(A 型)
2008/08 凤凰	31.3SE	8.1	7 月 29—31 日	1 区(A 型)
2008/15 蔷薇	31.8NW	25.6	9 月 28 日—10 月 1 日	1 区(A 型)
2009/08 莫拉克	28.7E	45.4	8 月 7—11 日	1 区(A 型)
2010/09 玛瑙	17.7NNE	0.3	9 月 5 日	2 区(B 型)
2011/05 米雷	23.0NNE	56.1	6 月 25—26 日	2 区(A 型)
2011/09 梅花	39.1NNW	13.5	8 月 6—7 日	1 区(A 型)
2012/09 苏拉	24.0ENE	38.1	8 月 2—4 日	1 区(A 型)
2012/011 海葵	33.4ESE	51.9	8 月 6—9 日	2 区(A 型)
2012/15 布拉万	33.5NNW	9.5	8 月 27—29 日	1 区(A 型)
2012/16 三八	26.6NNW	0.1	9 月 14—17 日	1 区(A 型)
2013/07 苏力	25.1SSE	0.5	7 月 13—15 日	1 区(A 型)
2013/12 潭美	23.2SE	0.2	8 月 21—22 日	1 区(A 型)
2013/15 康妮	17.3NNE	—	8 月 28—31 日	1 区(A 型)
2013/17 桃芝	26.6NNE	—	9 月 2—4 日	3 区(A 型)
2013/23 菲特	23.1NE	44.9	10 月 6—7 日	1 区(A 型)
2014/08 浣熊	27.8NNW	(35.6 白节)19.2	7 月 8—9 日	2 区(B 型)
2014/10 曼德姆	27.3/S (32.7/S)	0.0	7 月 24—25 日	1 区(A 型)
2014/12 那基莉	30.0NNE	39.9	7 月 31 日—8 月 2 日	1 区(B 型)
2014/16 凤凰	25.8SE (33.1)	116.8	9 月 22—23 日	1 区(A 型)
2014/19 黄蜂	28.7NNW	—	10 月 11—13 日	1 区(B 型)

注:风向N为北、S为南、W为西、E为东。

寒潮　也称强冷空气,每年 10 月至翌年 4 月份境内有寒潮大风影响。年概率 0.53 ~ 0.90,年平均影响次数 0.6 ~ 2.1 次,最多年 5 次,最少年 0 次。1993 年至 2014 年,共发生寒潮 14 次,年平均发生寒潮 0.6 次。其中 12 月至翌年 2 月为寒潮高发期。

1996—2009 年嵊泗县寒流情况表

表 1-3-3

时　间	过程降温(℃)	最低气温(℃)
1996 年 12 月 4 ~ 5 日	11.4	-0.7
1997 年 11 月 16 ~ 17 日	9.1	3.8
1998 年 3 月 19 ~ 20 日	10.4	1.3
1999 年 2 月 18 ~ 19 日	9.2	1.6

续表 1-3-3

时　　间	过程降温（℃）	最低气温（℃）
2005 年 3 月 10 ～ 12 日	13.6	0.2
2005 年 12 月 2 ～ 5 日	13.8	-1.0
2005 年 12 月 11 ～ 12 日	11.1	1.0
2006 年 3 月 12 ～ 13 日	10.0	1.8
2007 年 3 月 4 ～ 6 日	12.4	1.8
2008 年 12 月 20 ～ 22 日	13.0	-0.6
2009 年 1 月 21 ～ 24 日	13.1	-5.5
2010 年 1 月 21 ～ 24 日	13.1	1.7
2010 年 12 月 13 ～ 15 日	12.3	0.3
2012 年 1 月 7 ～ 8 日	9.4	-1.9

暴雨　24 小时内雨量达到或超过 50 毫米称为暴雨。境内出现暴雨概率多，持续时间长，少见大暴雨和特大暴雨。年均暴雨日 2.5 天，最多年份，泗礁地区 6 天，嵊山地区 9 天，最少年份无暴雨。大暴雨年均：泗礁 0.3 天，嵊山 0.6 天；最多年份泗礁 1 天，嵊山 3 天。特大暴雨偶见。暴雨月际分布，主要出现在 4 ～ 11 月，占全年暴雨总天数 81%～ 82% 的暴雨集中在 5 月至 9 月。暴雨天数月频率分布曲线呈双峰型，雨峰值月份与梅汛期和台风期相对应。暴雨持续时间全县平均 22.6 小时，最长持续时间 48 小时，最短 5 小时。暴雨平均过程雨量 74.2 毫米，最大 137.1 毫米，最小 50.4 毫米。每小时降雨量最大为 135.0 毫米，最小 50.6 毫米，平均 78.5 毫米。

第二节　水　文

潮汐

潮汐有大潮、小潮、高潮、低潮、平潮之分。大潮是一个月中涨落差最大的水潮汐，每个月有两次大潮，一般发生在农历的初一、初二和十五、十六。小潮是一个月中涨落最小的潮汐，一般发生在农历初七、初八和廿二、廿三。一昼夜中，潮汐涨到最高水位是高潮，每天两次，个别区域一天只有一次高潮；潮汐落到最低水位是低潮，每天两次，个别区域只有一次，高潮低潮间还有水面暂停涨落的过程，称为平潮。

嵊泗海域行正规半日潮。潮汐涨落流向西北—东南向或东西南，流速 1 ～ 4 节。受地形、气象影响，变化比较复杂，遇台风、寒潮和天文大潮，会出现增水现象。嵊泗潮水潮位夏季高，冬季低，潮差 4 米以上，9 月份最高。每涨落一潮，约 12 小时，正常情况下，每潮向后推迟 40 ～ 50 分钟。10 月至翌年 4 月日潮大，汐潮小；5 月至 9 月汐潮大，日潮小。潮汐高低，又受气压变化、风力风向影响。潮汐活动规律每半月轮换一次。渔民在长期生产实践中，总结出一种简易推算方式，叫做“八分算潮法”，在手头无《潮汐表》情况下，求出大概的潮时，根据潮汐每天推尺48.8分钟，近似等于0.8小时的规律，其公式是：

高潮潮时＝(农历日期—16)×0.8＋平均高潮间隙(上半月减1，下半月减16)；

低潮潮时＝(农历日期—16)×0.8＋平均低潮间隙。

一天两次高潮、两次低潮，算出一次高潮时和低潮时后，只需加减12小时24分钟，即为另一次高潮时；加减6小时12分钟则为另一次低潮时。

嵊泗水域平均涨落潮历时不等，落潮历时高于涨潮历时。平均涨潮历时5小时54分，平均落潮历时6小时30分，平均历时差37分。潮汐日不等现象明显，有高潮不等，低潮不等和涨落潮历时不等的现象。据绿华山海域1986年1月潮汐资料：夏历初一高潮为10时20分，16日高潮为10时03分。初二初三与十六、十七有两次大潮(俗称“当大水”)，出现最高的高潮和最低的低潮，潮差最大；初九、廿四有两次小潮(俗称“当小水”)，出现最低的高潮和最高的低潮时，潮差最小。马迹山海洋水文站(北纬30°40′、东经122°57′)，1993年11月至1994年10月和1997年6月至1998年8月潮汐观察资料，与邻近的绿华山海洋水文站(北纬30°49′、东经122°36′)，长期的验潮资料比较分析(采用85国家高程系，基面在当地理论最低潮面上2.43米)显示，嵊泗海区平均潮差2.63米，最大潮差4.85米，平均海平面0.2米，平均高潮位1.50米，最高潮位3.41米(1997年8月)，平均低潮位–1.13米，最低潮位–2.62米。

嵊泗海域潮汐特征值表

表1-3-4　　单位：米

项目	洋山	绿华山	泗礁
多年最高潮位(m)	5.73	5.47	5.84
多年最低潮位(m)	–0.23	–0.13	–0.19
平均高潮位(m)	3.88	3.86	3.93
平均低潮位(m)	1.14	1.26	1.3
平均海平面(m)	2.54	2.96	2.63
最大潮差(m)	5.03	4.89	4.85
平均潮差(m)	2.74	2.53	2.63
平均涨潮历时	5小时51分		5小时54分
平均落潮历时	6小时34分		6小时30分

嵊泗海域多年平均潮差情况表

表1-3-5　　单位：厘米

验潮站点	绿华	大戢山	滩浒
平均差	256	280	331
最大差	489	496	543

嵊泗海域平均涨潮落潮历时情况表

表 1-3-6

验潮站点	绿　华	大戢山	滩　浒
涨潮历时	5 时 57 分	5 时 50 分	5 时 34 分
落潮历时	5 时 28 分	6 时 34 分	6 时 51 分
差　值	31 分	44 分	77 分

嵊泗海域主要港口潮信情况表

表 1-3-7　单位:米

港口	位　置	平均高潮间隙	平均低潮间隙	大潮时	小潮时	平均海面
绿华山	北纬 30° 49′ 东经 122° 36′	10 时 03 分	4 时 08 分	4.4	3.3	2.6
嵊山	北纬 30° 45′ 东经 122° 48′	9 时 58 分	4 时 03 分	4.2	3.3	2.6
泗礁山	北纬 30° 43′ 东经 122° 22′	10 时 16 分	4 时 15 分	4.0	2.9	2.3
马迹山	北纬 30° 40′ 东经 122° 24′	12 时 22 分	4 时 22 分	4.4	3.4	2.6

潮流

嵊泗海域属半日潮流，行顺时针方向变换不同流向的回转流。受地形和气象等影响，在狭窄的海峡、湾口处行往复流。花鸟山与绿华山附近涨进流向西北，始于定海港高潮前 2 小时；落潮流向东南，始于定海港高潮后 4 小时。流速 2.5 ～ 4 节。嵊山东、枸杞南、花鸟山东 8 海里处和绿华西北等海域，均为顺时针回转流，其他岛屿间航门水道为往复流，流速 2 ～ 4 节。鳗胎、三礁、鸡笼山和大青山、小青山、稻桶礁及大盘山、小盘山、百亩田礁、羊舌礁(大嘴)、后岭头、鳗鱼头、乌骨礁附近有急流。百亩田礁偏东南壁下山之间有旋涡。泗礁山北、西及泗礁山与大黄龙之间等附近海域，回转流，流速 1.5 ～ 3 节。龙礁东偏北、马迹山西偏南、马廊山南、北和鹰窠山西偏北、半边山、小半边山、南鼎星、黄龙岛西南等附近海域有急流。大洋山、小洋山之间，马鞍山东、大洋山南等附近海域回转流，流速 3 ～ 5 节。小洋山与颗珠山之间、大小山与中门堂、箵箕、虎啸山之间和西马鞍山南侧、薄刀嘴岛东偏北、徐公山西侧等海域有急流。

波浪

波浪有风浪、长浪、拍岸浪和涌浪之分。嵊泗海域以风浪为主，南风浪大，北风浪小；外海浪大，近海浪小，东部浪大，西部浪小。夏季多偏南风，风力较弱，但受台风影响时，伴有大风大浪；各季受东南季风影响，以偏北风为主，风力较强。平均波高 0.8 ～ 1.2 米，发生风暴和遭遇台风时，能增高至 7 米以下，或可达 12 米左右，主要出现在 8 月份。风暴和台风作用下，风浪可转变为长浪。长浪脱离风力的直接作用，浪峰连成一线，与风向不相一致。所谓“大海无风三尺浪”，即指长浪，海上掀起长浪，是风暴即将来临的预兆。拍岸浪是风暴、台风造成的又一种破坏性极大的海浪，损害交通运输和渔业生产。风暴和台风袭来期间，可出现拍岸浪。涌浪与潮流运动相关，嵊泗列岛各海域波浪分布不相同，东部嵊山海区波浪最大，西部滩浒附近海浪最小。

第三节　地　质

嵊泗列岛处华夏褶皱系次级构造举单元新昌—定海—花鸟山断隆的东北边缘，岛礁基底形成于第四纪全新世。岛上地形起伏，水系短小，谷地浅凹，多澳湾岬角。复杂的地质构造、强烈的岩浆活动和新构造运动对嵊泗列岛地貌发育起着重要的作用。列岛诸岛大多依次为山脊、坡地、谷地（陡崖）、滩涂、海洋。山谷竣峭，丘陵起伏。山地不高，谷地狭小。岛周多陡崖。强力的洋流海浪作用下，岛屿东向多见砂岸、砾岸。岛上溪流或海流携带物被潮流搬运到地形略平坦、波浪微弱的海岸山凹，形成近代岸滩、古湾口坝、连角坝、滩角地等。大陆径流携带大量泥沙入海，岛屿西向多泥质滩涂，近大陆的大洋山、小洋山、滩浒山等岛更为明显。

工程地质

嵊泗列岛岛礁基底为前泥盆纪陈蔡群变质岩，岩性主要为片岩、片麻岩，大理岩和少量混合岩。出露地层全新系上侏罗统陆相火山岩系，沟谷和岛屿四周分布有少量第四系陆相和海相堆积物。东侧为浙东沿海断陷，西侧为杭州湾断陷。隆起带有北东向、北西向、北南向和东西向四个断裂组，无明显褶皱。

北东向断裂 12 条，占断裂总数的 39%，分布于里马廊山、外马廊山、门前礁、徐公岛、西嘴头、东绿华等岛礁。北东 10 ～ 40 度走向，个别 60 度，倾角 60 ～ 80 度，主要为逆断层性质，个别为正断层，破碎带一般宽 5 ～ 15 米，个别达 100 米，中有岩脉或方解石脉充填。

北西向断裂 8 条，占 26%。分布于泗礁、马迹、白节、虎啸蛇、野猫洞、壁下、东库、下三横等岛礁。北西 290 ～ 340 度走向，倾角 70 ～ 80 度。逆断层为主，断而平整，破碎带宽 1 ～ 7 米，煌斑岩、霏细斑岩等岩脉充填。

东西向断裂 7 条，占 23%，分布在中柱山、马迹、小白节、筲箕岛、小青山和滩浒等岛礁。东 80 ～ 90 度走向。多为逆断层，辉绿岩脉、石英脉等充填。

南北向断裂 4 条，占 13%。分布在海礁、嵊山、求子、花鸟和泗礁东部。北西 350 度至北东 10 度走向，倾角 60 ～ 75 度。有正断层、逆断层。破碎带宽 1.5 ～ 20 米，常见霏细岩脉、方解石脉等充填。

海底地貌

嵊泗列岛处东海大陆架潮流三角洲中部，东部陆架岸坡，强潮型海湾。北邻大陆近岸水域。行非正规半日潮，潮波传播快于南部，涨潮高水位偏向北岸，落潮高水位偏向南岸，涨落潮流速差由东向西逐渐增大。水动力条件影响列岛海低地貌。

潮流三角洲呈扇形向东撒开，扇面坡向东缓降。西部洋山地区等深线 10 米左右，中部泗礁地区等深线 20 米左右，东部嵊山地区等深线 30 米左右，嵊山以东 30 ～ 60 米。其上发育脊滩、槽沟及洼地、台地。脊滩、槽沟趋平行相间排列，一般长 10 ～ 30 千米，宽 1 ～ 5 千米。滩浒山以北脊滩、槽沟延伸方向与杭州湾北岸线平行，北东向。南侧，北西—南东相间展面，花鸟山以北有两条古长江溺谷，宽度10余千米，南支北西—南东走向，北支南西—北东走向。

水下洼地零星分布，不规则形态，面积数平方千米至数十平方千米，多见近杭州湾内侧。水下台地仅见于大洋山南沿，菱形东西向展布。长 25 千米，宽 10 ～ 12 千米，面积约 300 平方千米。

岛礁四周，受潮流波浪等水动力作用影响、拍岸浪淘掘和潮流冲刷作用，形成水下环状、半环状凹槽。浪岗山以南、以东水深 50 ～ 100 米处，有海底长堤和贝壳堤，沉积物深厚，形成陆架浅海平原。

中生代以前，嵊泗列岛基底处于整体提升与剥蚀之中。中生代晚期，强烈的火山喷发，岩浆侵入与相伴的断块运动，奠定嵊泗火山岩、花岗岩丘陵地形基础。新构造运动表现为明显脉动式升降。约距今 7000 年前，海侵最终将境域沦为沧海，丘陵成为列岛。风力、潮力长期搬运沉积的结果，泥沙为浅海和海湾底部的逐步填高和潮汐三角洲形成提供了条件。居民世代人工筑堤围海，使许多岛屿相连，改变了列岛地貌。

第二篇 海 港

嵊泗县群岛环抱，各岛岸线曲折，港湾众多。人员往来、货物运输历来依靠航运。港口自然条件十分优越，1990年代后，改革开放步伐不断加快。为适应长江三角洲及上海市社会经济发展需要，相继开发了宝钢马迹山矿石中转码头、洋山集装箱深水港、绿华山散货减载平台、洋山 LNG（天然液化气）接收站、洋山石油储运基地等。充分发挥了嵊泗港口优势。嵊泗港口已成为长江三角洲地区海进江、江海联运和集装箱体系的重要组成部分，也是上海国际航运中心重要组成部分。

第一章 港 区

1987年4月以前，嵊泗海域无港区设置与划分，也无明确的港界。人们称谓各岛屿的港埠，以其所在地名约定俗成，如菜园港、黄龙港、嵊山港、洋山港等。1987年4月1日，浙江省人民政府批复《舟山港总体分布规划》，将泗礁港区、绿华山港区、洋山港区划入舟山港8个港区之中。2009年3月30日，经浙江省人民政府和交通部批准《宁波—舟山港总体规划》，将舟山港域调整为11个港区，嵊泗的泗礁港区、绿华山港区、洋山港区列入其中。

嵊泗港域港区作业区表

表 2-1-1

港区编号	港区名称	作　业　区
933000217	泗礁港区	马迹山作业区
		李柱山作业区
1033000218	绿华山港区	
1133000219	洋山港区	小洋山作业区
		沈家湾作业区
		大洋山作业区

第一节　泗礁港区

位于长江口东南方嵊泗列岛中部，包括泗礁山岛和马迹山、金鸡山、黄龙诸岛及周边水域。距洋山港区约 20 海里，距上海吴淞口约 60 海里。港区主要承担大宗散货的储存和中转运输服务，结合后方地域发展临港工业。港区内有李柱山、马迹山 2 个作业区。

泗礁的港口开埠历史悠久，春秋战国时期，泗礁港湾已是“舟楫飞舞，人鱼聚欢”。据宋宝庆《四明志》载：泗礁岛民开设的北界村酒坊名扬东海，生意兴隆，在南宋宝庆（1225 ～ 1227）年间，该酒坊纳税率雄居昌国县 14 所酒坊之第 2 位，足见当时岛上人烟稠密商贾繁荣。

1950 年 7 月，嵊泗解放。1953 年 6 月，嵊泗轮船公司成立，木质机帆船“英雄 3 号”“英雄 5 号”营运上海、泗礁、黄龙、嵊山之间。1956 年 6 月起，浙江航运公司舟山分公司“中浙 2 号”“海星 601”“浙江 808”“浙江 801”“浙江 805”“浙江 815”客货轮相继营运定海—衢山—泗礁—上海航线。1963 年起，开通泗礁至嵊山县内航线，先后由浙江航运公司舟山分公司“浙江 715”“浙江 706”“浙江 811”“浙江 802”“浙江 803”“浙江 807”轮主航，靠泊菜园港。

1960 年代初，在菜园港小菜园嘴建造一座固定台阶式小码头，因前沿水浅，旅客上下船仍由渡船驳运。1986 年 10 月，新建小菜园客货码头。码头 500 吨级，泊位长 48.6 米，可停泊 500 吨级客轮。1988 年建造 401 平方米候船室，可容纳旅客 300 人。通往绿华、花鸟、壁下、嵊山的客轮在此发航。小菜园码头西侧建有 300 米长的货运船泊位，装卸石油专用，可停靠 200 吨级货船。

1974 年 9 月，李柱山 1000 吨级客货码头动工建设，翌年 10 月交付使用，从此，泗礁港区告别轮船不能直接靠泊码头的历史。泗礁往来于境外及洋山的客运航线先后迁移至此。1988 年 3 月动工扩建，同年 9 月竣工。扩建后码头两个泊位，最大靠泊能力 3000 吨级。1994 年 9 月，李柱山车渡码头开工建设。1996 年 2 月 6 日，“舟桥 1”客滚轮投入泗礁—芦潮港航线营运，由此开启泗礁与内陆直接通车的时代。1995 年 6 月，高速客船“茂盛”轮开通李柱

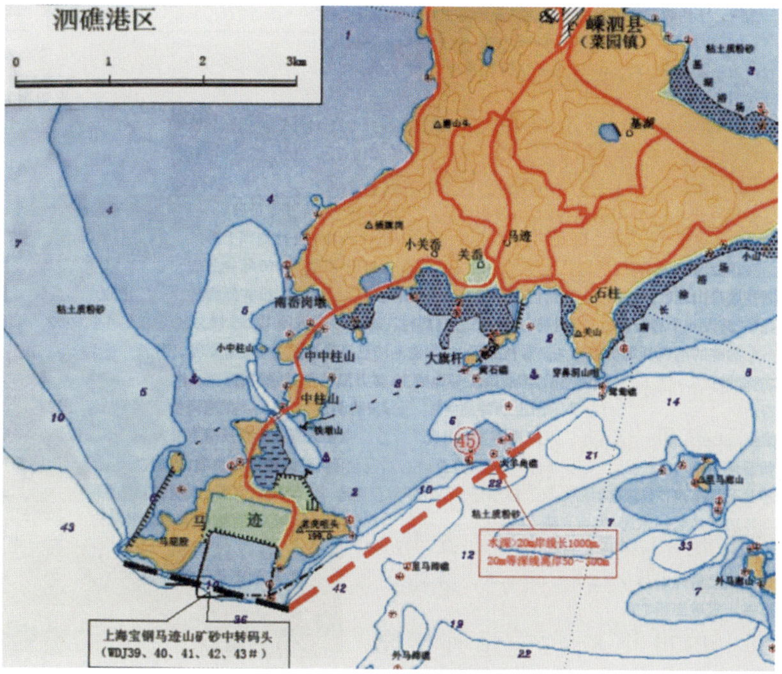

泗礁港区示意图

山至定海西码头航线，泗礁港区迈入高速化时代。

1994 年 6 月，宝钢向国家计委上报《宝山钢铁（集团）公司建设嵊泗马迹山矿石中转港一期工程项目建议书》和可行性研究报告。1995 年 7 月 3 日，国家计委批准该项目建议书。国家计委批准立项。一期工程设计年吞吐量为 2000 万吨（年卸船量、装船量各为 1000 万吨），建设 25 万吨（兼靠 30 万吨级矿石卸船泊位 1 个，3.5 万吨级矿石装船泊位各 1 个，形成陆域总面积 36.5 万平方米及建设相应的配套工程。2002 年 12 月 21 日，举行宝钢马迹山港开工、典礼。2005 年 12 月 28 日，马迹山港二期主体工程开工建设。2013 年 4 月，马迹山矿石中转港三期工程开工。三期工程利用岸线 1535 米，建设 40 万吨级卸船泊位、20 万吨级卸船泊位和 5 万吨级装船泊位各 1 个，及 3.5 万吨级装船泊位各 2 个。码头年设计吞吐能力 5000 万吨。

泗礁港区范围

表 2–1–2

序号	名　　称	北　纬	东　经
1	泗礁山以北大毛烘灯桩	30° 46′	122° 26′
2	泗礁山东北角（鹿颈头）灯桩	30° 43′	122° 31′
3	大黄龙龙头岗灯桩	30° 40′	122° 33′
4	大黄龙南端长山嘴灯桩	30° 38′	122° 34′
5	南鼎星（53.3）	30° 38′	122° 31′
6	半边山（79.4）	30° 37′	122° 27′
7	白节山灯塔	30° 36′	122° 25′
8	半洋山灯塔	30° 38′	122° 22′
9	牛屙礁灯桩	30° 43′	122° 22′

李柱山作业区

位于泗礁山岛西北侧连槌山（俗称“李柱山”）岛岸段。地理坐标北纬 30° 44′、东经 122° 25′。作业区港池宽阔，泥底，自然岸线长 3000 米。港池东侧沿岸为浅水区，6 米等深线从李柱山呈外“弓”字形向南延伸至中柱山。港池南侧为泗礁山岛西锚地，可避 6～7 级东北、东南风。该作业区主要功能是为岛屿生产、生活和旅游服务。

李柱山作业区鸟瞰图

1974 年 8 月，建造连接李柱山岛与泗礁山岛的李柱山公

新建李柱山客运大楼

路桥（一桥）。1996年1月，建造李柱山公路桥（二桥），与一桥并列，结构、长度相同，中间相隔1米。

1975年9月，建造1000吨级客货码头。平台长50米，宽10米，前沿低潮位水深5米；栈桥长13米，宽6米。1988年扩建。扩建后，码头有2个泊位，平台总长99米，码头广场5000平方米，停车场1725平方米，最大靠泊能力3000吨级。1994年9月，建造李柱山车渡码头。1996年2月6日，客滚船“舟桥1”轮投入泗礁—芦潮港运营。2004年6月，建造李柱山北岙车渡码头。2012年10月，新建1000吨级客运码头1座及相应配套设施。泗礁山岛与境外的客货船舶由此中转发航。

2014年，港口货物吞吐量167.27万吨，旅客吞吐量2.5万人。

马迹山作业区

位于泗礁山岛西南4.6千米的马迹山岛，地理坐标北纬30° 40.7′、东经122° 25.0′。由老虎嘴、北山、马屁股深水岸段和前沿水域组成，后缘拥有面积550平方千米的马迹山海岙。港区前沿水域开阔，深水近岸，深水岸线长7300米，深水航道宽畅，顺直向东北与国际航道衔接，20万～30万吨巨轮可自由进出。

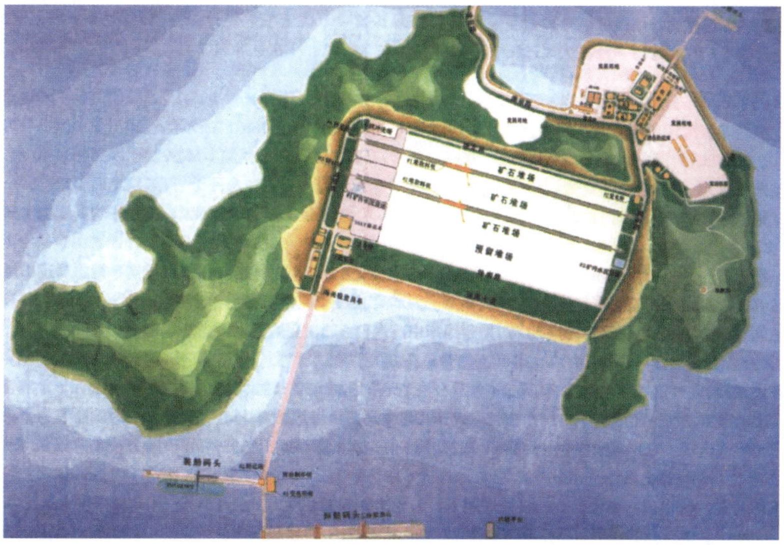

马迹山作业区示意图

历史上马迹山港域是著名的渔港及海疆要塞。明代嘉靖年间，马迹山是抗倭战略要地。出使日本国而亲临嵊泗海域的宁波生员陈可愿云：“盖马迹有小潭可以舶舟……”主事黄云恭曰：“葵丑（注：明嘉靖三十二年，1553年）春，参将俞大猷围王直于马迹，蛟龙惊炮而起……”清末民国初，马迹山海域为春季大黄鱼汛渔场。民国25年（1936）程梯云著《江苏外海山岛志》载：“马迹为春季大黄鱼及秋季奉化拉钓船渔场根据地。春季鱼汛捕鱼船有千数百号，人口突增至万余，临时小商贩毕至，殊为热闹，仅次于嵊山之带鱼汛。”自20世纪60年代初起，马迹山渔场的大黄鱼汛逐渐衰退。马迹山岛距马关关岙 2 海里，1997 年前，两地有民间渡船相通。

1998 年 11 月，宝山钢铁（集团）公司马迹山矿石中转港一期工程动工。2005 年 6 月和 2013 年 4 月，分别动工建设马迹山矿石中转港一期和二期工程。利用岸线 1535 米，建设 40 万吨级卸船泊位、20 万吨级卸船泊位和 5 万吨级装船泊位各 1 个及 3.5 万吨级装船泊位各 2 个。2014 年，港口吞吐量 6030 万吨。

菜园港

菜园港为渔业、商业、交通综合性港口，位于泗礁山岛菜园镇区北侧，地理坐标北纬 30° 43′～30° 44′、东经 122° 26′～122° 27′。东起小菜园嘴头，西讫剑门水道中门柱礁灯桩，水域面积 75 万平方米。陆域面积 1.5 万平方米。港口自然岸线长 4.5 公里，水深 1.4～4 米（主航道水深 4 米）。涨潮流向西北，落潮流向东南，流速 3 节。能避 7～8 级偏南诸风。东北风时，风浪较大。7 级以上东南风有涌浪侵入港域。

1973 年的菜园港

1962 年，小菜园嘴内侧建造一座固定台阶式小码头。1984 年，小菜园嘴外侧建造 500 吨级客货运码头，通往绿华、花鸟、壁下、嵊山各岛，停靠大洋至泗礁、小洋至泗礁渡船。外侧建有 1000 吨级的石油码头与交通码头相连。油库西侧有油库加油站码头、岸壁式埠头及小菜园老交通码头。油库里侧有县海港运输公司货运码头，设有 5 个泊位，10 台吊机。其右侧有金平渡小菜园渡埠。菜园西北侧有海港运输公司西方庵货运码头。北侧有泗礁电厂煤码头、青沙剑门墩石油码头。金鸡山岛小平头、黄泥坎村各有埠头 1 座。菜园港共有码头 8 座，渡埠 4 座。20 世纪 90 年代后，上述埠头、码头因港口等工程建设逐渐消失。

小菜园嘴头和剑门中门柱礁均设有灯桩。剑门水道在高潮位时能通过渔船。菜园港对面有金鸡山，是港区的屏障，小菜园嘴头外侧东北两链处有菜花暗礁。

1975 年 10 月前，菜园港口没有一座码头，与上海、定海往来的客货船停泊菜园港，客货上下均由小船驳运。1986 年，油库西侧建小型交通码头和专用码头。1999 年 4 月，扩建小菜园客货码头，县内交通航线在此发航，境内外货运大多通过菜园港装卸。1992 年港口吞吐量：客运 41.93 万人次（含渡运 27.93 万人次），货运 18.81 万吨。2013 年货物吞吐量 519.04 万吨，旅客吞吐量 26.4 万人。2014 年，货物吞吐量 358.71 万吨。

黄龙港

黄龙港位于大黄龙岛南港，地理坐标北纬 30° 39′、东经 122° 33′。港区自然岸线长 1000 米左右，港口面积 0.8 平方千米，底质泥沙、水深 4.2～7.8 米，离岸 50～100 米为 10 米等深线。涨潮流向西北，落潮流向东南，流速 3 节左右，能避 6～7 级东北，偏北风。港湾中部偏东有扁担山，港湾外口有中宝礁和外宝礁。港湾里侧门礁（松角礁）建有 300 吨级的客货交通码头，港口西侧长山嘴头设有灯桩。

五龙至黄龙峙岙有渡船相通。1982 年，黄龙至五龙有固定渡船航班。1990 年，黄龙南港建造 300 吨级客货交通码头，五龙至南港有渡船通航。

第二节　绿华港区

位于嵊泗列岛北部的马鞍列岛海域，濒临长江入海口，由东绿华岛、西绿华岛、花鸟山岛、枸杞岛、嵊山岛及周边水域组成，西南距泗礁港区约 12 海里，距洋山港区约 30 海里，西北距长江口引水锚地约 10 海里，距上海吴淞口约 65 海里。绿华山港区扼长江口门户，是上海港北美航线和跨太平洋航线必经之地，享有“国际锚地”之誉。现为长江沿线地区大宗散货水水中转、水上过驳的重要基地。

1968 年起，开通泗礁—洛华（绿华）—花鸟—嵊山航线，先后有普通客船“浙江 715”“浙江 706”“浙江 811”“浙江 802”“浙江 807”“浙江 803”“海山”“碧海”“嵊翔 2”轮及高速客船“茂盛 6”“茂盛 1”“嵊鹰 5”“碧海 5”“嵊鹰 1”“嵊鹰 2”“茂盛 2”“碧海 6”“碧海 3”“嵊翔”“甬兴”轮停靠绿华。1970 年，建造绿华客运码头。1972 年，驻军建造连接东绿华山岛和西绿华山岛百米跨海大桥。

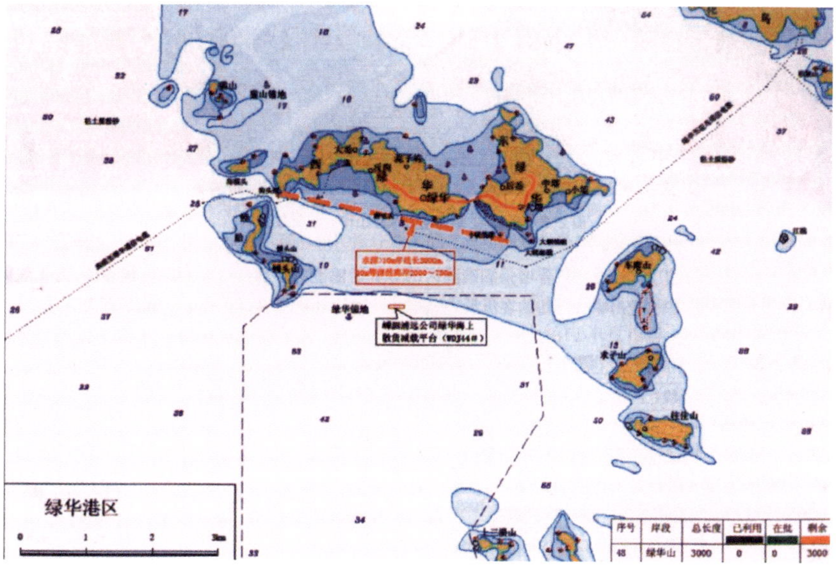

绿华山港区示意图

1974 年，国家计委监督站绿华山设置外轮引航站，后改设港务监督站。1976 年，国务院、中央军委批准绿华山锚地列为全国十大锚地之一。同年，中国人民解放军总参谋部和交通部联合发文，批准开发绿华山南锚地。在绿华山海域划定范围，作为外轮进出上海港候潮、减载过驳与引水入港的外轮锚地。1979 年，交通部批准 10 万吨级“双峰海”轮改装后锚泊绿华山锚地，作为外轮进入上海港前的减载过驳作业。

1981 年，国家委托上海港务局承担绿华山锚地口岸与港政管理。6 月 1 日，绿华山岛设立中华人民共和国上海港务监督绿华监督站，建有国际导航台讯号塔，塔高 30 米。当年，划定下列 7 点连线范围内的海域为锚地边界：

1. 北纬 30° 45′，东经 122° 38′；

2. 上三横山（32）峰；

3. 北纬 30° 47′，东经 122° 38′（即东绿华山“144”，下三横山西端连线与东库山西端、上三横山（32）连线的交点）；

4. 北纬 30° 48′，东经 122° 38′（即东绿华山“144”，下三横山西端连线与东库山南端、鳗头山南端连线的交点）；

绿华港区减载平台

5. 北纬 30° 48′，东经 122° 36′（即鳗头山南端）；

6. 北纬 30° 48′，东经 122° 35′；

7. 北纬 30° 45′，东经 122° 35′。

1997 年，上海浦远船舶有限公司成立，承担绿华山港区过驳疏运业务。公司拥有 11 万吨级“双峰海”轮减载平台 1 艘，1.69 万吨级散货船 4 艘，7.3 万吨级全球无限航区散货船“卡玲娜轮”1 艘。2000 年，10 万吨级“新双峰海”轮替换“双峰海”轮，年减载货物吞吐量 1000 万吨经常进入该锚地作业的有美国、日本、荷兰、加拿大、葡萄牙、巴拿马及东南亚各国的商船。

2005 年 7 月 1 日起，绿华山锚地由舟山港务管理局实施港政航政管理。

2009 年 7 月 31 日，绿华减载平台建成，2010 年 12 月通过验收，并投入运营。减载平台建成后，对外轮减载过驳能力显著增强，减载作业安全性和稳定性亦得以保障，港区吞吐量快速增长。

绿华港区范围

表 2-1-3

序号	名　称	北　纬	东　经
1	猫山灯桩	30° 50′	122° 35′
2	花鸟山灯塔	30° 51′	122° 40′
3	花鸟山东端	30° 50′	122° 41′
4	红礁	30° 48′	122° 41′
5	A	30° 45′	122° 39′
6	B	30° 45′	122° 35′

绿华港

绿华港位于西绿华岛南侧，地理坐标北纬 30° 49′、东经 122° 37′。近岸水深 4 米，涨潮流向西北，落潮流向东南，流速 2 ～ 3 节，能避 9 级北、东北风。绿华山南侧北纬 30° 45′～ 30° 48′、东经 122° 36′～ 122° 38′，122° 36′～ 122° 38′之间，为绿华山锚地，海域面积 7.32 平方海里，水深 25 ～ 56 米。港区扼长江口门户，系上海港北美航线和跨太平洋航线必经之路，能供万吨级船舶锚泊，其中 1 平方海里为对外开放锚地，供外轮锚泊，减载过驳，享有“国际锚地”之誉。现为长江沿线地区大宗散货水水中转、水上过驳的重要基地。西绿华岛建有交通码头。

作业中的“新双峰海”轮

1974 年，中国人民解放军总参谋部和交通部联合发文，批准开放绿华山南锚地作为上海港外轮减载过驳作业锚地。1979 年，交通部批准 10 万吨级“双峰海”轮锚泊绿华港，作为减载母船，为上海港外轮减载过驳，可供 20 万吨级以下中外货轮锚泊、避风、减载。

2008 年 1 月，建造海上固定散货减载平台，代替过去船—船过驳的减载方式。2014 年，绿华港吞吐量 1425 万吨。

嵊山港

嵊山港位于嵊山岛，包括泗洲塘湾和箱子岙湾两个岙口。

泗洲塘岙口，在嵊山镇东南的泗洲塘湾内，地理坐标北纬 30° 43′、东经 122° 48′。泗洲塘湾和大玉湾相连，中间有一小岬角隔开，两湾岸线共长 3.6 千米，面积约 5.4 平方千米，近岸水深 3.7 米，5 米等深线在离岸约 50 米处，离岸 100 米以外，深度一般在 10 米以上，离岸 50 米内底质多砂砾，50 米外为软泥质，抓锚力强。湾口处有海底电缆。涨潮流向东南，流速 2 ～ 3 节，能避 10 级以下偏北大风。沿岸有泗洲塘路通往大玉湾村。港湾内有 800 米长的堤岸，设船埠 3 处，供渔船靠泊。在泗洲塘放羊山下，建有 500 吨级的客货交通码头，泗礁至嵊山的客船“碧海”轮在此停靠，码头有公路经泗洲塘隧道通往嵊山镇中心区域。

箱子岙岙口，在嵊山镇西北箱子岙湾内，地理坐标北纬 30° 43′、东经 122° 45′。港湾入口处两侧有双胖嘴和横栏嘴山脚环抱，岙口外中央有坎礁，上设灯桩。港区南北长 500 米，东西宽 200 米，面积约 0.1 平方千米。近岸水深 6.2 米，主航道水深 8.8 米至 9.6 米。属规则半日潮，平均高潮间隙 10.01 小时，大潮升 4 米，小潮升 3.1 米，流速 3 节左右。底质细砂、利于锚泊，能避 6 级左右的东南风。沿港有箱子岙路，全长约 750 米。港湾东北侧建有防浪堤，构成小渔港，专供小型渔船锚泊。在双胖嘴内侧，建有 500 吨级码头，泗洲塘交通码头建成前，泗礁至嵊山的客船在此停靠。在双胖嘴外侧，建有渡埠一座，嵊山至枸杞的渡船在此发航。

与双胖嘴相对的西北横栏嘴头建有石油码头。

嵊山为著名的嵊山渔场的中心，嵊山港以渔港闻名于世，为国家级渔港。随着改革开放经济建设的日益发展，嵊山港现已带有渔业、商业、交通综合性质的港口。港口共有 3 座码头，2 个渡埠，3 个船埠。

枸杞港

枸杞港位于枸杞岛东侧，地理坐标北纬 30° 43′、东经 122° 46′。近岸水深 4 米左右，涨潮流向西北，落潮流向东南，流速 2 ～ 3 节。外侧东南方为嵊山锚地，海域广阔，能避 10 级以下偏北风。在龙舌嘴头北侧建有 500 吨级客货交通码头。龙舌嘴头南侧小石浦建有 100 吨级岸壁式码头，并兼作渡埠，建桥后已无渡轮，在枸杞岛西南部里西建有 3000 吨级石油码头。在枸杞岛北侧的后头湾建有 200 吨级的军用码头。

第三节　洋山港区

位于杭州湾入海口，长江与钱塘江交汇处的崎岖列岛，包括大洋山岛、小洋山岛及附近诸岛。港区由大洋山岛和小洋山岛为主的南、北两列岛链及周边水域组成。北距上海吴淞口约 68 海里，东距泗礁山岛约 22 海里。港区经 32.5 千米的东海大桥与上海连接。

南朝梁大同十一年（545），始有小洋山岛文字记载，距今约有 1500 年历史。又据《大洋旧志》载，南宋以前，洋山居民亦已稠密。

1950 年，大小洋山岛间无专用渡船和码头，岛民外出仅靠渔船搭载。1969 年，驻军在大洋山岛小煤山建造码头 1 座，200 吨级，军民共用，兼作渡埠。1980 年，开通大洋至泗礁、大洋至上海芦潮港客运航线。1984 年，开通小洋至泗礁、小洋至上海芦潮港客运航线。

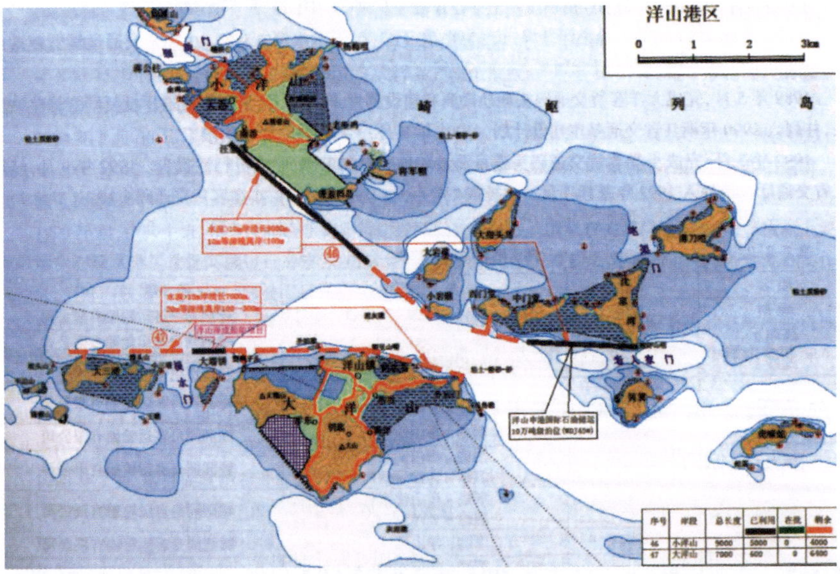

洋山港区示意图

1987 年 10 月，小洋建造渡埠，长 13 米，宽 11.3 米，前沿水深 0.5 米。1991 年 7 月，大洋客货交通码头竣工。1994 年 6 月，小洋客货交通码头竣工。

1994 年 5 月至 2004 年 5 月，高速客船“嵊翔”“嵊鹰”“甬兴”“茂盛 2”“飞舟 1”轮相继开通泗礁—嵊山—大洋—芦潮港、泗礁—大洋—镇海、衢山—大洋—芦潮港、泗礁—大洋—芦潮港—普陀山、三江—大洋—泗礁航线。2005 年 12 月洋山深水港开港后，港区水上客货运输发展迅猛，由 30 余艘客（滚）船与洋山通航。

2001 年 3 月，经国务院同意，国家发展计划委员会批准洋山深水港区一期工程立项。2002 年 6 月 26 日，洋山港一期工程开工建设。2005 年 12 月 5 日，一期工程竣工投入试运行。同年 12 月 10 日，洋山深水港区开港。2005 年 12 月 10 日，东海大桥全线通车。小洋山岛至上海芦潮港的东海大桥，全长 32.5 千米，是国内第一座外海跨海大桥。2006 年 12 月 10 日，洋山深水港区二期工程项目建成投入使用。2008 年年底，洋山深水港区三期工程基本建成，2009 年 9 月通过国家验收。洋山深水港一、二、三期工程全部完工投产，港区功能齐备，形成完整的安全生产运营体系，各种设施功能正常，运营管理经验积累，效益不断提高。

洋山港四期工程于 2014 年 12 月 23 日开工建设，于 2017 年建成。

小洋山作业区

位于以大乌龟、颗珠山、小洋山、镬盖档、大岩礁、西门堂、中门堂及沈家湾等诸岛岛链为基础形成的陆域、岸段及周边水域。作业区纵深约 1.2 千米，陆域面积 14.1 平方千米。

小洋山岛位于崎岖列岛北部，面积 1.74 平方千米，距大陆最近点约 15.9 海里。岸线总长 12.26 千米，多湾澳、岬角，分布泥质滩、沙泥质滩，高泥沙滩、小高泥沙滩，港域开阔，可供百万吨船备避 6 ~ 7 级偏西风；大岙滩可避 6 ~ 7 级东北风；南澳可泊渔船。岛周围水深 5 ~ 10 米，东北附近海域深达 31 米。

小洋山作业区集装箱堆场

2001 年 3 月，经国务院同意，国家发展计划委员会批准洋山深水港区一期程项目建议书。2002 年 3 月，经国务院同意，国家发展计划委员会批准洋山深水港区一期工程可行性研究报告；5 月，受国家发展计划委员会委托，上海市人民政府会同交通部组织审查通过洋山深水港区一期工程初步设计。同年 6 月，洋山深水港区一期工程开工建设。洋山深水港区一期主体工程的港区部分，位于崎岖列岛北部岛链的小洋山岛侧，芦潮港辅助作业区位于上海芦潮港东侧人工半岛南部海边。小洋山岛建设第五、第六代集装箱船泊位（码头结构兼顾 8000TEU 船舶的靠泊需求）5 个，码头岸线长 1600 米，设计年吞吐能力 220 万标箱。2005 年 12 月 5 日，小洋山岛连接上海芦潮港的东海大桥全线贯通。10 月，洋山深水港开港。

2006 年 12 月 10 日，洋山深水港区二期工程竣工投入运营。一期、二期码头合并运作，拥有 3000 米深水岸线，码头前沿水深 16 米。大型集装箱船舶靠泊作业。港区水域面积 316.7 平方千米，陆域面积 134 平方千米，其中堆场面积 86 万平方千米，平面箱位 2586TEU（标准箱)。

2009年9月,洋山深水港区三期工程通过国家验收。三期工程港区部分与一期工程港区南端相接,码头岸线全长2600米。工程建设7个7万～15万吨级集装箱船泊位(结构均按靠泊15万吨级集装箱船设计),设计年吞吐能力为500万TEU(标准箱)。

2014年12月23日,经国家发展改革委核准,洋山深水港区四期工程开工建设,四期工程建设集装箱码头2350米,2个7万吨级和5个5万吨级集装箱船泊位(水工结构均按靠泊15万吨级集装箱船舶设计和建设),1个工作船泊位等配套设施,泊位总长2800米,设计年吞吐能力630万TEU(标准箱)。四期工程将于2017年建成。

沈家湾作业区

位于小岩礁以东至中门堂沈家湾岸段。利用岸线3800千米,为危险品码头区。

沈家湾岛位于崎岖列岛东北,大洋山岛东偏北约1.4海里处,原岛面积0.1856平方千米(经筑堤围填与中门堂岛连为一片陆域),岛岸曲折。中门堂岛位于大洋山岛东北0.9海里处,原岛面积0.2平方千米(经筑堤围填与沈家湾岛连为一片陆域),岛周围水深4～10米。2006年6月,洋山申港国际石油储运项目获国家发改委批准。项目位于主要是东港区的沈家湾岸段,总体规模建设0.2万～15万吨级各种泊位20个,设计年吞吐能力1200万吨;建设200万立方米储罐,主要贮存燃料油、汽柴油和化工品等。同年8月26日,申港国际石油储运项目一期工程开工建设。2008年12月7日投入试运营。一期工程规模建设储罐42万立方米,10万吨级(兼靠12.5万吨级和2千吨级)码头各1座。占地18.023公顷,占用岸线885米。

沈家湾作业区

2010年9月,申港国际石油储运项目二期工程开工建设。2011年4月投入运营。二期工程规模建设储罐59万立方米,占地212亩。

大洋山作业区

位于大洋山、大塔饼、大三塘等岛岛链北侧岸段及周边水域,以大洋山岛为中心,西至双连山、大三塘一带,东至马鞍列岛。其将作为2020年的规划发展预留岸线。

作业区水域面积约1平方公里,底质泥沙,水深10米以下,近岸水深2米以上。外侧有圣姑、中姑、前姑三岛礁。涨潮流向西,落潮流向东,于绿华山高潮后3～3.5小时转流,流速5节左右,能避7级东南风。作业区建有500吨级客货交通码头,大洋至芦潮港、大洋至泗礁渡航船由此发航。在交通码头东侧、小煤山前端建有200吨级小煤码头。1991年前,大洋至泗礁，大洋至芦潮港、小洋至大洋的客货船均在此发航或停靠。

第二章 海港设施

第一节 码 头

1950年代初，整个嵊泗列岛没有一座码头。1956年秋，驻军在泗礁山石柱岙口首先修建了一座小型固定式码头，能靠泊机帆船和登陆艇。1959年，交通部门在泗礁石柱山嘴修建了县内第一座交通船浮码头，因选址欠佳，不久即被风浪损毁。1960年代初，在小菜园嘴头里侧建造一座固定式小码头，旅客上下船仍靠渡船驳运。1970年，驻军在嵊山箱子岙修造一座500吨级重力式钢筋混凝土码头，军民共用。70年代初，经多方征求意见，具体勘探，确定在菜园镇西北李柱山南侧修建码头的方案。1975年9月，1000吨级的李柱山客货交通码头建成，结束了进出泗礁山的旅客不能从码头直接上下船的历史。至1992年年底，全县有交通码头11座，专用码头20座，交通部门专设渡埠头8座。各乡镇、生产队和其他有关部门自建小码头或埠头38座。

2014年，全县共有码头48座，泊位58个，分布于泗礁山岛、马迹山岛、大洋山岛、小洋山岛、西绿华岛、枸杞岛、嵊山岛。客货码头13座，车渡码头6座，车客渡码头3座，客运码头6座，货运码头3座；其中1000吨级码头8座，泊位12个；300吨级码头6座，泊位8个；200吨级码头1座，泊位1个；100吨级码头1座，泊位1个。万吨级货运码头6座，拥有30万吨级、25万吨级、20万吨级、10万吨级、5万吨级、3.5万吨级、3万吨级泊位9个。危险品货运码头11座，其中10万吨级1座，5000吨级2座，2000吨级2座，1000吨级3座，500吨级1座，300吨级2座。

客货码头

李柱山客货码头 位于泗礁山岛西北连槌山（习惯称“李柱山”）南侧山脚，地理坐标北纬30°44′、东经122°25′，方向朝南偏西，码头工程由浙江省交通厅设计院勘测设计，浙江省海港工程队承建。1974年

1996年李柱山码头

9月动工，1975年9月竣工，10月1日交付使用。总投资47万元。码头为1000吨级客货码头。码头采用钢筋混凝土结构，平台长50米、宽10米，前沿低潮位水深5米；栈桥长13米、宽6米。1987年2月，浙江省交通厅批复扩建李柱山码头。扩建工程由浙江省交通厅设计院勘测设计，浙江省海港养护大队承建。在原码头平台东侧增长49米，增设长18米、宽6米的栈桥1座。码头桩基为钢管内浇注钢筋砼桩。码头平台上安装供水、供电及水手房等附属设施。码头陆域驳岸长80米，连接桥座、撑座和老驳岸。扩建工程于1988年3月动工，10月竣工，同年11月8日投入使用。工程总投资163万元。扩建后，有2个泊位，平台总长99米，停车场1725平方米，码头广场5000平方米，可停靠千吨级客货轮或同时停靠2艘500吨级客货轮。

1995年10月，投资30万元扩建码头停车场地700平方米。1997年3月，改建李柱山客运大楼，将一楼仓库改建候船室，大楼平顶改为斜坡顶，改建检票上船走廊，总装修面积500平方米。同年7月竣工，10月交付使用。投资70万元。

2014年李柱山客货码头

2004年6月，重建客运大楼，占地面积2414.8平方米，建筑面积4382平方米；一楼候船室984平方米，二楼候船室1351平方米；三层加塔楼，顶高28平方米（85高程）；停车场5972平方米。2005年6月竣工。

李柱山南侧车渡码头　位于李柱山客货码头左侧，地理坐标北纬30°44′、东经122°25′。1994年9月动工，1995年7月竣工。1996年2月，客滚船“舟桥1”轮投入营运泗礁—芦潮港航线。随着海岛经济发展，该码头钢平台与钢吊桥原设计车辆荷载汽—15，不能适应荷载汽—15以上车辆，2006年7月10日至12月26日，重建车辆通行的钢平台与钢吊桥，增大两者间的衔接半径，便于汽—15以上车辆转弯，顺利通行；重新采用嵌岩桩加固3座门架墩，原车渡船泊位高桩梁板墩式结构改为高桩梁板靠船

李柱山南侧车渡码头

板结构。码头面高程为2.90米。改建栈桥平面，长65.19，原宽7.5米为10米。总投资1380万元。改建后，可通行40英尺集装箱挂车，泊位吨级3000GT级，集中荷载20T汽车和40英尺集装箱。设计年吞吐能力：旅客20万人次，车辆2万辆次。

李柱山北岙车渡码头 位于李柱山北侧，地理坐标北纬30° 44′、东经122° 25′。工程2002年7月1日开工建设，2004年9月29日完工。新建30车车渡码头1座，采用高桩墩式结构。建有靠泊平台1个，长68.5米，宽10米；人行栈桥1座，长49.4米、宽4.5米；钢吊桥墩1座，长14.5米、宽12米；汽车栈桥1座，长23.4米、宽7.5米；钢吊桥支座墩2座，长12米、宽4米（当地假设高程）。配有4300平方米陆域场地和长60米、宽2.5米的人行隧道等设施。总投资1500万元。设计年吞吐能力：旅客12万人次，车辆3万辆次。

李柱山北岙客货码头 码头东端连接李柱山客货码头，地理坐标北纬30° 44′、东经122° 25′。码头采用高桩梁板靠船板结构，1000吨级，长89米、宽10米；西端建栈桥长30米、宽8米，与陆域相连。码头中间设栈桥与陆域相连，改为人行通道，长25.7米、宽8米。设计平台荷载均布20KPA，汽—15，5吨电动轮胎吊；栈桥均布5KPA，汽—15，5吨电动轮胎吊。码头前沿水深4米。工程由普陀交通工程公司承建，2003年10月开工建设，2004年8月完工。

2014年9月竣工的李柱山北岙车渡码头

李柱山西侧客运码头 位于李柱山客货码头西侧，地理坐标北纬30° 44′、东经122° 25′。2012年3月，新建1000吨级客运码头1座及相应配套设施，码头采用高桩梁板式结构，平台长92米、宽12米，栈桥长23米、宽8米。设计年旅客吞吐能力56万人次。工程于2013年6月完工。总投资4893万元。

小菜园客货码头 位于泗礁山岛小菜园东北山嘴外侧，地理坐标北纬30° 43′、东经122° 27′。方向正北。1985年5月动工，嵊泗县城乡建设局设计室勘测设计，普陀地方建筑工程公司承建。1986年10月竣工，翌年1月交付使用，总投资82万元。码头为钢筋混凝土框架结构，泊位长48.6米，宽16.6米，引桥长14米、宽7.2米。候潮可泊500吨级客轮。码头平台西侧斜边有停车场30米的货运船泊位，可靠200吨级货船。有停车场600平方米。1985年5月建造候船室等用房，面积400平方米，可容纳旅客300人。1998年7月，海港运输公司西方庵货运码头因围海造地工程迁至小菜园客货码头西南侧，东北端与小菜园客货码头衔接。新建300吨级（兼靠500吨级）客货码头1座，码头结构采用高桩梁板靠船板结构，

泗礁山岛小菜园客货码头（1999年4月竣工）

由栈桥、平台组成。码头平台东西长99米、宽8米，西端转角长26米、宽10米；栈桥长31.5米、宽6米；码头平台标高3.7米。1998年7月开工，1999年4月竣工，投资425万元。

嵊山客货码头　位于嵊山岛泗洲塘放羊山下（蒋纪周烈士纪念碑西侧），地理坐标北纬30°43′、东经122°48′，朝向偏西，低潮位水深5米。1988年7月动工，舟山市交通设计室设计，定海海港工程队承建。1990年4月竣工，总投资160万元。码头采用嵌岩柱桩式固定梁板结构。平台长35米、宽10米，集中荷载汽—10，均布荷载1.5吨/平方米。栈桥长15米，宽10米，集中荷载汽—10，均布荷载1吨/平方米。码头离隧道口49米，有水泥混凝土路直通。1991年，投资10.8万元新建客运楼235平方米，内设售票室、小卖部。能容纳旅客250人。水泥地坪停车场152.76平方米。

嵊山客货码头（1990年4月竣工）

嵊山箱子岙客运码头　位于嵊山箱子岙西侧（西嘴头），地理坐标北纬30°35′、东经122°48′。1998年5月1日动工，同年12月竣工，总投资662万元。建造500吨级固定码头1座，平台长40米、宽10米，栈桥长19.05米、宽6米。候船室及办公用房等设施3600平方米。码头采用高桩梁板式结构，码头平台标高+5.80m。

嵊山箱子岙客货码头（1998年12月竣工）

大洋客货码头 位于大洋山岛圣姑岙外口北侧小煤山前端，地理坐标北纬 30° 35′、东经 122° 03′，朝向北偏西，低潮位水深 4.5 米。1989 年 5 月完成码头建址测量和地质勘测任务，同年 7 月省交通厅列入 1990 年省交通基本建设计划。1990 年 9 月动工，浙江省交通设计院设计，浙江省海港工程队承建。1991 年 7 月竣工，1992 年省、市、县验收，被评为优良工程，总投资 244 万元。码头采用高桩墩式结构，平台长 40 米、宽 10 米。集中荷载汽 -15，均布荷载 2 吨 / 平方米；栈桥长 60 米，宽 6.5 米，候船室和仓库等配套设施建筑面积 600 平方米，场地 1650 平方米。

黄龙客货码头 位于大黄龙岛南港门礁（松角礁）南侧，地理坐标北纬 30° 39′、东经 122° 33′。朝向西，低潮位水深 4.5 米。1989 年 4 月完成码头选址、测量和地质勘探工作。1990 年 3 月，浙江省计经委批复列入 1990 年基建项目。1991 年 3 月动工，浙江省交通设计院设计，定海海港工程队承建。1992 年 4 月竣工，经省、市、县验收，被评为优良工程。码头采用“T”形布局、嵌岩柱梁板结构，建造 300 吨级客货码头 1 座。平台长 28 米、宽 10 米，面高 +5.5 米，集中荷载汽 -15，均布荷载 2 吨 / 平方米；栈桥长 23 米、宽 5 米，有实堤长 68 米，候船室、仓库等建设面积共 200 平方米，场地 250 平方米。工程总投资 208 万元。（部拨 104 万元，省拨 98 万元、县自筹 6 万元）。

花鸟交通码头 位于花鸟山岛南岙东岸，地理坐标北纬 30° 50′、东经 122° 41′。1996 年 10 月动工，舟山市普陀交通工程有限公司承建，1997 年 8 月竣工。码头采用高桩梁板式结构。码头平台标高＋5.80 米。建造 300 吨级固定码头 1 座，平台长 32 米、宽 8 米，栈桥长 14.05 米、宽 5 米。设计年吞吐能力：旅客 4 万人次，货物 3 万吨。候船室、管理用房等设施 160 平方米。

绿华交通码头 位于西绿华岛北岸小岙东侧，地理坐标北纬 30° 49′、东经 122° 36′。1996 年 12 月动工，舟山市通达基础工程公司承建，1997 年 10 月竣工，总投资 300 万元。码头采用高桩梁板式结构，建造 300 吨级固定码头 1 座及相应配套设施。平台长 28 米、宽 8 米，栈桥长 13.6 米、宽 5 米。候船室、管理用房等设施 160 平方米。设计年吞吐能力：旅客 4 万人次，货物 8 万吨。

枸杞客货码头 位于枸杞岛龙舌嘴头北侧，地理坐标北纬 30° 43′、东经 122° 46′。朝向东南，低潮位水深 4.6 米。500 吨级。1989 年 4 月完成码头选址、测量和地质勘探工作。1990 年 3 月，浙江省计经委列入 1990 年基建项目。1990 年 12 月动工，1993 年 4 月竣工，总投资 258 万元，浙江省交通设计院设计。码头采用“T”形布局、嵌岩柱梁板结构，

枸杞客货码头（1993 年 4 月竣工）

平台长35米、宽10米，面高+6.58米，栈桥长28.5米、宽5米。客运楼（包括候船室、售票房等）建筑面积250平方米，可容纳旅客200人，码头场地100平方米。新建440米公路与码头配套。

小洋客货码头　位于小洋山岛双南，地理坐标北纬30° 38′、东经122° 02′。朝向西偏南，低潮位水深5米，1992年7月，完成码头选址测量和地质勘测工作。1992年9月浙江省交通厅列入1992年基建项目。1993年3月10日开工，浙江省交通设计院设计，主体工程由省海港工程队承建，陆域部分由普陀基础工程公司承建。1994年6月16日竣工，总投资237万元。码头采用高桩墩式结构，建造300吨级客货码头1座。平台长32米、宽10米，集中荷载汽–15，均布荷载2吨/平方米。栈桥长31米、宽5.5米，集中荷载汽–15，均布荷载0.5吨/平方米。设3吨电吊1台。陆域生产、生活用房250平方米，场地面积1570平方米。设计年吞吐能力：旅客10万人次，货物5万吨。2003年，因洋山深水港建设，该码头拆除。

五龙交通码头　位于五龙边礁岙外山嘴，地理坐标北纬30° 42′、东经122° 31′。水域开阔，水深条件较好，风浪较小。码头工程于2001年4月，扩建原渡船码头，扩建工程由嵊泗县质监站设计，临海市山顶建筑工程队承建。2002年7月完工。码头向外延伸8米，加宽8米，建造300吨级客货码头1座及陆域场地等相应配套设施。南侧泊位长22米、宽8米，栈桥长31.5米、宽6米。码头采用高桩梁板式结构，桩基采用嵌岩灌注桩。平台与栈桥呈“L”形，平台和栈桥宽均为8米，码头面高程5.5米。设计年吞吐能力：旅客5万人次，货物5万吨。

海港运输公司小菜园货运码头　位于泗礁山岛菜园东北，地理坐标北纬30° 43′、东经122° 27′。方向朝西北，低潮位水深0.8米。该码头原系采石场驳筑而成，面积1680平方米，1982年扩至2178平方米。1986年遭15号台风袭击损坏。1987年2月动工修建，岱山县岱东工程队魏世魁工程组施工。同年10月竣工，实耗资22万余元。码头正面长107米、宽32米，总面积（包括平台后面场地）5658平方米，有泊位5个，吊车10台，总负荷78吨。靠泊能力200吨级（高潮位最大靠泊能力500吨级）。1999年，因菜园围海造地而消失。

小菜园货运码头1987年10月竣工

石柱老客货码头　位于泗礁山岛马关石柱西南侧山嘴，地理坐标北纬30° 43′、东经122° 27′。方向朝南，系境内第一座客货码头。1958年秋由交通部南京航务工程学校勘测设计，定海县白泉建筑社承建。1959年年初动工，1960年2月竣工。码头采用钢筋混凝土泵船浮动式结构，因地处石柱外山嘴，风浪较大，同年3月17日被风浪冲毁。12月经修复并增设龙门架，共投资20.39万元。次年码头冲毁，报废。泵船由舟山地区交通局拖至定海安装在3号码头使用。

小菜园老客货码头　位于泗礁山岛小菜园嘴头里侧北纬30°43′、东经122°27′。1962年建造，固定台阶式小码头。码头平台长18米、宽8米，前沿低潮位水深不足1米，有固定式2吨台吊1台。因水浅，客轮不能直接在码头停靠，旅客上下船仍需由小舢或登陆艇驳运。1975年李柱山码头建成后，定海—衢山—泗礁—上海航线的客船均停靠李柱山码头。小菜园老客货码头由其他小型船舶使用。

小菜园老客货码头

北石龙货运码头　位于泗礁山岛菜园北石龙山嘴外围填延伸150米处，地理坐标北纬30°44′、东经122°26′。规模300吨级兼靠500吨级，装卸泊位4个，码头平台长200米，宽100米(含堆场)，库房1200平方米。设计年吞吐能力37万吨。2000年7月开工建设，年底完工。

金平客货码头　位于金鸡山岛黄泥坎西嘴头。原设计建造客货码头，平台桩基墩与梁板结合的混合式基础为锚筋桩，长30米、宽10米；栈桥为梁板式，采用大板结构，长24米、宽5.5米；石引堤长50米、宽6米，接线公路200米。设计年吞吐能力：旅客15万人次，货物5万吨。1994年，县中心渔港防浪堤建成。1995年6月，码头改建为趸船型浮码头，2001年7月，金青大桥通车后，撤码头。

壁下交通码头　位于壁下山岛南部西侧，地理坐标北纬30°47′、东经122°47′，方向朝西。前沿低潮位水深3.5米。陆域面积100立方米。1995年5月建造，规模100吨级，平台长25米、宽8米，栈桥长23米、宽4.5米。设计年吞吐能力：旅客4万人次，货物3万吨。同年12月竣工，总投资150万元。

黄龙北岙客货运码头　位于大黄龙岛北岙西侧，地理坐标北纬30°46′、东经122°32′。水域开阔，水深条件较好，风浪较小。2002年3月列入省交通厅2003年度基建项目。由舟山市宏达交通工程公司承建。码头新建300吨级客货码头1座及陆域场地等相应配套设施。设计年吞吐能力：客运量5万人次，货物吞吐量5万吨。码头平台与栈桥基本呈“T”形；泊位长38米、宽10米；栈桥与码头相交，栈桥总长113.8米、宽5米。

黄龙北岙客货码头2003年11月竣工

码头面高程为3.4米(85高程),前沿水深1.5米。码头采用高桩梁板式结构,桩基为嵌岩浇灌桩。码头工程于2003年2月开工,同年11月竣工。工程投资737.11万元。

枸杞北岙客货运码头　位于枸杞岛北岙,地理坐标北纬30°43′、东经122°46′。交通部"十五"期间水运基本建设项目,2003年6月,列入省交通厅年度基建项目。工程由舟山市交通规划设计院设计,由舟山市宏达交通工程有限责任公司承建。2004年5月开工,同年11月竣工,投资700万元。码头采用高桩梁板式结构,建造500吨级客货码头1座及相应配套设施。平台长45米、宽10米;栈桥1座,长27.5米、宽6米。码头面标高3.13米(85工程),前沿水深3.5米。设计年吞吐能力:客运量5万人次,货物吞吐量2万吨。

花鸟北岙客货运码头　位于花鸟山岛北岙西北侧,地理坐标北纬30°51′、东经122°41′。新建500吨级客货码头及陆域配套设施。码头采用高桩梁板式结构,平台与栈桥呈近"T"形布置。泊位长40米、宽8米,与陆域公路相连;栈桥总长25.745米、宽4.5米;码头面高程3.8米(85高程),前沿水深3米。设计年吞吐能力:客运量5万人次,货物吞吐量3万吨。2005年5月1日开工建设,同年8月25日竣工,投资600万元。

大洋车渡码头

大洋车渡码头　位于大洋山岛里后门,地理坐标北纬30°35′、东经122°05′。2005年9月,投资380万元建造30车滚装船码头1座。设计荷载30车渡船停靠撞击力。靠泊平台1个(兼靠高速客轮),泊位长67米。2006年1月,仅建长67米、宽10米的泊位1个后,工程停建。2008年6月,工程重新列入浙江省交通厅年度计划。

大洋小型车客渡码头　位于大洋山岛圣姑岙军用码头东侧,地理坐标北纬30°35′、东经122°04′。200吨级车客渡登陆斜坡式码头,登陆段与栈桥段采用高桩梁板式,登陆段斜坡最低高程-1米,最高面2.6米(黄海标高),最大坡度15%(1∶6.5),ZHL4至桥台跨坡度8%,非登陆段面高程3.24米,长8米,与原码头面衔接。码头工程2006年6月1日开工,同年9月26日竣工,投资350万元。

枸杞车客渡和货运码头　位于枸杞岛干斜,地理坐标北纬30°42′、东经122°45′。2007年6月,投资1680万元,建造1000吨级货运码头及配套设施。码头采用高桩梁板式结构,平台与栈桥呈"T"形,平台长114米、宽10米;码头面高程4米(85高程),前沿水深5米,栈桥长27米、宽7米,陆域堆场等设施面积4900平方米。2008年6月竣工。

徐公客货码头　位于徐公岛。300吨级客货码头及配套设施。2008年7月开工建设,2009年5月竣工,投资1079万元。

枸杞车客渡码头

枸杞货运码头

泗礁车客渡码头 位于泗礁山岛五龙外远山东南沙鳗礁，地理坐标北纬30° 41′、东经122° 30′。2007年12月，列入浙江省交通厅2008年度基建项目。2008年11月开工，舟山市交通工程有限公司承建。2010年3月竣工，投资4116.4万元。新建500吨级车渡泊位、500吨级客运泊位（靠泊平台）各1个，疏港栈桥1座，长104米、宽10米。码头平面呈“一”字形，采用高桩梁板结构。靠泊平台1座，长80米、宽14米，栈桥长68米、宽7米。其西北侧为车渡泊位，东南侧为客渡泊位。车渡泊位和客渡泊位共用靠泊平台，通过靠泊平台、栈桥与驳岸相连。车渡泊位门架墩采用高桩墩式结构，客渡泊位栈桥为高桩墩式挡浪墩相间布置。陆域建有候船室、停车场等设施。设计年吞吐能力：旅客5万人次，车辆1.5万辆次。

泗礁车客渡码头2010年3月竣工

大洋车客渡码头 位于大洋山岛里后门，地理坐标北纬30° 35′、东经122° 05′。2008年6月列入浙江省交通厅年度基建计划。工程由舟山市交通规划设计院设计，舟山市普陀交通工程有限公司承建。码头工程于2009年7月开工，2010年1月竣工。新建1000吨级车渡码头1座及相应配套设施。码头呈东西—南北走向，由码头平台、钢筋混凝土栈桥等组成。有泊位3个，东

大洋车客渡码头2010年1月竣工

西两端为车客渡泊位，其中东端车渡泊位长67米、宽10米，西端车渡泊位长23米、宽10米。钢吊桥长36米、宽5.7最大坡度12.5%米。两车渡码头之间为500吨级客运码头泊位1个，码头平台长68米、宽15.3米，顶面高程4.0米，采用高桩梁板式结构，设置5个排架，排架间距7～8米。栈桥采用高桩梁板式结构，长50.0米、宽10.0米(两边人行道3米，中间行车道7米)，栈桥与车渡码头并列，栈桥排架间距为8米。设计年旅客吞吐能力47万人次。

大黄龙车渡码头　位于大黄龙岛北岙西侧，地理坐标北纬30° 40′、东经122° 32′。新建500吨级(兼靠1000吨级)固定斜坡式车渡码头1座及相应配套设施。设计年吞吐能力：旅客11万人次，车辆5000辆次。2010年6月开工，舟山市交通规划设计院设计，舟山市宏达交通工程公司承建。2011年12月完工，投资1914万元。码头东北方向呈“一”字形，由靠泊平台、车渡斜坡平台、连接平台及拼宽后的栈桥组成。连接平台长21.6米、宽20米，顶面标高3.4米，采用高桩梁板式结构。车渡斜坡平台长28.6米、宽10米，坡度1∶7.0，顶端与连接平台相接。靠泊平台位于车渡斜坡平台内侧，长64.5米、宽10米，顶面标高3.4米，设4个排架。连接平台及前沿线与已建的交通码头前沿线平齐，靠泊平台由西南端经连接平台与栈桥相连。码头前沿线泥面标高为-6.5～-7.1米，后沿泥面标高为-6.5米。栈桥位于码头连接平台西南端，由栈桥新建段及已建码头栈桥拼宽段两部分组成。栈桥新建段东北段与码头连接平台相接，西南端与已建交通码头栈桥拼宽段相接，栈桥新建段采用高桩梁板式结构，设4个排架。总长19.6米、宽8米，与连接平台相接段桥面标高3.40米。

大黄龙车渡码头2011年12月竣工

沈家湾客运码头　位于洋山深水港东部沈家湾岛，地理坐标北纬30° 36′、东经122° 07′。该码头是沈家湾客运中心项目的重要组成部分，码头工程于2010年11月开工建设，2011年12月完工，总投资6431万元。码头总长200米，引桥长144米。建造1000吨级客滚船泊位1个、500吨级高速客船泊位3个，以及引桥管理控制室等设施。占地面积约6.7万平方米，包括客运中心大楼、站前广场、停车场等，其中客运中心大楼建筑面积7900平方米，可同时容纳近2000名候船旅客。设计年吞吐量：旅客75.48万人次，车辆2.63万

2012年沈家湾客运中心

车次。沈家湾客运码头每天通往上海、定海、岱山、泗礁、大洋、枸杞等地客（滚）船10航班。客运大楼于2012年7月启用。

泗礁货运码头 位于泗礁山岛中柱山南侧水域，地理坐标北纬30° 41′、东经122° 25′。2010年6月开工，建造1000吨级（兼靠3000吨级）货运码头及仓库堆场等配套设施。码头采用高桩梁板结构形式，平台长111米、宽14米，栈桥长231米、宽10米，码头面高程3.8米（85高程）。2012年4月，原码头平台东侧扩建1000吨级货运泊位1个及相应配套设施，平台长111米、宽14米，栈桥长191米、宽10米。设计年吞吐能力34万吨。2013年6月完工，总投资4893万元。

泗礁山岛货运码头2013年12月

专用码头

小菜园石油码头 位于泗礁山岛小菜园嘴头小菜园交通码头外侧，与交通码头相连接，地理坐标北纬30° 43′、东经122° 27′，朝向正北，100吨级。码头由县城建局设计室设计，普陀地方建筑工程公司承建。1985年5月动工，1986年10月竣工，翌年1月投入生产。码头采用架空框架钢筋混凝土结构，长51米，宽20米，前沿低潮位水深3.2米，（高潮位8.4米）。引桥长100米（其中靠岸60米实填，其余梁桩架空），宽3米，千吨级游轮候潮能靠泊码头。

小菜园石油加油码头 位于泗礁山岛小菜园嘴头西侧，地理坐标北纬43′、东经122° 27′。朝向西偏北，200吨级。码头由县石油公司自行设计，大衢太平建筑队承建。1982年8月动工，1983年6月竣工，共耗资3万余元。码头为岸壁实填式，有两个泊位，前沿长40米，宽3～10米，低潮位水深1米，船只靠泊时一般用船头顶靠，10余艘船能同时加油。

泗礁电厂码头 位于泗礁山岛菜园北石龙嘴头南侧，地理坐标北纬30° 44′、东经122° 26′。朝向北偏东，100吨级。1983年由舟山地区建筑设计院设计，嵊泗县建筑工程公司第三工程处（原嵊山建筑社）承建。1984年3月动工，同年10竣工。码头采用框架立柱式结构，平台长宽各22米，前沿低潮位水深2.4米、标高5.5米。引桥长40米，宽6米。工程总投资26万元。原设计为电厂配套的专用码头，后因原煤供应渠道变化，码头实际利用率不高。

剑门墩石油码头 位于泗礁山岛青沙北侧，前临剑门水道，地理坐标北纬30° 44′、东经122° 26′。方向朝东北，500吨级。低潮位水深2.6米，高潮位最大靠泊能力1000吨。原为青沙水产加工厂装卸水产品专用码头，1992年有偿转让给石化部门。码头后侧兼有大型储油罐。码头由县城建局设计，岱山县岱中工程队承建。1979年建成。总投资47万元。码头采用架空框架钢筋混凝土结构，平台长50米，宽12米，引桥长30米，宽6米，有吊车1台，承吊能力1吨，360°转向。

插旗岗码头　位于泗礁山岛马关西部插旗岗西南侧，方向朝西南。500吨级。1966年由驻军修建。码头采用重力式石砌钢筋混凝土结构，长45米，宽38米，前沿水深5米，有吊车1台，负荷3吨。码头后侧有坑道井，可供船舶补给水源。东侧有500吨级船台1处，可修理铁壳、木壳船舶。有公路经插旗岗隧道通马关镇及县城。有专人管理。

石柱水产码头　1967年创办县水产供销公司鱼粉冷冻厂，随后建造石柱水产码头与之相配套。该码头位于泗礁山岛马关石柱村外侧，地理坐标北纬30° 43′、东经122° 27′。朝向正西。码头采用重力式石砌混凝土结构，长150米，宽12米，前沿水深2.5米，由石柱鱼粉冷冻厂自行设计，马关工程队承建。80年代末在原码头基础上加固，投资70万元，由国家海洋二所设计院重新设计，浙江上虞海港工程队承建。1989年10月动工，1990年6月竣工。加固后码头总长度120米，宽14米（在原来基础上向外扩充2米），前沿低潮位水深2.5米，石柱鱼粉冷冻厂使用和管理。1990年货物吞吐量4000吨，有沙石路连接高马线，可行驶汽车。

石柱老码头　位于泗礁山岛马关石柱里山嘴，方向朝西北，候潮能停靠100吨级船舶，1956年秋驻军修建。码头系重力式石砌混凝土结构，平台长15米，宽10米，为泗礁山岛第一座固定式小码头。在泗礁山交通码头建成前，上海—泗礁—定海客轮停泊石柱澳口时，旅客由此码头经小船驳运上下客轮。县渔业船舶有时在此停泊。

小关岙罐头厂码头　位于泗礁山岛马关小关岙罐头厂前侧，地理坐标北纬30° 41′、东经122° 26′。朝向西南。码头由马关镇工程队设计并承建，1985年3月动工，同年7月竣工，总投资18万元。码头平台面积30×40平方米，前沿低潮位水深0.7米（最低潮干出），高潮位水深4米，小关岙罐头厂独家使用，乡镇企业管理局管理。

大悲山码头　位于泗礁山岛高场湾东南侧山嘴，方向朝西，100吨级，1972年驻军建造。码头采用重力式钢筋混凝土结构，长宽各35米，前沿低潮位水深5米，有公路沟通菜五线。

黄沙岙码头　位于泗礁山岛五龙小黄沙岙，地理坐标北纬30° 42′、东经122° 29′。方向朝西偏北，200吨级。1967年动工修建，1968年8月竣工并交付使用。码头采用重力式块石钢筋混凝土结构，长30米，宽10米，前沿低潮位水深2米。码头建成后由黄沙渔业队使用和管理。

箱子岙码头　位于嵊山岛箱子岙湾西北双胖嘴内侧，朝向西北，500吨级。1970年驻军修建。码头采用重力式石砌钢筋混凝土结构，长30米，宽45米，前沿低潮位水深5米。码头平台有吊车1台、承吊能力3吨。在嵊山泗洲塘客货交通码头建成前，军民共用。嵊山至枸杞的渡船也在此停靠。

枸杞岙码头　位于枸杞岛枸杞岙阎王关外嘴头，地理坐标北纬30° 42′、东经122° 46′。方向朝南，100吨级。码头采用框梁式结构，平台长30米，宽10米，前沿低潮位水深2米。1989年由胜利、枸杞两村共同投资70万元修建。

里西石油码头　位于枸杞岛里西西南侧，地理坐标北纬30° 42′、东经122° 46′。朝向偏西，300吨级。系浙江省石化公司舟山分公司枸杞油库配套设施。码头由省交通设计院设计，东海二舰队二处承建。1979 年 7 月动工，1983 年 10 月建成。码头采用高桩梁板钢筋混凝土结构，平台长 60 米，宽 30 米，前沿低潮位水深 4.3 米。

后头湾码头 位于枸杞岛北部后头湾，方向朝北，300 吨级。1968 年驻军修建。码头采用重力式块石混凝土结构，长 20 米，宽 30 米，前沿低潮位水深 4 米。军民共用。1990 年代后，因人口逐步迁徙而废弃。

绿华码头 位于西绿华岛反岗东南，朝向西南，100 吨级。1970 年驻军修建。码头采用重力式钢筋混凝土结构，长 61 米，宽 32 米，前沿低潮位水深 5 米。

花鸟码头 位于花鸟山岛南部燕窝潭，方向朝南，500 吨级。1968 年驻军修建。码头采用重力式块石混凝土结构，长 20 米、宽 25 米，前沿低潮位水深 4 米。1989 年起碧海轮借此停靠。

大岙码头 位于大黄龙岛大岙南侧，朝向西北，500 吨级。1970 年驻军修建。码头采用重力式钢筋混凝土结构，长 25 米，宽 20 米，前沿低潮位水深 5 米。码头西侧有斜坡供登陆艇使用。码头建成后军民共用，兼作渡埠。

大洋冷库码头 位于大洋山岛雄鹅外口，地理坐标北纬 30° 34′、东经 122° 03′。200 吨级。1980 年 3 月动工，1981 年 6 月竣工。码头采用岸壁式钢筋混凝土结构，长 110 米，宽 15 米，低潮位干出，高潮位水深 3 米。在其外侧有 200 吨级的柴油码头，1986 年修建，长 50 米，宽 16 米，低潮位水深 1.5 米，由大洋冷冻厂使用和管理。

嵊泗县交通客货码头情况表

表 2-2-1

码 头 名称	建造时间（年月）	陆域设施（平方米）		备 注
		候船室	停车场	
李柱山一期客货码头	1986.10	400	605	
小菜园客货码头	1987.1	401	600	
李柱山二期客货码头	1988.10		1725	
嵊山泗洲塘客货码头	1990.4	235	152	
大洋圣姑客货码头	1991.7	600	1650	
黄龙南港客货码头	1992.5	200	250	
枸杞山大王客货码头	1663.4	250	100	候船室包括仓库 $50m^2$，变电所 $31m^2$
李柱山南侧车客渡码头	1995.10			泊位占用二期客货码头长 54m，吊车与三角平台连接通过栈桥上下车辆
壁下岛客运码头	1995.12			
花鸟南岙客运码头	1997.6	30	300	
西绿华小岙客运码头	1997.10			

续表 2-2-1

码头名称	建造时间（年月）	陆域设施（平方米）		备注
		候船室	停车场	
嵊山箱子岙客运码头	1998.5	390	1200	
小菜园客货码头扩建	1999.4			候船室 2004 年扩建 684m^2
滩浒岛南客运码头	2001.12		600	候潮停岸
五龙边礁岙交通码头	2002.2			
李柱山北岙车渡码头	2002.9			
黄龙北岙客运码头	2003.2	120	180	
李柱山北岙货运码头	2004.8			
枸杞北岙客货码头	2004.11	120		
大洋圣姑客货码头扩建	2005.4			西端与老码头连接
花鸟北岙客货码头	2005.8			标高引自南码头
大洋里后门车渡码头一期	2006.3			门架墩与吊桥由 2011 年 3 月建
大洋圣姑斜坡式车渡码头	2006.10			自行设计，斜坡 32×8m
花鸟海防执勤码头	2006.10		1200	海防办投资
李柱山南侧车渡码头	2006.12			三角平台与吊桥连接直接改建成直角三角形
枸杞干斜货运码头	2007.10			
枸杞干斜车客渡码头	2007.10	1380	4900	南端与货运码头相连
五龙黄沙岙车渡码头	2010.3	1148	3701	进港栈桥 104×10m
大洋里后门车渡码头续建	2011.3			
大洋里后门客运码头	2011.3			栈桥与车渡码头并列
黄龙北岙车渡码头	2011.5			斜坡式车渡登陆
泗礁中柱山货运码头	2012.1		7112.5	栈桥通行荷载 20
沈家湾一期客运码头	2012.1	7985	1800	码头西转角平台 55.2×36.35m
李柱山西侧客运码头	2013.7			其中 39m 平台与客货码头连接
泗礁中柱山货运码头一期	2013.12		5075	
泗礁中柱山货运码头二期				

渡埠

全县有渡口 11 处，交通部门专设渡埠 8 处，兼用或借用其他码头 3 处。根据水产局提供资料，至 1992 年年底，全县各乡镇、村历年来自行修建的渔用小码头或埠头共 38 座，总面积 27610 平方米，总投资 1305 万元。

小菜园外口渡埠 位于泗礁山岛小菜园嘴头外侧小菜园油库旁边。1980 年建造，投资 2 万元。渡埠为实填式，长 13 米，宽 1.5 米，前沿水深 1 米，方向朝北，低潮位时金平到小菜园渡船在此停靠。金平渡管站管理。

小菜园里侧渡埠 位于泗礁山岛小菜园县海港运输公司货运码头东侧。1987 年 5 月建造，投资 5 万元。埠头沿海港运输公司货运码头北侧修筑实堤长 17 米，宽 1.8 米，前沿水深 0.5 米，方向朝东北，金平至小菜园渡船在此停靠。原渡埠后侧有候船室 263 平方米，双菜线扩建时拆除，另建简易候船室 10 余平方米。金平渡管站管理。

小平头渡埠 位于金鸡山岛小平头外口带船湾边。1989 年 10 月建造，投资 1 万元。渡埠为道头式，前沿长 5 米，宽 6 米，前沿水深 0.5 米，通道长约 60 米，小平头至青沙滩渡船在此停靠（该渡线民国时期即有民间船只渡航，1990 年 6 月渡口办正式批准建立渡航线，1992 年 5 月因旅客少而撤销。但民间小船仍在营运）。

黄泥坎渡埠 位于金鸡山岛黄泥坎岙口，方向朝南，1982 年建成。渡埠为实填式块石混凝土结构，长×宽 120 平方米，前沿低潮水深 1 米，由金平渡口办管理，岸上有候船室约 100 平方米。

1990 年的金平黄泥坎渡埠

五龙边礁岙渡埠 位于泗礁山岛五龙边礁岙长礁嘴头。1989 年 5 月建造，投资 4.2 万元。1992 年 10 月又投资 9 万元扩建加高。渡埠为实填式道头，长 18 米，宽 2 米，前端为椭圆形台式，由水泥梯阶连接。前沿水深 0.5 米，方向朝西南，五龙至黄龙峙岙的渡船在此停靠。五龙乡渡管站管理。

黄龙峙岙渡埠 位于大黄龙岛峙岙松树礁前端。1989 年 10 月建造，投资 4 万元。渡埠为实填式，长 9 米，宽 3 米，前沿水深 1 米，方向朝北，五龙至黄龙峙岙的渡船在此停靠。五龙渡管站管理。

关岙渡埠 位于泗礁山岛马关岙外口西侧靠近石灰窑。1990 年 7 月建造，投资 3 万元。渡埠为实填式，长 25 米，宽 1.5 米，前沿水深 0.5 米，马迹山至关岙渡船在此停靠。马关镇人民政府管理。

在关岙沙滩东侧，靠近马关船厂，有关岙渔业队建造的斜坡式埠头 1 座，低潮时，渡船在此停靠。

小洋渡埠 位于小洋山岛南岙外口。1987 年 10 月建造，投资 7.3 万元。渡埠为实填式，长 13 米，宽 11.3 米，前沿水深 0.5 米，方向朝南。小洋山乡交通运输管理站管理。

第二节　助航标志

境内海域设有5座灯塔。1950年后，交通部门建设26座灯桩。自然助航标志，在航行上也起着一定的作用。

自然标志

马鞍列岛自然助航标志

花鸟山岛：主峰前坑顶在岛中央，海拔236.9米，由南、北方望去呈马鞍形，极易辨认。

嵊山岛：顶峰陈钱山巅在岛中部，海拔213米，容易辨认。

鸡笼山：在花鸟岛南侧约1.5海里处，位于花鸟山与壁下山诸岛之间，为一孤立目标，海拔65.4米，顶尖圆滑，形似鸡笼，在诸岛中明显辨认，可为来往其附近船只助航。

蓬礁：位于绿华山诸岛的最南方(北纬30° 45′、东经122° 40′)，近看似一帆船，周围有浪花溅起，明显，易于辨认，可为泗礁至嵊山往来船只助航。

枸杞马鞍山岛：位于枸杞岛西侧约4链处，海拔70米，形似马鞍，易于辨认。在其西北侧有黄石洞、三块峙螺、乱石礁，水域较复杂。马鞍山岛能为其在附近海域往来船只起助航作用。

泗礁山及其附近岛屿自然助航目标

大悲山：为泗礁山岛东部的最高峰，海拔155米，易于识别，其南北海域均有锚地，是船舶在其附近航行的良好识别目标。

插旗岗：在泗礁山岛的西南端，海拔217米，为泗礁山最高峰，明显易认。其西侧有一大片锚地，是航行于泗礁山西侧的船舶主要识别目标。

北鼎星岛：在泗礁山岛西北约2.2海里处，海拔144米，顶尖，是船舶往来长江口与白节峡之间的良好目标之一，也是船舶进出李柱山港的重要识别标志。

马迹山岛：在泗礁山西南约1海里处，中隔中柱山和小中柱山。顶峰在道德西南部，海拔113米，岸势陡峭，易于辨认，是船舶在其附近航行的识别目标。

大黄龙岛：位于泗礁山的东南方，顶端石屋岗顶在该岛中央，海拔223米，顶尖园，明显易认，是船舶在其附近航行的主要导航目标。

崎岖列岛自然助航目标

大洋山岛：崎岖列岛中最大的岛屿，其南峰大山海拔204米，顶圆，是全岛最高峰，西峰大煤山海拔192米，陡尖。此两峰是附近海域航行船舶的良好导航目标。观音山是小洋山岛的南峰，海拔141米，峰顶高尖，远视显著，也是船舶航行良好的自然助航目标。

人工标志

灯塔

花鸟灯塔　位于嵊泗县花鸟山岛西北端，地理坐标为北纬30° 51′、东经122° 40′。为国际级灯塔，远东第一大灯塔，是船舶进出长江口、上海港的主要导航设施。1870年，英国把持的上海海关总税务司海务科建造。

花鸟灯塔

花鸟灯塔总建筑面积850平方米，分设电台室、放话室、办公室、灯房、宿舍等。山嘴右上方有雾天导航炮2门，左下方有码头可停靠船舶。灯房占地12.56平方米，为砖砌圆柱形建筑，呈上黑下白横纹。塔身高16.47米，灯高89米。射程24海里。

灯塔由灯源、无线电指向标及雾警三部分组成。灯源：系煤油白炽灯，纱罩55厘米，现改用3000瓦牛眼式四眼器灯透镜，用强大的电光源于夜间导航，发白光，每15秒1闪，光弧071°～294°、301°～306°，遮光弧294°～301°、306°～071°。备用灯：白光连闪4次，周期34秒，射程6海里。有柴油发电机组5台，共206千瓦。1927年增添WB—2型无线电指向标。有高22米铁塔成E形天线2座，作远距离导航，使用频率300千周，波长1000米，调幅音频500周，功率3000瓦，有效射程100海里，呼号PN（……），每分钟发呼号2遍，每次声长15秒，昼夜工作，每小时内工作时间，01～02、04～05、16～17、19～20、31～32、34～35、46～47、49～50。雾警为汽雾喇叭发声器，1916年修理时增添，供雾天近距离导航。每80秒鸣笛2次。1870年花鸟灯塔建成后，一直由英国人掌管，1916年进行过一次较大的修理。1937年日军入侵占领灯塔。1945年侵华日军投降后，由民国政府有关部门接管。1950年7月，由人民政府交通部门管辖。1954年改装雾警设备。1969年移交给中国人民解放军海军航保部门管理。1983年1月起由上海市航道局管辖。1988年由交通部上海海监局改建成为融视觉、音响、无线电航标功能为一体的现代化灯塔。

白节山灯塔

白节山灯塔　位于马关白节山岛南端，地理坐标北纬30° 36′、东经122° 25′。国际级灯塔。该灯塔四周围墙均涂白色，塔身涂成一节白一节红，1883年由英国把持的上海海关总税务司海务科建造。

白节山灯塔总建筑面积250平方米，其中灯房9.07平方米。塔身高14.3米，系铁架混凝土结构；灯高海拔75米。光源以煤油为燃料。旋转机为移砣式（每隔1小时拧紧发条1次）。灯罩为牛眼式透镜，互闪红白光，周期60秒，射程22海里。备用灯，定光白色射程8海里。灯塔房有雾炮2门，雾天每隔2分钟发射1次，以声导航。

白节山灯塔建成后，一直由英国人掌管，1937年日军侵华时占领该灯塔并拆除了雾天导航炮。1945年日军投降后由民国政府有关部门接管。1950年7月，由人民政府交通部门管理，并把光源由原来的以煤油为燃料改为柴油发电机。1969年移交给中国人民解放军海军航保部门管理。1983年1月起由上海市航道局管辖。1990年6月，安装高频电话通信塔。

半洋礁灯塔　原称半洋山灯塔。位于马关白节峡西北口中央半洋礁（原称半洋山）岛顶部，地理坐标北纬30°38′、东经122°22′。总建筑面积101平方米。白节峡西北口半洋礁附近潮流较急，并有涡流，因而此塔为白节峡水道的重要导航目标。半洋礁灯塔塔身为黑色圆柱形，高9.8米，有白色防护墙，日间目标明显。灯高海拔19米，闪白光，周期3秒，射程14海里。备用灯白色定光，射程8海里。雷达应答器，信号为莫尔斯“M”二长划“——”，作用距离5～6海里。1904年由英国把持的上海海关总税务司海务科建造，现属上海航道局管理。

半洋礁灯塔

大戢山灯塔　位于小洋山大戢山岛顶部东端，地理坐标北纬30°48′、东经122°10′。是船舶在长江口附近航行的极重要的导标。灯塔为钢筋混凝土结构，白色圆形，塔身高12.9米；灯高海拔84米。白光，连闪2次，周期10秒。射程20海里。备用灯，白光连闪2次，周期10秒。有无线电指向标作远距离导航，使用频率300.5千周，波长998.3米，调幅音频900周，有效射程100海里，呼号PP（——）2次30秒。昼夜工作；每小时内工作时间02—03、05—06、17—18、20—21、32—33、35—36、47—48、50—51。有雾笛，雾天每70秒钟鸣笛1次，笛声长3秒。1869年由英国把持的上海海关总务司海务科建造。1958年我国政府重建，现属上海航道局管理。

唐脑山灯塔

唐脑山灯塔　位于大洋山西部海域唐脑山岛西部山顶，地理坐标北纬30°35′、东经121°58′。总建筑面积200平方米。是船舶从长江口驶向宁波港和浙江沿海港湾的导标。塔身为白色砖房，高 7.02 米，灯高海拔 30 米。白光，连闪 3 次，周期 10 秒，射程 15 海里。备用灯，定光白色，射程 8 海里。有雾笛装置，雾天每 90 秒钟鸣笛 4 次。1907 年由英国把持的上海海关总税务司海务科建造，现属上海航道局管理。

灯桩

华礁灯桩　原名海礁灯桩，位于嵊山岛东向，华礁顶部，地理坐标北纬 30° 44′、东经 123° 08′。桩身为白色圆锥形钢筋混凝土结构，高 7.5 米。灯高海拔 57 米，闪白光，周期 6 秒，射程 10 海里。冬 11 月至翌年 1 月渔汛期发光。1978 年建造。

满嘴头灯桩　原名鳗鱼头灯桩，位于嵊山镇满嘴头前端，地理坐标北纬 30° 42′、东经 122° 49′。桩身白色方形石砌，高 3 米，灯高海拔 52 米。闪红白光，周期 12 秒。射程，白光 14 海里，红光 8 海里。白光弧 220° ～ 341°、359° ～ 081°，红光弧 341° ～ 359°，遮光弧 081° ～ 220°。主要指示在其南部约 5 海里处有东半洋礁，为进入嵊山锚地的渔船助航。1954 年建造。

坎礁灯桩　原名铅礁灯桩，位于嵊山岛箱子岙湾入口处中央坎礁（原名铅礁）顶端，地理坐标北纬 30° 43′、东经 122° 48′。桩身白色方形石砌，高 3 米，灯高海拔 13.9 米。闪白红光，周期 3 秒。射程，白光 8 海里，红光 3 海里。白光弧 220° ～ 341°、359° ～ 081°，红光弧 081° ～ 129°。主要为进入箱子岙渔船助航。1954 年建造。

大嘴岛灯桩　原名羊舌嘴灯桩，位于壁下岛壁下山东南大嘴岛（羊舌嘴）顶端，地理坐标北纬 30° 46′、东经 122° 47′。桩身白色圆形砖砌结构，高 3 米，灯高海拔 26.6 米。白光连闪 2 次，周期 10 秒。射程，8 海里。其东南 3 链处有数块干出礁。野猫洞西南方 5 链处有百亩田礁。冬季 11 月至翌年 1 月渔汛期间发光，主要为渔船进入野猫洞锚地助航。1954 年建造。

小捣臼屿灯桩　原名捣臼礁灯桩，位于枸杞岛北侧小捣臼屿（捣臼礁）顶端，地理坐标北纬 30° 44′、东经 122° 47′。桩身建在白色屋顶上，高 3 米，灯高海拔 26.4 米。闪 3 次红白光，周期 10 秒。射程，白光 8 海里，红光 3 海里。红光弧 066° ～ 101°，指示西侧一片水底松礁险恶地。主要为渔船进入枸杞山北澳锚地助航。1955 年建造。

庄海岛灯桩　原称章汉山灯桩，位于壁下岛北部庄海岛（章汉山）西峰，地理坐标北纬 30° 48′、东经 122° 44′。桩身白色圆形石砌，高 3 米，灯高海拔 30 米。闪白光，周期 4 秒。射程 8 海里。冬季 11 月至翌年 1 月渔汛期间发光。1956 年建造。

猫山灯桩　位于西绿华岛西部猫山屿顶端，地理坐标北纬 30° 50′、东经 122° 35′。桩身为白色方形块石，高 3 米，灯高海拔 33 米。闪白光，周期 4 秒，射程 8 海里。冬季 11 月至翌年 1 月渔汛期间发光。1955 年建造。

长山嘴灯桩　原称三块礁灯桩，位于大黄龙岛南港长山嘴头，地理坐标北纬 30° 38′、东经 122° 34′。桩身为白色方形石砌，高 3 米，灯高海拔 43.3 米。白红光连闪 2 次，周期 6 秒，射程，白光 3 海里。红光 1.5 海里。红光弧 312° ～ 341°。为渔船进入大黄龙岛东南锚地助航。

大钳嘴头灯桩　原称龙头岗灯桩，位于大黄龙岛峙岙大钳嘴头（龙头岗）前端，地理坐标北纬 30° 40′、东经 122° 33′。桩身为白色方形砖砌，高 4.6 米，灯高海拔 31 米。白光连闪 3 次，周期 10 秒，射程 7 海里。

六井头灯桩　原称北朝阳灯桩，位于泗礁山岛五龙北朝阳东北六井头东侧，地理坐标北纬 30° 43′、东经 122° 31′。桩身为白色圆锥形瓷砖贴面石砌。高 10.2 米，灯高海拔 65.3 米。白红绿三色联闪 2 次，周期 6 秒，射程，白光 5 海里，红光 3 海里，绿光 2.5 海里；白光弧 135° ～ 211°、241° ～ 312°红光弧 312° ～ 346°，绿光弧 211° ～ 241°；遮光弧 345° ～ 135°。昼夜为各类船只助航。1952 年建造。

外礁灯桩　原称半洋灯桩，位于金鸡山岛东部外礁顶部，地理坐标北纬 30° 45′、东经 122° 30′。桩身为白色圆锥形混凝土结构，高 8.8 米，灯高海拔 14.1 米。闪白光，周期 6 秒，射程 7 海里。昼夜为各类船只助航。1957 年建造。

外马廊山灯桩　位于泗礁山岛马关东南外马廊山岛北端，离泗礁山约 2600 米处，地理坐标北纬 30° 40′、东经 122° 28′。桩身为白色圆锥形钢筋混凝土结构，高 5.2 米，灯高 64.6. 闪白光，周期 6 秒，射程 7 海里。为船舶进入泗礁南锚地助航。在外马廊岛南方 1 链处有干出 2.4 米的脚盆礁。1952 年建造。

里泗礁灯桩　位于金鸡山岛北部里泗礁顶部，地理坐标北纬 30° 46′、东经 122° 27′。桩身为白色方锥形石砌瓷砖贴面，高 8.2 米，灯高海拔 38 米。白光连闪 3 次，周期 10 秒，射程 9 海里。昼夜为各类船舶助航。1955 年建造。

小菜园灯桩　位于泗礁山岛小菜园嘴头前端，地理坐标北纬 30° 43′、东经 122° 27′。桩身为白色三脚铁架，高 3 米，灯高海拔 21 米。闪白光，周期 3 秒，射程 7 海里。在其东北约 2 链处有水深 1.8 米的暗礁。1957 年建造。

中门柱礁灯桩　原名青沙东小礁灯桩，位于泗礁山岛青沙东侧剑门水道东南入口处中央的中门柱礁（东小礁）上，地理坐标北纬 30° 44′、东经 122° 26′。桩身为红色，混凝土结构，装有电池箱，高 4.2 米。红光连闪 2 次，周期 6 秒，射程 2 海里。为船舶夜间过剑门水道导航。1957 年建造。

大毛峰岛灯桩　原称大毛烘灯桩，位于泗礁山岛金鸡山岛西北偏北大毛峰岛西北端，地理坐标北纬 30° 46′、东经 122° 26′。桩身为白色方形混凝土石砌，高 3.5 米，灯高海拔 13.9 米。闪白光，周期 3 秒，射程，白光 8 海里，红光 3 海里，红光弧 83° ～ 117.5°、166° ～ 183°。其西北约 2 链处有干出 1.2 米的扁担礁，东北 0.6 海里处有花鱼礁。昼夜为各类船舶助航。1957 年建造。

马迹山灯桩　位于马迹山岛北端里小山顶，东临马迹门水道，地理坐标北纬 30° 41′、东经 122° 25′。桩身为白色钢管，高 5 米，灯高海拔 25 米。闪白光，周期 4 秒。射程 4 海里。是船舶过马迹门的导航目标。1956 年建造。

草鞋耙灯桩　原称南龙礁灯桩，位于北鼎星岛东南草鞋耙礁（龙礁）顶端，地理坐标北纬 30° 44′、东经 122° 23′。桩身为白色方锥砖砌，高 4.3 米，灯高海拔 14 米。白光连闪 2 次，周期6秒，射程7海里。1957年建造。

牛屙礁灯桩　位于青沙西部牛屙礁上，地理坐标北纬30°43′、东经122°22′。桩身为白色四方形块石结构，上装电池箱，高4米，灯高海拔15米。闪白光，周期6秒，射程7海里。1957年建造。

薄刀嘴灯桩　位于大洋山岛东部薄刀嘴岛东北角，地理坐标北纬30°37′、东经122°08′。桩身为白色方形块石，高3.5米，灯高海拔61.5米。白光连闪2次，周期6秒，射程8海里。1954年建造。

西马鞍岛灯桩　原名马鞍山灯桩，位于大洋山岛东南部西马鞍岛（马鞍山）东北角，地理坐标北纬30°33′、东经122°08′。桩身为白色混凝土圆塔，高5米，灯高海拔82米。闪白光，周期4秒。射程10海里。

野猪礁灯桩　位于大洋山岛东南约1.7海里处野猪礁顶，地理坐标北纬30°34′、东经122°06′。桩身为黑红黑方形混凝土结构，顶标为两个黑色球形，高5米，灯高海拔5.9米。白光，连闪2次，周期5秒。射程8海里。为孤立障碍标。1955年建造。

羊角礁灯桩　位于大洋山岛东1.4海里处的羊角礁上，地理坐标北纬30°35′、东经122°05′。桩身为红色混凝土结构，顶标为红色罐形，高4米，闪红光，周期4秒，射程1.5海里。1958年建造。

小乌龟岛灯桩　位于小洋山岛西北部小乌龟岛上，地理坐标北纬30°39′、东经122°00′。桩身为黑白相间横带圆形钢筋混凝土结构，高10.8米，灯高海拔30.4米。闪白光，周期4秒，射程7海里。1955年建造。

对口山灯桩　原名闯牛山灯桩，位于滩浒山岛东南部对口岛（闯牛山）东南块上，地理坐标北纬30°33′、东经121°42′。桩身为圆塔形白色钢筋混凝土结构，高5米，灯高海拔27.8米。闪白光，周期6秒，射程13海里。

滩浒岛灯桩　位于滩浒山岛大山岗墩顶部，地理坐标北纬30°36′、东经121°37′。桩身为圆锥形白色钢筋混凝土结构，高5米，灯高海拔77.2米。白光连闪2次，周期10秒，射程10海里。灯桩原为1937年8月日军入侵金山卫时所建，1978年宁波市交通局拆除旧灯桩，在原址新建太阳能光源航灯。

第三章　海港服务企业

1950年代，手拉肩扛，逐渐发展到汽车、拖拉机等服务形式，从渔用、生活日用物资供应到油料供应、船舶修造等海港服务企业。

第一节　服务(代理)企业

嵊泗县港口服务企业情况表

表 2-3-1

企业名称	法人代表	地　址	经济类型	经　营　业　务	港作船
嵊泗县马迹山外轮供应有限公司	顾平安	菜园镇菜圃路 53 号	国有独资	舟山港域：提供船舶物料供应服务	
嵊泗华浦船务有限公司	谢波平	菜园镇海滨中路 228 号三楼	有限责任公司	舟山港域泗礁、绿华山、洋山港区：物料供应和船舶接送服务	交通自备船 1 艘
嵊泗海舟船舶服务有限公司	黄林林	菜园镇海滨东路路 238-2 号	有限责任公司	舟山港域泗礁港区、绿华港区、洋山港区：1. 在舟山港域泗礁、绿华、洋山港区从事船舶物料供应服务，2. 在泗礁、绿华港区从事为船舶提供船接送服务	交通自备船 1 艘（海舟交 1）
嵊泗腾达船务清仓有限公司	杨世钗	菜园镇老街巷 1 号 1 幢一单元 201 室	有限责任公司	舟山港域：提供船舶污染物（船舶生活垃圾除外）接收（闭杯闪点＞60°） 泗礁港区：提供围油栏供应服务、提供船舶生活垃圾接收服务	交通自备船 2 艘
嵊泗县丰盛海上渔需物资供应站	邵敬兴	菜园镇云龙路 8 号工商银行 4 楼（右侧第四、五间）	私营经济	舟山港域：提供污染物（船舶生活垃圾除外）接收（闭杯闪点＞60°） 在泗礁、绿华、洋山港区提供船舶生活垃圾接收服务和围油栏供应服务	交通自备船 2 艘

第二节　装卸企业

嵊泗县装卸企业情况表

表 2-3-2

企业名称	法人代表	地　址	经济类型	经　营　业　务
嵊泗县鑫港运输装卸站	费　芸	菜园镇马关金港路 188 号	个人经营	舟山港域泗礁港区鑫港运输装卸站码头：为船舶提供码头设施和货物装卸服务
嵊泗县第一建筑工程有限责任公司	刘龙跃	菜园镇海滨中路 219 号	有限责任公司	舟山港域泗礁港区嵊泗县第一建筑工程有限责任公司散装码头：为船舶提供码头设施和货物装卸服务
嵊泗县建盛运输有限责任公司	金建军	菜园镇海滨西路 500 号	有限责任公司	舟山港域泗礁港区建盛公司货运码头：为船舶提拱码头设施和提拱货物装卸服务

续表 2-3-2

企业名称	法人代表	地　址	经济类型	经　营　业　务
嵊泗县志盛运输有限责任公司	吴志忠	菜园镇海滨东路 245 号	有限责任公司	舟山港域泗礁港区志盛运输公司小菜园码头 :1、为船舶提供码头设施;2、在港区内提供货物装卸服务
嵊泗县久盛运输有限公司	李金夫	菜园镇通达弄 2 号 202 室	有限责任公司	泗礁港区 : 为船舶提供码头和在港区内提供货物装卸服务
嵊泗县青沙水产发展有限公司	徐剑平	菜园镇青沙村福圆弄 32 号	有限责任公司	舟山港域泗礁港区泗礁港区青沙水产发展有限公司公货运码头 : 为船舶提供码头设施和提供货物装卸服务
嵊泗县洋山新洋码头装卸服务有限公司	沈和明	洋山镇巾帼路 2 号	有限责任公司	舟山港域洋山港区新洋公司货运码头 : 为船舶提供码头设施和件杂货装卸服务
嵊泗县洋山锦港建设发展有限公司	李波	洋山镇圣大东路 1 号	有限责任公司	舟山港域洋山港区 : 从事船舶提供码头设施和货物装卸服务
宝山钢铁股份有限公司嵊泗马迹山港区	吉同样	菜园镇马迹山	宝山钢铁股份有限公司分支机构(国有)	泗礁港区 : 为船舶提供码头和在港区内提供货物装卸服务; 为船舶进出港、靠离码头、移泊提供顶推、拖带服务
嵊泗浦远散货减载有限公司	张林北	嵊泗县菜园镇云龙路 8 号	合资经营企业	舟山港域绿华山港区绿华海上散货减载平台 \ 新双峰海水上减载平台

第三节　供油企业

洋山申港国际石油储运有限公司

洋山申港国际石油储运有限公司位于洋山深水港东港区油品作业区,与上海市 LNG 项目相邻,通过东海大桥与上海相连。地理坐标:北纬 30° 36′、东经 122° 07′。洋山石油储运项目是沪、浙两地大团结、大联合、大协作建设洋山深水港共同开发的项目,国家发改委核准“完善上海地区成品油接卸系统,提高洋山深水港区船舶服务水平,降低油品配送成本,适应集装箱运输发展的需要”的洋山深水港配套项目。洋山申港国际石油储运有限公司是一家

公司大楼

中外合资经营的石油储运企业，由上海盛港能源投资有限公司（占股42%）、泰山（集团）洋山投资有限公司（占股28%）、中国石油国际事业有限公司（占股21%）和嵊泗海鑫石油有限公司（占股9%）组成。

洋山申港国际石油储运有限公司成立于2005年3月10日，注册在浙江省舟山市工商局，负责建设、经营洋山石油储运项目。注册资本1935万美元；2007年4月，注册资本为3600万美元；2009年12月，注册资本增加到7346万美元。2009年取得商务部成品油储存；2011年1月取得商务部燃料油非国营贸易资格。

洋山申港国际石油储运有限公司经营业务：

1. 保税油品国际中转（复出口）。向北辐射到东北亚，向南辐射到东南亚甚至澳洲。

2. 保税货物国内跨关区转运分拨。主要服务于周边港口的保税燃料油船供。

石油储罐场地

3. 为洋山深水港集装箱船舶供油提供服务基地。从2009年开始向外轮船舶供油，增量近100%。

4. 为舟山群岛新区大宗商品国际储运中转加工交易中心初步形成油品储运中转。

5. 为杭州湾地区化工、炼油厂提供船舶减载服务，提供原料保供基地。洋山石油储运项目依据洋山深水港总体规划的东港区油品码头规划进行规划和建设。一期工程建设规模为建设储罐42万立方米，10万吨级（兼12.5万吨船舶靠泊）和2000吨级码头各一座以及配套设施。总投资人民币8.8亿元，占地179.33平方千米，占用岸线885米。2005年年初开展前期工作，2006年6月经国家发改委批准，同年8月26日开工建设，2008年11月建成，同年12月7日投入试生产。2011年3月通过国家交通部竣工验收。

洋山石油储运项目二期工程建设规模为建设储罐59万立方米，总投资人民币5.9亿元，占地141.33平方千米。2009年4月开展前期工作和基础工程开工建设，同年10月经浙江省发改委批准，2010年6月建成并通过浙江省商务厅委托舟山市商务局组织的总体竣工验收，同年7月正式投入营运。洋山石油储运项目二期预留

公司油品码头

区工程建设规模为建设储罐 5.7 万立方米，总投资人民币 0.5 亿元，2010 年经嵊泗县发改局批准，同年 9 月开工建设，2011 年 3 月建成并通过了嵊泗县发改局组织的竣工验收，同年 4 月正式投入营运。

洋山石油储运项目三期 A 阶段工程为建设储罐 48 万立方米，15 万吨级和 5 千吨级码头各 1 座，概算总投资人民币 7.85 亿元。占地 133.33 平方千米，占用岸线 470 米。2012 年 4 月开展前期工作，到 2013 年 7 月完成了上报核准的前期工作。洋山石油储运项目三期 B 阶段工程作为后续发展预留了满足建设 50 万立方米储罐的建设用地。

2008—2012 年申港石油储运公司港口吞吐量和作业船舶情况表

表 2-3-3

年份	吞吐量（万吨）	总作业船舶（艘次）	其　　中		最大船舶载重吨（吨）
			外贸（艘次）	内贸（艘次）	
2008	7.66	1	0	1	79999
2009	111	201	10	191	105860
2010	168.89	171	35	136	115273
2011	397.87	533	52	481	110537
2012	368.06	463	56	407	116095

2009—2012 年申港石油储运公司主要经济指标

表 2-3-4

项目 数额 年份	2009	2010	2011	2012
营业收入（万元）	3665	14184	24699	22250
净利润（万元）	-1546	118	5606	3103
纳税额（万元）	468	1234	1880	1568
进出口额（亿美元）		8.52	15.59	14.48

中石化嵊泗石油支公司

1998 年 6 月，浙江省石油公司嵊泗县公司根据《国务院办公厅关于组建中国石油天然气集团公司和中国石油化工集团公司关于石油公司划转问题的通知》和浙江省人民政府办公厅《关于做好全省石油公司划转中国石油化工集团公司的通知》，整体上划给中国石油化工集团公司。2000 年，中石化集团进行机构改革，成立中国石油化工股份有限公司。5 月，浙江省石油公司嵊泗县公司更名为中国石油化工股份有限公司浙江舟山嵊泗石油支公司。2014 年，中石化嵊泗石油支公司有从业人员 136 人（其中合同工 42 人，劳务工 94 人），销量 51675 吨（其中柴油 49640 吨，汽油 2035 吨）。公司地址：菜园镇东海路 182 号

嵊泗县供油库站情况表

表 2-3-5

站库名称	地　　址	建立年份	人员	库容量（吨）	2014 年销量（吨）	收购时间和单位
菜园油库	菜园镇海滨东路 215 号	1961	16	5700		
菜园供应站	菜园镇海滨东路 215 号	1961	15		7738	
嵊山供应站	嵊泗县嵊山镇光明村	1967	7	650	5070	
嵊山新站	嵊泗县嵊山镇西洋湾	1967	5	650	2237	
前卫供应站	嵊泗县嵊山镇前卫村	1967	5	1550	1981	
大洋供应站	嵊泗县大洋镇	1967	4	550	4820	
南港供应站	嵊泗县黄龙乡南港村	1967	4	510	1482	
枸杞供应站	嵊泗县枸杞乡	1985	8	22200	4688	
基湖加油站	菜园镇基湖村金沙路	1985	7	60	3551	
剑门供应站	菜园镇青沙四村	1885	8	3600	5869	1995 年，浙江省经济协作公司
黄龙供应站	嵊泗县黄龙乡大岙村	1989	5			
东岙供应站	嵊泗县大洋镇东岙村	1990	4	310	1186	2003 年，嵊泗县洋山镇东岙村通洋石油物资有限公司
钥匙供应站	嵊泗县大洋镇钥匙村	1991	3	420	223	2003 年，嵊泗县第二海洋渔业公司
乌沙供应站	嵊泗县枸杞乡乌沙村	1992	5	320	1194	
花鸟供应站	嵊泗县花鸟乡大岙村	1992	1		148	
五龙供应站	嵊泗县五龙乡黄沙村	1993	1		500	2007 年，嵊泗县华龙石油销售有限公司
石柱供应站	菜园镇石柱村	2012	5	4000	6966	
枸杞加油站	枸杞乡乌沙村外山嘴 9 号	2014	4	140	387	

嵊泗县绿华石油销售有限公司

公司成立于 1997 年 3 月 7 日。企业性质：有限责任公司，法人代表：武平，注册资金：800 万元。经营范围：柴油、燃料油等油品销售、运输、储存、海上供油、供水等业务。公司有储罐 6000 立方米，海上供油船舶 4 艘，最大供油量 3000 吨。公司地址：嵊泗县菜园镇海滨中路 228 号 3 楼

第四节　船舶修造业

民国时期，嵊泗仅有民间船匠以手工作业方式建造小型木船。1955 年起，嵊山、五龙、菜园、大洋、黄龙先后建立木业社（船木社），从业人员 333 人，从事小型船只的建造修理。

1970年，在菜园沙滩围建海塘2.9万平方米，历时4年，1973年竣工，1974年组建国营嵊泗船厂。以后，各乡镇也先后围塘建造船厂，造船规模逐步扩大。1975年至1977年，仅3年时间，共新造65～75吨位的大型机帆船130艘。1985年，县域内有船舶修造企业10家，职工897人，固定资产投资额累计325.6万元，总产值492.8万元。“七五”期间，投资90万元增添设备，发展船坞和修造船排，加快技术改造，并培养了一批钢质船舶修造力量，5年中新建渔船190艘，计6094吨。至1990年年底，修理能力达一次上排200吨以下船舶180艘，进坞修造船舶最大可达1500吨级。县航运公司金沙轮、碧海轮和县海运公司的钢质货轮都在马关前进船厂等修理保养。1991年6月，嵊泗县人民政府召开乡镇企业船舶修造会议，会议确定马关前进船舶修造厂、大洋船厂、菜园兴达船舶工业公司船厂等3家力量较强的船厂为钢质船生产基地。1992年，全县有船厂17家，其中国营1家，二轻经营1家，乡镇办10家，村办4家，共有职工807人，固定资产原值769.64万元。20世纪末，船舶修造企业转制，性质多为股份合作及私营独资。2014年，全县有船舶修理企业21家，从业人员325人，修理船舶26272载重吨，年产值1476万元。

嵊泗船厂

位于菜园镇海滨路290号，前身为嵊泗机械厂菜园船体车间（菜园木工场），1974年4月创建，后为地方国营船厂（1992年10月后，“国营企业”一词，正式被“国有企业”取代），隶属县工业局管辖。船厂占地面积29000平方米，建筑面积4500平方米。1990年产值175.8万元。1992年年底，固定资产原值119.28万元，职工100名，其中，初级职称的技术人员2名。

嵊泗船厂具有建造85吨级钢木结构机帆船的能力，设有金工、船体、维修、锯板等车间及船排1组，船台1座，具有一次性可容纳50—85吨10艘机帆船同时修造的能力。有金属切削机床等25台以及锻压机、锯板机、卷扬机等设备，不但能修造中小型钢木结构的船舶，还能加工精密度较高的机械产品、零部件等。年修造能力为中、小型船舶100艘。1993年，船厂完成搬迁，驻军菜园三营礼堂为船厂的临时金工车间，锯板车间迁至县木材公司场地。

1996年6月，国有嵊泗船厂解体。

嵊泗县船舶修造有限公司

前身五龙船舶修造厂，位于五龙边礁岙，为乡办集体企业，时属县二轻工业总公司主管。1990年11月成立，名为五龙渔船修造厂。船厂占地面积6500平方米，1992年固定资产原值53.97万元，职工40名，其中，技术员2名。

修造厂主要设备有船排3组，船台3座，横道4组，卷扬机2台，车床2台，钻床2台，刨床1台，大型、中型锯板机各1台，电焊机3台，风焊机1台。具有300吨级以下船舶修造能力，可同时检修80～100吨级船舶24艘。1991年，为五龙渔业队建造125吨级木质渔船3艘，产值90万元。1997年6月，修造厂由二轻总公司划归五龙乡人民政府。1998年企业转制，由16人并股合作经营船厂。1999年，私营独资，船厂更名，注册为嵊泗县船舶修造有限公司，法人孙菊青。2014年，全年修造大小船只80艘，年产值52万元。

五龙乡船厂

1972年9月，创建于五龙会城岙，1978年，迁至小田岙（今五龙乡沿江路13号）。时为乡办集体企业，属县乡镇企业管理局主管。船厂占地面积8800平方米，其中船舶修造场地5600平方米，建筑面积3200平方米。2014年固定职工16名，聘用工人50名。其中船体、轮机、电气工程师各2名，各类技术人员18名。配备船体、轮机、电气专职质量检测人员各2名。

船厂主要设施有主轨道1条，船排2套，设备主要有各种规格卷扬机3台、交流电焊机6台、直流电焊机2台、超声波测厚仪3台及探伤仪2台等，生产设备齐全。经舟山市船舶检验部门确认，企业具有建造30米以下（修理船长45米及以下）钢质船舶的生产条件。2014年，修理钢质船只65艘、木质船5艘，建造小型钢质船16艘，年产值150万元。

嵊泗县东海船舶修造有限公司

前身五龙黄沙船厂，位于五龙黄沙岙，1985年由村民周忠能开办，村集体参股，时为村办集体企业，属县乡镇企业管理局主管。船厂占地面积3800平方米，职工21名，其中，技术员2名。1995年，转卖给嵊泗县和平电机厂，注册成立嵊泗县和平电机船舶修造厂。2005年，转制成立东海船舶修造有限公司，注册资金64万元，企业法人许存国。

船厂主要设备有大、小船排各1组，大、中卷扬机各1台以及锯板机、车床、刨床、钻床、电焊机、风焊机等设备。具有200吨级以下木质船舶修造能力，能一次性上排100吨级船舶8艘、50吨级以下船舶8艘。1995年后，船厂投资100多万元，分两次对场地进行扩建改造，扩展后的场地面积达12000平方米，铺设主轨道5条。固定职工17名，包括船体、轮机、电气方面的技术人员。2014年，修理钢、木质大小船只近百艘。

嵊山船厂

位于嵊山岛箱子岙，建于1956年合作化期间，船厂职工以手工大木、木匠、船匠为主，主业为打造木壳小型船只，修理保养木质渔船及运输船，为当地生产服务。1980年代，有建造75吨级大型木质机帆船7～8艘的年生产能力。1993年11月，嵊山船厂终止。关闭时的嵊山船厂有职工39名，退休职工8人。

马关前进船舶修造厂

位于马关中心村旗杆山，1985年12月创建，为镇办集体企业，时属县乡镇企业管理局主管。船厂占地面积8750平方米，固定资产原值147.6万元。1990年，修理船舶34艘，计10200吨位，产值180万元。1991年，增加船排2组，扩大了生产能力。客轮“碧海”“金沙”和县海运公司“706”货运船也在船厂保养维修。

1992年，全厂有职工130人，其中，助理工程师2名，助理经济师2名，技术员2名。船厂主要设备有120吨级船排2组（能一次性上排120吨级船舶6艘），电焊机13台，风焊机14台，卷扬机1台，40千瓦发电机组1台，吊车3台（其中8吨汽吊1台）及车床、刨床、钻床等，有自备船1艘、自备车1辆。具有修造1500吨级以下钢质船的能力。

1991年，经浙江省船舶检验处检验，发给乙类钢质船舶修造认可证书。

1998年年底，转为股份制。

马关船厂

位于马关中心村沙滩边，1974年2月创建，为镇办集体企业，时属县乡镇企业管理局主管。船厂占地面积7200平方米，厂房面积1200平方米，岸线长100米。建厂初期厂房简易，设备简陋，进出厂船只皆靠人力、枕木车船。1978年，购入18千瓦卷扬机一台。1981年，投资7.2万元建造一条主轨道、三条副轨道，实现用滑轨道车船。1988年，投资4.8万元扩建一条主轨道、购置一台22千瓦卷扬机。2012年，新增船排一只，扩建海塘30米。40年间，建造木质船舶80艘；建造钢质船舶12艘；修理钢质船舶18艘；修理木质船只400余艘，计6000吨位。

1997年，船厂转制为股份制企业，有职工22人。1999年7月，转制为个私独资企业，由船厂职工毛定飞经营。2014年，年产值76万元。

青沙船厂

位于菜园青沙四村枸桔套，1975年4月创建，为镇办集体企业，时属县乡镇企业管理局主管。船厂占地面积270平方米。1992年固定资产原值20.7万元，职工14名，其中，技术员1名。主要设备有船排2组，电焊机3台，车床、钻床、中型锯板机、卷扬机及风焊机各1台。具有修造170吨级以下木质船舶的能力。能一次性同时上排30吨级船舶9只。

1991年，经浙江省船舶检验处检验，核发乙类木质船修造认可证书。

2003年，船厂承包给本地村民潘帮才经营。

嵊泗县兴达船舶工业公司

原名嵊泗兴达船厂，属嵊泗兴达船舶工业公司。位于菜园镇海滨路190号，1972年9月创建，为菜园镇镇办集体企业，时属县乡镇企业管理局主管。船厂占地面积31047平方米，固定资产原值138.9万元。1980年代，曾经开发生产玻璃钢舢板、柴油机保护器、玻璃钢管道等新产品。1990年，新建2艘130吨位渔船，修理渔船和运输船360艘，计10800吨，总产值301万元。

1991年，获农业部和浙江省船舶检验处乙类木质船舶修造认可证书。1992年，全厂有职工267名，其中，助理经济师2名，助理工程师1名，技术员7名。具有修造200吨级以下木质船的能力。50吨级船舶可一次性同时上排31只。船厂主要设备有船排、船台、车床、钻床、刨床、电焊机、锯板机（3台）、剪板机、卷扬机以及5吨电吊、10吨履带式吊车各1台。县交通运输企业经营的货轮常在该厂保养维修。

1996年，嵊泗兴达船厂转制。企业通过土地置换，新厂位置菜园镇石子岙附近，厂区面积16000平方米，设有21道（长50米、宽12米）船排，主轨道能供宽8米、长52米的载货船或宽7.5米、长45米的渔船上下排维修保养。船厂现有职工21名，外包工人16名，其中外聘船体、轮机、电气初级技术人员3名，高级技术人员5名。

嵊泗县船舶修造企业情况表

表 2-3-6

企业名称	地址	负责人	性质	企业资质	成立日期	备注
地方国营嵊泗船厂	菜园		国有		1974.4	1996 解体
五龙船舶修造厂	五龙	孙志平	乡办		1990.11	
嵊泗兴达船舶工业公司船厂	菜园		镇办	乙类木质	1972.9	
马关前进船舶修造厂	马关	傅定龙	镇办	乙类钢质	1985.12	
嵊山船厂	嵊山	刘阿根	镇办	木质修造	1956 年	1993 关闭
大洋船厂	大洋		镇办	乙类钢质	1975.4	
马关船厂	马关	毛定飞	镇办	乙类木质	1974.2	1999 转制
五龙船厂	五龙	孙海平	乡办	木质修造	1972.9	2000 转制
青沙船厂	青沙	朱兴国	镇办	乙类木质	1975.4	
小洋船厂	小洋		乡办	丙类木质	1985.4	
五龙会城船厂	五龙		村办	丙类木质	1981 年	
五龙黄沙船厂	五龙	周忠能	个私	丙类木质	1985 年	1995 转卖
黄龙船舶机械修造厂	黄龙		乡办	丙类木质	1983 年	
金平船舶机械修造厂	金平		乡办	木质修造	1973 年	
黄龙大岙前锋船厂	黄龙		村办	木质修造	1986 年	
黄龙峙岙渔船修理厂	黄龙		股份合作	木质修造	1978.8	
金鸡船厂	金平		集体		1975 年	
嵊泗县兴达船厂	菜园	秦和平	股份合作		1996 年	转制
嵊泗县舟嵊船舶修造厂	菜园	王国良	私营独资			2014 注销
嵊泗县五龙船舶修造有限公司	五龙		有限责任			转制
东海船舶修造有限公司	五龙	许存国	有限责任	乙类钢质		
嵊泗县五龙乡船厂	五龙	孙海平	私营合伙	乙类钢质	2000 年	
嵊泗县枸杞车龙船舶修造厂	枸杞	成　龙	个人独资	木质修造		
嵊泗县兴达船舶工业公司	菜园	秦和平	股份合作	甲类钢质		
嵊泗县国荣船舶修造厂	菜园	唐国荣	股份合作	乙类钢质		
嵊泗县前进船舶修造厂	马关	沈存忠	股份合作	乙类钢质	1998 年	转制
嵊泗县马关船厂	马关	毛定飞	个人独资	乙类钢质	1999.7	转制
嵊泗船舶修造有限公司	五龙	金海波	集体	乙类钢质		

第三篇　港区建设

从 1970 年代开始，嵊泗列岛深水良港资源缓慢地被开发利用。1987 年，浙江省人民政府把泗礁港区、绿华山港区、洋山港区列入舟山港 8 个港区之中。1990 年代起，嵊泗港区建设跨越式的发展。至 2009 年，《宁波—舟山港总体规划》中，嵊泗的上述三大港区列入其中。

第一章　绿华山外轮减载过驳港

地处绿华山港区，位于东绿华和西绿华两岛的两侧，距泗礁山岛 18 千米，濒临长江入海口，水路至长江引水锚地 55.56 千米，至吴淞口 111.12 千米，进出港航道西向经大戢洋入长江口，东向经嵊山洋直入东海。

1974 年，为解决上海港大轮通航水浅条件限制，中国人民解放军总参谋部和交通部联合行文，批准开放绿华山南锚地作为进出上海港外轮减载过驳作业锚地。国家计委在绿华山设置外轮引航站，交通部指定由上海港务监督具体办理建造工程。绿华锚地岸上配套设施，包括土地征用、民房拆迁、修筑通往码头的公路、建造办公及生活用房等，共耗资 600 余万元。1976 年，国务院、中央军委批准，列为全国十大外轮锚地之一。

1982 年 6 月 1 日，绿华港港务监督站成立，有工作人员 20 人，隶属交通部上海海上安全监督局。2005 年 7 月 1 日，舟山港务管理局履行绿华山锚地港政管理职能，负责绿华锚地至过驳平台的船舶引领和作业过程中的移泊工作，舟山港务管理局嵊泗分局负责该辖区具体的港政管理。

第一节　海上减载锚地

1974 年，绿华山海域设立上海港外轮减载过驳作业锚地，上海港在绿华山成立减载站，划定 3.43 平方千米的海域(北纬 30° 47′～30° 48′、东经 122° 37′～122° 378′范围内)作为海上外轮过驳减载作业锚地。进入这一海域的外轮有美国、日本、荷兰、加拿大、葡萄牙、巴拿马及东南亚各国的商船。1979 年，交通部批准 10 万吨级“双峰海”轮锚泊绿华港，作为减

绿华山海上减载锚地

载母船，为进入上海港外轮减载过驳，可供 20 万吨级以下中外货轮锚泊、避风、减载。1980 年，锚地和减载作业锚地面积扩大为 24.1 平方千米。绿华港为专用的散货减载港，是上海市及长三角经济区发展中的一个重要组成部分。

1997 年，上海浦远船舶有限公司成立，承担绿华港过驳疏远业务。经上级有关部门批准，公司经历了几次调整重组和增资扩股，组建为数家共同出资的中外合资航运企业。公司拥有 11 万吨级“双峰海”减载平台 1 艘、1.69 万吨级散货船 4 艘和 7.3 万吨级全球无限航区散货船“卡玲娜”轮 1 艘。2000 年，公司投入 10 万吨级“新双峰海”替换“双峰海”轮。进入该锚地作业有美国、日本、荷兰、加拿大、葡萄牙、巴拿马及东南亚各国的商船。随着改革开放的深入，上海港对外经济交流和货物吞吐的大量增加，绿华港的外轮减载过驳量相应增多，加之现役的“新双峰海”轮已接近退役，减载船舶已无 满足大型船舶靠泊需求。

第二节　固定减载平台

2006 年 1 月，舟山港务管理局、嵊泗县人民政府与上海浦远船舶有限公司协商决定，上海浦远船舶有限公司、昕泰投资（香港）有限公司、舟山市港口投资经营有限公司、嵊泗县国有资产经营有限公司共同组建嵊泗浦远散货减载有限公司，主要从事矿石、煤炭、粮食等大宗散货减载作业。同年，上海浦远船舶有限公司与舟山市、嵊泗县人民政府决定建设海上平台替代“双峰海”轮。绿华固定减载平台位于西绿华岛石子岙南侧海域，距西绿华岛南岸约 1000 米。规模建设海上散货减载平台 1 座，长 460 米、宽 45 米，设计年吞吐量 1400 万吨（装、卸各 700 万吨）。平台一侧为 20 万吨级卸船泊位 1 个，另一侧为 2 万吨级、3.5 万吨级装船泊位

绿华山固定散货减载平台

各1个。平台由卸船机械、装船机械、皮带机，以及中控、变电所和辅助设备组成。装卸载能力为每小时4200吨。海上固定散货减载平台，取代船—船过驳的减载方式。2006年9月21日，绿华海上固定散货减载平台项目举行试桩开工仪式。2009年9月投入试生产，2010年12月17日通过验收。

绿华港的作业区域在海上，初由一艘减载母船为载体，从事过驳减载分流，完全是海上作业，船—船中转。固定式减载平台建成后，有了卸船、装船停靠的泊位，虽仍是船—船中转，但不需堆场和货栈。其卸船泊位长460米，可分别靠泊20万吨级大型散货船和5000吨级以上接载船；装船泊位长288米，可靠泊3.5万吨级散货船。海上固定散货减载平台无堆场，不与绿华岛接线，不占用岸线，生产规模与“新双峰海”轮接卸能力一致。各项技术设计能力及安全可靠性均优于“新双峰海”轮减载平台，为上海港运系统重要的组成部分。

1979—1990年绿华港区货物减载统计表

表3-1-1　单位：万吨

年份	合计	其中		
		矿石	粮食	其他
1979	32.6	30.4	2.2	
1980	108.3	94.7	13.6	
1981	52.7	7.7	45	
1982	63.9		63.9	
1983	49.9	1.3	47	1.6
1984	50.3	7.3	43	
1985	58.0	35.3	22.7	
1986	30.3	7.2	22.7	0.4
1987	72.7	13.4	58.7	0.6
1988	52.73	36.3	49.1	
1989	79.08	9.26	69.12	0.7
1990	74.99	0.45	72.70	1.84

2005—2014年绿华港区吞吐量统计表

表3-1-2　单位：万吨

年　份	进　口	出　口	合　计
2005	255.908	255.908	511.816
2006	600.707	600.707	1201.414
2007	633.791	633.791	1267.582
2008	557.265	557.265	1114.530
2009	772.428	772.428	1544.856
2010	876.729	876.729	1753.458

续表 3-1-2

年　份	进　口	出　口	合　计
2011	957.689	957.688	1915.377
2012	1163.191	1163.190	2316.381
2013	1504.40	0	1504.40
2014	1425.30	0	1425.30

第二章　马迹山矿石中转港

地处泗礁港区马迹山岛，位于泗礁山岛西南约 4.6 千米，中间夹有面积 55 万平方米的马迹海湾。前沿水域开阔，深水近岸，开阔的深水通道顺直向东与国际航道衔接。马迹山港与宝钢原料码头航距 101 海里，是上海宝钢集团所属的一个矿石中转港。巴西、澳大利亚等地远途运输矿石的船舶在此减载装卸后运往宝钢原料码头。港口深水岸线长 7300 米，连接国际航道水深大于 20 米，20 万～ 30 万吨巨轮可自由进出。沿水域开阔，深水近岸，开阔的深水通道顺直向东与国际航道衔接。港口深水岸线长 7300 米，连接国际航道水深大于 20 米，20 万～ 30 万吨巨轮可自由进出。

宝钢马迹山矿石中转港（2006 年 9 月）

1992 年 5 月，上海宝山钢铁（集团）公司组织技术专家选址论证舟山岛的黄沙岙、岱山县的蛇移门、嵊泗县的马迹山。最后选定马迹山岛为宝钢矿石中转深水港的港址。1992 年 10 月 24 日，经南京军区同意，浙江省人民政府批准马迹山列为外国人开放地区。

1994 年 6 月，宝钢向国家计委上报《宝山钢铁（集团）公司建设嵊泗马迹山矿石中转港一期工程项目建议书》和可行性研究报告。1995 年 7 月 3 日，国家计委批准该项目建议书，并批准立项。嵊泗县人民政府成立建造马迹山港协调领导小组。11 月，县人民政府及县属有关部门分别与包钢集团公司签订《嵊泗县马迹山全岛居民拆迁安置工作协议书》《关于嵊泗马迹山港工程土地征用协议书》《关于嵊泗马迹山港工程滩涂划拨协议书》。1996 年，成立马迹村迁移领导小组。1997 年 3 月，马迹村 400 多户村民迁移到马关镇马迹新村。1997 年 9 月 4 日，国家计委行文批复可行性报告，同意建设马迹山港一期工程，建设一个 25 万吨级（兼顾 30 万吨级船舶靠泊）卸船泊位和一个 3.5 万吨级（兼顾 5 万吨级船舶靠泊）装船泊位，设计年吞吐量

2000 万吨，总投资 23.58 亿元。

1997 年 11 月，宝钢集团公司审查马迹山工程初步设计，为降低一期工程投资，组织咨询专家论证工程的总体平面布置等重大问题，确定重要修改意见。1998 年 7 月再次审查调整初步设计。8 月，宝钢集团公司批复马迹山港一期工程初步设计和总概算：一期工程规模不变，二期工程装船、卸船泊位及堆场只留位置，总投资压缩到 17.08 亿元。

第一节　马迹山港一期工程

1998 年 10 月 28 日开始打桩，1998 年 11 月 8 日开工。2000 年 6 月，国家计委批复同意马迹山港按简易投产原则建设。同年 10 月 20 日，马迹山港一期工程开始设备安装，11 月陆域形成结束，12 月 20 日码头水工结构结束。2001 年 7 月 18 日一期工程开始设备试车。2002 年 1 月 29 日负荷试车结束。2002 年 5 月 30 日，澳大利亚“阿瑞绍萨”号满载 17 万吨矿砂首靠马迹山港。同年 12 月 21 日，举行宝钢马迹山港开工投产典礼。一期工程设计年吞吐量 2000 万吨（年卸船量、装船量各为 1000 万吨），建设 25 万吨级（兼靠 30 万吨级）矿石卸船泊位 1 个，3.5 万吨级矿石装船泊位 1 个，设计年吞吐能 2000 万吨，形成陆域总面积 36.5 万平方米及建设相应的配套工程。

马迹山港卸船机（2002 年 11 月）

卸船码头

建在马迹山岙口外。东西走向，码头位置处于马迹门头突出矶头西 368 米，长 456 米，宽 37 米，卸船码头采用高桩梁板结构，码头面高程为 9.50 米，码头前沿停泊区宽度 114 米，配备 2 台公称能力 2250 吨 / 小时 桥式抓斗卸船机，最大可接靠 30 万吨级大型矿石散货船，引桥直接连接卸船码头和后方陆域，前引桥长 103.7 米，宽 11.5 米，后引桥长 516.1 米，宽 15.2 米，引桥面布置 2 条生产线胶带输送机，带宽 1.6 米，带速 3.15 米 / 秒。可靠泊 25 万吨级（兼顾 30 万吨级）散货轮。

马迹山港装船机（2002 年 11 月）

装船码头

建在马迹山岛马屁股前沿。泊位总长 315 米，宽 18.5 米，码头结构视地质情况分别采用重力墩式及高桩梁板式，码头面高程 10.3 米，停泊区设计配备 1 台公称能力 4500 吨 / 小时 移动式装船机，可停靠 3.5 万吨级（兼靠 5 万吨级）矿石散货轮。

工作船码头

停靠港作拖轮用，长 100 米，宽 15 米，码头面高程为 5.5 米，停泊区泥面标高为 –6.5 米，引桥和引堤共长 165 米，宽 8 米。

陆域形成

三面开山爆破采石填筑而成。堆场地基采用 400t.m 能量强夯碎石柱进行加固处理，陆域形成总面积 36.5 万平方米，除堆场 部位已作基础处理并建成堆场外，预留进货发展堆场及绿化带用地。

中转矿石堆场

马迹山港矿石堆场（2002 年 11 月）

面积为 17.5 万平方米，设计堆高 10 ～ 12 米，矿石储存量 108 万吨，堆场地基用强夯碎石柱进行加固处理，配 2 台堆料、取料公称能力均为 4500T/H（吨 / 小时）轨道移动式斗轮堆取料机。卸船码头、装船码头和料场间的水平输送用 8 根（总长 4.5 千米）带式输送机实现，转接 4 座转运站，组成卸船—装船、卸船—堆场、堆场—装船三种作业模式。

第二节　马迹山港二期工程

2004 年 1 月，宝钢集团公司拟实施马迹山港扩建工程。同年 3 月，向国家发改委报送《马迹山港扩建工程可行性研究报告》（代项目建议书）；6 月，交通部规划研究院受交通部综合规划司委托组织专家审核项目；7 月，中国国际工程咨询公司组织有关专家进行项目评估。2005 年 4 月，《马迹山港扩建工程环境影响报告书》通过国家环境保护总 局审查；6 月，工程项目获国家发改委核准立项，并定名为“舟山港马迹山港区宝钢矿石码头二期工程”；8 月，浙江省发改委组织完成马迹山港二期工程初步设计审查并签署审查意见；2005 年 9 月 14 日，宝钢集团公司行文下达《马迹山港二期工程初步设计批复》。设计年吞吐能力 3000 万吨，2005 年 12 月 28 日，马迹山港二期主体工程开工。2007 年，建成投产。港区形成 5000 万吨 / 年的吞吐能力，成为世界一流的散货码头。2007 年 9 月 21 日首靠外轮“宝升”号进入设备联动负荷试车；9 月 28 日进入生产试运行；10 月 27 日举行开工投产典礼。2009 年 9 月 27 日，交通部批准二期工程竣 工验收合格，2013 年 1 月 28 日，中华人民共和国交通运输部公告宝钢马迹山港二期码头正式对外国籍船舶开放。

马迹山港二期工程设计年吞吐量为3000万吨(年卸船量、装船量各为1500万吨),扩建30万吨(水工结构35万吨)矿石卸船泊位一个,1万吨级、5万吨级装船泊位各一个,扩建陆域面积23.2万平方米及建设相应的配套工程。

扩建卸船码头

一期卸船码头泊位向东延伸建设而成,长431米,宽37米,岩基段、过渡段和系缆墩三部分组成。高桩梁板结构,码头面高程9.50米,停泊区设计泥面标高-27.0米,东侧置一座系缆墩,圆沉箱重力墩式结构,平面长33米,宽15米,顶标高8.0米,系缆墩净一座长22米,宽3米的混凝土引桥与卸船码头相连。码头面配备3台抓斗卸船机,最大可接靠40万吨级大型矿石散货船。2005年12月28日开工,2007年8月20日完工。

扩建装船码头

在一期装船泊位以西,利用岸线535米,建设1万吨级和5万吨级装船泊位各1个。码头面宽20米,码头面高程10.3米。停泊区设计泥面标高-16.5米,岩基段、软基段组成。高桩梁板式结构,东侧钢管嵌岩桩墩式结构。码头面配备2台移动式装船机,可停靠5万吨级矿石散货轮。2005年12月28日开工,2007年8月20日完工。

工作船码头

一期工作船码头向外延伸68米,宽15米,码头顶面高程5.5米,前沿泥面标高-6.5米,高桩梁板式结构。2006年1月1日开工,5月30日完工。

围填海工程及陆域形成

一期工程堆场向海侧扩展,新建围堤总长1124.5米,其中南侧围堤长868.16米、西侧围堤240米。南侧围堤东端连山,距离一期工程堆场围320米;西侧围堤距一期工程后引桥东边线50米。扩建陆域23.2万平方米。围堤为抛石斜坡堤,西侧围堤堤顶高程5.8～6.7米,防浪墙高程7.0～8.2米,南侧围堤堤顶高程6.7～7.1米,防浪墙高程8.2～8.6米。围填海工程于2004年9月28日开工,2005年12月20日完工。

中转矿石堆场

新增矿石堆场通过围填海形成陆域,围堤内采用吹填砂并覆盖开山石方案,根据不同的地质条件,堆场地基采用强夯片石墩法和陆上沉管砂桩法、震冲碎石桩法等处理方案分别处理。新增矿石堆场面积18.2万平方米,设计堆高10米～12米,矿石储存量218万吨,配置4台公称能力均为5000T/H(吨/小时)轨道移动式斗轮堆取料机,其基础采用轨枕道床结构。2005年10月28日开工,2006年6月30日完工。卸船码头、装船码头和料场间的水平输送,采用41根(总长10.2千米)带式输送机实现,转接点置9座转运站,形成卸船—装船、卸船—堆场、堆场—装船三种作业模式。

马迹山港拥有6艘(30900马力)全回转港作拖轮,服务30万吨级以上超大型货装船舶安全靠离泊。马迹山港是独立的、对外开放的港口,设有先进的商检取制样系统及边检、海关、卫生检疫、动植物检疫、船舶安检、货物商检、船舶代理等机构,如浙江嵊泗宝捷国际船舶代理有限公司、舟山长航船舶货运代理有限公司、舟山中海船务代理有限公司、嵊泗茂盛船务代理有限公司，满足在泊船舶服务需求。

1996年2月，宝钢集团公司出资，嵊泗交通管理局实施，建造马迹山港进港公路。公路起自马关镇、讫止马迹山，公路通过4条海堤和1座桥梁，将馒头山、小关岙、北下门、中柱山、马迹山连成一线，全长4.6千米。1998年5月竣工，公路产权和日常维护一并归嵊泗县交通管理局。公路延伸可直通县城、李柱山客运码头及泗礁山岛各乡镇。港区道路分布在矿石堆场四周和中间，连通生活区各建筑物，总长度约4.9千米。

2006年9月7日，挪威36.5万吨级特大型散货轮“博格斯坦”号（BERGE STAHL）靠泊宝钢马迹山港

2003年9月24日，装载26万吨巴西铁矿石的巴拿马籍30万吨级超大型散货轮“埃米尔”号（AMYN）靠泊宝钢马迹山港，是为马迹山港接靠30万吨级超大型散货轮始。

2006年9月7日，马迹山港靠泊装载35.6万吨巴西铁矿石的挪威籍36.5万吨级特大型散货轮“博格斯坦”号（BERGE STAHL），成为接靠世界铁矿石海运史上单船装载量最高的散货船舶的矿石码头。

2011年8月4日，装载29.3万吨巴西铁矿石的巴拿马籍30万吨级超大型散货轮“宝钢精神”号（BAOGANG SPIRIT）靠泊宝钢马迹山港卸船码头一期泊位。

2003—2014年马迹山港接装量情况表

表3-2-1　　单位：艘次/吨、万吨

年份	接靠一程船	接卸量	接靠二程船	装船量	吞吐量
2003	139	1176	579	1148	2324
2004	139	1289	566	1240	2529
2005	140	1253	586	1318	2571
2006	146	1314	614	1303	2617
2007	185	1662	638	1604	3266
2008	256	2608	1461	2466	5074
2009	223	2529	1622	2551	5080
2010	248	2790	1860	2850	5640
2011	264	3015	1954	3034	6049
2012	270	3055	1902	3073	6128
2013	269	3176	1955	3154	6330
2014	263	3013	1712	3017	6030

第三章　洋山深水港

第一节　洋山深水港建设前期工作

洋山港区地处小洋山岛，距上海南汇芦潮港27.5千米，距国际航线68千米，是离上海最近的具备15米以上水深的优良港址。中共十四大后，中央多次提出把上海建成国际经济、金融、贸易“三个中心”的重大战略。1990年代开始，上海的集装箱业务进入高速发展时期，上海港已不能适应集装箱运输发展的需求，必须寻求新的能满足第五代、第六代集装箱船舶进出的深水港址。

1990年以来，就上海国际航运中心深水港区选址问题，专家先后对北上（罗泾）、东进（外高桥）、南下（金山嘴）等建港方案进行过论证，但都因航道水深不够，岸线不足等原因而作罢。1995年6月，上海市政府副秘书长吴祥明、黄奇帆，经济研究中心主任王战一行20多人借召开上海城市建设资金运行机制研讨会，实地考察深水港口。中共嵊泗县委及时推荐洋山地区，研讨会次日即陪同与会人员乘渔政船先考察上海市领导原先确定的岱山大衢港，然后考察大洋山、小洋山。船上，县长钟达汇报了洋山建港设想，引起大家重视，并向市委书记黄菊作了汇报。8月，上海市人大、政协及上海港务局组织人员专程考察大洋山、小洋山。黄菊乘军舰考察调研长江口、杭州湾海域深水港建设选址，提出跳出长江口，在距上海南汇芦潮港约30千米的大洋山、小洋山岛建设深水港的设想，并在9月14日的市委常委扩大会上形成共识。10月，上海市交通办公室主任钱云龙、副主任凌保杰代表上海市领导到嵊泗通报上海准备开发建设大洋山、小洋山深水港区的情况，并征求意见。11月，上海为证实洋山建港的可行性，组织力量对洋山海域进行实地勘测。月底，中共浙江省委书记李泽民到洋山调研。

1996年1月16日，国务院总理李鹏在上海召开加快建设上海国际航运中心专题会议，明确展开深水港选址工作，国务院成立上海组合港，协调南京港、南至舟山港的发展规划；但认为洋山建港，科学依据欠足，要同浙江省协商。此后，上海进驻洋山勘测的队伍撤回。2月，上海市成立上海海港建设筹备组。4月，筹备组负责人徐柏章到大洋山、小洋山调研。5月，上海市成立上海国际航运中心上海地区领导小组办公室（简称国航办），负责综合协调推进洋山深水港工程建设前期工作。认为进入大洋山和小洋山进行实地勘测为当务之急，但困难重重。需各方协调，大家努力。嵊泗县迅即组成工作小组，联系、协调、配合服务工作。6月，组建洋山经济联合开发有限公司，与南汇芦潮港合作组建芦洋经济技术发展有限公司，以企业行为配合洋山深水港工程建设前期工作，公司与中交第三航务工程勘察设计院有限公司

(三航院)等单位签署委托协议。11月,“三航院”、国家海洋局东海分局、上海航道设计院、上海气象局、上海地震局等单位进驻洋山现场,于1996年冬季和1997年夏季两次大规模的勘测并开展长期观察和测量工作。1997年,完成基本勘测并积累资料。

1997年6月至1999年9月,中科院、国家发展计划委员会、中国国际工程咨询公司(中咨公司)、上海市人大、上海市人民政府、美国港口专家、中国长江航运集团、中共浙江省委、浙江省人民政府、荷兰港口专家等领导和专家先后考察大洋山、小洋山。浙江省委书记张德江表示,嵊泗行政区域属于浙江,经济区域属于上海。

1999年8月,上海向国家计委申报洋山深水港区一期工程项目建议书。2000年11月3日,中共中央总书记江泽民就上海国际航运中心建设作批示。12月底,国家计委遵照国务院指示和江泽民批示,在北京召集有关部门就洋山深水港工程建设统一思想认识。2001年3月,经国务院同意,国家发展计划委员会批准洋山深水港区一期工程立项。年初,嵊泗县成立洋山港开发协调领导小组,全面展开洋山港开发的各项准备工作。7月5日,上海市成立洋山深水港工程建设指挥部。10月,上海向国家计委报送洋山港区一期工程可行性报告。2002年2月,上海市与浙江省签署《上海市、浙江省联合建设洋山深水港区合作协议》。3月13日,经国务院第56次总理办公会议审议批准洋山港区一期工程可行性研究报告和开工报告。次日,上海市副市长韩正率洋山深水港指挥部成员到嵊泗沟通。5月,受国家发展计划委员会委托,上海市人民政府会同交通部审查通过洋山深水港一期工程初步设计。6月26日,经国家发展计划委员会批准,洋山深水港一期工程开工建设。至此,洋山建港全面启动。

洋山深水港区选址,国家计委组织过三次大规模论证会议:

1999年3月至5月,国家计委委托中咨公司在北京召开上海国际航运中心深水港址比选第一次论证会议。浙江提出北仑—金塘方案,江苏提出太仓方案,上海提出大洋山、小洋山方案,交通部提出“中心两翼”方案(依托长江口深水航道整治工程的外高桥5号沟为中心,江苏太仓与浙江北仑—金塘为两翼)。中咨公司要求各方对各自方案做进一步论证。上海编制了约80万字的资料汇报,由于资料准备充分,基础工作扎实,因此在第二阶段会上,洋山方案 明显占优。

1999年10月19日至26日,国家计委邀请全国著名经济、技术专家,在上海召开第二次洋山建港论证会。会议分宏观经济和技术经济两大专题讨论。认为,洋山深水港区建设非常必要,十分紧迫,根据海域自然条件,建设15米以上水深集装箱港区,技术上是可行的。会议达成一致意见,预可行性研究报告和项目建议书顺利通过审查。同时,国家计委委托荷兰、美国港口技术咨询公司进行国际咨询。国际咨询报告的评估结论也认为,大洋山、小洋山是上海建设深水港的可行选址,工程技术上没有问题。

2001年12月5日至13日,中咨公司受国家计委委托,邀请200多名专家在上海召开第三次洋山建港论证会议。主要评审洋山深水港区一期工程可行性研究报告。会议顺利通过工程可行性研究报告,工程即进入设计和施工准备阶段。

2003年6月,小洋山全岛1423户3553名居民搬迁至上海南汇和嵊泗大洋、泗礁山岛等地。

第二节　洋山深水港一期工程

2001 年 3 月，经国务院同意，国家发展计划委员会批准洋山深水港区一期工程项目建议书，项目法人为上海同盛投资（集团）有限公司，建设单位为洋山同盛港口建设有限公司、上海同盛大桥建设有限公司、上海同盛物流园区投资开发有限公司。2002 年 6 月 26 日，洋山港一期工程开工。2005 年 12 月 5 日，一期工程竣工投入试运行。同年 12 月 10 日，洋山深水港区开港。

工程包括港区工程、东海大桥和芦潮港辅助配套工程。

港区工程

码头岸线长 1600 米，填海造田面积 1.5 平方千米。建造 5 个 7 万～ 10 万吨级泊位，可停靠第五、第六代集装箱船泊位（码头结构兼顾 8000 标准箱船舶的靠泊需求），设计年吞吐能力 220 万标准箱，可停靠新一代超巴拿马型集装箱船舶。

东海大桥

东海大桥是国内第一座外海跨海大桥。起自上海南汇芦潮港客运码头东侧约 4 千米处，终至浙江嵊泗崎岖列岛小洋山岛的小城子山，总长 32.5 千米，分为芦潮港 3.7 公里的陆上段、芦潮港海堤至大乌龟岛 25.3 公里的海上段、大乌龟岛至小洋山岛 3.5 公里的港桥连接段。按双向六车道高速公路标准设计，桥宽 31.5 米，设计行车速度 80 千米 / 小时。大桥设主通航孔 1 处，可通航 5000 吨级船舶，设辅通航孔 3 处。大桥建设历时 35 个月，于 2005 年 5 月 25 日全线贯通，为洋山深水港区集装箱陆路运输和供水、供电、通讯等需求提供服务，基本上能满足 2010 年洋山港区集装箱陆路集疏运要求。大桥设计基准期为 100 年。

芦潮港辅助配套工程

位于东海大桥登陆点附近，相对独立，为洋山港区的后方基地和货物集散中心，具有疏运仓储、临海加工业、航运市场、物流中心、居住、金融商业服务、娱乐旅游等综合性功能。

洋山保税港区是 2005 年 6 月，国务院批准设立的国内第一个保税港区。保税港区实行封闭管理，集国内保税区、出口加工区、保税物流区三方面的政策优势于一体，发挥洋山深水港区的区位优势，发展国际中转、配送、采购、转口贸易和出口加工等业务。洋山保税港区与洋山深水港区相互依托，相辅相成，既提升航运基础建设的能级，又扭转中国与周边国家港口竞争的政策劣势，增强上海国际航运中心的集聚辐射和国际中转功能。

2002 年在建的东海大桥桥墩

第三节　洋山深水港二期工程

2005年6月，国家发展改革委核准洋山深水港区二期工程项目。二期工程为集装箱专用码头，建在一期工程西南，码头岸线与一期工程相连，长1400米，陆域面积约0.7平方千米。工程建设4个7万吨级集装箱船泊位（兼顾15万吨级集装箱船靠泊）和相应的配套设施，设计年吞吐能力210万TEU（标准箱）。港区后方生产、生活辅助设施建筑总面积0.023平方千米。芦潮港辅助作业区部分与一期已建辅助区布置有机统一，占地面积0.285平方千米。项目法人为上海同盛投资（集团）有限公司，建设单位为洋山同盛港口建设有限公司、上海同盛物流园区投资开发有限公司。

洋山深水港（2006年10月）

一期、二期码头合并运作，拥有3000米深水岸线，码头前沿水深16米，可接纳8000标准箱以上的大型集装箱船舶靠泊作业。配备当时世界上最先进的集装箱桥吊34台、轮胎吊120台以及其他装卸运输设备。码头配置外伸距为65米，负荷量65吨的集装箱桥吊15台；堆场配置40吨、60吨龙门起重机45台；港区设置集卡进场道口7道。

2006年12月10日，二期工程建成投入使用。由上海国际港务（集团）股份有限公司、香港和记黄埔集团、A·P·穆勒·马士基集团、中运集团和中海集团合资经营，注册资金40亿元。

第四节　洋山深水港三期工程

2008年3月，国家发展改革委核准洋山深水港区三期工程项目。三期工程港区部分与一期工程港区南端相接，码头岸线全长2600米。三期工程建设7个7万～15万吨级集装箱泊位（均按靠泊15万吨级集装箱船设计），设计年吞吐能力为500万TEU。与三期工程配套的芦潮港辅助区在上海南汇芦潮港地区。项目法人为上海同盛投资（集

小洋山集装箱港（2009年8月）

团）有限公司，建设单位为洋山同盛港口建设有限公司、上海同盛物流园区投资开发有限公司。2008 年，三期工程基本建成，2009 年 9 月通过国家验收。

2007—2014 年洋山港港口吞吐量和集装箱吞吐量情况表

表 3-3-1　　单位：万吨、万 TEU

年　份	2007	2008	2009	2010	2011	2012	2013	2014
港口吞吐量	195.2	180.5	159.6	160.6	179.6	120	153	10.37
集装箱吞吐量	610.5	822.7	784.9	1010.8	1309.9			

第五节　洋山深水港四期工程

2009 年 9 月，随着洋山深水港区三期工程通过国家验收，洋山深水港区主体工程建设完成。港区功能齐备，安全生产运转体系完整。2010 年，上海港集装箱吞吐量 3147 万标准箱，其中洋山深水港区完成 1010.8 万标准箱。2014 年 10 月 18 日，国家发展改革委核准洋山深水港区四期工程项目，同意建设洋山深水港区四期工程。建设集装箱码头 2350 米，2 个 7 万吨级和 5 个 5 万吨级集装箱泊位（水工结构均按靠泊 15 万吨级集装箱船舶设计和建设）及 1 个工作船泊位等配套设施，泊位总长 2800 米。港区总用地 2.23 平方千米，其中码头生产作业区平均陆域纵深约 500 米，占地 1.45 平方千米。设计年吞吐能力 630 万标准箱。项目总投资 116.6 亿元，其中港区工程 110 亿元、航道工程 6.6 亿元。四期工程于 2014 年 12 月 23 日开工建设，2017 年建成。（2017 年 12 月 10 日，全自动化四期工程码头开港）

第六节　上海液化天然气接收站项目及输气管线码头工程

位于洋山西门堂。2006 年 12 月，上海液化天然气接收站项目工程获得国家发改委批准，建设 14.5 万立方米（10 万吨级）8 万～20 万立方米 LNG（液化天然气）接卸泊位（兼靠 21.5 万立方米 LNG 船舶）和工作船舶位（设计船型为 3000 吨级运载平板驳或 5000 匹港作拖船）各 1 个，16.5 万立方米容罐 3 座，项目每年可接收液化天然气 300 万吨。2006 年 8 月开始建设，2008 年 11 月建成投入试运行，2013 年 5 月 5 日通过交通运输部组织的竣工验收。

上海液化天然气接收站（2012 年 10 月）

第四篇　海上运输

嵊泗地处海岛，内外往来多恃海运。宋代行政建置始，在明代抗倭海禁和清代遏止南明禁海期间，境内海运衰落。清康熙年间开禁后，海运逐渐恢复，民国时期渐盛。1940 年代末，国民党军队退守海岛，嵊泗与内陆的海上运输中断，海运再度衰落。

1950 年，海运业得到恢复和发展。1992 年，全县有海运企业 3 家，船舶 13 艘，2243 净吨，610 客位。全年客运量 26.15 万人次，旅客周转量 1189.23 万人千米；货运量 15.83 万吨，货物周转量 7830.94 万吨千米。

中共十一届三中全会后，交通部出台“有水大家行船”“国家、集体、个人一起上”政策后，水上运输设施渐趋完善，运输船舶数量、质量、运力、速度、功能不断更新、提高，客货运量逐步递增，海上南北航线延伸，运输范围扩大，各种形式、各种经济成分运输业竞相发展。2014 年，客运量 199.7 万人次，旅客周转量 9456.8 万人千米；货运量 1646 万吨，货物周转量 1017861 万吨千米。

第一章　船　舶

船舶是海岛主要交通运输工具。民国时期，嵊泗先后有境外“朝阳”“东海”等 13 艘客船与上海、宁波、镇海、定海、沈家门、普陀山、岱山、东沙、衢山等地通航。境内泗礁、金平、马迹、五龙、黄龙、嵊山等岛际居民往来有 8 艘民间手摇木质带角船不定期渡运。冰鲜船是境内外的主要货运船舶。

1953 年 6 月，嵊泗轮船公司成立，木质机动车“英雄 2 号”和“英雄 5 号”客船行驶泗礁至上海、黄龙、嵊山。菜园、青沙、嵊山等地成立搬运工会，始有驳货船舶，1956 年有驳货船舶 33 艘。1956 年 2 月，嵊泗县水产供销公司成立，1961 年有机动运输船 41 艘、风帆运输船 10 艘；1990 年有 240 吨和 120 吨冷冻运输船各 1 艘。

1960 年代后，运输船舶向机动化、钢质化发展，逐步淘汰木质船。1961 年，嵊山运输站建造全县第一艘木质运输机动船。1978 年，境内有专业运输木质机动船 19 艘。1984 年 12 月，嵊泗县海运公司建有全县第一艘钢质货船“浙舟 701”轮。

1956年至1987年，浙江航运公司舟山分公司先后有“中浙2”轮等12艘客（货）船经营定海至衢山、泗礁、上海和泗礁至嵊山及沿途各岛的客、货运输。

1987年5月，嵊泗与舟山航运公司合营客船“海山”轮投航境内客运航线；1991年，嵊泗第一艘自有客船“碧海”轮和嵊泗第一艘通省外客船“金沙”轮相继投航。1992年，境内共有运输船舶81艘，其中交通部门14艘（客船2艘，货船12艘），钢质船12艘、木质机动船2艘；非交通部门拥有船舶67艘（客渡船17艘，货船50艘），钢质船19艘、木质机动船48艘。个体（联户）船舶23艘。

1995年3月，浙江茂盛海运有限公司高速客船“茂盛”轮（280客位，2864千瓦，航速26节）投航，是我国自行设计、建造的境内第一艘高速客船，标志嵊泗海上客运从常规客轮时代向高速客轮发展的开始。1996年2月，嵊泗县航运公司客滚船“舟桥1”轮（324客位，15车位，1600千瓦）投入泗礁—芦潮港航线，为境内第一艘客滚船，开辟了海岛通往大陆的“海上公路”。

1990年代后，小岛居民迁移，岛际渡航线逐渐减少，渡航船舶也随之减少。2011年后，木质渡航船舶淘汰，全部更新为钢质机动船舶。2014年，境内自有客运船舶共21艘，其中普通客船5艘、高速客船9艘、客滚船3艘、客渡船4艘。

21世纪后，海运船舶结构进一步调整，重点发展大吨位特种船舶、大型散货船、沿海集装箱船等适应市场需要的船舶。逐步向大型化、专业化发展，船舶数量和运力有很大发展。2006年，舟山中昌海运有限责任公司在嵊泗注册，投入4.11万载重吨“中昌118”轮，是嵊泗第一艘万吨级货轮。2007年5月，嵊泗洋山江海联运有限公司集装箱船舶“飞洋1”“飞洋2”轮投航，为境内集装箱船舶之始。2009年6月，制定《嵊泗县水路客运交通发展补贴资金管理暂行办法》，给予新建、购买和改造客船及加密航班资金补助。

2014年，境内共有船舶190艘。其中交通部门拥有166艘：客（滚）船21艘，5222客位、功率40649千瓦；货船169艘，载重量469207吨、功率113433千瓦；万吨级船舶13艘计载重量313106吨、功率56585千瓦，集装箱船舶6艘计载重量21419吨、载箱量1479TEU、功率7370千瓦；个体船舶24艘，27440载重吨。

1993—2014年嵊泗县船舶统计表

表4-1-1　　单位：艘、吨、人、辆、千瓦、标准箱

年份	合计				客（滚）船					货船			
	船舶数	载货量	载客量	功率	船舶数	载货量	载客量	载车辆	功率	船舶数	载货量	载箱量	功率
1993	80	6713	2034	8306	19	90	2034		1902	61	6623	—	6404
1994	109	14866	1984	12238	19	90	1984		2004	90	14776	—	10234
1995	103	16138	2414	15577	21	253	2414		5874	82	15885	—	9703
1996	98	16069	3248	18395	23	1161	3248	15	9472	75	14908	—	8923

续表 4-1-1

年份	合计				客（滚）船					货船			
	船舶数	载货量	载客量	功率	船舶数	载货量	载客量	载车辆	功率	船舶数	载货量	载箱量	功率
1997	89	14072	2755	17543	21	908	2755	15	9343	68	13164	—	8200
1998	92	12674	2646	18339	19	167	2646	15	9167	73	12507	—	9172
1999	101	16641	1435	16298	14	160	1435	15	3995	90	16481	—	12303
2000	122	20231	2287	23960	14		2287	15	9033	108	20231	—	14927
2001	105	10239	1895	21874	12	1536	1895	15	8213	93	8703	—	13661
2002	101	10221	1967	21047	12	1609	1967	15	8303	89	8612	—	12744
2003	106	14160	3034	34797	15	3514	3034	45	20256	91	10646	—	14541
2004	153	19737	3084	44314	16	650	3084	45	20666	137	19087	—	23648
2005	166	55357	3481	53842	18	650	3481	45	26799	148	54707	—	27043
2006	163	102031	3511	63480	18	653	3511	45	26865	145	101378	—	36615
2007	182	151421	3237	71388	16	653	3237	45	23750	166	150768	448	47638
2008	172	175813	3412	78779	18	652	3412	45	24003	154	175761	448	54776
2009	170	238289	3677	94893	19	682	3677	50	26808	151	237607	992	68085
2010	172	298734	4045	107858	21	652	4045	50	220694	151	298082	992	78040
2011	181	389689	4792	137927	21	457	4792	35	38837	160	389232	1242	99090
2012	165	453317	5342	150444	22	662	5342	56	41147	142	452655	1242	109297
2013	182	433548	5342	147876	23	660	5455	56	41147	159	432888	1242	106729
2014	190	469904	5222	154082	21	697	5222	56	40649	169	469207	1479	113433

第一节　客运船舶

客渡船

“金渡 1”渡船　1986 年 12 月更新改造。木质，总吨 23 吨，功率 29.4 千瓦，核定载客 95 人，属金平运输社，营运金平—小菜园渡航线。2001 年 7 月渡航撤线停航。

“金渡 2”渡船　1986 年 12 月更新改造。木质，总吨 15 吨，功率 17.65 千瓦，核定载客 80 人，属金平运输社，营运金平—小菜园渡航线。2001 年 7 月渡航撤线停航。

“金渡 4”渡船　1990 年 3 月更新改造。木质，总吨 25 吨，功率 58.8 千瓦，核定载客 60 人，属金平运输社，营运金平—小菜园渡航线。2001 年 7 月渡航撤线停航。

“黄航1”渡船　1992年12月从洋山客运站购入。木质，总长27.3米、型宽5.4米、型深2.3米，总吨25吨，功率29.4千瓦，航速8节，核定载客60人，属嵊泗黄龙交通运输站，营运黄龙南港—大岙—峙岙—菜园渡航线。1997年10月报废。

“黄航2”渡船　1996年从定海山潭乡购入。木质，总长27.3米、型宽5.4米、型深2.3米，航速8节，总吨55吨，净载重量110吨，功率184千瓦，核定载客80人，属嵊泗黄龙交通运输站，营运黄龙—五龙渡航线。2004年10月转卖。

“五渡1”渡船　1985年更新改造。木质，总吨25吨，功率29.4千瓦，核定载客60人，属嵊泗五龙渡轮站，营运五龙—黄龙渡航线。2010年停航。

“五渡2”渡船　1987年更新改造。木质，21总吨，功率29.4千瓦，核定载客60人，属嵊泗五龙渡轮站，营运五龙—黄龙渡航线。2001年停航。

“五渡3”渡船　1989年更新改造。木质，13总吨，功率29.4千瓦，核定载客60人，属嵊泗五龙渡轮站，营运五龙—黄龙渡航线。2001年停航。

“嵊渡1”渡船　1977年更新改造。12总吨，功率29.4千瓦，核定载客50人。1985年12月新建“嵊渡1”替代原“嵊渡1”。木质，17总吨，功率29.4千瓦，抗风力5～6级，核定载客80人，属嵊山运输站，营运嵊山箱子岙—枸杞小石浦渡航线。2011年渡航撤线停航。

“枸杞渡1”渡船　1989年1月新建。木质，总吨18吨，29.4千瓦，抗风力5～6级，核定载客50人，属枸杞乡工办，营运枸杞小石浦—嵊山箱子岙渡航线，1990年4月停航。

“嵊枸渡2”渡船　1997年9月建造，木质总长19.60米、型宽4.0米、型深1.5米，航速8节，总吨40吨，载重量20吨，功率88千瓦，核定载客50人，属嵊泗嵊枸渡轮站，营运嵊山—枸杞渡航线。2011年渡航撤线停航。

“马渡1”渡船　1989年更新改造。木质，总吨11吨，功率17.64千瓦，抗风力5～6级，核定载客15人，属马迹村民委员会，营运马迹—关岙渡航线。1997年渡航撤线停航。

“滩浒渡1”渡船　1988年2月，由从青岛购入的钢质船改造。总吨39吨，功率147千瓦，抗风力7级，核定载客30人，属滩浒渔工商，营运滩浒—上海金山嘴渡航线。

“壁下渡1”渡船　木质，总吨19吨，功率29.4千瓦，抗风力5～6级，核定载客30人，属壁下乡人民政府，1989年1月开通壁下—大盘渡航线。1999年新建钢质渡船。2001年撤线停航。

“绿渡1”渡船　木质，总吨19吨，功率29.4千瓦，抗风力5～6级，核定载客30人，属绿华乡人民政府，1990年6月开通西绿华—东绿华—东库渡航线。1999年更新钢质渡船，2001年撤线停航。

“蓝天”渡船　1992年9月从温州购入。总吨151吨，功率147千瓦，核定载客115人，属大洋客运旅游公司。营运大洋—泗礁、大洋—芦潮港航线。1997年10月报废。

“小洋航1”渡船　1984年8月从南汇芦潮港购入渔船改建，总吨48吨，功率88.2千瓦，核定载客50人，属小洋乡工业办公室（称工办），营运小洋—泗礁、小洋—上海芦潮港渡航线。1991年，购入“岱机69072”船改建为“小洋航1”渡船，总吨145吨，功率110.25千瓦，载客量140人，属小洋交通运输站经营管理。

“小洋航2”渡船　1988年，小洋工办、县交通管理局、小洋乡人民政府投资新建木质渡船“小洋航2”，总吨20吨，功率29.4千瓦，核定载客50人，属小洋工办。营运小洋—大洋渡航线。

“大洋航1”渡船　1982年1月，从五龙公社会城渔业大队购入木质渔用机动船改建。总吨71总吨，功率110千瓦，核定载客140人，属大洋运输站，营运大洋—泗礁、大洋—芦潮港渡航线。1988年6月，属大洋交通运输站。

“大洋航2”渡船　1986年9月向驻军购入登陆艇改建。总吨153吨，功率200千瓦，核定载客115人，属大洋运输站，营运大洋—泗礁、大洋—芦潮港航线。1988年6月，属大洋交通运输站。1989年8月，从嵊泗县海运公司购入木质机动船改建的渡船“大洋航2”代替原“大洋航2”，总吨84.7吨，功率99.23千瓦，载客量95人。1990年4月，由从上海南汇县水产局购入木质机动船改建的渡船“大洋航2”代替原“大洋航2”。

“洋渡1”渡船　1996年10月建造。总长19.6米、型宽4米、型深1.75米，航速8节，总吨58吨，载重量29吨，功率110千瓦，核定载客140人，属嵊泗洋山运输站，营运大洋—小洋渡航线。2006年11月出售。

“泽成1”渡轮　2002年10月，由舟山市通达船务有限公司建造。总长25.88米、型宽3.40米、型深1.80米，航速7.2节，抗风力8级，总吨45吨，净吨22吨，载重量20吨，410千瓦，核定载客40人，属嵊泗洋山港口客运有限公司，营运大洋—小洋渡航线。2008年10月，转让给嵊泗县锦都置业责任有限公司。

“双龙2”渡轮　2004年12月，由舟山市新泰船舶修造有限公司建造。总长19.80米、型宽4.25米、型深1.75米，航速10节，抗风力8级，59总吨，载重量29吨，155.5千瓦，核定载客70人，属嵊泗县双龙轮渡运输有限公司。2005年1月，营运五龙—黄龙渡航线。

“洋盛1”渡轮　2008年9月，由岱山县南峰船舶修造厂建造。总长39.50米、型宽6.80米、型深3.0米，航速12节，抗风力9级，总吨220吨，净吨110吨，净载重量118吨，功率328千瓦，核定载客99人，属嵊泗洋山港口客运有限公司。2008年12月营运大洋—小洋、大洋—沈家湾渡航线。

“双龙7”轮

“双龙7”渡轮　2010年2月，由岱山县仇江门船舶修造厂建造。总长34.0米、型宽6.20米、型深2.60米，航速12节，抗风力8级，总吨183吨，载重量91吨，功率218千瓦，核定载客99人，属嵊泗县双龙轮渡运输有限公司。是年3月，营运五龙—黄龙渡航线。

“洋盛3”渡轮　曾名“泽成1”，属嵊泗县港盛渡口客运有限公司，营运大洋—小洋、大洋—沈家湾渡航线。2013年12月停航，次年出售。

普通客船

“浙江801”轮　1973年1月，上海江南造船厂建造。总长58.13米、型宽10米、型深5.30米，航速11.9节，抗风力8级，总吨876吨，净吨406.41吨，主机功率485千瓦2台，核定载客322人（卧铺204席，座席118席），载重量175吨，属浙江省航运公司舟山分公司。1973年5月，接替“浙江808”轮营运上海—泗礁—衢山—定海航线。1998年2月停运。

“浙江815”轮　1975年，上海江南造船厂建造。总长78米、型宽7.5米、型深5.54米，航速11.5节，抗风力8级，总吨1884吨，净吨882吨，主机功率970千瓦2台，载货量300吨，核定载客679人（卧铺554席，坐席125席），属浙江省航运公司舟山分公司。1987年1月，接替“浙江805”轮营运定海—衢山—泗礁—上海航线。2001年2月停运。

“浙江815”轮

“海山”轮　1986年9月，浙江省航运公司舟山分公司船厂建造，嵊泗与舟山航运公司合建，1987年3月建成，是嵊泗第一艘自有客船。总长33.7米、型宽7.8米、型深3.5米，吃水2.4米，航速9.8海里，抗风力7级，总吨306吨，净吨159吨，主机功率184千瓦，副机功率117.5千瓦，核定载客300人（卧铺54席，座席264席），属嵊泗县航运公司。1987年4月21日投航泗礁—绿华—花鸟—壁下—嵊山航线，是年7月30日停运。1988年1月，嵊泗县航运公司转让给浙江省航运公司舟山分公司。

“碧海”轮　1988年6月，上海船舶设计院设计，上海航道局东沟船厂建造，总长37.50米，型宽8.20米、型深3.15米，航速10.5节，抗风力8级，总吨350吨，净吨175吨，主机功率294千瓦，

“碧海”轮

核定载客279人(卧铺108席,坐席171席),属嵊泗县航运公司。1989年6月,营运泗礁—绿华—花鸟—壁下—嵊山航线。

"金沙"轮 1990年10月,上海船舶设计院设计,浙江钱江船厂建造。总长50米,型宽9.60米、型深3.9米,吃水2.7米,航速11节,抗风力8级,总吨738吨,净吨369吨,主机功率551.25千瓦,核定载客331人(卧铺138席,坐席193席),属嵊泗县航运公司。1991年4月20日营运泗礁—南汇芦潮港航线。1999年1月,转让给嵊四县昌盛海运有限责任公司,改航泗礁—大洋—镇海—宁波航线。

"金沙"轮

"有财"轮("有财1"轮) 1994年9月,由上海东沟船厂建造。总长34.67米、型宽6.40米、型深2.60米,航速14.5节,抗风力8级,总吨213吨,净吨65吨,主机功率318千瓦2台,核定载客160人,属嵊泗大洋船务有限公司。1995年1月,营运于泗礁—镇海航线,中途弯靠衢山、东沙。1996年1月,改营泗礁—衢山—镇海航线。1997年10月,航线调整为泗礁—大洋—南汇芦潮港。2003年8月退出。2007年3月复出,营运于衢山—大洋—小洋航线。2013年6月,属嵊泗县同舟客运轮船有限公司。2014年3月更名为"嵊翔7",营运泗礁—绿华—花鸟—壁下—枸杞—嵊山航线。

"有财"轮

"东珠"轮 1994年,嵊泗东珠客运有限公司以65万元从普陀区虾峙镇湖泥乡购入旧船改建。总长33.30米、型宽5.8米、吃水1.35米,航速11节,总吨119吨,净吨60吨,主机功率109千瓦2台,核定载客114人,属嵊泗东珠客运有限公司。1995年2月营运枸杞—嵊山—沈家门航线。1996年7月被嵊泗县航运公司收购,1997年8月出售。

"奇观"轮 1996年6月,舟山船厂建造。总长38.52米、型宽7.60米、型深3.15米,航速12节,抗风力8级,总吨296吨,净吨146吨,主机功率470千瓦,核定载客160人,属嵊泗县航运公司。1996年8月营运于嵊山(枸杞)—沈家门航线。2005年1月,属嵊泗县东方

“奇观”轮

海运有限责任公司。2013年6月，属嵊泗县同舟客运轮船有限公司。2014年5月停运。

“有财2”轮　1996年6月，上海东沟船厂建造。总长45.60米、型宽7.0米、型深2.60米，航速14节，抗风力8级，总吨298吨，净吨148吨，主机功率318千瓦2台，核定载客318人，属嵊泗大洋船务有限公司。1997年3月，接替“有财”轮行驶泗礁—衢山—镇海航线。2013年6月，属嵊泗县同舟客运轮船有限公司。2014年3月更名为“嵊翔8”，月更名为“嵊翔8”，营运泗礁—绿华—花鸟—壁下—枸杞—嵊山航线。

“有财2”轮

“嵊翔2”轮　1988年2月，日本相模造船株式会社建造。1996年，嵊泗县航运公司从青岛港务局购入改装，总长40.0米、型宽8.60米、型深3.70米，航速12节，抗风力8级，总吨471吨，净吨236吨，主机功率720千瓦，核定载客190人，属嵊泗县航运公司。1999年10月营运于嵊山—泗礁和嵊山—枸杞—宁波航线。2013年6月，属嵊泗县同舟客运轮船有限公司。2014年5月停运。

“嵊翔2”轮

“东极”轮　1988年8月，广东渔轮厂建造，原名“南澳”。1995年10月，普陀区东极海运有限公司从广东南澳购入。总长38米、型宽7.5米、型深3.5米，航速12节，抗风力8级，总吨333吨，净吨166吨，功率660千瓦，核定载客298人，属普陀区东极海运有限公司。2010年2月，投航沈家门—嵊山—枸杞

“嵊鹰3”轮　2010年12月，武汉南华高速船舶工程有限公司武汉南华船厂建造。总长74.28米、型宽13.00米、型深4.60米，航速18节，航速18节，抗风力8级，总吨2091吨，净吨1045吨，主机功率4000千瓦，核定载客650人，属嵊泗县昌盛海运有限公司。2011年1月营

运泗礁—小洋航线。2013 年 6 月，属嵊泗县同舟客运轮船有限公司。

“舟山群岛奇观”轮 2013 年 6 月，武汉南华高速船舶工程股份有限公司建造。总长 59.10 米、型宽 9.0 米、型深 3.70 米，航速 16 节，总吨 686 吨，净吨 343 吨，主机功率 1140 千瓦 2 台，核定载客 498 人，属普陀区东极海运有限公司。2014 年 7 月 10 日营运沈家门—嵊山航线。

高速客船

“茂盛”轮（“茂盛 1”轮） 1994 年 12 月，嵊泗县航运公司、浙江省海运总公司、香港茂盛国际有限公司合资，武汉南华高速船舶工程有限公司在武汉南华船厂建造，为我国自行设计、建造的境内第一艘高速客船。总长 49.6 米、型宽 5.8 米、型深 3.15 米，满载吃水 1.59 米，航速 26 节，抗风力 8 级，总吨 332 吨，净吨 166 吨，主机功率 1432 千瓦 2 台，核定载客 280 人，属浙江茂盛海运有限公司。1995 年 6 月 13 日，营运于泗礁—定海西码头和泗礁—南汇芦潮港航线。2005 年 1 月，属嵊泗县东方海运有限责任公司。2013 年 6 月，属嵊泗县同舟客运轮船有限公司。

高速客船“茂盛”轮

“嵊翔”轮 1996 年 2 月，武汉南华高速船舶工程有限公司在武汉南华造船厂建造。总吨 124 吨，净吨 62 吨，主机功率 705 千瓦 2 台，总长 38.0 米、型宽 4.40 米、型深 2.30 米，航速 22 节，核定载客 114 人，属嵊泗县航运公司。1996 年 5 月营运于泗礁—嵊山—大洋—南汇芦潮港航线。1999 年 1 月转让给嵊泗县昌盛海运有限责任公司，改营运于泗礁—大洋—镇海航线。2013 年 3 月停运。

“飞鹰湖”轮 1998 年 6 月，广东新会航通高速开发公司建造。总长 25 米、型宽 9.32 米、型深 4.50 米，航速 25.5 节，抗风力 8 级，总吨 196 吨，净吨 98 吨，主机功率 839 千瓦 2 台，核定载客 180 人，属舟山市第一海运公司。1998 年 7 月，投航定海—衢山—泗礁—上海航线。2003 年 3 月停航。

“恒法”轮 1984 年，日本建造。总长 48.5 米、型宽 8.20 米、型深 3.90 米，航速 24 节，总吨 480 吨，净吨 240 吨，主机功率 652 千瓦 2 台，核定载客 400 人，属上海金海峡渡船有限公司。2001 年 7 月营运南汇芦潮港—泗礁航线。

“飞舟 1”轮 即新“飞舟 1”轮。2004 年 5 月，由武汉南华高速船舶工程有限公司设计、建造。总长 48.3 米、型宽 7.2 米、型深 3.3 米，航速 32 节，抗风力 8 级，总吨 383 吨，主机功率 2000 千瓦 2 台，核定载客 260 人，属舟山市通达高速客轮有限公司。2004 年 5 月，营运定海三江—大洋—泗礁航线。2011 年 4 月，由嵊泗县东方海运有限责任公司购入，更名为“碧海 3”，营运泗礁—小洋航线。

“嵊鹰1”轮　2002年10月，武汉南华高速船舶工程有限公司南华船厂建造。总长44.27米、型宽5.20米、型深2.60米，满载吃水1.28米，航速28节，抗风力8级，总吨198吨，净吨99吨，主机功率1399千瓦2台，核定载客198人，属嵊泗县昌盛海运有限责任公司。2002年12月营运泗礁至—大洋—镇海航线。2013年6月，属嵊泗县同舟客运轮船有限公司。

高速客船“嵊鹰1”轮

“威远2”轮　2003年3月，武汉南华高速船舶工程有限公司建造。总长33.7米、型宽4.1米、型深1.9米，航速23.5节，抗风力8级，总吨86吨，主机功率424千瓦2台，核定载客99人，属宁波镇海威远海运有限公司。2003年4月营运镇海—衢山—泗礁航线，2013年7月退出该航线。

“甬兴”轮　1985年挪威建造。2003年6月，嵊泗大洋船务有限公司以680万元从宁波花岗高速客轮有限公司购入。总长38.8米、型宽9.45米、型深3.93米，航速28节，抗风力8级，总吨399吨，净吨140吨，主机功率1470千瓦2台，核定载客290人，属嵊泗大洋船务有限公司。2003年8月投营衢山—大洋—芦潮港航线。2006年8月变卖至广东湛江。

“茂盛2”轮　2003年6月，嵊泗县航运公司、浙江省海运总公司、香港茂盛国际有限公司合资，武汉南华高速船舶工程有限公司在武汉南华船厂建造。总长48米、型宽6.2米、型深3.3米，满载吃水1.48米，航速26节，抗风力8级，总吨348吨，净吨180吨，主机功率1641千瓦2台，核定载客286人，属浙江茂盛海运有限公司。2003年9月投入营运于泗礁—大洋—芦潮港—普陀山航线。2005年1月，属嵊泗县东方海运有限责任公司。2013年6月，属嵊泗县同舟客运轮船有限公司。

高速客船“茂盛2”轮

“嵊鹰2”轮　2005年3月8日，武汉南华高速船舶工程有限公司

高速客船“嵊鹰2”轮

南华船厂建造。总长 48.30 米、型宽 7.20 米、型深 3.30 米，满载吃水 1.50 米，航速 28 节，抗风力 8 级，总吨 392 吨，净吨 196 吨，主机功率 2000 千瓦 2 台，核定载客 260 人，属嵊泗县昌盛海运有限责任公司。同年 3 月 28 日，投航泗礁—大洋—定海三江航线。2013 年 6 月，属嵊泗县同舟客运轮船有限公司。

“茂盛 6”轮　1998 年 7 月，武汉南华高速船舶工程有限公司在武汉南华船厂建造。2005 年 5 月，嵊泗县航运公司以 900 万元从大连獐子岛购入，曾名“獐子岛 1”。总长 42.31 米、型宽 4.70 米、型深 2.50 米，满载吃水 1.29 米，航速 24 节，抗风力 8 级，总吨 193 吨，净吨 96 吨，主机功率 1091 千瓦 2 台，核定载客 160 人，属嵊泗县东方海运有限责任公司。2005 年 7 月，投入泗礁—嵊山（枸杞）航线。2013 年 6 月，属嵊泗县同舟客运轮船有限公司。

高速客船“茂盛 6”轮

“飞舟 9”轮　2004 年 5 月，武汉南华高速船舶工程有限公司建造。总长 38 米、型宽 4.4 米、型深 2.3 米，航速 20 节，抗风力 8 级，总吨 131 吨，主机功率 615 千瓦 2 台，核定载客 130 人，属舟山市通达高速客轮有限公司。2006 年 3 月营运定海三江—小洋—泗礁航线。

“仙洲 5”轮　2003 年 6 月，武汉南华高速船舶工程有限公司建造。总长 48 米、型宽 6.20 米、型深 3.30 米，航速 28 节，抗风力 8 级，总吨 348 吨，净吨 183 吨，主机功率 1641 千瓦 2 台，核定载客 292 人，属岱山县蓬莱客运轮船有限公司。2006 年 3 月，投入营运岱山—小洋航线，是年 6 月改营退出。

高速客船“仙洲 5”轮

“仙洲 6”轮　2004 年 9 月，武汉南华高速船舶工程有限公司建造。总长 48.3 米、型宽 7.20 米、型深 3.30 米，航速 31 节，抗风力 8 级，总吨 346 吨，净吨 173 吨，主机功率 2000 千瓦 2 台，核定载客 263 人，属岱山县蓬莱客运轮船有限公司。2006 年 6 月，营运岱山—小洋航线。

“飞舟 10”轮　舟山市通达高速客轮有限公司从玉环苏泊尔公司购入，原名“苏泊尔 2”。总长 32.5 米、型宽 9.67 米、型深 3.7 米，航速 26 节，抗风力 8 级，总吨 306 吨，主机功率 1260 千瓦 2 台，核定载客 260 人。2006 年，投入定海西码头—小洋航线。

“宝陀”轮　2008 年 7 月，武汉南华高速船舶工程有限公司建造。总长 48 米、型宽 6.8 米、型深 3.3 米，航速 26 节，抗风力 8 级，总吨 383 吨，净吨 191 吨，主机功率 1399 千瓦 2 台，核定载客258人，属舟山海星轮船有限公司。2007年8月，投运普陀山—小洋航线。2008年8月，营运朱家尖—普陀山—小洋航线。2010年1月，改营小洋—衢山—普陀山航线，是年7月，改营衢山—小洋航线。

“飞舟12”轮　2008年9月，由武汉南华高速船舶工程有限公司设计、建造。总长48米、型宽6.8米、型深3.3米，总吨346吨，航速26节，抗风力8级，主机功率1398千瓦2台，核定载客265人，属舟山市通达高速客轮有限公司。2008年10月，投航定海三江—小洋航线营运至2010年5月止。2010年6月，营运定海三江—大洋—泗礁航线。

“碧海1”轮　2009年4月，武汉南华船舶设计有限公司设计，武汉南华高速船舶工程有限责任公司建造。总长48米、型宽6.8米、型深3.3米，满载吃水1.48米，航速26节，抗风力8级，总吨346吨，净吨173吨，主机功率1399千瓦2台，核定载客265人，属嵊泗县东方海运有限责任公司，2010年4月23日投航泗礁—绿华—花鸟—嵊山航线。2013年6月，属嵊泗县同舟客运轮船有限公司，10月更名为“碧海6”。

“碧海2”轮　2010年6月，武汉南华船舶设计有限公司设计，武汉南华高速船舶工程有限责任公司建造。总长48.0米，型宽6.8米，型深3.3米，满载吃水1.48米，核定载客269人，航速28节，抗风力8级，总吨346吨，净吨173吨，主机功率1399千瓦2台，属嵊泗县东方海运有限责任公司。2010年6月，营运泗礁—小洋航线。2013年6月，属嵊泗县同舟客运轮船有限公司，7月更名为“碧海5”。

“碧海3”轮　2004年5月，武汉南华高速船舶工程有限公司建造，总吨383吨，净吨191吨，主机功率4000千瓦，总长48.30米、型宽7.20米、型深3.30米，满载吃水1.48米，航速28节，核定载客260人。2011年4月从舟山市通达高速客轮有限公司购入的“飞舟1”，更名为“碧海3”，属嵊泗县东方海运有限责任公司。2011年4月18日首航泗礁—小洋航线。2013年6月，属嵊泗县同舟客运轮船有限公司。

高速客船“碧海3”轮

“嵊鹰5”轮　2011年8月，武汉南华高速船舶工程股份有限公司建。总长48.00米、型宽6.80米、型深3.30米，满载吃水1.52米，航速28节，抗风力8级，总吨346吨，净吨173吨，主机功率1398千瓦2台，核定载客269人，属嵊泗县昌盛海运有限责任公司。2011年11月营运泗礁—大洋—定海三江航线。2013年6月，属嵊泗县同舟客运轮船有限公司。

“碧海5”轮　原名“碧海2”，2013年7月更名为“碧海5”。总长48米、型宽6.8米、型深3.3米，满载吃水1.48米，航速28节，抗风力8级，总吨346吨，净吨173吨，主机功率2798千瓦，

高速客船“碧海5”轮

核定载客269人，属嵊泗县同舟客运轮船有限公司。2013年7月，营运泗礁—沈家湾航线。

“碧海6”轮 原名“碧海1”，2013年10月更名为“碧海6”。总长48米、型宽6.8米、型深3.3米，满载吃水1.48米，航速28节，抗风力8级，主机功率2798千瓦，总吨346吨，净吨173吨，主机功率2798千瓦，核定载客265人，属嵊泗县同舟客运轮船有限公司。2013年10月，营运泗礁—沈家湾航线。

高速客船“碧海6”轮

“飞舟16”轮 2014年7月，武汉南华高速船舶工程有限公司建造。总长48.30米、型宽7.40米、型深3.30米，总吨385吨，净吨192吨，航速28.8节，抗风力8级，核定载客245人，属舟山市通达高速客轮有限公司。同月，投航定海三江—大洋—泗礁航线。

客滚船“舟桥1”轮

客滚船

“舟桥1”轮 1995年12月，舟山船厂建造，是嵊泗第一艘客滚船。总长63.00米，型宽12.50米，型深4.20米，航速15节，总吨1477吨，净吨768吨，主机功率800千瓦2台，核定载客324人、载车15辆，属嵊泗县航运公司。1996年2月投航泗礁—南汇芦潮港航线。2005年1月，属嵊泗县东方航运有限责任公司。2010年停运。

“舟桥2”轮 2003年6月，宁波新乐船舶有限公司梅墟船厂建造。总长74.50米、型宽15.00米、型深5.00米，满

客滚船“舟桥2”轮

载吃水 3.20 米，航速 14 节，抗风力 8 级，总吨 3267 吨，净吨 1698 吨，主机功率 1103 千瓦 2 台，核定载客 498 客位、载车 30 辆，属嵊泗县航运公司。2003 年 7 月营运于泗礁—南汇芦潮港航线。2005 年 1 月，属嵊泗县东方海运有限责任公司。2013 年 6 月，属嵊泗县同舟客运轮船有限公司。

"通达 2"轮　2006 年 4 月，舟山海晨船务公司建造。总长 77.60 米、型宽 15 米、型深 5.50 米，航速 15 节，抗风力 8 级，总吨 3099 吨，净吨 1611 吨，主机功率 1765 千瓦 2 台，核定载客 403 人、载车 32 辆，属舟山市通达海运有限责任公司。2006 年 4 月，营运定海西码头—岱山双合—小洋航线（其中 2009 年 5 月至 12 月借至定海鸭蛋山至宁波白峰渡运）。

客滚船"高运"轮

"高运"轮　1999 年 1 月，浙江扬帆集团造船厂建造。总长 49.8 米、型宽 10 米、型深 4 米，抗风力 9 级，总吨 893 吨，净吨 464 吨，主机功率 882 千瓦 2 台，核定载客 202 人、载车 12 辆，属岱山县蓬莱客运轮船有限公司。2006 年 5 月，营运衢山—小洋航线。

"通达 5"轮　1981 年 4 月日本函馆造船所建造。1989 年 9 月旅顺 4810 厂改建。总长 83.92 米、型宽 15 米、型深 4.80 米，航速 15 节，抗风力 8 级，总吨 2879 吨，净吨 1877 吨，主机功率 2205 千瓦 2 台，核定载客 382 人、载车 32 辆，属舟山市通达海运有限责任公司。2007 年 8 月营运定海西码头—岱山双合—小洋航线，2010 年 5 月退出该航线。

"岱山 9"轮　2009 年 1 月，舟山海晨船务公司建造。总长 57 米、型宽 14.5 米、型深 4.50 米，航速 13.5 节，抗风力 8 级，总吨 1780 吨，净吨 961 吨，主机功率 971 千瓦 2 台，核定载客 392 人、载车 22 辆，属岱山县蓬莱客运轮船有限公司。2012 年 3 月，租赁给嵊泗县东方航运有限责任公司经营泗礁—沈家湾航线，7 月 16 日航线延伸至枸杞。

客滚船"岱山 9"轮

"泽成 2"轮　1994 年 10 月，定海册子船厂建造，2002 年嵊泗县洋山港盛渡口客运有限公司从定海册子购入。总长 35.10 米、型宽 6.60 米、型深 2.92 米，抗风力 8 级，总吨 195 吨，净吨 110 吨，净载重量 30 吨，主机功率 176.4 千瓦，核定载客 80 人、载车 5 辆，属嵊泗县洋山港盛渡口客运有限公司。是年 10 月，营运大洋—小洋航线。

“洋盛 2”轮　原名“泽成 2”，属嵊泗县洋山港盛渡口客运有限公司。2010 年 10 月，营运大洋—小洋、大洋—沈家湾航线。2012 年 12 月停航，翌年出售。

“洋盛 5”轮　1988 年 12 月，江西湖口江新船厂建造，2012 年 4 月从岱山蓬莱客运有限公司购入。总长 41.40 米、型宽 8.0 米、型深 2.80 米，航速 10 节，抗风力 8 级，总吨 297 吨，净载重量 154 吨，主机功率 368 千瓦，核定载客 158 人、载车 4 辆，属嵊泗洋山港盛渡口客运有限公司。2013 年 7 月，营运小洋—大洋渡航线。

“洋盛 6”轮　2014 年 12 月建造，总吨 493 吨，载车 8 辆，属嵊泗县洋山港盛渡口客运有限公司，同月 12 日替换“洋盛 5”营运大洋—小洋、大洋—沈家湾航线。

第二节　货运船舶

木质船舶

1950 年代前后，境内岛际货物驳运主要由舢板、带角船运送，境外运输以木帆船为主。1956 年始有木质机帆船，1979 年起逐步发展钢质货船。1992 年，境内有专业木质货船 2 艘计 340 载货吨，其他部门、乡镇和个体运输木质货船 31 艘计 2159 载货吨。20 世纪 90 年代后，木质货运船舶逐渐淘汰，改装和发展为钢制货运船舶。

钢质船舶

货船　运载货物为主的专用船舶。1984 年 12 月，嵊泗县海运公司载重 482 吨、功率 198.45 千瓦“浙舟 701”轮为境内第一艘钢质货船。20 世纪 80 年代，全县发展钢质货轮，逐步淘汰木质货船，1992 年，嵊泗县海运公司建造 1290 载重吨钢质货船。是年，全县有钢质货运船舶 10 艘计 3730 载重吨、1843.75 千瓦，嵊泗县海运公司“浙舟 706”轮载重 1290 吨、功率 624.75 千瓦。

嵊泗县海运公司货船“浙江 706”轮

2.21 万吨货船“学府”轮

2006 年，嵊泗中昌海运有限公司 4.11 万载重吨“中昌 118”货轮投入营运，是嵊泗县首艘万吨级货轮。之后，大吨位海上货运船舶逐年增加。2009 年 5 月，嵊泗第一艘自有万吨级货船，嵊泗县昌盛海

4.57 万吨货船“中昌 168”轮

2.205 万吨货船“东晨”轮

运有限责任公司“学府”轮（2.21 万载重吨）投入运营。2014 年，全县海上货运企业 19 家，船舶 159 艘计 432888 载重吨、106729 千瓦。拥有万吨级货船企业 9 家，万吨级船舶 13 艘计 313106 载货吨、56585 千瓦。

2014 年嵊泗县 500 载重吨以上普货船情况表

表 4-1-2　　单位：米、吨、千瓦

船舶名称	船舶经营人	总长	型宽	型深	总吨	净吨	载货量	功率
浙嵊 97137	嵊泗县江山海运有限公司	47	9	3.5	437	243	590	218
浙嵊 97153	嵊泗县江山海运有限公司	48.8	10.8	3.35	498	278	660	202
浙嵊 97158	嵊泗县江山海运有限公司	51	10.6	3.5	496	202	750	202
浙嵊 97162	嵊泗县江山海运有限公司	46.8	10.3	3.2	462	258	567	202
浙嵊 97165	嵊泗县江山海运有限公司	48.8	10.8	3.35	498	278	660	202
浙嵊 97168	嵊泗县江山海运有限公司	51	10.6	3.5	498	278	747	202
浙嵊 97172	嵊泗县江山海运有限公司	48.8	10.8	3.2	493	278	610	202
浙嵊 97195	嵊泗县江山海运有限公司	48.8	10.8	3.35	498	278	660	202
浙嵊 97196	嵊泗县江山海运有限公司	48.8	10.8	3.35	498	278	660	202
浙嵊 97205	嵊泗县江山海运有限公司	50.8	10.8	3.35	498	278	680	218
浙嵊 97216	嵊泗县江山海运有限公司	50.8	10.8	3.35	498	278	685	202
浙嵊 97221	嵊泗县江山海运有限公司	52.55	10.8	3.55	498	278	730	218
浙嵊 97258	嵊泗县江山海运有限公司	51.3	10.8	3.35	498	278	650	202
浙嵊 97276	嵊泗县江山海运有限公司	52	10.8	3.6	496	277	735	218
浙嵊 97278	嵊泗县江山海运有限公司	46.55	10.6	3.2	488	273	552	202
浙嵊 97285	嵊泗县江山海运有限公司	52.7	10.8	3.6	498	278	700	218
浙嵊 97286	嵊泗县江山海运有限公司	52.7	10.8	3.6	498	278	700	218
浙嵊 97287	嵊泗县江山海运有限公司	51.9	10.8	3.35	498	278	725	218
浙嵊 97288	嵊泗县江山海运有限公司	50.8	10.8	3.35	496	277	646	199
浙嵊 97301	嵊泗县江山海运有限公司	49.8	10.2	3.3	498	279	535	404
浙嵊 97318	嵊泗县江山海运有限公司	52.7	10.8	3.6	498	278	700	218
浙嵊 97319	嵊泗县江山海运有限公司	53.6	9.8	3.1	488	273	545	404
浙嵊 97378	嵊泗县江山海运有限公司	49.8	10.6	3.5	498	278	663	199

续表 4-1-2

船舶名称	船舶经营人	总长	型宽	型深	总吨	净吨	载货量	功率
浙嵊 97388	嵊泗县江山海运有限公司	49.8	10.6	3.5	498	278	663	199
浙嵊 97385	嵊泗县江山海运有限公司	52.1	10.8	3.35	498	278	685	218
浙嵊 97386	嵊泗县江山海运有限公司	52.1	11	3.6	498	279	727	218
浙嵊 97387	嵊泗县江山海运有限公司	52.1	11	3.6	498	279	726	218
浙嵊 97507	嵊泗县江山海运有限公司	50.5	10.2	3.6	494	276	646	202
浙嵊 97508	嵊泗县江山海运有限公司	50.5	10.2	3.6	494	276	674	199
浙嵊 97509	嵊泗县江山海运有限公司	49.8	10.4	3.3	496	277	510	440
浙嵊 97588	嵊泗县江山海运有限公司	50.26	10.6	3.8	497	278	703	440
浙岱 75191	嵊泗县江山海运有限公司	52	10.8	3.6	496	277	735	218
浦盛 6	嵊泗县江山海运有限公司	162.8	25.6	14.6	17052	9549	27274	4440
浦盛 8	嵊泗县江山海运有限公司	172.8	23.8	14.3	16539	9261	27861	4320
磊鑫 2	嵊泗鑫盛海运有限公司	51	10.6	3.5	496	278	800	202
磊鑫 3	嵊泗鑫盛海运有限公司	51	10.6	3.5	496	278	800	202
磊鑫 7	嵊泗鑫盛海运有限公司	51.8	10.8	3.35	496	277	700	202
磊鑫 16	嵊泗鑫盛海运有限公司	51	9.2	4.05	496	277	942	218
金柏 5	舟山市荣翔海运有限责任公司	79.1	12.6	6.3	1740	974	2897	735
金柏 6	舟山市荣翔海运有限责任公司	146	21	11.3	9648	5402	15752	2941
金柏 7	舟山市荣翔海运有限责任公司	76	16.8	4.2	1977	1107	1994	1060
金柏 9	舟山市荣翔海运有限责任公司	79.7	12	6.5	1873	1049	2920	735
明舟 6	舟山市荣翔海运有限责任公司	84.15	13.2	6.7	1994	1117	3340	735
浙嵊 86322	嵊泗县方舟海运有限责任公司	52.8	8.8	4.15	499	279	930	218
浙嵊 86368	嵊泗县方舟海运有限责任公司	51.8	9.2	3.85	498	278	875	218
浙嵊 86370	嵊泗县方舟海运有限责任公司	52.8	8.8	4.1	499	279	980	218
浙嵊 86381	嵊泗县方舟海运有限责任公司	50	9.8	3.5	498	279	880	202
浙嵊 86389	嵊泗县方舟海运有限责任公司	51.7	8.2	4	479	268	797	218
浙嵊 86389	嵊泗县方舟海运有限责任公司	54.3	8.5	4.3	495	277	860	218
浙嵊 86392	嵊泗县方舟海运有限责任公司	52.8	8.8	4.1	498	278	980	218
浙嵊 86395	嵊泗县方舟海运有限责任公司	52.3	8.8	4.1	499	279	939	202
浙嵊 86396	嵊泗县方舟海运有限责任公司	51.8	9.2	4	499	279	963	218
浙岱 75191	嵊泗县江山海运有限公司	52	10.8	3.6	496	277	735	218
浦盛 6	嵊泗县江山海运有限公司	162.8	25.6	14.6	17052	9549	27274	4440
浦盛 8	嵊泗县江山海运有限公司	172.8	23.8	14.3	16539	9261	27861	4320
磊鑫 2	嵊泗鑫盛海运有限公司	51	10.6	3.5	496	278	800	202
磊鑫 3	嵊泗鑫盛海运有限公司	51	10.6	3.5	496	278	800	202

续表 4–1–2

船舶名称	船舶经营人	总长	型宽	型深	总吨	净吨	载货量	功率
磊鑫 7	嵊泗鑫盛海运有限公司	51.8	10.8	3.35	496	277	700	202
磊鑫 16	嵊泗鑫盛海运有限公司	51	9.2	4.05	496	277	942	218
金柏 5	舟山市荣翔海运有限责任公司	79.1	12.6	6.3	1740	974	2897	735
金柏 6	舟山市荣翔海运有限责任公司	146	21	11.3	9648	5402	15752	2941
金柏 7	舟山市荣翔海运有限责任公司	76	16.8	4.2	1977	1107	1994	1060
金柏 9	舟山市荣翔海运有限责任公司	79.7	12	6.5	1873	1049	2920	735
明舟 6	舟山市荣翔海运有限责任公司	84.15	13.2	6.7	1994	1117	3340	735
浙嵊 86322	嵊泗县方舟海运有限责任公司	52.8	8.8	4.15	499	279	930	218
浙嵊 86368	嵊泗县方舟海运有限责任公司	51.8	9.2	3.85	498	278	875	218
浙嵊 86370	嵊泗县方舟海运有限责任公司	52.8	8.8	4.1	499	279	980	218
浙嵊 86381	嵊泗县方舟海运有限责任公司	50	9.8	3.5	498	279	880	202
浙嵊 86389	嵊泗县方舟海运有限责任公司	51.7	8.2	4	479	268	797	218
浙嵊 86389	嵊泗县方舟海运有限责任公司	54.3	8.5	4.3	495	277	860	218
浙嵊 86392	嵊泗县方舟海运有限责任公司	52.8	8.8	4.1	498	278	980	218
浙嵊 86395	嵊泗县方舟海运有限责任公司	52.3	8.8	4.1	499	279	939	202
浙嵊 86396	嵊泗县方舟海运有限责任公司	51.8	9.2	4	499	279	963	218
浙嵊 89209	嵊泗县方舟海运有限责任公司	53	9.2	4	496	277	970	218
东尚 37	嵊泗鑫达海运有限公司	52.8	8.8	4.1	499	278	975	218
浙嵊 91096	嵊泗县正和海运有限公司	50.8	10.8	3.35	498	278	690	218
浙嵊 91208	嵊泗县正和海运有限公司	52	10.8	3.6	496	277	770	218
浙嵊 91336	嵊泗县正和海运有限公司	51	10.6	3.5	496	278	686	202
浙嵊 97366	嵊泗县正和海运有限公司	51.94	10.8	3.35	498	278	727	218
浙嵊 97610	嵊泗县正和海运有限公司	51.8	10.8	3.6	496	277	800	218
正和 508	嵊泗县正和海运有限公司	94	18	4.6	2236	1252	3060	700
正和 825	嵊泗县正和海运有限公司	96.3	15.2	6.1	2650	1484	3793	700
嵊飞 2	舟山市嵊兴海运有限公司	52.8	8.8	4.08	498	278	955	218
嵊飞 3	舟山市嵊兴海运有限公司	52.8	8.8	4.08	498	278	955	218
嵊飞 8	舟山市嵊兴海运有限公司	54.5	8.6	4.3	498	279	975	218
嵊飞 9	舟山市嵊兴海运有限公司	54.5	8.6	4.3	498	279	975	218
嵊欣 27	舟山市嵊兴海运有限公司	96.9	15.8	7.4	2972	1664	5048	1765
鑫鸿 21	舟山市嵊兴海运有限公司	96.9	15.8	7.4	2992	1676	5046	1765
嘉奕 8	舟山市嵊兴海运有限公司	98.3	15.8	7.4	3037	1700	5100	1765
浙岱 80187	舟山市嵊兴海运有限公司	52.8	8.8	4.15	499	279	966	218
福宝洲 6	舟山宝洲海运有限公司	132.6	19	9.2	6745	3777	10136	2206

续表 4–1–2

船舶名称	船舶经营人	总长	型宽	型深	总吨	净吨	载货量	功率
宝强 1	浙江宝强船务有限公司	159.9	24.4	14	15485	8672	22436	4400
学府	嵊泗县同舟客运轮船有限公司	158.5	24	13.2	13616	7625	22100	4400
中昌 168	嵊泗中昌海运有限公司	185.74	30.4	16.5	26059	14593	45708	7171
东晨 1	嵊泗县东晨海运有限责任公司	158.8	24	13.2	13613	7623	22053	4400
新骆 9	浙江新骆海运有限公司	158.8	23.8	13	14050	7868	22606	4412
新骆 11	浙江新骆海运有限公司	156	22.6	12.6	12512	7006	20388	3300
洛达 3	舟山洛达海运有限公司	147.02	21	11.25	10102	7006	16029	2970
洛州	舟山洛达海运有限公司	179.98	28.4	14.7	21497	11918	35000	6480
义海 150	浙江义海航道工程有限公司	79.36	15.2	5.6	2236	1252	3026	706
义海 151	浙江义海航道工程有限公司	79.36	15.2	5.6	2236	1252	3026	706
义海 152	浙江义海航道工程有限公司	79.36	15.2	5.6	2236	1252	3026	706
义海 153	浙江义海航道工程有限公司	79.36	15.2	5.6	2236	1252	3026	706
义海 155	浙江义海航道工程有限公司	79.36	15.2	5.6	2236	1252	3026	706
义海 156	浙江义海航道工程有限公司	79.36	15.2	5.6	2236	1252	3026	706
义海 157	浙江义海航道工程有限公司	79.36	15.2	5.6	2236	1252	3026	706
义海 158	浙江义海航道工程有限公司	79.36	15.2	5.6	2236	1252	3026	706
义海 159	浙江义海航道工程有限公司	79.36	15.2	5.6	2236	1252	3026	706
义海 160	浙江义海航道工程有限公司	79.36	15.2	5.6	2236	1252	3026	706
义海 161	浙江义海航道工程有限公司	79.36	15.2	5.6	2236	1252	3026	706
义海 162	浙江义海航道工程有限公司	79.36	15.2	5.6	2236	1252	3026	706
义海 163	浙江义海航道工程有限公司	79.36	15.2	5.6	2236	1252	3026	706
义海 165	浙江义海航道工程有限公司	79.36	15.2	5.6	2228	1247	3133	706
义海 166	浙江义海航道工程有限公司	79.36	15.2	5.6	2228	1247	3133	706
义海 167	浙江义海航道工程有限公司	79.36	15.2	5.6	2228	1247	3133	706
润宏 28	舟山润宏海运有限公司	48.2	7.3	3.7	366	204	570	202
润宏 65	舟山润宏海运有限公司	50.7	8.6	3.6	442	247	564	218
润宏 98	舟山润宏海运有限公司	53.7	8.5	4.3	496	277	880	218
浙嵊 86333	舟山润宏海运有限公司	47.5	7.6	3.5	295	165	600	218
浙嵊 87217	舟山润宏海运有限公司	52.37	8.9	4	499	279	858	202
浙嵊 95005	舟山润宏海运有限公司	53.8	8.7	4	491	274	788	218
浙定 58193	舟山骏鸿船务有限责任公司	52.8	8.8	4.15	495	277	960	218
浙定 58696	舟山骏鸿船务有限责任公司	53.2	8.25	4.1	466	260	720	219
富海 38	舟山骏鸿船务有限责任公司	56.5	8.65	4.4	498	278	960	199
浙定 58168	贺小权	52.8	8.8	4.15	498	279	965	218

续表 4-1-2

船舶名称	船舶经营人	总长	型宽	型深	总吨	净吨	载货量	功率
浙定 58703	陆宠平	54	8.6	4.3	490	275	850	198
浙定 58728	贺小存	46	7.6	3.7	298	167	570	202
浙定 59328	鲁孝祖	51.8	9.2	4	499	279	963	218
浙嵊 86308	平亚光	43.5	7.4	2.8	196	111	521	218

2014 年嵊泗县万吨级货船情况表

表 4-1-3

企业名称	船名	建造年月	总长（米）	型宽（米）	型深（米）	总吨（吨）	载货量（吨）	功率（千瓦）
嵊泗中昌海运有限公司	中昌 58	1985.9.17	167.2	26.00	13.3	15832	25727	5145
	中昌 168	1994.12.1	185.74	30.4	16.5	26059	45708	7171
舟山宝洲海运有限公司	福宝洲 6	2008.9.5	132.6	19.0	9.2	6745	10136	2206
嵊泗县东方海运有限责任公司	东晨 1	2009.7.20	158.8	24	13.2	13613	22053	4400
嵊泗县昌盛海运有限责任公司	学府	2009.2.1	158.8	24	13.20	13616	22100	4400
舟山荣翔海运有限公司	金柏 6	2009.4.17	146	21	11.3	9648	15752	2941
浙江宝强船务有限公司	宝强 1	2009.1.13	159.88	24.4	14	15485	22436	4400
浙江新骆海运有限公司	新骆 9	2009.8.15	158.84	23.8	13	14050	22606	4412
	新骆 11	2011.6.14	158	22.6	12.6	12512	20388	3300
舟山洛达海运有限公司	洛达 3	2008.12.25	147.2	21	11.25	10102	16092	2970
舟山洛达海运有限公司	洛州	2011.12.31	179.98	28.4	14.7	21497	35000	6480
嵊泗县江山海运有限公司	浦盛 6	2011.11.22	162.8	25.6	14.6	17052	27247	4440
	浦盛 8	2010.8.30	172.8	23.8	14.3	16539	27861	4320

冷藏船　使鱼、肉、水果、蔬菜等易腐食品处于冻结状态或某种低温条件下进行载运的专用船舶。内设冷藏装置，可直接制冷，多应用于渔场及沿海港口运输或运销。1992 年，嵊泗县水产供销公司冷藏船“舟山 9”（210 载重吨、294 千瓦）、“舟山 11”（150 载重吨、441 千瓦）轮投入国际航线营运。1998 年后无冷藏船发展。

油船　载运散装石油或成品油的液货运输船舶。1993 年全县有油船 14 艘，2006 年中石化嵊泗石油支公司有油船 4 艘，2014 年嵊泗县绿华石油销售有限公司有油船 4 艘。

集装箱船“飞洋 6”轮

集装箱船　载运集装箱为主

的运输船舶。2007 年，嵊泗洋山江海联运有限公司集装箱船“飞洋 1”和“飞洋 2”轮投航。2014 年，集装箱船发展至 6 艘，载重量 2193 吨、载箱量 1479TEU、功率 7370 千瓦。

2014 年嵊泗洋山江海联运有限公司集装箱船舶情况表

表 4-1-4

船　名	建造时间	总长（米）	型宽（米）	型深（米）	总吨（吨）	载重量（吨）	载箱量（TEU）	功率（千瓦）
飞洋 1	2007.3.8	81.2	15.8	6.1	2248	2920	224	2112
飞洋 2	2007.3.9	84.8	15.9	6.2	2495	3163	224	2112
飞洋 117	2008.11.3	93.8	16.1	7.3	2989	3808	272	1324
飞洋 127	2008.11.3	93.8	16.1	7.3	2989	3808	272	1324
飞洋 5	2010.1.19	92	15.86	7	2999	4220	250	1396
飞洋 6	2014.3.18	86.4	15.68	6.6	2663	3500	237	1214

拖船　用于拖带其它船舶或浮动建筑物的船舶。2002 年底，上海宝钢集团公司马迹山矿石中转港投入生产，拖船作为港区港作船舶。2014 年，马迹山港有拖船 6 艘。

2014 年马迹山矿石中转港拖船情况表

表 4-1-5

船　名	总吨（吨）	功率（千瓦）
宝钢拖 12	406	4000
宝钢拖 16	469	6000
宝钢拖 17	494	6500
新世纪 1	418	5200
新世纪 2	418	5200
新世纪 3	366	4000

第二章　海上客运

宋元以来，嵊泗列岛已与境内岛屿和内陆通航，岛民与大陆及境内外岛屿往来以搭乘渔船、冰鲜船和商船为主。民国 17 年（1928），菜园、青沙、金平三地商贾集资与沪商合营“北洋”轮航行于泗礁至上海，为已知嵊泗最早客轮航线。

民国 23 年（1934）至民国 26 年（1937），“朝阳”“东海”“嵊山”“湖广”“南海”“益民”“大连”“同源”“小岱山”“鳌江”“三北”等客轮行驶宁波、镇海、普陀山、沈家门、定海、高亭、东沙、衢山、嵊山、黄龙、泗礁、上海等地。

境内菜园、金平、马迹、嵊山等岛屿民间有不定期渡船往来。黄龙民间有私人经营的15吨小航船与岱山通航。解放前夕，国民党军队退居海岛，封港断航，嵊泗与境外往来中断。

1951年，嵊泗县人民政府及交通运输部门发挥国家、集体、私营航运企业的积极性，交通运输得到恢复和发展。1953年6月，嵊泗轮船公司，“英雄3”和“英雄5”客船往来上海、泗礁、黄龙、嵊山。

1956年至2001年年初，浙江航运公司舟山分公司“中浙2”等6艘客货轮先后主航定海—衢山—泗礁—上海航线。1963年至1987年，浙江航运公司舟山分公司“浙江715”等6艘客货轮先后主航泗礁—绿华—花鸟—壁下—嵊山航线。1987年4月，嵊泗第一艘自有客船“海山”轮投入泗礁—绿华—花鸟—壁下—嵊山客运航线。1989年6月，“碧海”轮投航泗礁—绿华—花鸟—壁下—嵊山航线；“金沙”轮开通第一条省际客运航线泗礁—南汇芦潮港。1994年和1995年，“东珠”轮和“有财”轮相继开通枸杞—嵊山—沈家门和泗礁—镇海县境外航线。1996年2月，嵊泗第一艘客滚船“舟桥1”轮开通泗礁—南汇芦潮港客滚航线。1995年6月，嵊泗第一艘高速客船“茂盛”轮开通泗礁—定海西码头和泗礁—南汇芦潮港客运航线。

2002年起，境内发展高速客运，高速客船逐年增加，普通客船逐年减少。2009年6月，嵊泗交通部门制定有关水路客运交通发展补贴资金管理暂行办法，在新建、购买、改造各类客运船舶（包括渡船）及新增航线等方面给予政策优惠，提高水路客运企业新建、购买和改造客船的积极性。此后，嵊泗县东方海运有限责任公司、嵊泗县昌盛海运有限责任公司、嵊泗县双龙轮渡运输有限公司、嵊泗洋山港口客运有限公司、嵊泗大洋船务有限公司等水上客运企业相继有6艘高速客船（共1597客位）和2艘客渡船投入境内外航线。调整运力结构，发展高速客运，实行海上提速，形成以泗礁山岛为中心，贯通大陆，辐射各岛的海运交通网络格局，实现全县1小时岛际交通经济圈。

2012年7月15日，沈家湾客运中心投入运营。从小洋临时客运码头开往泗礁的所有水路客运航班迁移至沈家湾客运码头，泗礁至沈家湾的正常航班每天可达8班。16日，客滚船“岱山9”轮营运的泗礁—沈家湾客滚航线延伸至枸杞，方便嵊泗东部乡镇车辆进出和鲜活水产品销售。2014年7月1日起，泗礁—大洋—镇海、泗礁—衢山—镇海航线停止营运，泗礁至宁波方向航班由泗礁—三江—宁波南站的水陆联运营运方式替代。泗礁至三江方向航班每天由4班增至5班，同时调整泗礁至沈家湾、大洋的部分航线及航班。

2014年，嵊泗通往境内外客运航线20条，进出境内港客（滚）运船舶共31艘计6957客位。其中境内自有客（滚）运船舶（包括光租）21艘（普通客船5艘、高速客船9艘、客滚船3艘、客渡船4艘）计5222客位。是年，全县客运量199.7万人次，旅客周转量9456.8万人千米。

1953—2014 年嵊泗县水上客运量、周转量统计表

表 4-2-1

年份	客运量(万人次)	周转量(万人千米)	年份	客运量(万人次)	周转量(万人千米)
1953	0.21	30.10	1984	23.46	2166.87
1954	0.46	66.88	1985	31.00	2818.04
1955	0.51	70.031	1986	33.80	3067.78
1956	1.37	194.94	1987	37.23	3763.99
1957	1.40	198.77	1988	46.94	4518.45
1958	2.40	334.99	1989	41.80	4169.09
1959	1.99	258.24	1990	41.62	4221.88
1960	2.21	287.62	1991	50.15	4761.92
1961	2.36	304.04	1992	57.92	5269.11
1962	2.53	327.69	1993	56.57	5082.66
1963	3.12	339.16	1994	93.17	5238.00
1964	3.29	378.17	1995	103.24	6249.51
1965	3.33	376.67	1996	95.37	5997.81
1966	5.93	484.55	1997	79.58	5146.16
1967	6.18	497.21	1998	78.16	4849.74
1968	6.58	517.14	1999	78.90	4895.66
1969	1.03	96.63	2000	63.20	4747.28
1970	6.15	458.30	2001	74.74	4292.21
1971	6.41	485.67	2002	80.01	4640.83
1972	6.40	490.80	2003	90.22	5307.39
1973	7.12	546.61	2004	95.27	5947.22
1974	7.81	632.88	2005	94.98	5987.77
1975	10.17	1067.98	2006	93.20	6004.15
1976	10.16	1058.46	2007	115.47	6922.74
1977	11.03	1006.69	2008	114.16	6890.60
1978	10.77	1014.28	2009	122.57	7237.59
1979	12.96	1225.23	2010	125.86	7185.03
1980	15.83	1406.81	2011	140.09	8093.60
1981	18.28	1662.61	2012	156.72	8967.36
1982	19.65	1808.04	2013	182.60	9380.57
1983	20.05	1855.39	2014	199.7	9456.8

第一节　客渡船渡运

民国时期，境内金平、马迹、嵊山等渡口有不定期渡航船往来，每逢冬季带鱼汛和春季大黄鱼汛，嵊山与枸杞、马迹与泗礁岛屿之间，渡船往来频繁。1940 年代末，国民党军队退居海岛，封港断航，嵊泗与境外往来中断。

1950 年 5 月，生产得到恢复和发展，岛间居民往来增多，岛际遂有客渡船通航。

1980 年，滩浒渔工商渡船“滩渡 1”经营滩浒—上海金山嘴渡航线，3 天 1 班。

1982 年 1 月，大洋运输站从五龙公社会城渔业大队购入木质渔用机动船，定名“大洋航 1”，代替大洋航船营运大洋—泗礁、大洋—南汇芦潮港渡航线。1984 年 8 月，小洋乡工办购入渔船改建为“小洋航 1”渡船，开通小洋—泗礁、小洋—南汇芦潮港渡航线。1985 年 12 月，嵊山运输站新建渡船“嵊渡 1”，营运嵊山箱子岙—枸杞小石浦渡航线。1986 年 9 月，大洋运输站购入驻军登陆艇改建为“大洋航 2”，营运大洋—泗礁、大洋—芦潮港航线，每周各 3 班。1988 年 1 月，嵊泗县渡口安全管理办公室核查境内渡口，设置金平、嵊山、大洋、五龙 4 个交通渡和马迹、壁下、绿华、滩浒、小洋、枸杞 6 个渔（农）村渡。2 月 4 日，县人民政府重新核准滩浒—金山嘴渡航线，由从青岛购入一艘港交钢质船改建的“滩浒渡 1”渡船营运，属滩浒渔工商经营。同年，小洋工办新建木质渡船“小洋航 2”，营运小洋—大洋渡航线；嵊泗县渡口安全管理办公室置马迹渡口和马迹—关岙渡航线，属马迹村民委员会经营管理，翌年由渡船“马渡 1”承航。1989 年 1 月，辟壁下—大盘渡航线，由壁下乡人民政府的“壁下渡 1”渡船营运，每天 2 班，初时，渡船始发壁下，经大盘至张其，后因张其客源少，渡线改为壁下—大盘。同年 8 月，大洋运输站从嵊泗县海运公司购入木质机动船改建为渡船“大洋航 2”（原“大洋航 2”于 1988 年 11 月出售），营运大洋—泗礁、大洋—南汇芦潮港航线。

1982 年 5 月，五龙渡口管理站“五渡 1”渡船营运五龙边礁岙—黄龙峙岙渡航线，始有固定航班。1985 年渡船增至“五渡 1”“五渡 2”“五渡 3”3 艘。1986 年至 1989 年，3 艘渡船先后更新改造，属嵊泗五龙渡轮站经营管理。1990 年 4 月，县渡口办批准置枸杞渡口，设小石浦—嵊山箱子岙渡航线，由枸杞乡工办管理经营“枸杞渡 1”渡船营运，每天 6 班。同月，大洋运输站从上海南汇县水产局购入木质机动船改建渡船“大洋航 2”（原“大洋航 2”于 1990 年 5 月出售），营运大洋—泗礁、大洋—南汇芦潮港航线。6 月，县渡口办批准设立金平小平头—青沙渡航线，由金平运输社“金渡 1”“金渡 2”“金渡 4”渡船兼航。同月，设西绿华—东绿华—东库渡航线，由“绿渡 1”渡船渡航，每天 1 班，属绿华乡人民政府管理，渡船始发西绿华，经东绿华、东库至柱住，后因柱住客源少，渡线改为西绿华—东库。1990 年，境内有渡口 10 个，渡航线 13 条，渡航船舶 16 艘。

1991 年 5 月，县交通管理局同意增设五龙边礁岙—黄龙南港渡航线。7 月 1 日投入营运，由“五渡 1”“五渡 2”“五渡 3”渡船轮流渡运，每天 1 班，下午 1∶30 开往黄龙南港，2∶30 返回五龙边礁岙，是年客运量 26.21 万人次，周转量 145.68 万人千米。同年，小洋交通运输站购入“岱机69072”船改建为“小洋航1”渡船替代原“小洋航1”。1992年1月，黄龙交通运输站开通黄龙南港—大岙—峙岙—菜园渡航线，“黄航1”客渡船经营。5月，金平小平头—青沙渡航线因客源少撤线。9月，大洋镇人民政府从温州购入钢质渡船“蓝天”轮，替代渡船“大洋航2”营运大洋—泗礁、大洋—南汇芦潮港航线，是年运送旅客3.79万人次，旅客周转量156.88万人千米。11月26日，设黄龙南港—大岙—峙岙—菜园渡航线，由黄龙乡交通运输站“黄航1”渡船营运，每天1班。是年，境内有渡口11个，渡航线15条，渡航船舶17艘，客运量74.32万人次，旅客周转量510.99万人千米。

1992年嵊泗县客渡船渡运情况表

表4-2-2

船　名	总吨（吨）	功率（千瓦）	客位（人）	渡　航　线	航程（海里）	航班	经营单位
金渡1	23	29.4	95	黄泥坎—小菜园	1.3	全日班	金平运输社
金渡2	15	17.64	80				
金渡4	25	58.8	60				
五渡1	25	29.4	60	边礁岙—峙岙	3	1天7班	五龙渡管站
五渡2	21	29.4	60	边礁岙—南港	6.5	1天1班	
五渡3	13	29.4	60				
黄航1	25	29.4	60	黄龙—大岙—峙岙—菜园	13	1天1班	黄龙交通运输站
马迹渡1	11	17.64	15	马迹—马关	2	1天4班	马迹村委会
嵊渡1	17	29.4	80	箱子岙—小石浦	4	1天6班	嵊山运输站
枸杞渡1	18	29.4	50	小石浦—箱子岙	4	1天6班	枸杞乡工办
绿渡1	19	29.4	30	西绿华—东绿华—东库	3.5	1天1班	绿华乡政府
壁下渡1	19	29.4	30	壁下—大盘	1.5	1天2班	壁下乡政府
大洋航1	71	110	140	大洋—泗礁	27	1周2班	大洋交通运输站
				大洋—芦潮港	19	每周三班轮流开	
蓝天	151	147	115	大洋—芦潮港			大洋交通运输站
				大洋—泗礁	27	1周2班	
小洋航1	58	110	50	小洋—泗礁	29	1周1班	小洋交通运输站
				小洋—芦潮港	17	1周2班	
小洋航2	20	29.4	50	小洋—大洋	2.5	1天3班	小洋交通运输站
滩浒渡1	39	147	30	滩浒—金山嘴	14.5	3天1班	滩浒渔工商

1997年2月，小洋交通管理站钢质渡船“小洋航2”和滩浒乡人民政府钢质渡船“滩渡1”投入大洋—小洋和滩浒—金山渡航线营运。10月，“五渡1”“五渡2”“五渡3”渡船报废，黄龙乡人民政府购入80客渡船1艘，定名“黄渡2”，投航黄龙—南港—黄沙岙—峙岙—五龙渡航线，由黄龙交通运输站经营，每天5班。12月，五龙乡人民政府新建50客渡船“五渡1”

营运五龙—黄龙渡航线。是年，洋山运输站新建58总吨、110千瓦、50客渡船“洋渡1”投入大洋—小洋渡航线；马迹山岛建设上海宝钢矿石中转港工程，岛民迁至马关新村，马迹至马关渡航撤线。1997年，全县渡航客运量28.27万人次。

2000年，境内有渡口11个，有渡航线15条，渡航船舶16艘。

2000年嵊泗县客渡船渡运情况表

表4-2-3

<table>
<tr><th>船名</th><th>总吨
（吨）</th><th>功率
（千瓦）</th><th>客位
（人）</th><th>渡航线</th><th>航程
（海里）</th><th>航班</th><th>经营单位</th></tr>
<tr><td>金渡1</td><td>23</td><td>29.4</td><td>95</td><td rowspan="3">金平—菜园
金平—青沙</td><td rowspan="3">1.5
0.45</td><td rowspan="3">1天12班</td><td rowspan="3">金平运输站</td></tr>
<tr><td>金渡2</td><td>15</td><td>17.7</td><td>80</td></tr>
<tr><td>金渡4</td><td>25</td><td>58.8</td><td>60</td></tr>
<tr><td>五渡1</td><td>40</td><td>88.3</td><td>60</td><td>边礁岙—峙岙</td><td>2.7</td><td rowspan="3">1天8班</td><td rowspan="3">五龙渡轮站</td></tr>
<tr><td>五渡2</td><td>21</td><td>29.4</td><td>60</td><td rowspan="2">边礁岙—南港</td><td rowspan="2">6.5</td></tr>
<tr><td>五渡3</td><td>13</td><td>29.4</td><td>60</td></tr>
<tr><td>黄龙渡1</td><td>110</td><td>183.75</td><td>116</td><td>南港—大岙—峙岙—菜园</td><td>13</td><td>1天1班</td><td>黄龙交通运输站</td></tr>
<tr><td>马渡1</td><td>71</td><td>17.64</td><td>32</td><td>马迹—关岙</td><td>2</td><td>1天4班</td><td>马迹村委会</td></tr>
<tr><td>嵊渡1</td><td>17.11</td><td>29.47</td><td>80</td><td>嵊山—枸杞</td><td>4</td><td>1天6班</td><td>嵊山运输站</td></tr>
<tr><td>枸杞渡</td><td>18</td><td>29.4</td><td>50</td><td></td><td>4</td><td>1天8班</td><td>枸杞乡工办</td></tr>
<tr><td>壁下渡1</td><td>19</td><td>29.4</td><td>30</td><td>壁下—大盘</td><td>1.5</td><td>1天2班</td><td>壁下乡政府</td></tr>
<tr><td>绿渡1</td><td>19</td><td>29.4</td><td>30</td><td>西绿华—东库</td><td>3.5</td><td>1天1班</td><td>绿华乡政府</td></tr>
<tr><td>洋渡1</td><td>71</td><td>110</td><td>50</td><td>大洋—菜园</td><td>27</td><td>1天2班</td><td rowspan="2">大洋交通管理站</td></tr>
<tr><td>洋渡2</td><td>84.7</td><td>99.23</td><td>95</td><td>大洋—芦潮港</td><td>19</td><td>1天3班</td></tr>
<tr><td rowspan="3">小洋航2</td><td rowspan="3">20</td><td rowspan="3">29.4</td><td rowspan="3">50</td><td>小洋—菜园</td><td>29</td><td>1周1班</td><td rowspan="3">小洋交通管理站</td></tr>
<tr><td>小洋—芦潮港</td><td>17</td><td>1周2班</td></tr>
<tr><td>小洋—大洋</td><td>2.5</td><td>1天3班</td></tr>
<tr><td>滩渡1</td><td>39</td><td>147</td><td>80</td><td>滩浒—金山嘴</td><td>14.5</td><td>3天1班</td><td>滩浒乡政府</td></tr>
</table>

2001年7月，舟山市嵊泗县实施“大岛建、小岛迁”和嵊泗县乡镇区划的调整，嵊山镇和壁下乡合并为嵊山镇，原壁下乡所属“壁下渡1”渡船归嵊山镇管理，因壁下居民逐年减少，撤销壁下、大盘村2个渡口，“壁下渡1”渡船改为嵊山镇人民政府公务船；金青大桥通车，金平至菜园渡和金平小平头至青沙渡航撤线；西绿华—东绿华—东库撤线；滩浒—金山嘴渡航线因客运量少撤渡，由民间船舶承担滩浒至上海金山嘴的渡运交通。

根据交通部《国内船舶运输经营资质管理规定》，乡镇船舶行政区内运输距离超过10千米须取得运输经营资质。黄龙渡口站及“黄渡2”渡船黄龙—菜园航线运输经营不符管理资质。2002年1月，撤销黄龙—菜园渡口，新建高场湾渡口，黄龙南港—菜园渡航线改为黄龙南港—大岙—峙岙—高场湾。8月，嵊泗洋山港口客运有限公司成立。10月，公司新建40总吨、410千瓦、40客位客渡船“泽成1”替代“蓝天”客渡船经营大洋—小洋航渡线，每天4班。

2003年1月，上海福岛船务有限公司“瀚鼎”客渡船（48客位）经营滩浒—奉贤金卫港渡航线，每周2班。4月，因东海大桥工程建设需要，为解决沈家湾至小洋、大洋施工人员的出行，“洋渡1”“泽成1”渡船开通大洋—小洋—沈家湾渡航线。是年，旅客渡运量2383人次，旅客周转量13240人千米。8月，五龙渡轮站与黄龙交通运输站合并组建嵊泗县双龙轮渡运输有限公司，是年渡运量6.67万人次，旅客周转量33.35万人千米。10月，为杜绝五龙至小黄龙非客船搭客现象，方便小黄龙施工人员出行，县交通局同意嵊泗双龙运输有限公司开通五龙—小黄龙渡航线，由嵊泗双龙运输有限公司经营管理。2004年9月，嵊泗双龙运输有限公司新建70客渡船“双龙2”投航该航线，与渡船“五渡1”同时营运五龙边礁岙—黄龙峙岙—黄沙岙—南港渡航线，航班不变。

2005年12月，东海大桥通车。大洋、小洋至芦潮港客渡船退出。

2001—2006年嵊泗县客渡船渡运情况表

表4-2-4

船名	渡航线	航程（海里）	总吨（吨）	净吨（吨）	功率（千瓦）	载客量（人）	航　班
五渡1	五龙—黄龙	2.7	40	20	88.3	50	1天5班
双龙2			59	29	135	70	1天5班
嵊枸渡2	枸杞—嵊山	2.1	40	20	88.3	50	1天5班
泽成1	大洋—小洋	3.9	40	20	410	40	1天5班
洋渡1			40	20	88.3	50	1天4班
瀚鼎	滩浒—奉贤	14				48	1周2班

2008年12月，嵊泗洋山港口客运有限公司新建99客位客渡船“洋盛1”投航大洋—小洋渡航线，每天5班。2009年，旅客渡运量83500人次，旅客周转量541248人千米。2010年3月，嵊泗县双龙轮渡运输有限公司新建99客“双龙7”客渡船投航，与渡船“双龙2”共同营运五龙至黄龙航线，1天10班，是年客运量9.11万人次，旅客周转量45.55万人千米。2011年1月，嵊山至枸杞的三礁江大桥通车，嵊山—枸杞渡航撤线。2013年，嵊泗港盛渡口客运有限公司“泽成1”客渡船更名“洋盛1”，营运大洋—小洋渡航线。

2014年，境内有渡口11个，渡航线2条，渡航船舶4艘。是年，客运量21.66万人次，旅客周转量124.15万人千米。

2014年嵊泗县客渡船渡运情况表

表4-2-5

船名	渡航线	航程（海里）	总吨（吨）	净吨（吨）	功率（千瓦）	载客量（人）	航　班
双龙2	五龙—黄龙	2.7	40	20	88.3	70	1天5班
双龙7			59	29	135	99	
洋盛1	大洋—小洋	3.9	40	20	410	99	
洋盛6			439	266	700	114	

2008—2014 年境内渡航客运量和旅客周转量表

表 4-2-6　　单位：万人次、万人千米

年份	嵊山—枸杞		五龙—黄龙		大洋—小洋		合　计	
	客运量	周转量	客运量	周转量	客运量	周转量	客运量	周转量
2008	1.41	13.08	7.40	37.00	08.49	55.03	17.30	105.11
2009	1.49	13.84	7.60	38.00	8.35	54.12	17.44	105.96
2010	0.56	5.16	9.11	45.55	8.57	55.55	18.24	106.26
2011			9.59	47.95	7.74	50.17	17.33	96.12
2012			10.51	52.55	7.64	49.52	18.15	102.07
2013			11.09	55.45	7.75	50.24	18.84	105.69
2014			10.96	54.81	10.70	69.34	21.66	124.15

第二节　普通客船运输

民国 16 年（1927）前，嵊泗无客船和客运航线，岛民与大陆交往靠搭乘渔船、冰鲜船和商船。民国 17 年（1928），菜园、青沙、金平三地商贾集资与沪商合营“北洋”轮投航泗礁—上海，不久因搁浅停航，为嵊泗已知最早客运航线。民国 23 年（1934），“朝阳”“东海”“嵊山”“湖广”“南海”“益民”“大连”“同源”“小岱山”等 9 艘客轮行驶宁波、沈家门、岱山、衢山、泗礁、嵊山等地。民国 24 年（1935），上海协隆商轮公司“鳌江”轮在渔汛期间首航上海经泗礁、嵊山、黄龙、岱山、高亭、长涂、普陀抵沈家门，4 天 1 班。同年 6 月，三北公司买办高亭人赵春宏经营“三北”轮，从沈家门启航经高亭、黄龙、泗礁至上海。1937 年 3 月，行商陈天寿集资租用“鳌江”轮专驶沈家门至上海航线，中途经岱山、衢山、黄龙、泗礁、嵊山，5 天 1 班，翌年 5 月停航。1940 年代，黄龙有民间经营的 15 吨小航船与岱山通航。

1950 年 7 月，海上交通运输逐步发展。1953 年 6 月，嵊泗轮船公司成立，木质机帆船“英雄 3 号”“英雄 5 号”投入营运，往来上海、泗礁、黄龙、嵊山。

1956 年 6 月，浙江航运公司舟山分公司“中浙 2 号”客货轮投营定海—泗礁—上海航线，3 天 1 班。1958 年 10 月起，“中浙 2 号”轮弯靠衢山。1965 年，浙江航运公司舟山分公司“海星 601”（浙江 807）轮接替“中浙 2 号”轮营运定海—衢山—泗礁—上海航线，3 天 1 班。1969 年 3 月至 9 月，文化大革命中两派武斗，海上交通中断。1970 年复航，由浙江航运公司舟山分公司“浙江 808”轮行驶该航线，航班不变。1973 年 5 月，该航线由浙江航运公司舟山分公司新置“浙江 801”轮接航，航班不变。1984 年 11 月，浙江航运公司舟山分公司“浙江 805”轮加入该航线营运，航班由 3 天 1 班增至 3 天 2 班。1987 年 1 月，浙江航运公司舟山分公司“浙江 815”轮替代“浙江 805”轮营运该航线，航班改为 3 天 1 班。1990 年，“浙江 815”轮与“浙江 801”轮轮流营运该航线，航班调整为 3 天 2 班，是年客运量 25.1 万人次，

周转量 3572.25 万人千米。1992 年客运量 30.96 万人次，旅客周转量 4049.49 万人千米。

1995 年以来，随着泗礁—衢山—定海西码头、泗礁—定海西码头、泗礁—衢山—镇海等高速客运航线开通营运，该航线客流量渐减。1998 年 2 月，“浙江 801”轮退出该航线，由“浙江 815”轮单营，航班由 3 天 2 班改为 3 天 1 班，是年客运量 11.19 万人次，旅客周转量 1566.03 万人千米。2000 年客运量 9.80 万人次，旅客周转量 1882.12 万人千米。2001 年 2 月，该航线停航。

1963 年开通泗礁至嵊山县内航线，1966 年起航线改为泗礁—洛华（绿华）—花鸟—壁下—嵊山。至 1986 年，先后由浙江航运公司舟山分公司“浙江 715”“浙江 706”“浙江 811”“浙江 802”“浙江 803”“浙江 807”轮主航，航班由 2 天 1 班改为当日班。是年，客运量 12.94 万人次，旅客周转量 442.19 万人千米。

1986 年 9 月，浙江航运公司舟山分公司与嵊泗县交通管理局签订合同，共同建造客船“海山”轮，造价 100 万元，两家合营，共负盈亏。1987 年 4 月 21 日，“海山”轮投航泗礁—绿华—花鸟—壁下—嵊山航线，每天 1 班。营运中发现该船稳定性、舒适性不适应该航线航行。同年 7 月 30 日停航。1988 年 1 月 31 日，县航运公司以 99.48 万元转让给舟山航运分公司。1989 年 6 月 6 日，嵊泗航运公司“碧海”轮接航。1990 年底，客运量 28.58 万人次，旅客周转量 3746.37 万人千米。

1991 年 4 月，嵊泗县航运公司“金沙”轮开通泗礁—南汇芦潮港航线，是嵊泗经营的第一条省际客运航线，每天 1 班，是年客运量 5.41 万人次，旅客周转量 301.43 万人千米。

1992 年，境内普通客船航线有定海道头—衢山—泗礁—上海十六铺、泗礁—南汇芦潮港、泗礁—绿华—花鸟—壁下—嵊山等 3 条航线，客船 4 艘、1931 客位。是年，客运量 74.03 万人次，旅客周转量 5866.11 万人千米，其中县外客运量 57.92 万人次、旅客周转量 5269.11 万人千米，县内客运量 16.11 万人次、旅客周转量 622.13 万人千米。

1992 年普通客船航运情况表

表 4-2-7

航　　线	船名	客位	航班	经营单位
上海—泗礁—衢山—定海	浙江 801	322	3 天 2 班	舟山第一海运公司
	浙江 815	700		
泗礁—绿华—花鸟—壁下—嵊山	碧海	278	每天 1 班	嵊泗县航运公司
泗礁—芦潮港	金沙	331	每天 1 班	嵊泗县航运公司

1993 年 10 月 1 日，嵊泗县航运公司“碧海”轮营运的泗礁—绿华—花鸟—壁下—嵊山航线延伸至枸杞，每天 1 班。是年，境内普通客船航线 3 条，客船 4 艘，客运量 56.57 万人次，旅客周转量 5082.66 万人千米。1994 年 11 月“碧海”轮调整航班和营运航线。航班由每天 1 班调整为每天 2 班；营运航线调整为：每月单日为常规班，行驶泗礁—绿华—花鸟—壁下航

线;每月双日为直放班,行驶泗礁—嵊山(枸杞)航线。

1995年1月,嵊泗大洋船务公司客船“有财”轮开通泗礁—镇海航线,途经衢山、东沙,每天1班。2月,嵊泗东珠客运有限公司“东珠”轮开通营运枸杞—嵊山—沈家门航线,2天1班,上午7:30枸杞开船,下午1:30抵达沈家门,次日上午8:30沈家门开船,下午1:30返回枸杞。

1996年1月,“有财”轮改营泗礁—衢山—镇海航线。8月,嵊泗县航运公司“奇观”轮替代“东珠”轮经营枸杞—嵊山—沈家门航线,航班不变,是年客运量0.57万人次、旅客周转量69万人千米。1997年3月,嵊泗大洋船务有限公司“有财2”轮替代“有财”轮经营泗礁—衢山—宁波镇海航线,10月,“有财”轮经营泗礁—大洋—南汇芦潮港航线。12月,“金沙”轮经营嵊山至宁波客运航线,中途停靠黄龙、泗礁、大洋。

1998年2月,“浙江801”轮退出定海—衢山—泗礁—上海航线,由“浙江815”轮单轮营运,航班由3天2班调整为3天1班,是年客运量11.19万人次,旅客周转量1566.03万人千米。1999年1月,嵊泗县昌盛海运有限公司“金沙”轮投航泗礁—大洋—宁波镇海航线,是年客运量25.62万人次。6月,嵊泗大洋船务有限公司“有财”轮开通衢山—大洋—小洋—南汇芦潮港航线,每天1班,是年客运量2965人次。

2000年,境内普通客船客运航线9条,客船7艘。客运量63.2万人次、旅客周转量4747.28万人千米。

2000年普通客船航运情况表

表4-2-8

航　　线	船名	客位	航班	经营单位
上海—泗礁—衢山—定海	浙江815	700	3天2班	舟山第一海运公司
泗礁—绿华—花鸟—壁下—嵊山	碧海	278	1天1班	嵊泗县航运公司
泗礁—芦潮港	金沙	331	1天1班	嵊泗县航运公司
泗礁—大洋—镇海—宁波				嵊泗县昌盛海运有限公司
泗礁—大洋—芦潮港	有财1	180	1天1班	嵊泗大洋船务有限公司
泗礁—衢山—镇海	有财2	318	1天1班	嵊泗大洋船务有限公司
嵊山(枸杞)—沈家门	奇观	160	1天1班	嵊泗县航运公司
嵊山—泗礁	嵊翔2	150	1天1班	嵊泗县航运公司
泗礁—大洋—镇海				

2001年2月,上海十六铺—泗礁—衢山—定海道头航线停营,浙江省航运公司舟山第一海运公司“浙江815”退出。是年3月,嵊泗县航运公司“奇观”轮经营的枸杞—嵊山—沈家门航线弯靠岱山长涂,每天1班,是年客运量29.91万人次。同年,嵊泗县航运公司“嵊翔2”轮接替“碧海”轮营运泗礁—绿华—花鸟—壁下航线,是年客运量10.63万人次。2002年12月,嵊泗县昌盛海运有限责任公司高速客船“嵊鹰1”轮替代“嵊翔”轮营运泗礁—大洋—

宁波镇海航线。2007年3月，嵊泗大洋船务有限公司“有财”轮营运衢山—大洋—小洋航线，每天1班，是年客运量0.31万人次，旅客周转量9.06万人千米。2012年7月，航线调整为衢山—大洋—沈家湾，航班不变。

2010年2月2日，普陀区东极海运有限公司“东极”轮投入沈家门—嵊山—枸杞航线，与“奇观”轮对航，上午8:00沈家门出发，下午1:30到达枸杞，随后返回，航班改为每天1班，是年客运量4.60万人次，旅客周转量552.48万人千米。2011年1月，嵊泗县昌盛海运有限责任公司“嵊鹰3”轮营运泗礁—小洋航线，每天1班，上午11:30泗礁开往小洋，下午1:30小洋返回泗礁，是年客运量，54.35万人次，旅客周转量2717.92万人千米。2012年7月，沈家湾客运中心投入使用，“嵊鹰3”轮营运泗礁—沈家湾、沈家湾—泗礁—枸杞航线。嵊泗大洋船务有限公司“有财”轮营运航线由衢山—大洋—小洋临时客运码头调整为衢山—大洋—沈家湾。

2014年5月，“奇观”轮停航。7月1日，泗礁—大洋—宁波镇海和泗礁—衢山—宁波镇海航线撤线，泗礁至宁波方向航班由泗礁至定海三江至宁波汽车南站的水陆联运方式替代。7月10日，舟山市普陀区东极海运有限公司客船“舟山群岛奇观”轮替代“奇观”轮和“东极”轮营运沈家门—嵊山航线，每天1班，中午12:00沈家门开往枸杞，次日上午7:10枸杞经嵊山返回沈家门。是年客运量8.87万人次，旅客周转量1068.08万人千米。

2014年境内普通客船航运情况表

表4-2-9

<table>
<tr><th>航　　线</th><th>船名</th><th>客位</th><th>航班</th><th>经营单位</th></tr>
<tr><td>泗礁—沈家湾</td><td>嵊鹰3</td><td>650</td><td rowspan="2">1天1班</td><td rowspan="2">嵊泗县同舟客运轮船有限公司</td></tr>
<tr><td>泗礁—衢山—镇海</td><td>有财2</td><td>318</td></tr>
<tr><td>枸杞—嵊山—沈家门</td><td>舟山群岛奇观</td><td>498</td><td>1天1班</td><td>普陀东极海运有限公司</td></tr>
<tr><td>泗礁—绿华—花鸟—壁下—嵊山</td><td>嵊翔2</td><td>190</td><td>单日弯去直来
双日直去弯来</td><td rowspan="3">嵊泗县同舟客运轮船有限公司</td></tr>
<tr><td>泗礁—绿华—花鸟</td><td>奇观</td><td>160</td><td>1天1班</td></tr>
<tr><td>衢山—大洋—沈家湾</td><td>有财1</td><td>160</td><td>1天1班</td></tr>
</table>

第三节　高速客船运输

1995年6月，嵊泗县航运公司、香港国际茂盛有限公司、浙江省海运集团有限公司合资建造的高速客船“茂盛”轮开通泗礁—衢山—定海西码头航线（1996年改为泗礁—衢山—定海三江），2天1班。此船为我国自行设计、建造的境内第一艘高速客船，属浙江茂盛海运有限公司。

1996年5月，嵊泗县航运公司高速客船“嵊翔”轮营运泗礁—嵊山—大洋—南汇芦潮港航线，每天1班。1998年，浙江茂盛海运有限公司高速客船“茂盛”轮营运泗礁—南汇芦潮港航线，每天1班，是年客运量23.76万人次。7月，舟山市第一海运公司高速客船“飞鹰湖”轮投入营运定海—衢山—泗礁航线，日营1班。1999年1月，嵊泗县航运公司高速客船“嵊翔”轮营运泗礁—大洋—宁波镇海航线，每天1班，是年客运量6.63万人次。

2001年7月，上海金海峡渡船有限公司高速客船“恒法”轮经营上海芦潮港—泗礁客运航线，每天1班。2002年12月，嵊泗县昌盛海运有限责任公司新建高速客船“嵊鹰1”轮替代“金沙”轮营运泗礁至—大洋—宁波镇海航线，翌年客运量6.94万人次。2003年4月，宁波镇海威远海运有限公司高速客船“威远2”轮营运镇海—衢山—泗礁航线。5月，嵊泗县昌盛海运有限责任公司高速客船“嵊翔”轮营运泗礁—小洋—大洋—定海三江航线，日营2班，是年客运量11.55万人次。8月，嵊泗大洋船务有限公司高速客船“甬兴”轮接替“有财”轮营运衢山—大洋—南汇芦潮港航线，每天1班。9月，浙江茂盛海运有限公司高速客船“茂盛2”轮投入营运泗礁—大洋—南汇芦潮港—普陀山航线，2003年4月停航。

2004年5月，舟山市通达高速客轮有限公司高速客船“飞舟1”轮营运三江—大洋—定海三江航线，每天1班。9月，嵊泗县昌盛海运有限责任公司新建高速客船“嵊鹰2”轮营运泗礁—大洋—定海三江航线。同年12月，浙江茂盛海运有限公司高速客船“茂盛1”“茂盛2”轮和嵊泗县昌盛海运有限责任公司高速客船“嵊翔”“嵊鹰1”轮相继营运泗礁—嵊山（枸杞）及泗礁—绿华、花鸟、壁下诸岛航线，开通泗礁至嵊山诸岛高速客船航线。

2004年高速客船航运情况表

表4-2-10

<table>
<tr><th>航　线</th><th>船名</th><th>客位</th><th>航班</th><th>经　营　单　位</th></tr>
<tr><td>泗礁—芦潮港</td><td>茂盛1</td><td>280</td><td rowspan="13">1天1班</td><td rowspan="4">浙江茂盛海运有限公司</td></tr>
<tr><td rowspan="2">泗礁—衢山—三江</td><td>茂盛1</td><td>280</td></tr>
<tr><td>茂盛2</td><td>286</td></tr>
<tr><td>泗礁—小洋</td><td>茂盛2</td><td>286</td></tr>
<tr><td>衢山—大洋—芦潮港</td><td>甬兴</td><td>300</td><td>嵊泗大洋船务公司</td></tr>
<tr><td>泗礁—大洋—镇海</td><td>嵊鹰1</td><td>198</td><td rowspan="2">嵊泗县昌盛海运有限责任公司</td></tr>
<tr><td>泗礁—大洋—三江</td><td>嵊鹰2</td><td>260</td></tr>
<tr><td>嵊山—大洋—芦潮港</td><td>嵊翔2</td><td>114</td><td>嵊泗县航运公司</td></tr>
<tr><td>镇海—衢山—泗礁</td><td>威远2</td><td>99</td><td>宁波镇海威远海运有限公司</td></tr>
<tr><td rowspan="4">泗礁—嵊山（枸杞）
泗礁—绿华—花鸟—壁下</td><td>茂盛1</td><td>280</td><td rowspan="2">浙江茂盛海运有限公司</td></tr>
<tr><td>茂盛2</td><td>286</td></tr>
<tr><td>嵊翔</td><td>114</td><td>嵊泗县航运公司</td></tr>
<tr><td>嵊鹰1</td><td>198</td><td>嵊泗县昌盛海运有限责任公司</td></tr>
</table>

2005年7月，嵊泗县东方有限责任公司高速客船“茂盛6”轮营运泗礁至嵊山、枸杞、绿华、花鸟、壁下、洋山岛际航线。同年8月，舟山市通达高速客轮有限公司高速客船“飞舟1”轮营运泗礁—芦潮港航线。2006年2月，嵊泗县东方海运有限责任公司高速客船“茂盛1”“茂盛6”轮营运航线由泗礁—芦潮港改为泗礁—小洋。同年3月，舟山市通达高速客轮有限公司高速客船“飞舟9”轮营运三江—小洋—泗礁航线，每天1班；岱山县蓬莱客运轮船有限公司高速客船“仙洲5”轮营运岱山—小洋航线，每天2班。5月，嵊泗县东方海运有限责任公司高速客船“茂盛2”轮营运泗礁—大洋—小洋—普陀山航线；嵊泗大洋船务有限公司高速客船“甬兴”轮营运衢山—大洋—小洋航线，是年客运量0.27万人次，旅客周转量7.93万人千米。6月，嵊泗县昌盛海运有限责任公司高速客船“嵊鹰2”轮营运三江—小洋航线；岱山县蓬莱客运轮船有限公司高速客船“仙洲6”轮替代“仙洲5”轮营运岱山—小洋航线。12月，舟山市通达高速客轮有限公司高速客船“飞舟10”轮营运三江—小洋—泗礁航线，每天1班。2007年2月，舟山海星轮船有限公司高速客船“飞越”轮投运普陀山—小洋航线。6月，嵊泗县东方海运有限责任公司“茂盛2”轮替代“茂盛1”轮营运泗礁—大衢—三江航线。2008年1月，嵊泗县昌盛海运有限责任公司高速客船“嵊鹰2”轮营运小洋—定海西码头航线。8月，由舟山海星轮船有限公司高速客船“宝陀”轮续航。9月，舟山市通达高速客轮有限公司高速客船“飞舟12”轮营运定海三江—小洋航线，每天2班，至2010年5月。

2009年9月，嵊泗县东方海运有限责任公司高速客船“茂盛1”轮开通泗礁—高亭—三江航线，日营1班，改变了泗礁山岛至岱山需经衢山或三江中转的不便状况，促进嵊泗与岱山两县的沟通。是年，客运量0.30万人次，旅客周转量24.87万人千米。2010年1月，舟山海星轮船有限公司开通普陀山—小洋航线，由高速客船“飞越”轮承运。翌年8月，营运朱家尖—普陀山—小洋航线。2010年1月，“宝陀”轮改营普陀山—衢山—小洋航线，7月改营衢山—小洋、普陀山—小洋航线。

2009年4月至2011年3月，嵊泗县东方海运有限责任公司高速客船“碧海1”“碧海2”“碧海3”轮相继投航泗礁至绿华、花鸟、嵊山、枸杞、大洋、小洋岛际航线。2010年6月起，舟山市通达高速客轮有限公司高速客船“飞舟12”轮替代“飞舟1”轮营运三江—大洋—三江航线，每天1班。

2012年1月，营运泗礁至嵊山、枸杞的160客位高速客船“茂盛6”轮退出该航线，由280客位高速客船“茂盛1”轮替代，提高舒适性和稳定性，航行时间也明显缩短。7月15日，沈家湾客运中心投入使用，泗礁至上海芦潮港方向客船和原来从小洋临时客运码头开往泗礁的所有水路客运航班移至小洋山沈家湾客运码头，正常航班由原来的每天5班增加到7班。高速客船航程时间缩短20分钟，当天正值周末客流高峰，开通航班31班次，单向客流8864人次。7月16日开通沈家湾至枸杞的客滚航班，中途停靠新建的五龙客运码头。

2013年高速客船航运情况表

表4-2-11

<table>
<tr><th>航 线</th><th>船名</th><th>客位</th><th>航班</th><th>经营单位</th></tr>
<tr><td rowspan="4">泗礁—沈家湾</td><td>碧海2</td><td>269</td><td rowspan="3">1天1班</td><td rowspan="6">嵊泗县同舟客运轮船有限公司</td></tr>
<tr><td>茂盛2</td><td>286</td></tr>
<tr><td>嵊鹰2</td><td>260</td></tr>
<tr><td>碧海3</td><td>260</td><td>1天2班</td></tr>
<tr><td>泗礁—衢山—三江</td><td>嵊鹰2</td><td>260</td><td>1天1班</td></tr>
<tr><td rowspan="2">泗礁—大洋—三江</td><td>碧海6</td><td>265</td><td></td></tr>
<tr><td>飞舟12</td><td>256</td><td></td><td>舟山通达高速客轮有限公司</td></tr>
<tr><td>泗礁—高亭—三江</td><td>碧海1</td><td>265</td><td></td><td rowspan="2">嵊泗县同舟客运轮船有限公司</td></tr>
<tr><td>泗礁—三江</td><td>茂盛2</td><td>286</td><td></td></tr>
<tr><td>泗礁—衢山—镇海</td><td>威远2</td><td>99</td><td></td><td>宁波镇海威远海运有限公司</td></tr>
<tr><td>泗礁—大洋—镇海</td><td>嵊鹰1</td><td>198</td><td></td><td rowspan="2">嵊泗县同舟客运轮船有限公司</td></tr>
<tr><td>泗礁—枸杞—嵊山</td><td>茂盛1</td><td>280</td><td></td></tr>
</table>

2014年7月1日起，泗礁—大洋—镇海、泗礁—衢山—镇海航线停止营运，泗礁至宁波方向航班由泗礁—定海三江—宁波南站的水陆联运营运方式替代。

2014年高速客船航运情况表

表4-2-12

<table>
<tr><th>航 线</th><th>船名</th><th>客位</th><th>航班</th><th>经营单位</th></tr>
<tr><td rowspan="3">泗礁—沈家湾</td><td>嵊鹰1</td><td>198</td><td rowspan="2">1天1班</td><td rowspan="6">嵊泗县同舟客运轮船有限公司</td></tr>
<tr><td>碧海5</td><td>269</td></tr>
<tr><td>碧海6</td><td>265</td><td>1天2班</td></tr>
<tr><td>泗礁—衢山—三江</td><td>嵊鹰2</td><td>260</td><td rowspan="9">1天1班</td></tr>
<tr><td rowspan="4">泗礁—大洋—三江</td><td>嵊鹰5</td><td>269</td></tr>
<tr><td>碧海3</td><td>265</td></tr>
<tr><td>飞舟12</td><td>256</td><td rowspan="3">舟山通达高速客轮有限公司</td></tr>
<tr><td>飞舟16</td><td>245</td></tr>
<tr><td rowspan="2">泗礁—高亭—三江</td><td>飞舟16</td><td>245</td></tr>
<tr><td>碧海3</td><td>260</td><td rowspan="3">嵊泗县同舟客运轮船有限公司</td></tr>
<tr><td>泗礁—衢山</td><td>嵊鹰2</td><td>260</td></tr>
<tr><td>泗礁—枸杞—嵊山</td><td>茂盛1</td><td>280</td></tr>
</table>

第四节　客滚船运输

客滚船，又称车渡、车客渡、汽车轮渡。

1995年7月，李柱山客滚船码头建成。1996年2月，嵊泗县航运公司新建客滚船“舟桥1”轮开通泗礁—上海芦潮港客滚船运输航线，开创嵊泗车辆直接通往内陆的历史，促进嵊泗与内陆交往。

1996—2008年客滚船“舟桥1”轮客运量、载车量表

表4-2-13　单位：万人次、辆次

年份	客运量	载车量	年份	客运量	载车量
1996	13.38	5446	2003	15.17	8651
1997	13.02	6106	2004	18.89	10832
1998	16.61	8005	2005	20.73	11718
1999	15.03	7360	2006	18.94	14927
2000	15.98	8712	2007	16.47	15963
2001	16.45	8674	2008	14.64	15041
2002	14.61	8493			

随着海岛开发，嵊泗与境外交通发展，人流、物流剧增。2002年10月，嵊泗洋山港口客运有限公司“泽成2”滚装船投运大洋—小洋航线。2003年7月，嵊泗县航运公司新建客滚船“舟桥2”轮投入泗礁—芦潮港客滚船航线，与“舟桥1”轮同时营运该航线，是年航行722航班，运送旅客15.17万人次，运载车辆8783辆次。

2006年3月东海大桥通车。4月，舟山市通达海运有限责任公司开通定海西码头—岱山双合—小洋客滚船航线，由客滚船“通达2”轮承运，2009年5月，“通达2”轮借至定海鸭蛋山至宁波白峰渡运，2010年1月复营西码头江—岱山双合—小洋客滚船航线。2006年5月，岱山县蓬莱客运轮船有限公司客滚船“高运”轮开通衢山—小洋航线。2007年8月，舟山市通达海运有限责任公司客滚船“通达5”轮投入西码头江—岱山双合—小洋客滚船航运。2006年6月至2009年3月，嵊泗县东方海运有限责任公司客滚船“舟桥1”轮营运泗礁—小洋客滚船航线。

2010年1月，舟山市通达海运有限责任公司客滚船“通达2”轮接替“通达5”轮营运该航线。同年，“舟桥1”轮停航。10月，嵊泗洋山港盛渡口客运有限公司客滚船“洋盛2”轮营运小洋—大洋航线。2012年3月，嵊泗县东方航运有限责任公司租赁岱山县蓬莱客运轮船有限公司客滚船“岱山9”轮营运泗礁—沈家湾客滚航线。7月年沈家湾客运中心投入使用，客滚船“岱山9”轮航线延伸至枸杞。翌年5月“舟桥2”轮航线改为泗礁—沈家湾。2013年7月，嵊泗洋山港盛渡口客运有限公司滚装船“洋盛5”轮营运小洋—大洋航线，是年航行 616 航班，运送旅客 19480 人次，运载车辆 3709 辆次。

2014 年，嵊泗通境内外客滚船航线 5 条，进出境内外客滚船共 6 艘计 1821 客位、108 车位，其中境内自有客滚船 4 艘计 1216 客位、64 车位。

1996—2014 年客滚船航运情况表

表 4-2-14

船名	客位（人）	车位（辆）	航　线	航班	经营单位
舟桥 1	342	15	泗礁—芦潮港	1 天 1 班	嵊泗县航运公司 嵊泗县同舟客运轮船有限公司
			泗礁—沈家湾	1 天 1 班	
			泗礁—小洋	1 天 1 班	
舟桥 2	498	30	泗礁—芦潮港	1 天 1 班	
			泗礁—沈家湾	1 天 1 班	
通达 2	403	32	三江（西码头）—双合—小洋	1 天 2 班	舟山市通达海运有限责任公司
通达 5	382	32			
高运	202	12	衢山—小洋	1 天 1 班	岱山县蓬莱客运轮船有限公司
岱山 9	392	22	泗礁—沈家湾	1 天 2 班	嵊泗县东方航运有限责任公司
			沈家湾—泗礁—枸杞	1 天 1 班	
泽成 2	80	5	大洋—小洋	1 天 2 班	嵊泗洋山港口客运有限公司
洋盛 2	80	5			
洋盛 5	158	4			嵊泗洋山港盛渡口客运有限公司
洋盛 6	168	8			

第五节　客运航线

客渡船航线

金平—菜园　金平黄泥坎至菜园小菜园，渡距 1.5 海里。原有小航船不定期往返行驶，1964 年，渡船由菜园搬运站经营。1971 年，金平运输社 3 艘（计 25 吨、55.86 千瓦、130 客位）木质机动渡船经营该航线，无固定航班。1980 年，渡船增至 4 艘。1984 年 12 月至 1990 年 6 月，改造更新渡船。1990 年底，共有“金渡 1”“金渡 2”“金渡 4”渡船 3 艘计 64 吨、105.86 千瓦、235 客位，每天 12 班。2001 年 7 月，金青大桥通车，金平—菜园渡航撤线。

金平—青沙　金平小平头至青沙，渡距 0.45 海里。1966 年前，两地渡航有青沙民间航船频繁往来，后曾有一度衰落。1990 年 6 月，嵊泗县渡口安全管理办公室批准设立金平至青沙渡航线，金平运输社“金渡 1”“金渡 2”“金渡 4”渡船兼航。1992 年 5 月，因客源少退出，民间仍有渡船不定期往返两地。2001 年 7 月，金青大桥通车，金平—青沙渡航撤线。

五龙—黄龙　五龙边礁岙至黄龙峙岙，渡距 2.7 海里；五龙边礁岙至黄龙南港，渡距 6.5

海里。原有小航船不定期往返行驶，1982 年 5 月，由五龙渡口管理站“五渡 1”渡船经营该航线。1991 年 5 月，县交通管理局同意增设五龙边礁岙—黄龙南港渡航线，7 月 1 日起，由“五渡 1”“五渡 2”“五渡 3”渡船轮流渡运。1992 年，五龙边礁岙至黄龙峙岙每天 7 班，五龙边礁岙至黄龙南港每天 1 班。1992 年 11 月，开通黄龙南港—大岙—峙岙—菜园渡航线，由黄龙交通运输站“黄航 1”客渡船经营。1997 年 10 月，黄龙交通运输站“黄渡 2”投航黄龙—南港—黄沙岙—峙岙—五龙渡航线，每天 5 班。12 月，五龙渡管站新建渡船“五渡 1”营运五龙—黄龙渡航线。2003 年 8 月，五龙渡轮站和黄龙交通运输站合并组建嵊泗县双龙轮渡运输有限公司。2004 年 9 月，公司新建 70 客渡船“双龙 2”投航该航线，与渡船“五渡 1”同时营运该航线，每天 10 班。2010 年 3 月，嵊泗县双龙轮渡运输有限公司有新建“双龙 7”渡船替代“五渡 1”，与“双龙 2”渡船共同营运五龙—黄龙峙岙—北岙航线，航班不变。

嵊山—枸杞 嵊山箱子岙至枸杞小石浦，渡距 4 海里。1963 年，嵊山搬运站一艘小机帆船代替个体带角船作不定期渡航。1967 年始有固定航班，每天 6 班。1977 年，嵊山运输站新建 50 客“嵊渡 1”渡船。1985 年 12 月，改造更新“嵊渡 1”渡船核定载客 80 人，航班不变。1990 年 4 月，枸杞乡工办经营“枸杞渡 1”渡船营运小石浦—箱子岙渡航线，每天 6 班。1992 年，客运量 11.68 万人次，旅客周转量 86.52 万人千米。2011 年 1 月，嵊山至枸杞的三礁港大桥通车，嵊山—枸杞渡航撤线。

大洋—泗礁 大洋圣姑岙至菜园小菜园，渡距 27 海里。1980 年，大洋搬运站购置一艘 47 客位木质船作渡航船，开通大洋—菜园航线。1982 年 1 月，购置一艘渔船改装渡船，定名“大洋航 1”，替代原渡航船营运该航线，每周 2 班。1986 年 9 月，购入一艘驻军登陆艇改建为渡船“大洋航 2”经营该航线，每周 3 班。至 1990 年，“大洋航 2”渡船三次易船更新。1992 年 9 月，大洋镇人民政府购入钢质渡船“蓝天”轮替代“大洋航 2”渡船营运该航线。2002 年 12 月，嵊泗县昌盛海运有限责任公司高速客船“嵊鹰 1”轮开通泗礁—大洋—镇海航线，大洋—菜园渡航撤线。

大洋—芦潮港 大洋圣姑岙至南汇芦潮港，渡距 19 海里。1980 年，大洋搬运站购入一艘 47 客木质船作渡航船，开通大洋—芦潮港航线。1982 年 1 月，“大洋航 1”渡船替代原渡航船营运该航线，每周 2 班。1986 年 9 月，“大洋航 2”与“大洋航 1”渡船往返大洋—菜园、大洋—芦潮港，每周各 3 班。1992 年 9 月，客渡船“蓝天”轮投运该航线，与“大洋航 1”每周三轮流开。2003 年 8 月，嵊泗大洋船务有限公司高速客船“甬兴”轮开通衢山—大洋—芦潮港航线，大洋—芦潮港渡航撤线。

小洋—泗礁 小洋双南村至菜园小菜园，渡距 29 海里。1984 年 8 月，小洋乡工业办公室购入一艘渔船改建成渡船“小洋航 1”，开通小洋—泗礁菜园航线，每周 1 班，小洋交通运输管理站经营管理。1992 年，客运量 0.18 万人次，周转量 9.86 万人千米。2006 年 3 月，东海大桥通车，泗礁经小洋至上海高速客运航线开通，嵊泗县东方海运有限责任公司高速客船“茂盛 1”“茂盛 2”轮开通泗礁—小洋高速客运航线，小洋—泗礁渡航撤线。

小洋—芦潮港 小洋双南村至南汇芦潮港，渡距 17 海里。1984 年 8 月，小洋交通运输管理站“小洋航 1”渡船，开通小洋—芦潮港航线，每周 2 班。1992 年，客运量 0.6 万人次，周转量 18.76 万人千米。2006 年 3 月，小洋—上海芦潮港渡航撤线。

大洋—小洋　大洋圣姑岙至小洋双南村，渡距 2.5 海里。原有民间渡船船不定期往来。1974 年，由小洋公社副业队一艘 30 客木质渡船通航。1988 年，小洋交通运输管理站新建 50 客位木质渡船“小洋航 2”投入该航线，每天 3 班。1992 年，客运量 1.31 万人次，旅客周转量 6.04 万人千米。2002 年 8 月，嵊泗洋山港口客运有限公司成立，新建 40 客位渡船“泽成 1”投入该航线，每天 5 班。2013 年 8 月，公司新建 99 客渡船“洋盛 1”替代“泽成 1”营运该航线，每天 7 班。2013 年，客运量 7.75 万人次，旅客周转量 50.24 万人千米。

马迹—关岙　马迹至马关大关岙，渡距 2 海里。1953 年 3 月，马迹村接管民间个体经营的渡航业务，配置一艘 1.5 吨的手摇木质小航船往返两地，每天 4 班。1966 年至 1976 年渡船两次改造更新。1988 年，县渡口安全管理办公室重新核批设置马迹渡口和马迹至关岙渡航线，“马渡 1”渡船渡航，每天 4 班，马迹村民委员会经营。1997 年，马迹山建设上海宝钢矿石中转港工程，居民迁至马关新村，马迹至马关渡航撤线。

壁下—大盘　壁下乡壁下村至大盘村，渡距 1.5 海里。1989 年 1 月，由木质“壁下渡 1”渡船始航，从壁下经大盘至张其，每天 2 班。后因张其山客源少改为壁下至大盘航线，航班不变。2001 年，壁下—大盘渡航撤线。

绿华—东库　绿华反岗村至东库，渡距 3.5 海里。1990 年 6 月，木质“绿渡 1”渡船投航西绿华—东绿华—东库—住柱航线，每天 1 班。后因住柱山客源少改为西绿至东库航线，航班不变。2001 年，绿华—东库渡航撤线。

滩浒—金山嘴　滩浒岛至上海金山嘴，渡距 14.5 海里。1980 年，由滩浒渔工商渡船“滩渡 1”经营滩浒—上海金山嘴渡航线，3 天 1 班。1988 年 1 月县渡口安全管理办公室重新查核全县渡口。2 月县人民政府重新核批滩浒至金山嘴渡航线，新建的“滩浒渡 1”渡船营运该航线，航班不变。2001 年，因客运量少撤渡，有民间船舶继营滩浒至金山嘴的渡运交通。

客船航线

定海—衢山—泗礁—上海　全程 156 海里（定海至衢山 48 海里，衢山至泗礁 29 海里，泗礁至上海 79 海里）。1953 年 6 月，嵊泗轮船公司“英雄 3 号”“英雄 5 号”木质机帆船航行上海至泗礁段，兼弯黄龙、嵊山。1956 年 6 月，浙江航运公司舟山分公司“中浙 2 号”客货轮投营定海—泗礁—上海航线，3 天 1 班。1958 年 10 月，航线改为定海—衢山—泗礁—上海。至 2001 年 2 月，浙江航运公司舟山分公司“中浙 2”“海星 601”“浙江 808”“浙江 801”“浙江 805”“浙江 815”轮先后营运该航线，航班由 3 天 1 班增至 3 天 2 班。2001 年 2 月，该航线停航。

泗礁—绿华—花鸟—壁下—嵊山　全程 25 海里。1963 年浙江航运公司舟山分公司“浙江 715”轮通航于泗礁—嵊山，每天 1 班。1966 年改为泗礁—绿华—花鸟—壁下—嵊山航线，至 1986 年，先后由浙江航运公司舟山分公司“浙江 706”“浙江 811”“浙江 802”“浙江 807”“浙江 803”等轮主航，2 天 1 班，浙江航运公司舟山分公司经营。1983 年，航班调整为每天 1 班，每月单日停靠沿途各站，双日直达嵊山。1987 年 5 月嵊泗县航运公司成立，该航线由嵊泗县航运公司经营，恢复每天停靠沿途各站。同年 5 月，嵊泗县航运公司“海山”轮营运该航线，7 月 30 日停航。1989 年 6 月，嵊泗县航运公司“碧海”轮投航该航线。1992 年客运量 16.12 万人次，周转量 597 万人千米。1993 年 10 月，航线延伸至枸杞，每天 1 班。1994 年 11 月，调整“碧海”轮营运航线及航班。由每天 1 班改为每天 2 班：常规班航线为泗礁—绿华—花鸟—壁下，直放班航线为泗礁—嵊山（枸杞）。2000 年 12 月，该航线航班调整为每月单日上午 7：00 泗礁发船，途经绿华、花鸟、壁下到嵊山（枸杞），11：00 从嵊山（枸杞）直返泗礁；双日上午 7：30 泗礁发船，直开嵊山（枸杞），11：00 从嵊山（枸杞）途经壁下、花鸟、绿华返回泗礁。2001 年，嵊泗县航运公司“嵊翔 2”轮替换“碧海”轮投航该航线，是年客运量 10.63 万人次。

随着海岛对外经济发展和各岛居民出行需求提升，开通泗礁至嵊山诸岛高速客船航线。2004 年 12 月后，浙江茂盛海运有限公司高速客船“茂盛 1”“茂盛 2”轮和嵊泗县昌盛海运有限责任公司高速客船“嵊翔”“嵊鹰 1”轮相继营运泗礁—嵊山（枸杞）及泗礁—绿华、花鸟、壁下诸岛航线，2005 年 7 月，嵊泗县东方海运有限责任公司高速客船“茂盛 6”轮营运泗礁至嵊山、枸杞、绿华、花鸟、壁下、洋山岛际航线。

2009 年 4 月至 2011 年 3 月，嵊泗县东方海运有限责任公司高速客船“碧海 1”“碧海 2”“碧海 3”轮相继投航泗礁至绿华、花鸟、嵊山、枸杞、大洋、小洋岛际航线。

泗礁—芦潮港　全程 31 海里。1991 年 4 月，嵊泗县航运公司“金沙”轮开通营运泗礁—芦潮港航线，每天 1 班，上午 8：30 李柱山开往芦潮港，11：30 抵达南汇芦潮港，中午 12：30 芦潮港启航，下午 3：30 返回李柱山码头。是年客运量 5.41 万人次，周转量 301.43 万人千米。1996 年 2 月，“金沙”轮退线。1998 年，浙江茂盛海运有限公司高速客船“茂盛”轮营运该航线，每天 1 班，下午 1：00 泗礁开往芦潮港，下午 2：30 芦潮港返回泗礁。2001 年 7 月，上海金海峡渡船有限公司高速客船“恒法”轮经营该航线，每天 1 班，上午 10：00 芦潮港开往泗礁，下午 2：00 泗礁返回芦潮港。2005 年 8 月，舟山市通达高速客轮有限公司高速客船“飞舟 1”轮营运该航线。2006 年 3 月“茂盛”轮退出该航线。2012 年撤线。

泗礁—衢山—镇海　全程 75 海里（泗礁至衢山 29 海里，衢山至镇海 46 海里）。1994 年 11 月开通。1995 年 1 月，嵊泗大洋船务公司“有财”轮投航泗礁—镇海航线，中途弯靠衢山、东沙，每天 1 班。1996 年 1 月，因客源及码头安全等因素，停止弯靠东沙，改营泗礁—衢山—镇海航线，每天 1 班，上午 7：50 泗礁开往衢山至镇海，下午 1：00 返回衢山至泗礁。1997 年 3 月，大洋船务公司“有财 2”轮替代“有财”轮经营该航线，航班不变，是年客运量 4.62 万人次。2003 年 4 月，宁波镇海威远海运有限公司高速客船“威远 2”轮营运镇海—衢山—泗礁航线，7 月退出。2013 年客运量 5.18 万人次。2014 年 7 月 1 日撤线。

枸杞（嵊山）—沈家门　全程 65 海里。1995 年 2 月，嵊泗东珠客运有限公司“东珠”轮开通，2 天 1 班。1996 年 8 月，嵊泗县航运公司“奇观”轮替代“东珠”轮营运该航线，航班不变。2010 年 2 月，普陀区东极海运有限公司“东极”轮加入营运该航线，与“奇观”轮对开，航班改为每天1班。2014年5月，“奇观”轮撤航。7月10日，舟山市普陀区东极海运有限公司客船“舟山群岛奇观”轮替代“奇观”轮与“东极”轮营运该航线，每天1班。

衢山—大洋—小洋　全程24.1海里(衢山至大洋21海里，大洋至小洋3.1海里)。1999年6月，嵊泗大洋船务公司“有财”轮开通营运衢山—大洋—小洋—芦潮港航线，每天1班，上午7:20衢山开往大洋、小洋至芦潮港，下午14:50小洋返回衢山。1999年客运量2965人次。2003年8月，大洋船务公司高速客船“甬兴”轮接替“有财”轮行驶，2006年6月小洋至芦潮港东海大桥通车后，改营衢山—大洋—小洋航线。2006年8月，“甬兴”轮退出。2007年3月，“有财”轮复营该航线，每天1班，中午12:40衢山开往大洋至小洋，下午14:50小洋返回大洋至衢山。2007年客运量3057人次。2013年6月，改营衢山—大洋航线，每天1班，是年客运量3890人次。

泗礁—嵊山(枸杞)　全程32.1海里。2004年至2013年，“碧海1”“碧海2”“碧海3”“茂盛1”“茂盛2”“茂盛6”“嵊翔”“嵊翔2”“嵊鹰1”等客轮投航泗礁—嵊山(枸杞)和泗礁—绿华、花鸟、壁下等诸岛航线。2013年客运量17.40万人次。

泗礁—衢山—西码头　全程61海里(泗礁至衢山29海里，衢山至西码头32海里)。1995年6月，浙江茂盛海运有限公司高速客船“茂盛”轮投航泗礁—西码头航线，2天1班。1996年12月，改营泗礁—衢山—西码头航线，每天1班。期间，嵊泗县航运公司高速客船“嵊翔”轮为“茂盛”轮代班半年。1997年客运量8.09万人次。1998年8月，定海三江码头建成后撤线。

泗礁—衢山—三江　全程53.5海里(泗礁至衢山29海里，衢山至三江24.5海里)。1998年8月，定海三江码头建成，浙江茂盛海运有限公司高速客船“茂盛”轮营运的泗礁—衢山—西码头航线改营泗礁—衢山—三江航线。2007年6月，嵊泗县东方海运有限责任公司高速客船“茂盛2”轮替代“茂盛1”(“茂盛”)轮营运该航线，每天1班，上午。7:50泗礁开往衢山至三江，10:30三江返回衢山至泗礁。1999年客运量11.38万人次。至2014年，“茂盛1”“茂盛2”“嵊翔”“碧海1”“碧海2”“碧海3”“嵊鹰2”“飞舟9”等高速客轮陆续加入营运该航线，每天1班。2013年，客运量33.75万人次。

定海—衢山—泗礁　全程77海里(定海至衢山48海里，衢山至泗礁29海里)。1998年7月，舟山第一海运公司高速客“飞鹰湖”轮投航，每天1班。2003年3月停航。

泗礁—大洋—三江　全程55海里(泗礁至大洋24海里，大洋至三江31海里)。舟山市通达高速客轮有限公司高速客船“飞舟1”轮营运三江—大洋—三江航线，每日1班。2005年3月，嵊泗县昌盛海运有限责任公司高速客船“嵊鹰2”轮投入营运泗礁—大洋—三江航线，每天1班，上午8:35泗礁开往大洋至三江，下午2:20三江返回大洋至泗礁。2004年5月，舟山市通达高速客轮有限公司高速客船“飞舟1”轮投营该航线，每天1班，上午8:30三江开往大洋至泗礁，下午3:00泗礁返回大洋至三江。至2014年，“嵊鹰2”“飞舟1”“嵊翔1”“飞舟12”“嵊鹰5”“碧海5”“碧海6”“茂盛2”“飞舟9”“飞舟16”等高速客轮陆续营运该航线，每天2班。

泗礁—高亭—三江 全程60海里(泗礁至高亭50海里,高亭至三江10海里)。2009年9月,嵊泗县东方海运有限责任公司高速客船“茂盛1”轮开通泗礁—高亭—三江航线,每天1班,上午11:50自泗礁开往高亭至三江,下午3:10三江返回高亭至泗礁。2014年4月,航线改为泗礁—岱山新城—三江。

普陀山—衢山—小洋 全程46.5海里。2007年2月,舟山海星轮船有限公司开通普陀山—小洋航线,高速客船“飞越”轮承运。2008年8月,舟山海星轮船有限公司高速客船“宝陀”轮投航朱家尖—普陀山—小洋航线,每天1班。2010年1月,改营普陀山—衢山—小洋航线,每天1班,下午15:30普陀山开往衢山至小洋,次日上午下午9:30小洋返回衢山至普陀山。是年7月,改营衢山—小洋航线,全程17.5海里,每天1班,上午8:10自衢山开往小洋,下午16:10小洋返回衢山。

泗礁—嵊山—大洋—芦潮港 全程77海里。1996年5月,嵊泗县航运公司高速客船“嵊翔”轮营运该航线,每天1班。1998年停航。

泗礁—大洋—镇海 全程72海里。1999年1月,嵊泗昌盛海运有限公司“金沙”轮营运泗礁—大洋—镇海航线,每天1班。2002年12月,嵊泗县昌盛海运有限责任公司高速客船“嵊鹰1”轮替代“嵊翔”轮营运该航线,航班不变。2014年7月1日,航线撤线。

高亭—小洋 全程30海里。2006年3月,岱山蓬莱客运轮船有限公司高速客船“仙洲5”轮经营高亭—小洋航线。每天2班,上午7:35高亭开往小洋,9:20小洋返回高亭;下午2:50高亭开往小洋,4:20小洋返回高亭。同年6月,岱山蓬莱客运轮船有限公司高速客船“仙洲6”轮替代“仙洲5”轮营运该航线,航班不变。2013年8月,岱山蓬莱客运轮船有限公司高速客船“仙洲6”轮轮和“仙洲9”轮同时营运该航线,航班不变。

泗礁—小洋 全程29海里。2006年3月,嵊泗县东方海运有限责任公司高速客船“茂盛1”“茂盛6”轮营运泗礁—小洋航线。每天2班,上午8:20泗礁开往小洋,9:50小洋返回泗礁,下午1:00泗礁开往小洋,2:20小洋返回泗礁,是年客运量13.51万人次。2008年1月起,嵊泗县东方海运有限责任公司高速客船“茂盛1”和“茂盛2”轮营运,航班不变。2011年1月,嵊泗县昌盛海运有限责任公司“嵊鹰3”轮营运,每天1班,上午11:30泗礁开往小洋,下午1:30小洋返回泗礁。是年客运量54.35万人次。2012年7月,小洋山沈家湾客运中心码头投入使用,航线撤线。

泗礁—沈家湾 全程27海里。2012年7月,小洋山沈家湾客运中心码头投入使用后通航。至2014年,“碧海1”“碧海2”“碧海3”“茂盛1”“茂盛2”高速客轮及“嵊鹰3”普通客轮相继营运该航线,每天5班:上午8:20泗礁开往小洋,9:30小洋返回泗礁;上午9:20泗礁开往小洋,10:40小洋返回泗礁;中午12:00泗礁开往小洋,下午1:40小洋返回泗礁;下午1:00泗礁开往小洋,2:10小洋返回泗礁;下午2:50泗礁开往小洋,4:00小洋返回泗礁。2012年7月至12月客运量75.15万人次。2014年客运量109.49万人次,旅客周转量4258.12万人千米。

三江—小洋 全程36海里。2006年3月,舟山市通达高速客轮有限公司高速客船“飞舟9”轮营运三江—小洋航线。2007年1月，舟山市通达高速客轮有限公司高速客船“飞舟10”轮替代“飞舟9”轮营运。2008年1月，航线改为西码头—小洋。9月，舟山市通达高速客轮有限公司新建高速客船“飞舟12”轮投入西码头—小洋航线。2010年起，“飞舟9”“飞舟12”等高速客轮相继营运该航线，每天4班。

大洋—衢山　全程20海里。1999年6月，嵊泗大洋船务有限公司“有财”轮开通衢山—大洋—小洋—芦潮港航线，每天1班，是年客运量2965人次。2003年8月，嵊泗大洋船务有限公司高速客船“甬兴”轮接替“有财”轮行驶。2006年8月，“甬兴”轮退出。2007年3月，嵊泗大洋船务有限公司“有财”轮接替高速客船“甬兴”轮营运衢山—大洋—小洋航线，每天1班，是年客运量0.31万人次，周转量9.06万人千米。2012年7月，沈家湾客运中心投入使用。嵊泗大洋船务有限公司“有财”轮营运航线由衢山—大洋—小洋临时客运中心调整为衢山—大洋—沈家湾。2006年5月，嵊泗大洋船务有限公司高速客船“甬兴”轮营运衢山—大洋—小洋航线，是年客运量0.27万人次，旅客周转量7.93万人千米。

客滚船航线

泗礁—芦潮港　全程31海里。1996年2月，嵊泗县航运公司客滚船“舟桥1”轮开通泗礁—芦潮港客滚航线，每天1班，上午8∶45泗礁开往芦潮港，中午12∶20芦潮港返回泗礁，是年完成客运量15.00万人次，车运量5704辆次。2003年7月，嵊泗县航运公司客滚船“舟桥2”轮加入，与“舟桥1”轮共同营运该客滚航线，是年航行722航班，运送旅客15.17万人次。2006年6月，航线改为泗礁—小洋。2010年，“舟桥1”轮停运。2012年7月沈家湾客运中心投入使用，翌年5月航线改为泗礁—沈家湾，由“舟桥2”轮营运。2012年3月，嵊泗县东方航运有限责任公司租赁岱山县蓬莱客运轮船有限公司客滚船“岱山9”轮营运该航线。7月，航线延伸至枸杞。

三江(西码头)—双合—小洋　全程31.5海里。2006年4月，舟山市通达海运有限责任公司开通三江—双合—小洋客滚航线，由客滚船“通达2”轮承运，每天1班，上午7∶50三江开往双合至小洋，11∶00返回双合至三江。同年6月，改为每天2班。2007年8月，舟山市通达海运有限责任公司客滚船“通达2”轮投航该航线，航班增至每天3班。2008年1月，“通达2”“通达5”轮始发码头由三江改为西码头，航班不变。2009年5月，“通达2”轮撤出航线，“通达5”轮续营西码头—双合—小洋客滚航线，航班改为每天2班。2010年1月，“通达2”轮替代“通达5”轮营运该航线，航班不变。2011年1月，始发码头由西码头调至三江。

衢山—小洋　全程19海里。2006年5月，岱山县蓬莱客运轮船有限公司开通该客滚航线，客滚船“高运”轮承运，每天1班，上午7∶40衢山开往小洋，11∶00小洋返回衢山，是年客运量1.22万人次、车运量0.15万辆次。2009年，客滚船“岱山9”轮替代营运，航班不变。2010年，运送旅客4.88万人次，运载车辆0.71万辆次。

泗礁—沈家湾　全程27海里。2006年6月，嵊泗县东方航运有限责任公司开通泗礁—小洋客滚航线，由客滚船“舟桥1”轮承运。2010年，“舟桥1”轮停航。2012年7月，沈家湾客运中心投入使用，翌年5月，嵊泗县航运公司客滚船“舟桥2”轮航线由泗礁—芦潮港改为泗礁—沈家湾。2012 年 7 月，嵊泗县东方航运有限责任公司租赁岱山县蓬莱客运轮船有限公司客滚船“岱山 9”轮营运该航线。

沈家湾—泗礁—枸杞 全程 53 海里。2012 年 7 月，嵊泗县东方航运有限责任公司客滚船“岱山 9”轮营运该客滚航线，每天 1 班，上午 9∶15 沈家湾开往泗礁至枸杞，下午 1∶20 枸杞返回泗礁至沈家湾。

大洋—小洋 全程 3.6 海里。2002 年 10 月，嵊泗洋山港口客运有限公司客滚船“泽成 2”轮投运该客滚航线。2010 年 10 月，嵊泗洋山港盛渡口客运有限公司客滚船“洋盛 2”轮营运小洋—大洋航线。2013 年 7 月，嵊泗洋山港盛渡口客运有限公司客滚船“洋盛 5”轮营运小洋—大洋航线，是年航行 616 航班，运送旅客 1.95 万人次，运载车辆 3709 辆次。2014 年 12 月，嵊泗县洋山港盛渡口客运有限公司新建客滚船“洋盛 6”轮替换“洋盛 5”营运大洋—小洋、大洋—沈家湾航线。

第三章　海上货运

嵊泗货运业历来以海水产品流通为主。宋人吴自牧《梦粱录·鲞铺》载：“……鱼鲞……物产于……四明等郡。”宋、明记述的捕捞海域均在明属四明郡的嵊泗列岛。

民国 9 年（1920），冰鲜咸鲜运输应运而生。冰鲜运输船舶随渔船出洋在嵊山、大戢、花鸟北等渔场收购分带鱼冰鲜、大小黄鱼冰鲜、目鱼冰鲜等，鱼货均运至江浙沿海各地。冰鲜船从境外运来生产资料和生活资料，以供岛民生产和生活所需。

1950 年代始，人民政府致力发展交通，整顿个体船舶，组织小船组、互助组。各地先后组织起运输站。1960 年代初始，境内海运基本形成以机帆船为主，木帆船为辅的运输经营，运输航线大多航行于江浙、上海和长江下游三类航区。中共十一届三中全会后，集体海运企业船舶不断更新，钢质货船逐年递增，并向大型化发展，海运航线从江浙沿海港口三类航区扩大至全国沿海港口二类航区。沿海运输进入新的发展阶段。1990 年代，货运企业陆续转制重组。2008 年境外在境内注册的海运企业有 6 家，2014 年有 11 家。

1974—2014 年嵊泗县水上货运量、周转量表

表 4-3-1　　单位：万吨、万吨千米

年份	货运量	周转量	年份	货运量	周转量
1974	2.68	316.40	1995	29.92	12844.42
1975	2.13	346.01	1996	38.00	11086.37
1976	1.66	220.84	1997	49.90	14393.91
1977	2.50	360.54	1998	53	6671

续表 4-3-1

年份	货运量	周转量	年份	货运量	周转量
1978	3.92	540.85	1999	84	11320
1979	5.82	847.55	2000	132	17461
1980	6.79	925.68	2001	131.30	17926.89
1981	5.85	886.73	2002	163.99	18399.84
1982	9.80	1549.65	2003	183.95	20922.68
1983	9.56	1457.85	2004	2017.71	21045.79
1984	10.30	1630.82	2005	208.83	23096.65
1985	12.39	2570.46	2006	213.72	25102.85
1986	26.01	4278.16	2007	216.81	27755.43
1987	25.29	4529.29	2008	532.00	184394.57
1988	30.78	5524.09	2009	955.20	541508.13
1989	18.50	4102.45	2010	1388.27	636622.58
1990	17.45	3914.60	2011	1588.93	950435.85
1991	22.71	5905.15	2012	1816.07	1102824.29
1992	35.37	10143.42	2013	1956	1232394
1993	37	12354.29	2014	1646	1017861
1994	37.37	18723.04			

2007 年，嵊泗洋山江海联运有限公司集装箱船舶“飞洋 1”“飞洋 2”轮投入营运，是境内集装箱运输之始。

2014 年，全县海上货运量 1646 万吨，货物周转量 101.79 亿吨千米。

第一节　交通部门企业货运

1984 年至 1992 年，嵊泗相继成立嵊泗县海运公司、嵊泗县海港运输公司，货运航线从江浙沿海延伸南至福州、厦门、汕头、深圳、海南岛，北至青岛、烟台、大连直到鸭绿江口等。

1993 年 5 月，嵊泗县海港运输公司开拓境外运输市场，在宁波设立驻甬水路货运办事处，5 辆货车分别在宁波和杭州艮山门设点营运，衔接嵊泗至宁波货运船舶。1994 年，海运市场货源紧缺，货运航线继续扩展，北上秦皇岛、营口，南下深圳、珠海、港澳等地。1995 年 10 月，成立嵊泗县运输公司水、陆货物配载中心，购入 4 艘货船，衔接宁波、杭州车辆。1996 年 2 月，嵊泗县运输公司客滚船“舟桥 1”轮通航，购入 14 辆货车与车客渡配套，货物直接运送到广东、辽宁、四川等省，在上海、杭州开设办事处，代办货物运输、中转、托运、仓储等业务。

1997 年后，海运企业历经转制重组，海运业快速发展。2005 年，全县水路运输企业 5 家，其中水路货运企业仅2家;总运力5.4万载重吨,其中500总吨以下的船舶占总运力的98%,无万吨级船舶。2006年,嵊泗县人民政府下达《关于嵊泗县加快发展航运业若干意见的通知》,制定《嵊泗海运业发展优惠政策》,加大航运业发展招商引资力度。舟山中昌海运公司在嵊泗落户,成立嵊泗中昌海运有限公司,是嵊泗第一家招商引资的境外海运企业。公司投入境内第一艘万吨级货船"中昌118"轮(4.11万载重吨,功率7120千瓦)经营马迹山矿砂二程运输业务。2007年,舟山荣翔海运有限责任公司落户嵊泗,嵊泗洋山江海联运有限公司集装箱船舶"飞洋1""飞洋2"轮投入营运。2009年5月,嵊泗县昌盛海运有限责任公司投入万吨级货船"学府"轮(2.21万载重吨)经营运输业务。是年,全县有水路货运企业11家,各类货运船舶155艘,运力23.76万载重吨。

2011年,港航部门加大招商引资力度,确定引资重点方向,严把新增运力的准入关,规定招商对象为企业注册资金在1000万以上,运力规模达到普通货船2万吨以上,集装箱船舶500箱位以上,油品船舶2000载重吨以上,液化气船舶3000立方米以上。限制技术落后、单位能耗高、环境污染大的船型入境。鼓励企业合理优化资源配置,通过调整航线密度提高船舶往返实际载货率。逐步淘汰500总吨以下运石、运沙船舶,优化海运运力结构,重点发展大吨位特种船舶、大型散货船、沿海集装箱船等适应市场需要的船舶。制定《嵊泗县港航联动货源运输分配办法》,建立公正的港航货源运输分配机制,为嵊泗形成以港兴航、以航促港、联动发展的局面奠定基础。2013年,全县招商引资的境外海运企业12家,货运船舶44艘计28.94万载重吨,其中万吨级货轮9艘计21.38万载重吨。

拓展运输货源份额,推进本港货源运输本地化,实施港航联动。2009年,县人民政府与上海宝钢集团多次沟通、协商,从上海宝钢集团中为嵊泗海运企业争取到500万吨货源份额,2010年又争取到100万吨货源份额。同时与舟山港务集团沟通、协商,引导境内海运企业参与舟山老塘山矿砂运输,鼓励嵊泗水路货运企业参与长江内河市场竞争。2013年,嵊泗海运企业从上海梅盛运贸有限公司争取100万吨二程矿砂运量。至11月,全县海运企业实现马迹山二程运输量619.04万吨;嵊泗县江山海运有限公司参与绿华减载平台运输业务,运输量50.58万吨;嵊泗洋山江海联运有限公司参与"穿梭巴士"运输业务,运输量19.6万标箱。

2001—2007年嵊泗县水路货物分类运量表

表4-3-2　　单位:万吨

货　类	2001年	2002年	2003年	2004年	2005年	2006年	2007年
煤炭及制品	7.73	6.6	3.0	0.3	2.36	11.44	12.4
石油、天然气及制品	5.93	5.9	3.3	4.7	5.64	17.11	12.7
钢铁	0.82	1.0	2.6	3.0	3.87	4.01	6.2
矿物性建筑材料	98.7	97.7	121.0	143.5	154.40	129.24	164.6
水泥	4.44	5.8	15.5	16.5	7.24	9.00	4.4
木材	0.1	0.2	0.4	0.02	0.06	10	

续表 4-3-2

货　　类	2001 年	2002 年	2003 年	2004 年	2005 年	2006 年	2007 年
盐	0.13	0.1	0.1			2.08	
粮食	0.62	1.7	1.1	0.66	0.80	5.50	2.2
机械、设备、电器	0.02	0.1					0.3
化工原料及制品	0.02	2.8	1.7	1.7	1.94		4.9
轻工、医药产品	1.67	0.4	0.1				
农林牧渔业产品	1.25	4.9	0.9	0.45	0.47	1.69	1.8
其他	7.23	9.3	6.7	3.93	1.79	6.85	7.3

2008—2014 年嵊泗县水路货物分类运量表

表 4-3-3　　　单位：万吨

货　　类	2008 年	2009 年	2010 年	2011 年	2012 年	2013 年	2014 年
煤炭及制品	84.8	228.6	254.0	233.4	346.2	265.7	201.7
石油、天然气及制品	6.5	0.3			15.3	11.9	13.9
金属矿石	2.3	119.1	538.5	591.2	544.7	329.7	531.1
钢铁	25.3	58.5	41.2	28.8	19.0	25.7	76.2
矿物性建筑材料	135.1	167.1	226.9	430.9	596.6	602.3	446.5
水泥	22.6	16.4	10.4	19.1	13.7	26.4	31.3
木材	4.5	1.7	0.1	0.7	0.5	0.1	
非金属矿石	118.3	133.4	63.0				
盐			1.1	5.7			
粮食	11.0	8.0	4.8	2.1	6.9	1.2	1.1
机械、设备、电器	0.04	1.0	0.8	2.7	3.8	2.4	2.4
化工原料及制品	2.3	1.0	0.6	2.7	0.2		
有色金属	0.007				0.3		
轻工、医药产品	0.7	2.4	3.3	0.1	0.2		0.5
农林牧渔业产品	1.6	0.06	0.1		0.2	0.10	
其他	116.9	217.6	234.5	271.5	268.7	184.3	168.9

第二节　非交通部门货运

1950 年，华东财政经济委员会建立嵊泗列岛公营商店，收购运销鱼货，供应渔业生产资料和生活资料。1951 年起由苏南水产公司嵊泗分公司组织收购运销水产品，在嵊山、洋山设办事处，有机动船 1 艘（90 吨位），木帆船 6 艘（245 吨位）参与运输。1951 年起，全县各地先后组织建立运输站、队，由于运输工具落后，船舶小，因而运量很少，多为境内岛际运输和港口驳运。1956 年 2 月，中国水产供销公司浙江省嵊泗县公司成立，设嵊山、黄龙、洋山 3 个营业组，分设枸杞、壁下、花鸟、洛华、黄龙峙岙、黄龙黄沙岙、小洋、滩浒、青沙 9 个收购点和菜园营业部。公司有运输船舶 26 艘（1390 载重吨）参与鱼货运销。是年，嵊泗水产公司共收购鱼货 4.61 万吨，占全县当年产量的 81.14%，大部分外调，成为全县水产品运销境外的主要部门。5 年后，公司运输船舶发展至 51 艘，计 2696 载重吨。

1958 年，菜园、青沙、嵊山运输站合并，建立嵊泗人民公社运输大队（后又几度分合）。20 世纪 60 年代起，个体货运以生产大队名义经营运输，经营户向大队缴纳一定费用。水产品外运多由水产部门船舶承运，水产、商业、盐业、粮食、木材、燃料等部门建有各自船队，向境外运输海水产品，向境内运输渔需、粮油、建筑材料及居民日用物资等。1960、1970 年代，年货运量 5 至 10 万吨左右，1978 年达 20.4 万吨。

中共十一届三中全会后，嵊泗海运业得到很快发展，随着改革开放的深入，菜园、青沙等运输站改建为运输公司，逐步更新增添钢质船舶，增加运力，扩大运输业务，主要运输粮食、煤炭、钢材、水泥、建筑材料等物资。个体、联户船舶经营海上货物运输逐渐发展，原生产队船舶转为个体、联户运输船舶。1985 年，全县个体、联户货运船舶发展至 30 艘计 2100 载重吨、2646 千瓦。1992 年，非交通部门的社会货运船舶 43 艘计 3311 载重吨、3450 千瓦，实现货运量 19.55 万吨，货物周转量 2364.47 万吨千米。

1992 年 4 月，“舟山 9 号”冷藏运输货轮首航日本。1993 年 4 月，“舟山 11”轮直接出租给日本东京振华公司驻大连办事处。两船全年航行 27 航次。是年，乡镇货运船舶 60 艘，货运量 20.29 万吨，货物周转量 2186.68 万吨千米。

1999 年 6 月，县人民政府召开全县个私经济工作会议，制定优惠政策，县交通管理局采取相应措施，扶持个体海运业发展。2000 年全县个体货运运力增强，货运船舶增至 104 艘，计 18591 载重吨、13822 千瓦。2012 年 6 月，嵊泗第一家由 18 位个体船东联合筹建的嵊泗县方舟海运公司通过交通运输部批准，11 月开业。

2001 年 7 月 5 日，交通部下达《关于整顿和规范个体运输船舶经营管理的通知》。2002 年，个体及联户运输船舶纳入企业化管理，是年全县 89 艘个体、联户运输船舶先后纳入江山、鑫盛、正和等海运企业，实现企业化管理。是年货运量 136 万吨，货物周转量 18152 万吨千米。

1954—1978 年间嵊泗县海产品产销情况表

表 4-3-4　　单位：吨

年份	海产品生产总量	水产部门收购量	本地销售	备　注
1954	23583.2	15340.5	690.3	
1958	62440.95	50661.75	2659.7	
1964	78701.3	53355.4	1443.15	
1968	48250.4	8776.9	872.45	受“文化大革命”影响
1974	113249.5	83812	1858.95	
1987	122321.95	78676.75	1734.95	

1993—2000 年嵊泗县非交通部门水上货运情况表

表 4-3-5

年份	船舶数(艘)	载重量(吨)	功率(千瓦)	货运量(万吨)	周转量(万吨千米)
1993	51	4712	4177	21	2188
1994	79	9158	7317	23	2558
1995	73	10977	7304	20	1992
1996	68	11353	7273	29	2411
1997	63	10612	7082	40	4392
1998	71	11457	8330	51	6536
1999	83	15116	11249	81	11083
2000	104	18591	13822	129	17204

2001—2009 年嵊泗县个体货运情况表

表 4-3-6　单位:万吨、万吨千米

年份	货运量	周转量	年份	货运量	周转量
2001	120.2	16552.47	2006	149.46	20033.33
2002	109.2	14521.2	2007	173.2	22204.3
2003	125.09	16586.85	2008	425.5	147515
2004	139.8	16771.2	2009	955.2	541508.1
2005	145.38	18427.46			

第四章　海运企业

本章记述海运企业中的客运企业和货运企业。但有的企业兼营客运和货运。

1993—2014 年嵊泗县海运企业情况表

表 4-4-1

企业名称	法人代表	开业日期	经营范围	办公地址	备　注
嵊泗县第一海运公司	邵正元	1984.11.2	普货运输	嵊泗县青沙乡	1995 年 11 月合并
嵊泗县航运公司	邵正元	1987.5.13	客货运输	嵊泗县菜园镇东海路 100 号	2005 年 1 月合并
嵊泗县第二海运公司	陈满水	1991.9.23	普货运输	嵊泗县青沙乡	1995 年 11 月合并
浙江茂盛海运有限公司	邵德士	1994.2.15	旅客运输	嵊泗县菜园镇东海路 100 号	2004 年 7 月注销

续表 4-4-1

企业名称	法人代表	开业日期	经营范围	办公地址	备　注
嵊泗大洋船务公司	孙信祥	1994.4.4	旅客运输	嵊泗县菜园镇海滨路628号	2013年4月合并
嵊泗东珠客运有限公司	於文海	1994.4	旅客运输	嵊泗县枸杞乡	1996年8月注销
嵊泗县海运公司		1995.11	普货运输		1997年12月破产
嵊泗县昌盛海运公司	邱立明	1999.2.12	客货运输	嵊泗县菜园镇东海路100号	2013年4月和并
嵊泗县江山海运有限公司	张　跃	2002.5.23	普货运输	嵊泗县洋山镇圣大路275号	
嵊泗洋山港口客运有限公司	姜文兵	2002.8.13	客渡船运输	嵊泗县洋山镇钥匙村	2010年1月注销
嵊泗县宏达航运有限公司	白宏方	2002.12.11	客渡船运输	嵊泗县枸杞乡大王村滨港路集资楼1号	2011年1月注销
嵊泗县双龙轮渡运输有限公司	吴祥水	2003.8	客渡船运输	嵊泗县五龙乡边礁岙村	
嵊泗县鑫盛海运有限公司	龚文革	2003.11.1	普货运输	嵊泗县菜园镇沙河路278号	
嵊泗县东方海运有限责任公司	姜祥安	2005.1	客货运输	嵊泗县菜园镇东海路100号	2013年4月合并
嵊泗中昌海运有限公司	冯宽根	2005.12.9	普货运输	嵊泗县菜园镇云龙路8号4楼401室	
嵊泗县鑫达海运有限公司	温登达	2006.9.15	普货运输	嵊泗县菜园镇黄龙商务楼4号	2009年注销
嵊泗洋山江海联运有限公司	韩　俊	2007.5.16	集装箱运输	嵊泗县菜园镇菜圃路12号	
舟山市荣翔海运有限公司	虞立朝	2007.7.24	普货运输	嵊泗县菜园镇新风巷12号	
浙江宝强船务公司	唐庆平	2007.8.19	普货运输	嵊泗县菜园镇新百弄8号402室	
舟山宝洲海运有限公司	罗继福	2007.9.11	普货运输	嵊泗县菜园镇海滨路393龙19号	
舟山市嵊泗嵊兴海运有限公司	朱益江	2007.10.31	普货运输	嵊泗县五龙乡边礁岙村爱民路38号	
浙江新骆海运有限公司	郭文忠	2009.5	普货运输	嵊泗县五龙乡边礁岙村爱民路40号	
嵊泗正和海运有限公司	郑国忠	2009.6.24	普货运输	嵊泗县洋山镇共建路129号	
嵊泗县港盛渡口客运有限公司	董良华	2010.1	客渡船运输	嵊泗县洋山镇圣大路18号	
舟山精澄海上平台工程辅助有限公司	陈国央	2011.1.30	普货运输	嵊泗县洋山镇圣大路275号	

续表 4-4-1

企业名称	法人代表	开业日期	经营范围	办公地址	备　注
浙江龙运船务有限公司	徐国华	2011.4.15	普货运输	嵊泗县洋山镇圣大路18号	2013年1月注销
舟山润宏海运有限公司	李雪国	2011.6.28	普货运输	嵊泗县菜园镇兴海路227号202室	
舟山洛达海运有限公司	冯宽根	2011.7.11	普货运输	舟山市定海区环城东路66号	
浙江义海航道工程有限公司	陈央平	2011.7.19	普货运输	舟山市定海区南珍大厦13号	
嵊泗县方舟海运有限公司	王松定	2012.5.4	普货运输	嵊泗县菜园镇沙河路90号	
浙江省舟山市骏鸿船务有限责任公司	王　敏	2012.7.11	普货运输	嵊泗县菜园镇马关卫海路179号	
浙江万恒海运有限公司	刘普伟	2012.9.28	成品油运输	嵊泗县黄龙乡南一弄42号	
嵊泗县同舟客运轮船有限公司	林敏海	2013.4.28	旅客运输	嵊泗县菜园镇东海路100号	
嵊泗县东晨海运有限责任公司	姜祥安	2013.11.19	普货运输	嵊泗县菜园镇滨海中路228号3楼	

第一节　客运企业

黄龙交通运输站

1982年1月成立，隶嵊泗县黄龙乡人民政府，经营黄龙至菜园客渡运输，站长李元宏。2002年9月—2013年4月，吴祥水、戴卫章先后任站长。拥有“黄航1”“黄航2”客渡船，营运黄龙南港—菜园、黄龙南港—大岙—黄沙—峙岙—菜园、黄龙—五龙渡航线。地址：嵊泗县黄龙乡南港村。

2003年8月，黄龙交通运输站与五龙渡轮站合并成立嵊泗县双龙轮渡运输有限公司。

公司地址：嵊泗县五龙乡边礁岙村。

五龙渡轮站

1982年5月成立，隶嵊泗县五龙乡人民政府，站长陈行华，经营五龙至黄龙客渡运输，站长陈行华。1982年5月，“五渡1”渡船经营五龙边礁岙—黄龙峙岙渡航线。1985年增至渡船“五渡1”“五渡2”“五渡3”，经营五龙边礁岙—黄龙峙岙、五龙边礁岙—黄龙南港渡航线。1986年至1989年，3艘渡船先后更新改造。1992年，客运量26.21万人次，旅客周转量 145.68 万人千米。

2003 年 8 月，五龙渡轮站与黄龙交通运输站合并成立嵊泗县双龙轮渡运输有限公司。

公司地址：嵊泗县五龙乡边礁岙村。

嵊泗县航运公司

1987 年 5 月成立，注册资金 269.7 万元，法定代表人邵正元，县属集体所有制企业，独立核算，自负盈亏，隶嵊泗县交通管理局。经营沿海旅客运输兼全国沿海货运。

公司成立初，与浙江省航运公司舟山分公司合资建造普通客船“海山”轮，经营泗礁—绿华—花鸟—壁下—嵊山航线。1988 年 1 月，“海山”轮转让给舟山分公司。1989 年 6 月，新建 350 吨位，279 客位普通客船“碧海”轮经营原航线。1991 年 4 月，建造普通客船“金沙”轮，营运泗礁—上海芦潮港航线。同年 12 月，菜园镇农工商副业队船队“嵊副机 17”和“嵊副机 19”货船划归公司经营管理，改名“浙舟 731”和“浙舟 732”。1992 年，公司有职工 48 人，总产值 248.67 万元，固定资产原值 619.61 万元；客货船 4 艘，1466 总吨，340 载重吨，载客量 610 人；是年，客运量 26.15 万人次、旅客周转量 1189.23 万人千米，货运量 2.33 万吨、货物周转量 449.71 万吨千米。

1994 年 2 月，嵊泗县航运公司与香港茂盛国际有限公司和浙江省海运集团有限公司合资成立浙江茂盛海运有限公司，建有高速客船“茂盛 1”和“茂盛 2”轮，开通泗礁—定海三江、泗礁—大洋—南汇芦潮港—普陀山客运航线。

1993—1995 年嵊泗县航运公司固定资产、销售、工资情况表

表 4-4-2　　单位：万元

年份	固定资产原值（万元）	固定资产净值（万元）	销售净收入（万元）	销售利润（万元）	工资总额（万元）
1993	—	—	330	26	35
1994	—	—	325	31	50
1995	677	512	395	71	63

1996 年 2 月，新建客滚船“舟桥 1”轮，投运泗礁—芦潮港航线。2002 年运送旅客 15.17 万人次，运载车辆 8783 辆次。2003 年运送旅客 14.61 万人次，运载车辆 8493 辆次；货运量 2.29 万吨，周转量 131.41 万吨千米。2004 年 4 月，在册职工 148 人，总资产 6808.06 万元，拥有客（滚）船 6 艘，其中普通客船 2 艘（“嵊翔 2”“奇观”）、高速客船 2 艘（“茂盛 1”茂盛 2）、客滚船 2 艘（“舟桥 1”舟桥 2）。6 月，嵊泗县国有城镇集体企业改革领导小组办公室《关于对嵊泗县航运公司转制方案的批复》（嵊企改办〔2004〕2 号）同意嵊泗县航运公司转制实施方案，企业由原集体所有制性质转制为规范有限责任公司，独立核算、自主经营、自负盈亏。

2005 年 1 月，嵊泗县航运公司与浙江茂盛海运有限公司合并，组建嵊泗县东方海运有限责任公司。

公司地址：嵊泗县菜园镇东海路 100 号。

嵊泗县航运公司部分年份客运量、周转量表

表 4-4-3　单位：万人次、万人千米

年份	客运量	周转量	年份	客运量	周转量
1994	24.29	1295.06	1999	39.57	2098.94
1996	39.14	2252.60	2000	29.68	1583.86
1997	35.56	1936.00	2003	27.17	1609.34
1998	42.25	2624.13			

浙江茂盛海运有限公司

浙江茂盛海运有限公司是 1994 年 2 月 15 日交通部批准的中外合资企业，由嵊泗县航运公司、香港茂盛国际有限公司、浙江省海运集团有限公司合资建成，注册资金 183 万美元，合资三方所占股份比例为 37%、33%、30%，董事长邵德士，经营沿海旅客运输。

1996 年，从业人员 20 人，资产总额 1622 万元，其中固定资产 1252 万元，营业收入 235 万元。1999 年，实现总产值 692.86 万元，利润 99.89 万元；客运量 12.00 万人次，旅客周转量 1017.55 万人千米。2002 年，实现客运量 17.12 万人次，旅客周转量 128.50 万人千米。2003 年，拥有高速客轮 2 艘（“茂盛 1”“茂盛 2”）。2004 年 10 月，香港茂盛国际有限公司、浙江省海运集团有限公司退出股权等额转让给嵊泗县航运公司，由合资企业变更为内资企业，成为嵊泗县航运公司的子公司。

2005 年 1 月，浙江茂盛海运有限公司与香港茂盛国际有限公司、浙江省海运集团有限公司合并，组建嵊泗县东方海运有限责任公司。

公司地址：嵊泗县菜园镇东海路 100 号。

浙江茂盛海运有限公司部分年份客运量、周转量表

表 4-4-4　单位：万人次、万人千米

年份	客运量	周转量	年份	客运量	周转量
1996	128.08	3248.63	1999	11.91	882.99
1997	15.1	1152.23	2000	13.92	948.48

嵊泗大洋船务公司

1994 年 4 月成立，注册资金 500 万元，法定代表人孙信祥，经营沿海客运，职工 26 人，属嵊泗县大洋镇人民政府管理，公司地址：嵊泗县菜园镇海滨路 628 号。1995 年 1 月，新建普通客船“有财”轮首航泗礁—镇海航线。8 月，公司改名嵊泗县国际商会大洋船务公司，属嵊泗国际商会主管。1996 年 6 月，建造“有财 2”轮，是年注册资金 800 万元。1997 年，从业人员 31 人，固定资产原值 1012.5 万元，拥有客船 2 艘，511 总吨、载客量 478 人，是年客运量 9 万人次，旅客周转量 1012.5 人千米。1998 年，公司法人邱仁宽。2000 年，注册资金 500 万元。

2003 年 7 月，嵊泗县国际商会大洋船务公司更名为嵊泗大洋船务公司，从事大洋山、小

洋山—芦潮港—大衢普通客船、高速客船运输。隶嵊泗县菜园镇人民政府。8月，新购高速客船“甬兴”轮投航衢山—大洋—芦潮港航线。2006年8月，“甬兴”轮出售。

2013年上半年，公司拥有普通客船“有财”“有财2”轮2艘，职工50人，客运量4.67万人次，旅客周转量222.54万人千米。6月，公司与嵊泗县东方海运有限责任公司、嵊泗县昌盛海运有限责任公司合并，成立嵊泗县同舟客运轮船有限公司。

公司地址：嵊泗县菜园镇东海路100号。

嵊泗东珠客运有限公司

1994年4月成立，法定代表人於文海，注册资金90万元，职工8人，属嵊泗县枸杞乡人民政府管理。拥有普通客船“东珠”轮1艘，经营枸杞—嵊山—沈家门客运业务。1996年8月，被嵊泗县航运公司收购。

公司地址：嵊泗县枸杞乡庙干村。

嵊泗县昌盛海运有限责任公司

1999年2月成立，私营有限责任公司，注册资金3000万元，法定代表人邱立明，经营沿海旅客运输、普通货船货物运输。2000年，在岗职工49人。2001年，拥有普通客船“金沙”轮和高速客船“嵊翔”轮2艘。2003年，拥有高速客船“嵊翔”“嵊鹰1”轮2艘。2009年，扩大经营货物运输，新建22100吨级散货船“学府1”轮，投入煤炭及矿砂中转运输。2012年，公司拥船舶7艘，其中有客船6艘、货船1艘。

2000年，客运量6.11万人次，旅客周转量634.96万人千米。2013年上半年，客运量9.85万人次，旅客周转量891.13万人千米。6月，公司与嵊泗县东方海运有限责任公司、嵊泗大洋船务公司合并，成立嵊泗县同舟客运轮船有限公司。

地址：嵊泗县菜园镇东海路100号。

嵊泗洋山港口客运有限公司

2002年8月成立，有限责任公司，前身是大洋客运旅游公司，隶嵊泗县大洋镇人民政府。注册资金50万元，法定代表人毛维军，拥有客渡船“泽成1”（40客位）和滚装船“泽成2”（80客位、5车位），经营大洋—小洋、大洋—小洋—沈家湾客渡船运输。

2006年7月11日，王养飞获得公司转让的80％的股份，为公司新法人。2008年10月12日，公司以358万元转让给嵊泗县锦都置业责任有限公司，11月6日法人变更为马晓英（浙江义乌人），公司地址迁至嵊泗县洋山镇开源街15号。2008年，新建“洋盛1”客渡船营运大洋—小洋、大洋—沈家湾航线。2009年，实现客运量17.44万人次，周转量105.97万人千米。2010年1月，被国资收购。

公司地址：嵊泗县洋山镇共建路泽成大酒店7楼。

嵊泗县宏达航运有限责任公司

2002年12月成立，白宏方等6人合股经营，注册资金30万元，法定代表人白宏方。经营“嵊枸渡2”客渡船营运枸杞—嵊山渡航线。2010年10月停业。

公司地址：嵊泗县枸杞乡大王村滨港路集资楼1幢1号。

嵊泗县双龙轮渡运输有限公司

2003年8月，由五龙渡轮站与黄龙交通运输站合并成立，私营有限责任公司，注册资金60.31万元，法定代表人戴卫章，隶嵊泗县五龙乡人民政府，职工23人，2004年和2010年，先后建有“双龙2”和“双龙7”客渡船经营五龙至黄龙客渡运输。2004年12月，新建77客位“双龙2”客渡船。

公司地址：嵊泗县五龙乡边礁岙村。

嵊泗县东方海运有限责任公司

2005年1月，嵊泗县航运公司与浙江茂盛海运有限公司合并，成立嵊泗县东方海运有限责任公司，注册资金300万元，法定代表人邵正元，经营沿海客运、货运业务。拥有客运船舶7艘，其中普通客船2艘，高速客船3艘，客滚船2艘。

2008年2月，法定代表人姜祥安。6月，扩大经营范围，增加国内沿海及长江中下游普通货物运输；嵊泗至上海芦潮港客滚船运输；定海三江—嵊泗—上海芦潮港客滚船运输；泗礁—洋山—上海芦潮港—普陀山高速客船运输。2009年4月，新增高速客船“碧海1”轮。9月，建22053吨级货运船舶“东晨1”轮，2010年6月，新增高速客船“碧海2”轮。2011年4月，新增高速客船“碧海3”轮。2013年上半年，公司拥有货船1艘（“东晨1”）；客（滚）船10艘，其中普通客船2艘（“嵊翔2”“奇观”）、高速客船6艘（“茂盛1”“茂盛2”“茂盛6”“碧海1”“碧海2”“碧海3”）、客滚船2艘（“舟桥1”“岱山9”）。实现客运量44.72万人次，旅客周转量2382.99万人千米。

2013年4月28日，该公司转制为国有企业——嵊泗县同舟客运轮船有限公司。是年，客运量200万人次，旅客周转量9457万人千米。

公司地址：嵊泗县菜园镇东海路100号。

嵊泗县港盛渡口客运有限公司

2010年1月，国资收购嵊泗洋山港口客运有限公司，成立嵊泗县港盛渡口客运有限公司，为有限责任公司，隶嵊泗县交通投资有限公司，注册资金10万元，法定代表人董良华。

2013年，法人姜文兵。原嵊泗洋山港口客运有限公司“泽成2”滚装船和“泽成1”客渡船分别更名为“洋盛2”和“洋盛3”。2012年4月，从岱山蓬莱客运有限公司购入“岱渡1”滚装船，命名“洋盛5”。2013年12月，“洋盛2”滚装船和“洋盛3”客渡船停航，翌年初出售。

2014年12月，公司新建“洋盛6”滚装船投航大洋—小洋、大洋—沈家湾航线。是年，实现客运量10.63万人次，周转量124.15万人千米，车运量4446辆次。

公司地址：嵊泗县洋山镇圣大路4号。

嵊泗县同舟客运轮船有限公司

2013年4月28日，嵊泗县东方海运有限责任公司、嵊泗县昌盛海运有限责任公司、嵊泗大洋船务公司合并，成立嵊泗县同舟客运轮船有限公司，转制为国有企业，法定代表人林敏海，注册资金11313.78万元，在职职工218人（其中船员193人），经营沿海旅客运输。当年，实现客运量106.35万人次，旅客周转量5688.16万人千米。

2014年，在职职工262人(其中船员232人)，拥有客(滚)船17艘，其中普通客船5艘(“嵊翔2”“奇观”“嵊鹰3”“嵊鹰7”“嵊鹰8”)、高速客船10艘(“茂盛1”“茂盛2”“茂盛6”“碧海3”“碧海5”“碧海6”“嵊鹰1”“嵊鹰2”“嵊鹰5”“嵊翔”)、客滚船2艘(“舟桥1”“岱山9”)。是年客运量177.18万人次，周转量9254.13万人千米。

公司地址：嵊泗县菜园镇东海路100号。

第二节　货运企业

嵊泗县第一海运公司

嵊泗县第一海运公司由1984年11月，在青沙运输站基础上改建，经理邵正元，改海、陆运输为专业海上运输，集体所有制企业。1992年，公司职工99人，其中临时工18人，总产值240.99万元，固定资产原值484.25万元，人均年收入3840元。拥有货船“浙舟701”“浙舟702”“浙舟703”“浙舟704”“浙舟706”轮5艘，2742载货吨(其中“浙舟706”轮载货吨为1290吨)。是年，实现货运量8.74万吨，货物周转量5921.56万吨千米。1994年货运量9.09万吨，货物周转量12154.93万吨千米。1995年11月，与嵊泗县第二海运公司合并组建嵊泗县海运公司。

嵊泗县第二海运公司

1984年，由青沙运输站析出的部分人员组建青沙海运站。1991年10月，改名嵊泗县第二海运公司，县属集体企业，经营海上运输，经理陈满水。1992年，公司职工52人，其中临时工26人，总产值89.23万元，固定资产原值134.77万元，人均年收入3324元。拥有货船“浙舟721”“浙舟722”“浙舟723”“浙舟724”轮4艘，923载货吨。1992年，货运量4.76万吨，货物周转量1409.67万吨千米。1994，货运量4.75万吨，货物周转量3885.89万吨千米。1995年11月，与嵊泗县第一海运公司合并组建嵊泗县海运公司。

公司地址：嵊泗县青沙乡。

嵊泗县海运公司

嵊泗县海运公司由1995年11月，嵊泗县第一海运公司与嵊泗县第二海运公司合并成立，集体所有制企业，经营沿海货物运输。公司资产总额665万元，其中固定资产581万元，营业收入395万元，从业人员110人，工资总额65054元。1996年，货运量7.43万吨，货物周转量8586.18万吨千米。1997年，拥有货运船舶5艘，计3464载重吨，固定资产原值826.93万元，净值506.42万元，从业人员154人，其中固定工130人、合同制职工43人、临时工8人。是年，货运量8万吨，货物周转量9894.4万吨千米。12月18日，因资不抵债宣告破产。

公司地址：嵊泗县菜园镇东海路100号。

舟山洛达海运有限公司

1983年成立，原为浙江省粮油食品进出口股份有限公司的下属公司，2001年改制为民营企业，2006年整体转让给舟基(集团)有限公司，为有限责任公司。注册资金8000万元，经营国际、国内货物运输。2011年7月在嵊泗注册，法定代表人冯宽根。2014年，拥有万吨级货船“洛州”“洛达3”轮2艘，计31599总吨、51029载货吨、9450千瓦。

公司地址：嵊泗县菜园镇东海路96号。

嵊泗县江山海运公司

2002年5月23日成立，前身是1995年7月成立的嵊泗县大洋船舶服务公司。有限责任公司，注册资金100万元，法定代表人张跃，隶嵊泗县洋山镇人民政府。10月，经营国内沿海及长江中下游普通货船运输。2013年，拥有万吨级货船“浦盛6”（27247载货吨，4440千瓦）和“浦盛8”（27861载货吨，4320千瓦）2艘。

2014年，拥有运输船舶41艘计67338总吨、94249载货吨、22737.4千瓦。其中自有船舶4艘计34537总吨、56622载货吨、9164千瓦，委托经营管理船舶12艘计5890总吨、8246载货吨、3029千瓦，光租船舶25艘计26875总吨、29381载货吨、10544.4千瓦。

公司地址：嵊泗县洋山镇共建路20号。

嵊泗鑫盛海运有限公司

2003年11月成立，有限责任公司，注册资金400万元，法定代表人龚文革，经营国内沿海及长江中下游普通货船运输，主运各种建筑用石料、水泥等货种，航行线路为嵊泗至苏、浙、沪沿海。

公司成立初，自有船舶4艘，计1984总吨、3600载重吨、808千瓦，均为石块运输船舶。2003年，接受委托管理业务，委管个体船舶18艘。拥有船舶22艘，计7717载重吨、3773千瓦。是年，公司实现货运量22万吨，周转量1564万吨千米，收入1775万元。2004年，船舶增至50艘计17479载重吨、8765千瓦。2006年年底，部分船舶退出运输行业，船舶减至37艘计12600载重吨、5736千瓦。2009年，有船舶数29艘，其中自有船舶5艘，委管船舶24艘计14231载重吨、5886千瓦。2012年，公司基本上不受理委托经营管理业务，委管船舶大部分清退，公司拥有船舶10艘，其中自有船舶6艘，委管船舶4艘计6310载重吨、2215千瓦。2013年，货运量43万吨，货物周转量6025万吨千米，收入1144万元。2014年，公司拥有船舶8艘（其中自有船舶5艘，委托经营管理船舶2艘，光船租赁1艘），计3118总吨、5540载重吨、1580千瓦。是年公司货运量29万吨，货物周转量4310万吨千米，收入627万元。

公司地址：嵊泗县洋山镇东岙村三角店弄8号

舟山市荣翔海运有限责任公司

2004年9月28日成立，有限责任公司，注册资金820万元，法定代表人虞立朝，经营国内沿海及长江中下游普通货船运输。公司地址：舟山市定海人民北路7号3楼。2007年7月24日在嵊泗注册，公司注册地址：嵊泗县菜园镇新风巷12号。

2009年5月，投航万吨级货船“金柏6”轮，9648总吨、15752载重吨、2941千瓦。2013年，货运量122.6万吨，货物周转量56416万吨千米，营业收入2515.4万元。2014年，拥有货运船舶5艘，计17232总吨、26903载货吨、6206千瓦。

嵊泗中昌海运有限公司

2005年12月9日成立，有限责任公司，由上海三盛宏业投资(集团)有限责任公司(占股20%)和舟山中昌海运有限责任公司(占股80%)合资经营，注册资金2000万元，法定代表人曾乐明。经营国内沿海及长江中下游铁矿、煤炭等各种散货运输，航行路线为国内沿海及长江中下游各港间。2006年5月，注册资金4000万元。股权变更为：上海三盛宏业投资(集团)有限责任公司占股10%，舟山中昌海运有限责任公司占股90%。12月，舟山中昌海运有限责任公司独资经营，注册资金8880万元，法人为冯宽根。2008年6月，法人田平波。2012年4月，法人何伟昌。2014年4月，法人马建军，9月，注册资金10880万元。

2007年，拥有万吨级货船"中昌58"轮和"中昌118"轮2艘，计41737总吨、69198载重吨、14820千瓦。2009年6月，转让"中昌118"轮，同年10月购入"中昌168"(26059总吨，43568载重吨，7171千瓦)。2014年10月，出售"中昌58"轮。2006年，货运量249万吨，货物周转量127870万吨千米，收入6165万元。2013年，货运量189万吨，货物周转量198267万吨千米，收入6053万元。2014年，货运量157万吨，货物周转量184783万吨千米，收入4217万元。

2005年12月，公司地址：嵊泗县菜园镇东方之珠苑5幢2号601室。2006年12月，公司地址：嵊泗县菜园镇东方之珠苑20幢3单元301室。2011年4月，地址迁至：嵊泗县菜园镇云龙路8号四楼401室。

嵊泗鑫达海运有限公司

2006年9月15日成立，有限责任公司，注册资金112万元，法定代表人温登达，公司经营国内沿海及长江中下游普通货船运输。拥有船舶29艘，计17517载货吨，其中自有货船4艘("东尚1""东尚2""东尚3""浙嵊97186")，计2226载重吨。2009年，公司注销。

公司地址：嵊泗县菜园镇海滨中路228号黄龙商务楼4楼。

嵊泗洋山江海联运有限公司

2007年5月成立，有限责任公司，注册资金1000万元，法定代表人韩骏，经营小洋山至上海外高桥集装箱短驳运输。拥有集装箱船舶"飞洋1"、"飞洋2"轮2艘(6056载重吨，载箱量448标准箱，2112千瓦)，是年，公司货运量72万吨，周转量9562万吨千米，营业收入635万元。2014年，集装箱船舶增至6艘，计16838载重吨，载箱量1479标准箱，7370千瓦。是年，货运量239万吨，周转量34554万吨千米，载箱量216641标准箱。

公司地址：嵊泗县菜园镇菜圃路12号3楼。

浙江宝强船务公司

2007年8月成立，注册资金4000万元，企业法人唐庆平，经营国内沿海及长江中下游普通货船运输。2008年12月在嵊泗注册，投航万吨级货船"宝强1"轮，15485总吨，22436载货吨，4400千瓦。

公司地址：嵊泗县菜园镇新百弄8号402室。

舟山宝洲海运有限公司

2007年9月成立，民营股份制企业，注册资金1000万元，总投资额7000万元人民币，法定代表人罗继福，经营国内沿海及长江中下游港间散货运输、船舶中介和船舶买卖等业务。有员工(包括船员)20多人。

2007年11月在嵊泗注册，投航万吨级普通散货船"福宝洲6"轮，总吨6745吨，载货量10136吨，功率2206千瓦。2013年年末，公司总资产10136万元，净资产4462万元。

公司地址：宁波市江北区环城北路647号。

舟山精澄海上平台工程辅助有限公司

2008年5月成立，有限责任公司，法定代表人陈国央，经营国内沿海及长江中下游普通货船运输，海上平台、桥梁、码头建设辅助服务，燃料油、建筑材料销售，国际船舶代理、船舶租赁服务等业务。2011年1月在嵊泗注册。公司有货运船舶"精澄666"轮1艘，2157总吨，2132.6载货吨，4852千瓦。2013年，公司运输营业收入2275万元，净利润459万元，总资产8857万元，其中固定资产6851万元。2014年，公司运输营业收入2668万元，净利润668万元，总资产8149万元，其中固定资产6851万元。

公司地址：嵊泗县洋山镇圣大路18号(大洋盛港商贸公司商住楼)。

舟山市嵊泗嵊兴海运有限公司

2008年6月成立，有限责任公司，注册资金1000万元，法定代表人朱益江，经营国内沿海及长江中下游普通货船运输，围海造地、船舶零配件销售、船舶买卖中介服务，国内水路运输货物代理等业务。拥有货运船舶4艘，计总吨6939吨、载重量12000吨、功率3966千瓦。2008年6月在嵊泗注册，是年，货运量52万吨，货物周转量45340万吨千米，企业收入2000万元。2009年，货运量33万吨，货物周转量29270万吨千米，企业收入1200万元。2013年货运量40万吨，货物周转量49039万吨千米，企业收入1622万元。2014年，公司拥有货运船舶9艘，计1446总吨、25069载货吨、8150千瓦，货运量68万吨，货物周转量23541万吨千米，企业收入1615万元。

公司地址：嵊泗县菜园镇海滨中路242号。

浙江省舟山市骏鸿船务有限责任公司

2008年8月成立，有限责任公司，注册资金505万元，法定代表人王敏，经营国内沿海及长江中下游普通货船运输。2012年7月在嵊泗注册。2014年，拥有货船6艘，计2455总吨，4507载货吨，1277功率。

办公地址：嵊泗县菜园镇马关卫海路179号。

嵊泗正和海运公司

2009年6月成立，前身是2002年成立的嵊泗振远建筑材料经营有限公司，注册资金500万元，总资产3000多万元，法定代表人郑国忠，隶嵊泗县洋山镇人民政府。是以船舶运输及海上施工作业为主的综合型经营企业，主要经营包括装卸各类大型物件海上运输、工程船舶海上吊装施工作业等业务。2011年，注册资金600万元。

2009年，拥有自有船舶3艘，2013年增至5艘，计7000载货吨、1700千瓦，其中最大船舶“正和508”（3100吨，700千瓦），光租船舶47艘。2014年，拥有船舶9艘，8364总吨，11933载重吨，2878千瓦。

公司地址：嵊泗县洋山镇共建路129号。

浙江新骆海运有限公司

2009年9月成立，有限责任公司，注册资金588万元，法定代表人郭文忠，经营国内沿海及长江中下游普通货船运输，船舶及设备的买卖、租赁、修理等业务。2009年9月在嵊泗注册。2012年8月，法人谢祥友。

公司成立初，投航万吨级货船“新骆9”(14050总吨，22606载货吨，4412千瓦)。2010年，公司货运量11.37万吨，货物周转量13623.24万吨千米，收入397.18万元。2011年7月，投航万吨级货船“新骆11”（12512总吨，20388载货吨，3300千瓦）。2013年，货运量50万吨，货物周转量54924万吨千米，收入1421万元。2014年，货运量97万吨，货物周转量124079万吨千米，收入1886万元。

公司地址：嵊泗县五龙乡边礁村爱民路40号。

浙江龙运船务有限公司

浙江龙运船务有限公司于2011年4月成立，有限责任公司，注册资金7300万元，法定代表人徐国华，经营国内沿海及长江中下游普通货船运输。投航万吨级货船“衡龙”轮，10720总吨，17041载重吨，2941千瓦。2013年1月注销。

公司地址：嵊泗县洋山镇圣大路18号。

舟山润宏海运有限公司

2011年6月成立，有限责任公司，注册资金50万元，法定代表人李雪国，经营国内沿海及长江中下游普通货船运输。2012年6月在嵊泗注册。拥有货运船舶“润宏8”“润宏28”“润宏65”“润宏68”“润宏98”“浙嵊87217”“浙嵊95005”等7艘，计3860总吨，6160载货吨，1957千瓦。2014年，公司拥有船舶9艘，5524总吨，8946载货吨，2910千瓦。

公司地址：嵊泗县菜园镇兴海路277号。

浙江义海航道工程有限公司

2011年7月成立，有限责任公司，注册资金7300万元，法定代表人陈央平，经营国内沿海及长江中下游普通货船运输。2014年，公司拥有船舶16艘，33752总吨，48998载重吨，11296千瓦。

公司地址：舟山市定海区南珍大厦13楼。

浙江万恒海运有限公司

原名舟山恒业海运有限公司，2011年8月成立。2012年9月更名浙江万恒海运有限公司，有限责任公司，注册资金3500万元，法定代表人刘普伟，经营国内沿海及长江中下游成品油船运输。2012年6月在嵊泗注册。拥有船舶2艘，计7236总吨，9384载重吨，4266千瓦。2013年，货运量154.10万吨，货物周转量133682.6万吨千米。2014年，货运量195.11万吨，货物周转量 204720.66 万吨千米。

地址：嵊泗县黄龙乡南一弄 42 号。

嵊泗县方舟海运有限公司

2012 年 5 月成立，民营企业，注册资金 50 万元，法定代表人王松定，经营国内沿海及长江中下游普通货船运输，股东 14 人。2013 年，货运量 48 万吨，货物周转量 49 万吨千米。2014 年，公司拥有船舶 14 艘，计 6099 总吨、10888 载货吨、2989 千瓦，货运量 46 万吨，货物周转量 47 万吨千米。

公司地址：嵊泗县菜园镇沙河路 90 号。

嵊泗县东晨海运有限责任公司

2013 年 11 月成立，有限责任公司，注册资金 3000 万元，法定代表人姜祥安，经营国内沿海及长江中下游普通货船运输，主要经营马迹山港至上海宝钢散装货物运输。拥有万吨级货船“东晨 1”轮，13613 总吨，22053 载货吨，4400 千瓦。2014 年，货运量 136 万吨，货物周转量 42764 万吨千米，公司收入 2323 万元。

公司地址：嵊泗县菜园镇海滨中路黄龙商务楼 3 楼 318 室。

第五篇　陆上运输

嵊泗解放前，岛上道路皆为民间小道，居民出行及运货均赖步行肩挑背驮。1950 年 7 月嵊泗解放后，驻岛部队在各岛陆续修建简易公路，1953 年，驻军建造境内第一条简易公路。1958 年后逐步移交地方交通部门养护。乡村小道、机耕路先后整治为公路，城区干道逐步形成。1950 年代末，境内始有汽车客货运输。国家“十五”“十一五”计划时期，加速境内公路建设，陆路运输快速发展。

第一章　公路建设

1953 年 5 月，驻岛部队建成菜园至马关公路，为境内第一条公路。此后，在嵊泗各岛先后修建简易公路，泗礁山岛修建菜园至马关、菜园至五龙、菜园至青沙以及天罗岗线、插旗岗线、长弄堂线、高大线等砂石路面公路。1958 年起，驻岛解放军向地方移交部分路段，1971 年主要公路全部移交地方交通部门养护。1987 年后加大公路建设的速度，1994 年进入嵊泗公路建设新阶段。2005 年 7 月，李五线海马度假村至环卫化粪池路段改建完毕，标志着境内乡道砂石公路全部改造完成，乡道公路进入全部硬路面时代。2006 年，建设渔农村新社区公路通行环境。2009 年 6 月，县交通局筹资 300 多万元，在菜马线路段（中柱山）建立沥青拌和基地，为发展高级沥青路面和公路生态环境打下良好基础。同年 7 月，境内首条沥青公路李马线（长弄堂水库至蒙恩堂）完成路面浇筑工程，标志着嵊泗进入沥青公路建设和沥青路面修建时代。

砂石路

2014 年，境内有各类公路 76 条，总里程 170.526 千米（包括公路桥 5 座，长度 1739.4 米；公路隧道 6 条，2017.5 米），其中县道公路 86.503 千米、乡道公路 34.969 千米、村道公路 38.846 千米、专用道公路 10.208 千米。泗礁山岛公路 99.266 千米，包括县道公路 74.796 千米，乡道公路 7.844 千米，村道公路 6.418 千米，专用道公路 10.208 千米。按公路工程技术等级分，等级公路 128.772 千米（其中二级公路 10.129 千米、三级公路 59.979 千米、四级公路 58.664 千米），准四级公路 17.747 千米，等级外公路 24.007 千米。公路沥青混凝土铺装路面 26.087 千米，水泥混凝土铺装路面 140.835 千米。平均每百平方千米有公路 198 千米，每万人有公路 21.840 千米。

第一节　县道公路

境内有县道公路 11 条。泗礁山岛 10 条；东部乡镇 1 条，连接嵊山、枸杞两岛。全部混凝土路面，总里程 86.503 千米（包括公路桥 4 座，1639.4 米；公路隧道 5 条，1541.0 米）；按公路工程技术等级分，二级公路 4.554 千米、三级公路 51.875 千米、四级公路 30.074 千米。

李五线　李柱山客运码头至五龙边礁岙客运码头，途经粮食库、人武部库、菜园隧道、海马度假村、环卫化粪池、五龙黄沙车站、五龙派出所等，全长 15.763 千米。其中李柱山码头至青沙线交叉口路段为李柱山码头配套工程，1973 年 9 月建成，2009 年 7 月改造成沥青路面。2000 年 7 月，改建李柱山码头至人武部库路段，浇筑水泥混凝土路面。县卫生局至菜园隧道菜园口为城区街道。嵊泗汽车站至五龙边礁岙客运码头 10.500 千米路段，曾称菜五线，1950 年代驻军修建的简易公路，1962 年 5 月移交地方交通部门养护，开通为公交线，1984 年 4 月，建造菜园隧道，改建嵊泗汽车站至海马度假村路段。1998 年 12 月改建环卫化粪池至边礁岙客运码头路段，2005 年 7 月完成海马度假村至环卫化粪池路段，其余路段 2005 年年底前全部改建成水泥混凝土路面，其中菜园隧道（包括隧道）至县职业技术学校路段于 2007 年大中修工程完成重新改建。

通往李柱山码头公路

李柱山码头至青沙线交叉口 2.15 千米路段路面宽 10 米，青沙线交叉口至人武部仓库 1.798 千米路段路面宽 6.0 米，达到三级公路标准。人武部仓库至海马度假村 3.320 千米路段路面宽 7.0 米（菜园隧道基湖口至县职业技术学校 0.290 千米路面宽 9.0 米），达到二级公路标准。海马度假村至高大线交叉口 2.040 千米路段路面宽 7.0 米、高大线交叉口至田岙村 2.421 千米路段路面宽 7.5 米、田岙村至边礁岙村 2.410 千米路段路面宽 6.0 米，三级公路。

边礁岙村至边礁岙客运码头1.621千米路段路面宽5.0米，四级公路。

菜马线　菜园县公管所(县公路管理局)至马关老车站，途经马前岗隧道、消防大队、驻军团部、马关烟草经营部、马关台客隆超市，全长2.987千米，水泥混凝土路面。县公管所至马前岗隧道1.231千米路段路面宽7.0米，二级公路；马前岗隧道至马关菜场1.756千米路段路面宽7.0米，三级公路。

青石线　青沙岗墩至石柱小套岗墩，途经兴达船厂、小菜园隧道、基湖老虎头，全长9.773千米。基湖海马度假村至石柱小套岗墩2.860千米路段，原称基石线，1961年，驻军移交地方交通部门养护。2001年，改建青沙岗墩至基湖海马度假村路段；2002年4月，改建水泥混凝土路面。为疏解李柱山码头交通量，2009年7月，完成李五线交叉口路段至兴达船厂路段与李五线通往李柱山路段的沥青路改建。青沙岗墩至李五线交叉口1.128千米路段、基湖老虎头至小套岗墩2.091千米路段，路面宽6.0米、李五线交叉口至菜园兴达船厂0.935千米路段，路面宽10米、菜园兴达船厂至基湖海马度假村4.795千米路段，路面宽7.0米，均为三级公路；基湖海马度假村至基湖老虎头0.824千米路段，路面宽4.5米，四级公路。

泗礁山环岛公路

高大线　高场湾花坛口至大悲山下五龙南朝阳景区，与李五线交接，途经高场湾村口、大悲山、田岙岗墩、老鼠山景区口、会城岙，全长9.180千米。基础是驻军修建的简易公路，1971年驻军向地方移交高场湾村口至田岙岗墩路段，里程3.717千米，由交通部门养护。高场湾老厂干至导航站0.650千米路段，原称高场湾村线或老宫线，1995年8月，完成水泥混凝土路面。1998年11月，导航站至田岙岗墩3.067千米路段建成水泥混凝土路面。2005年10月，全线路面宽度扩建至4.5米，达到四级公路标准。2011年扩建，乡道边南线等路段接入，全线路面拓展至9米，三级公路。高场湾村口至会城岙岗墩路段改建为沥青混凝土路面。

嵊马线　泗礁供电所(县供电公司运检部)至高马线(高场湾至马关)交叉路口，途经民政局、灵塔口、殡仪馆、陆军医院，接菜马线(菜园至马关)，全长4.148千米。基础是驻军修建的简易公路，1971年移交地方交通部门养护。泗礁供电所至长弄堂岗墩2.010千米路段原称长弄堂线，2001年6月完成水泥混凝土路面，2005年路面宽度扩建至4.5米。殡仪馆至高马线交叉路口1.510千米路段，2002年2月建成水泥混凝土路面，马关端延伸0.207千米与菜马线相接。其余路段在2005年10月前，全部改建完成水泥混凝土路面。泗礁供电所至水库管理房0.370千米路段路面宽8.0米、水库管理房至驻军汽车连3.348千米路段，路面宽

4.5 米、汽车连至高马线交叉路口 0.430 千米路段，路面宽 4.0 米，四级公路。

石插线　石柱养猪场至插旗岗驻军油库大门，途经马前岗、泼拉山，全长 4.984 千米，其中 0.521 千米为重复里程不计入总里程数。基础是驻军修建的简易公路，1971 年移交地方交通部门养护。石柱养猪场至泼拉山 3.129 千米路段，曾称天罗岗线。2002 年 4 月完成路段水泥混凝土路面改建，至 2005 年 10 月，全线完成水泥混凝土路面改建。石柱猪场至嵊马线 3.000 千米路段路面宽 6.5 米、嵊马线至驻军油库大门 1.984 千米路段路面宽 4.0 米，四级公路。

青金线　兴达船厂至金平金鸡岙停车场，途经金青大桥、金平小平头村、黄泥坎村，全长 3.735 千米。兴达船厂至青沙沙滩口路段原为石青线（石柱至青沙）路段，1995 年嵊泗县交通管理局投资 161 万元完成水泥混凝土路面修建，于 1999 年 1 月与金青大桥起点相连，全长 0.625 千米。金青大桥至金鸡岙停车场 3.110 千米路段为金青大桥配套工程，2001 年 6 月全线建成水泥混凝土路面。兴达船厂至金平黄泥坎 2.714 千米路段，路面宽 6.0 米，三级公路。黄泥坎至金鸡岙停车场 1.021 千米路段，路面宽 7.0 米，四级公路。

李插线　李柱山码头至插旗岗，2005 年，为配合宝钢马迹山矿砂中转港二期、三期码头工程建设而建造，全长 7.694 千米，全线路面宽 6.0 米，三级公路。

李马线　李柱山码头至马关，菜园长弄堂水库坝脚至蒙恩堂路段。2009 年 12 月完成建造，全长 2.141 千米，沥青路面，宽 8.5 米，三级公路。全线设置塑钢缆索护栏，路灯 44 盏。

五马线　五龙边礁岙船厂至马迹山港区门口，途经黄沙岙村、田岙村、高场湾村、石柱村、马关。边礁岙船厂至南长涂老酒厂 5.543 千米路段，全长 15.225 千米，2005 年建成。黄沙岙至东山社区路段路面宽 6 米，其余路段路面皆为 7.5 米。1995 年建成石柱村委至马迹山港区门口 6.418 千米路段。1998 年建成南长涂老酒厂至高场湾岗墩 0.758 千米路段，路面宽 7.5 米。2002 年建成高场湾岗墩至石柱村委 2.506 千米路段，路面宽 6 米；石柱村委至马关烟草经营部路段路面宽 7 米，其余路段路面宽皆为 6 米。全线为水泥混凝土路面，双车道，三级公路。

枸嵊线　枸杞车客渡码头至嵊山东崖绝壁景区，途经枸杞干斜村、导航站、干斜岗墩、干斜村委会、跨越三礁江大桥，经嵊山解放村村委会，穿过泗洲塘隧道，经泗洲塘客运码头，全长 11.707 千米。路面宽 4.5 米，四级公路。2013 年，公路线路调整，乡道箱满线（嵊山箱子岙至满头嘴）、码干线（枸杞客运码头至干斜），村道三庙线（枸杞三大王至庙干）等部分路段并入枸嵊线。枸嵊线是唯一一条不在泗礁山岛（县城所在岛）的县道公路。

第二节　乡道公路

境内有乡道公路 13 条，分布于各主要岛屿，总里程 34.969 千米。11.257 千米为沥青混凝土路面（大洋山岛），23.712 千米为水泥混凝土路面。按公路工程技术等级分，等级公路 33.123 千米（二级公路 5.575 千米、三级公路 6.738 千米、四级公路 20.810 千米），等级外公路

五龙田岙渔村公路

1.846千米。

青青线　泗礁山岛，青沙沙滩口至青沙"青沙托儿所"，原为石青线（石柱至青沙），全长0.629千米。1985年，青沙沙滩口至青沙车站路段由青沙乡人民政府改建成水泥混凝土路面，2006年7月，重新改建。2001年，青沙车站至化工厂路段由县交通管理局改建成水泥混凝土路面，路面宽5米，四级公路。

菜碧线　泗礁山岛，菜园（嵊泗汽车站）至基湖碧海山庄，全长1.979千米。原称菜基线（菜园至基湖），驻军修建的简易公路，1960年移交地方交通部门养护。2001年，建成水泥混凝土路面，宽5米，四级公路。

田黄线　泗礁山岛，五龙田岙汽车站至五龙黄沙岙花坛，全长0.337千米。原称双黄线，驻军修建的简易公路，1971年移交地方交通部门养护。1991年10月，由田岙村委会改建水泥混凝土路面。2002年，全线水泥路面重新修复，路面宽5米，四级公路。

老宫线　泗礁山岛，高场湾沙滩至导航站，全长0.613千米。原称高场湾村线，驻军修建的简易公路，1971年移交地方交通部门养护。1995年3月至1995年8月改建水泥混凝土路面，路面宽5.5米，四级公路。

基教线　泗礁山岛，基湖海马度假村至驻军教导队，原驻军修建的简易公路，1971年移交地方交通部门养护。全长0.697千米（其中重复里程0.21千米不纳入总里程），由原基湖村线和基教线合并而成。1999年11月，基湖村委改建海马度假村至基湖村0.266千米路段为水泥混凝土路面，路面宽4米，达四级公路标准。2000年5月，县交通管理局改建基湖老虎头至驻军教导队0.421千米路段为水泥混凝土路面，路面宽4米，四级公路。

圣云线　大洋山岛圣姑码头至云鹅头，全长3.381千米。2002年全线改建水泥混凝土路面，后为沥青混凝土路面，宽9米，二级公路。

峙大线　大黄龙岛峙岙至大岙，全长4.139千米。1999年3月至1999年8月，县交通管理局投资441万元建造的沿港公路，水泥混凝土路面，宽4.5米，四级公路。

三里线　枸杞岛三大王客运码头至里西石油库，全长3.349千米。1991年，县交通管理局投资40万元建造客运码头至沙滩口0.5千米路段。1998年，乡人民政府投资187万元改建其余路段为水泥混凝土路面。三大王客运码头至石浦村1.503千米路段路面宽4.5米，四级公路。石浦村至里西石油库1.846千米路段路面宽3.5米，等级外公路。

码塔线　又称花灯线。花鸟山岛交通码头至花鸟灯塔，全长 4.41 千米。2005 年全线改建水泥混凝土路面。花鸟交通码头至花灯线路段 1.741 千米路面宽 4.5 米，花灯线至灯塔 2.669 千米路段路面宽 6 米，四级公路。

小渔线　金鸡山岛金平小平头至大渔岙，(也称大小线) 全长 1.056 千米。2007 年 6 月建造，水泥混凝土路面，路面宽 6 米，三级公路。

边六线　泗礁山岛五龙派出所至六井潭景区，全长 2.533 千米。2005 年建成，水泥混凝土路面。宽 4.5 米，四级公路。

渔圣线　大洋山岛渔农业服务中心至圣港社区，全长 7.876 千米。2012 年建造，沥青混凝土路面，双车道。渔农业服务中心至雄洋社区 1.111 千米路段宽 7 米、花岗石公司至海水淡化厂 1.362 千米路段，路面宽 6.8 米和海水淡化厂至城东社区 3.209 千米路段，宽 7 米，三级公路。城东社区至圣港社区 2.194 千米路段，宽 7.2 米，二级公路。

箱后线　嵊山岛箱子岙码头至后头湾岗墩，全长 3.970 千米。原驻军修建的砂石路面的简易公路，2012 年改建成水泥混凝土路面，宽 4.5 米，四级公路。

第三节　专用道公路

县境内有专用道公路 16 条，皆处泗礁山岛，总里程 10.208 千米。沥青混凝土路面 0.580 千米，水泥混凝土路面 9.162 千米。按公路工程技术等级分：等级公路 3.785 千米，(全部四级公路)，等级外公路 6.423 千米。

青剑线　青沙老车站至剑门油库，曾名石油码头线，1997 年建造剑门墩石油码头的配套工程。全长 0.79 千米，路面宽 3 米，等级外公路。

石公线　青沙石子岙岗墩至公墓，全长 0.65 千米。2006 年改建成水泥混凝土路面，宽 3 米，等级外公路。

黄西线　青沙黄沙岙至菜园西方庵，全长 0.735 千米。2006 年改建成水泥混凝土路面，宽 3 米，等级外公路。

菜烈线　菜园岗墩至烈士墓，曾名菜园风电站线和烈士墓线，1977 年建造嵊泗风力发电站配套工程，全长 0.364 千米。2000 年 7 月，改建成水泥混凝土路面，宽 3 米，等级外公路。

老商线　基湖老虎头至商检宾馆，全长 0.296 千米，水泥混凝土路面，宽 5 米，四级公路。

海元线　基湖海马度假村至元鼎海滨浴场，1985 年建造浴场时开通，曾名元鼎浴场线，砂石路面，全长 0.58 千米，嵊泗县旅游局管养。后改建为沥青混凝土路面，宽 6.5 米，四级公路。

基雷线　基湖村至尖山岗墩，基础是驻军修建的简易公路。全长 1.34 千米。2007 年 3 月，县海防办投资改建成水泥混凝土路面，宽 3.5 米，四级公路。

榴灵线　菜园长弄堂榴炮连至灵塔。全长 0.607 千米。2009 年 3 月，县民政局建造。水泥混凝土路面，宽 6 米，四级公路。

石石线　石柱村委会至石柱码头，曾名双石线。全长0.281千米，1994年由石柱村改建成水泥混凝土路面，宽3.5米，等级外公路。

天电线　天罗岗至电视差转台，曾名电视台线，全长0.475千米。1987年建造电视差转台配套工程。1997年2月改建成水泥混凝土路面，宽3米，等级外公路。

泼垃线　泼拉山至垃圾场，基础是驻军修建的简易公路，全长1.052千米。2003年改建成水泥混凝土路面，宽3.5米，等级外公路。

马前线　马关烟草经营部至前进船厂，1985年建造马关前进船厂配套工程，曾名前进船厂线，全长0.962千米。2001年改建水泥混凝土路面，宽4.5米，四级公路。

马粮线　马关村委会至粮食仓库。全长0.41千米，水泥混凝土路面，宽3.5米，等级外公路。

小度线　小关岙村至商业局度假村。全长0.466千米，沥青贯入式路面，宽3.5米，等级外公路。

霸插线　霸王门至插旗岗驻军船队。全长0.512千米，水泥混凝土路面，宽3.5米，等级外公路。

大灵线　大悲山高大线1.973路段交叉口至灵音寺。全长0.688千米，2005年改建水泥混凝土路面，宽3.5米，等级外公路。

第四节　村道公路

县境内有村道公路34条，分布在3镇4乡，总里程38.846千米。（包括公路桥1座，100米；公路隧道1条，476.5米。）按公路工程技术等级分：等级公路5.361千米（三级公路1.366千米，四级公路3.995千米），等级外公路15.738千米，准四级公路17.747千米。

小黄线　金平小平头—黄泥坎。全长0.629千米，水泥混凝土路面，宽3.5米，准四级公路。

黄金线　金平黄泥坎—金鸡岙。全长0.851千米，水泥混凝土路面，宽3.5米，等级外公路。

基基线　基湖酱油厂—基湖小山。全长0.508千米，水泥混凝土路面，宽3.5米，等级外公路。

金四线　基湖金沙大酒店—四脚凉亭。全长0.648千米，2007年5月，建设渔农村新社区公路通行环境改建拓宽成水泥混凝土路面，宽3.5米，四级公路。

石飞线　青沙石子岙—飞机场（直升机停机坪）。全长0.453千米。2001年改建水泥混凝土路面，宽4.5米，四级公路。

制小线　马关制氧厂—小关岙村。全长0.288千米。2005年改建成水泥混凝土路面，宽3.5米，四级公路。

石窑线　马关石柱供销社—窑厂。全长0.557千米，宽3.5米。石柱供销社至石窑线路段为等级外公路,其余0.274千米路段为四级公路。

绿北线　绿华南码头—北码头。全长1.243千米。1979年,为上海港务局绿华监督站建设工程的配套设施。水泥混凝土路面,宽3.5米,四级公路。

双绿线　西绿华—东绿华。1973年绿华桥竣工后修建,全长3.283千米。1978年,由上海港务局扩建,1988年,乡人民政府投资修建成水泥混凝土路面,宽3.5米,四级公路。

田渡线　五龙田岙海堤—度假村。全长0.840千米。2007年,建设渔农村新社区公路通行环境,县交通局建造,水泥混凝土路面。田岙海堤至黄沙岙原驻军地0.336千米路段路面宽3.5米,黄沙岙原驻军地至度假村0.404千米路段路面宽4.5米,四级公路。

黄船线　五龙黄沙岙海堤—黄沙岙船厂。全长0.545千米。水泥混凝土路面,宽4米,四级公路。

五边线　五龙乡人民政府—边礁岙村委会。全长0.492千米。2007年,五龙乡人民政府改建拓宽成水泥混凝土路面,宽3.5米,准四级公路。

黄泗线　五龙黄沙岙船厂—泗礁车客渡码头。2009年5月建造,为泗礁车客渡码头配套工程。全长0.607千米。水泥混凝土路面,宽7.5米,三级公路。

民万线　嵊山民富村委会—万年溪坑。全长1.305千米。水泥混凝土路面,宽3.5米,准四级公路。

万粮线　嵊山万年溪坑—粮食仓库。全长0.358千米。水泥混凝土路面,宽3.5米,等级外公路。

黄差线　嵊山黄泥弄—电视差转台。全长0.374千米。水泥混凝土路面,宽3.5米,等级外公路。

军镇线　嵊山军民共建路—镇人民政府。全长0.276千米。水泥混凝土路面,宽3.5米,准四级公路。

北南线　黄龙北岙—南港。全长0.914千米。北岙至北南线路段0.759千米,宽6米,三级公路;北南线路段至南港0.155千米,宽3.5米,准四级公路。

大东线　黄龙大岙油库码头—东嘴头。全长4.179千米。路面宽4.5米,四级公路。

南小线　黄龙南港岗墩—小庵。全长0.889千米,路面宽3.5米,等级外公路。

沙南线　黄龙沙河口—南港码头。全长0.507千米。水泥混凝土路面,宽4.5米,准四级公路。

南岗线　黄龙南岙隧道出口处—南港岗墩。曾名花南线,全长0.626千米。2011年建造,水泥混凝土路面,宽3.5米,四级公路。

小龙线　枸杞小石浦岗墩—龙泉村。全长1.436千米。2007年10月改建成水泥混凝土路面。小石浦岗墩至小龙线路段0.818千米路面宽3.5米,等级外公路;小龙线0K＋818路段至龙泉村0.618千米路段路面宽4.5米,准四级公路。

里育线　枸杞里西后龙舌—育苗场。全长0.302千米。水泥混凝土路面,宽3.5米,等级外公路。

三后线　枸杞三大王停车场—后头湾码头。全长 0.930 千米。2003 年改建成水泥混凝土路面。三大王停车场至枸杞小学 0.787 千米路段路面宽 4.5 米，枸杞小学至后头湾 0.143 千米路段路面宽 6 米，四级公路。

后小线　枸杞后头湾冷冻厂—小西天。全长 1.164 千米。2007 年 3 月，县海防办改建成水泥混凝土路面，宽 3.5 米，准四级公路。

导江线　枸杞导航站—江爿。全长 1.352 千米，水泥混凝土路面。导航站至导江线 0.132 千米路段，路面宽 6 米，四级公路。导江线至江爿 1.22 千米路段，路面宽 3.5 米，等级外公路。

干干线　枸杞干斜岗墩—干斜村。全长 0.523 千米。2005 年改建成水泥混凝土路面，宽 3.5 米，等级外公路。

海汤线　枸杞海防连—汤家岗墩。全长 0.280 千米。水泥混凝土路面，宽 3.5 米，准四级公路。

导乌线　枸杞导航站宿舍—乌沙村。全长 2.11 千米。2006 年，建设渔农村新社区公路通行环境，县交通局改建成水泥混凝土路面。导航站宿舍至飞机场路 0.531 千米路段路面宽 3.5 米，准四级公路。飞机场路至乌沙村 1.579 千米路段路面宽 4.5 米，等级外公路。

老炮线　花鸟老团部—炮兵连。全长 0.720 千米，水泥混凝土路面，宽 3.5 米，等级外公路。

陆营线　花鸟陆军码头—驻军营部。全长 0.871 千米。2007 年 3 月，县海防办改建成水泥混凝土路面，宽 3.5 米，准四级公路。

码塔线　花鸟山岛花鸟村—北岙码头。曾名花北线。全长 0.572 千米。2006 年改建成水泥混凝土路面，宽 4.5 米，准四级公路。

滨朝线　大洋滨海社区—朝阳宫。全长 1.181 千米。2012 年建成，水泥混凝土路面，宽 4.5 米，准四级公路。

嵊泗县各岛屿公路情况表

表 5-1-1　　单位：条、千米

岛名	公路	数量	里程	等级标准公路			准四级公路	等级外公路	面层铺装	
				二级	三级	四级			沥青混凝土	水泥混凝土
泗礁山岛	县道	10	74.796	4.554	51.875	18.367			14.250	60.546
	乡道	7	7.844		1.056	6.788				7.844
	村道	11	6.418		0.607	2.307	1.862	1.642		6.418
	专用	16	10.208			3.785		6.423	0.580	9.162
嵊山岛	县道	0.5	4.645			4.645				4.645
	乡道	1	3.970			3.970				3.970
	村道	5	9.346				1.581	7.765		9.346
	专用									

续表 5-1-1

岛名	公路	数量	里程	等级标准公路			准四级公路	等级外公路	面层铺装	
				二　级	三　级	四级			沥青混凝土	水泥混凝土
大洋山岛	县道									
	乡道	2	11.257	5.575	5.682				11.257	
	村道	1	1.181				1.181			1.181
	专用									
枸杞岛	县道	0.5	7.062			7.062				7.062
	乡道	1	3.349			1.503		1.846		3.349
	村道	8	8.097			1.062	2.313	4.722		6.933
	专用									
大黄龙岛	县道									
	乡道	1	4.139			4.139				4.139
	村道	5	7.115		0.759	0.626	4.841	0.889		5.141
	专用									
花鸟山岛	县道									
	乡道	1	4.410			4.410				4.410
	村道	3	2.163				1.443	0.720		2.163
	专用									
东、西绿华岛	县道									
	乡道									
	村道	2	4.526				4.526			4.526
	专用									
总　计		75	170.526	10.129	59.979	58.664	17.747	24.007	26.087	140.835

1993—2014 年嵊泗县公路建设情况表

表 5-1-2　　单位：万元、千米

项　目　名　称	开工日期	竣工日期	投资金额	里程
菜园至李柱山公路改建工程	1991.12	1993.6	474	5.30
青沙至石子岙公路	1994	1995	153	0.60
马前岗隧道及公路	1993	1997	1851	13.00
高场湾至五龙公路	1995	1997	600	9.60
菜园至马关公路改建工程	1993.12	1998.5	1700	2.64

续表 5-1-2

项　目　名　称	开工日期	竣工日期	投资金额	里程
小菜园至金沙大酒店公路	1996.7	1998.7	750	2.41
菜园至青沙公路	1997	1997	200	1.86
北石弄至金沙大酒店公路	1996	1998	733	1.90
马迹山进港公路	1996	1998	4376	3.80
洋山镇共建公路		1998		1.64
高场湾至大悲山公路	1998	1998	261	3.80
枸杞三大王至里西公路	1998	1998	200	3.10
菜园至金平公路	1999.1	2001.7	3500	2.70
基湖至小关岙公路	2000	2000	60	0.70
黄龙公路	1999	2000	620	3.00
黄龙黄沙岙至南港公路			2000	2.50
基石线公路路面改建工程				2.86
高马线公路路面改建工程				5.00
基湖至石柱至殡仪馆公路改建工程			800	6.11
五龙黄沙岙至田岙公路改建工程			120	0.80
大洋山码头至大岙公路接线工程				
高场湾至马关公路改建工程	2001	2002	385	5.39
胜利、枸杞至小沙头环岛公路	2002		150	0.65
金平小平头至大鱼岙公路	2002.9	2003.7	500	1.69
枸杞乡龙泉村沿港公路工程				
黄龙乡北岙至大岙公路	2003.7	2004.4	150	2.74
黄龙乡北岙至峙岙公路	2003.6	2004.1	500	2.16
剑门大桥接线公路			1089	7.30
五龙田岙公路路面改造工程	2002	2003	750	6.00
剑门大桥至大鱼岙公路	2002	2003	581	3.00
花鸟大岙至灯塔公路	2003	2003	172	1.68
李五线至会城村公路	2003.5	2003.12	300	1.60
五龙边礁岙至六井潭公路	2003	2003	212	2.56
黄龙鱼品厂至大岙公路	2003	2003	75	0.50
剑门大桥至青沙接线公路	2003	2003	85	1.00

续表 5-1-2

项　目　名　称	开工日期	竣工日期	投资金额	里程
剑门大桥至西方庵、气象站公路	2003	2003	70	1.00
枸杞交通码头至三大王公路				5.90
李柱山北岙码头至插旗岗公路	2002	2004	2667	7.03
花鸟村至灯塔村公路	2004.2	2004.9	270	3.22
枸杞三大王至乌沙环山公路改建工程	2006			1.50
枸杞北岙交通码头至三大王、干斜公路改建工程	2004	2004		3.00
枸杞北岙码头至干斜村公路	2004.5	2004.10	150	1.55
五龙交通码头至田岙公路	2004	2004	886	1.00
五龙交通码头至田岙公路		2005.8	1800	6.50
金平乡黄泥坎村至金鸡岙村公路	2004.5	2004.12	150	1.33
枸杞三大王至庙干、乌沙公路	2004	2004	480	1.40
花鸟大岙至灯塔公路二期工程	2004	2004	265	2.30
枸杞码头至导航站、干斜岗墩公路	2004	2004	182	
金平小平头至金鸡岙公路	2004	2004	150	1.30
李五线砼路面改建工程		2005		
五龙会城岙至和尚套公路	2004	2005	800	5.70
李柱山至插旗岗公路工程		2005.8	3000	10.00
李五线油路改建工程	2005	2005	90	1.10
菜碧公路改建工程		2005	200	1.30
枸杞三大王至庙干公路		2005	700	0.78
黄泥坎至金鸡岙公路		2005	300	1.30
五龙会城至南朝阳公路	2005	2005	420	2.45
金沙大酒店至泗礁海防营公路改建	2006		150	1.50
嵊山箱子岙码头至大玉湾公路	2005		860	2.20
绿华岛码头接线公路	2005		1635	5.00
枸杞导航站至三大王公路	2006	2006	560	1.50
石柱至插旗岗公路		2006		
李五线至南朝阳公路		2006		
花鸟北岙交通码头至灯塔公路				
枸杞交通码头至嵊山公路接线工程	2006.8	2007.9		

续表 5–1–2

项　目　名　称	开工日期	竣工日期	投资金额	里程
枸杞车渡码头接线公路		2007		
枸杞车渡码头至庙干公路	2006	2007	1660	3.98
李柱山至高场湾公路	2008.10	2009.6	3266	4.55
李柱山至北石弄公路	2008	2009	2550	2.00
李柱山码头至马关公路	2008	2009	3654	11.60
花鸟北岙交通码头至燕窝潭公路	2008			
黄龙黄沙岙冷冻厂至黄龙鱼品厂砼路面工程			51.5	0.50
枸杞交通码头至嵊山公路	2007	2010	15148	0.81
五龙南朝阳至高场湾公路	2009.11			
高场湾至大悲山公路改造拓宽工程	2011.3	2011.7	450	3.86
高大线大中修工程	2011.8	2011.12	500	
箱子岙交通码头至满咀头公路	2011.5	2014.8	7230	7.10
洋山环岛公路工程	2010.7	2012.12	9403	9.17
南朝阳至高场湾公路	2010.1	2012.12	3762	6.27
枸杞环岛公路	2011.3	2013.12	10226	8.78
花鸟环岛公路	2013.4	2013.12	3000	3.92
公路大中修工程	2012.4	2013.12	700	
枸杞环岛公路后续工程	2014.11	2014.12	1000	
黄龙环岛公路	2011.9	2014.12	13523	10.50
金鸡山环岛公路	2011.8	2014.12	5160	4.09
沈家湾客运码头接线公路工程			4880	2.38
李柱山至五龙交通码头公路改建工程			23795	13.90
枸杞车渡码头至乌沙公路				6.09
嵊山箱子岙交通码头至满咀头公路	2012.4	2014.6	6688	7.23
花鸟环岛公路			11081	13.92
花鸟交通码头至灯塔公路			2519	4.73
黄龙峙岙至南港公路			9086	7.05
黄龙大岙至东嘴头公路			6352	5.16
嵊泗中学至殡仪馆至马关公路改建工程				
菜园镇小平头至金鸡岙公路工程	2012		3253	4.44
枸杞北岙交通码头至嵊山公路工程	2010.4	2010.7	700	5.70

第五节　桥　梁

泗礁山岛、大黄龙岛、嵊山岛、枸杞岛等居民较集中的大岛上多有溪流、溪坑，有溪水流注入海，称“沙河”。岛民为便于行走，在“沙河”上搭放数尺宽的木板或石条，便是海岛最简易的桥。嵊泗解放初，人民政府填河修路，简易桥逐渐消失。1958 年冬汛，嵊泗县水产供销公司在壁下岛和安基岛建造嵊泗第一座跨海桥。至 2011 年，境内建有 6 座跨海桥，总长 1781.4 米。2005 年 5 月，小洋至上海芦潮港东海大桥通车，全长 32.5 千米，是境内第一条省际跨海大桥，是嵊泗列岛直达大陆的便捷通道。

壁下桥　连接壁下岛和安基岛的木质桥，为县境内首座跨海桥。1958 年 11 月，县水产供销公司投资建造，时称“东海第一桥”。1962 年 7 月底强台风过境，桥遭摧毁。1963 年 3 月，改建钢筋混凝土桥，全桥两墩三跨，长 42 米，宽 3 米，净高 8.7 米，设计载重汽车 8 吨，桥面两旁浇制水泥墩钢管扶栏。投资 2.38 万元。1975 年，在桥西侧填海筑堤，连接壁下、安基两岛，该桥废弃。

绿华桥　位于西绿华岛东端，东绿华岛西端，连接东绿华岛和西绿华岛的跨海公路桥。1972 年 5 月，驻军设计、建造。桥长 100 米，高 16 米，桥面净宽 4.10 米，安全带 0.6 米，桥两边置水泥墩钢管扶栏。两墩三跨，孔跨径分别为 21 米、27 米、21 米。设计载重汽车 3 吨。

李柱山桥　李柱山码头的配套工程，连接泗礁山岛与李柱山码头，李五线（县道）跨海公路桥。长 78.4 米，桥面净宽 4.5 米，标高 9.2 米。桥型系整体双曲拱式，钢筋水泥混凝土结构，两墩两台三孔，跨径 22 米。载重设计为汽车 10 吨，挂车 60 吨。浙江省交通邮政局航运设计室设计，浙江省交通邮政局港航工程队承建。投资 12 万元。1973 年 11 月动工，1974 年 8 月竣工，同年 9 月 1 日通车。1994 年 4 月，嵊泗县交通管理局投资 77 万元，在桥南侧间隔 1 米，并列增建一座姊妹桥，结构、长度相同，1996 年 1 月竣工。舟山市交通设计所设计，舟山市海港工程公司承建。

李柱山公路桥（1974 年）

庆祝李柱山桥建成通车大会

马迹门公路桥(1997年)

马迹门公路桥 宝钢马迹山矿石中转港配套工程。跨马迹门水道,连接中柱山岛和马迹山岛,五马线(县道)跨海公路桥。长195.6米,宽8米。主跨三孔,跨径45米;引桥四跨,其中跨径16米3跨,跨径12.6米1跨。设计荷载汽车20吨,挂车100吨,行车时速30千米。崁岩灌注桩基础,结构为钢筋混凝土连续T形梁。交通部上海三航设计院设计,浙江省大成建设实业公司和舟山市路桥公司联营承建主桥,舟山市定海交通工程公司施工引桥。嵊泗县交通管理局建设、监理。总投资579万元。1996年3月开工,1997年4月竣工,同年5月通车。

金青大桥

金青大桥 跨泗礁山岛与金鸡山岛之间的剑门水道,又称剑门大桥。连接菜园镇的青沙与金平,青金线(县道)的跨海公路桥。长584.4米,宽7米加两侧人行道各0.75米。设计荷载汽车20吨,挂车100吨。车速30千米/小时。主桥上部结构为55+90+55米的三孔三向预应力混凝土变截面连续箱梁,单箱单室断面,跨中梁高2.3米,墩顶梁高4.8米,引桥为16米先张法预应力空心板。主桥下部结构采用实体墩,主墩设6根直径150厘米的崁岩灌注桩承台基础,副墩为6根直径120厘米的崁岩灌注桩承台基础。引桥为双柱式结构,菜园方向为嵌岩灌注桩基础,金平方向为锚筋桩扩大基础,重力式U型桥台。主桥通航净空宽60米,高13.5米。跨径计长568米,单孔最大跨径90米。两桥台长16.4米。

1996年交通部立项大桥工程建设,1998年列入浙江省交通厅交通基本建设年度计划。工程由浙江省规划设计研究院设计,浙江省上虞县交通工程实业总公司承接,浙江省海港工程队施工。1999年1月26日开工,2001年6月28日竣工,总投资2856.35万元(包括接线公路)。2001年7月26日举行通车仪式。

三礁江大桥 跨三礁江海域,连接嵊山与枸杞两岛。三塔双索面跨海斜拉桥。枸嵊线(县道)跨海公路桥。长781米,由主桥和引桥组成,主桥长685米,桥面宽12米,净宽9米(7米加人行道各1米),采用跨径为120+210+210+115+30米的四跨三塔部分斜拉桥。嵊山双胖嘴头、枸杞乌沙嘴头岸段两跨高度均150米,三礁江航道两跨高度均210米。通航孔净宽

90米，净高14.2米。桥梁采用6×16米预应力砼空心板结构。引桥位于枸杞侧，长96米，桥面宽11米。工程由浙江省交通规划设计研究院设计，中国交通建设集团第二航务工程局有限公司承建。2007年3月开工，2011年1月6日全线通车，总投资1.38亿元(包括接线公路)。

三礁江大桥

东海大桥 连接小洋山岛和上海南汇芦潮港，是中国第一座跨越外海的跨海公路桥。是上海国际航运中心洋山深水港区一期工程的配套工程，为洋山深水港区集装箱陆路集疏运和供水、供电、通信等需求提供服务。中国著名桥梁专家林元培设计。总长32.5千米，分为陆上段2.3千米，海堤至大乌龟岛之间的海上段25.5千米，大乌龟岛至小洋山岛之间的港桥连接段3.5千米；宽31.5米，分上、下行双幅桥面，双向6车道，设计车速80千米/小时，设计荷载按集装箱重车密排校验，可抗12级台风、七级烈度地震，设计基准使用期100年。大桥设有四个通航孔，其中主通航孔离海面净高40米，净宽400米，可通航万吨级货轮。两座大跨度海上斜拉桥主塔，采用海上大体积混凝土浇筑，高159米。大桥总投资71.1亿元。2002年6月26日开工建设，2005年5月25日结构贯通，同年12月10日全线通车。

东海大桥

第六节 隧 道

境内最早的隧道建于1960年代，驻军施工凿成。1970年代初，又相继在嵊山岛、小洋山岛和大洋山岛建成3条隧道。1980—1990年代，随着海岛公路建设和陆上交通运输发展，菜园增建公路隧道3条，大黄龙岛增建公路隧道1条，小洋山岛增建公路隧道1条。2014年，境内建有隧道10条，计2485.5米，分布在泗礁山岛、小洋山岛、大洋山岛、嵊山岛和大黄龙岛。其中公路隧道8条，长2287.5米。

插旗岗隧道 马关通往插旗岗码头(县道)的公路隧道。位于泗礁山岛小关岙西侧2千米，插旗岗南麓，呈东—西方向。长123米，宽4米，高4米，泥结碎石路面，钢筋水泥混凝土衬砌拱圈边墙。驻军勘测、设计、施工，1966 年 4 月建成。

小洋山老厂干隧道　位于小洋山岛南部，连接大岙与大观音山南麓乡办工厂区，呈西北—东南方向。长 78 米，宽 3 ～ 5.7 米，高 3 ～ 3.5 米，隧道内纵坡 0.5%，泥结碎石路面，钢筋水泥混凝土衬砌拱圈边墙。驻军勘测、设计、施工。1970 年动工，1972 年竣工。

大洋山猢狲岙隧道　位于大洋山岛南部的石子岙附近，呈东—西方向。长 120 米，宽 3 ～ 4 米，高 3 ～ 3.5 米。水泥混凝土路面，钢筋水泥混凝土衬砌拱圈和边墙。驻军勘测、设计、施工。隧道口有门，外侧有地下库。1970 年动工，1972 年竣工。

嵊山泗洲塘隧道　箱子岙与泗洲塘两港湾之间的渔港专用交通隧道，后建成枸嵊线（县道）公路隧道。位于嵊山岛陈钱山路南端，呈西北—东南方向。长 139 米，净宽 5.5 米，净高 4.5 米，水泥混凝土路面。浆砌料石衬砌拱圈，浆砌规格石衬砌边墙，钢筋水泥混凝土衬砌两端拱圈各 10 米。舟山地区渔港建设委员会设计，温州路桥公司施工，嵊泗县交通运输管理站监理。总投资 25.4 万元，浙江省水产厅拨款。1973 年动工，1976 年竣工。2008 年，嵊山镇人民政府投资 65 万元，更新隧道照明设施和防水处理，加固、延伸两端拱圈。整修后隧道全长 153 米。

2008 年整修后的泗洲塘隧道

菜园隧道　沟通菜园与基湖之间的（县道）公路隧道。位于菜园镇东海路南端，呈西北—东南走向。长 245.5 米，净宽 8.5 米，净高 5.05 米，两侧人行道宽各 0.75 米。浆砌规格石衬砌拱圈，钢筋水泥混凝土衬砌隧道口两端，浆砌片石衬砌边墙，水泥混凝土路面。顶部有照明设施。舟山市公路管理局（时称舟山地区公路段）设计，岱山县大衢太平工程队、岱中工程队承建，菜园隧道改建工程指挥部建设、监理。浙江省交通厅公路局和嵊泗县人民政府共投资 107.4 万元（包括两端新接公路线

菜园隧道

1282.3 米)。1981 年 4 月开工,1984 年 4 月初竣工,4 月 25 日举行通车典礼,2007 年,更新隧道照明设施及防渗漏和加固处理。

小菜园隧道　青石线(青沙岗墩至石柱小套岗墩)(县道)菜碧公路隧道。位于菜园镇海滨东路 65 号东北侧,呈西北—东南方向。菜碧公路曾名小菜园至金沙大酒店沿海公路,浙江省交通厅行文批准建造。长 234.5 米,宽 7 米加两侧 1.5 米,净高 4.5 米。厚 18 厘米水泥混凝土路面,水泥混凝土衬砌拱圈和侧墙,顶部有照明设施。采用山岭重丘三级技术标准。舟山市交通设计院设计,普陀海港工程公司承建,嵊泗县交通管理局建设、监理。1996 年 7 月开工,1997 年 7 月竣工,10 月建成通车。投资 832 万元。2001 年,加固处理隧道小菜园方向洞口,投资 50 万元。2007 年,再修。

小菜园隧道

马前岗隧道　菜马线(菜园县公管所至马关老车站)(县道)公路隧道。位于菜园镇东海路南端。呈南—北走向。1993 年 10 月,嵊泗县人民政府成立嵊泗县菜五公路马前岗隧道工程指挥部,常务副县长任瑞宏任指挥,胡雄杰、邵德士为副指挥。指挥部下设办公室,朱志清为办公室主任。办公室设在县交通管理局,全面负责马前岗隧道建设工程。隧道全长 785 米,净宽 7 米加两侧各 2 米,净高 4.5 米。水泥混凝土衬砌拱圈和侧墙,厚 20 厘米水泥混凝土路面,顶部有照明。浙江省交通规划设计院设计,中国水利水电第十二工程局三环工程公司承建,嵊泗县交通管理局建设、监理。总造价 2253 万元,其中省部拨款 1140 万元,县交通管理局筹款 485 万元。1996 年 5 月开工,1998 年 2 月 12 日竣工。

马前岗隧道

2008 年 12 月,县交通局启动修复改造工程。处理隧道内渗漏水和裂缝等病害,局部补强,重新布置照明系统,装饰洞门墙、人行道、墙面,更换栏杆。水泥砼路面挖除后重新浇筑水泥砼。工程总投资 989.92 万元。2009 年 7 月完工并恢复通车。

黄龙隧道

黄龙隧道　大黄龙岛北南线(村道)公路隧道,在黄龙黄沙岗墩,呈西北—东南方向。长476.5米,路基宽7.5米,路面宽6.0米,高4.5米。舟山市交通规划设计院设计,中铁隧道集团有限公司承建,杭州市畅顺交通工程监理咨询公司监理,嵊泗县交通局建设。投资700万元。2003年5月开工,2004年7月竣工。

小洋山隧道　址小洋山岛北部,连接东海大桥,是洋山深水港区进港道路的组成部分。隧道分高架主干隧道和地面辅道隧道。高架主干隧道长270米,采用复合式中隔墙结构形式双连拱,单孔内径15.88米;地面辅道隧道长304米,采用左右线分离的小净距,单孔净宽14.96米。主辅道隧道净高皆8.2米。整体为斜着平行分布四条隧道,上下各两条。隧道两头分别与高架道路和地面道路相接。隧道由中铁第四勘察设计院设计,中铁十九局集团小洋山隧道工程项目部承建,洋山同盛港口建设有限公司、上海市深水港工程建设指挥部港口分指挥部管理,2003年12月开工,2005年5月竣工,投资11500万元。

小洋山隧道

第二章　城乡道路

2014年,3镇拥有道路127条,延长9296米,全部水泥混凝土路面。4乡拥有道路38条。

城乡道路章分镇(即县城,菜园镇,包括与菜园有剑门跨海大桥连通的金鸡山岛,包括虽与菜园互为独立岛屿,但因其是中国十大外轮锚地之一的绿华港所在,位置重要,并且行政上隶属菜园镇的东绿华、西绿华2岛,嵊山镇、洋山镇)区街巷,乡(即五龙乡、黄龙乡、枸杞乡、花鸟乡)村道路2节记述。

城乡道路章的特殊性:海岛县的嵊泗城区,是分布在各个岛屿上的。这也是嵊泗所以被称为国家重点列岛风景名胜区的缘由之一。

第一节　镇区街巷

菜园、嵊山、洋山 3 镇街道及巷弄分别分布在泗礁山岛、金鸡山岛、东绿华岛、西绿华岛、嵊山岛、壁下岛、安基岛、大洋山岛、小洋山岛 9 个岛屿。绿华社区有道路，无巷弄。

菜园镇

全镇有 169 个大小岛屿，陆地面积 28.1 平方千米。有东海、沙河、菜圃、海滨 4 个岛城社区和青沙、金平、绿华、金沙、马关 5 个渔农村社区及 12 个行政村。全镇 12900 户，32742 人。1997 年 4 月，上海宝钢马迹山铁矿砂中转港配套工程马迹门大桥建成。继菜园隧道、小菜园隧道先后开通，1998 年，马前岗隧道建成通车。2001 年 7 月，连接青沙和金平的金青大桥（又称剑门大桥）建成通车。此后，马迹山和金平与泗礁山岛连成一体，菜园去基湖或马关必需翻山越岭、菜园到金鸡山岛必须渡海乘船，已成为历史。8 月，完成填海造地工程，新增建成区陆地面积 0.46 平方千米。2001 年至 2006 年，先后新建、改造建成区道路 17 条，在建成区形成“四纵三横”道路格局。2007 年至 2010 年，菜园镇人民政府投资 3800 多万元，完成马关卫海路改造、金平沿港路和小关岙、青沙、金鸡岙、大鱼岙通村公路建设等工程，建成道路 18 千米，道路硬化面积 42400 平方米。2014 年 5 月，开通城区公交班线。至此菜园镇拥有道路 60 条，总长度 43800 米，巷弄 204 条。均置有路灯。

菜园街景

公交客运班线 10 条，线路总长 72.5 千米，连通车站、码头、社区、行政村和相邻五龙乡。

菜园镇建成区主干道

沙河路　菜园城区中部，东—西走向。东起东海路中段，西经县人民政府门前，折向南至长弄堂水库坝脚。该路前身为一条沙河溪沟，从长弄堂山谷蜿蜒流淌入海。1957 年填平东段沙河，先形成街道。1963 年，平整中段建为街道。1982 年西段建成街道，同时，县人民政府以东 600 余米路段，去弯取直，浇注水泥混凝土路面。1998 年 7 月改造沙河路人行道。2002 年、2004 年总投资 430 万元，又分两期完成改造。东段铺设石板，改建为步行商业街。长 1125 米，宽 5 ～ 18 米。除东段为石板路面外，其余均为水泥混凝土路面。县人民政府驻沙河路 348 号。

2014 年 5 月开通城区公交 1 号线、2 号线，2015 年 1 月开通城区公交 3 号线。3 条线路设有 5 个停靠站。

天弓路　菜园南部，西北—东南走向。起自东海路中段，止于基湖岗墩。原为简易公路，在菜园隧道通车前，是菜园通往基湖、马关、五龙要道。1953年起，多次改造，2010年，与李柱山至青沙三级公路、五龙AB公路相接。长720米，宽5～7米，水泥混凝土路面。

菜圃路　菜园西北部，东北—西南走向。起自海滨路中段，止于沙河路。因路西段围绕蔬菜地得名（1994年蔬菜地建成岛沁公园）。1980年代初期扩建，与沙河路、海滨路相通。1997年6月，投资90万元完成拓宽砼道路工程。长490米，宽6～10米，水泥混凝土路面。路旁植行道树，有路灯。

城区公交1号线、2号线，城区公交3号线。3条线路在该路设有1个停靠站。

东海路　菜园东部，南—北走向。北起望海路东段，南至马前岗隧道和菜园隧道北端。与海滨中路、海滨东路交接。1970年代前，路之北段为菜园城区旧街道，南段是小巷，弯曲狭窄，沙石路面。1980年扩建取直，浇注水泥混凝土路面。1984年5月，菜园隧道通车，路段延伸至隧道口，连接金沙路。1998年2月，马前岗隧道建成，路段又延伸至隧道北口。故南端呈“Y”形。2003年4月、8月及2006年2月，三次总投资870万元完成改造。1985年后，随着旅游业的发展，商业网点增多，与沙河路东段同为菜园城区最繁华地段。长1490米，宽10～18米，水泥混凝土路面。路中段为主要商业街道。沿途有嵊泗县交通运输局、菜园镇人民政府等机关事业单位。

城区公交1号线、2号线，城区公交3号线。3条线路设有8个停靠站。3号线开通同时，2号线调整，取消“景海路”停靠站。

仰天院路　菜园西北部，西北—东南走向。起自沙河路，止于仰天院。“仰天院”为居民散居点。长800米，宽4.5～5米，水泥混凝土路面，中段有“S”形弯道。

奇观路　菜园北部，南—北走向。南起景海路，北止兴海路。以嵊泗著名景点“山海奇观”中的“奇观”两字命名。2004年9月开建，12月竣工。投资250万元。长250米，宽20米，两侧人行道各8米，主车道8米，水泥混凝土路面。

景海路　菜园中部，集贸市场外围，东—西走向。东起东海路，西止海滨西路。2003年7月开建，12月建成。投资370万元。2004年，云龙路至东市街路段建成商业休闲街。长430米，宽22米，水泥混凝土路面。沿路多宾馆、饭店，有“海鲜一条街”之称。城区公交1号线。设有2个停靠站。

云龙路　菜园中部，西南—东北走向。起自沙河路中段，止于望海广场。以嵊泗著名景点“东海云龙”中“云龙”两字冠名。2001年9月建造。投资650万元。云龙路贯穿海滨中路、景海路、兴海路，是县城街区的中轴线。穿过景海路段后路面双车道，机动车道宽7.5米×2，非机动车道宽3米×2，人行道宽10米×2，绿化隔离带1.5米×2。长530米，宽24～30米，水泥混凝土路面。其中景海路至望海路段长340米，宽56米，中间绿化带宽12米。丰华国际大酒店在道路北段。与兴海路交叉处建有花坛、雕塑。城区公交3号线。设有2个停靠站。

望海路　菜园东北部，呈东—西走向。东起海滨东路，西止山海路。沿海湾而建，漫步可观望中心渔港全景。2003年3月动工，9月竣工。投资400万元。是填海新增陆地区域最北边的一条过境道路。2012 年完成延伸段道路工程和人行道工程。长 1200 米，宽 26 米，其中机动车道 14 米。水泥混凝土路面。路中段建有望海广场。城区公交 1 号线、2 号线。设有 2 个停靠站。

兴海路 菜园北部，呈东—西走向。起自海滨东路，止于海滨西路。2004 年 2 月开建，同年 7 月建成。投资 580 万元。2007 年至 2010 年，投资 250 万元，完成西侧道路改建；投资 1150 万元，完成西侧道路二期工程砼路面及贯通工程（路长 100 米，宽 44 米）。长 1221.7 米，宽 44 米，双车道。人行道 8 米 ×2，绿化隔离带 1.5 米 ×2，非机动车道 3.5 米 ×2，主车道 7 米 ×2。水泥混凝土路面。东方之珠苑、钻石苑、水晶苑等新建居民小区，盛开大厦等高层住宅楼分布在兴海路两侧。城区公交 1 号、2 号、3 号线。3 条线路设有 9 个停靠站。

山海路 菜园西北部，南—北走向。起自海滨西路，止于望海路。以嵊泗著名景点“山海奇观”中“山海”两字冠名。2005 年 8 月开建，12 月建成。投资 280 万元。长 293 米，宽 24 米，主车道 14 米，人行道 4 米 ×2，绿化隔离带 1 米 ×2。水泥混凝土路面。

海曙路 菜园西北部。起自兴海路，止于望海路。2004 年建成。长 152 米，宽 14 米，水泥混凝土路面。有城区公交 1 号线。设有 2 个停靠站。

海滨东路 菜园东北。起自海滨中路，止于小菜园码头。沿海而建，处城区街市东面。曾名海滨路。2004 年，更名海滨东路。1963 年，填海筑堤，城区道路延伸至小菜园。1986 年建成，是城区主要街道之一。长 610 米，宽 7 ～ 21 米，水泥混凝土路面。有城区公交 2 号线。设有 2 个停靠站。

海滨中路 菜园中部。起自海滨东路，止于菜圃路与海滨西路交汇处。沿海而建，处海滨路中段。曾名海滨路。2004 年，更名海滨中路。1963 年，填海筑堤，城区道路延伸至小菜园，1983 年，扩建海滨中路，浇筑水泥混凝土路面。是城区主要街道之一。长 200 米，宽 7 ～ 21 米，沿路多商铺。

有城区公交 2 号线、3 号线。设有 4 个停靠站。

海滨西路 菜园西北部。起自海滨中路与菜圃路交汇处，止于新港路、菜李公路。沿海而建，处海滨路西段。1983 年曾名海滨路。2004 年，更名海滨西路。长 1350 米，宽 6 ～ 10 米，水泥混凝土路面。沿路有法院、污水处理厂、兴达船舶工业公司等。有城区公交 1 号线。设有 2 个停靠站。

初阳路 菜园东南。起自天弓路，止于羊府宫。长约 500 米，宽 2 ～ 3 米，水泥混凝土路面。路之东南为羊府宫正殿大门。

育才路 菜园西部，东—西走向。东起沙河路西段，西止菜园中学（嵊泗县初级中学）。1981 年曾名为育才巷，1993 年 9 月更名为育才路。长 160 米，宽 3 ～ 6 米，水泥混凝土路面。沿路有卫生局、计生委、嵊泗初级中学等。

东市街 菜园中心，东北—西南走向。起自海滨中路，止于景海路。处中心集贸市场东面。长 140 米，宽 6 ～ 8 米，水泥混凝土路面。街两边均为商铺，建有金冠休闲饼屋，沿街有泗礁工商所、嵊泗县市场局、嵊泗人才劳动力交流中心等。

融海街　菜园东部，北一南走向。起自东海路中段，止于宫前巷中段。长100米，宽3～4米，水泥混凝土路面。沿街有华侨饭店和嵊泗县供销合作社联合社等。

菜园镇(建成区)巷弄情况表

表5–2–1　单位:米

名　称	起　点	讫　点	路面铺装	长度	宽　度
横山园一弄	横山巷	横山巷山腰	块石	104	1.5～2.5
横山园三弄	横山路	横山路山坡	水泥台阶	60	4
晴波弄	声波弄双号中段	声波弄19号	水泥		1～1.5
横山园四弄	横山路	横山路山崖	水泥	80	3
东侧角北弄	东侧角中、西段	东侧角中弄东段	水泥	420	1.5～2.5
徐升弄	沙河路东段	海滨路中段	水泥	68	1.5～2
盐务弄	沙河路东段	高阜巷中段	水泥	160	1.5～3
消防弄	沙河路西段	登望弄	混凝土	210	1.5～2.5
东侧角南弄	海滨路中段	东侧角北弄	水泥	130	1.5～2.5
窑厂弄	天弓路北段	宫前巷南段	水泥	110	1.5～2
海新弄	菜圃路中段	粮盐弄	混凝土	40	2～3
沙田弄	沙河路中段	新风巷	水泥	40	4～5
渔光弄	海滨路中段	前高厂弄	水泥	110	1.5～2
三角店弄	东海路北段	宫前巷	水泥石板	84	1.5～3
爱洁弄	高阜巷	金壁弄	水泥	104	1.5～3
尚武弄	步云弄南段	东侧角中弄	水泥	280	1.5～2
金壁弄	东海路	盐务弄	水泥	68	1.5～2.5
短弄堂	沙河路西段	登望弄	混凝土	160	2.4
乔迁弄	声波弄中段	横山巷一弄	碎石	280	1.5～2
许家岙弄	东海路中段	蓬山园小区	水泥	124	1.5～2
茭白坑弄	高阜巷西北段	山腰	水泥	200	1.5～2
新百弄	沙河路	海滨路中段	水泥	64	1～2.5
东侧角中弄	东侧角北弄	山岗	水泥	250	1.5～2.5
揽胜弄	天弓路中段	天弓路上端	水泥	260	1.5～2.5
菜中弄	老街巷	菜园一小	水泥	88	1.5～2
祥瑞弄	文舞弄中段	文舞弄西端	碎石水泥	160	1.5～2
后高厂弄	渔光弄	前高厂弄	水泥	90	1.5～2
步云弄	海滨中路	山腰	水泥	120	1.5～2
前高厂弄	宫前巷	步云弄	水泥	122	1.5～2
虎石弄	西侧角弄	北海园北侧	混凝土	240	1.5～2
东惠民弄	西惠民弄	文舞弄	水泥	108	1.5～2
宫山弄	步云弄南段	天弓路	水泥	320	1.5～2.5

续表 5-2-1

名　称	起　点	讫　点	路面铺装	长度	宽　度
甘泉弄	天弓路中段	天弓路中段	水泥	220	1.5 ～ 2
工乐弄	沙河路东段	海滨路中段	水泥	140	1.5 ～ 2.5
小阁弄	东海路	老街巷	水泥	40	1.5 ～ 2
嵊中弄	潘家弄东端	沙河路西段	混凝土	420	1.5 ～ 2.5
招贤弄	东海路中段	宫前巷南端	水泥	166	1 ～ 2
西惠民弄	沙河路东段	医防弄南段	水泥碎石	370	1.5 ～ 2
西侧角弄	海滨路西段	气象站	水泥块石	240	1.5 ～ 4
花簇弄	天弓路中段	天弓路上段	水泥	30	2
丰渔弄	东海路中段	务弄盐	水泥	76	1.5 ～ 2.5
登望弄	沙河路中段	山顶	混凝土	280	1.5 ～ 3
邮盘弄	文舞弄	盐务弄南端	水泥路面	93	1.5 ～ 2
医防弄	沙河路中段	文舞弄南端	水泥路面	240	2 ～ 3
文舞弄	沙河路	医防弄南端	水泥路面	340	1.5 ～ 3.5
声波弄	高阜巷	山腰	水泥块石	260	1.5 ～ 2.5
高阜巷	东海路	文舞弄中段	水泥路面	220	2 ～ 6
新风巷	沙河路中段	菜圃路	水泥路面	240	1.5 ～ 2.5
东海老街巷	海滨中路	东海路	水泥路面	260	1.5 ～ 3
东海宫前巷	海滨路中段	天弓路	水泥石板	440	1.5 ～ 3.5
崇文弄	尚武弄	山岗	水泥路面	70	2.5
邮电弄	沙河路中段	海滨路	水泥路面	76	1.5 ～ 2
董家弄	海滨路	菜中弄	水泥块石	120	2
羊府弄	宫前巷	宫山弄	水泥	70	2
粮盐北弄	菜圃路	山岗	混凝土	400	3
长院弄	沙河路中段	人民医院后部	混凝土	350	2 ～ 3
宝石弄	虎石弄中段	粮盐北弄	混凝土	220	1 ～ 2
环泉弄	粮盐北弄中段	粮盐北弄中段	混凝土	180	1 ～ 2
菜圃沙角弄	海滨路北端	西侧角弄	水泥	150	2
沙河路 239 弄	人民银行旁边	居民房	混凝土	120	2 ～ 3
沈家弄	环卫所	县教科所	混凝土	130	1.5
丰田园弄	菜圃路	丰田园 2 幢	混凝土	250	2
长春园弄	菜圃路	菜圃路	混凝土	750	2
登山弄	沙河路中段	山顶	混凝土	365	2 ～ 3
粮盐南弄	沙田弄	菜圃路 27 号楼边	水泥路面	200	1.5 ～ 3
电影院弄	沙田弄	老电影院西侧	水泥	160	1.5 ～ 3
沙河路 164 弄	沙河路中段（南）	沙河路中段（北）	水泥	15	1 米左右
通达弄	海滨路中段	沙河路中段	水泥路面	100	5 米左右

续表 5-2-1

名　称	起　点	讫　点	路面铺装	长度	宽　度
海滨路 419 弄	海滨路中段	新风巷	水泥	60	1 ～ 3
海滨路 423 弄	海滨路中段	新风巷	水泥	62	1.5 ～ 2
海滨路 427 弄	海滨路中段	新风巷	水泥	60	1.5 ～ 2
海滨路 431 弄	海滨路中段	新风巷	水泥	60	1 米左右
海滨路 455 弄	海滨路中段	新风巷	水泥	50	1 ～ 1.5
南市弄	云龙路	东市街	水泥路面	120	4
观景弄	宫山弄中段	山岗	混凝土	150	0.8 ～ 1.1
金家弄	海滨路	菜中弄	水泥块石	120	2

菜园镇马关街道

菜丰路　石柱村北面。东北—西南走向。起自沙溪弄端口，止于东湾弄口。长 950 米，宽 2.1 ～ 3.0 米，初为泥结石路面，1978 年、2009 年，两次改建成为水泥混凝土路面。旁有民宅和农田大棚。

军民路　起自卫海路，止于火葬场路。长 400 米，宽 4 米，水泥混凝土路面。沿路多民房。2014 年 5 月，开通城区公交 1 号线。设有 1 个停靠站。

卫海路　起自金港路中段，止于金港路南段。长 1084 米，宽 4 米，水泥混凝土路面。沿路有马关社区管理委员会、军粮站、天天惠超市等。2014 年 5 月，有城区公交 1 号线，设 2 个停靠站。

沿海东路　石柱村南面，北—南走向。北起银沙路，南止石柱运输码头。长 500 米，宽 1.5 ～ 4 米。初为泥石路，1984 年、2010 年，两次改建成水泥混凝土路面。路旁有石柱渔用码头、嵊荣水产有限公司等。

沿海西路　关岙村。起自金港路，止于前进船厂。长 460 米，宽 4 米，水泥混凝土路面。2000 年扩建。

银沙路　石柱村。东南—西北走向。起自高场湾岗墩与基湖金沙路南段，止于马关小套。路经南长涂沙滩。长 2950 米，宽 7 米。初为沙泥路，1987 年、2001 年，两次改建成水泥混凝土路面。三级公路。沿路有商铺、驻军营房、夜排档等。

学英路　关岙村。起自鼻头梁山，止于金港路。长 240 米，宽 2 ～ 3 米，水泥混凝土路面。建造马关中学时修建，路旁有马关小学等建筑。

金港路　起自马前岗隧道，止于马迹山港。由菜园进入马迹山港区的要道。长 6052 米，宽 6 米，水泥混凝土路面。初为驻军司令部门前一段短路，几经延伸，1999 年建成为马关社区主干道。

2014 年 5 月，有城区公交 1 号线，设 3 个停靠站。

飞马街　起自金港路，止于卫海路。长 120 米，宽 15 米，初为小路，几经扩建，并建成水泥混凝土路面。

菜园镇马关巷弄情况表

表 5-2-2　单位：米

名　称	起　点	讫　点	路面铺装	长度	宽度
陈井弄	长兴弄	周家弄	水泥路面	80	1.5
东环山弄	老街巷	后山	水泥	107	1.5
范家弄	金港路	驻军干部宿舍	水泥	72	2
服务社弄	金港路	长兴弄	水泥	84	1.5
宫下弄	金港路	安康弄	水泥	56	1.5
外鹅桥弄	金港路	馒头山	水泥	170	2
海防弄	金港路	金港路	水泥路面	72	2
里横北弄	里横东弄	山坡	水泥路面	130	1.8
里横东弄	小关岙水库	环山公路	水泥	215	2.2
里横南弄	里横东弄	山坡	水泥	90	2
里横西弄	里横北弄	环山路	水泥	70	2
关岙里街巷	卫海路	卫海路	水泥	145	1.5 ～ 2
馒头山弄	观潮弄	庵下弄	水泥	182	1.5
沙溪南弄	银沙路段	沙溪南弄 10 号	水泥	102	3.0
圣诚弄	里街巷	陆军医院	水泥	176	1.5 ～ 3
西湾弄	鱼水弄	西湾弄	水泥	90	1.1 ～ 1.5
下横西弄	金港路	胜利巷	水泥	150	2
学军弄	金港路	杨家坑水库	水泥	76	2
张家弄	军民路	后山	水泥	188	1.5
郑家横弄	圣城弄	军民路	水泥	88	1.5
中昌弄	卫海路	老街巷	水泥		2
中横弄	大城弄	小关岙村水库	水泥	150	2
中兴弄	卫海路	老街巷	水泥	50	2
庵下弄	观潮弄	福寿庵	水泥	161	1.5 ～ 2
方家东弄	方家西弄口	方家东弄 35 号	水泥	70	1.9 ～ 2.1
宫康弄	宫明巷中段	宫康弄 21 号	水泥	120	1 ～ 1.4
海珍弄	银沙路	沙溪南弄瑞	水泥	115	1.3 ～ 2
畈北弄	银沙路段	菜丰路段	水泥	120	1.3 ～ 2
西环山弄	老街巷	大城岙水库	水泥	208	1.5 ～ 2
下横中弄	金港路	胜利巷	水泥	210	2
信号台弄	碾子井弄	小套弄端	水泥	185	1.3 ～ 1.8
中横后弄	胜利广场	山坡	水泥	180	1.8
方家西弄	方家东弄口	方家西弄 15 号	水泥	60	1.1 ～ 1.4
沙溪北弄	银沙路段	菜丰路口	水泥	150	3.1

菜园镇青沙街道

中大街　青沙村中心地段。起自新港路，止于斗争路与剑门路交界处。长460米，宽3～5米，水泥混凝土路面。初为人行小道，1980年代初期扩建成街道。沿街有百货商店、发廊、信用社、餐饮店、青沙社区管委会和青沙村委会。置路灯。

石子岙路　青沙村南面，起自新港路前端，止于菜连线与宫山西弄交接处。长500米，宽1～2米。初为人行小道，1980年代初期扩建成水泥混凝土路面。

水产大院（路）　青沙村西端。起自剑门路前端，止于里岙弄与水产大院交接处。长约370米，宽1～3米。1980年代初扩建成水泥混凝土路面。

新港路　起自青沙村兴达船厂门前，止于金青大桥桥头。长684米，宽8～10米。1993年填滩建路，1998年扩建成水泥混凝土路面。沿路有百货商店、黄金海岸大酒店、兴达船厂等。2014年5月，有城区公交2号线。设有4个停靠站。

联村路　青沙村西边，起自菜李线（菜园至李柱山）路段，止于斗争路。长650米，宽7～8米。1980年代初建成，水泥混凝土路面。通往李柱山的要道之一。

剑门路　青沙村北面，起自斗争路与中大街交接处（牛凸肚），止于剑门油库。长800米，宽4～5米，水泥混凝土路面。2009年，嵊泗县交通局和剑门油库共同出资建成。

斗争路　青沙村西北。起自中大街与剑门路交接处，止于菜李线。长750米，路宽7～8米。1980年代初期建成。近600米为宽敞平坦大路，余100米为小路，小路和大路交接处有从北鼎星迁建的土地宫，路段西面直通李柱山码头。水泥混凝土路面。

菜园镇青沙巷弄情况表

表5-2-3　　单位：米

名称	起点	讫点	路面铺装	长度	宽度
翻身弄	沙角弄	宫山坡	混凝土	100	1～2
福圆弄	沙角	石子岙路	混凝土	500	1～2
宫横头弄	里街巷	半山公路	混凝土	150	1～2
登高弄	中大街村委门口	半山公路	混凝土	140	1～2
宫山西弄	中大街信用社弄堂	石子岙马路	混凝土	550	1～2
黄家弄	里街巷黄家大屋边	周家弄顶	混凝土	150	1～2
解放弄	中大街村委对面	联村路	混凝土	370	1～2
乐家弄	中大街信用社对面	里街巷	混凝土	40	1～2
里岙弄	水产大院底部	斗争路	混凝土	450	1～2
山嘴头弄	里街巷	山嘴头山脚跟	混凝土	350	1.5
胜利弄	里街巷	山坡	混凝土	100	1.3
新星弄	联村路	鼎星巷末端	混凝土	180	1～2
徐家弄	里街巷	青沙小学	混凝土	60	1～2
永大弄	里街巷	东场地岗墩	混凝土	250	1～2

续表 5-2-3

名称	起点	讫点	路面铺装	长度	宽度
育儿弄	中大街	连村路	混凝土	110	1～2
宫山东弄	中大街菜场弄对面	宫山中弄	混凝土	140	1～2
金沙岙	连线大马路	气象站路	混凝土	500	1～2
青沙里街巷	新港路	中大街	混凝土	340	1.3
邵家弄	中大街西端	联村路坎下	混凝土	180	1～2
鼎星巷	斗争路中端	菜连线	混凝土	650	1～2
宫山中弄	宫山西弄	翻身弄	混凝土	200	1～2
青沙周家弄	里街巷吴家弄堂	周家弄	混凝土	140	1～2
青沙沙角弄	新港路沙滩口	宫山岗墩	混凝土	400	1～2
菜场弄	中大街	里街巷	混凝土	约 50	2～3

菜园镇金沙街道

乐园南路　高场湾村。起自菜五线，止于教场新路。长 160 米，宽 4.5～5.0 米。1987 年、2004 年，两次改建成水泥混凝土路面。沿路多民宅。

乐园北路　高场湾村西北面，北—南向。北起菜五线（菜园至五龙），南止教场新路。长 260 米，宽 3.0～6.0 米。两次改建成水泥和块石路面。沿路多民宅。

坑沙套路　高场湾村南面。起自高场湾至五龙沿海公路，止于海军码头。长 650 米，宽 3 米。初为沙泥石路，1992 年、2008 年两次改建成水泥混凝土路面。路旁有冷冻厂等。

教场新路　高场湾村中心，东北—西南向。起自高大（高场湾至大悲山）线，止于高马（高场湾至马关老车站）线。长 680 米，宽 5～7.2 米。初为沙泥石路，两次改建成水泥混凝土路面。路旁有嵊泗航标站。

碧海路　基湖村东面，北—南走向。北起小菜园隧道口，止于金沙路。长 1800 米，宽 5 米。1993 年、2001 年两次改建，泥石路成水泥混凝土路面。路旁有碧海山庄和海水淡化场。

外岙路　基湖村北部，东南—西北走向。起自碧海路段，止于宫山水库端。长 125 米，宽 4.2～6.2 米。1996 年、2007 年两次改建，泥石路成水泥混凝土路面。沿途有水库等。

学亭路　基湖村中北部，东—西走向。东起金沙路段，西止基湖水库端。曾名四脚凉亭路。长 330 米，宽 4.5～5.0 米。1996 年始建，2007 年和 2008 年两次改建成为水泥混凝土路面。沿途有海星中学、基湖小学、嵊泗职业技术学校、基湖水库等。

兴基路　基湖村中南部，东北—西南走向。起自金沙路，止于老虎头一弄、二弄两端。长 930 米，宽 4.2～6.2 米。2008 年改建沙泥石路为水泥混凝土路面。路东是基湖文化广场。

海通路　基湖村区东南部，东北—西南走向。起自金沙路，止于兴基路金沙社区卫生服务站口端。长 170 米，宽 4.0～4.7 米。2008 年，经两次改建沙泥石路成水泥混凝土路面。2015 年 1 月，有城区公交 3 号线，设 3 个停靠站。

小基湖路　基湖村区东部，西—东走向。西起金沙路段，东止小基湖路 13 号端。长 118

米，宽 3.0 ～ 3.5 米。五龙、高场湾群众到菜园的便捷通道。1985 年、2010 年，两次改建后，为水泥混凝土路面。

老虎头路　基湖村西南部，东北—西南走向。起自西兴基路，止于地藏殿路段。长 245 米，宽 3.5 ～ 4.2 米。两次改建，2009 年，沙泥路成水泥混凝土路面。沿路多民居。

金沙路　西北—东南走向，起自菜园东海路南段（嵊泗中学前），穿菜园隧道、过基湖村，止于高场湾岗墩，与银沙路交接。长 1250 米，宽 7 ～ 7.2 米。1985、1998 年两次改建，沙泥石路成水泥混凝土路面。沿途有天主教堂、加油站、金沙大酒店、舟山海关驻嵊泗办事处、自来水厂、嵊泗列岛旅游发展有限公司、海马度假村等建筑群。2015 年 1 月，有城区公交 3 号线。设 6 个停靠站。

菜园镇金沙（基湖村）巷弄情况表

表 5-2-4　　单位：米

名　称	起点	讫　点	路面铺装	长度	宽度
老虎头二弄	老虎头路	兴基路南端	水泥	95	1.3 ～ 2.3
望湖弄	金沙路	望湖弄 7 号	水泥	150	1.9 ～ 2.9
基湖新村五弄	学亭路	基湖新村 9 号	水泥	78	2.3 ～ 2.5
基湖新村四弄	学亭路	基湖新村 11 号	水泥	75	2.6 ～ 3
基湖新村三弄	学亭路	基湖新村 12 号	水泥	87	1.9 ～ 2.8
高沙地一弄	海通路	高沙地 1 弄 22 号	水泥	85	1.3 ～ 2.6
基湖新村二弄	学亭路	基湖新村 26 号	水泥	120	2.1 ～ 2.6
高沙地二弄	海通路	高沙地 2 弄	水泥	180	3.0 ～ 3.5
方姜北弄	金沙路	方姜南弄	水泥	70	2 ～ 2.2
沙溪弄	老虎头路	兴基路南端	水泥	130	2.8 ～ 4.5
基湖新村一弄	学亭路	基湖新村 21 号	水泥	110	1.9 ～ 2.3
高沙地新二弄	金沙路	高沙地 2 弄	水泥	125	1.8 ～ 3.3
方姜南弄	兴基路	海通路	水泥	103	1.4 ～ 2.8
三支头弄	海通路	三支头弄 26 号	水泥	105	1.6 ～ 4.5
里高沙弄	兴基路	里高沙弄 30 号	水泥	125	4.2 ～ 6.2
老虎头一弄	老虎头路	兴基路南端	水泥	75	1.3 ～ 3.0

菜园镇金沙（高场湾村）巷弄情况表

表 5-2-5　　单位：米

名　称	起　点	讫　点	路面铺装	长度	宽　度
宫福弄	银沙路段	宫福弄 22 号	水泥	95	1.2 ～ 1.9
张家井弄	教场新路	金湾南弄	水泥	110	1.6 ～ 3.8
银湾弄	菜五线	金湾北弄	水泥	101	2.2 ～ 2.3
丰泉弄	菜五线	金湾北弄	水泥	100	1.2—2.2

续表 5-2-5

名　称	起　点	讫　点	路面铺装	长度	宽　度
金湾南弄	教场新路	南沙滩滩口	水泥	150	2.9 ～ 3.0
新园弄	菜五线	银海弄	水泥	90	2.2 ～ 2.3
天后宫弄	教场新路	下沙畈	水泥		
碾子弄	金湾北弄	教场新路	水泥	105	1.3 ～ 1.8
金湾北弄	菜五线	场新路	水泥	225	1.6 ～ 2.5
沙弄	菜五线	教场新路	水泥	140	1.6 ～ 1.9

菜园镇绿华街道

东库路　东库岛南部。西—东走向。起自东库西向码头，止于东库东向码头。长 360 米，宽 1.5 米，水泥混凝土路面。沿路多民宅。

东绿华路　西—东走向。西起自绿华大桥，东止东绿华码头。长 1100 米，宽 2 米，水泥混凝土路面，沿路多民宅。

泥子坑路　西绿华岛北部原泥子坑村，北—南走向。北起小岙码头，南止石子岙医院。长 350 米，宽 1.5 米，泥结石路面。沿路多民居，南有石子岙医院。

沙厂干路　西绿华岛东部，西—东走向。西起石子岙老粮站，东至绿华大桥。长 550 米，宽 2 米，水泥混凝土路面。沿路多民居。

西绿华路　西绿华岛西部，西—东南走向。起自西绿华大岙，止于石子岙老粮站。长 400 米，宽 2.5 米，水泥混凝土路面。沿路多民居。

菜园镇金平街道

花园路　黄泥坎滨海围垦区，南—北走向。起自金海路中段，止于环城路中段。长 270 米，宽 7 米，水泥混凝土路面。沿途有金平花园、海林嘉盛苑等住宅小区建筑群。

金海路　小平头村沿海，呈东—西走向。东起老虎山嘴接金青大桥，西止金鸡岙广场。长 2500 米，宽 7 米，水泥混凝土路面。1999 年，县交通管理局为连接金青大桥，配套建造的进村公路，2000 年建成。沿路有海蜇加工厂、各类机械修配店和小杂货店等建筑。

金泉路　金鸡岙村南部小岙，南—北走向。南起金湾路中段，北止北池弄。长 400 米，宽 4 ～ 6 米。2006 年，以驻军所建泥结石路为基础，改建成水泥混凝土路面。

金湾路　金鸡岙村（小岙）南部，东南—西北走向，起自金海路，止于环城路。长 460 米，宽 3 ～ 6 米，泥结石路面。

渔港路　大鱼岙村与小平头村老虎山嘴之间，靠海边，南—北走向。南起金海路西端，北止大鱼岙沙滩口。建造新渔港和西岙工业园区配套工程。长 1050 米，宽 7 米，水泥混凝土路面。2005 年由嵊泗县交通局建造。

半山路　小平头村偏东。东南—西北走向。起自上带船碗西端，止于岗登弄中段。曾称横岗路。长 250 米，宽 1.2 ～ 2 米，2004 年改建成水泥混凝土路面。

环城路　黄泥坎村南部，东—西走向。东起滨江路西端，西止金海路东端。路环绕金平花园住宅小区。长450米，宽7米。1986年，冷冻厂、金平乡人民政府出资建成一半，1996年，乡人民政府独资又建一半，2007年，菜园镇人民政府重新改建。沿途有金平社区卫生院、金平粮站和冷冻厂旧址、村办公楼等。

金河路　金鸡岙村中心，东—西走向。东起海口，西止水池弄东端。建路前是条水沟。长250米，宽3～5米。初为石块路，2002年改建成石板路，后建成水泥混凝土路。沿途有村委办公楼和商店等建筑群。

菜园镇金平巷弄情况表

表5-2-6　　单位：米

名　称	起　点	讫　点	路面铺装	长度	宽　度
大悲弄	环城路中偏东端	东盛巷中段	水泥	130	1～2
大井头弄	岗墩弄中段	馒头山脚坑道井	水泥	350	1.2～2
大田弄	联谊巷北端	大田岗墩山半腰	混凝土	90	1～1.2
共建弄	上井头弄南端	馒头山西面山腰	混凝土	320	1.5～2
海塘北弄	渔港路终端	冲头山嘴	混凝土	300	1.8
海塘南弄	渔港路	流水坑下渔港路	混凝土	260	1.7
贺家弄	田坂弄北端	欣达弄北端	混凝土	60	1～1.2
华侨弄	小菜场东侧	车盘水库	混凝土	310	1.8
金牛弄	金河路东端	牛背脊山岗	混凝土	320	1.5～3.2
老井头弄	金河路中段	金牛弄中段	混凝土	550	2～5
粮站弄	金海西路	渔港路南端	混凝土	150	1～2
水池弄	金河路西端	岙里头水库坝脚	混凝土	350	2～6
外山嘴弄	外山嘴中部	金牛弄中段	混凝土	250	2～4
小岙井弄	渔船弄东端	粮库	混凝土	200	3～6
欣达弄	东盛巷西端	贺家弄西端	混凝土	350	1.6～2.5
鱼富弄	海塘北弄	941高地山脚下	混凝土	280	1.7
鱼中巷	小菜场上端	大岗墩下	混凝土	200	1.65
育才弄	中兴巷近北端	老卫生院	混凝土	130	1.5～2.2
育幼弄	鱼富弄	鱼中巷北端	混凝土	190	1.65
车盘弄	海瑭南弄南端	华侨弄东端	混凝土	200	1.8
船厂弄	西岙新水库	公山路北端	混凝土	250	2.5
东盛巷	中心巷南端	小岙岗墩	混凝土	200	1.2～3
费家弄	岗墩弄西南端	粮站弄中段	混凝土	120	1～2
金谊弄	环城路中段	大田弄东南端	混凝土	180	1.2～2

续表 5-2-6

名　称	起　点	讫　点	路面铺装	长度	宽　度
联谊巷	环城路中段	胡家井头	混凝土	210	2 ～ 3
南山东弄	金河路东端	南岙山半腰	混凝土	100	2 ～ 4
上带船碗弄	海晏宫西端	半山弄东南端	混凝土	220	1.2 ～ 2
渔船弄	原金鸡岙船厂	原部队营房	混凝土	120	2 ～ 4
中弄巷		岗登弄中段	混凝土	200	1 ～ 3
中兴巷	环城路中段	环城路中段	混凝土	220	2.5 ～ 4
登峰弄			混凝土	220	1 ～ 1.2
岗墩弄	费家弄北端	横岗	混凝土	160	1 ～ 2
海晏弄	金谊弄南端	海晏宫	混凝土	160	1.6 ～ 3
南山南弄	金泉路南端	南山半山腰	混凝土	200	3 ～ 5
南山中弄	南山东弄中段	南山西弄东端	混凝土	110	2 ～ 4
上井头弄	共建路南端	馒头山半山腰	混凝土	150	1 ～ 2
田坂弄	东昌路北端	贺家弄东端	混凝土	200	1 ～ 1.3
下带船碗弄	胡家山嘴	海口弄东端	混凝土	250	1 ～ 2
东昌弄	环城路中偏东端	东盛巷中段	混凝土	150	1.5 ～ 2
南山西弄	南山中弄西端	金泉路	混凝土	150	2 ～ 4
育苗弄	天后弄北	水池弄东段	混凝土	120	2 ～ 3
天后弄	金河路西段	育苗弄东端	混凝土	80	2 ～ 3
通海弄	海口	金牛弄中段	混凝土	80	2 ～ 3
高山弄	育苗弄东端	望台岗山脚	混凝土	380	1 ～ 2.5

嵊山镇

处县境东部海域，镇人民政府驻箱子岙。1934 年设镇。镇境陆域面积 7.13 平方千米。有岛礁 59 个。有光明、解放、团结、前卫、壁下、民富、民主 7 个行政村，泗洲塘、陈钱山、箱子岙、壁下 4 个渔农村社区。常住居民 3279 户，8872 人。国家一级渔港嵊山渔港和二类开放口岸嵊山口岸所在地。是嵊泗县渔业重镇。

1992 年，嵊山镇有街道 5 条，长度 3395 米，巷弄 30 条。“九五”“十一五”期间，镇人民政府扩建改造旧有的道路，浇注水泥混凝土路面，先后新建交通、民富、西洋湾等新道路。2011 年 1 月，三礁江大桥建成通车。5 月 17 日，嵊山至枸杞客运班车线路开通。2013 年，建成县道公路枸——嵊线，长 11.707 千米，枸杞车客渡码头直通嵊山东崖绝壁景点。2014 年，嵊山镇拥有道路 17 条，总长度 11075 米，巷弄 40 条。嵊山镇的交通企业拥有微型面包出租车 15 辆，载客营运。招商引资，进驻的物流企业 6 家，注册集装箱车 48 辆。嵊山本土企业嵊泗沪平物流有限公司拥有冷鲜车 3 辆，跨出县域，投入大陆物流运输市场。

交通路 起自陈钱山路北端，止于箱子岙交通码头。嵊山交通主干道路之一。长400米，宽7米，水泥混凝土路面。1993年开建，1995年建成。沿路有水产交易大楼、机修站、盐务站、油库等旧建筑和光明制冰厂、水产交易新大楼等建筑群。

陈钱山路 起自箱子岙路与交通路交接处，止于隧道口。长570米，宽6～10米，块石路面。1972年建成街道。1993年，中段扩建，宽6米增至10米，并浇注水泥混凝土路面。路两侧有渔需部大楼、农贸市场、商品大楼、良友大楼、邮政银行、综合商店、百货商店、陈钱山招待所、新华书店、上海大楼、农业信用社、宁波大楼、尽山广场、渔港招待所、物资站、邮电支局等建筑群。

青石子坑路 起自陆军码头，止于万金山路顶端。长650米，宽4米，水泥混凝土路面。1996年开建，1997年完工。路旁有水产加工厂、嵊山小学等建筑。

箱子岙路 起自陆军码头，止于陈钱山路路口。从东北至西北走向，呈环形。长500米，宽8米，水泥混凝土路面。1972年，县水产公司投资建成从陆军码头至陈钱山路口的沿港公路。1974年，镇人民政府在箱子岙湾靠北侧建小渔港，沿港堤岸遂成公路。1986年扩建，并浇注水泥混凝土路面，1988年，镇渔港建委继续扩建延伸至石油公司码头。2009年再次完成扩建。路两侧有运输站、水产加工厂、食品店、水产冷库、渔机修理厂等建筑。

民富路 起自军民共建路前段，止于粮食仓库下端。长800米，宽4～6米，水泥混凝土路面。1994年开建，1996年建成。

文化路 起自水古亭北弄顶端，止于军民共建路前段。路旁有嵊山中学教育楼旧址。长200米，宽6米，水泥混凝土路面。1983年开建，1984年建成。

军民共建路 起自嵊山供电站，止于陈钱山路后段。长450米，宽7米，水泥混凝土路面。1984年建造，1986年建成，1993年扩建。

泗洲塘路 位于嵊山岛东南部。起自泗洲塘隧道口，止于小玉湾。全长1800米，宽6米，水泥混凝土路面。1983年开建，1985年建成。沿路有食品店、制冰厂、水产加工厂、自来水厂等建筑。

后岗路 起自前卫村小码头，止于贺四庆屋后。长350米，宽2.5米，水泥、块石路面。1976年开建，1978年建成。

南下路 起自后岗路中段，止于鳗嘴头石油供应站。长450米，宽2米，水泥、块石路面。1975年开建，1977年建成。

扫箕头路 起自东海龙王宫，止于扫箕头码头。处满嘴头南面筲箕头山岙。长420米，宽2米，块石路面。1974年开建，1979年建成。

安基路 起自安基码头，止于野猫洞驻军营房。处安基岛。长850米，宽1.5～3米，水泥、块石路面。1984年开建，1985年建成。

壁下路 起自壁下供销社，止于壁下半山腰。处壁下岛。长500米，宽1.5～3米，水泥块石路面。1984年开建，1985年建成。

大盘路 起自大盘码头，止于大盘半山腰。处大盘岛。长500米，宽1.5～3米，水泥块石路面。1984 年开建，1985 年建成。

西洋湾路　起自箱子岙客运码头，经其坑岗，止于西洋湾。长 1800 米，宽 7 米。2008 年 6 月开建，2009 年 12 月建成，水泥混凝土路面。路侧建有客运码头候客室、石油公司加油站、中洲制冻厂等建筑。

万金山路　起自黄泥弄前段，止于青石子坑岗墩。处万金山。长 500 米，宽 5 米，水泥路面。1984 年 3 月至 1986 年 10 月，驻军建造。2007 年 7 月扩建。

兴隆街　起自水坑弄，止于陈钱山路中段。街之两侧皆为店铺，曾名“一粒珠”街，也称后街。历史上是嵊山主街道。长 335 米，宽 1.8 ～ 4 米。初为石板路面，街道狭窄，行人拥挤，特别是冬季带鱼汛期间，通行困难。1989 年至 1990 年，街道拓宽，改造成水泥混凝土路面。部分路段有台阶。

嵊山镇巷弄情况表

表 5-2-7　　单位：米

名　称	起　点	讫　点	路面铺装	长度	宽度
朝阳弄	通明弄西北端	通明弄东南端	块石	450	2 ～ 3
东中弄	通明弄前段	朝阳弄前段	块石	250	2 ～ 2.5
西中弄	通明弄中段	崎坑	混凝土，块石	350	1.5 ～ 2
通明弄	北港弄顶段	西中弄北段	水泥混凝土	550	1.5 ～ 3
水坑弄			水泥混凝土	550	3
周家弄	市场北	三角弄前段	水泥混凝土	95	1.5 ～ 3
市场弄	兴隆街前段	陈钱山路农贸市场	水泥混凝土	115	2.5 ～ 4
龙眼弄	育苗弄北段	三池弄中段	混凝土，块石	200	2 ～ 2.5
北港弄	交通路前段	兴隆街北段	水泥混凝土	60	2
新环弄	亭后弄前段	盘山公路	块石，碎石	260	1.2 ～ 3
新风弄	育苗弄前端	环山弄前段	水泥，碎石	85	1 ～ 2.5
三池弄	新环弄中端	水坑弄中段	水泥，块石	185	1 ～ 2
育苗弄	市场弄后段	亭后弄前段	水泥，块石	150	1.5 ～ 3.5
环山弄	龙眼弄后段	水古亭顶弄前段	碎石	310	1.2 ～ 3
亭后弄	育苗弄后段	兴隆街后段	碎石	450	1.2 ～ 3
水古亭顶弄	水古亭北弄	盘山公路	水泥混凝土	270	3
小坑北弄	文化路北端	原嵊山电厂上段	块石，碎石	165	1 ～ 2
三角弄	陈钱山路前段	育苗弄后段	水泥混凝土	75	3
海洋弄	西金山弄顶段	海洋站	水泥，碎石	150	1 ～ 2
渔胜弄	箱子岙路中段	沙角弄前段	水泥，块石	200	1 ～ 1.5
双胖弄	渔胜弄中段	青石子路中段	水泥，块石	360	1 ～ 5
江记弄	三民弄前段	三民弄中段	水泥，块石	100	1.5 ～ 2

续表 5-2-7

名 称	起 点	讫 点	路面铺装	长度	宽度
三民弄	箱子岙弄中段	陈钱山路中段	水泥混凝土	265	2～4
沙角弄	箱子岙路中段	西金山弄前段	水泥，碎石	350	1.5～2
东金山弄	陈钱山路后段	万金山	水泥，碎石	250	1.5～4
中金山弄	东金山弄中段	万金山	水泥，碎石	150	1.5～3
西金山弄	三民弄北段	青石子坑路顶端	水泥，碎石	300	1.5～3
水古亭南弄	陈钱山路后段	文化路顶端	水泥，碎石	150	3～5
水古亭北弄	兴隆街后段	文化路顶端	水泥，碎石	200	3～5
保健弄	军民共建路	东金山弄	水泥混凝土	25	3
渔乐弄	影剧院东侧	电波路	水泥，块石	215	1～1.2
小坑南弄	文化路前段	军民共建路	水泥，块石	200	1.5～2
黄泥弄	万金山路前段	军民共建路中段	水泥、块石	400	1.5～2.5
岗墩弄	泗洲塘路前段	民富路前段	块石	140	2～2.5
大坑弄	民富路中段	大坑水库	碎石	120	1～1.8
百步弄	军民共建路	陈钱山路隧道口	水泥，块石	150	3
望海弄	民富村广场	民富路中段	水泥，块石	600	2～3
登山弄	军民共建路	半山腰	水泥，块石	180	1.5～2
广播站弄	民富路前段	三块石下端	水泥、块石	250	1.5～2.5
万年弄	民富路后段	羊府庙	水泥、块石	300	2

洋山镇

县境西南海域，大洋山、小洋山、滩浒山等大小 76 个岛屿组成，陆域面积 36.36 平方千米。2001 年，嵊泗县行政区域调整，撤销大洋镇、小洋乡、滩浒乡境域合并建立洋山镇，镇辖东岙、钥匙、新洋、洋东、双南、双北、中东、滩浒 8 个行政村。2003 年，小洋山深水港开发，小洋山居民整体搬迁，双南、双北、中东 3 个行政村撤销。2005 年，滩浒撤村建渔农村社区。6 月，东岙、钥匙、新洋、洋东 4 个行政村撤销，建成城东、圣港、滨海、雄洋 4 个城镇社区。2014 年，洋山镇下辖 4 个城镇社区和 1 个渔农村社区。居民 5036 户，常住人口 12065 人。

1992 年，大洋山、小洋山两岛仅有道路 10 条，长度 8000 余米，多为碎石泥沙路面。2001 年开始，洋山经济开拓与洋山新城建设经历了建港兴城、借港建城、以港促城三个阶段。洋山港基础设施建设坚持与洋山新城建设相接轨的原则，着手改善洋山基础设施和市政设施，先后建成云浦路、盐田河路、圣大路、景观大道，社区道路改建扩建工程也全面启动。2003 年 2 月，嵊泗县洋山顺达客货运输有限公司成立，开辟洋山至上海南浦、洋山至上海南汇、小洋山循环 3 条客运线路，投入营运客车 6 辆，客位 132 座。大洋山岛内有客运小轿车 10 辆。2005 年 5 月 25 日，长 32.5 千米的东海大桥全线贯通，洋山成为嵊泗联结内陆交通网桥头堡。至 2010 年，开源路步行街、圣姑南路、府西路、圣姑北路、共建路延伸段等工程全面竣工。

2014年，有道路50条，延长38049米。巷弄43条。二级、三级乡道公路各1条，村道公路1条，计12.438千米。

共建路　东起三八路北段，西止大岙海滨。驻军与群众共同投资所建。1986年1月开建，12月建成。洋山镇区主干道，镇内繁华地段。长1000米，宽8～18米。中段750米为水泥混凝土路面。沿途有洋山镇渔业服务中心、洋山劳动分局、洋山大酒店、泽成大酒店、洋山地税分局、洋山国税分局、建设银行、信用社、邮政局、邮政储蓄等建筑群。

府前路　洋山镇人民政府前通过。长170米，宽3～6米，水泥混凝土路面。1994年1月开建，年底建成，初名兴旺路。2004年，撤村建社区时，命名为府前路。沿路有服装厂、玩具厂、农贸市场、边防派出所、镇人民政府机关等建筑。

梅兴路　东起钥匙路北面，西止圣大路北面。长350米，宽1.5～3米。1985年、1986年两次改建泥结石路面为水泥混凝土路面，2007年增建排水沟。为钥匙社区主干道。

碾子干路　起自梅兴路，止于风前岗弄。长150米，宽2～4米，水泥混凝土路面。2007年开建，2008年建成。

边防路　起自同欣二路，止于同欣三路中段。长95米，宽7米，水泥混凝土路面。2002年开工，2005年建成。

圣姑北路　起自共建路，止于大梅山北路。长169米，宽24米，水泥混凝土路面。2006年2月开建，2007年12月建成。

电站路　起自同欣二路，止于同欣三路。长110米，宽9米，水泥混凝土路面。路旁有110KV变电站等建筑。2002年开建，2005年建成。

钥匙路　起自共建路东段，止于钥匙岙码头。贯穿大岙、钥匙两岙。长670米，宽2～4米。钥匙社区主干道。1984年改建，1986年建成，初称双岙弄，1999年更现名。2007年再次改建。块石、泥沙路面。路旁有船厂等建筑。

圣港路　起自钥匙路，止于宫后头水井。处圣港社区海口。长120米，宽4米，1983年建泥石路面。2006年、2007年两次重建。2010年植行道树，辟为健身步道。水泥混凝土路面。

洋西路　起自云鹅路中段，止于罗家冲头。长1000米，宽5米。上罗家冲头，本无大路，1935年，居民开挖建路并与山脚下的平路连通。1962年，驻军修建成沙石简易公路，通汽车。2001年，山墩弄与山脚下的平路统称洋西路。2004年改建成水泥混凝土路面。路旁有新宫大水库等。

同欣一路　起自（小洋山）同欣二路中段，止于石龙景区前。上海同盛（投资）集团建造。长430米，宽9～15米，水泥混凝土路面。2002年开建，2005年建成。路之终端即为洋山石龙景区进出口。

甘泉路　长820米，宽3.5～4米，1987年曾称康庄路。2001年建为水泥混凝土路面。路两侧有自来水厂、液化气公司、海水淡化厂、屠宰场等建筑群。

梅洋路　起自洋山镇健身广场，止于舟山统新仪表厂后。大洋山西北有大梅山，东北有小梅山，是小梅山通往大梅山的路。长600米，宽2.5～4米。1987年初开建，1988年建成。

2003年改建为水泥混凝土路面。路旁有洋山中心卫生院等建筑。

观海东路 起自小洋山岛观海北路，止于观海西路。长1300米，宽7～9米，沥青路面。2002年开建，2005年建成。路旁有小洋山水库等。

云鹅路 起自共建路中段，止于甘泉路中段。处云鹅岙。长1800米，宽4～5米。1985年开建，年底建成。2003年改泥沙路面成水泥混凝土路面。沿途有洋山镇中心幼儿园、大洋电厂和滨海社区居委会等建筑。

观海西路 通往小洋山观景平台。长1120米，宽7～9米，沥青路面。2002年开建，2005年建成。路旁有洋山同盛港口建设有限公司等建筑。

世纪大道 起自雄洋社区盐田河路，止于圣港社区沿海与洋城路交接。大洋山最长最宽的道路。长约2000米，宽40米。沥青路面，贯穿大洋山岛。2005年规划，2007年开建，但因拆迁范围广、资金不足，2008年年底完成部分工程后停工。旁有滨海社区休闲广场。

小城子山路 起自小洋山隧道西北出口。止于小城子山北侧山脚。长420米，宽9米，水泥混凝土路面。2005年开建，2006年建成。

盐田河路 起自云浦路，止于小水埠头水产冷冻厂。处晒盐厂旁。长380米，宽12米，4车道，沥青路面。通往云鹭苑的车行道。2009年开建，2010年建成。旁有人行道、花坛。

东大路 贯通大洋山岛南北。起自新洋码头，止于东平码头。城东社区主街道。长1400米，宽4～5米。1985年填海滩建石块路，成为东平村一条街巷。2007年，改建为水泥混凝土路面。

东新路 贯通大洋山岛南北。起自共建路，止于新宫南弄。处东平村东岙路、新洋村新洋路交界处。长280米，宽3～2.5米，1985年建成石块路面。1998年，大洋镇人民政府出资修建成水泥混凝土路面。

东中路 起自圣大路，止于老宫四弄。处城东社区中心。长30米，宽1.6米，1985年时建成石块路，2007年，城东社区出资改建成水泥混凝土路面。

东港路 起自小洋山岛LNG（天然液化气）公司，止于沈家湾山脚。处洋山深水港区东部。2007年开建，2009年建成。长1250米，宽16米，沥青路面。沿途有申港石油公司等建筑。

港海路 起自小洋山岛东海大道，止于港海支一路。长930米，宽7～8米，水泥混凝土路面。2008年开建，2009年建成。

港池路 起自小洋山岛东海大道，止于港海路。长210米，宽7米，水泥混凝土路面。路旁有港池基地建筑。2008年开建，2009年建成。

港海支一路 起自小洋山岛港海路，止于小岩礁路。洋山港区路网中的支路，靠近港海路。长80米，宽8米，水泥混凝土路面。2008年开建，2009年建成。

港学路 起自小洋山岛东海大道中段，止于镬盖塘路。处洋山深水港区，取“科学发展”第二个字“学”，寓意科学发展洋山深水港。长310米，宽60～100米，水泥混凝土路面。2007年开建，2008年建成。

蒋军帽南路　处小洋山岛蒋军帽南侧。长350米，宽18米，水泥混凝土路面。2007年开建。上海东海大桥管理有限公司管理，上海浦江桥隧东海运营管理有限公司养护。途中设有蒋军帽开关站。

观峰路　起自蒋军帽南路中段，止于港发路中段。附近大指头（岛）为小洋山最高峰。长980米，宽16米，水泥混凝土路面。2008年开建，2009年建成。

镬盖塘路　路旁有小洋山镬盖塘岛。长970米，宽18米，水泥混凝土路面。2007年建成。上海东海大桥管理有限公司管理，上海浦江桥隧东海运营管理有限公司养护。

港发路　起自小洋山岛东海大道，止于3号、4号码头入口。处洋山深水港区，取"科学发展"中"发"字，寓意科学发展洋山深水港。长600米，宽50～140米，水泥混凝土路面。2006年开建，2007年建成。

小岩礁路　起自小洋山岛港海支一路，止于小岩礁景区。通往原小岩礁。长1140米，宽8～9米，水泥混凝土路面。2008年开建，2009年建成。

观礁路　起自小洋山岛港发路中段，止于港展路中段。路上可观望附近的大岩礁。长1200米，宽16米，水泥混凝土路面。2008年开建，2009年建成。

大岩礁路　起自小洋山岛港联路，止于港展路。路旁有大岩礁。长1100米，宽9米，水泥混凝土路面。2007年开建，2008年建成。上海东海大桥管理有限公司管理，上海浦江桥隧东海运营管理有限公司养护。

港联路　起自小洋山岛东海大道，止于3号码头出口。处洋山深水港区，取"联合"中"联"字命名。长710米，宽18～36米，水泥混凝土路面。2007年开建，2008年建成。

港展路　起自小洋山岛东海大道，止于4号码头出口。处洋山深水港区，取"科学发展"中"展"字命名，寓意科学发展洋山深水港。长800米，宽13～50米，水泥混凝土路面。2007年开建，2008年建成。上海东海大桥管理有限公司管理，上海浦江桥隧东海运营管理有限公司养护。

能源路　起自小洋山岛东海大道，止于东港路；处LNG能源港区附近。全长860米，宽16米，水泥混凝土路面。2007年开建，2009年建成。

同欣二路　起自小洋山岛电站，止于小高泥沙嘴头。长310米，宽9米，水泥混凝土路面。2002年上海同盛（投资）集团开建，2005年建成。沿途有洋山消防站等建筑。

东海支路　起自小洋山岛小城子山北侧，止于小洋山客运码头出口。连接东海大道的支路。长1070米，宽12～21米，水泥混凝土路面。2002年开建，2005年建成。

东海大道　起自：小洋山岛西北侧，止于能源路。与"东海大桥"相接。长6560米，宽24～42米，沥青路面。2002年开建，2009年建成。沿途有洋山深水港区1号、2号、3号、4号4个码头建筑。

镬脐路　起自小洋山隧道出口，止于东海大道。路基即镬脐岛（炸除）。长430米，宽8米，水泥混凝土路面。2002年开建，2005年建成。沿途有洋山高架桥等。

西岙南路　起自小洋山隧道西北出口，止于2号码头出口。处西岙南侧。长370米，宽

30 ～ 75.6 米，水泥混凝土路面。次干道。2005 年开建，2006 年建成。路旁有 2 号码头进出港闸口。

云浦路　起自大洋山岛世纪大道、大煤山脚，止于外云鹅海塘闸门。长 460 米，宽 6 ～ 15 米，沥青路面。村道。2008 年开建，2009 年建成。洋山镇最宽阔道路，两侧人行道彩砖铺成。沿途有社区居民委员会办公楼、后街商铺、花岗石公司等建筑。

里云鹅路　处云鹅路内侧。长 200 米，宽 1.6 ～ 2 米。1968 年曾称里云鹅弄。1981 年，居民出资建成水泥混凝土路面。

观海北路　起自小洋山岛同欣一路，止于观海东路。长 850 米，宽 12 米，水泥混凝土路面。支路。2002 年开建，2005 年建成。旁有东海高架桥。

洋城路　浙江洋城公司投资建造。长 890 米，宽 40 米，沥青混凝土路面。村道。路基是三八海塘塘坝，1987 年曾名三八路。1986 年建成泥结石路面。2005 年改建，2009 年建成通车。路东侧是居民区，西边为开源街。

同欣三路　起自小洋山岛电站路，止于同欣一路。上海同盛（投资）集团建造。长 640 米，宽 4 ～ 9 米，水泥混凝土路面。支路。2002 年开建，2005 年建成。沿途有洋山联合公司办公大楼等建筑。

圣大路　起自大洋山岛河田北弄南面，止于圣大路。是通往圣姑码头的主要道路。长 50 米，宽 3 米，村道。1984 年 2 月开建，9 月完工，沙石路面。2006 年，圣港社区出资改建成水泥混凝土路面。

开源街　起自大洋山岛世纪大道中段，止于圣姑路。沿街多商铺，寓意“街”是洋山新城开发的源头。长 120 米，宽 8 米，大理石路面。村道。2006 年，浙江义乌投资商投资开建，2007 年建成。

盛港路　沈家湾客运中心停车场和沈家湾客运大楼之间，起于沈家湾北侧挡浪墙，止于申港油库安全隔离区。长 195 米，宽度 16 米。水泥混凝土路面。

洋山镇巷弄情况表

表 5-2-8　单位：米

名　称	起　点	讫　点	路面铺装	长度	宽度
网棚弄	南起东新路	北止洋西路	水泥	180	2
冷水潭弄	原驻军八五炮连		水泥	350	1.5 ～ 2
文化弄	共建路中段	钥匙弄中段	水泥	200	1.5 ～ 3
北山弄	钥匙路北面	后山	水泥	80	1.5 ～ 2.5
菜场北弄	共建路	圣大路	混凝土	60	4
菜场南弄	城东社区老三角店	圣大路	混凝土	60	4
丰渔弄	梅兴路东段	河田北弄中段	混泥土	80	3
风前岗弄	圣大路北面		混凝土	350	1.5 ～ 3
河田北弄	丰渔弄南段	梅兴路东面	混凝土	220	2 ～ 4

续表 5-2-8

名　称	起　点	讫　点	路面铺装	长度	宽度
河田东弄	共建路东	高沙地弄中段	水泥	300	1.5 ～ 3
河田南弄	河田北弄南面	圣大路	水泥	50	3
后门弄	西起宫山	东止里后门路	水泥	750	4
后沙塘弄	钥匙路南段	东平弄西段	块石	90	3 ～ 6
梅发弄	圣大路北面	小梅弄南面	水泥	200	1.5 ～ 2.5
沙角弄	钥匙路东面	后门弄西面	水泥	90	1.5 ～ 3
河田弄	钥匙路东面	后门弄西面	水泥	150	1.5 ～ 2.5
宫边弄		石浦巷中段	块石、水泥	200	1.5 ～ 2.5
长河弄	共建路	云鹅路	水泥	60	3.5
村北弄	东大路	东新路	混泥土	50	2
村南弄	东大路	东新路	混泥土	60	1.5
大岙弄	东新路	东中路弄	水泥	7.5	1.8
大道地弄	东大路	东新路	水泥	30	1.5
大井潭弄	东中路	后山弄	水泥	160	1.8
东平巷	圣大路	老宫四弄	水泥	300	2
老宫二弄	东平巷	后门弄	水泥	85	1 ～ 1.5
老宫前弄	圣大路	老宫四弄	水泥	60	1.5
老宫三弄			水泥	120	1.6 ～ 2
老宫一弄	东平巷	后门弄	水泥	15	1.5 ～ 2
馒头山北弄	望海弄	洋西路	水泥	150	1.5 ～ 1.8
三角店弄	三角店弄	圣大路	水泥	60	2
善兴弄	环岛公路	东新路	泥石	50	2
望海弄	共建路	馒头山北弄	水泥	280	2.5
西中弄	环岛公路	东新路	水泥	40	1.5
新宫南弄	东新路	环岛公路	水泥	40	1.5
盐仓弄	东新路	东大路	水泥	50	1.5
正大弄	环岛公路	东新路	水泥	45	1.5
新宫北弄	东新路	网棚弄	水泥	180	2.5
良才弄	共建路南面	后山	水泥	80	3 ～ 2
老宫四弄	老宫四弄	后门弄	水泥	240	2.5 ～ 4
后山弄	大井潭弄	长河弄	水泥	80	1 ～ 1.2
小梅弄	梅兴路	圣大路	水泥	170	1.5 ～ 2
义仓店弄	东大路	东新路	水泥	78	2
新宫中弄	洋西路	新宫北弄	石块、沙石	60	2

第二节　乡村道路

乡村道路分布在五龙、黄龙、枸杞、花鸟 4 乡。

五龙乡

位于泗礁山岛东部，西与县城菜园镇毗邻。五龙乡陆地面积 6.40 平方千米，乡辖田岙、黄沙岙、边礁岙、会城岙 4 个行政村，东山、朝阳两个联村建立 1 个新型渔农村社区。全乡 1896 户，4835 人。五龙乡与菜园镇有多条公路连接，客车来往频繁，全乡有道路 13 条，长 5415 米，皆为水泥混凝土路面。

丰渔路　起自会城岙岗墩，止于西会城路。1990 年代中期建成。会城岙连接县城的主要通道。村道。长 950 米，宽 3 米，水泥混凝土路面。

朝阳北路　起自会城岙岗墩，经沙山弄延伸段，通向六井潭景区。会城岙进入北朝阳唯一通道。处北朝阳。简易公路路基，2005 年完成扩建改造，村道。长 600 米，宽 6 米，水泥混凝土路面。

会城外山嘴路　起自会城岙防浪堤，止于沙山弄。处会城岙口外侧山嘴。因重名，2011 年更名会城外山嘴路。20 世纪 80 年代初期修建，2009 年完成扩建。村道。长 270 米，宽 1.2 米，水泥混凝土路面。

西会城路　起自丰渔路延伸段，止于西会城老井头。处会城岙西侧。20 世纪 80 年代初期修建，1992 年完成扩建，村道。长 610 米，宽 1.2 米，水泥混凝土路面。

爱民路　西南段是五龙乡人民政府驻地。20 世纪 70 年代完成扩建改造，与龙兴东路接通，村道。长 135 米，宽 5 ～ 6 米，水泥混凝土路面。沿途有五龙乡人民政府、文化中心等建筑。

龙兴中路　起自龙兴西路，止于龙兴东路。路由田岙通往边礁岙，弯弯曲曲似一条龙。20 世纪 80 年代初完成扩建，村道。长 350 米，宽 3.6 米，水泥混凝土路面。

沿港路　处海港旁边。1960 年代初扩建，1980 年代初改建为水泥混凝土路面，2005 年建成沿海公路，村道。长 150 米，宽 3.2 米。路两侧有五龙冷冻厂、社区卫生服务站、东山社区菜场、渔用仓库、东海船舶修造有限公司等建筑群。

龙兴西路　起自菜五(菜园至五龙)线，止于龙兴中路。1960 年代修造，村道。长 300 米，宽 4 米，水泥混凝土路面。

胜利路　进入田岙村道路，2007 年建成。村道。长 700 米，宽 2 ～ 4 米，水泥混凝土路面。

大悲山下路　起自胜利路，止于路尾。处大悲山山脚下。原为人行小道，2006 年完成扩建改造，村道。长 100 米，宽 2 米，水泥混凝土路面。

田岙外山嘴路　起自大悲山下，止于路尾。处田岙村西面外山嘴，村道。长 150 米，宽 4 米，水泥混凝土路面。

中心街　起自龙兴东路，止于沿边路。1950 年代，边礁岙村曾名中心村，中心街是村里主要商业街。1990年代扩建成村中心道路，村道。长300米，宽4～5米，水泥混凝土路面。沿街有文体广场、边礁岙村委会等建筑。

黄沙街　起自沿海路，止于大沙南路。黄沙岙主街道。1971年建，1980年扩建为水泥混凝土路面，村道。长800米，宽3.8米。沿街建有老年活动室等建筑。

黄龙乡

县境东南海域，以大黄龙岛建乡。陆地面积6.62平方千米，其中大黄龙岛面积5.15平方千米。乡有南港、北港2个渔农村社区，南港、峙岙、北岙、大岙、东嘴头5个行政村。全乡3142户，9046人。岛内人口密度之高，被称为“全国农村人口第一乡”。乡境内有道路11条，长9010米。公交客车连通各社区行政村和客运码头。

海滨路　处南港村南面海滨。2002年建成，村道。长400米，宽2米，水泥混凝土路面。

民建北路　起自北岙村民建南路，止于元宝巷、周家弄和海口弄交接处。百年前，村民共同出资建造。从北岙村北端一直延伸到峙岙村北端。初为石头和沙石路面。2000年完成重建改造，村道。长1200米，宽1.70米，水泥混凝土路面。路侧有水井、商店、文体广场、理发店、村委会、花坛、舞厅等。

民建南路　起自南港岗墩，止于民建北路。群众筹资建成。路从南港、北港分界岭下起，穿越北岙、峙岙两村，直到峙岙村后晒场。在黄龙隧道开通（2004年）之前是大岛上黄龙最长的南北通道，北段属峙岙村，南段属北岙村。2002年4月改建，5月建成，村道。长150米，宽1.30～1.70米，水泥混凝土路面。

沙河路　起自南三弄，止于隧道南路。处南港村西面沙滩，道路建于旧河道上。2008年完成扩建改造，村道。长150米，宽3.0米，水泥混凝土路面。路侧有工商所，中心幼儿园等建筑。

隧道北路　起自沿港中路，止于隧道口。处隧道北侧。2005年建成，村道。长210米，宽5～9米，水泥混凝土路面。

隧道南路　处隧道南侧。2005年建成，村道。长150米，宽2米，水泥混凝土路面。

沿海北路　起自北岙、峙岙两村分界处，止于峙岙垃圾填埋场。从北岙与峙岙两村分界处开始延伸到峙岙北面渔运码头。2002年开建，2003年建成，村道。长1760米，宽2.30～4.50米，水泥混凝土路面。路侧建码头，置路灯。

沿海中路　起自水产弄，止于和平巷。处沿海公路中段。2002年至2003年分段扩建改建，2003年5月建成。长300米，宽2～3米，水泥混凝土路面。路旁有北岙菜场、龙鸿海洋生物开发有限公司等建筑。

运动场路　起自菜场巷，止于运动场厂房。路东北面是村民锻炼场地，俗称运动场。2004年5月建成村道。长250米，宽约1.70米。水泥成混凝土路面。

沿港公路　贯通大黄龙岛大岙、北岙、峙岙3村。起自大岙黄龙供油站，止于峙岙渔用码头，逶迤三村沿港得名。2001年开建，2003年建成，村道。长4200米，宽4.50米，水泥混凝土路面。沿途有双龙供油站、黄龙鱼品有限公司、双龙制冰厂、舟山龙鸿海洋生物开发有限公司、北港社区、社区公共卫生服务中心、候船室、停车场及各村渔用码头。

龙南街　黄龙南港主街道。2007年建成，村道。长240米，宽1.80米，水泥混凝土路面。沿街有店铺及龙元大酒店、黄龙小学等建筑。

枸杞乡

县境东部海域，以枸杞岛建乡。33个大小岛屿组成，陆地面积6.62平方千米。乡辖龙泉、大王、庙干3个社区和龙泉、干斜、里西、石浦、大王、庙干、乌沙7个行政村。3220户，8349人。乡境内有县道等各类公路10条，计18.5千米。道路12条，计6690米。三礁江大桥连接枸杞岛和嵊山岛，构成两岛交通网，公交班线沟通各社区行政村及车站、码头、旅游景点。乡境内拥有运营面包车、三轮车、卡车近300辆。

奇观北路　起自环城路，止于奇观北路。通往"山海奇观"北端。1996年开建，1997年建成，村道。长约350米，宽4.8米，水泥混凝土路面。沿路有居民住宅。

后湾路　起自育才路，止于将军路。道路弯曲，处大王村后。2007年开建，2008年建成，村道。长400米，宽5米，水泥混凝土路面。沿途有居民住宅。

育才路　起自敬老院，止于枸杞小学。2005年建成，乡道。长约350米，宽5米，水泥混凝土路面。有小学及民居。

将军路　起自小坑，止于环城路。路南有古墓，俗称将军墓。2006年1月开建，9月建成，村道。长约500米，宽5米，水泥混凝土路面。沿途有民居。

滨港路　起自海滨，止于群艺街。1994年开建，1995年建成，村道。长约800米，宽5米，水泥混凝土路面。沿途有民居。

环城路　起自滨港路，止于将军路。路环绕村庄。2010年8月开建，10月完工，村道。长约950米，宽4.5米，水泥混凝土路面。沿途有民居、农村信用社、台客隆商店等建筑。

庙沙西路　驻军修建的简易公路，2006年完成改建，村道。长560米，宽4.5米，水泥混凝土路面。沿途有民居。

庙沙东路　路联庙干与乌沙两村，处村东。1996年命名。初为驻军修建的简易公路，2006年完成扩建改建，村道。长500米，宽4.5米，水泥混凝土路面。沿途有民居。

奇观南路　起自奇观北路，止于阎王关。处"山海奇观"摩崖石刻南边。1996年开建，1997年建成。长720米，宽4.8米，水泥混凝土路面。沿途有民居。

中兴路　起自码头，止于阎王关。1995年4月开建，10月建成，村道。长920米，宽度2.8米，水泥混凝土路面。沿途多民居。

长寿路　起自高墩弄，止于龙舌嘴。2001年5月开建，7月建成，村道。长约240米，宽3.0米，水泥混凝土路面。沿途多民居。

群艺街　起自环城路，止于庙后巷。大王村新街，街内有文化站、艺术馆。2007年开建，2008年建成，村道。长约400米，宽3.5米，水泥混凝土路面。沿街有民居、电信营业厅等建筑。

花鸟乡

县境东北海域，以花鸟山岛建乡，11个岛屿组成陆地面积3.28平方千米。乡有一个社区(花鸟社区),2个行政村(花鸟村和灯塔村)。全乡848户,2061人。1980年代后完成道路2条,计1550米,连接乡人民政府、社区、各行政村和客运码头。

连心路　花鸟主干道路,东—西向,呈C形。起自花鸟村村委会,止于乡人民政府。1987年7月开建,9月建成,村道。长800米,宽4米,水泥混凝土路面。

连港路　起自花鸟客运码头,止于北岙交通码头。连接花鸟南北两港。2002年6月开建,8月建成,村道。长750米,宽4米,水泥混凝土路面。

第三章　客运站场

1960年,嵊泗汽车站仅有40平方米的简易车棚,1993年,扩建至1500平方米车站。1990年代后,交通事业快速发展,公路客运班线和旅游专线逐渐增加,各类客运车辆增多,停车问题日益凸显。有数条城乡公交班线和城区公交班线只能借助马路和各临时停车场停车、发车。

客运站场章分汽车站、直升机停机坪两节。

第一节　汽车站

县级汽车站1个。曾设乡镇汽车站3个。

县级站

嵊泗汽车站　址菜园镇东海路108号。初创于1959年下半年,时职工3人,县航管站兼管,租借驻军军车1辆代客车,行驶往返于菜园与石柱间,衔接客轮,接送旅客。1960年3月,在现天弓路附近建简易车棚40平方米。1967年,投资1.5万元在原址建造停车房、办公室150平方米。 1979年10月,投资12万元,于天弓路56号新建站房834.8平方米,场地1000平方米。1986年以前,嵊泗汽车站分别由浙江省宁波公路运输局舟山运输段(1960年初至1961年1月)、上海市嵊泗人民公社公交委员会(1961年1月至1962年8月)、舟山运输段(1962年8月至1979年1月)、浙江省汽运公司舟山分公司(1979年1月至1988年10月)等单位领导。1988年10月24日,嵊泗县人民政府与舟山市交通局签定《关于浙江省汽车运输公司舟山分公司嵊泗站管理体制改革交接协议书》,嵊泗汽车站下放给县,定名“浙江省嵊泗县汽车站”。经营县内菜园至马关、菜园至五龙、菜园至青沙、菜园至李柱山码头的4条公交线路。1991年4月,嵊泗汽车站在县域内4条公交线路的基础上,开通泗礁至上海县外车船联运线路;1992年,投资130万元扩建场地1500平方米,新建站房1397平方米。(1993年竣工并投入使用)同年2月,开通泗礁至杭州长途班车线路;1994年10月,开通泗礁至温岭省内长途班车线路。1995年10月11日,县计经委批复,同意嵊泗汽车站成立公用型车站,为县属集体所有制，隶县交通管理局。独立核算，自收自支。日常负责客运、货运停车场的服务、管理、协调和检查。首任站长何秋方。翌年1月始，汽车站根据县物价局《关于公用型车站收费标准的批复》，向进入停车场的车辆收费：中型车20座以下每月停车费110元，农用面包车每月80元。

1996年9月，泗礁至温岭省内长途班车线路延伸至温州。翌年8月又延伸至瑞安，至此，嵊泗至温、台地区方向的长途班车线路确定。

1997年1月，汽车站根据浙江省交通厅关于整顿道路客运市场秩序要求，建立“门检”制度。门检员3名，负责车容车貌及车辆安全检查。10月21日，县物价局《关于调整我县停车场收费标准的通知》称：自1997年11月1日起，调整停车场的收费标准（每月每辆）：农用三轮车、农用四轮车（3吨以下，含3吨），小货车（3吨以下，含3吨），农用客车（8座以下），小客车（5座以下，含5座），收费100元；大货车（3～5吨，含5吨），小客车（5～20座，含20座），收费120月；大货车（5吨以上），大客车（20座以上），收费150元；人力三轮车、残疾车，收费20元。是年，县域内有客车217辆，其中交通部门的42辆；货车152辆，交通部门34辆。全行业公路客运量152万人次，旅客周转量1912万人千米；货运量54万吨，货物周转量468万吨千米。

1998年3月，增开泗礁至上海浦西的省际直达班车线路。

1998年9月29日，县交通管理局《关于汽车站大楼及车库等附属设施产权移交的决定》：汽车站大楼建筑总面积890平方米、停车场1050平方米、围墙61米、交通企业综合楼底层323平方米的产权，移交县汽车运输公司。翌年1月，县汽车运输公司转制，称嵊泗县永盛汽车运输有限责任公司。为解决下岗职工的就业问题，永盛汽运公司在汽车站靠近东海路街道地段，建造一批商业用房，出租盈利。

1999年，交通部核定嵊泗汽车站为二级汽车客运站。

2000年1月，经营泗礁至杭州直达班线，从沪杭高速公路直达杭州汽车东站；7月，开通泗礁至南京班车线路。2003年6月，嵊泗县通杭客运有限公司成立，经营资质享受杭州长运运输集团有限公司同等待遇，接手经营泗礁至省内外各地的长途客运。2004年10月，开通泗礁至安徽阜阳长途班车线路。

2004年10月、2005年10月、2009年6月，分别开通2条大黄龙岛循环班线、花鸟山岛循环班线及五龙至菜园的沿海班线，嵊泗县永盛汽车运输有限责任公司经营。

自1992年以来，嵊泗汽车站站房二十余年没有变动，不能适应嵊泗道路运输业的快速发展，矛盾日益凸显。汽车站只发送菜园至马关、五龙方向的公交车辆及长途客运班线的车辆。菜园至金平、青沙4条公交班线的客车，由位于景海路上的台客隆临时发车点发送，城区公交的3条线路客车，由长弄堂公交专用停车场发送。

2014年，嵊泗汽车站拥有各种车辆84辆，计1713座。其中，中巴客车56辆，计1040座、旅游大巴客车2辆，计102座、大客车16辆，计613座。是年客运量336.22万人次，周转量1840.48万人千米。

乡镇站

青沙汽车站　菜园至青沙线终点站，1971 年 12 月设置。址青沙四村，距嵊泗汽车站 5 千米，1984 年，扩建道路，移建青沙三村。新站候车室 25 平方米、售票房 6 平方米，聘请站务人员 1 人。1994 年，县汽车运输公司经营机制转换，全面推行经济承包责任制，取消公交车定时发班，青沙汽车站停用。菜园至青沙线设置青沙停靠站。

五龙汽车站　菜园至五龙线终点站，1962 年 5 月设置。址五龙乡边礁岙村（初在边礁岙村驻军操场停车，后迁至该村西南村口），距嵊泗汽车站 11 千米。1984 年 4 月建造的站房，占地面积 1200 平方米，建筑面积 200 平方米，投资 1 万元。客车班次与黄龙峙岙渡船航班相衔接。1994 年，县汽车运输公司经营机制转换，推行经济承包责任制，取消公交车定时发班，五龙汽车站停用。菜园至五龙线设置边礁岙停靠站。

马关汽车站　菜园至马关线终点站，1960 年 3 月设置。址马关镇（菜园镇马关社区）劳动村村口，距嵊泗汽车站 7 千米。1988 年建造站房 30 平方米（其中候车室 26 平方米，售票室 4 平方米），投资 12 万元。1994 年，县汽车运输公司经营机制转换，推行经济承包责任制，取消公交车定时发班，马关汽车站停用。菜园至马关线设置停靠站。

台客隆临时发车点　址菜园小菜场西门。停靠菜园—黄泥坎（金平）、菜园—金鸡岙（金平）、菜园—大鱼岙（金平）、菜园—青沙 4 条线路的客运班车。

长弄堂公交专用停车场　址嵊泗县初级中学后门沙河路。2014 年 5 月建立，钢架结构简易管理用房 2 间。停放营运时段的城区公交 1 路、2 路、3 路营运车辆。

停靠站

2014 年泗礁、嵊山、枸杞公交班线停靠站情况表

表 5-3-1　　单位：平方米

站　名	地　址	面　积
基湖停靠站	基湖金沙大酒店门前	（站牌）1 座
高场湾停靠站	高场湾村	7
田岙停靠站（2）	五龙田岙村	7
黄沙岙停靠站（2）	五龙黄沙村	7
边礁岙回头站	五龙边礁岙村	7
会城岙回头站	五龙会城村	（站牌）1 座
青沙停靠站	青沙沙滩口	（站牌）1 座
小平头停靠站	金平小平头	7
黄泥坎停靠站	金平黄泥坎	7
金鸡岙回头站	金平金鸡岙	7
初级中学停靠点	嵊泗县初级中学门前	（无站牌）

续表 5-3-1

站　　名	地　　址	面　　积
黄沙岙停靠点	青沙黄沙岙	(无站牌)
石子岙停靠点	青沙石子岙岗墩	(无站牌)
北鼎星停靠点	青沙北鼎星村	(无站牌)
马迹小区停靠站	马关马迹小区	(站牌)1座
石柱回头站	马关石柱村	(站牌)1座
小关岙回头站	马关小关岙村	(站牌)1座
小菜场停靠站	嵊山小菜场门前	(站牌)1座
陆军码头停靠站	嵊山陆军码头边	(站牌)1座
乌沙停靠站	枸杞乌沙村	7
庙干停靠站	枸杞庙干村	7
三大王回头站	枸杞三大王文化广场	(站牌)1座
干斜停靠站	枸杞干斜村	7
汽客渡码头回头站	枸杞汽客渡码头	

第二节　直升机停机坪

嵊泗岛际航空始于2003年。至2008年，境内建成直升机停机坪4个，分布在泗礁山、嵊山、枸杞、花鸟山4岛。

嵊泗（青沙）直升机停机坪　址泗礁山岛青沙石子岙，距县城菜园1.5千米。2003年10月建成，投资200万元。机坪（圆形）直径40米，水泥混凝土浇注。6.5米宽安全区，联络道4.5米。综合楼470平方米，楼顶置高度3米的风向标和机场灯标。使用机型：米–171，直九。用途：岛际交通、空中救援、海上事故紧急救护等通用航空飞行。机场隶属舟山市岛际航空服务有限公司管理，法人代表李国忠。

嵊山直升机停机坪　址嵊山岛万金山西侧。2004年建成，投资50万元。水泥混凝土浇注，临时起降点，无候机楼等设施。

枸杞直升机停机坪　址枸杞岛大王村将军岭岗墩。2005年完成660米的机场道路建设，2006年开工建设直升机停机坪。停机坪（圆形）直径40米，安全边界线宽6.5米，消防通道宽3.5米，水泥混凝土浇筑。临时起降点，无候机楼等设施。

花鸟直升机停机坪　址花鸟山岛，“十一五”海防基础设施项目。2008年完成项目申报，2009年开建，2010年建成并投入使用。投资50万元。停机坪（圆形）直径40米，安全区宽6.5米，水泥混凝土浇筑。临时起降点，无候机楼等设施。委托花鸟乡人民政府管理。

第四章　运输工具

陆上运输工具分客运运输工具和货运运输工具两节。1953年前，嵊泗没有车辆，最早出现的车辆是自行车，1970年代有摩托车，民间汽车客运始于1960年。2014年，县境内机动车辆6873辆，其中客运车辆2273辆。

第一节　客运车辆

自行车

俗称脚踏车。1953年10月境内出现自行车。1981年5月30日开始，县公安部门为自行车注册编号。1992年，全县注册自行车7737辆。1990年代，以蓄电池为动力的电动自行车逐渐流行，替代脚踏自行车。自行车的日益减少，2010年后，有关部门停止自行车注册登记。2014年，县域内有电动自行车万辆，品牌主要有“绿驹”“绿佳”“立马”“可人”“雅迪”“芭玛”等。

人力三轮车

人力三轮车

用于载客的人力三轮车，由车厢、车轮、车把、踏板等部件组成，车厢内设坐垫，车上方支撑遮阳避雨的顶棚。可载客2人。用于短途客运。1991年，6辆人力三轮车首先纳入行业管理。1993年，泗礁山岛注册人力三轮车25辆，大洋山岛38辆。1996年4月，县交通部门《关于重申我县道路客货车辆新增及更新审批规定的通知》重申：停止审批人力三轮车，营运不予发展。1997年，嵊山注册人力三轮车14辆。2004年，枸杞注册人力三轮车4辆。2008年，全县注册人力三轮车194辆，其中泗礁山岛营运的人力三轮车98辆，嵊山16辆，枸杞9辆，洋山71辆。

摩托车

1971年7月，县交通邮政局为传递邮件购进两轮摩托车1辆，为嵊泗第一辆摩托车。1990年，全县有两轮三轮摩托车68辆，其中私人拥有39辆。1992年增加到81辆。随着县域内城乡道路设施完善及群众生活节奏加快，快速、任性的摩托车数量也迅速增长。2014年，注册3772辆，成为年轻人往返于城乡间的重要交通工具。

康复车

俗称残疾车。是改装后的残疾人机动轮椅车，投入载客运营的厢式小型机动三轮车，或称康复车。以燃油为动力，车厢两侧移门。厢内可载客2人。多用于城区内短途客运。1995年，泗礁山岛有康复车18辆，1997年33辆，2000年增加到52辆。2014年，减至7辆，其中菜园城区6辆，嵊山1辆。

客车

嵊泗第一辆客车出现在1960年3月，是舟山调拨给嵊泗汽车站。1980年代后，各类品牌的小型车辆骤增，有吉普车、轿车、面包车等，国产和进口的品牌型号有50个之多。1992年，全县大客车9辆，型号有“解放JT662”“钱塘江DH141”和“东风”“浙江”等；轿车41辆，国产的有上海“桑塔纳”、广东“标致”、浙江“奇观”，进口的有“伏尔加”“奥迪”等；吉普车21辆，品牌有“北京”“罗马”“黎明”“青岛”等；面包车39辆，国产的主要有“菲亚特”“金杯”“华西”以及“雄鹰”“天鹅”“北京”“友谊”“长安”等，进口的有“菲亚特”“三菱”“丰田”等。1993年，全县运营客车57辆，823座，其中交通运输企业的18辆，538座，比1992年增32辆，324座。1994年，运营客车78辆。1996年，新增桑塔纳轿车19辆，长途客运新增空调卧铺车4辆。1997年，泗礁山岛运营客车132辆，1255座。其间，县交通运输管理部门调整客运车辆结构、档次，外观粗糙、噪声大的农用三轮、四轮代客车更新为农用面包车，同时增加出租轿车14辆。既有大客车、中巴车，又有农用面包车、轿车，提高市场竞争力。2002年，更新中巴车18辆，9辆农用载客车更新为中巴车，完成农用客车更新改造。2003年至2004年，更新出租车32辆。2005年，调整营运的中巴车档次，新购11辆空调中巴，运营泗礁山岛农村班线。开通城区至火葬场、小关岙、大渔岙，开通花鸟山岛农村班线，新增各类客车58辆。2006年，为维护客运市场秩序，嵊山、枸杞两乡镇的41辆面的、8辆正三轮纳轨，县道路运输管理部门发给营运证。2010年7月，开通菜园至五龙旅游公交线路，投入新购置33座空调旅游大巴3辆。

客车

2014年，县道路运输管理部门调用57辆符合营运条件的社会非营运车辆，为临时运力，缓解旅游季节客流高峰期间运力不足。10月，开通城区2条公交线路，新增客车19辆，全部为恒通牌空调车。是年，全县有载客汽车2273辆，其中，大型44辆，中型143辆，小型2074辆。运营客车234辆，大型客车24辆，中型客车52辆，小型158辆。全年公路客运量384万人次，旅客周转量3940万人千米。

第二节　货运车辆

1950年代初及以前，搬运货物全靠背驮肩挑，1956年县域内出现手拉车，1970年代后，三轮货车、拖拉机兴起。1974年，菜园运输站首先使用革新三轮车运输，逐后，汽车代替人工。2014年，县域内有货运车辆651辆，营运货车236辆。

人力板车

俗称手拉车。双轮，橡胶轮胎，车两边设车把，车体与车把用硬木制作。使用时，车上系绳子，挂肩上，手拉前进。1956年，青沙搬运服务站购置7辆，用于货物运输。随后，各乡镇搬运服务单位相继购置。1970年代初，全县运输行业有手拉车90余辆。后渐被拖拉机和货运机动车代替。2014年，志盛运输有限责任公司尚有10辆手拉车，用于坑道内物资装卸。社会上也有数辆手拉车，车主守候在建材、装饰材料、小家电等商店门口，有偿帮买家运送小件货物。

人力板车(俗称手拉车)

三轮货车

三轮货车

又叫脚踏三轮车，俗称黄鱼车。铁制车架，铁皮车斗，橡胶轮胎，多为食堂自备，方便采购食材及物资，也为仓库、商店备用，运送货物。1970、1980年代，各单位食堂、仓库、商店普遍使用。

拖拉机

1971年，菜园搬运服务站首先购置手扶拖拉机2辆，用于运载货物。此后各农业队多有购置，用于农产品和各种物资的运输。1980年代初，群众建房普遍使用拖拉机运输建筑材料，经济改革开放，购买拖拉机搞运输经营的增多。1988年，全县有拖拉机123辆，其中个体所有108辆。县人民政府行文规定，由于拖拉机噪声大、污染严重，自1992年12月31日起，拖拉机不得进入菜园镇县

手扶拖拉机

城区主要街道。拖拉机渐被三轮卡车代替。1995 年,全县拖拉机 195 辆。2003 年,洋山有大中型变型拖拉机 50 辆,2014 年年限到,报废。枸杞仍有 27 辆四轮方向盘式小型拖拉机。

卡车　拖车

货运卡车

1974 年,菜园运输站成功仿制宁波运输公司的革新三轮运输车,载重 2 吨,用于港口货物的装卸运输。1977 年拥有 12 辆 24 吨。1983 年,嵊泗县机械厂由浙江大学提供技术资料,经浙江省机械工业厅鉴定批准批量生产 ZSF330 柴油机轻型运输车。以后,货运汽车逐步增多,汽车运输为主的现代化运输方式逐步取代以人力为主的运输方式,运输工人的劳动条件改善。1992 年,全县有货运车 121 辆。1996 年,县运输公司抓住车客渡开通的机遇,购置 8 辆大吨位货车,进驻大陆货运市场。2000 年,鉴于农用面包车经营载客,扰乱客运市场正常客运秩序,县交通管理局同意更新农用面包车,购入"货的"7 辆投入运输市场。2001 年,全县有货车 256 辆。2002 年,大洋山岛圣大路、共建路列入县乡给养公路,道路交通运输条件改善。2003 年 1 月,核准洋山镇无证机动车辆(货的 11 辆、货车 14 辆)持证一次性纳入公路运政管理,投入道路货运。2004 年,货运行业新增货车 15 辆。2005 年,加快货的车淘汰速度,通过优先考虑货的车经营者承包空调中巴车等方式,淘汰 7 辆货的车辆,县内道路运力结构调整。在县人民政府的重视下,妥善处置正三轮无证营运问题,嵊泗本地人持本地牌照的 36 辆正三轮,按规定纳入管理,发给营运证;非嵊泗籍人持非嵊泗牌照的 24 辆正三轮由国资公司收购。同年,境内道路危险品运输企业于 10 月份成立,11 月份投入运营。2005 年,全县新增货运车辆 28 辆。2010 年,全县有营运货车 357 辆,2063 吨位。2014 年,有载货汽车 651 辆,其中重型 85 辆,中型 79 辆,轻型 486 辆,微型 1 辆。运营货车 236 辆,其中重型 71 辆,中型 48 辆,轻型 116 辆,微型 1 辆。年公路货运量 172 万吨,公路货物周转量 4137 万吨千米。

1993—2014 年嵊泗县机动车辆情况表

表 5-4-1　　单位:辆

年份	合计	大型汽车(重型货车)		中型汽车		小型汽车(包括微型)		简易机动车	特种车	摩托车	拖拉机	专用机械	其他机动车
		客车	货车	客车	货车	客车	货车						
1993	579	7	45			112	80	202	21	92			18
1994	593	8	49			138	83		25	107	168		15
1995	640	9	44			167	88		23	103	195		11
1996	729	9	52			208	100		22	125		201	12
1997	773	11	50			221	107	214	31	138			1

续表 5-4-1

年份	合计	大型汽车（重型货车）		中型汽车		小型汽车（包括微型）		简易机动车	特种车	摩托车	拖拉机	专用机械	其他机动车
		客车	货车	客车	货车	客车	货车						
1998	710	10	34			225	84	230	13	114			
1999	734	8	34			218	80	251	12	131			
2000	1130	9	42			240	115	238	16	472			2
2001	2274	9	51			265	126	220	18	1582			2
2002	2446	10	54			284	135	225	18	1718			2
2003	2682	14	59			292	142	230	23	1920			2
2004	2981	13	60			310	150	232	24	2188			4
2005	3356	12	65			363	184	157	24	2547			4
2006	3722	16	72			429	225	157	24	2794			5
2007	3974	15	114			671	308	148	24	2689			5
2008	5523	11	139			727	445	148		4024			5
2009	4959	19	45 *	113	89	781	395			3287		#32	198
2010	5505	26	70 *	127	96	961	438			3550		#52	185
2011	5768	35	74 *	136	104	1166	477			3564		#54	158
2012	6010	40	75 *	144	107	1387	503			3548		#52	154
2013	6402	43	80 *	143	111	1682	527			3694		#51	71
2014	6873	44	85 *	143	79	2074	487			3772		#52	125

说明：* 为重型货车。2009 ~ 2014 年小型汽车中包括微型客、货汽车。2009 ~ 2014 年专用机械一栏 # 为挂车

第五章　陆上客运

客运章分境内客运、长途客运、直升机运送 3 节。主要叙述境内客运和长途客运，简述直升机运送。

第一节　境内客运

嵊泗县境内陆上汽车客运始于 1959 年，嵊泗汽车站经营。1980 年代，个体出租车兴起。1990 年代客运企业向县境外开拓市场，长途客运班线向外延伸，业务幅射到上海、杭州、南京等城市。至 2014 年，全县有客运班线 20 条，其中跨省 2 条，跨市 3 条，县内班线 15 条，平均

日发班次402班。全县投入运营客车235辆，2945客位。其中班线客车62辆，1392客位；出租车146辆，853客位。

境内客运主力是城乡公交客运、城区公交客运、出租车客运，辅以人力三轮车和残疾人车的运营。

城乡汽车客运

1960年3月，首通菜园至马关的客运班车，时为境内第一条客运线路，由1辆道奇牌客车在该线路行驶。此后，菜园至青沙、至五龙、至李柱山等城乡客运班车线路相继开通。至1992年，县境内有客运线路4条，营运车辆有大、中型客车15辆，461客座。1993年至1996年，县汽运公司先后购入13辆中型客车，投入运营。2005年，新购11辆空调中巴车，投运泗礁山岛农村班线，农村班线运营车型档次提高。同时相继开通城区至火葬场、至小关岙、至石柱、至大鱼岙农村班线，小关岙、石柱班线各投放中巴车1辆，日发4班次和26班次，大鱼岙班线日发4班次。方便偏僻渔村群众出行。

2009年7月，新增菜园至五龙沿海班线。2010年7月，开通菜园至五龙旅游公交专线。2011年，开通菜园至西会城客运班线。同时，开通李柱山至五龙边礁岙旅游班线及五龙乡田岙村至和尚套、六井潭景区的旅游专线。进入21世纪后，泗礁山岛以外的外岛各乡镇也先后开通公交客运线路。2004年10月1日，黄龙岛"康庄工程"，开通客运班线4条，服务各村村民出行、渡轮码头旅客接送及学校学生接送。投放2辆柳州26601HF1-18座空调中巴，日发24班次。2005年10月，开通花鸟山岛内循环客运班线。投放17座牡丹牌中巴车。2011年1月6日，三礁江大桥建成通车，连接嵊山、枸杞两岛。5月17日，嵊山至枸杞客运班车通车营运，开通客运班线2条，投放19座中巴车2辆。2014年9月，开通大洋山岛公交班线。

2014年，泗礁山岛的公交客运班线共有10条，线路延长72.5千米。皆由嵊泗县永盛汽车有限责任公司经营，投入运营中巴车31辆，其中菜园至五龙方向投放9辆，菜园至石柱、至马关方向投放4辆，菜园至金平、至青沙方向投放9辆，菜园至李柱山方向投放9辆。另，有大巴车7辆，用于社会包车、学生接送、旅游季节的旅游专线及其他应急运力。

城区公交客运

2014年5月，开通城区公交1号线和2号线，投放CKZ6590DA4恒通牌空调车10辆。2015年1月，开通3号线，投放同车型恒通牌空调车6辆。同时调整站点及线路，布局更趋合理。三条线路公交车皆由长弄堂公交专用停车场始发。同条线路间隔发车时间为10分钟，日发216班次。无人售票，自动投币，票价1元。使用市民卡和群岛通卡，刷卡的8折优惠。70周岁老年人和残疾人士凭证免费乘坐。嵊泗县永盛汽车有限责任公司经营。3条线路共设候车亭42个，简易停靠点17个，始发站与终点站都设在沙河路长弄堂路段(嵊泗县初级中学学校后门)。截至2015年年底，城区公交全线行程134.32千米，旅客运送量358.51万人次。

1号线　菜园长弄堂—马关菜场，全程12千米。

上行6千米，14站。运营时间20分钟。线路：长弄堂—县政府—海晶苑—云龙路—东方之珠苑—海洋文化中心—望海广场—钻石苑—景海路—中医院—交警大队—边检站—马迹新村—马关菜场。首班发车 6：00；末班发车 18：00（4、5、6、10 月）、18：30（7、8、9 月）、17：30（11、12、1、2、3 月）。

下行 6 千米，16 站。运营时间 20 分钟。线路：马关菜场—军民路—边检站—交警大队—中医院—景海路—钻石苑—望海广场—海洋文化中心—水晶苑—东方之珠苑—云龙路—海晶苑—岛沁公园—县政府—长弄堂。首班发车 6：20；末班发车 18：20（4、5、6、10 月）、18：50（7、8、9 月）、17：50（11、12、1、2、3 月）。

2 号线　菜园长弄堂—青沙，全程 9 千米。

上行 4.4 千米，12 站。运营时间约 15 分钟。线路：长弄堂—县政府—人民医院—东市街（新一百）—东侧角—翡翠苑—望海广场—东方之珠苑—图书馆—水晶苑—石子岙（兴达船厂）—青沙。首班发车 6：05；末班发车 18：05（4、5、6、10 月）、18：35（7、8、9 月）、17：35（11、12、1、2、3 月）。

下行 4.5 千米，13 站。运营时间 15 分钟。线路：青沙—石子岙（兴达船厂）-- 水晶苑—图书馆—东方之珠苑—望海广场—翡翠苑—东侧角—东市街（新一百）—海晶苑—岛沁公园—县政府—长弄堂。首班发车 6：20；末班发车 18：20（4、5、6、10 月）、18：50（7、8、9 月）、17：50（11、12、1、2、3 月）。

3 号线　菜园长弄堂—基湖老虎头，全程 9.5 千米。

上行 4.7 千米，13 站。运营时间 15 分钟。线路：长弄堂—县政府—人民医院—明珠苑—钻石苑—景海路（新茂超市）—中医院—嵊泗中学—双拥公园（加油站）—碧海路（金沙大酒店）—小基湖—基湖村—基湖老虎头。首班发车 6：01；末班发车 18：01（4、5、6、10 月）、18：31（7、8、9 月）、17：31（11、12、1、2、3 月）。

下行 4.8 千米，14 站。运营时间 15 分钟。线路：基湖老虎头—基湖村—小基湖—碧海路（金沙大酒店）—双拥公园（加油站）-- 嵊泗中学—中医院—景海路（新茂超市）—钻石苑—明珠苑—海晶苑—岛沁公园—县政府—长弄堂。首班发车 6：16；末班发车 18：16（4、5、6、10 月）、18：46（7、8、9 月）、17：46（11、12、1、2、3 月）。

嵊泗县各乡、镇公交班车线路情况表

表 5-5-1

线路名称		里程（千米）	途　经	发车班次	间隔时间（分钟）	票价（元）
菜园镇	菜园—边礁岙（上）	10	基湖、高场湾、田岙、黄沙岙	36	10—20	3.50
	菜园—边礁岙（下）	11		12	10—20	3.50
	菜园—会城岙	10		4	60	3.00
五龙乡	菜园—黄泥坎	5		18	20	2.50
	菜园—金鸡岙	7	青沙、小平头、黄泥坎	18	20	3.00
	菜园—大鱼岙	5		4	40	2.50

续表 5-5-1

	线路名称	里程（千米）	途　　经	发车班次	间隔时间（分钟）	票价（元）
菜园镇　五龙乡	菜园—青沙	5		3	60	2.00
	菜园—石柱（环线）	10		36	10--20	2.00
	菜园—小关岙	5		4	60	2.00
	菜园—李柱山	5.5		14	按船班定	4.00
	菜园—五龙（沿海）	10		/	30	4.00
	菜园—西会城	9		4	60	2.00
	李柱山—五龙	15.5			60	8.00
	长弄堂—马关	12	城区	72	10	1.00
	长弄堂—青沙	9	城区	72	10	1.00
	长弄堂—基湖	9.5	城区	72	10	1.00
嵊山镇枸杞乡	嵊山—枸杞三大王	4.5	乌沙、庙干、干斜、干斜车客渡码头	14	20	3.00
	嵊山—干斜车客渡码头	9	干斜、乌沙、庙干	4	30	5.00
	乌沙、庙干—干斜车客渡码头					3.00
黄龙乡	南港—峙岙	2	北岙、医疗站、小黄沙	11	20	2.00
	南港—大岙	3	北岙、长礁码头、百步坎	4	20	2.00
	南港—长礁码头	2		8	30	2.00
	峙岙—长礁码头	2.5		8	60	2.00
洋山镇	云鹭苑—客运码头	4.5	雄洋社区、大礼堂、世纪楼、集贸市场	10	20	2.00
	洋山车站—客运码头	5		/	按船班定	2.00
花鸟乡	南岙码头—灯塔村	5.5	村委、邮电所、高地厂	4	30	2.00

出租车客运

1990 年 3 月，嵊泗出现第一辆出租轿车，罗马尼亚“达契亚”（红色），嵊泗县粮食局停薪留职职工陶仲贤经营。1992 年全县有出租载客车 13 辆。出租车自由、灵活、快捷、方便的客运方式逐渐受人们欢迎，轻松抢占客运市场份额。嵊泗县汽车运输公司积极筹集资金，蓄势而发，1995 年至 1996 年间，投入 150 万元，购置桑塔纳轿车 12 辆，投入出租营运。是年，县内有各类轿车 44 辆。出租车营运于菜园城区和五龙、青沙、金平等城乡间，按船期往返于小菜园、李柱山码头。成为县城内主要的客运工具之一。

出租汽车

1998年，嵊泗县公路运输管理(稽征)所，根据上级有关文件精神和本县客运行业的实际，制发《关于对全县出租汽车实行企业化纳轨管理的通知》，要求个体经营的出租汽车纳轨管理，落实代管单位。并确定代管(挂靠)单位为嵊泗县汽车运输公司和嵊泗县道路货物运输配载信息服务站。纳轨管理后，出租汽车由代管单位统一编号，产权性质不变。代管单位按舟政办发〔1997〕163号通知要求，提供有偿服务。同年8月，县汽车运输公司成立出租轿车管理站，张龙忠任站长。是年，县汽车运输公司自有桑塔纳轿车12辆，48客位；挂靠出租轿车30辆，120客位。嵊泗县道路货物配载信息服务站挂靠出租轿车30辆，120客位。

1980年代末和1990年代初，出租车客运以拉散客为主，视城乡间线路远近，以座计价，轿车每座3.00元至4.50元不等，面包车每座2.00元至3.50元不等。1995年，县物价局调整收费标准，轿车、面包车按不同车型，不同起止地段分档定价。桑塔纳及以上档次的轿车，按不同地段15.00元至30.00元不等，起步价(4千米内)14.00元，包车每小时56.00元；普通型轿车(如奇观、奥托、夏利等车型)，按不同地段13.00元至26.00元不等，起步价12.00元，包车每小时50.00元；面包车每座2.00至3.50元，不变。1998年，县物价局重新核定收费标准。菜园至李柱山码头，桑塔纳及以上车型轿车，由1995年的20.00元，调整为22.00元，普通型轿车，由1995年的17.00元，调整为18.00元；起步价(4千米内)，桑塔纳及以上车型轿车，由1995年的14.00元，调整为10.00元，普通型轿车，由1995年的12.00元，调整为8.00元。2003年，县物价局再次核价。桑塔纳轿车，菜园至五龙车站，调整为25.00元，菜园至李柱山码头，由1998年的22.00元，调整为20.00元；包车由每小时的56.00元，调整为55.00元。同时核定菜园至六井潭景区为45.00元，菜园至田岙小木屋景区为25.00元。境内客运的出租车计费通常采用主顾双方议价的办法。

2002年2月，嵊泗县公路运输管理(稽征)所行文，要求客运出租轿车统一着色：车身上部为草绿色，下部为银灰色。全县78辆出租轿车着色工作于4月上旬完成。2012年，嵊泗县零海拔出租车有限公司成立，拥有轿车7辆。

2014年，全县有客运出租车辆151辆，891客位。其中，核定载客7座、8座的微型面包车61辆，轿车90辆。微型面包车主要运营在嵊山、枸杞两地。厂牌为“长安”29辆，“五陵”16辆，“东风”9辆，另有“北京”“哈飞”“力帆”“开瑞”“昌河”等品牌，皆个体经营。轿车10辆运营在洋山，其余都在泗礁山岛营运。县永盛汽车运输有限责任公司拥有12辆，嵊泗县零海拔出租车有限公司拥有7辆。个体经营71辆。运营轿车品牌不断提升，基本车型是桑塔纳，有数辆“东南”“大众”“英伦”。

1995—2014年嵊泗县出租车保有量

表 5-5-2 单位：辆

年份	1995	1996	1997	1998	1999	2000	2001	2002	2003	2004
数量	40	73	79	80	79	78	77	75	79	79
年份	2005	2006	2007	2008	2009	2010	2011	2012	2013	2014
数量	86	131	135	139	144	148	151	152	150	151

人力三轮车客运

人力三轮车客运始于1980年代末，先有浙江省台州籍男士携带三轮车到嵊泗试水。因生意清淡，放弃，三轮车转卖给嵊泗本地人。菜园居民吴满祥、戎永法接手经营三轮车生意，时为嵊泗人力三轮车客运之始。1991年后，人力三轮车数量逐年增加，人力客运三轮车纳入道路运输管理部门行业管理。1994年7月，县物价局、县交通局联合行文，核定人力客运三轮车的收费标准：以菜园海味酒家（现海华楼）为中心点，到小菜园客运码头，每次乘1人为2元，乘2人为3元；到县人民政府门口（嵊泗中学）、菜园隧道口、教师进修学校每次乘1人为1元，乘2人为2元。大洋镇的人力客运三轮车收费参照执行此标准。1996年5月，县公路运输管理（稽征）所《关于整治人力三轮车运输秩序的通告》，整治人力三轮车乱出租、乱停放，无证无牌非法营运，及乱要价等混乱局面，规整人力三轮车客运。1997年，全县有运营人力三轮车129辆，其中泗礁山岛58辆，大洋山岛57辆，嵊山岛14辆。

1998年5月，县人民政府根据企业下岗工人多、就业难的情况，批准新增人力客运三轮车30辆。1998年，泗礁山岛增加到87辆。同年8月，嵊泗县人民政府制订《嵊泗县人力客运三轮车管理暂行规定》：绿色牌照（白底绿字）人力客运三轮车只允许凌晨6时至18时营运，红色牌照（白底红字）人力客运三轮车只允许18时至次日凌晨6时营运。2003年，浙江省物价局定价目录规定，人力客运三轮车收费不属管理范围，收费标准由经营者与消费者互相协商确定。人力客运三轮车在菜园城区内营运，每次起步价5元，通常收费在6元至7元。菜园城区至小菜园客运码头接送旅客，要价15元。人力客运三轮车生意主要在住宅小区、菜场、医院、幼儿园、客运码头等公共场所。2014年，泗礁山岛有人力客运三轮车98辆，分日、夜班营运，日班68辆，夜班30辆。绿色牌照白天营运，红色牌照夜晚营运。

残疾人车客运

残疾人机动轮椅车，俗称“残疾车”。1993年，境内客运市场出现一些“幸福”“永生”系列残疾人车经营客运。1994年9月，舟山市公路运输管理处行文要求县公路运管稽征所，整顿残疾人车无序投入的客运市场。组织经营客运残疾人车人员参加经营资格培训，发给相关证件，核定经营区域，按时缴纳规费，补征车辆购置附加费等。至1995年，县域内有客运残疾人车18辆。1997年，增加到33辆。同年10月，县公路运输管理（稽征）所根据中共嵊泗县委领导协调会议精神和国家交通部、省人民政府规定，向残疾人车经营者发出《关于康复车参加道路客运的有关规定》函，规定经营客运的残疾人车驾驶员，必须先取得《服务资格证》，残疾人车经营客运纳入正轨。2000 年，客运残疾人车增加到 52 辆，残疾人车客运一般限于城区，每次载客收费为 4 ～ 5 元。

2014 年 6 月，中共嵊泗县委、县人民政府根据中央七部委联合行文下达的《关于规范残疾人机动轮椅车运营问题维护社会稳定的意见》和《舟山市残疾人机动轮椅车规范管理操作办法》，结合县域内实际情况，坚持“从实际出发，区别对待，规范管理，逐步淘汰”的原则，通过安置、帮扶等措施鼓励动员从事客运残疾人转业，逐步淘汰从事客运的残疾人机动车。是年，菜园城区尚有客运残疾人机动轮椅车 6 辆。

第二节　长途客运

1991 年始，嵊泗客运试水大陆客运市场，开通嵊泗至上海车船联运线，初获成功。随后交通部门经调研、筹划，先后开通省际长途客运班线 3 条，市际长途客运班线 3 条。1996 年，嵊泗县航运公司客滚船“舟桥 1”轮开通泗礁—上海芦潮港航线，开辟海上公路，海岛与大陆直接通车。1998 年前，长途客运由嵊泗县汽车运输公司经营。1999 年 1 月，嵊泗县永盛汽车运输有限责任公司成立，接手经营长途客运。2003 年 4 月 30 日，嵊泗县永盛汽车运输有限责任公司与杭州长运运输集团有限公司签署协议，合资组建嵊泗县通杭客运有限公司，企业达到一级资质，专业经营长途客运。2005 年，东海大桥从小洋山直通芦潮港，长途客运借道沪杭高速，更加便捷畅通。

嵊泗—上海

1991 年 4 月，开通嵊泗至上海第一条车船联运线。菜园发车至李柱山码头，旅客由李柱山码头乘船至芦潮港；再由芦潮港发车至上海浦东东昌路西端。菜园至芦潮港段由嵊泗县交通部门经营，芦潮港至上海浦东东昌路西端段由南汇县交通部门经营。1998 年 3 月 9 日，开通嵊泗至上海浦西省际直达班车。39 座“东风 DHZ6960PD”空调大客、51 座“骏马 SLK6970D”空调大客各 1 辆投入营运，行程 87 千米，票价 18.50 元。每天一班，嵊泗汽车站发车 8 时 10 分，上海南浦大桥发车 10 时整。2005 年，投入豪华空调大客车，票价调整为 27.00 元。上海发车地点在人民路 31 号，发车时间为 9 时整。

嵊泗—杭州（汽车东站）

1992 年 2 月 8 日，开通嵊泗至杭州客运班线，泗礁—芦潮港—杭州海陆联运，芦潮港—杭州为直达客运班车，每天来回班。上午 6 时 30 分从杭州东站发车（发车前先停靠嵊泗县人民政府驻杭州办事处上客）至芦潮港码头，下

1992 年嵊泗至杭州首班客车

午12时30分从芦潮港码头返回嵊泗县人民政府驻杭州办事处至杭州东站。途经奉贤、金山、嘉兴、桐乡、临平等站，全程行程224千米，行时4.5至5个小时，票价16.10元。嵊泗县汽车运输公司经营，投运45座“东风”大客车1辆。1996年4月，客滚船“舟桥1”轮投入营运，更新班车的车型结构，2辆32卧＋2座“东风 DHE6971”空调卧铺大客车代替普通“东风”大客车运营。每天对开班次，全程票价为(上卧)45.00元，(下卧)46.90元。2000年1月22日，2辆厦门“金龙”豪华空调大客车替换杭州班车，经营嵊泗至杭州直达班线，从沪杭高速公路直达杭州汽车东站。并配备4吨“东风”货车2辆，托运旅客行李，随行班线客车。

嵊泗—杭州(汽车南站)

2010年7月17日，新增嵊泗至杭州(汽车南站)客运班线，从小洋山码头发车，终点为杭州汽车南站。嵊泗县通杭客运有限公司购置金龙牌豪华型42座空调大客车投入运营。

嵊泗—瑞安

1994年10月6日，开通嵊泗至温岭长途客运班线，班线全程593千米，起讫点在上海芦潮港和浙江温岭。8时30分旅客从嵊泗乘客船“金沙”轮到芦潮港，中午12时30分芦潮港发长途客运班车，次日6时左右到达温岭汽车站(下车地点在温岭市太平镇人民东路1号)；15时30分再从温岭汽车站发车，次日9时左右到达芦潮港，中午12时乘客船“金沙”轮返回嵊泗。班车途经奉贤、金山、嘉善、嘉兴、桐乡、临平、杭州、绍兴、三角站、嵊县、新昌、天台、临海、黄岩、路桥、泽国等站。实行隔天班。全程票价60.40元(不含“金沙”轮船票)。

1996年9月25日，嵊泗至温岭客车班线延伸至温州，行程702千米。隔天来回班。发车时刻：嵊泗汽车站8时50分，温州西站15时20分。南线途经芦潮港、奉贤、金山、嘉兴、桐乡、杭州、临海等站。投放32卧＋2座“东风 DHE6971D2”卧铺客车2辆。1997年8月18日，嵊泗至温州客运班线延伸到瑞安，行程742千米，行时18小时，每天1班。配置32卧空调卧铺大客车2辆。2001年年底，嵊泗县永盛汽车运输有限责任公司购置“骏马SLK6100AM”2辆。2006年，嵊泗县通杭客运有限公司购置39座“宇通 EK6115D”客车投入运营。

嵊泗—南京

2000年7月2日，开通嵊泗至南京班线，全程408千米，票价84.00元。途径常熟、金山、奉贤、芦潮港。每日0.5班次，15时30分发车，35座“东风”卧铺大客车投入运营。嵊泗县汽车运输公司、南京长途汽车客运总公司共同经营，对等出车。当年年底停班。

嵊泗—安徽阜阳

2004年10月2日，开通嵊泗至安徽阜阳长途班线，嵊泗县通杭客运有限公司和阜阳市汽车运输集团有限公司共同经营，双方每日对发1班。阜阳长途中心站发车时间13时，嵊泗汽车站发车时间8时10分。途径合肥、南京、常州、苏州、上海，全程860千米，起讫两站统一票价130.00元。嵊泗县通杭客运有限公司投入48客位“金龙”豪华空调大客车运营。

嵊泗—杭州若干年份行程、客运量情况表

表 5-5-3　单位：千米、人次

年　份	1994	1995	1996	1997	1998	2013	2014
行　程	129766	202636	268624	441598	510369	327750	334750
客运量	16347	28959	52699	45385	61000	30512	33193

2014 年嵊泗县长途客运班车里程、票价、班次时刻表

表 5-5-4　单位：千米、元

<table>
<tr><th colspan="2">长途班线名称</th><th>里程</th><th>车型及票价</th><th>发车地点及时间</th><th>班　次</th></tr>
<tr><td colspan="2">嵊泗—上海</td><td>87</td><td>豪华大客 26.50
普通空客 18.50</td><td>嵊泗汽车站 8:10</td><td>1 天 1 班</td></tr>
<tr><td colspan="2">上海—嵊泗</td><td>87</td><td>豪华大客 27.00
普通空客 20.00</td><td>上海人民路 31 号 9:00
上海南浦大桥 10:00</td><td>1 天 1 班</td></tr>
<tr><td colspan="2">嵊泗—杭州</td><td>224</td><td>豪华大客 65.50</td><td>嵊泗汽车站 8:10</td><td>1 天 1 班</td></tr>
<tr><td colspan="2">杭州—嵊泗</td><td>224</td><td>豪华大客 57.40</td><td>杭州汽车东站 8:00</td><td></td></tr>
<tr><td colspan="2">嵊泗—瑞安</td><td>742</td><td>普通卧客 120.00</td><td>嵊泗汽车站 8:05
瑞安十八家车站 13:00</td><td rowspan="6">1 天 1 班</td></tr>
<tr><td rowspan="5">中途站</td><td>嵊泗—嘉兴</td><td>132</td><td>36.00</td><td></td></tr>
<tr><td>嵊泗—嵊州</td><td>374</td><td>65.00</td><td></td></tr>
<tr><td>嵊泗—临海</td><td>497</td><td>80.00</td><td></td></tr>
<tr><td>嵊泗—路桥</td><td>546</td><td>90.00</td><td></td></tr>
<tr><td>嵊泗—温州</td><td>702</td><td>110.00</td><td></td></tr>
<tr><td colspan="2">嵊泗—阜阳</td><td>865</td><td>豪华大客 130.00</td><td>嵊泗汽车站 8:05
阜阳汽车南站 13:00</td><td rowspan="4">4 天 1 班</td></tr>
<tr><td rowspan="3">中途站</td><td>嵊泗—合肥</td><td></td><td>110.00</td><td></td></tr>
<tr><td>嵊泗—南京</td><td></td><td>100.00</td><td></td></tr>
<tr><td>嵊泗—苏州</td><td></td><td>60.00</td><td></td></tr>
<tr><td colspan="6">备注：票价不包括船票价格</td></tr>
</table>

1960—2014 年嵊泗县陆运客运量、周转量统计表

表 5-5-5　单位：万人次、万人千米

年份	客运量	周转量	年份	客运量	周转量
1960	5.68	45.19	1994	200.04	2287.18
1963	5.84	41.73	1995	298.12	2461.22
1965	8.41	54.64	1996	151.42	1912.23
1971	11.77	82.75	1997	159.15	1942.68

续表 5-5-5

年份	客运量	周转量	年份	客运量	周转量
1974	33.47	196.63	1998	181.00	2534.00
1978	51.70	307.20	1999	188.00	2623.00
1979	60.71	383.92	2000	188.00	2624.00
1980	83.29	479.66	2001	204.00	2473.00
1981	102.21	588.36	2002	206.00	2430.00
1982	109.36	638.76	2003	202.00	2003.00
1983	129.75	760.07	2004	174.00	2006.00
1984	153.76	922.02	2005	197.00	2274.00
1985	196.32	124.36	2006	198.00	2285.00
1986	197.00	1258.00	2007	225.00	2714.00
1987	186.00	1428.00	2008	306.00	3059.00
1988	176.00	1376.00	2009	278.00	2758.00
1989	173.45	1228.00	2010	304.00	3126.00
1990	198.80	1351.80	2011	312.00	3230.00
1991	190.66	1456.81	2012	316.00	3338.00
1992	222.61	1969.07	2013	338.00	3522.00
1993	198.99	1839.44	2014	384.00	3940.00

第三节　直升机运送

2001 年 1 月，舟山普陀山机场筹建岛际航空，成立舟山岛际航空服务有限公司。是年 6 月，租用东方通用航空米 -171 直升机 1 架，开始经营海上急救、航拍、紧急公务、空中观光等项目。

2003 年，在泗礁山岛的青沙石子岙岗墩建造直升机停机坪，投资 200 万元。停机坪内设直径 40 米起降坪、安全区、消防通道和 470 平方米综合楼。随后，在枸杞岛的大王村将军岭岗墩占地 53000 平方米，修 660 米道路，造直升机起降坪 1 座。两停机坪是普陀山机场基地舟山岛际空中交通网络直升机主要起降点，用于岛际空中摆渡、空中游览、公务巡视和紧急救援等。作为“十一五”海防基础设施项目，嵊泗县人民政府投资 50 万元，在花鸟山岛建成直升机停机坪 1 座。随着县域内直升机停机坪相继建成，嵊泗飞翔航空服务公司、枸杞山海奇观航空服务公司也先后成立，服务于海岛交通。2005 年，舟山岛际航空租用中国飞龙专业航空公司直九 B–7109 直升机执行嵊泗（泗礁）、岱山（摇星浦）、岱山大衢、普陀东极、桃花 5 岛空中航线，安全飞行起降航班 392 架次，运送旅客 2041 人次，其中，泗礁起降点飞行 28 架次，运送旅客 255 人次。2004 年 4 月通航至 2014 年，嵊泗青沙和枸杞两起降点共飞行 3870 架次，（其中救援飞行 28 架次）运送旅客 17000 多人次。

第六章　陆上货运

货运章分人力陆上运输、汽车运输、集装箱运输 3 节。从人力到机械到机动，运输工具不断更新进步。2014 年，嵊泗陆上运输量 172 万吨。

第一节　人力运输

1950 年代，境内搬运装卸业务完全依靠肩挑背驮繁重的体力劳动完成，劳动工具简单：一根扁担、两条绳索。主要搬运生活用品、生活物资和渔需物资。搬运地点常集中在澳口、路边，无固定场所。搬运价格双方议定。

1952 年起，各乡镇先后成立搬运工会或搬运小组，经营搬运装卸业务。

1956 年，青沙搬运服务站购置 7 辆手拉车，而后，菜园、嵊山、大洋等搬运组织也先后购买手拉车，提高运力。1962 年，管理部门规范搬运装卸市场，制定货运收费费率。1969 年，县域内各乡镇搬运组织共拥有手拉车 91 辆。

1970 年代初，菜园、青沙等搬运站开始购置拖拉机和革新车用于货运。手拉车逐渐退出搬运装卸市场。2014 年，志盛运输有限责任公司尚存的手拉车 10 辆，用于坑道内作业。社会上有手拉车数辆，用于城区内零散货物的短途运输，是为历史遗物。1980 年，各搬运站有革新车 12 辆。1992 年，海港运输公司有吊车 7 辆，总起重量 99 吨；铲车 2 台；各类载货汽车 20 辆，89.5 载重吨。机械化的搬运装卸使生产力大幅提高，年货运量 11.51 万吨。

第二节　汽车运输

嵊泗最早的货运汽车是 1950 年代初驻岛部队的解放牌大卡车，有四轮或六轮，车身整体草绿色，车厢两侧有活动厢板，载重 4 吨。驻军自用，也支援地方。地方上的第一辆货车出现在 1960 年，是县汽车站的道奇牌货车，载重 4 吨。当年货运量 384 吨。1968 年起，社会上其他部门开始拥有货车，水产、粮食等部门还建立了车队。1970 年代开始，交通部门所属集体运输企业购置载货汽车，1987 年，非交通部门有载重货车 91 辆，年货运量达 47.5 万吨。1992 年，海港运输公司有载货汽车 20 辆，89.5 载货吨，年货运量达 11.5 万吨。

1993 年，县海港运输公司投资 18 万元，更新货车 4 辆，提升运输能力。同时积极开拓县外运输市场，投入 5 辆货车在宁波设点，扩展大陆市场货运业务，且逐渐延伸，南到深圳，北至丹东等边远省市。1995 年，嵊泗县运输公司（县海港运输公司改名）投入 38 万元，购置货车 3 辆、三卡 6 辆。翌年 4 月，又抓住“舟桥 1”车客渡开通的机遇，投资 192 万元，购置 1 辆冷藏车、8 辆大吨位货车，进驻大陆货运市场。1997 年，新增货车 38 辆，46 吨位。2001 年，全县营业性货运车辆 247 辆，计 433.5 吨位。

2002 年，县运输公司基本完成转制，新组建 5 家股份制运输企业，其中 1 家主要经营长途货运，1 家于 2005 年后兼营危险品运输，另外 3 家以码头托运、装卸为主，兼营道路货运。

2003 年，货运企业购置货车 7 辆。2004 年，货运企业购置货车 15 辆。更新 8 辆。中共十一届三中全会提出以经济建设为中心、实行改革开放的社会主义市场经济，打破交通行业货运市场垄断局面，出现国营、集体、个人一起上的繁荣景象。是年开始，发展个体运输，到 2008 年，小型货运车辆以年均 31.5%的速度增长，达到 445 辆。2005 年，货运企业购置货车 28 辆。市场经济快速发展，货运车辆紧跟市场形势，2007 年，重型货车从无到有，数量快速增长。2009 年 45 辆，2010 年，全县运营货车 357 辆，计 2063 吨位。其中，普通货车 305 辆，515 吨位；专用货车 52 辆，1548 吨位。2013 年达到 80 辆。

2014 年，全县载货汽车保有量为 651 辆，其中，重型 85 辆，中型 79 辆，轻型 486 辆。运营的货运车辆 129 辆，1406 吨位。类型有挂车、厢式货车、自卸车、罐车和普通货车。挂车的主要品牌有“通华”“中集”等，厢式货车品牌有“飞球”“华凯”“解放”“江淮”“东风”等，普通货车品牌有“春兰”“解放”“跃进”“福田”“长城”“黑豹”“长安”等近 20 个之多，自卸车有“东风”“黑豹”品牌，罐车有“铁风”“程力威”“楚胜”品牌。年货运量 172 万吨，货物周转量 4137 万吨千米。

第三节　集装箱运输

嵊泗县有集装箱运输企业洋山超凡集装箱运输有限公司，于 2004 年登记注册，该企业的成立主要是针对小洋山深水港开发后大量的集装箱运输业务，但因没接到业务而最终转产。2007 年 4 月嵊泗县铁马物流有限公司成为真正意义上的第一家集装箱运输企业。截止 2008 年底，县域有集装箱运输企业 4 家，集装箱挂车 17 辆，497.8 吨位。2011 年，又有安勤集装箱运输公司等数家企业落户嵊泗。舟山亿隆、舟山天宁、舟山远大、浙江天宁等物流企业先后进驻嵊山，舟山通发、舟山博远等物流企业进驻枸杞。2008 年至 2011 年，有 9 家集装箱运输企业落户嵊泗，有集装箱挂车 36 辆，1099.14 吨位。2014 年年底，县域内注册的集装箱挂车运输业户有 10 家，集装箱挂车 73 辆。集装箱挂车厂牌有“通华”“中集”“华骏”“汉阳 HY9150T”“明威 NHG9358TJZG”“大力士”“解放”、梁山“东岳”等，除“汉阳 HY9150T”外，车辆核载都在 30 吨以上。

1993—2014年嵊泗县全行业公路运输货运量、周转量表

表 5-6-1　单位：万吨、万吨千米

年份	货运量			周转量		
	合计	交通部门	非交通部门	合计	部门交通	部门非交通
1993	32	12	20	167	42	125
1994	35	12	23	183	41	142
1995	44	12	32	203	40	163
1996	54	10	44	468	34	434
1997	65	11	54	574	51	523
1998	73	11	62	587	58	529
1999	88	17	71	706	48	658
2000	98	20	78	884	48	836
2001	106	25	81	913	61	852
2002	107	25	82	928	58	870
2003	108	25	83	945	58	887
2004	112			964		
2005	113			1042		
2006	116			1003		
2007	118			1023		
2008	118			921		
2009	129			1651		
2010	156			10165		
2011	161			27002		
2012	164			3833		
2013	169			4025		
2014	172			4137		

第七章　陆运企业

主要记述公路客运企业和公路货运企业，简述运输服务业：车辆维修、公路建设、公路养护、驾驶员培训、车辆检测等企业。

第一节　客运企业

1950年代末，嵊泗汽车站隶浙江省汽车运输公司舟山分公司。1988年10月，嵊泗汽车站管理体制由舟山分公司划归嵊泗县，始有汽车运输公司，经营客运业务。2000年后，相继

成立通杭客运有限公司、半岛旅游客运有限公司、洋山顺达客货运输有限公司、零海拔出租车有限公司。

浙江省嵊泗县汽车运输公司

1988年12月16日成立，全民所有制企业。主营陆路客运，隶属嵊泗县交通管理局管理。址，菜园镇东海路108号。首任经理车志刚，副经理张在兴。嵊泗县汽车运输公司成立后与嵊泗县汽车站两块牌子一套班子，一个核算单位。是年，公司职工42人，有大客车6辆245客座。客运量173.65万人次，旅客周转量1352.82万人/千米。

公司主营泗礁山岛4条陆上客运班车线路，沟通县城与乡镇的有3条：菜园至青沙、至马关、至五龙；接送旅客班线1条：菜园至李柱山码头。随着市场经济发展，大客车在泗礁山岛内客运市场竞争中逐渐失势，公司筹资发展中型客车。1992年11月，公司购置4辆18座“华西”中巴车。1993年5月，购置5辆18座“华西”中巴车、2辆18座“沪陵”中巴车。11月购置1辆18座“华西”中巴车。1994年1月12日和3月21日，购置1辆18座“华西”中巴车和2辆面包车。3年内，公司先后购置15辆中型客车，取代大客车，经营县内公交，完成公交车辆转型。中共十一届三中全会后，个体经济得到政府政策扶持，嵊泗的出租轿车客运在1980年代得到迅速发展。面对竞争激烈的出租车客运市场，1995年4月和1996年6月，公司投资150万元，购置“桑塔纳”轿车12辆，跻身市场，改变了公司在陆上客运市场单一经营公交线路的状况。

1998年8月，管理部门加强县内客运出租轿车正规化管理，规范出租轿车经营者经营行为，经县交通管理局同意，公司成立嵊泗县汽车运输公司出租车管理站，县内半数个体出租轿车挂靠出租车管理站接受统一管理。

1991年4月，开通泗礁至上海第一条县外车船联运线。随着公司客运事业的发展，各种型号车辆日益增加，车站场地不敷应用。是年，经上级交通部门和县人民政府批准，车站拆除重建，扩大场地1500平方米，用地总面积达到25000平方米，站房建筑面积1397平方米。1992年2月9日，开通泗礁至杭州长途班线；1993年5月，公司着手进行企业经营机制转换及“三项”制度的改革，6月7日出台《嵊泗县汽车运输公司转换经营机制总体方案》，全面推行经济承包责任制，实行班组承包，风险抵押、超额全留、欠额自补。全部职工实行社会保险。打破吃“大锅饭”制度，实现车辆、人员合理配置和优化组合，发挥职工劳动积极性，提高劳动生产率，是年人均实现产值2.24万元。

1994年10月6日，开通泗礁至温岭长途班线。1995年10月，经嵊泗县计经委批复同意，公司成立公用型车站，车站内的客、货车辆实行有偿服务和管理。1996年年初，嵊泗县第一艘车客渡轮通航，改变县外车船联运格局。公司与杭州车站谈妥，承接杭州至嵊泗的对开班次，1996年5月3日，购置2辆“东风”卧铺大客车，替代普通大客车。1996年9月25日，嵊泗至温岭线路延伸至温州，且相继购置2辆“东风”卧铺大客车投运。1997年9月22日，温州班车再延伸到瑞安。1998年3月9日，嵊泗至上海的首辆省际直达班车开通。1998年9月29日，嵊泗县交通管理局《关于汽车站大楼及车库等附属设施产权移交的决定》，适应企业转制需要，浙江省嵊泗县汽车站产权移交给嵊泗县汽车运输公司。

1998 年，公司安全行车 1934541 千米，其中大陆客运班车安全行驶 510367 千米，泗礁山岛客运车辆安全行驶 1424174 千米；年客运量 102 万人次，其中大陆班车客运 6.1 万人次，泗礁山岛客运 96 万人次；年陆上客运周转量 2120 万人千米。

1999 年，改制为嵊泗县永盛汽车运输有限责任公司。

1988—1998 年嵊泗县汽车运输公司情况表

表 5-7-1

年份	职工数（人）			负责人		
	合计	驾驶员	车售员	职务	姓名	任职时间
1988	42	11	8	经理	车志刚	1988.12—1991.01
1989	49	13	11		刘世和	1991.01—1992.05
1990	52	14	11		张松康	1992.05—1994.10
1991	58	13	11		陈满水	1994.10—1998.12
1992	59	16	11	副经理	张在兴	1988.12—1991.01
1993	52	18	9		车志刚	1991.01—1991.08
1994	52	18	9		何秋方	1991.01—1998.12
1995	51	18	3	书记	张在兴	1988.12—1991.01
1996	51	18			刘世和	1991.01—1992.10
1997	50	19			陈满水	1992.10—1998.12
1998	50	19		副书记	车志刚	1989.11—1992.05
					陈善月	1994.10—1998.12

嵊泗县汽车运输公司产值、利润、固定资产、职工收入统计表

表 5-7-2　　单位：元

年份	生产情况		固定资产		收入分配	
	总产值	利润	原值	净值	工资总额	人均收入
1988	229982	7080	450618	301232	43152	1074
1989	467197	18054	544563	392540	88802	1812
1990	557545	35807	614163	456001	106468	2047
1991	625434	7654	889973	698594	137690	2373
1992	851818	10921	1129513	963269	227596	3857
1993	1200331	17635	1392456	1265681	366414	6107
1994	1606636	24592	1501338	1260201	491290	8188
1995	1378518	32262	2280730	1786987	401523	6473
1996	1697714	26643	4155450	3554961	502494	8105
1997	1737764	6393	3737493	2911117	471765	7148
1998	1875912	-20479	4555408	3017824	360710	6937

嵊泗县汽车运输公司（汽车站）车辆、客运量统计表

表 5-7-3

年份	客车		客运量	
	辆	座	运量（人次）	周转量（人次千米）
1988	7	280	1736467	13528458
1989	8	305	1607162	11252898
1990	10	329	1889366	12660560
1991	10	334	1576498	12152800
1992	15	461	1725117	15529671
1993	23	584	1289895	13332588
1994	26	663	1543092	19443574
1995	29	613	883812	9901205
1996	39	755	664784	11488572
1997	38	717	635550	13265200
1998	36	626	749508	16366787

嵊泗县永盛汽车运输有限责任公司

1999 年 1 月，县汽车运输公司改制建成，地址，菜园镇东海路 108 号。时有职工 49 人。是月，成立第一届股东会，并选举产生第一届董事会、监事会。董事长陈满水。汽车站靠近东海路街道地段，建造一批商业用房，出租盈利，车站周边渐形成商业街。同时为解决改制后富余人员再就业问题，公司成立再就业服务中心，设领导小组，陈满水任组长。

2000 年 3 月，公司董事会引导职工少分红多投入，开通嵊泗经沪杭高速公路至杭州东站直达班车，投资 110 万元购置 2 辆 29 客位“东风 EQ1050G”豪华双空调中型客车替换卧铺客运班车，另购置 2 辆 1.85 吨零担货车与班车配套经营。7 月，公司投入 35 座“东风”卧铺大客车 1 辆，开通营运里程 481 千米的嵊泗至南京班线。2001 年 10 月下旬从张家港购置 10 辆“牡丹”中巴车投放泗礁山岛陆上客运市场，替换一批车容、车况差的“华西”中巴车，改变城乡班车面貌。11 月中旬，购置 1 辆“骏马”豪华卧铺大客车投放嵊泗至瑞安客运班线，替换“东风”卧铺大客车，改变车厢内乱堆货物现象。12 月，永盛汽车运输有限责任公司董事会换届选举，推选出新一届董事会成员。2002 年 2 月，投入 1 辆“沪陵”中巴车，开通菜园经马关至石柱的公交班车。

2002 年，在经营方式上寻求突破，公司采用车辆联合经营，统一核算，定时定点，统一发班，统一调度的方法。泗礁山岛五龙线和马关线从每天 10 班增加到 30 班。5 月，嵊泗至杭州班车终止承包，采用公司化经营。管理人员随车跟班，现场管理。驾驶员聘用，并签订责任书。2003 年，加大车辆安全管理和优质服务考核力度，建立完善车辆进出站门检和站场安全例检制度，投资 200 多万元更新嵊泗至杭州、至上海客运班车，购置 3 辆 45 客位豪华空调

大客车，附带 1 辆嵊泗至上海的 2 吨位货物专用车。3 月初，分批对公司所属的县内客运出租车进行更新，并完成新一轮承包。6 月，公司与杭州长运运输集团有限公司合资，组建嵊泗县通杭客运有限公司，享受一级客运经营资质。10 月 2 日，公司购置 48 客位豪华“金龙”大客车营运嵊泗至安徽阜阳省际长途客运班线。10 月 30 日，嵊泗县交通局发嵊交〔2003〕143 号文批复，嵊泗县永盛汽车运输有限责任公司为五级道路客运企业。2004 年 10 月，按照“乡村康庄工程公路必须通班车”要求，公司投入 20 多万元，购置 2 辆空调中巴车，开通黄龙岛内循环农村客运班线。2005 年 4 月，公司调整营运中巴车的车型档次，购置 11 辆中型空调面包车，运营泗礁山岛农村班线。2007 年 9 月，县交通局批复同意公司更新 10 辆 19 座中巴车，投入农村客运班线营运。2008 年，公司调整泗礁山岛农村客运班线。是年，营运班线客车 48 辆 1026 客位，其中高级客车 6 辆 267 客位，跨省班车 2 辆 97 客位，跨市客车 4 辆 170 客位。全县开通客运班线 14 条，日发 261.67 班次。拥有农村客运停靠站 18 个，大部分为 2005 年以后建造的港湾式停靠站。

2009 年，加快城乡公交一体化进程，泗礁山岛农村班车日平均 150 多班次。同时，公司在旅游旺季前开通嵊泗首条旅游专线，投入 2 辆 45 座大客车，途经泗礁山岛 7 处主要景点。2012 年 12 月 25 日，中共嵊泗县委常委会通过批准国资收购嵊泗县永盛汽车运输有限责任公司决定，收购主体为嵊泗县交通投资有限责任公司。2013 年，新增菜园至西会城客运班线，开通李柱山至五龙边礁岙的旅游班线，五龙乡田岙村至和尚套、六井潭景区的旅游专线。2014 年 5 月 10 日和 2015 年 1 月 10 日，分别开通城区公交 1 号、2 号、3 号三条线路。

嵊泗县永盛汽车有限责任公司部分年份运载工具、客货运量表

表 5-7-4

年份	运载工具				运量			
	客车		货车		客运量	旅客周转量	货运量	货物周转量
	辆	座	辆	载货吨	人次	人千米	吨	吨千米
1999	33	525			832347	17282798		
2000	34	563	3	4.05	836126	17094917	925	207200
2013	43				2036141	11198775		
2014	51				3357063	18404837		

嵊泗县永盛汽车运输有限责任公司负责人任职情况表

表 5-7-5

职务	姓名	任职时间
董事长	陈满水	1999.1—2011.1
	张平定	2011—2013.1
	孙旭敏	2013.1—

续表 5-7-5

职　务	姓　名	任　职　时　间
副董事长	何秋方	1999.1—2011.1
	陈善月	1999.1—2011.1
经理	陈满水	1999.1—2011.1
副经理	何秋方	1999.1—2011.1
书记	陈满水	1999.1—2011.1
副书记	陈善月	1999.1—2011.1
总经理	张平定	2011.1—
副总经理	何秋方	2011—2013.1
	王　东	2011.1—

嵊泗县永盛汽车运输有限责任公司历届职工监事会

表 5-7-6

届　次	职　务	姓　名	任　期
第一届	主　任	车志刚	1999.1—2002.1
	监　事	梁岳定	1999.1—2002.1
	监　事	倪根水	1999.1—2002.1
第二届	主　任	车志刚	2002.1—2005.1
	监　事	梁岳定	2002.1—2005.1
	监　事	倪根水	2002.1—2005.1
第三届	主　任	车志刚	2005.1—2008.1
	监　事	梁岳定	2005.1—2008.1
	监　事	倪根水	2005.1—2008.1
第四届	主　任	车志刚	2008.1—2011.1
	监　事	郑成国	2008.1—2011.1
	监　事	倪根水	2008.1—2011.1
第五届	主　任	车志刚	2011.1—2014.1
	监　事	郑成国	2011.1—2014.1
	监　事	倪根水	2011.1—2014.1

嵊泗县通杭客运有限公司

2003 年 4 月 30 日，嵊泗县永盛汽车运输有限责任公司与杭州长运运输集团有限公司签订《合资组建嵊泗县通杭客运有限公司协议书》，共同组建嵊泗县通杭客运有限公司。5 月 30 日，嵊泗县交通局行文批复，同意成立嵊泗县通杭客运有限公司，以解决县内道路客运公司道路客运经营资质。公司法人代表张平定，注册地址：浙江省嵊泗县菜园镇东海路108号，注册资本50万元。杭州长运运输集团有限公司和嵊泗县永盛汽车运输有限责任公司分别投入25.5万元和24.5万元，持股比例分别为51%和49%。

嵊泗县永盛汽车运输有限责任公司的陈满水任嵊泗县通杭客运有限公司董事长，杭州长运运输集团有限公司的鲁建高任嵊泗县通杭客运有限公司总经理。6月2日，公司挂牌成立。经营范围为公路班车客运和公路包车客运。7月11日，嵊泗县交通局行文，批复同意嵊泗县永盛汽车运输有限责任公司将“浙L/B0089”“浙L/B0090”中型客车、“东风浙L/B0082”空调大客车、“浙L/B0028”“骏马浙L/B0115”卧铺大客车等长途班车，归属嵊泗县通杭客运有限公司营运。10月下旬，新增2辆45客位“金龙”豪华大客车，经营嵊泗至杭州客运班线。同时，更新车况老化、车型落后的嵊泗至上海客运班车为普通空调大客车，新增2吨货车1辆。12月16日，嵊泗县通杭客运有限公司与安徽省阜阳市汽车运输集团有限公司签署《关于开通嵊泗至阜阳汽车客运班车协议书》，双方同意办理互通长途班车手续，先由嵊泗县通杭客运有限公司单营，阜阳公司保留对开权。2004年9月，经上级交通部门同意，通杭客运有限公司购置1辆48座“金龙”豪华空调大客车，投入嵊泗至阜阳长途客运班线。2005年7月，东海大桥贯通后，流动客源日增，公司抓住商机，要求省交通管理部门同意嵊泗至上海客运班线新增3个班次。8月2日，嵊泗县通杭客运有限公司与新国线集团（上海）运输有限公司签署《关于对开嵊泗至上海客运班车协议书》，双方本着平等互利原则，共营对开嵊泗至上海长途班车，全程87千米。班车对等发班，经上海市陆上运输管理处和浙江省公路运输管理局批准，双方每日各始发5班经营。嵊泗始发：嵊泗汽车站；上海始发：上海南浦大桥客运站。11月，嵊泗县通杭客运有限公司与安徽阜阳汽车集团有限公司再次签署《客运协议书》，就两公司互通客运班车有关事宜达成协议。阜阳汽车集团有限公司投入49座“宇通ZK6119HA”大型普通客车1辆，运营阜阳至嵊泗班车线路，对开运行里程860千米，途径嵊泗、上海、苏州、常州、南京、合肥、阜阳。起讫站统一票价130元。嵊泗汽车站发车时间8时15分，阜阳汽车站发车时间13时整。同年，公司同意嵊泗县洋山顺达客货运输有限公司挂靠经营小洋山至上海南浦客运班车线路。

2014年，嵊泗县通杭客运有限公司运营长途客运班线5条，其中市际3条，省际2条。班线里程2321千米。

嵊泗县零海拔出租车有限公司

2015年3月20日注册成立，河南商丘青年杨凯经营出租车行业，注册资本10万元。公司注册地址，嵊泗县菜园镇金平大鱼岙村鱼中巷40号，租用嵊泗县陆岛物流有限公司望海路场地100平方米为出租轿车停车场。拥有“桑塔纳”轿车13辆，聘用驾驶员26人，2015年载客量25万人次。

嵊泗半岛旅游客运有限公司

2012年6月4日成立，私营有限责任公司，注册资本200万元。址菜园镇仰天院10号，法人代表贺海波。管理人员10人，客车驾驶员5名。办公用房60平方米，停车场面积1400

平方米。拥有33座“金龙”旅游大客车5辆，经营县内包车客运及非定线的旅游客运。2015年年客运量14万人次。

嵊泗县洋山顺达汽车客货运输有限公司

2003年2月27日成立，3月26日挂牌营业。法人代表陈银章，注册资金30万元，公司租用洋山镇共建路5号洋山大酒店办公房1间，面积50平方米。员工15人，其中管理人员3人。公司业务以汽车客运为主，经营洋山至上海南浦、洋山至上海南汇和小洋山岛循环运输业务。其中洋山至上海南浦为旅游专线；洋山至上海南汇为省际长途客运班线，挂靠嵊泗县通杭客运有限公司经营。初期，拥有16座“牡丹”客车2辆，2005年，增33座、45座苏州“金龙”豪华大客车2辆。2007年2月起，经营小洋山至沈家湾班车线路，投入“长安”7座面包车2辆。2014年，拥有客车6辆，132客位。其中33座客车2辆，19座客车3辆，9座客车1辆。年载客量4.5万人次。

第二节　货运企业

1952年起县域内各乡镇先后成立搬运工会或搬运小组，承担搬运装卸业务。1976年，嵊泗县运输公司成立；1988年，嵊泗县装卸运输公司成立；1992年，合并组建嵊泗县海港运输公司，1995年5月，改名嵊泗县运输公司。2002年，嵊泗县实行企业转制，县运输公司解体后转制。2014年，有运输户68户，其中，集装箱挂车运输10户，冷藏保鲜运输10户，危险品运输1户，普通运输47户。

嵊泗县海港运输公司

1992年3月成立。县属集体企业，经营陆上货运，独立核算，自负盈亏，隶属县交通管理局。址菜园镇海滨路266号。1992年，职工145名，其中临时工16名。公司总产值191.54万元，固定资产原值207.41万元，人均年收入5890元。拥有客、货车23辆，年货运量11.51万吨、货运周转量43.48万吨千米。张信久任公司经理兼书记。1992年12月，海港运输公司开办建材综合服务部，解决企业多余劳动力。1992年7月，成立旅游汽车出租服务站，经营汽车出租业务，有3辆汽车，其中“华西”面包车2辆，“山峰”小面包车1辆，计45座。1992年10月，成立汽车机械修配厂。1993年，海港公司开拓县外运输市场，5辆运输车辆打人大陆货运市场，在宁波设立嵊泗县海港运输公司驻甬水陆货运办事处，3辆货车在宁波营运，2辆货车在杭州艮山门短途货运点运营。公司以一业为主，多种经营。购置90吨运输船1艘，开展海运业务，营运嵊泗—宁波货运航线。1994年，陆上货运进入大陆市场，逐步延伸到深圳、丹东等边远城市。多种经营收入超百万元，占公司总产值的1/3。

嵊泗县运输公司

1995年5月12日，嵊泗县海港运输公司改名嵊泗县运输公司。投入38万元购置3辆货车，6辆三卡，100吨级运输船1艘。10月，设立水、陆货物配载中心。1996年，县运输公司把握市场经济的特点，在包揽本县装卸业务的同时，调整内部经营结构，抓住车客渡开通的机遇，投资192万元，购置冷藏车1辆、大吨位货车8辆，进驻大陆货运市场，取得良好的经济效益。同时经营仓储批发业务。1997年，经营汽车修理等多种业务。1999年，县运输公司配合县政府“围海造地工程”的开展，自筹资金，搬迁东港、西港两座货运码头。2000年10月17日，嵊泗县地方税务局行文确认嵊泗县运输公司资产，截至1999年10月31日，企业总资产为8369399.13元，负债总计为6487718.28元，净资产为1881680.85元。

2002年3月5日，嵊泗县国有城镇集体企业改革领导小组办公室行文，批复同意县运输公司转制，分别组建成立嵊泗县志盛、利盛、立盛、建盛、强盛5家运输有限责任公司。

嵊泗县志盛运输有限责任公司

2001年12月成立，从事港口装卸、大宗物件及散货的仓储和配送。2002年3月22日注册，私营有限责任公司（私营性质企业控股），法定代表人吴志忠，注册资本194万元。址菜园镇海滨东路245号。有职工45人，管理人员4人。公司内设办公室及安全、财会、工会等科室，辖装卸组、仓库组和车队。嵊泗中心渔港内拥有一座500吨级的高桩梁板式泊位，泊位长60米。拥有轮胎式起重机械4台，其中16吨、8吨各1台，5吨2台；汽车起重机械2台，分别为35吨和16吨；各种型号的货运车辆11辆，（其中10吨车3辆，3吨车2辆，1吨车6辆）计42吨位。另有叉车3辆。港口通过能力从成立初期的3万吨／年发展到2014年的5万吨／年，累计完成港口吞吐量超80万吨。2014年，公司产值790万元，营业收入259万元，上缴税金6万元。

嵊泗县陆岛物流有限公司

2010年5月20日成立，有限责任公司。注册资本100万元。初址菜园镇宫前巷85号。后迁至菜园镇望海路停车场。法定代表人严罡。经营普通货运、货物专用运输（冷藏保鲜）、普通货物仓储服务。公司有场地面积3000多平方米，其中办公用房350平方米。有员工25人。原有运输车辆30辆，执行规定，报废污染环境的“黄标车”，投资更新环保型车辆后，拥有4.5吨以上厢式货车20辆，铲车1台。货运主要线路为上海、宁波、嘉兴、杭州等地。在上海、宁波设有办事处，经营仓储业务。2014年，年吞吐量5000万吨，产值500万元。

嵊泗沪平物流有限公司

2012年8月注册，私营有限责任公司，注册资本3万元，法定代表人李沪萍。址嵊山镇箱子岙。经营普通货运、货物配送及普通货物仓储。有“东风”大型厢式货车3辆，14.75吨位。

嵊泗安达运输有限公司

2012年10月成立，私营股份有限责任公司，注册资本100万元，法定代表人陈琦军。址菜园镇海滨中路228号3楼308室、309室。许可经营项目为经营性危险货物运输（爆炸品1项、气体类1项、气体类2项、气体类3项、易燃液体类）。有员工16人，其中驾驶员7人，押运员8人，安全员1人。有运输车10辆，其中“福田”中型厢式货车2辆、“红宇”轻型厢式货车1辆、“勤宏”轻型厢式货车1辆、“程力威”中型罐式货车2辆、“楚胜”中型罐式货车3辆、“铁风”中型罐式货车1辆，计33.22吨位。

舟山亿隆物流有限公司

嵊泗县人民政府招商引资企业。2012年11月成立，私营有限责任公司，法定代表人杜林飞（宁波市鄞州区人）。址嵊山镇民主村文化路1号。注册资本120万元。公司拥有各类运输车22辆，其中有30吨位“通华”集装箱挂车、30.48吨位“华骏”集装箱挂车、33吨位“通华”集装箱挂车和30.48吨位“明威”牌集装箱挂车。经营货物专用运输及一般仓储服务。

舟山市博远物流有限公司

嵊泗县人民政府招商引资企业。2012年9月成立，私营有限责任公司，法定代表人陈烨（宁波市江北区人）。址枸杞乡大王村环城路5号。注册资本200万元。公司拥有各类运输车10辆，其中有30.48吨位、30吨位、30.4吨位“华骏”集装箱挂车和30.48吨位“通华”集装箱挂车。经营货物专用运输及一般仓储服务。

舟山长荣物流有限公司

嵊泗县人民政府招商引资企业。2010年7月成立，有限责任公司，法定代表人何华青（台州市椒江区人）。址黄龙乡南港石宫弄49号。注册资本200万元。经营货物专用运输；陆上货运代理、普通货物仓储；金属材料、化工材料（除危险化学品及易制毒化学品）、轻纺原料及产品（除国家统一经营商品）、服装、鞋帽、机械设备及配件、仪表仪器、建筑材料、五金交电、电子元器件、日用百货、工艺品、塑料制品、农畜产品的批发、零售；自营和代理货物和技术的进出口（国家限制经营和禁止进出口的货物和技术除外）。2012年11月注销。

舟山市通发物流有限公司

嵊泗县人民政府招商引资企业。2011年12月成立。私营有限责任公司，法定代表人冯俊杰（宁波市人）。址枸杞乡大王村欣欣巷2号。注册资本200万元。公司有运输车14辆，其中有解放牌26吨位集装箱挂车和30吨位以上“中集”“天骏德锦”“”通华牌、“明威”、梁山“东岳”等集装箱挂车，计211.48吨位。经营货物专用运输及一般仓储服务。

2014年嵊泗县冷藏保鲜运输企业一览表

表5-7-7

单　位　名　称	法人代表	经营资质	经济性质	经营范围	车辆数量
嵊泗县通杭客运有限公司	张平定		有限公司	货物专用运输	
曹永军	曹永军		个体	货物专用运输	3
邵志定	邵志定		个体	货物专用运输	1
嵊泗县陆岛物流有限公司	严　罡		私营	货物专用运输	13
嵊泗县海航副食品经营部	邵协定		个体	货物专用运输	1
应密军	应密军		个体经	货物专用运输	1
嵊泗沪平物流有限公司	李沪萍		股份有限	货物专用运输	3
李亚表	李亚表		个体	货物专用运输	1
夏海国	夏海国		个体	货物专用运输	1
嵊泗县永盛汽车运输有限责任公司	孙旭敏	客运五级	国有独资	货物专用运输	1

2014 年嵊泗县集装箱运输企业一览表

表 5-7-8

单　位　名　称	法人代表	经营资质	经济性质	经营范围	车辆数量
嵊泗县海泰物流有限公司	傅荷珠		有限责任	货物专用运输	5
舟山市天宁物流有限公司	李忠良		有限责任	货物专用运输	12
浙江天宁物流有限公司	蔡伏全		私营	货物专用运输	5
舟山一帆物流有限公司	陈方聪		有限责任	货物专用运输	1
舟山长荣物流有限公司	张　勇		有限责任	货物专用运输	
舟山远大物流有限公司	张　勇		有限责任	货物专用运输	3
舟山市博远物流有限公司	陈　烨		私营	货物专用运输	10
舟山市通发物流有限公司	冯俊杰		有限责任	货物专用运输	14
舟山亿隆物流有限公司	杜林飞		有限责任	货物专用运输	22
嵊泗县洋山超凡汽车运输有限公司	沈　波		有限责任	货物专用运输	1

2014 年嵊泗县危险品运输企业一览表

表 5-7-9

单　位　名　称	法人代表	经济性质	车辆数量
嵊泗安达运输有限公司	陈琦军	私营股份有限	10

第三节　车辆维修企业

境内车辆维修始于驻军在马关所设军械修理所。1976 年 3 月，民间创办马关车辆修配厂，此后各乡镇车辆维修企业时有成立。2009 年，嵊泗县永兴汽车修理有限责任公司成立，是境内“汽车维修一类”资质企业。2014 年，全县有车辆维修企业 43 家，其中，摩托车维修企业 14 家。

嵊泗县曙光汽车修理厂

1991 年 12 月 13 日成立，系菜园镇农工商东昌汽车修理厂和马关车辆修配厂合并，隶属嵊泗县交通管理局，厂长秦养吉。固定资产 19.74 万元，厂区面积 2340 平方米，其中厂房面积 600 平方米，车辆修理场地 1500 平方米，办公楼 250 平方米。职工 52 人，其中工程技术人员 2 名，高级修理工 2 名，中级 15 名，初级 8 名。主要设备有压床、车床、刨床、剪板机、剪断机、钻床、绞刀、镗光机等，设有生产、质检两个科室和钣金、发动机、底盘、电工、油漆五个车间。1992 年，车辆大修 49 辆次，三保 44 辆次，二保 14 辆次，小修 3904 辆次，产值 79.7 万元，利润 0.24 万元。1997 年 8 月，曙光汽车修理厂被嵊泗县运输公司兼并。

嵊泗康桥汽车修理厂

1995 年成立，刘亚岳组建。人员为原曙光汽车修理厂部分工人。址菜园镇菜圃路 24 号，后业务扩展需要，迁往东海路中段的驻军三营礼堂场地，租赁用地面积1500平方米。1999年6月，舟山市公路管理局批复为车辆二级维护企业。2000年，搬迁到海滨西路177号。经营汽车二级维修、公路工程机械修理、金属制品加工、汽车配件零售。2003年至2010年，先后购置维修、检测设备30台，抢修车和驾驶员接送车各1辆。建厂15年，12次获浙江省、舟山市、嵊泗县有关部门颁发的“诚信工商企业”“十佳汽车维修企业”“消费者信得过单位”等称号。2011年3月注销。

嵊泗康谊汽车修理有限公司

2011年3月成立，前身是嵊泗康桥汽车修理厂。民营股份制企业，法人代表刘亚岳。注册资金50万元。址菜园镇海滨西路177号，租赁占地面积2150平方米，其中建筑面积850平方米，为办公用房及修理车间；停车场面积1300平方米。“汽车维修二类”资质。从业人员25人，其中助理工程师1人，技师3人，高级汽车修理工7人，中级5人，管理人员4人，其他辅助工5人。继承康桥厂旧设备，新添置故障诊断、打磨抛光、等离子切割等维修、检测设备，有各类设备66台，及清障车、抢修车等4辆。2013年，汽车维修5000辆次，产值380万元，年利润6.8万元，上缴各项税费12.5万元。2014年，汽车维修5500辆次，产值420万元，年利润9.5万元，上缴各项税费13.8万元。兼营汽车配件销售、汽车技术咨询、二手汽车交易等。

嵊泗基湖农用车辆修理厂

1986年成立，地址基湖村。初名基湖拖拉机修理厂，1988年更名基湖车辆修理厂，厂区占地1000平方米，其中修理用房和办公室400平方米。1992年因建金沙大酒店，迁址基湖农业三队仓库房。1993年因建拥军公园，又迁址基湖奶牛场，厂区占地900平方米，其中，建筑面积400平方米，停车场面积500平方米。1996年6月，改名基湖农用车辆修理厂，专修农用车和货运车辆。有员工7人，内技术人员4人。1997年，迁址兴基路后面。2005年，因修建公路，再次迁址金沙路34号。2014年，嵊泗县“三改一拆”（改造旧住宅区、旧厂区、城中村和拆除违法建筑）中，迁址基湖油管厂旧址，厂区占地200平方米，其中厂房64平方米，停车场140平方米。经营者孙阿定，私人合伙股份制企业。注册资金20万元。机动车三类维修资质。

嵊泗县永兴汽车修理有限责任公司

2009年9月成立，私营有限责任公司，注册资金50万元，法人代表陈岩军。地址菜园镇兴海路88号，租赁用地5000平方米，其中厂房2000平方米，办公用房150平方米，余为停车场地。“汽车维修一类”资质。拥有各类设备53台，其中通用设备5台，专用设备41台，检测设备7台。从业人员22人，其中管理人员6人，维修技术人员10人：机修工4人、钣金工3人、油漆工2人、电工1人。管理人员中，4人具有高级技术职称任职资格，1人中级。技术人员中2人具有高级技术职称任职资格，5人中级。

嵊泗县世纪车辆修配厂

2010年3月16日成立，厂长傅方利，个体经营。厂址菜园镇海滨西路177号。二类机动车(大中型货车)维修。

1993—2014年嵊泗县车辆维修行业一览表

表5-7-10

企业名称	经营地址	经营者	注册资金（万元）	开业时间	资质	备注
洋山顺发汽车修理厂	洋山镇圣大路1号	高　中		1999	三类维修	2013年注销
嵊泗兴环服务部	菜园镇海滨路475号	王宽奇		2001	三类维修	
菜园通达汽车修理部	菜园镇马关海事局东南侧	沈岳军		2005	三类维修	2013年歇业
嵊泗县世纪车辆修配厂	菜园镇海滨西路177号	傅方利		2010.3	二类维修	
嵊泗县洋山镇海平汽车修理厂	洋山镇圣大路20号	金海平		2013.8	三类维修	
嵊泗县永健洗车厂	菜园镇青沙北石弄久盛公司码头	陈岩军		2013.11	三类维修	
嵊泗县枸杞乡丰海汽车维修部	杞乡乌沙村四沗弄31号	陈军海		2014.11	三类维修	
嵊泗县马关付纪修理行	菜园镇海滨东路232号	傅纪祥		2013.10	三类维修	
嵊泗县海港运输公司汽车机械修配厂		张信久		1992.10		
嵊泗县曙光汽车修理厂		秦养吉		1991.12		1997.8兼并
嵊泗康谊汽车修理有限公司	菜园镇海滨西路177号	刘亚岳	50	2011.3	二类维修	
嵊泗基湖车辆修理厂	菜园镇基湖村金沙路85号—1	孙阿定		2013.12	机动车维修	
嵊泗县菜园镇车博士汽车美容装潢总汇	菜园镇东海路横山巷	黄大宁		2006.12	装饰、修理	注销
嵊泗县宝通汽车装潢服务中心	菜园镇望海路371、373号	黄桂勋		2011.1	三类维修	
嵊泗县永兴汽车修理有限责任公司	菜园镇兴海路88号	陈岩军	50	2009.9	一类维修	
嵊泗县永旺汽车修理厂	菜园镇青沙北石弄	陈岩军		2013.11	机动车维修	
嵊泗县四眼汽车清洗店	菜园镇县海洋文化中心对面	夏科军		2004.5	三类维修	
嵊泗县菜园镇天顺汽车修理厂	菜园镇马关劳动村加油站对面	杨剑明		2012.10	机动车维修	
嵊泗县洗车之家汽车美容店	菜园镇望海路427、429号	徐红星		2015.2	三类维修	2015.10歇业
嵊泗县运输公司汽车修理厂	菜园镇东海路9号	张信久		1995.4	汽车修理	2005.3歇业

续表 5–7–10

企业名称	经营地址	经营者	注册资金（万元）	开业时间	资质	备注
嵊泗县康桥汽车修理厂	菜园镇菜圃路 24 号	刘亚岳		1995.3	二级维修	2011 年注销
嵊泗县轮胎修理服务部	嵊泗汽车站场地内	潘立其			三类维修	
嵊泗顺风摩托车维修部	菜园镇东海北路新世纪营业用房	刘国信			摩托车维修	
嵊泗菜园新大洲摩托车修理部	菜园镇东海北路新世纪营业用房	曾国华			摩托车维修	
嵊泗菜园鑫光摩托车修配行	菜园镇马关育才路 2 号	郑三定			摩托车维修	
嵊泗菜园辉煌摩托车修配中心	菜园镇东海北路新世纪营业用房	李　兵			摩托车维修	
嵊泗菜园顺达摩托车修配行	菜园镇停车场 101	傅利定		1999	摩托车维修	
嵊泗县菜园镇车友摩托车修理行	菜园镇东海北路新世纪营业用房	吴跃康		2000	摩托车维修	
嵊泗诚信摩托车修配中心	菜园镇东海北路新世纪营业用房	丁春节			摩托车维修	
菜园益新汽车装潢店	菜园镇兴海路 292 号	黄和国			三类维修	
菜园轮胎修理服务部	菜园镇海滨东路 7 号	潘　苏			三类维修	
菜园小吴摩配修理部	菜园镇关岙村	吴　科			摩托车维修	
菜园镇洪都摩托车修配部	青沙兴达船厂旁	周永国			摩托车维修	
嵊泗县嵊山镇志军摩托车修理部	嵊山镇解放村	刘　凯		2004	摩托车维修	
富豪摩托车修理店	洋山镇云鹅路 7 号	翟纪朋			摩托车维修	
嵊泗县枸杞鑫盛修理部	枸杞乡大王村	王如峰			三类维修	
嵊科汽车修理部	嵊山镇民富村万金山西金山弄	张　科		2008.4	三类维修	
枸杞平华摩托车修理店	枸杞乡大王村	陈平华		2008	摩托车维修	
阿科维修店	嵊山镇陈钱山路 94 号	张　科		2005.4	摩托车维修	
嵊泗县菜园镇影院汽车清洗店	菜园镇沙河路 248 号	吴世祺			三类维修	
嵊泗县菜园镇小贝汽车清洗店	菜园镇县海洋文化中心对面	戎晨艳		2011	三类维修	
嵊泗县菜园镇小李摩托车修理部	菜园镇海滨路 16—18 号	李培培		2011	摩托车维修	
嵊泗马关付纪修理行	菜园镇马关	傅纪祥			三类维修	2013 年注销

第四节　公路建设企业

嵊泗县兴磊石业有限责任公司

1995 年 12 月 15 日成立，嵊泗县公路管理段下属三产公司。陈元定等 4 人经营，经营公路建设所需的土、砂、石等材料的开采及销售。1999 年 12 月 10 日歇业。

嵊泗县兴盛交通工程有限公司

1999 年 9 月 9 日成立。公路养护工程 C 级资质单位，股份制企业。经营水陆交通工程（公路、桥梁、土石方开挖、码头、海塘、围堤建筑、航道清理等）。注册资本 128 万元，其中嵊泗县公路管理段出资 110 万元，定海区临城镇龙舌村王善国出资 18 万元。地址菜园镇东海路 25 号。法定代表王虎龙。

第五节　公路养护企业

嵊泗县兴盛公路养护工程有限公司

2002 年 10 月组建，11 月注册，12 月 27 日挂牌。国有独资企业，隶属嵊泗县交通运输局，经营公路养护及公路工程施工。占地 2000 平方米，办公楼、库房、场地 1350 平方米。内设养护工程科、财务科和办公室，员工 24 人。址菜园镇基湖村金沙路 1 号。

初期，公司有 1 台路面切割机和 1 台内燃机振动冲击夯。2010 年，增加养护车辆 2 台，养护机械 12 台。至 2014 年，养护设备增加到 36 台。

2002 年，推行分片养护、责任到人的公路养护承包责任制，完成专业养护公路 37.92 千米，平均好路率 63.99%；县乡养护公路 19.46 千米，平均好路率 24.80%。2014 年，养护公路 74.80 千米，其中养护隧道 1265.70 米，养护桥梁 810 米。完成公路安保工程 63.20 千米。绿化工程 52.43 千米。种植普陀樟、香樟、冬青树等乔木 7 种和红叶石楠、金边黄杨、造型龙柏、金森女贞等灌木 41 种，木本植物苗木 120 万株；种植麦冬（丛）等草本植物 4 种，常青藤等藤蔓植物 4 种，草本植物覆盖 15000 平方米。

至 2014 年，共投入养护资金 900.25 万元。县道好路率 85.55%，乡道好路率 71.27%。

嵊泗县兴盛公路养护工程有限公司负责人任职情况表

表 5-7-11

姓　名	职　　务	任　职　时　间
方志浩	董事长	2002 年 11 月—2005 年 11 月
张在兴	党支部书记	2003 年 2 月—2005 年 8 月
郑晓东	经理	2002 年 11 月—
郑晓东	董事长	2005 年 11 月—
郑晓东	党支部书记	2010 年 11 月—

第六节　驾驶员培训企业

嵊泗县吉马驾驶培训有限公司

2010年7月10日创建。私营有限责任公司，注册资本43.5万元，法人代表郑雪君。主营机动车驾驶员培训，三级经营资质。地址菜园镇马关石柱村，拥有训练场地2000平方米，教育用房500平方米。员工20人，其中教练员11人，管理人员6人，工作人员3人。教练车10辆，全部为“SVW7180LED”、排量为1.8L的上海“桑塔纳”轿车。

2010年8月，在菜园镇东海路19号设立驾驶员培训报名处。2013年培训驾驶员478人，合格458人，合格率96%。教练陈科伟被舟山市道路运输管理局表彰为明星教练。2014年培训驾驶员561人，合格471人，合格率84%。教练黄小定被舟山市道路运输管理局表彰为明星教练。

嵊泗县泰安驾驶技术培训中心

2004年6月创建，个人独资企业，注册资本30万元，法人代表汪信定。地址菜园镇东海路15号，同址设驾驶技术培训报名处。主营普通机动车驾驶员培训。有员工15人，其中教练员11人。教练用“桑塔纳”轿车10辆。2014年培训驾驶员562人，合格427人，合格率76%。

第七节　车辆检测企业

嵊泗县车辆综合性能检测站

浙江省交通厅1999年2月5日行文，同意建立嵊泗县车辆综合性能检测站（C级）。5月26日，舟山市交通委员会会同市公路局对检测站进行审核验收，基本符合C级站标准，同意试营运。检测站主管为嵊泗县公路运输管理所，财务独立核算、自主经营、自负盈亏、自收自支。地址嵊泗县菜园镇横山园一幢二号，由副站长王斌主持日常工作。占地面积500平方米，其中检测房50平方米，停车场400平方米，其他用房50平方米。仪器设备8大件。

2014年，检测站注销。

嵊泗县和盛机动车安全技术综合性能检测有限公司

2011年9月14日注册成立，国有独资企业。独立核算，财政拨款。嵊泗县国有资产投资经营有限公司出资，注册资金40万元。

地址菜园镇金平西岙（原船厂）。占地面积3600平方米，其中检测车间面积1127平方米。有管理人员5人，车辆检测人员10人。中级职称3人。设技术科、检验科、综合科3个部门。经营范围为机动车安全技术检测；机动车维修和机动车维修质量检验经营（车辆维修竣工质量检测，营运车辆技术状况检测，委托检测）。公司按照电脑一体化程序进行车辆检验。年检测车辆2300辆次。法人代表孙惠斌。

附：

火车票代售

嵊泗县客运总站经浙江上铁旅游有限公司授权，2011 年 1 月 31 日开始，办理全国火车票代售业务，设立火车票嵊泗代售点。地址菜园镇东海路 108 号，嵊泗汽车站大楼内一楼大厅，面积 158 平方米，售票员 2 人。预售 18 天内全国（除西藏拉萨和香港九龙）各铁路站点火车票。2011 年至 2014 年，共代理售票 20732 张，其中 2011 年代售 3675 张、2012 年代售 5631 张、2013 年代售 6062 张、2014 年代售 5364 张。

火车票代售

飞机票代售

2010 年 9 月，嵊泗县邮政分公司根据浙江省邮政集团总公司关于在全省分批开展邮政航空票务业务的通知，开始办理飞机票代售业务。嵊泗邮政分公司辖各乡镇 6 个邮政营业点，营业员 20 人，从事航空电子客票的代售营业员 13 人。网点代理销售全国各航空公司（除春秋航空外）国内外各航班机票。2010 年至 2014 年，共代理销售电子航空机票 3505 张，其中 2010 年代售 294 张、2011 年代售 427 张、2012 年代售 846 张、2013 年代售 985 张、2014 年代售 953 张。

国内航班飞机票嵊泗代理销售点分布情况表

表 5-7-12

代　售　点	地　址	代　售　点	地　址
菜园邮政分局代售点	菜园镇海滨中路 152 号	枸杞邮政所代售点	枸杞乡沙墩弄 57 号
嵊山邮政分局代售点	嵊山镇陈钱山路 77 号	黄龙邮政所代售点	黄龙乡龙南街 45 号
洋山邮政分局代售点	洋山镇共建路 129 号	马关邮政所代售点	菜园镇马关卫海路 1 号

第六篇　交通　港航管理

明代抗倭和清初有反清势力，朝廷厉行禁海（不准民众自由下海和海上进行贸易）和海禁（岛民迁入大陆内地，裁撤设防力量），岛上居民生存维艰，岛荒、居废、地弃。康熙二十三年（1684）十月十五日，朝廷开海禁。次年，朝廷在宁波设立浙海关，掌管海上贸易和征收关税，兼管浙江沿海中外船舶检查、登记、船员管理及海事处理等事务。康熙四十七年（1708），清政府颁布海洋船舶“编甲联䑸合驶”法令（十船为一甲），加强出海船舶监管。民国38年（1949）10月，嵊泗建县，隶属江苏省，交通运输工作由县政府建设科管辖，检查进出船舶，收取号金。1950年代开始，嵊泗县人民政府重视交通运输工作，交通运输得到恢复和发展。随着经济社会发展，交通管理机构逐步扩大，管理工作渐趋完善，工作分工益细。

第一章　管理机构

第一节　行政管理机构

1950年7月，设嵊泗特区和军管会，统一管理各项工作。1951年3月置嵊泗县，交通运输工作先后由县人民政府秘书室和县供销合作总社兼管。1955年2月建立嵊泗县航运管理站，行使交通运输管理的全部职能，行政上受县人民政府领导，业务上受舟山航管处管辖。

1956年6月，嵊泗县人民委员会内设手工业交通部，隶属中共嵊泗县委领导。1958年3月，建立嵊泗县工业交通科，列入县人民政府序列。同年10月，嵊泗县建制撤销，建立嵊泗人民公社，交通运输部门与工业部门合并为工业交通委员会，行政上属公社领导，交通运输业务受舟山县交通运输管理局管辖。1961年1月，嵊泗划归上海市，建立上海市嵊泗交通运输管理站，与嵊泗航运管理站“二块牌子、一套班子”，受上海市第二交通局领导。1962年4月，嵊泗又划归浙江，同时恢复县建制，上海市嵊泗交通管理站改称嵊泗县交通运输管理站，仍与嵊泗航运管理站合署办公。1966年下半年，“文化大革命”波及嵊泗。翌年嵊泗实行军事管制，县交通运输管理站受军事管制委员会领导。1970年6月，交通与邮政合并成立嵊泗县交通邮政局，建立交通邮政局革命委员会，受嵊泗县军事管制委员会领导。1971 年 6 月，嵊泗县革命委员会成立。县交通邮政局革委会受县革委会生产指挥组领导。1973 年 9 月，恢复嵊泗县交通运输管理站，仍与县航运管理站合署办公。

1975 年 10 月，成立嵊泗县交通监理站，执行交通法规和车辆技术监督。

1983 年 10 月，撤销嵊泗县航运管理站，建立嵊泗县航运管理所，事业单位。

1985 年 4 月，嵊泗县车辆监理站改称嵊泗县交通监理所，与嵊泗县公路运输管理所合并，实行监管合一。1986 年 8 月，成立嵊泗县养路费征收所，与嵊泗县交通监理站实行“二块牌子、一套班子”管理方式。1987 年 9 月，嵊泗县养路工区改为嵊泗县公路段，受县交通管理局和市公路管理处双重领导。同月，根据浙交〔1987〕376 号文规定，嵊泗县交通监理站由嵊泗县交通管理局划归嵊泗县公安局，改建成嵊泗县公安局交通警察队，3 名监理人员随调公安局，有关文书档案、宿舍（2 套）、车辆（1 辆吉普车）及其他办公用品均随之移交。10 月，成立嵊泗县公路运输管理所和嵊泗县公路稽征所，实行“二块牌子、一套班子”管理方式，副科级事业单位，受县交通管理局和市公路运输管理处、市公路运输稽征处双重领导，履行管理全县陆上客货运输、搬运装卸、票证、运价、汽车维修、个体运输及征收养路费等职能。1991 年 6 月，改建成嵊泗县公路管理段。

1993 年 3 月 21 日，设立舟山港务监督嵊泗监督站，定编 4 人。4 月，舟山市交通委员会调整舟山市交通管理体制，舟山市航运管理处和舟山港务管理局合署，统一管理全市港务和航运。嵊泗县航运管理所业务改隶舟山港务管理局（航管处）。同年，设立舟山市船舶检验处嵊泗检验所，定编 3 人。

1994 年 1 月，舟山市人民政府批复同意建立舟山港务管理局嵊泗分局，正科级事业单位，受舟山港务局和嵊泗县人民政府双重领导，与嵊泗县交通管理局、嵊泗县航运管理所实行“三块牌子、一套班子”管理方式。

1995 年 11 月，按照舟山港务管理局〔1993〕174 号文件精神，舟山港务监督嵊泗监督站独立行使港务监督职能，内设海务科、监督室。

2001 年 8 月，组建中华人民共和国舟山海事局嵊泗海事处，副处级事业单位，隶中华人民共和国舟山海事局。嵊泗港航监督站和嵊泗县航运管理站 21 人划归嵊泗海事处。同年 12 月，嵊泗县交通管理局更名为嵊泗县交通局。

2002 年 12 月，县人民政府批转嵊泗县公路管理体制与运行机制改革实施方案，成立嵊泗县兴盛公路养护工程有限公司，受县交通局领导和管理。同月 27 日举行授牌仪式。

2003 年 12 月，县交通局设立嵊泗县交通行政执法大队。

2010 年 1 月，舟山港务管理局嵊泗分局更名为舟山市港航管理局嵊泗分局（嵊泗县航运管理所），与嵊泗县交通局实行“二块牌子、一套班子”管理方式。

2011 年 6 月，撤销嵊泗县交通局，成立嵊泗县交通运输局，与舟山市港航管理局嵊泗分局（嵊泗县航运管理所）实行“二块牌子、一套班子”管理方式。

2014 年，嵊泗县交通运输局（舟山市港航管理局嵊泗分局）在职人员 42 人。

嵊泗县交通管理局

1976年4月，撤销嵊泗县交通运输管理站，成立嵊泗县交通管理局，与嵊泗县航运管理所合署办公，管理全县交通运输工作。1988年1月，嵊泗县渡口安全管理办公室成立，办公地址设在嵊泗县交通管理局。1990年8月，局内设办公室、计划财务科、运输管理科、基本建设科。撤销工程办公室。局下辖管理机构：县航运管理所、县公路运输管理所和县公路运输稽征所。下属企业：县海运公司、县航运公司、县汽车运输公司、县装卸运输公司和海运站。1992年，内设机构增渡口安全管理办公室。局属事业单位有嵊泗县公路运输管理（稽征）所、嵊泗县公路段；局属企业单位有嵊泗县汽车运输公司、嵊泗县航运公司、嵊泗县海运公司、嵊泗县第二海运公司、嵊泗县海港运输公司、嵊泗县曙光汽车修理厂。

1993年10月，县编制委员会批复同意县交通管理局（航管所）内设机构增经济技术综合开发科，计划财务科、安全科分别调整为计划财务审计科、安全监督科。安全监督科下设安全监督室和船检室。撤销航运调度股、港监股。

1994年1月，建立舟山港务管理局嵊泗分局。嵊泗县交通管理局与舟山港务管理局嵊泗分局、嵊泗县航运管理站合署，"三块牌子、一套班子"。内设办公室、计划财务审计科、运输管理科、安全监督科（渡口办）、基本建设科、经济技术综合开发科。1995年11月，舟山港务监督嵊泗监督站独立行使港务监督职能。安全监督科更名安全科，履行管理交通系统安全职能，与渡口办合署办公。

1996年12月23日，县人民政府行文明确嵊泗县交通管理局职能配置、内设机构和人员编制。转变职能，主要是：加强全县公路、水路（港口）交通运输事业的规划、布局以及交通基础建设；公路路政、水路航政、交通规费稽征及水上交通运输安全监督管理；全县公路、水路运输市场的培育和管理；交通法治建设和交通行业精神文明建设。主要职责：贯彻国家、省、市、县关于交通工作的方针、政策、法令、法规，制定全县公路和水路（港口）交通行业的行政规章，并监督执行。根据市、县的总体布局，组织编制全县公路和水路（港口）交通行业中长期发展规划；制定全县交通运输和水路（港口）、公路等交通基础设施建设计划，并组织实施。负责全县交通运输、搬运装卸、运输服务、车船检测及维修等行业管理，优化运输结构和协调发展，调控紧急物资运输。负责全县交通基础设施及其配套项目的建设、养护管理；负责交通基础设施建设的勘测、设计、施工、质量监督等工作，会同有关部门培育和管理交通运输市场和交通基础设施建设市场。负责管理全县公路路政和水路航政工作；负责全县水上交通运输安全管理；指导、协调、督促乡镇人民政府管好乡镇渡口及乡镇船舶的运输安全工作，负责管理全县沿海、港口的港务（航）监督以及船舶和船用产品的技术检验；指导交通行业的体制改革和企业管理工作；经县人民政府授权，监督管理局属单位国有资产；负责县内水陆运输企业的开业审批和水陆航线、公路班线的审批和协调工作。负责水上（港口）陆上各种交通规费、车辆购置附加费的稽征和使用管理，并进行审计监督。指导交通行业的精神文明建设和职工队伍建设。负责对外交通经济交往和港口的对外开放、开发工作。负责交通战备日常工作。协助、配合有关部门管理车辆、港口（码头）的治安保卫工作。承担县人民政府和上级交通部门交办的其他工作。内设办公室、运输安全科（渡口安全管理办公室）、计划财务科、工程建设科。局行政编制 14 名。1998 年 7 月 5 日，嵊泗县交通管理局调整内设机构，撤销经济技术开发科、保卫科，保卫科职责仍归属码头派出所。2000 年，局内设办公室、计划财务科、基建科、运管科、稽征股，下辖码头派出所、监督站、船检所、嵊山航管站、大洋航管站。交通管理单位有县公路运输管理（稽征）所、县公路管理段。企业有经济技术开发公司、嵊泗县航运公司、嵊泗县汽车运输有限公司、嵊泗县运输公司、浙江省茂盛海运有限公司（中外合资）、嵊泗县永盛汽车运输有限责任公司、嵊泗大洋船务公司、嵊泗县昌盛海运有限责任公司。

嵊泗县交通局

2001 年 12 月，嵊泗县交通管理局改称嵊泗县交通局，仍与舟山港务管理局嵊泗分局、嵊泗县航运管理站合署，“三块牌子、一套班子”。主要职能：贯彻国家、省、市关于交通工作的方针、政策、法令、法规，拟定全县公路和水路（港口）交通行业的行政规章，并监督执行；根据市、县的集体布局，组织编制全县公路和水路（港口）交通行业中长期发展规划；制定全县年度交通运输和水路（港口）、公路等交通设施建设计划，并组织实施；负责全县公路水路运输、搬运装卸、运输服务、车站检测维修等行业管理，引导交通行业优化运输结构和协调发展，调控关系国计民生的重要物资和紧迫物资运输；负责全县交通基础设施及其配套项目的建设、养护、管理、负责交通基础设施建设的勘测、设计、施工、质量监督等管理工作，会同有关部门培育和管理交通运输市场和交通基础设施建设市场；负责管理全县公路路政和水路航政工作；指导、协调、督促乡（镇）政府管好乡镇港口及乡镇船舶的运输安全工作，负责管理全县运输船舶和船用产品的技术检验；负责港口航道和港航设施建设使用岸线的行业管理；指导交通行业的体制改革和企业管理工作；经县人民政府授权，监督管理局属单位国有资产；负责县内水路（港口）运输企业的开业审批和水路航线、公路班线的审批和协调工作；负责水上（港口）陆上各种交通规费征收和使用管理，并进行审计监督，代征车辆购置附加费；指导交通精神文明建设和职工队伍建设；负责对外交通经济交往和港口的对外开放、开发工作；负责交通战备日常工作；协助、配合有关部门管理车辆、港口（码头）的治安保卫工作；承担县人民政府和上级交通部门交办的其他工作。内设办公室、运输安全科（渡口管理办公室）、计划财务科、工程建设科 4 个科室。行政编制 12 名。2002 年 1 月，县交通局成立交通运输安全督查领导小组，加强全县交通行业安全监督管理。2003 年，县交通局调整内设机构，改设办公室、计划财务科、基建科、运管（安全）科、稽征科 5 个科室，局行政编制 14 名。12 月，嵊泗县编制委员会〔2003〕2 号文件批复设立交通行政执法大队。2005 年，按照省、市交通主管部门文件精神，撤销嵊泗县交通局安全生产领导小组，成立嵊泗县交通局交通安全生产委员会，组成水路、道路、工程交通安全三个专业领导小组。

2009 年 10 月 10 日，嵊泗县国有资产管理委员会批复同意组建嵊泗县交通投资有限公司为国有独资企业，实行国有资产授权经营，注册资金 1500 万元，由县国资委直接领导，行业隶属于县交通局。公司实行企业化经营和管理，独立核算，自负盈亏，主要承担全县交通基础设施、生产经营、技术改造等项目的投资和配套服务。公司内设总经理办公室、计划财务部、市场经营部，人员由交通局内部调剂。2010 年 1 月挂牌运行。

2010 年 5 月，按照行政审批、行政监督、行政执法相对分离的原则，县交通局整合内设机构和行政审批职能。工程科、计划财务（审批）科合署，设行政审批科，有关科室和单位承担的行政许可项目、非行政许可项目的审批职能，划归行政审批科承担。其主要职能是依法履行本机关及下属机构行政许可事项、非行政许可事项的许可、认定、验收、初审、备案、延续等相关工作，指导局行政审批工作。是年，县交通局内设办公室、计划财务（稽征）科、行政审批科（法制科、交通治安综合治理办公室、交通战备办公室）、港政（航道）科、工程建设科、运输安全科（渡口管理办公室）、船检科、港政执法大队 8 个科室。下辖马迹山港航管理检查站、洋山港航管理检查站、绿华港航管理检查站。局属事业单位：嵊泗县公路管理段、嵊泗县公路运输管理（稽征）所。局属国有企业：嵊泗客运总站、嵊泗县兴盛公路养护工程公司、嵊泗县交通投资有限公司。

嵊泗县交通运输局

2011 年 6 月，撤销嵊泗县交通局，成立嵊泗县交通运输局，仍与舟山港务管理局嵊泗分局、嵊泗县航运管理所合署。职责调整：划入原县交通局的职责和负责城市客运职责，以及扩权强县改革中规定应交县人民政府主管部门具体实施的事项；取消已由国务院、省政府和市政府、县政府公布取消的行政审批事项；取消公路养路费、公路运输管理费、公路客货运附加费、水路运输管理费、水运客货附加费等 5 项交通规费的稽征管理职能；加强交通运输的规划、协调职责，优化布局，提高组合效应，促进道路、水路等各种交通运输方式的科学、有效衔接，优先发展公共交通，大力发展农村交通，加快推进边城和城乡交通运输一体化，促进城乡公共交通服务均等化。承办县人民政府交办的其他事项。内设办公室（法制科、综合办）、人事教育科、计划财务科、工程建设科、工程质量监督科、运输安全科（渡口管理办公室、交通战备办公室）、行政审批科。行政编制 12 名。

2012 年，按照“属地管理，分级负责，上级指导，下级协管”的原则，下发《关于印发舟山市县（区）二级交通建设工程质量安全监督工作分工实施意见的通知》，明确市县（区）二级交通建设工程质量、安全监督等工作分工职责，并下放部分职权。6 月 18 日，嵊泗县机构编制委员会批复县交通运输局设立嵊泗县交通工程质量监督站，股级全额拨款事业单位，事业编制 5 名，撤销局内的工程质量监督科。交通工程质量监督站主要职责：1. 贯彻执行国家和省、市有关交通公路、水运工程质量监督、安全生产等方针政策和法律法规。2. 负责全县交通公路、水运工程（含船舶修造行业水工建筑物项目）的质量监督工作。组织工程质量检查，依法查处违法违规行为；参与交通建设市场管理，承担主管监督项目的交工质量检验和竣工质量鉴定，参与公路、水运工程许可、初步设计、施工图审查，以及交通公路、水运工程项目的交（竣）工验收。3. 负责全县交通工程（陆岛交通码头、公路桥梁建设项目）安全生产指导、协调和行业监管。参与拟订交通工程建设安全生产监督相关管理办法、制度和技术标准；负责公路、水运工程好、建设应急管理工作。4. 负责全县公路、水运建设工程监理行业监管工作，指导、督促监理招投标工作。5. 负责全县公路、水运建设工程检测行业管理，指导、督促试验检测机构严格执行国家相关的试验检测技术标准、规程和规范。6. 负责全县交通工程质量监督行业统计和分析工作。7. 负责全县交通工程质量监督行业精神文明建设，指导全县交通质量监督行业队伍建设。

嵊泗县交通运输局下属单位有嵊泗县道路运输管理局、嵊泗县公路管理局、嵊泗县交通工程质量监督站、嵊泗客运总站、嵊泗县交通投资有限公司、嵊泗县永盛汽车运输有限责任公司、嵊泗县和盛机动车安全技术综合性能测试有限公司。

嵊泗县交通行政管理机构沿革及领导人任职情况表

表 6–1–1

年　份	机构名称	领　导　人		
		职务	姓名	任职时间
1976.4—2001.12	嵊泗县交通管理局	局长	汤昌耀	1976.11—1979.9
			顾宽信	1987.2—1987.9
			刘宽宏	1987.9—1992.11
			邵德士	1993.5—2000.5
			彭善定	2000.9—2001.12
		副局长	胡志根	1978.9—1984.3
			顾宽信	1978.11—1987.2
			沈华寿	1980.3—8
			裴年根	1985.1—1993.6
			邵德士	1987.9—1993.5
			朱志清	1992.11—2001.12
			金根夫	1992.11—2001.4
			俞国平	1993.6—2001.12
			方志浩	2000.12—2001.12
2001.12—2011.6	嵊泗县交通局	局长	彭善定	2001.12 — 2007.8
			方志浩	2007.8 — 2008.12
			徐嵊军	2008.10 — 2011.6
		副局长	朱志清	2001.12 — 2002.5
			俞国平	2001.12 — 2002.9
			方志浩	2001.12 — 2007.7
			邱志刚	2002.4 — 2006.11
			潘　明	2002.9 — 2011.6
			金保华	2006.12 — 2011.6
			叶海章	2008.9 — 2011.6
2011.6—	嵊泗县交通运输局	局长	徐嵊军	2011.6 — 12
			钱海彬	2012.1 — 2016.5
			王伟波	2016.5—
		副局长	潘　明	2011.6 — 2013.1
			叶海章	2011.6 — 2014.12
			张增辉	2011.6 — 11
			何琪明	2012.10 — 2016.8
			郁百成	2012.10 — 2014.3
			刘益宾	2015.1—
			郭　华	2015.1—2016.9
			吴汉平	2015.12—
			毛方忠	2016.9—

中共嵊泗县交通管理机构组织

1962年7月，成立中共嵊泗县航运管理站支部委员会。“文化大革命”期间，党支部停止活动。1970年6月，交通与邮电合并，建立嵊泗县交通邮电局。1971年5月，建立嵊泗县交通邮电局革命委员会党的核心小组。1972年1月，改建为嵊泗县交通邮电局党支部。1973年9月，交通、邮电分设，设立嵊泗县交通管理局，同年10月建立嵊泗县交通管理局党支部。1976年4月，撤销嵊泗县交通运输管理站，成立嵊泗县交通管理局。同年9月建立嵊泗县交通管理局党支部。1978年2月至9月，建立中共嵊泗县工业交通办公室党组。1984年3月，建立中共嵊泗县交通管理局党组。1987年6月，撤销党组，建立中共嵊泗县交通管理局总支委员会，下辖4个党支部，党员49人。1992年，下辖党支部6个，党员96人。

1994年1月，成立舟山港务管理局嵊泗分局，与嵊泗县交通管理局合署办公，同时建立嵊泗县交通管理局(舟山市港务管理局嵊泗分局)党总支委员会。

1997年11月，更名为中共嵊泗县交通局(舟山市港务管理局嵊泗分局)委员会。1998年6月，成立中共嵊泗县交通局纪律检查委员会。2001年，下属党支部7个，党员119人，其中在职党员101人。2002年有党员121人，其中在职党员99人。2003年有党员123人，其中在职党员101人。2004年有党员124人，其中在职党员99人。2005年有党员54人，其中在职党员47人。2006年有党员72人，其中在职党员61人。2007年有党员64人，其中在职党员54人。2010年1月，舟山市港务管理局嵊泗分局更名为舟山市港航管理局嵊泗分局，党组织更名为中共嵊泗县交通局(舟山市港航管理局嵊泗分局)委员会，是年有党员73人，其中在职党员58人。2011年6月，嵊泗县交通局更名嵊泗县交通运输局，党委同时更名为中共嵊泗县交通运输局(舟山市港航管理局嵊泗分局)委员会，是年有党员75人，其中在职党员60人。2013年10月17日，改为中共嵊泗县交通运输局(舟山市港航管理局嵊泗分局)党组、纪律检查组。2014年，局党组所属支部8个，党员总数158人，其中在职党员125人。

中共嵊泗县交通管理机构沿革及领导人任职情况表

表6-1-2

年　份	党组织名称	领　导　人		
		职务	姓名	任职时间
1962.7—1967.12	嵊泗县航运管理站党支部	书记	邵泽峰	1962.7—1967.12
1971.5—1992.1	嵊泗县交通邮政局革命委员会党的核心小组	组长	盛振有	1971.5—1972.1
		副组长	汤昌耀	1971.5—1972.1
			朱士民	1971.5—1972.1
1972.1—1973.9	嵊泗县交通邮政局党支部	书记	盛振有	1972.1—1973.9
		副书记	汤昌耀	1973.10—1976.9
1973.10—1976.9	嵊泗县交通管理局党支部	书　记	汤昌耀	1973.10—1976.9
1976.9—1984.3	嵊泗县交通管理局党支部	书记	汤昌耀	1976.9—1979.9
			胡志根	1979.9—1984.3
		副书记	顾宽信	1979.9—1984.3

续表 6–1–2

年　份	党组织名称	领　导　人		
		职务	姓名	任职时间
1984.3—1987.6	嵊泗县交通管理局党组	副书记	顾宽信	1984.3—1987.6
		成员	顾宽信	1984.3—1987.6
			张在兴	1984.3—1987.6
			杨忠根	1984.3—1987.6
			裴年根	1984.3—1987.6
			邵德士	1984.3—1987.6
1987.6—1997.11	嵊泗县交通管理局总支	书记	顾宽信	1987.10—1992.10
			许岳定	1993.6—1997.11
		副书记	刘宽宏	1987.12—1992.11
			邵德士	1993.8—1997.11
		委员	张在兴	1987.6—1993.8
			杨忠根	1987.6—1993.8
			裴年根	1987.6—1993.8
			邵德士	1987.6—1997.11
			顾宽信	1987.10—1992.10
			刘宽宏	1987.10—1992.11
			朱志清	1992.11—1997.11
			金根夫	1992.11—1997.11
			许岳定	1993.6—12
			俞国平	1993.8—1997.11
			於亚红	1993.8—1997.11
1997.11—2001.12	嵊泗县交通管理局党委	书记	许岳定	1997.11—2001.12
		副书记	邵德士	1997.11—2001.12
			彭善定	2000.8—2001.12
		委员	许岳定	1997.11—2001.12
			邵德士	1997.11—2001.12
			俞国平	1997.11—2001.12
2001.12—2011.6	嵊泗县交通局党委	书记	许岳定	2001.12—2002.3
			邬志鹰	2002.3—2003.4
			彭善定	2003.4—2007.8
			方志浩	2007.8—2008.10
			徐嵊军	2008.10—2011.11
		副书记	邵德士	2001.12—2005.5
			彭善定	2001.12—2003.4
			金保华	2003.4—2006.11
			郑志维	2006.11—2011.6

续表 6-1-2

年　份	党组织名称	领导人		
		职务	姓名	任职时间
		委员	许岳定	2001.12—2002.3
			俞国平	2001.12—2009.12
			邬志鹰	2002.3—2003.4
			张开南	2002.3—2004.11
			邱志刚	2002.3—2006.11
			金保华	2002.3—2011.5
			潘　明	2002.3—2011.5
			彭善定	2003.2—2007.8
			方松国	2004.11—2007.4
			钟浩潮	2004.5—2008.4
			徐　平	2005.12—2008.8
			郑志维	2006.12—2011.6
			孙平国	2007.4—2011.6
			叶海章	2007.4—2011.6
			林锡民	2008.8—2011.6
2011.6—2013.10	嵊泗县交通运输局党委	书记	徐嵊军	2011.6—11
			钱海彬	2011.11—2013.10
		副书记	郑志维	2011.6—2013.6
			董凯云	2013.6—10
		委员	徐嵊军	2011.6—11
			俞国平	2011.6—11
			林锡民	2011.6—11
			张增辉	2011.6—11
			孙平国	2011.6—2012.10
			潘　明	2011.6—2012.12
			郑志维	2011.6—2013.6
			叶海章	2011.6—2013.10
			钱海彬	2011.11—2013.10
			朱龙华	2011.11—2013.10
			何琪明	2012.2—2013.10
			孙忠祥	2012.10—2013.10
			董凯云	2013.6—10
2013.10—	嵊泗县交通运输局党组	书记	钱海彬	2013.10—2016.4
			王伟波	2016.4—
		副书记	董凯云	2013.10—2015.9
			郭　华	2013.10—2016.8
			吴汉平	2015.9—

续表 6-1-2

年　份	党组织名称	领　导　人		
		职务	姓名	任职时间
		成员	钱海彬	2013.10—2016.4
			郭　华	2013.10—2016.8
			董凯云	2013.10—2015.9
			叶海章	2013.10—2014.12
			朱龙华	2013.10—
			何琪明	2013.10—2016.8
			孙忠祥	2013.10—
			郁百成	2013.10—2014.3
			刘益宾	2015.1—
			滕耀东	2015.12—
			毛方忠	2016.8—

第二节　港航管理机构

舟山市港航管理局嵊泗分局

1977 年 3 月，撤销舟山地区航运管理处，成立舟山港务管理局。1993 年 3 月，经舟山市编制委员会批复（舟编〔1993〕15 号），设立舟山港务监督嵊泗监督站，负责进出嵊泗口岸外贸运输船舶进出口联检及辖区内海上交通安全监督管理。4 月，舟山市交通委员会行文《关于调整舟山市交通管理体制的通知》，舟山市航管处和舟山港务管理局“二块牌子、一套班子”，统一管理全市的港务和航运。同年，设立舟山市船舶检验处嵊泗船检所。

1994 年 1 月，成立舟山港务管理局嵊泗分局，正科级事业单位，实行条块结合，以条为主的管理体制，受舟山港务局和嵊泗县人民政府双重领导，与嵊泗县交通管理局、嵊泗县航运管理所“三块牌子、一套班子”。主要职能：贯彻执行国家港口管理、航运管理、航道管理的法律法规和行政规章，并负责实施；负责辖区内港口规划、水运规划、航道规划的组织实施；负责辖区内港口水域、陆域利用及港口岸线、通航水域、航道的使用管理以及港口、航道基础性设施的管理；受局（处）委托建设和监督管理港口、航道；负责港口、水运经营资质、经营秩序的管理、监督检查；负责营运船舶营业运输证的核发；负责辖区内船检机构的行政管理；组织港口货源，按照局（处）制定全港客货运调度计划组织实施；负责抢险救灾、军事运输、指令性物资港口作业及运输的组织实施，负责协调和组织疏运旅客、货物和船舶压港工作；负责征收港航各项规费，监督管理港口企业经营性收费；负责辖区内港口生产经营和港口机械的安全监督；负责港口水运行业的统计工作，及时汇集港口、水运信息，定期发布分析报告，为水路运输企业和各种运输船舶和货主提供咨询服务；负责上级交办的其他工作。内设综合办公室、计划财务科、运管科（港政科）、港航检查大队（规费征收科）、工程科。机关编制 23 名，其中分局（站）领导 3 名。下辖嵊泗港务派出所、嵊泗船舶检验站、洋山港航管理检查站、嵊山港航管理检查站、马迹山港航管理检查站、绿华港航管理检查站。1995 年 11 月，舟山港务管理局行文通知，舟山港务监督嵊泗监督站独立行使港务监督职能，监督站内设海务室和监督室。1998 年 11 月 19 日，舟山港务管理局、舟山市航运管理处、中华人民共和国舟山港务监督行文，市编制委员会批复同意，设立中华人民共和国舟山港务监督马迹山、绿华山、洋山监督站。马迹山监督站主要负责管辖宝钢马迹山矿石中转码头及附近海域。绿华山监督站主要负责管辖绿华山港区海域及泊位。洋山航管站增挂洋山监督站牌子，一套班子，合署办公。

2001 年 4 月 1 日，嵊泗海事处组建成立，负责管理嵊泗辖区内水上交通事故处理、船舶安全等，嵊泗港航部门不再履行此职责。5 月，舟山港务管理局、舟山市航运管理处行文，明确（港务）嵊泗分局（航管所）内设综合办公室、计划财务科、运管科（港政科）、港航检查大队（稽征科）、航道（工程）科，定编 24 名，其中分局（所）领导 3 名。下属事业单位为嵊泗港务派出所、嵊泗船舶检验所及洋山、嵊山、马迹山港、绿华 4 个港航管理检查站，定编 21 名。

2002 年 4 月，舟山港务管理局、舟山市航运管理处联合行文，明确各港务分局（航管站）职能配置、内设机构。嵊泗分局（航管站）内设办公室、计划财务科、运管科（港政科）、港航检查大队（规费征收科）、航道（工程）科，机关编制 24 名，其中分局（站）领导 3 名。下属嵊泗港务派出站、嵊泗船舶检查站和洋山、嵊山、马迹山、绿华 4 个港航管理检查站，编制 21 名。

2003 年 11 月，根据舟山港务管理局（航管处）关于职能配置、内设机构及人员编制的通知要求，嵊泗分局调整部分内设机构：工程科调整为工程（航道）科，原港航检查大队调整为港航检查大队（港政科、规费稽征科）。

2004 年 7 月，根据舟山港务管理局（航管处）行文，调整各港务分局（航管所）内设机构。嵊泗港务分局（航管所）内设：综合办公室、计划财务（规费稽征）科、运输管理科、工程（航道）管理科、港政安全管理科、港航检查大队。下辖嵊泗船舶检验站、洋山港航管理检查站、嵊山港航管理检查站、马迹山港航管理检查站、绿华港航管理检查站。

2006 年 8 月，舟山港务管理局重新授权嵊泗船舶检验范围：负责辖区内 500 总吨以下沿海航区货船的营运检验；嵊泗籍船舶以船舶经营人为准，其辖区按船舶经营人划分；其它授权范围按舟山市船舶检验处舟船检 [2006]3 号文执行。

2010 年 1 月，舟山港务管理局嵊泗分局更名为舟山市港航管理局嵊泗分局，与嵊泗县航运管理所合并，与嵊泗县交通管理局实行“二块牌子、一套班子”管理模式。内设办公室、计划财务（规费稽征）科、行政审批科（法制科、交通治安综合治理办公室、交通战备办公室）、港政（航道）科、工程建设科、运输安全科（渡口管理办公室）、船检科、港航执法大队。下辖马迹山港航管理检查站、洋山港航管理检查站、绿华港航管理检查站。4 月，港航指挥中心建成投入使用，全方位全过程全天候实时监控境内港航各领域。

舟山市港航管理局嵊泗分局机构沿革及行政领导人任职情况表

表 6-1-3

年　份	机构名称	领　导　人		
		职务	姓名	任职时间
1994.1—2010.1	舟山港务管理局嵊泗分局	局长	邵德士	1994.6—2000.5
			彭善定	2000.10—2007.6
			方志浩	2007.8—2008.10
			徐嵊军	2008.10—2010.1
		副局长	俞国平	1994.6—2003.2
			朱志清	1994.6—2004.1
			方志浩	2002.9—2007.8
			邱志刚	2002.4—2006.11
			潘　明	2002.9—2010.1
			金保华	2006.12—2010.1
			叶海章	2008.9—2010.1
2010.1—	舟山市港航管理局嵊泗分局	局长	徐嵊军	2010.1—2012.11
			钱海彬	2012.3—2016.5
			王伟波	2016.8—
		副局长	金保华	2010.1—2011.6
			潘　明	2010.1—2013.3
			叶海章	2010.1—2014.12
			何琪明	2012.4—2016.6

嵊泗县航运管理所

1955 年 2 月，浙江省交通厅航运管理局批准成立嵊泗县航运管理站，负责全县海运业务和交通管理，行政上受县人民政府领导，业务上受舟山航运管理处管辖。1958 年 10 月，嵊泗县建制撤销，成立嵊泗人民公社，航管站工作由舟山县交通部门管辖。1959 年成立嵊山航运管理组。1961 年 1 月，嵊泗划归上海市，成立上海市嵊泗交通运输管理站，与嵊泗航运管理站"二块牌子、一套班子"，受上海市第二交通局领导。1962 年 4 月，嵊泗划归浙江，恢复县建制，嵊泗航运管理站仍与嵊泗交通运输管理站合署办公。1976 年 4 月，撤销县交通运输管理站，建立嵊泗县交通管理局，与嵊泗县航运管理站合署办公，交通管理局局长兼任航管站站长。

1983 年 10 月，撤销嵊泗县航运管理站，建立嵊泗县航运管理所，事业单位，交通管理局局长兼任航管所所长。主要职责：负责全县海上运输生产安全工作，维护海上交通秩序；培训船员业务技术，办理 800 总吨以下船员证书，检验、丈量 200 总吨以下船舶，船舶发证和船舶进出口签证；货物调度，征收航政、港务等规费；监督港口、航道工程建设；组织海上安全检查；调查处理海损事故；负责航道养护、疏通及港口安全管理，管理水上客运等。下辖客运站、嵊山航管站（原嵊山航管组）。1984 年 9 月，增设调度股、港务监督股、计划财务股。1985 年 1 月，增辖洋山航管组。1989 年 3 月，洋山航管组改为洋山航管站。1992 年，局所干部、职工 67 人。

1993 年 4 月，舟山市交通委员会调整舟山市交通管理体制，舟山市航运管理处和舟山港务管理局合署，统一管理全市港务和航运。嵊泗县航运管理所业务主管部门由舟山市交通局（航管处）改为舟山港务管理局（航管处）。8 月，设立黄龙、枸杞、小洋航管站。同年设立舟山市船舶检验处嵊泗检验所，隶属关系、机构级别、编制、经费渠道等不变，核定编制 3 人。1994 年 1 月，嵊泗船舶检验所接受嵊泗县航管所领导。

1996 年 5 月，嵊泗县航运管理所下属嵊泗客运站更名为嵊泗客运总站，下辖李柱山客运站、小菜园客运站、嵊山客运站、枸杞客运站、大洋客运站、小洋客运站、小洋航管站、嵊山航管站、枸杞航管站，负责李柱山、小菜园、嵊山、枸杞、大洋、小洋 8 个客运码头、11 艘交通客轮、13 条航线的客运业务。

1999 年 6 月，舟山市人民政府改革舟山市水上安全监督管理体制，嵊泗航管与海事分开，规定从 2001 年 4 月 1 日起，舟山市水上安全监督、通信导航及航标管理职能划归舟山海事局。同日，嵊泗水上安全监督及相关职能划归嵊泗海事处。按照 1998 年 6 月 18 日在册人员，原则上从事水上安全监督业务人员全部划转，综合管理人员和离退休人员按划转的水上安全监督业务人员占所有业务人员的比例划转。嵊泗港务监督站及部分综合部门和航管所划转人员 21 人。2001 年 4 月 1 日，嵊泗海事处组建完成。嵊泗辖区内水上交通事故处理、船舶安全等由嵊泗海事处负责管理，嵊泗港航部门不再履行此项职责。

2001 年 5 月，舟山港务管理局、舟山市航运管理处行文，明确（港务）嵊泗分局（航管所）内设综合办公室、计划财务科、运管科（港政科）、港航检查大队（稽征科）、航道（工程）科，编制 24 名，其中分局（所）领导 3 名。下辖事业单位：嵊泗港务派出所、嵊泗船舶检验所及洋山、嵊山、马迹山港、绿华 4 个港航管理检查站，编制 21 名。舟山港务管理局、舟山市航运管理处《关于印发〈港航管理检查站主要职责〉的通知》，明确港航管理检查站主要职责：贯彻执行国家港航管理法规、规章和上级指示、决定；开展辖区港政、航政管理工作，依法检查港政、航政；有效管理市场，维护水运及港口装卸、储运市场秩序；监督管理辖区港口及水运企业生产、经营秩序；负责港口机械设备、操作人员资源及劳动安全管理，监督港口企业经营性收费；督促辖区内港口企业和运输船舶防台、防汛等安全工作；征收各项港航规费；建立健全统一的统计制度，准确及时统计上报港口吞吐量、货物运输量等。

2004 年 7 月，舟山港务局管理局、市航运管理处调整嵊泗分局（航管所）内设机构为综合办公室、计划财务（规费稽征）科、运输管理科、工程（航道）管理科、港政安全管理科、港航检查大队。下辖嵊泗船舶检验站及洋山、嵊山、马迹山、绿华 4 个港航管理检查站。2010 年 1 月，舟山港务管理局嵊泗分局更名为舟山市港航管理局嵊泗分局，与嵊泗县航运管理所合并。

嵊泗县航运管理所行政领导人任职情况表

表 6-1-4

年　份	机构名称	领　导　人		
		职务	姓名	任职时间
1955.2—1983.10	嵊泗县航运管理站	站长	邵泽峰	1962.7—1964.10
			汤昌耀	1964.10—1976.7
			左树洪	1976.7—1978.10
		代副站长	章健康	1955.3—1956.7
		副站长	章健康	1956.7—1964.12
			于　庆	1978.10—1983.10
1983.10—2010.1	嵊泗县航运管理所	所长	顾宽信	1984.10—1990
			刘宽宏	1990—1992.11
			邵德士	1993.6—2000.5
			彭善定	2000.10—2007.6
			方志浩	2007.8—2008.10
			徐嵊军	2008.10—2010.1
		副所长	于　庆	1983.10—1984.3
			杨忠根	1990.11—1992.12
			金根夫	1993.10—2001.4
			俞国平	1994.6—2003.2
			朱志清	1994.6—2004.1
			方志浩	2002.9—2007.8
			邱志刚	2002.4—2006.11
			潘　明	2002.9—2010.1
			金保华	2006.12—2010.1
			叶海章	2008.9—2010.1

舟山海事局嵊泗海事处

1999 年 6 月，根据浙江省《关于在浙江实施水上安全监督管理体制改革的协议》及交通部海事局、浙江省交通厅《关于浙江省水上安全监督管理体制改革有关机构人员资产划转的交接意见》，舟山市人民政府改革舟山市水上安全监督管理体制，规定有关机构人员、资产划转：1. 从 2001 年 4 月 1 日起，舟山市水上安全监督、通讯导航及航标管理职能，划转舟山海事局；2. 机构划转和合并，中华人民共和国舟山港务监督嵊泗监督站和嵊泗县航运管理所部分职工共 29 人划转嵊泗海事处。根据国务院办公厅国发办〔1999〕54 号文件和交通部海事局《关于在浙江实施水上安全监督管理体制改革的协议》及交通部海事局、浙江省交通厅《关于浙江省水上安全监督管理体制改革有关机构人员资产划转的交接意见》，经协商，嵊泗县水上安全监督管理体制改革有关资产划转达成协议：1. 专用设备：港监实际使用的资产，局本级通讯导航站资产，嵊泗航区航标及相应设施，根据业务职能，划归嵊泗海事处；2. 港监艇划归海事处，2 辆车辆（奥迪、吉普）划归海事处；3. 一般设备，个人使用的办公设备随人划转；4. 办公用房，经协商，海事处搬迁后，嵊泗港务分局一次性划转办公用房资金 40 万元；5. 嵊泗港务分局一次性划转 250477.67 元给嵊泗海事处，作为开办费，嵊泗海事处不再参与局(所)各项基金的分配。嵊泗海事处与嵊泗港务分局(所)所发生的往来款项不作另行结算。借款50477.67元待开办费划转后归还。6.各站点使用的办公用房原则上按50%比例划转,经协商:小菜园码头2幢(靠东方向)、大洋站二楼4间(南北各2间)划转海事处。嵊泗海事处办公地址:菜园镇马关,办公用房用地面积2000平方米,建筑面积1928平方米,附属用房建筑面积648平方米(其中车库96平方米)。

2001年4月,根据国务院办公厅国发办〔1999〕54号文件和交通部海事局《关于在浙江实施水上安全监督管理体制改革的协议》,筹建中华人民共和国舟山嵊泗海事处,8月6日对外挂牌,实行国家海事局垂直领导管理体系,隶属于舟山海事局,副处级事业单位。中华人民共和国舟山港务监督嵊泗监督站和嵊泗县航运管理所29名职工划归嵊泗海事处。嵊泗海事处工作职责:贯彻执行国家水上交通安全、防止船舶污染,执行船舶、水上设施检验方面的法律、法规和规范,落实上级海事机构制定的规定和制度;负责辖区禁航区、航道、交通管制区、锚地、安全作业区、施工作业等区域现场安全监督和秩序管理,监督检查辖区码头、船舶、泊位安全状况,处理船舶、设施违法行为、水上交通事故等,办理国际航行船舶进出口查验和国内航行船舶进出口签证;负责辖区水域船舶防台、海上遇险船舶及人员搜救等。内设综合办公室、财务会计科、通航管理科、船舶监督科,下辖马迹山、洋山、绿华山3个办事处。2002年12月,因上海国际航运中心洋山深水港建设需要,嵊泗海事处管辖的洋山片水域海事监管事权,划转上海洋山港海事处。2003年3月,设立舟山海事局马迹山船舶交通管理站,与嵊泗海事处合署办公,8月,成立嵊泗县海上搜救中心,办公室设在嵊泗海事处。11月,根据浙江海事系统机构与人事制度改革方案,嵊泗海事处内设机构为综合科、海事管理科和执法大队,有干部职工25人。2014年,周韶雷任处长。

舟山海事局嵊泗海事处历任行政领导人任职情况表

表6-1-5

职　务	姓名	任职时间	职务	姓名	任职时间
副处长(主持工作)	施海平	2001.8—2003.4	副处长	金根夫	2001.8—2003.3
			副处长	傅阿平	2001.8—2005.12
副处长(主持工作)	李　玮	2003.4—2005.12	副处长	张忠表	2004.12—2005.12
副处长(主持工作)	徐　进	2005.12—2007.9	副处长	钟宏光	2005.12—2008.1
处　长	林谦科	2007.9—2010.7	副处长	应存芳	2007.9—2011.10
			副处长	毛培军	2008.1—2010.12
处　长	唐飞斌	2010.7—2014.3	副处长	徐　刚	2010.12—2013.7
			副处长	张　愉	2012.1—
			副处长	徐龙跃	2013.7—
处　长	周韶雷	2014.3—			

第三节　公路管理机构

嵊泗县交通监理所

1975 年 10 月 8 日，成立嵊泗县交通监理站，主管全县车辆监理及陆上交通事故处理，设站长 1 人。1978 年 10 月，嵊泗县交通监理站改名嵊泗县车辆监理站。翌年 6 月，开始征收公路养路费。1981 年 10 月，增配监理员 2 名。

1983 年 3 月，国务院国发〔1983〕47 号文件明确交通监理机构的性质和职能，指出“交通部门的交通监理机构和公安部门的交通管理机构都属于国家行政机关，在当地人民政府领导下，代表国家执行交通法规和技术监督”，“全国实行统一的交通法规、统一的机动车牌照、同一的行驶证和待理证”。文件规定交通监理机构“执行交通规则、交通事故的处理。违章罚款，监理规章及统计的上报。按照规定设置交通标志、号志、标线，收取养路费以及进行技术考试”等。

1985 年 4 月，嵊泗县车辆监理站与嵊泗县公路运输管理所合并，实行“监管合一”，改称嵊泗县交通监理所，负责县内公路交通、公路运输、路政管理等工作，内设车辆监理股和运输管理股。1986 年 4 月，设立嵊山镇交通监理站，民办性质，属嵊山镇人民政府，业务受县交通监理所指导，配监理员 2 名。1986 年 8 月，成立嵊泗县养路费征收所，与嵊泗县交通监理站“二块牌子、一套班子”。1987 年 9 月，根据浙江省交通厅〔1987〕376 号文件，交通监理划归公安管理，3 名监理人员随调公安局，有关文书档案、宿舍（2 套）、车辆（1 辆吉普车）及其他办公用品均随之移交。撤销嵊泗县交通监理所，新建嵊泗县公安局交通警察队。县内车辆监督、管理及陆上交通事故处理由县公安局交通警察队负责，交通部门不再履行此项工作职责。

嵊泗县公路运输管理所、嵊泗县公路运输稽征所

1987 年 10 月，成立嵊泗县公路运输管理所、嵊泗县公路稽征所，两所合署办公，“二块牌子、一套班子”，副科级事业单位，隶县交通管理局和市公路运输管理处、公路稽征处双重领导。管理全县陆上客货运输、搬运装卸、票证、运价、汽车维修、个体运输及征收养路费等。内设办公室、运管股、稽征股，下辖菜园、嵊山、洋山 3 个公路管理站和黄龙代征点。其职能是管理陆上客货运的经营行为、审验营运资格，征收养路规费及车辆证照，检测车况性能。

1992 年 4 月，县公路运输管理（稽征）所内设养路费稽征股、公路运输管理股。1993 年 3 月，设立嵊泗县人民法院驻嵊泗县公路运输管理所、公路稽征所执行室，设主任、副主任各 1 名，由嵊泗县人民法院执行庭负责人、嵊泗县公路运输管理（稽征）所负责人兼任，提供法律服务，依法执行由公路运输管理所、公路稽征所向人民法院申请强制执行的行政处罚案件。执行室设在嵊泗县公路运输管理（稽征）所内。1995 年 3 月，调整内设机构，运管股改为运管维修股，稽征股改为稽征财务股，菜园公管站改为李柱山码头管理站，新增办公室。1999 年 6 月，根据舟山市交通委批复，成立机动车辆综合性能检测站，C 级站。8 月，运管维修股拆为运管股和维修股，负责分管全县汽车修理行业、营运车辆二级维护签证，同月，增设

道路运输服务站。2001年4月，县机构编制委员会批复，撤销菜园公路运输管理站，设立洋山、嵊山、黄龙公路运输管理站；人员配备，洋山公管站6名，嵊山公管站5名，黄龙公管站4名。2009年1月起，停止征收各种公路规费。至2010年，嵊泗县公路运输管理(稽征)所内设办公室、运管股、维管股、稽征财务股和执法中队；工作职责：负责全县陆上客货运输、搬运装卸、运输服务、车辆维修、驾培等管理。实有人员编制6人。

2012年12月，嵊泗县机构编制委员会39号文，同意嵊泗县公路运输管理(稽征)所经费来源由自收自支调整为全额拨款。

嵊泗县道路运输管理局

2013年6月5日，嵊泗县机构编制委员会批复，同意嵊泗县公路运输管理(稽征)所更名嵊泗县道路运输管理局。机构性质、级别及人员编制保持不变。内设办公室、运安(运输安全)科、维培(维修、驾驶员培训)科、稽查大队。人员23人。

嵊泗县公路管理段

1979年5月，成立嵊泗县养路工区，事业单位，下辖菜园、基湖、五龙3个道班。6月，开始征收原由舟山地区交通监理处直接征收的养路费。

1987年9月，舟山市交通局批准嵊泗县养路工区定名嵊泗县公路段，隶嵊泗县交通管理局和舟山市公路管理处双重领导。内设行政财务股、工程股、路政股、机料股和公路养护管理站。1990年，成立路政大队，负责管理县、乡路产路权。1991年6月，舟山市公路管理处批准嵊泗县公路段改称嵊泗县公路管理段，主要职能：负责全县公路管理和路政管理，制订计划及完成计划的措施；按照规定的技术规范和操作规程，管理全县公路，保证公路经常处于良好的技术状态和路容路貌；执行公路养护方针，坚持“监督考核、合同管理、计量支付”原则，组织养护工程的检查、考核，确保公路畅通；做好防台、防汛工作，发现灾情组织力量及时抢修排险；检查路况和调查交通量，收集全县公路统计资料、分析、上报；宣传贯彻《中华人民共和国公路法》、《浙江省公路路政管理条例》及地方性路政法规和规章；管理和保护公路，制止各种侵占和损坏公路、公路用地、公路附属设施及其他违反管理法规的行为，保护公路路产不受侵害；严格控制公路及规划线两侧控制区内的建筑物、构造物、管线等设施建设，审批公路交叉道口，管理超限运输车辆行驶；保持公路标志、标线、护栏、里程碑、百米桩的位置正确、齐全无损和颜色鲜明，定期油漆，及时维修更换。10月，嵊泗县机构编制委员会批准其为副科级事业单位。1993年3月，设立嵊泗县人民法院驻嵊泗县公路管理段执行室，管理公路两侧建筑红线，参与签署涉及公路建筑控制区的城乡规划编制、土地征用、建筑许可证、营业许可证的意见，划定公路标志标线及公路养护和绿化。同月，市交通委员会批准嵊泗县公路段内增挂嵊泗县公路路政管理大队牌子，保留路政股。

1999年12月，舟山市交通委员会和嵊泗县人民政府签订《舟山市交通委员会、嵊泗县人民政府关于公路养护管理体制改革交接协议》，公路养护体制下放，舟山市公路局为主管理的嵊泗县公路管理段划归嵊泗县管理，体制下方后的嵊泗县公路管理段实行“条块结合，以块为主”的管理体制。内设行政财务股、工程股、路政股和菜园公路养护管理站。2000年，在编职工 27 人，其中工程师 1 人、助理会计师和助理工程师各 1 人。

2002 年 9 月 23 日，嵊泗县人民政府下达《关于批转〔嵊泗县公路管理体制与运行机制改革实施方案〕的通知》，以“管养分开，事企分开”的改革原则，合理划分管理与生产职能。管理职能归公路管理机构，养护生产归养护公司。公路管理段履行公路管理职能，负责全县公路养护、公路工程建设、公路路政管理。内设综合股、养护工程股、路政股，下辖泗礁中队、嵊山中队、洋山中队。定员 19 人。2010 年，公路管理段内设综合股、养护工程股、路政股，实有 16 人。

2012 年 12 月，嵊泗县机构编制委员会行文同意嵊泗县公路管理段经费由自收自支调整为全额拨款。

嵊泗县公路管理局

2013 年 6 月 5 日，嵊泗县机构编制委员会批复，同意嵊泗县公路管理段更名为嵊泗县公路管理局，副科级事业单位。内设办公室、计划财务科、养护工程管理科、路政管理科。在养护工程管理科挂嵊泗县公路养护与应急保障中心牌子，承担公路养护与应急保障等职责。嵊泗县公路管理局定编 19 人，在编 16 人，经费列入县财政核算中心统一预算，由财政全额拨款。

嵊泗县公路管理局机构沿革及领导人任职情况表

表 6-1-6

年　份	机构名称	领　导　人		
		职　务	姓名	任职时间
1979.5—1987.8	嵊泗县养路工区	工区长	王斌章	1979.5—1984.10
		副工区长	王虎龙	1985.6—1987.8
1987.9—1991.5	嵊泗县公路段	段　长	王虎龙	1987.9—1991.5
		副段长	张在兴	1991.1—5
1991.6—2013.6	嵊泗县公路管理段	段　长	王虎龙	1991.6—2013.6
			徐　平	2005.12—2008.9
			林锡明	2008.9—2011.11
			朱龙华	2011.11—2013.6
		副段长	徐　洲	1999.6—2002.10
			王时伟	2002.10—2006.1
			张银雪	2006.2—2011.3
			赵海明	2007.12—2011.4
			刘　科	2012.3—2013.6
			马　驰	2012.3—2013.6
2013.6—	嵊泗县公路管理局	局　长	朱龙华	2013.6—
		副局长	刘　科	2013.12—
			马　驰	2013.12—

嵊泗县交通投资有限公司

2010年1月，成立嵊泗县交通投资有限公司（下称交投公司），国有独资企业，由县国资委直接领导，行业隶县交通局，实行国有资产授权经营。主要承担全县交通基础设施、生产经营、技术改造等项目的投资和配套服务。初始注册资金为1500万元。

2010年11月至2012年11月，交投公司相继建成沈家湾客运码头、沈家湾客运码头防波堤、沈家湾客运大楼、沈家湾接线公路、沈家湾东侧场地及护岸处理等工程。

2010年11月、2013年4月，交投公司分别收购洋山港口客运有限公司及所属船只和县内水上客运资产。2013年5月1日，交投公司以1250万元的总价，收购嵊泗县永盛汽车运输有限责任公司的100%股权（包括县通杭客运有限公司80%股权）。5月16日，交投公司与嵊泗风景旅游投资有限公司，上海黄埔旅游集散中心共同出资（出资比例为4∶4∶2）组建嵊泗沈家湾交通旅游集散中心有限责任公司，注册资本金1000万元。6月，根据中共县委常委会、县人民政府常务会议第十三次会议决定，交投公司提升为正科级。7月，交投公司以1.78亿元收购嵊泗东方海运有限责任公司和嵊泗县昌盛海运有限责任公司100%客运部分资产，组建嵊泗县同舟客运轮船有限公司，注册资本金6000万元。8月，交投公司办公地址迁至嵊泗县菜园镇兴海路277号(引航大楼7楼)。

2014年3月，交投公司以同舟公司为主体，出资579.87万元收购嵊泗县大洋船务有限公司资产。5月10日，城区1、2号线公交正式开通投入运营。是年，实现客流量104.41万人次，日均客流量4424人次。2014年10月，交投公司注资洋山港盛渡口客运有限公司10万元，撤回同舟公司资金10万元。至此，港盛公司成为永盛、同舟公司之后的第三家子公司。是年，交投公司注册资本金由9500万元增资至1.39亿元；拥有全资企业3家、合资企业1家，大小客船17艘、车辆69辆、载客位996座；公司本级职工13人，同舟公司258名、永盛公司159人、总从业人员430人。

嵊泗县交通投资有限公司领导人情况表

表6-1-7

姓名	职务	任职时间	姓名	职　务	任职时间
何琪明	董事长	2010.1—7	郭　华	副董事长（兼总经理）	2013.11—2015.1
周　维	董事长	2010.7—2013.4	林敏海	副董事长	2015.1—2016.9
钱海彬	董事长	2013.4—11	郭　华	董事长	2016.9—

第二章　港航管理

清康熙二十七年（1688），嵊泗地属定海县。浙江沿海中外船舶检查、登记及海事处理事务，由宁波浙海关兼管，康熙二十九年（1690），朝廷分定江浙洋汛，除大洋山、黄龙南港仍属定海县外，其余岛屿划归江苏省苏州府太仓州崇明县。1940年代末，嵊泗境属江苏省崇明县第五区，管理境内船员、船舶检查、船舶登记、海事处理等。1950年7月，县人民政府重视水运业在推动经济发展中的作用和地位，港航管理体制和各项管理工作渐趋完善。

第一节　海港管理

1950年，公安机关管制境内港口。1953年后，嵊泗县人民政府制定、颁布一系列港口管理通告、规定；县交通、公安部门在菜园、嵊山等港口设立港口管理机构。1955年2月，成立嵊泗县航运管理站，管理境内港口及岸线使用，禁止填涂建房，保证船舶停泊及货物装卸。1954年10月，执行《舟山地区码头管理暂行规定》，县公安部门制定港口管理规划，规划各类船舶停泊位置。1959年8月，嵊泗县航管站执行舟山县交通运输管理局《舟山地区码头管理暂行规则（草案）》。1964年起，泗礁港口、岸线安全管理和船舶停靠及码头建筑等，由县航运、水产及港口管理部门协同管理，填筑使用港口沿岸滩涂须经县人民政府批准。

1974年，中国人民解放军总参谋部和交通部联合发文，批准开放洛华山南锚地，作为上海港外轮过驳减载作业锚地。1979年，嵊泗县革命委员会发布《关于加强航政管理的通告》，加强港口、航道岸线和水域管理，在沿港和航道岸边进行水上、水下建设工程，须征得交通主管部门同意。

20世纪末，中共嵊泗县委提出："嵊泗应借地缘之利和渔、港、景之优势，与上海迈向国际大都市的宏观背景融合互补"的方针，加快港口发展步伐。

1996年初，根据提出建设上海国际航运中心的重大战略决策，上海市抓紧上海港扩建和新建集装箱船泊位，嵊泗大洋山岛、小洋山岛列入建设方案。根据交通部第三航务工程勘察设计院（三航院）规划，拟建中的大洋山岛、小洋山岛将通过围堤造地，形成水陆域面积100平方千米以上的港域，建设上海芦潮港到小洋大乌龟山27千米的跨海大桥以及40个左右泊位。随着长江三角洲地区经济的快速发展，中国海洋石油总公司提出这一带为进口LNG接收终端战备选址之一。拟建LNG接收终站工程建设规模为12.5万立方米卸船泊位1座，12万立方米的储罐2个，采用12.5万立方米LNG船装卸，年进口量300万吨。

1995年7月3日，国家计委批准宝钢马迹山港项目建议书。1997年9月4日，国家计委下达《关于嵊泗马迹山矿石中转港一期工程可行性研究报告的批复》，同意建设马迹山港一期工程。同年10月，浙江省人民政府批复，泗礁山、绿华、洋山列入舟山港8大港区范围。2001年3月，国务院同意，国家发展计划委员会批准洋山深水港一期工程项目建议书。2002年3月，国务院同意，国家发展计划委员会批准洋山深水港一期工程可行性研究报告。6月26日，洋山深水港一期工程开工建设。

2003年3月，委托三航院完成编制《嵊泗县主要深水岸线利用设想》。经过修正、补充，2005年8月完成《嵊泗—上海国际航运中心深水外港岸线开发利用设想》，成为指导嵊泗港口发展蓝本，称大洋山、小洋山港址根据南北两支岛链分成南北两个港区。北港区规划码头岸线13.5千米，布置第五、六代集装箱船泊位30多个，规划建设上海国际航运中心集装箱深水枢纽港区，并建设与之相配套的生产、生活辅助设施及港口支持系统等。一期工程建设集装箱船深水泊位5个，吞吐能力为275万个标准箱，计划2005年底投入营运；二期工程建设集装箱船深水泊位4个，吞吐能力210万标准箱，2006年投入营运；小洋山港区再建设集装箱船深水泊位7个，规划到2010年洋山港集装箱吞吐量为1320万标准箱；小洋山东港区规划建设液化天然气（LNG）、油品中转码头，提升洋山港区的综合能力；西港区规划建设沿海、沿江集装箱船内支线泊位。

马迹山港西北侧，依托其水深条件，建设大型油气品码头和大型散货中转基地。后方陆域近期可利用深水岸线1000米，建设20万～30万吨级油气品或散装码头1个及5万吨级码头2个，形成油气品年中转能力3000万吨（或矿石、煤炭等2000万～2500万吨），后方除考虑仓储外也可发展油品加工。南侧宝钢矿石中转码头一期工程利用岸线761米，二期扩建计划利用岸线931米，现卸船泊位向东延伸，续建1个30万吨级卸船泊位，西侧建设1万吨级、5万吨级装船泊位各1个，计划2007年投产。东侧主要发展临港工业和工作船基地。

国务院、中央军委于1976年批准绿华锚地为上海港减载锚地以来，已建成我国沿海、长江诸港的减载港区和沿海、沿江的中转锚地及深水中转、储存港区。东绿华岛、西绿华岛南侧水域是特大型油轮（50万吨级左右）单点系泊或多点系泊作业的理想海域；陆域可根据山体地形的变化，建设单罐容量10万～20万立方米的油品储罐，特大型油轮卸下的油品，在罐区储存后可通过固定码头或减载船舶中转，建成为大型油品储存中转基地。

2006年9月27日至29日，在上海国际港区航运博览会上，嵊泗县港口开发情况以及全县港口资源和区位优势向国内外全面展示。

2007年8月，嵊泗县港口规划开发管理委员会办公室（港口办）委托交通部中交第三航务工程勘察设计院有限公司编制《嵊泗县港口岸线利用总体规划》。2010年3月，通过县内外港口、水利等方面专家评审，4月颁布实施。明确定位嵊泗港口的性质、功能、下步发展方向和目标。

2008年，研究小洋山岛东侧区域完成《小洋山水产品城初步可行性研究报告》、《沈家湾薄刀嘴水域综合开发工程专题报告》，促成小洋客运码头建设。2009年7月，根据浙江省人民政府省长吕祖善在嵊泗考察时的指示，配合省交投集团在嵊泗投资建设石油中转储运项目的选址方案，及初步规划建设方案。2010年，委托三航院编制港口项目库，形成《嵊泗煤炭中转基地工程方案设计》和《嵊泗矿石中转基地工程方案设计》。

“十二五”期间，洋山深水港重点开发小洋山西侧岸线和东侧岸线，建设洋山深水港集装箱深水码头项目四期工程、洋山申港石油三期工程和LNG二期工程等后续工程项目。其中，洋山深水港区四期工程规划利用岸线2.8千米，布局7万吨级集装箱船泊位7个，设计年吞吐能力400万标准箱，计划2015年底建成投产；申港石油三期工程和LNG二期拟2012年开工，2013年前建成20万吨级码头1座、0.2万～1万吨级泊位4个以及100万立方米储罐和相应设施。2012～2014年间，建成3个16.5万立方米的储罐及相应设施，形成600万吨/年的接收能力。2014年，洋山港四期开工。

马迹山港西侧岸线建设以铁矿石接卸、中转、储备、交易为主，外贸进口煤炭为补充，矿煤一体化发展的中转交易平台。根据浙江省交通规划研究设计院编制的项目方案，拟建设40万吨级卸船码头1座、20万吨级卸船码头1座（卸船码头可兼靠2艘30万吨级船），5万吨级装船码头1座、3.5万吨级装船码头2座，矿石堆场堆存能力380万吨，设计吞吐能力5000万吨。项目建成后，整个马迹山港的矿石吞吐能力超过1亿吨。

第二节　岸线管理

1960年前，境内各港口、岸线使用随意，管理主体不明。1965年起，菜园、嵊山地区港口、岸线管理和船舶停靠及码头建筑等，由嵊泗县航运管理、港口管理、水产等部门协同管理，港口沿岸滩涂填筑须经县人民政府批准。1980年8月，成立嵊泗县基建委员会，履行港口、岸线管理责职。1988年，嵊泗县城乡建设环境保护局向取得"岸线使用证"者收取港口岸线、码头占用费。1994年5月，成立嵊泗县人民政府口岸办公室，规范管理港口和岸线使用，制止各单位、企业随意填围海涂、占用岸线、建造船厂等。

2001年5月，舟山港务管理局嵊泗分局批复同意嵊泗县水产局在符合县中心渔港总体规划前提下使用岸线建造渔业码头；批复同意县边防大队在规划部门划定的围垦范围内使用岸线80米，建造边防艇专用码头。同年7月，舟山港务管理局嵊泗分局批复同意菜园镇顺发食品有限公司在金平小平头村宫山脚下建造码头，使用岸线60米。2002年5月，舟山港务管理局嵊泗分局批复同意嵊泗洋山建设发展有限公司使用马迹山西北岙局部岸线围堤填海工程建设。

2002年6月至2005年1月，舟山港务管理局和舟山港务管理局嵊泗分局审批境内使用岸线部门、单位和企业54家，使用岸线3922.3米。2004年1月起，实施《中华人民共和国港口法》，补办岸线使用审批手续47家。

2009年11月，下达《舟山市港口岸线使用管理暂行办法》，执行舟山市港口资源管理领导小组会议纪要：终止各县（区）港务分局行使的1000吨级以下码头使用港口岸线的审批权，此后由舟山港务管理局审批。

2002—2005年嵊泗县岸线审批使用情况表

表6-2-1　单位：米

使用单位	项目名称	项目地点	岸线长	审批部门文号	审批日期	补充
嵊泗县交通局	李柱山客货码头	李柱山北岙	200	嵊港〔2002〕11号	2002.6.18	
菜园镇青沙村	渔用场地码头	金青大桥青沙段	180	嵊港〔2003〕4号	2003.1.23	

续表 6-2-1

使用单位	项目名称	项目地点	岸线长	审批部门文号	审批日期	补充
嵊泗县交通局	大洋交通码头扩建	大洋圣姑岙外口	50	嵊港〔2003〕8号	2003.5.23	
花鸟乡人民政府	渔用码头	花鸟南岙码头东北侧	52	嵊港〔2003〕10号	2003.7.18	
嵊泗县交通局	李柱山客货码头	李柱山北岙	86	舟港〔2003〕206号	2003.11.3	
嵊泗县交通局	枸杞客货码头	枸杞岛北岙	50	嵊港〔2004〕11号	2004.4.14	
洋山镇东岙村	货运码头	大洋小水埠头大山脚下	100	嵊港〔2004〕20号	2004.7.23	补批
洋山镇东岙村	货运码头2座	大洋小水埠头大山脚下	40	嵊港〔2004〕21号	2004.7.23	补批
洋山镇新洋村	渔用兼货运码头	新洋圣姑船厂船坞外	32	嵊港〔2004〕24号	2004.10.19	补批
嵊泗县金鼎建材有限公司	自备码头	青沙北鼎星	26	嵊港〔2004〕25号	2004.10.19	补批
嵊泗县交通局	李柱山客运码头	李柱山南岙	100	嵊港〔2004〕26号	2004.10.20	补批
嵊泗县交通局	李柱山车渡码头	李柱山南岙	83	嵊港〔2004〕26号	2004.10.20	补批
嵊泗县交通局	菜园交通码头	菜园镇小菜园	150	嵊港〔2004〕26号	2004.10.20	补批
嵊泗县交通局	李柱山车渡码头	李柱山北岙	200	嵊港〔2004〕26号	2004.10.20	补批
嵊泗县交通局	大洋交通码头	大洋圣姑	68	嵊港〔2004〕26号	2004.10.20	补批
嵊泗县交通局	嵊山泗洲塘码头	嵊山镇泗洲塘	35	嵊港〔2004〕26号	2004.10.20	补批
嵊泗县交通局	嵊山箱子岙交通码头	嵊山镇箱子岙	40	嵊港〔2004〕26号	2004.10.20	补批
嵊泗县交通局	枸杞交通码头	枸杞乡大王村	35	嵊港〔2004〕26号	2004.10.20	补批
嵊泗县交通局	五龙交通码头	五龙乡黄沙村	35	嵊港〔2004〕26号	2004.10.20	补批
嵊泗县交通局	黄龙交通码头	黄龙乡南港	28	嵊港〔2004〕26号	2004.10.20	补批
嵊泗县交通局	黄龙黄沙岙交通码头	黄龙乡黄沙岙	38	嵊港〔2004〕26号	2004.10.20	补批
嵊泗县交通局	金平交通码头	金平黄泥坎村	30	嵊港〔2004〕26号	2004.10.20	补批
嵊泗县交通局	花鸟交通码头	花鸟乡南岙	32	嵊港〔2004〕26号	2004.10.20	补批
嵊泗县交通局	绿华交通码头	西绿华小岙	32	嵊港〔2004〕26号	2004.10.20	补批
嵊泗县交通局	壁下交通码头	壁下安基	26	嵊港〔2004〕26号	2004.10.20	补批

续表 6–2–1

使用单位	项目名称	项目地点	岸线长	审批部门文号	审批日期	补充
嵊泗县交通局	滩浒交通码头	洋山滩浒	30	嵊港〔2004〕26号	2004.10.20	补批
嵊泗县嵊荣水产有限公司	装卸码头	菜园镇石柱村	58	舟港〔2004〕279号	2004.10.27	补批
黄龙南港赤膊山采石场	装卸码头	黄龙乡南港	25	嵊港〔2004〕29号	2004.11.9	补批
青沙水产冷冻厂	装卸码头	菜园镇青沙村	40	嵊港〔2004〕30号	2004.11.9	补批
嵊泗县金龙石材厂	装卸码头	黄龙乡小黄龙岛	55	嵊港〔2004〕31号	2004.11.9	补批
青沙村李柱山采石场	装卸码头	李柱山桥北侧	28	嵊港〔2004〕32号	2004.12.6	补批
嵊泗县黄龙南港轧石厂	装卸码头	黄龙南港长山嘴	20	嵊港〔2004〕33号	2004.12.6	补批
黄龙志明石材厂	装卸码头	黄龙小梅子岛	40	嵊港〔2004〕34号	2004.12.6	补批
嵊泗国源矿业有限公司	装卸码头	黄龙南港长山嘴	20	嵊港〔2004〕35号	2004.12.6	补批
嵊泗县立盛运输有限公司	装卸码头	菜园镇青沙北石弄	50	嵊港〔2004〕36号	2004.12.6	补批
嵊泗县建盛运输有限责任公司	装卸码头	菜园镇青沙石子岙	35	嵊港〔2004〕37号	2004.12.6	补批
嵊泗县志盛运输有限责任公司	装卸码头	菜园镇小菜园	60	嵊港〔2004〕38号	2004.12.6	补批
嵊泗县利盛运输有限公司	装卸码头	菜园镇青沙北石弄	70	嵊港〔2004〕39号	2004.12.6	补批
嵊泗县第一建筑工程有限责任公司	装卸码头	菜园镇青沙北石弄	63	嵊港〔2004〕40号	2004.12.6	补批
嵊泗大洋花岗石有限公司	装卸码头	大洋大山塘西1号码头地段	250	舟港〔2004〕312号	2004.12.7	补批
嵊泗大洋花岗石有限公司	装卸码头	大洋大山塘北2号码头地段	230	舟港〔2004〕312号	2004.12.7	补批
嵊泗大洋花岗石有限公司	装卸码头	大洋大梅山长坑西北1号码头地段	240	舟港〔2004〕312号	2004.12.7	补批
嵊泗大洋花岗石有限公司	装卸码头	大洋大梅山长坑西南2号码头地段	200	舟港〔2004〕312号	2004.12.7	补批
嵊泗大洋花岗石有限公司	装卸码头	大洋小山塘东南码头地段	100	舟港〔2004〕312号	2004.12.7	补批
嵊泗大洋花岗石有限公司	装卸码头	大洋双连山东南码头地段	210	舟港〔2004〕312号	2004.12.7	补批
嵊泗县交通局	码头	花鸟岛北岙	40	嵊港〔2004〕41号	2004.12.31	

续表 6–2–1

使用单位	项目名称	项目地点	岸线长	审批部门文号	审批日期	补充
中石化嵊泗石油支公司	石油销售专用码头	菜园镇小菜园	70	嵊港〔2005〕3号	2005.1.26	补批
中石化嵊泗石油支公司	石油销售专用码头	花鸟乡大岙	30	嵊港〔2005〕3号	2005.1.26	补批
中石化嵊泗石油支公司	石油销售专用码头	嵊山镇箱子岙	35	嵊港〔2005〕3号	2005.1.26	补批
中石化嵊泗石油支公司	石油销售专用码头	嵊山镇壁下安基	80	嵊港〔2005〕3号	2005.1.26	补批
中石化嵊泗石油支公司	石油销售专用码头	嵊山镇西洋弯	36	嵊港〔2005〕3号	2005.1.26	补批
嵊泗县强菏轧石场	装卸码头	黄龙乡大岙村外山嘴	20	嵊港〔2005〕4号	2005.1.26	补批
五龙乡黄沙村	装卸码头	五龙乡黄沙外鱼山	35	嵊港〔2005〕5号	2005.1.26	补批
中石化嵊泗石油支公司	石油销售专用码头	枸杞乡乌沙村	112	嵊港〔2005〕10号	2005.1.26	补批
嵊泗县交通局	大洋车渡码头	大洋岛里后门	180	舟港(岸线)许准决字〔2005〕24号	2005.7.27	
嵊泗县第一建筑工程有限责任公司	大升轧石厂码头	北鼎星岛西侧	28	舟港航〔2011〕364号	2011.11.7	补批
舟山市天民矿业有限公司	码头	小黄龙岛南面	43	舟港航〔2011〕365号	2011.11.7	补批
嵊泗县磊鑫物资经营有限公司	石子卸装码头	小黄龙岛	300	舟港航〔2011〕366号	2011.11.7	补批

2011年嵊泗县港口岸线开发利用情况表

表 6–2–2　　单位:米

岸线位置	岸线名称	岸线长	水深条件	利用状况	建设规划
洋山港区	小洋深水岸线	13500	–15	已利用	已建洋山集装箱深水港、LNG接收站、洋山石油基地
	大洋深水岸线	19000	–10～–15	自然	洋山深水港区远期岸线或配套
泗礁港区	马迹山南侧深水岸线	1737	–20～–30	已利用	已建马迹山矿石中转码头一、二期工程
	马迹山西南侧深水岸线	1020	–20～–30	自然	马迹山矿石中转码头三期工程预留岸线
	马迹山东南侧深水岸线	1900	–10～–20	自然	围垦,建造临港产业、码头
	大、小黄龙深水岸线	4370	–20～–30	自然	大型液体化工、油气品中转储存基地

续表 6-2-2

岸线位置	岸线名称	岸线长	水深条件	利用状况	建设规划
绿华山港区	花鸟南侧深水岸线	2000	-20 以上	自然	大型散货、液体化工、油气品中转储存基地
	东、西绿华南侧深水岸线	3000	-10 ～ -30	自然	大型散货、液体化工、油气品中转储存基地
	绿华山南锚地		-20 ～ -50	可进一步利用	大宗散货减载中转、储存基地
	嵊山、枸杞岸线		-15 ～ -20	可进一步利用	海洋捕捞、海水品养殖和加工基地港

第三节　航道管理

嵊泗海域岛屿众多，岛间海域宽阔，水深适航，导助航设施完善，航道优良。主要航道是洋山港区、泗礁港区的进出港航道，以及进出绿华山锚地、长江口诸港的航道。泗礁港区航道满足 25 万吨级船舶通航，无须疏通。

2010 年，完成小菜园客运码头和插旗岗军用码头前沿水深扫海和疏浚量测算，形成插旗岗军用码头疏浚工程立项报告和小菜园客运码头疏浚工程仪标审核等相关文件。11 月进入小菜园客运码头疏浚工程的招标和议标，12 月开工。12 月 27 日，嵊泗县发展和改革局批复同意县交通局实施插旗岗军用码头疏浚工程。工程包括疏浚码头前沿及航道总工程量 14.4 万立方米，设计疏浚水深标准为本地理论最低潮面下 3.5 米；项目总投资概算 218.77 万元，其中工程费用 192.9 万元，所需资金由县财政安排解决；项目建设工期为 2 个月。2011 年 10 月完成，进入李柱山客运码头前沿水深扫海工作。2014 年 8 月 14 日，嵊泗县发展和改革局批复同意县交通运输局实施插旗岗军用码头疏浚工程。工程规模为疏浚码头前沿及航道总工程量 11 万立方米，设计疏浚水深标准为本地理论最低潮面下 3.5 米；项目总投资概算 213.42 万元，其中工程费用 181.5 万元，所需资金由县财政安排解决；项目建设工期为 50 天。

第四节　船舶引航

2002 年 5 月成立舟山引航站嵊泗分站，履行维护国家主权、保障船舶和港口安全，为进出舟山港域嵊泗马迹山、绿华山港区的中外籍船舶提供引航服务。2006 年 12 月，建造嵊泗引航大楼，建造面积 7193 平方米，占地面积 3300 平方米，总投资 1900 万元，2009 年 12 月竣工。配有后勤保障人员 11 人（含分站领导、管理人员、驾驶员、炊事员、保安等，不含引航艇人员），交通保障车 3 辆，驻地引航艇 2 艘，配套艇用码头 1 座，建有 500 吨级泊位 2 个。分站地址：嵊泗县菜园镇兴海路 277 号。

嵊泗引航分站历任负责人任职情况表

表 6-2-3

姓　名	职　务	任职文号	任职时间	备　注
邵德士	分站站长	舟港〔2000〕100 号	2000.6—2004.7	
徐　洲	分站站长		2005.2—2008.3	总站副站长(兼)
钟浩潮	分站站长		2008.3—2010.1	总站副站长(兼)
孙平宽	分站站长	舟港航〔2001〕408 号	2010.11—	晋升
郭定兴	分站副站长	舟港政〔2000〕4 号	2000.6—2002.12	总站站长助理(兼)
徐　洲	分站副站长	舟港引〔2004〕1 号	2004.7—2005.2	嵊泗港务分局调入
孙平宽	分站副站长	舟引〔2010〕2 号	2010.1—11	嵊泗港务分局调入
金艳玲	分站长助理	舟引〔2012〕8 号	2012.3—	首任助理

2002—2014 年嵊泗港区引航统计表

表 6-2-4

年份	总艘次	外轮	国轮	马　迹　山			绿　华　山		
				艘次	外轮	国轮	艘次	外轮	国轮
2002	73	55	18	73	55	18			
2003	291	236	55	291	236	55			
2004	288	245	43	288	245	43			
2005	452	328	124	300	225	75	152	103	49
2006	587	462	125	303	242	61	284	220	64
2007	747	609	138	401	316	85	346	293	53
2008	814	640	174	566	426	140	248	214	34
2009	795	661	134	465	383	82	330	278	52
2010	923	819	104	514	449	65	409	370	39
2011	946	931	15	578	563	15	368	368	0
2012	914	908	6	555	549	6	359	359	0
2013	791	787	4	549	545	4	242	242	0
2014	748	745	3	522	519	3	226	226	0

嵊泗引航分站引航艇一览表

表 6-2-5

船　名	建造厂	出厂年月	总吨(吨)	航速(节)	抗风等级(级)
舟港引 8	浙江凯灵	2002.6	232	14	9
舟港引 9	浙江凯灵	2003.12	216	14	9

第五节 渡口管理

1961年7月，执行舟山县人民委员会批准的舟山县交通运输管理局《渡口管理规划》，渡口两岸和渡船的显著位置上，须标明载客定额和载货定额，禁止超载；乘客应在渡船停稳后依次上下；上船后要听从渡口管理人员指挥，不得随便移动原来位置，防止事故发生；扶老携幼，照顾病弱人人有责；乘客不得携带易燃、易爆等危险物品上船；严禁抢渡强渡；台风、大风或重雾天气必须停止渡运；破漏失修、驾船工具缺损的船只，不准开航；严禁病残和醉酒船工驾驶渡船。有渡口经营的人民公社生产大队，由副主任或副队长监管此项工作，交通、公安部门定期检查渡口。

1966年9月，进行渡口安全大检查，提出渡口"四定"（定船工、定航线、定分配、定经营单位）。1973年，嵊泗县制发渡口渡船定额牌，丈量渡船，核定载客量和载货量，实施渡工渡船"四定"。1977年，嵊泗县交通管理局、嵊泗县航运管理站联合发布《关于加强渡船安全工作的通知》，明确有渡船的社队，要指定人员切实负责。渡船要经过检验、丈量、核定载客，渡船破漏要及时修复，保持良好状况。

1988年，舟山市人民政府下达《关于贯彻＜浙江省渡口安全管理规定＞的实施意见》，明确渡口范围，市、县（区）渡口安全管理办公室职责分工，渡口设置、迁移、撤销审批范围，市渡口安全管理办公室职责，渡口主管部门职责，渡口经营单位或经营者职责。交通安全监督部门职责和其他部门职责。1月，成立嵊泗县渡口安全管理办公室，归口县交通管理局，负责全县渡口安全管理的督促、检查、指导和协调。各渡口乡镇建立渡口安全管理站，在主要乡镇配备8名专（兼）职乡镇船舶安全管理员。1989年6月起，县渡口安全管理办公室与全县11个渡口的乡镇人民政府签署渡口、渡船安全管理责任书。1998年，安排13名应届交通系统中专毕业生担任乡镇船舶（渡口）专职安全监督员。

为遏制擅自拍卖渡船、租赁给个体经营，扰乱正常渡船经营机制，给渡口安全带来事故隐患的现象，1994年12月，市交通委下达《关于重申渡船不准由个体经营的通知》，强调：渡船不得由个体（联户）经营，更不准以拍卖、租赁等名义，变相个体（联户）经营。严格渡船承包条件，承包双方除签订承包合同外，还必须签署《承包渡船安全协议书》，明确双方的责任和义务，坚决纠正只管收费、不管安全的错误做法。1996年7月，嵊泗县渡口安全管理办公室下达《关于进一步落实渡口及乡镇船舶安全管理的通知》，贯彻省人民政府颁发的《浙江省渡口安全管理规定（试行）》和《浙江省乡镇船舶安全责任管理责任制》，落实村级渡口安全管理责任制，村级渡口安全管理责任书签订率达到95%以上。

1999年，县交通管理局行文重申进一步加强水上交通安全，全面检查全县渡口、渡船。发现部分渡船救生或消防设备配备不齐，保养不到位；5艘渡船船检适航证书逾期失效，带病营运情况严重；金平渡轮站的自编"金渡5"无证渡船参与金平至小菜园航线渡运。责令无证渡船和无船舶登记书、无有限船检适航证书、无船舶签证簿且船体质量差的"金渡5"和

“壁渡1”渡船强制停航，督促纠正存在的缺陷。筹措资金，落实木质渡船“绿渡1”和“壁渡1”渡船由木质更新钢质化；核定辖区渡船抗风等级，不准随意更改固定航线及航道。是年10月，市交通委下达《关于进一步规范客（渡）船营运管理的通知》，自10月20日至12月31日，规范全市客、渡船营运管理。规范客、渡运输的经营资格和经营行为，全面实施经营许可制度。已办理《水运许可证》和《船舶营运证》的客、渡运企业和船舶，统一换发新证；未办理以上两证的客、渡运企业和船舶限期补办。所有客、渡运企业和客、渡运船舶，必须持有交通管理部门核发的《水运许可证》和《船舶营运证》经营。

随着嵊泗“大岛建、小岛迁”方针的实施，调整乡镇区划，壁下乡并入嵊山镇，壁下乡属渡船归属嵊山镇管理。2001年7月，撤销壁下、大盘村2个渡口，壁下渡船改为嵊山镇政府公务船。

根据交通部2001年年底1号令《国内船舶运输经营资质管理规定》，乡镇船舶行政区内运输距离超过10千米，必须取得运输经营管理资质。黄龙渡口站及“黄龙渡2”渡船的经营管理资质，不能满足黄龙—菜园航线的范围（超过10千米）。2002年1月，县交通局、县渡口安全管理办公室撤销菜园渡口，新建高场湾渡口，黄龙—菜园渡航线改为黄龙南港—大岙—峙岙—高场湾渡航线。2003年5月，根据舟山市人民政府《关于建立乡镇（街道）船舶安全管理机构的意见》，拥有海上船舶的乡镇人民政府，设立海上船舶安全管理站。管理站在乡镇政府的直接领导下，管理本乡镇的海上船舶安全，业务上分别受交通、港务、海事、渔政渔监部门指导。管理站主要职责包括负责本乡镇渡口及渡船的日常性安全管理。

2004年，县人民政府与7个乡镇签署渡口（渡船）安全责任书，落实安全管理责任，完善安全管理网络，健全检查、考核制度。按照市交通委员会制定的三年乡镇客渡船更新改造实施意见，新建1艘60客客渡船。2005年，在黄龙北岙客货运码头附近建造一座渡船专用码头，排除黄龙渡口渡船多点停靠的安全隐患。2007年，全面检查全县渡口、渡船安全，投入检查人员150人次、车辆34辆次，检查渡运企业25家次，渡船23艘次，查处安全隐患2起，整改2起。

嵊泗县各乡镇行政区划“撤、扩、并”及金青大桥、东海大桥等跨海大桥建成后，整合、新建境内渡口。2007年7月，嵊泗县人民政府根据《嵊泗县2006～2007年渡口渡船安全管理专项整治方案》，重新确认渡口9个：黄龙乡峙岙、北岙2个渡口，五龙乡边礁岙1个渡口，洋山镇大洋、滩浒2个渡口，嵊山镇泗洲塘、箱子岙2个渡口，枸杞乡三大王、乌沙2个渡口。2011年1月，嵊山、枸杞两岛间的三礁江大桥通车后，县人民政府重新确认渡口6个：黄龙乡峙岙、北岙2个渡口，五龙乡边礁岙1个渡口，洋山镇滩浒、大洋、小洋（沈家湾）3个渡口。

2004年，全县有渡口乡镇4个，渡口（渡埠）11个，轮渡站4个，营运渡船5艘。根据部分渡船老化，设备陈旧，新航区划分后，渡船导航、救生、消防设备、适航性不能满足船检部门要求的实际，县交通局筹资40万元“渡更基金”，更新改造各乡镇渡轮站的渡船、渡口。

第六节　船舶管理

船舶管理包括船舶检验、船舶登记和船舶签证。

船舶检验

1950 年代初，船舶管理由嵊泗列岛军事管制委员会主管。1954 年，船舶检验和水上安全监督工作由舟山专区航运管理处负责。1963 年，舟山航管处按照《浙江省木帆船安全管理守则(试行草案)》统一管理辖区内船舶。“文化大革命”时期，船舶检验一度停止。1977 年 3 月，嵊泗县港航监督成立，承担境内 200 总吨、220.50 千瓦以下船舶年度检验。规定准航船舶须经检验、丈量、核定航行区域、装载定额和抗风等级，取得航行证件；航行船舶须保持适航状态，航行期满须及时修理、及时检验，消防、救生安全等设备必须良好；按定额配备船员，驾驶、轮机人员须具备合格证书，禁止无证驾驶船舶，禁止超载、冒险航行；航行船舶须加强值班，遵守海上避让规则和港口规定；船舶进出港须按规定持航行签证簿及有关证件办理签证手续。但此时船舶检验等相关业务仍需去地区船检部门办理。

1983 年 10 月，撤销嵊泗县航运管理站，设立省船舶检验处嵊泗检验站，负责 200 总吨、220.50 千瓦以下运输船舶及小型客渡船的检验、丈量和登记发证，200 总吨、220.50 千瓦以上运输船舶由舟山地区船舶检验处负责办理。1986 年，重申：建造、新增或出售的船舶，须事先向主管机关或部门提出申请，批准后方可登记或注销。200 总吨、220.50 千瓦以下各种营运船舶的检验，须在进厂修理前 10 天内提出船舶检验申请、船舶检验书和修理方案，改变船体结构的，须提交船体结构图，作现场检验。强调按规定勘测船舶载重线、首尾吃水尺，并确保永久性的显示。主机使用压缩空气启动的船舶，须设副机、空气压缩机各 1 台，确保安全。

1990 年 4 月，舟山市船舶检验所、站两级分工，船舶图纸审查：市船舶检验所承担船长大于或等于 30 米或主机单机功率大于或等于 220 千瓦船舶，载客定额在 250 人以上客船，150 总吨以上的油船、冷藏船及特种船；县(区)船舶检验站承担市船舶检验所委托有关图纸审查。船舶制造检验：市船舶所承担市内船舶修造厂承造的除木质船舶以外各类船舶制造后检验；县(区)船检站承担市船检所委托的小型船舶制造检验。营运船舶检验：市船检所检验大于或等于 200 总吨或主机单机功率大于或等于 220 千瓦的钢质客船、货船，150 总吨以上的油船、冷藏船及特种船舶；县(区)船检站检验木质船，200 总吨以下或主机功率 220 千瓦以下钢质客货船，等于或小于 150 总吨油船、冷藏船及特种船舶和装运危险品船舶。

1993 年，设立舟山市船舶检验处嵊泗检验所。1995 年，船舶检验范围扩大至 300 总吨、220 千瓦，200 客位以下钢质船。承办长度 20 米以内钢质船的建造检验。

2001 年 7 月，交通部《国内船舶管理业规定》，明确船舶机务管理、船舶检修、保养、船员配给、管理、船舶买卖、租赁、营运及资产管理规定。2004 年 12 月，市船舶检验处重新界定市、县(区)船舶检验范围，县(区)负责辖区内 400 总吨以下沿海航区货船营运检验，建木质船舶和船长未满 20 米、主机功率未满 80 千瓦(除客渡船、客滚船、散装危险品运输船舶)钢制船舶建造检验。2006年8月，舟山航务管理局重新授权嵊泗船舶检验范围：负责500总吨以下沿海航区货船的营运检验；嵊泗籍船舶以船舶经营人为准，其辖区按船舶经营人划分；其它授权范围按舟山市船舶检验处船检〔2006〕3号文执行。是年，检验船舶95艘，19926总吨，15765千瓦。征收船舶检验费28万元。同年，县人民政府下达《关于嵊泗县加快发展航运业若干意见的通知》，制定《嵊泗县海运业发展优惠政策》，加大航运业商招商引资力度。在嵊泗注册的企业和营运的船舶逐渐增多。2007年，嵊泗船检所检验境外船舶增多。并且深入检验应检船舶的船体测厚检查及船检证书、设备、图纸与实船的校对工作和船舶的质量及船舶档案资料的完整性等。辖区授检、发证的300总吨以下小型船舶，按规范要求配备双向无线电话、雷达应答器、DSC甚高频无线电话。是年，检验船舶130艘，34668总吨、23743千瓦。征收船舶检验费44万元。

2008年，重点检验“四客一危”（客渡船、客滚船、高速客船、旅游客船；危险品运输）船、运石（沙）船、工程船等船舶的法定检验，新购、转港船舶的附加检验、营运检验。全面进入浙江省船舶检验管理信息系统（二期）运行，启用检验记录、检验项目，2003年版图内航行船舶检验报告、新版船舶营业检验申请表，统一船舶检验的标准。2008—2009年，检验船舶253艘，64809总吨、44661千瓦，征收船检费103万元。

2010年，辖区内500总吨以下运输船舶及受其他船舶检验机构委托检验嵊泗籍船舶安装AIS（船舶自动避碰系统），完成安装137艘，基本覆盖辖区内所有船舶。重点检查和整顿洋山运石船舶私自加高船舶围板等改变船舶尺度的行为，综合治理“大船小证”，制定《关于开展“大船小证”整治工作实施方案》。根据2009年全国船检工作会议精神和交通运输部、部海事局及浙江省港航管理局关于开展运输船舶吨位丈量专项检查活动的要求，现场丈量检查辖区内100～500总吨船舶，规范审查船舶图纸，吨位丈量船舶118艘，其中重点船舶58艘。是年，检验船舶136艘，48680总吨、27116千瓦，其中定期检验31艘，13665吨、6668千瓦，年度检验59艘，20604总吨、11189千瓦，中间检验39艘，11552总吨、7630千瓦，附加检验7艘，2859总吨、1629千瓦；征收检验费64.7万元。

2012年，按照《2011年国内航行海船法定检验技术规划》配备要求，3月1日起，30艘300总吨以上船舶在辖区内进行安装无线电应急示位标，500总吨以下运输船舶AIS设备进行安装检验及静态数据检查。4月，执行交通运输部海事局“四个规定”及《海上自卸运石运沙船舶检验暂行规定》，检验船舶，审查船舶资料，与实船校对核查船舶证书、图纸、船舶计算书等，保证船舶航行安全。10月，督促辖区内500总吨以下运输船舶安装舵机液位报警、齿轮箱液压报警、电子车钟、主机紧急停车、船舶避碰等设备，提高船舶航行能力，改善船舶安全航行条件。2011—2012年，检验船舶182艘，64521总吨、37434千瓦，其中定期检验29艘、7369总吨，年度检验89艘，30469总吨，中间检验47艘、13377总吨，附加检验19艘、5551总吨，征收船检费95万元。2013年，根据交通运输部海事局《国内航行船舶变更船舶检验机构检验管理规定》和省船检局《船舶变更船舶检验机构管理规定》，附加检验省内变更船舶检验分支机构和新建回港船舶，对转入船舶按规定提请吨位丈量工作，为符合吨位丈量管理规定的92艘船舶发放临时吨位证书。64艘船舶发放长期吨位证书。2014年，辖区内61艘船舶安装生活污水处理装置。重点检验老旧船舶、工程船舶、运石船舶、企业自备交通船舶等，执行《老旧运输船舶管理规定》；重视工程船舶稳性、结构、干舷、水密完整完好性，检查救生、消防，控制船舶适航区域；加强运石船舶货舱舱口围板，保证图船一致；核定企业自备交通船舶航行区域、抗风等级。2013—2014年，检验船舶267艘，104463总吨、56272千瓦，其中定期检验78艘、28310总吨，年度检验52艘、46977总吨，中间检验28艘、10049总吨，附加检验30艘、19127总吨，征收检验费142.8万元。

2003—2014年嵊泗县船舶检验情况表

表6-2-6　　单位：艘、吨、千瓦

年份	船检数	总吨	功率	年份	船检数	总吨	功率
2003	112	18661	16927	2009	152	53004	37219
2004	121	21638	18621	2010	136	48680	27116
2005	118	21102	18160	2011	108	35970	22109
2006	95	19926	15765	2012	74	28551	15325
2007	130	34668	23743	2013	93	33861	18542
2008	101	28367	18721	2014	99	43355	22319

船舶登记

民国33年（1944）7月，嵊泗区域船舶受日伪宁波船舶事务所登记及航务管理。翌年，《浙江省船舶管理办法》规定：民航船舶启航前须向船管所办理登记手续，未经核准登记的船舶不得超越封锁线外及进入禁止停泊的口岸。准许嵊泗航船行驶线路为泗礁、大衢、岱山、沈家门、定海、宁波，指定嵊泗青沙滩为船舶停泊港口。

嵊泗解放后，船舶管理登记由嵊泗列岛军事管制委员会主管。1954年后，船舶检验和水上安全监督由舟山专区航运管理处负责。1959年4月，舟山县交通运输管理局负责辖区内船舶登记，统一编号和发放牌证。1963年，舟山航管处按照《浙江省木帆船安全管理守则（试行草案）》，统一管理辖区内船舶。1977年3月，成立舟山港务监督嵊泗监督站，承办境内200总吨300马力以下的船舶年度检验工作。

1967年，统一船舶编号，集体运输企业船舶定名为“红雷”，木帆船定名为“立新”。1973年，根据省革命委员会交通邮政局文件精神，菜园、青沙、嵊山专业机动运输船舶编为“浙嵊机×××”“×××”为三位阿拉伯数字，首位为“1”，表示泗礁、嵊山地区，后两位从“01”起依次编号；各公社（镇）副业运输船编为“浙嵊副机×××”，后三位数从“001”起依次编号。1988年，港口开放，海上运输业发展，运输船舶增加。为加强全行业管理，避免船名重复，同年5月，舟山市交通局再次统一命名全市海运船舶。市、县交通系统主管的专业海运单位船舶，以“浙舟”为船名。嵊泗县专业运输船舶定名在“浙舟”后加“7××”三位数，第一位“7”，后两位从“01”依次编号。各乡镇运输船舶以“浙嵊”为船名，后加5位数字，前两位按乡镇编号：菜园镇为“86”、马关镇为“87”、青沙乡为“88”、五龙乡为“89”、金平乡为“90”、黄龙乡为“91”、嵊山镇为“95”、枸杞乡为“96”、大洋镇为“97”、小洋乡为“98”，后三位从“001”依次编号。船舶中的帆船或机帆船，在“浙嵊”后面加“帆”或“机”为船名。嵊泗县水产供销公司运输船舶于20世纪50年代中叶由舟山地区统一定名为“舟山 ×××”，从“1”开始依次编号。各部门自备运输船舶定名在“浙嵊”后加部门名称和编号，如商业部门船舶定名“浙嵊商 ×××”，编号从“101”依次顺延。渡船以渡口所在地名称（全称或简称）加“渡”字定名和编号，如“金渡1”“金渡2”“嵊山渡1”“绿华渡1”等，洋山地区通向泗礁的渡船为“浙嵊大洋航1”“浙嵊小洋航1”等。

1989年6月，舟山市交通与港务机构分设后，舟山市交通局指定舟山市港航监督负责办理管辖区域50总吨以上船舶登记工作，登记机关代号为“浙舟3616”，委托嵊泗县航管所港航监督办理50总吨以下的船舶登记工作，嵊泗县港航监督登记机关代号从36164起编，船舶登记报市港航监督备案。1992年2月25日，省交通厅《关于加快改革开放步伐、加快发展运输市场经济的若干意见》称，船舶运力只要符合开业标准，具备相应条件，即可办理船舶营运手续。1997年8月，根据舟山市交通委员会《关于认真搞好无证船舶的专项整治的通知》，嵊泗县交通部门专项整治境内客货运输船舶，重点是“三无”（无船名船号、无船舶证书、无船籍港）船舶。

2001年4月，嵊泗海事处成立，境内船舶登记由嵊泗海事处负责。

船舶签证

1955年2月，嵊泗县航运管理站成立，承担境内水上交通运输管理职责，办理泗礁港进出船舶签证。规定：进出泗礁山岛港口的运输船舶，须向县航管站办理进出港签证，进出境内其他岛屿港湾港口船舶，由港口所在地人民政府办理签证。1959年冬汛期间，县航管站派工作组驻嵊山办理船舶进出港签证。同年成立嵊山航运管理组（1983年改称嵊山航运管理站），进出嵊山港船舶由嵊山航管组（站）办理签证。1967年，船舶进出港签证制度废止。

1969年12月，嵊泗港恢复船舶进出港签证制度。进出嵊泗港口的运输船，须向航管部门办理进出口签证。各类机动船必须具备港航机关发给的航行签证簿及船员证书。参加营运船舶必须服从航管部门“三统”（统一调度、统一运价、统一货源）管理，不得与货物单位发生任何业务活动，船舶进港出港，各签证1次。未经签证船舶不得出口。军用船舶、公安机关船艇及为港口工程建设服务的工程车、渔船和班船，每航次客货运数量必须填上签证簿，备港航管理人员检查。1972年，成立中华人民共和国嵊山渔港监督站。1979年起，进出嵊山港的渔船和渔用船舶由渔港监督站办理签证。1985年1月，成立大洋航运管理组（1989年3月改称站），进出大洋港的船舶，由大洋航管组（站）办理签证。

1989年6月，舟山市航管、港务机构分设。省属进出舟山港区船舶签证归属舟山市港务监督。舟山港区以外港口船舶签证，归各县（区）港航监督。1990年，嵊泗签证点有菜园、嵊山、大洋3个。1997年，办理船舶进出港签证6782艘次，2440256总吨，其中客（渡）船4506艘次，2143784总吨；客船现场签证3452艘次，1648624总吨。

1998年6月，省航运局《关于深化高速客船营运管理的工作意见》，要求县交通管理局、港务分局、航管所把航速在每小时20～24海里的沿海客轮，纳入重点管理对象。同时，加强对沿海客滚船管理，包括客滚船车辆装载间距、车客分流、上下客、首尾门关闭、上船车辆的绑扎系固等。1999年11月，山东渤海湾"大舜"发生恶性事故，同月，省交通厅发出《关于立即开展对客滚船和客船进行安全检查的紧急通知》。2000年2月，交通部取消定期签证，统一改为航次签证。3月，交通部实行客船、高速客船、客滚船，实行开船前船长严格制度。县政府按照交通部紧急通知要求，重新布置客（渡）船的安全大检查，重点检查客滚船"舟桥1"轮安全，消防演习及相关设备的检查作为重中之重，发现欠缺，跟踪整改。是年，办理船舶签证19745艘次、4030106总吨、1108845货吨，其中客（渡）船签证6362艘次、3069163总吨；现场办理签证5322艘次。

2001年4月，嵊泗海事处成立，接办船舶签证。

第七节　船员管理

1950年代，交通部门规定，机动船驾驶人员须经航政机关培训考核，成绩合格持有证书，方得上岗。1955年2月，嵊泗县航运管理站成立，各运输（搬运）站、各乡镇及商业、水产等部门运输船舶的船员管理教育和培训，由县航管站负责。1956年，交通部规定："船员应熟悉木船的性能和特点，熟悉航道、航标、港口情况以及主要滩险的操作方法和拖带技术，船长（轮机长）应培养驾驶员（轮机员）有独立操作能力。船员每星期应有4小时技术业务学习时间，每船均应订立学习制度。"鉴于嵊泗航管站初建，技术力量薄弱，1956年至1978年，船员培训和发证工作由舟山地区航管处办理，嵊泗县航管站负责船员的教育管理和档案工作。

1979年，根据浙江省航运管理局颁发的《浙江省沿海船舶船员职务规则（试行）》精神和交通部有关船员管理的要求，嵊泗交通部门于7月5日至15日首次举办船员培训班，开设航海、轮机两个专业班。航海班培训200总吨以下船长和大副30名，开设《地文航海基础理论》《近海船舶驾驶》《海上避碰规则》《船员职务》等课程；轮机班培训300马力以下的轮机长和大管轮40名，开设《主机》《辅机》《电工》《船员职务》等课程。培训结束，由舟山航运管理处港监命题，专人来嵊泗考试，合格率95%。1992年至1994年，培训船员260人。1997年，办理船员签证145人次。结合全国统一的船舶、船员证照清理工作以及舟山港务监督《关于开展船舶、船员证照清理整顿工作的通知》，嵊泗清理船舶102艘，其中辖区船舶100艘，清理面95.2%；证照合格的船舶51艘，合格率50%；清查船舶证照408本，发现不合格（包括缺证）证照88本，其中未办理船舶登记或未按规定换发国籍证书及所有权证书的船舶23艘（国籍证书和所有权证书各23本不合格）；无船舶检验证书的船舶5艘；船检适航证书逾期失效的船舶16艘；无船舶签证簿的船舶18艘；船舶过户后，船检证书和船舶签证薄的所有人及经营人未更名的船舶1艘；超越核定航区的船舶1艘。清查船员证照930本。1998年，培训船员53人。

2001年4月，嵊泗海事处成立，船员培训由嵊泗海事处负责。

第八节　水路运输市场管理

民国时期，境内船舶私有营运，水产品由当地渔行主和外地冰鲜船收购运销，无统一运管机构。

1950年12月，华东财经委员会所属新建企业公司在嵊泗设立分公司，收购水产品运销外地。1951年10月，苏南水产公司在嵊泗设立分公司，与嵊泗县供销合作社共同经营水产品收购运销。

1955年2月，嵊泗县航运管理站成立，统一管理水上运输业务。1957年，舟山航运管理处规定：任何单位物资运输必须向航运管理部门提送托运计划，委托航运管理部门运输，船舶不足，由运输部门统一组织调配，各单位不准擅自雇用副业船。渔民副业船参加运输，须经当地航管部门批准。零星货物与岛屿间运输由当地副业船承担。1963年，舟山专员公署提出：农村（渔村）集体副业运输船参加运输，须持公社证明，经公安部门审查、交通管理部门和工商行政管理部门登记核准，发给航行证件和营运执照方能营运。承运国家规定的一类物资和部分二类物资，须持物资主管部门或驻军签发的出口证件。各工矿、企业、机关、部队、团体整批货物运输，均须向航运部门或专业搬运组织办理托运手续，不得直接与副业车船发生承运关系。县航运管理站统一调拨营运船舶、运输业务，各地航管部门统一调遣回程货源，船方不得自行承揽。1970年以后，渔业资源发生重大变化，一些渔区渔船弃渔经营运输。1972年9月，舟山地区革命委员会生产指挥组交通邮政局通知：农副业船舶参加运输，必须经县交通运输主管部门同意，自揽货物的吊回航行签证簿。同时规定，舟山港航管理部门每月20日召开运力平衡会议，物资运输的运力安排计划，由县交通局、航管站下达给各海运企业，平衡运力、物资运输。

1979年，境内货运企业出现集体、个体一起上的竞争势头，航管部门掌控的统一计划、统一调配、统一运价的“三统”管理格局逐步放开、搞活，促进运输市场发展和航运事业繁荣。1980年，舟山地区交通管理局规定：国家指令性计划物资运输，允许议价。运价的标准根据政策规定及实际运输成本控制，扶植、管理个体运输业发展。1984年，舟山地区交通局“放宽搞活水上运输”的通知称，营运船舶可以自揽货源、自行调运、自由议价，缩小指定性运输业务范围，寓运输管理于服务之中。1986年5月，舟山地区交通局就船舶申请客货运输报批程序作出规定：船舶要求经营水上客货运输，应报当地航运部门检验，取得合格证书后，按审批权限，由航管部门逐级上报审批。要求经营水上客运航线停靠站、停靠点及安全设施的，还须由申请单位征得航线沿途各点、站主管部门意见，作为上级审批的依据。2000总吨、300马力以上的货运船舶，由县航运管理所报地区港务管理局审批；2000总吨、300马力以下的货运船舶，由县航运管理所审批。客运船舶的航线，县境内的报地区港务管理局审批，出境跨地、省的，由地区港务管理局报省交通厅航运管理局审批。1987年，国务院颁布《水路运输管理条例》，国家计划物资和重要生产资料实行指令性计划运输，一般物资实行合同管理，由船方直接组织货源与货方签订承运合同，由运输部门监督和统一开发票。1989 年，根据交通部、省市人民政府和上级交通主管部门关于加强运输市场宏观管理，调整运力结构布局，控制运力发展速度，整顿运输市场的要求，嵊泗县运管部门从县内实际出发，制定运力发展规划，严格审批制度，重点扶植专业运输企业，使运力与运量发展速度相协调。整顿专业运输经营行为。清理、审查运输船舶经营资格，完成 3000 户水上运输专业户和副业运输单位的 5000 艘船舶年审换证工作，清理“私挂公”运输船舶 5 艘；清查整顿 12 家乡镇船厂；检查、规整客货运输秩序、运输纪律、运价等。

1990 年 7 月，舟山市交通局制定《舟山市水路运输业（船舶）筹建、开业、新增运力审批办法》，规定审查筹建水运企业、申请企业开业、申请客运（渡运）航线、申请增加运力和变更经营范围，均须经所在地县（区）交通局或授权的航管所审核同意，报市交通局审查批准后实施。1992 年，县交通、航运部门审查水上运输经营资格，将个体船舶筹建买卖（过户）开户、发证纳入管理。是年，核发营运证 50 本。

1993 年、1994 年，加强水路运输经营审验、监督和管理，金平、洋山等运输船舶较集中的乡镇纳规整顿，为整改达标的 13 艘无证运输船舶现场签发技术证书、航行签证簿。期间，水上运输管理部门审验运输船舶 56 艘，换发“水路运输许可证”“船舶营运许可证”43 本。1995 年，贯彻《中华人民共和国水路运输管理条例》，申请新增运力，由县交通管理局运输管理部门审批。申请单位须提供新增运力申请书、船舶来源有效文件、船舶有关资料、代管协议书、可行性研究报告等，经审核后再报上级主管部门批准。1996 年，整顿个体运输船舶，清查无船名船号、无船舶证书、无船籍港船舶。1997 年年初，菜园中心渔港内无证小机船载客情况严重，嵊泗县航运管理所向县人民政府呈上《关于要求整治菜园港非客船载客的报告》，经批准，年内组织力量查堵无证小机船在交通专业码头上下客现象 26 次，出动人员 62 人次，查处载客的非客船 48 艘次。

1999 年，大洋山、小洋山地区运石船舶经营秩序不好，常有无证、缺证、配员不足、违章违规操作现象，县交通运输部门制定《进一步加强大小洋山地区运石船舶安全管理工作意见》，并开展为期一个多月的专项整治。

2001 年，交通部《国内船舶运输经营资质管理规定》和《国内船舶管理业规定》船舶买卖、租赁、营业及资产管理等：批准开业的，发给《水路运输服务许可证》，交通主管部门依法监督检查船舶管理经营活动；违反规定的，给予行政处罚。是年，县交通部门调整、完善、规范境内 4 家水上客运企业，通过省交通部门审验；同时按新的经营资质，年审境内 10 家水运企业、3 家水运服务企业和 87 艘个体船舶，年审率分别为 100% 和 91.5%。根据交通部《关于整顿和规范个体运输船舶经营管理的通知》，个体及联户运输船舶逐步纳入企业化管理，是年，全县 89 艘个体、联户运输船舶纳入江山、鑫盛、正和等海运企业，实现企业化管理。2005 年 4 月，根据浙江省港航管理局《关于开展运输船舶委托经营管理专项整治活动的通知》，舟山港务管理局嵊泗分局、嵊泗县航运管理所专项整治全县委托经营管理运输船舶企业，重点监督接受委托经营管理企业落实安全责任制，履行船舶及船员安全管理职责。年审航运企业6家，水运服务企业2家，县内渡轮企业3家和个体运输船舶16艘，年审率100%。2006年，出动人员135人次、巡查艇49艘次，检查洋山、小黄龙、马迹山海域砂、石运输市场，现场查获违章违规船舶40艘，处理7艘，罚款6200元，补缴规费1376元。是年，县人民政府下达《关于印发嵊泗县加快发展航运业若干意见的通知》，舟山中昌海运公司成为首家在嵊泗注册的境外海运企业。“中昌11号”货轮（4.11万载重吨，7120千瓦）成为嵊泗首艘万吨级货轮。2008年，依照《港口法》、《浙江省水路运输管理条例》，重点监管水上运输企业及船舶的营运状况和危险品运输，开展打击无证运输船舶专项整治、全省运政大检查和客运市场执法检查、港口危险品企业和普货企业资质检查等活动，查处港航行政处罚案件26件，罚款7.07万元。2009年，选择重点发展大吨位特种船舶、大型散货船、沿海集装箱船等适应市场需要的船舶。新增和扩大经营范围的企业3家，新增万吨级货轮5艘。召开海运企业和金融机构双向恳谈会，为海运企业1.5亿元贷款延长还贷期限。为辖区内海运企业兑现近100万元运力发展鼓励资金和相应的财政奖励资金。通过与上海宝钢集团、舟山港务集团协商，增加运输量、拓展货源。6月，完善《嵊泗县水路客运交通发展补贴资金管理暂行办法》，政府和市场需求而新增的航线航班，其营运产生的直接费用亏损部分给予全额补贴。

2011年，水上运输业招商引资，限制技术落后、单位能耗高、环境污染大的船型进入，鼓励企业合理优化资源配置。调整航线密度，提高船舶往返实际载货率、降低航次，推进海运船舶大型化、运力结构合理化，单船平均运力上升到2510吨/艘，企业投入的能耗成本减少。

2013年，严格水上运输经营资质管理，建立水上运输企业经营资质预警检查制度。开展运政大检查，预警监察企业经营资质32家次，年度审查水上运输经营资质27家、船舶165艘。开展水上运输联合执法活动，联合海事、边防在小黄龙水域整治非客船搭客行为；联合上海洋山港海事处进行小洋山北侧围垦工程检查；联合洋山镇人民政府进行砂石料运输船舶专项整治，2014年，查处非客船载客案12例，罚款6.75万元；审核企业23家、船舶155艘，年审合格率94%；建立航运企业资质预警机制，重点跟踪督查列入橙色预警的企业；联合沪浙两地海事、边防、海洋渔业、乡镇人民政府等，在嵊泗辖区海域开展水上运输联合执法行动；建立安全例会、春季联合执法巡查等制度。3月，县交通运输部门联合洋山海事、洋山镇人民政府开展为期一个月的春季海上运输安全整治活动，检查船舶69艘次、海运企业2家，立案查处船舶无营运证违法经营行为47例，罚款19万元。

第九节　运价管理

运价管理包括客（滚）船票价管理和货船运价管理。

客（滚）船票价管理

境内岛际客运主要以渡航为主，县人民政府未规定渡船客运价格，渡运费由渡运单位自定。1967年，执行舟山地区交通管理局生产领导小组规定渡航船每人每海里0.05元，附加上下渡船费 0.10 元。1984 年 8 月，根据舟山地区物价局、交通局通知，结合嵊泗渡航客运量多寡等条件，一般按原票面价提高 40%左右。1988 年后，经省、市、县物价、交通等部门批准，多次调整渡船票价。1992 年，渡船用油由计划价改用议价油，成本提高。县物价局、交通管理局根据渡运基价、渡距远近、航区条件、渡运量多寡等方面因素提高票价。

1992 年嵊泗县渡船票价表

表 6-2-7　　单位：元

渡　航　线	船　名	票价	渡　航　线	船　名	票价
金平—小菜园	金渡 1	0.08	壁下—大盘	壁下渡 1	1.50
	金渡 2		大洋—小菜园	大洋航 1	8.80
	金渡 4			蓝天	
峙岙—边礁岙	五渡 1	1.30	大洋—芦潮港	大洋航 1	8.00
南港—边礁岙	五渡 2	3.60		蓝天	
	五渡 3		小洋—小菜园	小洋航 1	9.00
马迹—关岙	马迹渡 1	0.80	小洋—芦潮港		8.00
嵊山—枸杞	嵊渡 1	1.30	小洋—大洋	小洋航 2	1.50
小石浦—箱子岙	枸杞渡 1	1.30	滩浒—金山嘴	滩渡 1	7.00
西绿华—东库	绿渡 1	1.50			

定海—衢山—泗礁—上海航线客运票价由舟山地区（市）物价、交通部门根据上级主管部门规定确定，1958 年至 1992 年先后调整过 6 次。

1992 年定海—泗礁—衢山—上海客运票价

表 6-2-8　　单位：元

航　线	票　价				
	统　舱	五等舱	四等舱	三等舱	二等舱
泗礁—上海	11.20	14.8	19.9	27.2	45.1
泗礁—衢山	6.00（上舱）	—	—	—	—
	5.00（下舱）	—	—	—	—
泗礁—定海	12.80（上舱）	14.30	19.30	26.40	44.00
	10.70（下舱）				

泗礁至嵊山及各岛际航线客运票价，1987 年前由舟山市（地区）交通部门核定。1989 年 4 月起，航线由嵊泗县航运公司经营，至 1992 年，县物价、交通部门 3 次调整客运票价。

1992 年泗礁至嵊山及岛际客运票价表

表 6-2-9　　单位:元

航　线	票　价			
	座席	四等舱	三等舱	二等舱
泗礁—嵊山	7.90	11.50	13.00	14.00
泗礁—绿华	4.30	6.50	7.60	8.60
泗礁—花鸟	5.20	7.70	9.20	10.20
泗礁—壁下	7.00	10.20	11.60	12.60
嵊山—壁下	1.90	3.10	3.60	4.60
嵊山—花鸟	4.00	6.00	7.10	8.10
嵊山—绿华	4.30	6.50	7.60	8.60
壁下—花鸟	2.50	3.90	4.60	5.60
壁下—绿华	4.00	5.00	7.10	8.10
花鸟—绿华	1.90	3.10	3.60	4.60

1991 年 4 月,嵊泗县航运公司客船“金沙”轮开通泗礁—芦潮港航线。1992 年客运票价:座席 11.00 元,四等舱 14.70 元,三等舱 20.40 元,二等舱 31.00 元。

1991 年 6 月,省物价局、交通厅调整县航运公司客船“金沙”轮营运泗礁—芦潮港航线部分客运票价:中舱座票 8.60 元调整为 11.00 元,三等舱 19.40 元调整为 20.40 元。

1993 年 7 月开始,水路客货运输执行国家指导价,同时省管水路客运票价调整:沿海客票基价每人海里,全程运距在 50 海里之内的,从 0.144 元调至 0.175 元;在 100 海里内,超过 50 海里部分,从 0.055 元调至 0.067 元;在 120 海里内的,超过 50 海里部分,从 0.04 元调至 0.05 元;高速、豪华客轮票价按原定基价提高 10%。省物价局、交通厅调整“金沙”轮营运泗礁—芦潮港航线客运票价:中舱 14.30 元,四等舱 20.00 元,三等舱 27.50 元,二等舱 41.50 元。10 月,县航运公司客船“碧海”轮营运泗礁—嵊山航线延伸至枸杞。县物价局、交通管理局核定该船嵊山—枸杞航线客运票价 1.90 元,泗礁至枸杞各站的客运票价,从泗礁各站至嵊山票价的基础上增加 1.90 元。

1993 年泗礁至嵊山各站点客运票价表

表 6-2-10　　单位:元

航　线	座　席		四　等　舱		三　等　舱	
	调整前	调整后	调整前	调整后	调整前	调整后
泗礁—嵊山	9.50	11.50	13.80	17.00	15.80	20.00
泗礁—绿华	5.20	6.10	7.80	9.70	9.10	11.30
泗礁—花鸟	6.20	7.50	9.20	11.50	11.00	13.50
泗礁—壁下	8.90	10.60	12.70	15.70	14.40	18.30

续表 6-2-10

航　线	座　席		四　等　舱		三　等　舱	
	调整前	调整后	调整前	调整后	调整前	调整后
泗礁—枸杞	11.40	13.70	16.40	20.00	28.66	23.00
绿华—花鸟	2.30	3.20	3.70	5.70	4.30	6.40
绿华—壁下	4.80	6.20	7.20	9.60	8.50	11.10
绿华—嵊山	5.20	6.20	7.80	9.70	9.10	11.30
绿华—枸杞	7.10	8.40	10.40	12.80	12.10	14.90
花鸟—壁下	3.50	4.80	5.20	7.70	6.00	8.80
花鸟—嵊山	4.80	5.70	7.20	9.10	8.50	10.60
花鸟—枸杞	6.70	7.90	9.80	12.10	11.50	14.20
壁下—嵊山	2.80	3.70	4.20	6.20	2.00	4.80
壁下—枸杞	4.70	5.30	6.80	8.30	7.80	9.60
嵊山—枸杞	1.90	3.20		5.70		6.40

1995 年 6 月，浙江茂盛海运公司高速客船“茂盛”轮投入运营。浙江省交通厅、物价局核定，“茂盛”轮营运嵊泗—芦潮港—普陀山—定海航线客票基价为每人每海里 0.64 元。但该航线为旅游航线，旅游季节的票价上浮问题按省物价局、交通厅浙价费联〔1992〕61 号、浙交〔1992〕137 号文执行，上浮时间段为每年度 3 月 16 日至 10 月 31 日。

1995 年“茂盛”轮客运票价表

表 6-2-11　　单位：元

航　线	基本票价		企业上浮价		旅游季节价	
	上舱	中舱	上舱	中舱	上舱	中舱
嵊泗—芦潮港	32.10	27.20	38.00	32.10	43.90	37.10
嵊泗—西码头	50.20	42.30	59.70	50.30	69.30	58.20
芦潮港—西码头	64.40	54.10	76.80	64.10	89.20	74.70

1996 年 2 月，嵊泗县航运公司客滚船“舟桥 1”轮开通泗礁—芦潮港航线，浙江省物价局、交通厅核定车客渡运价。

1996 年“舟桥 1”轮泗礁—芦潮港票价表

表 6-2-12

航线	泗礁—芦潮港				芦潮港—泗礁			
票价	中舱	上舱	三等舱	二等舱	中舱	上舱	三等舱	二等舱
	9.90	23.70	41.80	68.00	20.90	24.70	42.80	69.00

芦潮港—泗礁出口加收港务费 1 元

1996 年“舟桥 1”轮泗礁—芦潮港航线车渡收费标准

表 6–2–13

车类	吨位或座位	单位	收费标准	备　注
客车	5 座及以下	元 / 辆	228	交通部门核定的正常客运班车按不超过以上标准的 20% 收取
	6 座至 15 座	元 / 辆	280	
	16 座 24 座	元 / 辆	350	
	25 座 40 座	元 / 辆	460	
	40 座以上	元 / 辆	600	
货车	载重 2 吨及以下	元 / 辆	310	载重 3.5 吨以上的按每吨次 145 元计取
	载重 2.1 吨至 3.5 吨	元 / 辆	465	
	载重 4 吨	元 / 辆	580	
	载重 5 吨	元 / 辆	725	
其他	二轮机动车	元 / 辆	40	
	三轮机动车	元 / 辆	80	
	小型拖拉机	元 / 辆	100	
	中型拖拉机	元 / 辆	200	
	自行车	元 / 辆	15	
	零星货物	元 / 百公斤	15	

计算办法和有关规定：

1. 货车载重量和客车载客人数以公安部门核定为准。卧铺客车每个铺位按 2 客计算。

2. 货车半吨起计，不足半吨作半吨计算收费。

3. 加长型货车除按同类型牌号普通车种计费外，车身每加长半米，换算成半吨加收运费；加长不足 30 厘米的不计；超过 30 厘米不足半米的按半吨计。货车装运货物超长换吨换算方法相同。

4. 装载货物超宽或车型加宽的，超宽半米以内的按原车型加收 20% 的运费，超宽超过半米以上的按原车型加收 50% 的运费。集装箱车除外。

5. 渡运装载危险品（品名按国家“危规”规定）的货车，可按同类型车辆加收 50% 的运费。

6. 因车主要求，需单独过渡的，经签订协议，包船收费，收费标准按渡航核定装载量渡运费总额的 80% 计收。发生调船或空驶回程，按包船渡运费的 50% 计收调船费或空驶费。

5 月，浙江省物价局、交通厅批复，客船“有财”轮客运基价为每人每海里 0.50 元。每年 3 月 15 日至 10 月 31 日，嵊泗至镇海执行旅游航线浮动价。

1996 年“有财”轮客运票价表

表 6-2-14　单位:元

航线	基本票价			旅游上浮票价		
	四等舱	上舱	中舱	四等舱	上舱	中舱
嵊泗—镇海	69.10	58.30	49.10	82.40	69.60	58.50
嵊泗—大衢	27.60	22.70	19.40			
嵊泗—东沙	37.90	31.60	26.80			
大衢—镇海	45.70	38.30	32.40			
东沙—镇海	35.40	29.40	25.00			
大衢—东沙	14.60	11.60	10.10			

7 月,经浙江省物价局、交通厅批复,高速客船“嵊翔”轮客运基价为每人每海里 0.85 元。高速客船“茂盛”轮客运基价每人每海里 0.64 元调整为 0.70 元。

1996 年高速客船“嵊翔”轮票价表

表 6-2-15　单位:元

航　线	基本票价	企业上浮价	旅游+企浮价
嵊山—泗礁	29.00	34.30	39.60
大洋—泗礁	29.00	34.30	39.60
大洋—芦潮港	25.80	30.50	35.10
嵊山—大洋	50.00	59.50	69.00
嵊山—芦潮港	55.20	65.70	76.30
泗礁—芦潮港	35.30	41.90	48.40

1996 年高速客船“茂盛”轮票价表

表 6-2-16　单位:元

航　线	基本票价		企业浮价		旅游+企浮价	
	上舱	中舱	上舱	中舱	上舱	中舱
嵊泗—西码头	66.00	55.50	78.70	66.10	91.40	76.70
嵊泗—芦潮港	34.90	29.50	41.40	34.90	47.90	40.30

12 月,高速客船“茂盛”轮营运泗礁—西码头航线改营泗礁—衢山—西码头航线。舟山市交通委员会批复,核准票价如下:

1996 年 12 月高速客船“茂盛”轮票价表

表 6-2-17　单位:元

航　线	基本票价		企业上浮价	
	上舱	中舱	上舱	中舱
泗礁—衢山	27.00	23.00	32.00	27.00
衢山—西码头	39.00	33.00	47.00	39.00

1996年，由于燃料价格大幅度上涨，水路客运成本也不断提高。1997年1月，根据浙江省物价局、交通厅《关于适当调整省管水路客运票价的通知》，高速客船客运票价按现行省定客运基价平均上调15%，其中“嵊翔”轮上调10%，其他客船上调20%。

1997年1月“茂盛”轮票价表

表6-2-18　单位:元

航　线	基本票价		企　浮　价		企浮+旅游价	
	上舱	中舱	上舱	中舱	上舱	中舱
泗礁—西码头	76.00	63.00	90.00	76.00	105.00	88.00
泗礁—芦潮港	40.00	34.00	47.00	40.00	46.00	55.00
泗礁—衢山	37.00	32.00	44.00	37.00		
衢山—西码头	41.00	35.00	49.00	41.00		

1997年1月“嵊翔”轮票价表

表6-2-19　单位:元

航　线	基本票价	企业上浮价	旅游+企浮价
泗礁—嵊山	32.00	36.00	42.00
泗礁—大洋	32.00	36.00	42.00
大洋—芦潮港	28.00	32.00	37.00
嵊山—大洋	55.00	65.00	76.00
嵊山—芦潮港	60.00	72.00	84.00
泗礁—芦潮港	39.00	46.00	53.00

1997年1月“有财”轮票价表

表6-2-20　单位:元

航　线	基　本　票　价			旅游+企浮价		
	四等舱	上舱	中舱	四等舱	上舱	中舱
泗礁—镇海	82.00	70.00	58.00	98.00	83.00	70.00
泗礁—衢山	32.00	27.00	23.00			
泗礁—东沙	45.00	37.00	32.00			
衢山—镇海	54.00	45.00	38.00			
东沙—镇海	42.00	35.00	29.00			
衢山—东沙	17.00	13.00	12.00			

2月，县物价局、交通管理局根据省物价、交通部门《关于适当调整省管水路客运票价的通知》，调整县内水路客运票价。“碧海”轮客运票价上调20%。

1997年高速客船“嵊翔”轮客运票价表

表6-2-21 单位:元

航 线	中舱	四等舱	三等舱
泗礁—嵊山	14.00	20.00	22.00
泗礁—绿华	8.00	11.00	14.00
泗礁—花鸟	9.00	14.00	16.00
泗礁—壁下	13.00	17.00	20.00
泗礁—枸杞	16.00	23.00	26.00
花鸟—嵊山	8.00	10.00	12.00
花鸟—壁下	5.00	8.00	9.00
花鸟—枸杞	10.00	14.00	16.00
绿华—嵊山	8.00	11.00	14.00
绿华—花鸟	4.00	6.00	7.00
绿华—壁下	8.00	10.00	12.00
绿华—枸杞	10.00	15.00	17.00
壁下—嵊山	5.00	6.00	7.00
壁下—枸杞	8.00	10.00	11.00
嵊山—枸杞	4.00		

同时,乡镇渡航票价上调20%,调整票价如下:菜园—金平2.30元,五龙—峙岙4.20元,嵊山—枸杞3.60元,大洋—芦潮港23.00元(卧铺28.00元),小洋—大洋4.40元,黄龙—菜园8.60元,黄龙—高场湾8.60元,马迹—马关1.80元,东库—绿华4.70元,壁下—大盘4.60元,滩浒—金山13.00元,黄龙大岙、北岙—菜园9.60元,峙岙—菜园9.00元,黄龙大岙、北岙—高场湾6.60元,峙岙—高场湾6.00元。

12月,舟山市物价局、交通委员会核定“奇观”轮营运嵊山(枸杞)—沈家门航线客运票价。

1997年12月“奇观”轮嵊山(枸杞)—沈家门客运票价表

表6-2-22 单位:元

等 级	基 本 票 价	企业上浮价
中舱坐席	40.00	48.00
四等舱卧铺下(空调)	59.00	70.00
四等舱卧铺中	68.00	82.00
三等舱卧铺B	79.00	95.00

1997 年 12 月“金沙”轮客运票价表

表 6-2-23　　单位:元

航　线	中舱(元)	四等舱卧铺(元)	三等舱卧铺(元)
宁波—嵊山	64.00	90.00	124.00
宁波—泗礁	57.00	80.00	110.00
宁波—大洋	49.00	68.00	93.00
宁波—黄龙	61.00	85.00	118.00
黄龙—大洋	24.00	34.00	36.00
黄龙—泗礁	13.00	18.00	24.00
黄龙—嵊山	13.00	18.00	24.00
泗礁—嵊山	19.00	27.00	36.00
嵊山—大洋	30.00	42.00	57.00
泗礁—大洋	21.00	29.00	38.00

1998 年 5 月“碧海”轮客运票价表

表 6-2-24　　单位:元

航　线	座　席		四等舱		三等舱	
	原价	调整价	原价	调整价	原价	调整价
泗礁—嵊山	14.00	18.00	20.00	24.00	22.00	26.00
泗礁—绿华	8.00	12.00	11.00	15.00	14.00	18.00
泗礁—花鸟	9.00	13.00	14.00	18.00	16.00	20.00
泗礁—壁下	13.00	17.00	17.00	21.00	20.00	24.00
泗礁—枸杞	16.00	20.00	23.00	27.00	26.00	30.00
绿华—嵊山	8.00	12.00	11.00	15.00	14.00	18.00
绿华—花鸟	4.00	6.00	6.00	8.00	7.00	9.00
绿华—壁下	8.00	10.00	10.00	12.00	12.00	14.00
绿华—枸杞	10.00	12.00	15.00	17.00	17.00	19.00
花鸟—嵊山	8.00	12.00	10.00	14.00	12.00	16.00
花鸟—壁下	5.00	7.00	8.00	10.00	9.00	10.00
花鸟—枸杞	10.00	12.00	14.00	16.00	16.00	18.00
壁下—嵊山	5.00	9.00	6.00	10.00	7.00	11.00
壁下—枸杞	8.00	10.00	10.00	12.00	11.00	13.00
嵊山—枸杞	4.00					

1998 年,县物价局根据省物价局《关于公布第一批取消的各种基金(附加收费)项目的通知》,调整全县各渡航线的票价。调整后的渡船票价包括渡口设施费 0.50 元 / 人次,取消渡船更新基金 0.10 元 / 人次。

1998 年嵊泗县渡船票价表

表 6-2-25　单位:元

渡　运　线	船　名	原票价	调整后票价
枸杞—嵊山	嵊枸渡 2	4.50	5.50
滩浒—金山	滩渡 1	15.00	15.40
五龙—黄龙	五渡 1	5.70	6.10
小洋—大洋	洋渡 1	5.50	5.90
峙岙—菜园	黄渡 2	9.00	9.40
黄沙岙—高场湾	黄渡 2	6.60	7.00
峙岙—高场湾	黄渡 2	6.00	6.40
南港—菜园	黄渡 1	12.00	12.40
南港—高场湾	黄渡 1	8.60	9.00
壁下—大盘	壁下渡 1	4.60	5.00
西绿华—东库	绿华渡 1	4.70	5.10
金平—菜园	金平渡 1	2.30	2.70
	金平渡 2		
	金平渡 3		

是年 6 月,鉴于“有财”轮更替“蓝天”轮营运大洋、小洋至芦潮港航线试行客运票价期满一年,嵊泗县物价局核定客运票价,大洋—芦潮港:四等舱 44 元、上舱 37 元、中舱 32 元;小洋—芦潮港:四等舱 37 元、上舱 32 元、中舱 28 元,大洋—小洋:四等舱 16 元、上舱 13 元、中舱 11 元。同月,浙江省物价局、交通厅调整普通客船“金沙”轮、“有财 2”轮,高速客船“茂盛”“嵊翔”“奇观”轮和客渡船“舟桥”轮客运票价。

1998 年 6 月“金沙”“有财 2”“茂盛”轮客运票价表

表 6-2-26　单位:元

航　线	船名	票　　价					客运基价
		中舱	上舱	四等舱	三等舱	三等舱 B	
嵊山—黄龙	金沙	13		22	29		每人每海里 0.47 元
嵊山—泗礁		22		33	42		
嵊山—大洋		36		48		63	
嵊山—宁波		70		96		130	
黄龙—泗礁		13		22		29	
黄龙—大洋		24		37		50	
黄龙—宁波		67		91		124	
泗礁—大洋		22		34		44	
泗礁—宁波		63		86	116		
大洋—宁波		53		74		99	

续表 6-2-26

航　线	船名	票　　价					客运基价
		中舱	上舱	四等舱	三等舱	三等舱 B	
泗礁—镇海	有财 2	76	89	104			每人每海里 0.66 元
泗礁—衢山		25	30	36			
泗礁—东沙		35	41	49			
衢山—镇海		42	50	60			
衢山—东沙		13	15	18			
东沙—镇海		33	38	46			
泗礁—西码头	茂盛	94	110				每人每海里 0.86 元
泗礁—芦潮港		51	60				
泗礁—衢山		40	47				
衢山—西码头		44	52				

11 月，县物价局调整“洋渡 1”轮营运小洋—大洋航线的客运票价，由 5.90 元调整为 7.00 元;“嵊翔”轮客运基价每人每海里 1.04 元，泗礁—嵊山 48 元、泗礁—大洋 48 元、大洋—芦潮港 43 元、嵊山—大洋 83 元、嵊山—芦潮港 91 元、泗礁—芦潮港 59 元；客滚船“舟桥 1”轮客运基价每人每海里 0.68 元，泗礁—芦潮港客运票价：中舱 34 元、上舱 41 元、三等舱 63 元、二等舱 99 元;“奇观”轮客运基价每人每海里 0.58 元，嵊山—沈家门：中舱 49 元、四等舱下 76 元、四等舱中 88 元、三等舱 101 元。

1999 年 2 月，舟山市物价局、交通委员会核定“嵊翔”轮营运泗礁—镇海航线客运基价 1.04 元，基本票价 99.60 元，企业上浮价 119 元。6 月，“有财”轮开通大洋—衢山航线，舟山市物价局、交通委员会核定基价为每人每海里 0.66 元。中舱 19 元，上舱 23 元，四等舱 29 元。12 月，浙江省物价局、交通厅核定“嵊翔 2”营运嵊山（枸杞）—宁波客运航线客运基价为每人每海里 0.66 元。中舱 96 元，四等舱 B117 元，四等舱 136 元，三等舱 C163 元，三等舱 B189 元。

2000 年 9 月，舟山市物价局、交通委员会调整普通客船“奇观”“有财”轮和高速客船“茂盛”轮客运票价。“奇观”轮营运嵊山—沈家门航线，客运基价为每人每海里 0.67 元，中舱坐铺 60.90 元、四等舱卧铺下（空调）80.00 元、四等舱卧铺中 103.00 元、三等舱卧铺 B120.00 元。“有财”轮营运大洋—衢山航线，客运基价为每人每海里 0.76 元，四等舱 B38 元、上舱 29 元、中舱 24 元。“茂盛”轮营运泗礁—西码头航线，基价为每人每海里 0.93 元，中舱 104 元、上舱 124 元。

2001 年 3 月，嵊泗县物价局调整“金沙”轮营运泗礁—大洋航线客运基价由每人每海里 0.54 元调整为 0.58 元。三等舱 B 票价由 52 元调整为 56 元，四等舱票价由 38 元调整为 41 元，中舱票价由 27 元调整为 29 元。7 月，县物价局核定“嵊翔 1”轮营运泗礁—大洋航线客票基价为每人每海里 1.25 元，票价 59 元（包括空调费、票底分、保险费、旅客港务费、录像费、旅游浮动价及企业浮动价）。

2002 年 5 月 20 日，“碧海”轮营运泗礁至嵊山、枸杞，实施同一票价。6 月 1 日，“嵊翔 2”轮营运泗礁—大洋航线，客运基价每人每海里 1.25 元，票价 59 元。

2002 年 6 月“嵊翔 2”轮营运泗礁至各站点票价表

表 6-2-27　单位：元

航　线	票　价		
	中　舱	四等舱	三等舱
泗礁—嵊山（枸杞）	31.00	42.00	50.00
泗礁—绿华	17.00	23.00	27.00
泗礁—花鸟	21.00	28.00	38.00
泗礁—壁下	28.00	37.00	44.00
绿华—嵊山（枸杞）	17.00	23.00	31.00
绿华—花鸟	8.00		
绿华—壁下	16.00	22.00	25.00
花鸟—嵊山（枸杞）	16.00	22.00	25.00
花鸟—壁下	11.00		
壁下—嵊山（枸杞）	12.00		
嵊山—枸杞	6.00		

7 月 15 日，“有财 1”轮营运大洋—芦潮港航线，客运基价每人每海里 0.85 元，中舱客运票价 37 元。10 月 1 日，小洋—芦潮港、小洋—衢山航线，客运基价每人每海里 0.85 元，中舱客运票价 35 元；客滚轮“舟桥 1”轮营运泗礁—衢山—西码头航线，客运基价每人每海里 0.82 元，客运票价：泗礁—西码头 92 元、泗礁—衢山 45 元、衢山—西码头 42 元。11 月 15 日，“嵊鹰 1”轮营运泗礁—大洋—小洋—镇海航线，客运基价每人每海里 1.10 元，泗礁—镇海中舱客运票价 105 元。

2003 年 7 月 10 日，高速客船“茂盛 1”轮基价由每人每海里 0.93 元调整为每人每海里 0.98 元，泗礁—三江中舱基本票价 77 元。同月，嵊泗县航运公司客滚船“舟桥 2”轮投入泗礁—芦潮港船航线，浙江省物价局核定车客渡运价，客运票价：上舱 45 元，三等舱 75 元，二等舱 110 元。8 月 1 日，高速客船“嵊鹰 1”“嵊翔”轮营运泗礁—大洋航线，客运基价每人每海里 1.40 元，中舱客运票价 56 元（包括企业上浮价）。9 月 26 日，高速客船“甬兴”轮营运衢山—芦潮港、大洋—芦潮港航线，客运基价每人每海里 1.10 元，大洋—小洋航线客运基价每人每海里 1.40 元。每年 3 月 16 日至 10 月 31 日旅游季节，在 20% 幅度内由企业自主上浮定价。

2003 年“舟桥 2”轮泗礁—小洋车渡收费标准表

表 6-2-28　单位:元

车　类	吨位或座位	单　位	收费标准
客　车	5 座及以下	元/辆	250
	6 座至 15 座	元/辆	310
	16 座 24 座	元/辆	385
	25 座 40 座	元/辆	510
	40 座以上	元/辆	660
货　车	载重 2 吨及以下	元/辆	340
	载重 2.1 吨至 3.5 吨	元/辆	510
	载重 3.6 吨以上	元/吨	160
集装箱车	20 英寸标箱	元/辆	1600
	40 英寸标箱	元/辆	2800
其　它	二轮机动车	元/辆	45
	三轮机动车	元/辆	90
	小型拖拉机	元/辆	110
	中型拖拉机	元/辆	220

2004 年 4 月 25 日,高速客船“茂盛 1”轮营运泗礁—芦潮港航线,客运基价每人每海里 1.10 元,中舱基本票价 46 元。同月,嵊泗县物价局核定“嵊翔 2”泗礁—嵊山(枸杞)航线客运基价为每人每海里 0.66 元,基本票价中舱 26 元、四等舱 B32 元、四等舱 37 元、三等舱 C44 元、三等舱 B51 元。

2004 年 4 月“碧海”轮营运泗礁至嵊山各站点票价表

表 6-2-29　单位:元

航　线	散　座		四等舱		三等舱	
	原价	调整价	原价	调整价	原价	调整价
泗礁—嵊山	18.00	20.00	24.00	26.00	26.00	28.00
泗礁—绿华	12.00	14.00	15.00	17.00	18.00	20.00
泗礁—花鸟	13.00	15.00	18.00	20.00	20.00	22.00
泗礁—壁下	17.00	19.00	21.00	23.00	24.00	26.00
泗礁—枸杞	20.00	22.00	27.00	29.00	30.00	32.00
绿华—嵊山	12.00	14.00	15.00	17.00	18.00	20.00
绿华—花鸟	6.00	7.00	8.00	9.00	9.00	10.00
绿华—壁下	10.00	12.00	12.00	14.00	14.00	16.00
绿华—枸杞	12.00	14.00	17.00	19.00	19.00	21.00
花鸟—嵊山	12.00	14.00	14.00	16.00	16.00	18.00
花鸟—壁下	7.00	8.00	10.00	11.00	11.00	12.00

续表 6-2-29

航　线	散　座		四等舱		三等舱	
	原价	调整价	原价	调整价	原价	调整价
花鸟—枸杞	12.00	14.00	16.00	18.00	18.00	20.00
壁下—嵊山	9.00	10.00	10.00	11.00	11.00	12.00
壁下—枸杞	10.00	12.00	12.00	14.00	13.00	15.00
嵊山—枸杞	4.00	5.00				

2004 年 6 月黄龙交通运输站客渡船票价表

表 6-2-30　单位:元

渡　航　线	原票价(元)	调整后票价(元)
峙岙—菜园	9.40	10.00
黄沙岙(大岙、北岙)—高场湾	7.00	7.50
峙岙—高场湾	6.40	7.00
南港—菜园	12.40	13.00
南港—高场湾	9.00	9.50
大岙、北岙—菜园	10.00	10.50

2005 年 1 月 10 日,高速客船“茂盛 1”“茂盛 2”轮营运泗礁—嵊山(枸杞)航线,客运基价每人每海里 1.40 元,中舱基本票价 48 元。3 月 25 日,高速客船“嵊鹰 2”轮营运泗礁—大洋航线,客运基价每人每海里 1.40 元。7 月 8 日,高速客船“茂盛 6”轮营运泗礁—嵊山(枸杞)航线,客运票价 56 元。

2005 年 7 月“嵊翔 2”轮营运泗礁至嵊山各站点票价表

表 6-2-31　单位:元

航　线	票　价			
	三等舱	四等舱	中　舱	下中舱
泗礁—嵊山(枸杞)	51.00	43.00	40.00	34.00
泗礁—绿华	28.00	24.00	21.00	18.00
泗礁—花鸟	39.00	29.00	26.00	22.00
泗礁—壁下	45.00	38.00	34.00	29.00
绿华—嵊山(枸杞)	32.00	24.00	21.00	18.00
绿华—花鸟			10.00	
绿华—壁下	26.00	23.00	20.00	17.00
花鸟—嵊山(枸杞)	26.00	23.00	20.00	17.00
花鸟—壁下			14.00	
壁下—嵊山(枸杞)			14.00	
嵊山—枸杞			10.00	

同年10月，调整高速客船“茂盛1”轮营运泗礁至三江航线客运票价。泗礁—三江：中舱由92元调整为97元、上舱由111元调整为117元，泗礁—衢山：上舱由45元调整为48元、上舱由53元调整为57元，衢山—三江：中舱由50元调整为53元、上舱由59元调整为63元。

2006年2月，嵊泗县物价局、交通局核定高速客船“茂盛1”“茂盛6”轮营运航线由泗礁—芦潮港改为泗礁—小洋，“茂盛1”轮客运票价：中舱59元、上舱71元；“茂盛6”轮客运票价：中舱59元。嵊泗洋山港口客运有限公司渡船“洋成1”轮营运大洋—小洋航线，客运票价由14元调整为16元。3月，调整“奇观”轮嵊山（枸杞）—沈家门客运票价：中舱70元，四等舱下98元，四等舱中115元，三等舱130元。6月，舟山市物价局、交通委员会调整“舟桥1”“舟桥2”“茂盛1”“茂盛2”“嵊鹰1”“嵊鹰2”“嵊翔1”“奇观”“有财2”“甬兴”轮营运航线客运票价。调整“奇观”轮营运嵊山（枸杞）—沈家门客运票价：中舱由70元调整为75元，四等舱下由98元调整为103元，四等舱由115元调整为120元，三等舱由130元调整为135元。嵊泗县物价局、交通局调整高速客船“嵊鹰1”“嵊鹰2”轮营运泗礁—大洋客运票价：中舱由56元调整为61元，上舱由61元调整为72元；调整高速客船“甬兴”轮营运大洋—小洋客运票价：中舱16元，贵宾舱20元；核定“茂盛2”轮营运泗礁—小洋航线客运票价：中舱64元，中前舱69元，上舱76元；调整嵊泗洋山港口客运有限公司渡航船“泽成1”轮营运大洋—小洋航线客运票价，由14元调整为16元。舟山市物价局、交通委员会核定高速客船“茂盛2”轮营运小洋—普陀山航线客运票价：中舱185元，上舱205元；核定高速客船“甬兴”轮营运小洋—衢山航线客运票价：中舱57元，贵宾舱73元。

2006年客滚船“舟桥1”“舟桥2”轮泗礁—芦潮港客运票价表

表6-2-32　　单位：元

船名	原票价				调整票价			
	中舱	上舱	三等舱	二等舱	中舱	上舱	三等舱	二等舱
舟桥1	49	58	94		56	65	101	
舟桥2		64	104	156		71	111	163

2006年高速客船“茂盛1”“茂盛2”轮票价表

表6-2-33　　单位：元

船名	航线	原票价			调整票价		
		中舱	中前舱	上舱	中舱	中前舱	上舱
茂盛1	泗礁—三江	97		117	104		122
	泗礁—衢山	48		57	52		61
	衢山—三江	53		63	57		67
茂盛2	芦潮港—普陀山	138	149	164	183	194	209
	大洋—芦潮港	44	47	51	49	52	56

2006 年高速客船“嵊鹰 1”“嵊鹰 2”“嵊翔 1”客运票价表

表 6-2-34　单位:元

船　名	航　线	原　票　价			调　整　票　价		
		中舱	上舱	贵宾舱	中舱	上舱	贵宾舱
嵊鹰 1	泗礁—镇海	125	150		135	160	
嵊翔 1	大洋—镇海	99			103		
嵊鹰 2	泗礁—三江	104	122	134	104	122	134
嵊翔 1	大洋—三江	72	85		77	90	

2006 年“有财 2”“甬兴”轮客运票价表

表 6-2-35　单位:元

船名	航　线	原　票　价			调　整　票　价		
		中舱	上舱	四等舱	中舱	上舱	四等舱
有财 2	泗礁—镇海	86	103	121	92	109	127
	泗礁—衢山	25	30	36	37	42	48
	镇海—衢山	42	50	60	54	62	72
甬兴	大洋—衢山	40		52	54		66
	大洋—芦潮港	44		64	54		74
	衢山—芦潮港	87		118	102		135

2006 年高速客船“茂盛 1”“茂盛 2”“茂盛 6”轮县内客运票价表

表 6-2-36　单位:元

船名	航　线	原　票　价			调整票价		
		中舱	中前舱	上舱	中舱	中前舱	上舱
茂盛 1	泗礁—小洋	59		71	64		76
茂盛 2	泗礁—大洋	56	61	67	61	66	72
茂盛 6	泗礁—小洋	59			64		
	泗礁—嵊山(枸杞)	56			61		
	泗礁—绿华	31			34		
	泗礁—花鸟	36			39		
	绿华—嵊山(枸杞)	31			34		
	绿华—花鸟	11			14		
	花鸟—嵊山(枸杞)	28			31		
	嵊山(枸杞)—大洋	90			95		
	泗礁—大洋	56			61		
	嵊山—枸杞	11			14		

2006 年“嵊翔 2”轮县内客运票价表

表 6-2-37　　单位:元

航线	原票价				调整票价			
	中舱	下中舱	四等舱	三等舱	中舱	下中舱	四等舱	三等舱
泗礁—嵊山(枸杞)	40	34	43	51	45	39	48	56
泗礁—绿华	21	18	24	28	24	21	27	31
泗礁—花鸟	26	22	29	39	29	25	32	42
泗礁—壁下	34	29	38	45	37	32	41	48
绿华—嵊山(枸杞)	21	18	24	32	24	21	27	35
绿华—花鸟	10				13			
绿华—壁下	20	17	23	26	23	20	26	29
花鸟—嵊山(枸杞)	20	17	23	26	23	20	26	29
花鸟—壁下	14				17			
壁下—嵊山(枸杞)	14				17			
嵊山—枸杞	10				13			

7 月,嵊泗县宏达航运有限责任公司“嵊枸渡 2”渡船营运枸杞—嵊山航线,客运票价由 7.50 元调整为 9.00 元。10 月,县物价局、交通局核定车渡船“泽成 2”轮营运大洋—小洋航线车运费标准。

2006 年 10 月车渡船“泽成 2”轮大洋—小洋车渡收费标准

表 6-2-38　　单位:元 / 辆

项目		收费标准
客车	5 座及以下	60
	6 ～ 5 座	70
	16 ～ 24 座	90
	25 ～ 40 座	120
	41 座以上	150
货车	2 吨以下(不含 2 吨)	80
	2 吨～ 3.5 吨	110
	3.6 吨以上	150

2007 年 2 月,市物价局、交通委员会核定高速客船“嵊鹰 2”轮营运三江—小洋航线客运票价:中舱 80 元,上舱 94 元。3 月,市物价局、交通委员会核定“有财”轮营运衢山—大洋—小洋航线客运票价,衢山—大洋:中舱 35 元,上舱 40 元,卧席 45 元;衢山—小洋:中舱 40 元,上舱 45 元,卧席 50 元。县物价局、交通局核定“有财”轮营运大洋—小洋航线客运票价:中舱 15 元,上舱 18 元,卧席 21 元。

2008年2月,市物价局、交通委员会核定嵊泗县昌盛海运有限责任公司高速客船“嵊鹰2”轮营运西码头—小洋航线客运票价,中舱95元,上舱100元。12月,嵊泗洋山港口客运公司“泽成1”客渡船投入营运大洋—小洋航线,县物价局、交通局核定客渡船票价:中舱15元,上舱20元。6月,调整客滚船“舟桥1”轮营运泗礁—芦潮港航线车客渡运价。客运票价:普通舱79元,贵宾舱105元,二等舱171元;车渡运价在原价基础上每辆次提高30元(二、三轮机动车价格不调整)。

2008年“舟桥1”轮泗礁—芦潮港航线车渡收费标准表

表6-2-39

车类	吨位或座位	单位	收费标准
客车	5座及以下	元/辆	225
	6座至15座	元/辆	280
	16座24座	元/辆	340
	25座40座	元/辆	460
	40座以上	元/辆	595
货车	载重2吨及以下	元/辆	305
	载重2.1吨至3.5吨	元/辆	430
	载重3.6吨以上	元/吨	145
集装箱车	20英寸标箱	元/辆	1300
	40英寸标箱	元/辆	2300
其它	二轮机动车	元/辆	40
	三轮机动车	元/辆	80
	小型拖拉机	元/辆	100
	中型拖拉机	元/辆	200

2009年4月,县物价局、交通局调整嵊泗县东方海运有限责任公司高速客船营运泗礁—小洋航线客运票价,中舱70元、上舱82元。5月,县物价局、交通局核定高速客船“碧海1”轮县内航线客运票价。9月,市物价局、交通委员会核定高速客船“茂盛1”轮营运泗礁—高亭—三江客运航线客运票价。泗礁—三江:中舱104元,上舱122元;泗礁—高亭:中舱85元,上舱102元;高亭—三江:中舱27元,上舱32元。

2009年高速客船“碧海1”轮县内航线票价表

表6-2-40 单位:元

航线	票价(元)		航距(海里)
	中舱	上舱	
泗礁—嵊山(枸杞)	61	72	25
泗礁—绿华	34	41	13

续表 6-2-40

航　　线	票　价(元)		航距(海里)
	中舱	上舱	
泗礁—花鸟	39	46	16
绿华—嵊山(枸杞)	34	41	13
绿华—花鸟	14	17	5
嵊山(枸杞)—花鸟	31	37	12
嵊山—枸杞	14	17	5
泗礁—小洋	70	82	28
泗礁—大洋	61	72	25
嵊山(枸杞)—小洋	104	122	52

2010 年 3 月，嵊泗县双龙轮渡运输有限公司新建“双龙 7”渡船投入五龙—黄龙航线，县物价局、交通局核定客运票价为 13 元。7 月，县物价局、交通局核定嵊泗县东方海运有限责任公司新建高速客船“碧海 2”轮营运县内部分航线客运票价，泗礁—嵊山(枸杞)：中舱 61 元，上舱 72 元；嵊山—枸杞：中舱 14 元，上舱 17 元；泗礁—小洋：中舱 70 元，上舱 82 元；嵊山(枸杞)—小洋：中舱 104 元，上舱 122 元。11 月，嵊泗县双龙轮渡运输有限公司“双龙 2”渡船营运五龙—黄龙航线客运票价调整为 11 元。

2011 年 1 月，县物价局、交通局核定嵊泗县昌盛海运有限责任公司新建高速客船“嵊鹰 3”轮营运县内部分航线客运票价，泗礁—小洋：普通舱 68 元，中舱 82 元，上舱 94 元；小洋—枸杞：普通舱 102 元，中舱 116 元，上舱 128 元；泗礁—枸杞：普通舱 58 元，中舱 72 元，上舱 84 元。4 月 20 日起，鉴于高速客轮油价补贴取消，实施 1 元～ 7 元 / 票次不等的高速客轮票价燃油加价。

2012 年 5 月，县物价局、交通运输局核定嵊泗县东方海运有限责任公司客滚船“舟桥 2”“岱山 9”轮营运泗礁—沈家湾航线车客渡运价。客运票价：“舟桥 2”轮上舱 60 元、三等舱 95 元、二等舱 135 元，“岱山 9”轮上舱 60 元、头等舱 75 元。

2012 年“舟桥 2”“岱山 9”轮泗礁—沈家湾航线车渡收费标准表

表 6-2-41　　单位：元 / 辆

车　类	吨位或座位	收费标准	备　注
客　　车	5 座及以下	195	交通部门核定的正常客运班车按不超过以上标准的 20% 收取
	6 座至 15 座	245	
	16 座 24 座	300	
	25 座 40 座	400	
	40 座以上	520	

续表 6-2-41

车　类	吨位或座位	收费标准	备　注
货　　车	载重 2 吨及以下	265	载重 4 吨以上的按每吨次 135 元计费
	载重 2.1 吨至 3.5 吨	375	
	载重 3.6 吨至 4 吨	520	
	载重 5 吨	675	
集装箱车	20 英寸标箱	1280	
	40 英寸标箱	2200	
其　　他	二轮机动车	35	随车过渡人员购票上船
	三轮机动车	70	
	小型拖拉机	95	
	中型拖拉机	190	

6 月，执行财政部、交通运输部《岛际和农村水路客运成品油价格补助专项资金管理暂行办法》，取消高速客轮油价补贴。执行市物价局、交通委员会《关于水上高速客轮票价的有关意见》，调整县物价局、交通运输局对县管航线高速客轮客运票价燃油加价。泗礁—小洋、泗礁—嵊山（枸杞）航线客运票价燃油加价调整为 11 元，泗礁—绿华（花鸟）、绿华（花鸟）—嵊山（枸杞）航线客运票价燃油加价调整为 4 元，绿华—花鸟、小洋—大洋航线客运票价燃油加价调整为 2 元。7 月，沈家湾客运中心启动，泗礁至上海方向客船全部迁至沈家湾。县物价局、交通运输局核定嵊泗县东方海运有限责任公司“碧海 2”等高速客船客运票价及燃油价。同月，核定嵊泗县昌盛海运有限责任公司高速客船“嵊鹰 3”轮营运泗礁—沈家湾航线客运票价：普通舱 66 元，中舱 80 元，上舱 92 元。

2012 年 7 月“碧海 2”等高速客船票价表

表 6-2-42　　单位：元

航　　线	票　　价		燃油加价
	中　舱	上　舱	
五龙—枸杞（嵊山）	64	74	2
泗礁—沈家湾	66.8	80	2
五龙—沈家湾	70	82	2
嵊山（枸杞）—小洋	104	122	4

7 月，县物价局、交通运输局核定客滚船“舟桥 2”“岱山 9”轮和客船“嵊翔 2”轮营运沈家湾—五龙—枸杞（嵊山）航线车客渡运价。

2012年“舟桥2”“岱山9”“嵊翔2”轮泗礁—小洋航线客运票价表

表6-2-43　　单位:元

船名	航　线	票　价（元）			
舟桥2	沈家湾—枸杞(嵊山)	上　舱	三等舱	二等舱	
		82	125	180	
	沈家湾—五龙	62	98	138	
	五龙—枸杞(嵊山)	50	78	112	
岱山9	沈家湾—枸杞(嵊山)	上　舱	头等舱		
		82	96		
	沈家湾—五龙	62	74		
	五龙—枸杞(嵊山)	50	62		
嵊翔2	沈家湾—枸杞(嵊山)	下中舱	中　舱	三等舱	三等舱
		62	67	72	82
	沈家湾—五龙	45	49	52	60
	五龙—枸杞(嵊山)	37	43	46	54
	泗礁—沈家湾	43	47	50	58

2012年“舟桥2”“岱山9”轮
沈家湾—五龙—枸杞(嵊山)航线车渡收费标准表

表6-2-44　　单位:元/辆

车类	吨位或座位	航　线	收费标准	备　注
客车	5座及以下	沈家湾—枸杞(嵊山)	280	交通部门核定的正常客运班车按不超过以上标准的20%收取
		沈家湾—五龙	225	
		五龙—枸杞(嵊山)	170	
	6—15座	沈家湾—枸杞(嵊山)	340	
		沈家湾—五龙	280	
		五龙—枸杞(嵊山)	215	
	16—4座	沈家湾—枸杞(嵊山)	420	
		沈家湾—五龙	340	
		五龙—枸杞(嵊山)	260	
	25座40座	沈家湾—枸杞(嵊山)	550	
		沈家湾—五龙	460	
		五龙—枸杞(嵊山)	350	
	40座以上	沈家湾—枸杞(嵊山)	720	
		沈家湾—五龙	590	
		五龙—枸杞(嵊山)	450	

续表 6-2-44

车类	吨位或座位	航　　线	收费标准	备　注
货车	2 吨及以下	沈家湾—枸杞(嵊山)	380	沈家湾—枸杞(嵊山)载重 4 吨以上的按每吨次 170 元计取，沈家湾—五龙载重 4 吨以上的按每吨次 145 元计取，五龙—枸杞(嵊山)载重 4 吨以上的按每吨次 115 元计取
		沈家湾—五龙	305	
		五龙—枸杞(嵊山)	220	
	2.1—3.5 吨	沈家湾—枸杞(嵊山)	550	
		沈家湾—五龙	430	
		五龙—枸杞(嵊山)	340	
	3.6—4 吨	沈家湾—枸杞(嵊山)	680	
		沈家湾—五龙	580	
		五龙—枸杞(嵊山)	460	
	5 吨	沈家湾—枸杞(嵊山)	850	
		沈家湾—五龙	725	
		五龙—枸杞(嵊山)	575	
集装箱车	20 英寸标箱	沈家湾—枸杞(嵊山)	1700	
		沈家湾—五龙	1300	
		五龙—枸杞(嵊山)	1100	
	40 英寸标箱	沈家湾—枸杞(嵊山)	2900	
		沈家湾—五龙	2300	
		五龙—枸杞(嵊山)	1900	
其他	二轮机动车	沈家湾—枸杞(嵊山)	50	随车过渡人员购票上船
		沈家湾—五龙	40	
		五龙—枸杞(嵊山)	30	
	三轮机动车	沈家湾—枸杞(嵊山)	100	
		沈家湾—五龙	80	
		五龙—枸杞(嵊山)	60	
	小型拖拉机	沈家湾—枸杞(嵊山)	120	
		沈家湾—五龙	100	
		五龙—枸杞(嵊山)	80	
	中型拖拉机	沈家湾—枸杞(嵊山)	240	
		沈家湾—五龙	200	
		五龙—枸杞(嵊山)	160	

8 月，市物价局、交通运输委员会决定在水上高速客运没有油价补贴情况下，遵循同航线同票价、就低不就高的原则，实施水上客运票价燃油加价。

2012 年 8 月市物价局、交通委核定水上客运票价燃油加价表

表 6-2-45　　单位:元

航　线	燃油加价前中舱票价	燃油加价	中舱最终票价
泗礁—三江	104	20	124
泗礁—大洋	61	11	72
大洋—三江	77	18	95
泗礁—大衢	52	12	64
大衢—三江	57	7	64
泗礁—高亭	85	20	105
高亭—三江	27	2	29
泗礁—镇海	155	36	191
大洋—镇海	115	29	144
泗礁—芦潮港	82	14	96
西码头—小洋	85	20	105

12 月,县物价局、交通运输局核定嵊泗县洋山港盛客运有限公司滚装船“洋盛 5”轮营运大洋—小洋(沈家湾)航线客运票价为 12 元。

2012 年 12 月滚装船“洋盛 5”轮大洋—小洋(沈家湾)车渡收费标准

表 6-2-46　　单位:元 / 辆

项　目		收费标准	备　注
客　车	5 座以下	70	1. 随车 1 名驾驶员免票。 2. 各类车辆超限收费按原规定执行。
	6 ～ 15 座	80	
	16 ～ 24 座	100	
	25 ～ 40 座	140	
	40 座以上	170	
货　车	2 吨以下	100	
	2.1 ～ 3.5 吨	130	
	3.6 吨以上	50 元 / 吨	

货船运价管理

1984 年 6 月,浙江省物价局、浙江省交通厅联合行文,沿海机动船(驳)货物运输中 1 ～ 4 类货物每吨运价,在省定运价率基础上向上浮动 10%。运距在 281 海里以上 5 ～ 8 类货物,在省定运价率基础上向上浮动 3%。食盐等少数货物的运价不浮动或少浮动。规定自 1984 年 7 月起实行。嵊泗境内短途、零星货物运价率由地(市)物价、交通主管部门商定,报省物价、

交通主管部门备案。1985 年 8 月 1 日起，执行《浙江省沿海机动船货物运价规则》，废止《舟山地区沿海木帆船货物运价规定》。

中共十一届三中全会后，水上运价放开，至 1990 年，水上货物运价历经数次调整，除粮、煤、盐、木材、化肥等货种实行评议价外，其他货物均实行以市场调节为主运价政策，由船方与货主直接协商运价，缩小“三统”（统一计划、统一调配、统一运价）管理范围。1993 年 7 月，水路客货运输开始执行国家指导价，企业可在规定运价的基础上，上下 20%幅度内浮动定价。水路煤炭运价等级由 4 级调至 5 级。

2001 年 3 月 6 日，经国务院批准，国家计委、交通部联合行文，实行全面放开水运市场价格，除抢险、救灾、军运等重点物资运价继续实行政府定价外，其他货物运输价格实行市场调节，由承托运双方依法签订运输合同，协议商定运价，水上运价全面放开。

第十节　规费征收

嵊泗海域征收的港航规费，主要有沿海航政费、货物港务费、船舶港务费、水路交通建设费、乡镇船舶管理费和船舶检验费等。

沿海航政费

1951 年，根据国务院统一收费指示，航管机构向货主征收运费值 1%的沿海航政费，用于航管机构和人员的行政管理费用开支。1954 年，浙江省财政经济委员会批准，改航政费为管理费，嵊泗县由航运管理站征收。1960 年，舟山县交通运输管理局规定：沿海船舶参加运输，航运管理费按营运收入的 3%征收。1963 起，改为向船舶单位征收营业总额 3%的航管费，向货主单位征收运价总额 4%的调配费（1966 年 8 月停征）。1965 年 10 月，根据省财政厅、交通厅文件精神，嵊泗对机动船和水产部门自备船征收航管费。同月，沿海航管费复称沿海航政费，费率 3%。1971 年 12 月 30 日，浙江省革命委员会生产指挥组金融局、交通邮政局行文通知，沿海木帆运输船舶航政费从 3%提高到 4%。乡镇船舶按载重吨以每月每吨 2.10 元征收。1976 年，舟山地区交通管理局规定，交通航船和经营运输副业生产的船舶，均应征收航道养护费。翌年，舟山地区交通管理局召开航管财务会议，调整规费收支，决定航政规费由业务部门统一开单，集中、统一收取，省、市两级管理，由省平衡，专款专用，不再纳入财政预算。1979 年，浙江省交通厅下达《关于对企事业单位自备船计征航政规费标准的通知》：企事业及水产等单位的自备船，担负本单位运输任务的机动船，按每月每净吨（拖轮按每马力）1 元、非机动车按每月 0.50 元征收。

1983 年，浙江省交通厅航运管理局决定沿海航政规费“统缴”“统缴证”“缴讫证”与现行的“航政规费专用收据”均可视为已缴付航养（政）费的凭证。航养（政）费统缴的专业、副业运输企业和个体船舶，均由当地航管部门按规定发给航养（政）费“统缴证”。是年，嵊泗实行全面开征。1990 年，全县征收航政规费 125.85 万元。

1991 年 12 月 1 日起，浙江省交通厅、财政厅根据交通部、财政部《水路运输管理费征收和使用办法》，制定《浙江省水路运输管理费征收和使用实施办法》，开征水路运输管理费。征收标准按水路运输（服务）企业、单位、个人营运（营业）收入的1.5%计征。1991年，嵊泗县航运管理所征收沿海航政费17.45万元。

2000年浙江省交通厅、财政厅、物价局统一沿海水路运输管理费征收定额标准，并自2000年1月起停止征收沿海航政费。2009年起，按照国家规定，停止征收水上运输管理费。

货物港务费

1964年4月，浙江省人民委员会制定《浙江省海港费收规则（试行）》，在沿海主要港口开征货物港务费，由港航管理机构向出、进口货物单位征收。当年，舟山海域开征货物港务费。1976年，交通部制定《港口费征收规则》，规定所在地航管部门向货物单位征收货物港务费，货物分两类九级，费率为甲类（1～2级）货物每吨0.10元、乙类（3～9级）货物每吨0.20元。1979年，浙江省交通局航运管理局下达《关于开征货物港务费具体实施中有关问题的通知》，明确沿海货物港务费征收范围及征收办法。1980年1月1日起，省境内沿海、内河各港进口或出口的货物，由所在地港务或航管机构向货物托运单位或个人征收货物港务费一次。已征收货物港务费的沿海港口，按1964年颁发的《浙江省海港费收规则》执行。军用物品、邮件、货样及凭客票托运的行李包裹、因意外事故临时卸港物品、船舶本身自用的燃料、渔船捕获的鱼鲜及防腐用品（冰、盐）、装运牲畜的随同饲料、公社生产队运缴的公粮及使馆物品、展品等免于征收。1984年1月，省交通厅航运管理局《关于厂矿企业自备船计征货物港务费问题的答复》，厂矿企业自备船舶货物港务费，按船舶载重吨，按每月每吨2元的固定标准，由船籍港所在地的航管部门向船舶单位征收。其他港航管理部门，凭当月货物港务费缴讫证明不再重复计征。1985年9月起，个体、联户船舶实行定额计征，每吨每月内港1元，沿海1.50元。

1990年4月起，省物价局、省交通厅调整货物港务费，甲类货物每吨0.20元、乙类货物每吨0.40元。1994年9月起调整为：按重量吨计费的每吨0.35元，按体积吨计费的每吨0.25元；企事业自备船按船舶载重吨每月每吨4元。

2002年起，执行国家发展计划委员会修订的《中华人民共和国交通部港口收费规则（外贸部分）》。2005年7月，《中华人民共和国港口收费规则（内贸部分）》公布实施。是年8月1日起，货物港务费等行政事业性收费项目的收费标准按照浙江省物价局《关于调整货物港务费征收标准的复函》规定执行，航行国内航线船舶及国内进出口货物收取的货物港务费标准，调整为沿海港口0.50元/吨。《收费规则（内贸部分）》中明确实行政府定价的收费项目，按照《收费规则（内贸部分）》中规定的标准执行；明确实行市场调节价的收费项目，由港口经营单位自行确定收费标准。嵊泗由舟山市港务管理局嵊泗分局港务执法大队负责征收。2005年，全县征收货物港务费88.53万元。

2011年12月29日起，执行浙江省港务管理局《关于免征小微型企业货物港务费和引航移泊费的通知》，2012年1月1日起，免征小微型企业货物港务费和引航移泊费。

2014年，全县征收货物港务费2.69万元。

船舶港务费

1958年8月10日，菜园港、嵊山港开征船舶港务费。机动船每吨以0.12元计征，不满1吨按1吨计征；木帆船空船每总吨0.015元，载重船每吨0.03元，不足5吨不征收。1961年嵊泗划归上海市后停征。20世纪80年代复征。

1964年，浙江省交通厅制定《浙江省海港收费规则》，是年5月16日实施。机动船每进出港一次，每净吨征收船舶港务费0.1元。集体运输企业征收的航政管理费和船舶季度港务费改为航政管理费。水产部门自备运输船舶不再征收季度港务费。1984年，浙江省交通厅《关于开征港口不计收船舶港务费的通知》，不属开征港的港口不能计收船舶港务费。开征港籍的船舶从非开征港装运客、货出口时，起运港的航管部门可按规定向船方计征沿海航政规费，出口已计征沿海航政规费的船舶，进入本省省属开征港时，免征船舶港务费。1988年10月1日起，调整船舶港务费为每净吨0.20元。进港而未装卸，换单后原船驶往其他港口的船舶，分别收取进口和出口船舶港务费。1990年，执行浙江省交通厅文件，舟山港区范围内船舶港务费、货物港务费及其他属于港务局征收的各项规费，由舟山港务管理局征收，收支采取“以收低支，全额留港，包干使用”办法，收支情况按征收3%返回舟山港务管理局。1998年浙江省人民政府同意，征收范围扩大为进出省境内沿海和内河港口（除交通部直属沿海港口）从事营业性运输的各类船舶和水上设施，征收标准调整为每净吨0.20元。船舶无净吨按总吨，无总吨按载重吨计征。

1992年4月，国家物价局、财政部行文规定，船舶每进港或出港一次，均以船舶净吨为单位征收船舶港务费，每净吨0.15元。1994年9月起，收费标准调整为船舶每进港或出港一次，沿海港口每净吨0.25元。从事港内作业的船舶港务费，每月每净吨3元。2001年，全县征收船舶港务费16.5万元。

2002年，停征船舶港务费。

水路交通建设费

1990年7月，浙江省人民政府行文规定，交通公用码头、单位专用码头等装卸的货物，按规定征收港口基础设施费。9月20日，嵊泗县在菜园港各码头（包括李柱山码头）开征。征收标准：煤炭（包括焦炭）、粮食、食盐、饲料盐、工业盐、化肥等每吨0.50元，水泥每吨1.00元，木材、金属矿石、非金属矿石每吨1.50元，钢材每吨1.50元；石油（包括原油）每吨2.00元，进出口各收一次；矿建材料进口每吨0.50元，出口每吨0.30元；其他按体积计费的货物每立方米0.50元，按实重计费的货物每吨1.00元，国内集装箱货物每箱5元。军用物品、邮件、展品、样品、船舶自用的燃料及渔船捕获的鱼鲜等免于征收。1993年6月1日，开证嵊泗县海岛综合基础设施建设费和嵊泗县客运基础设施建设费，收费标准：出县外航线每张票10元，县内航线每张票2元，渡航线每张票0.50元。

1999年7月，浙江省人民政府制定《浙江省水路交通建设费征收暂行管理办法》，同年9月起，将浙江省水路货运附加费、沿海港口基础设施费、内河航道建设费合并，统一开征水路交通建设费，专项用于航道、港口重点建设工程和还贷。征收对象：省境内和进出浙江省沿海的水路运输货物，托运人或收货人。征收标准按内河、沿海水运货物计费吨计征。沿海运输货物，按货物类别、运距、航次计征，起讫地在县（市）内的货物 0.20 元 / 吨；起讫地在市（地）内及跨地区运输，运距在 100 千米以内的货物 0.30 元 / 吨；起讫地在省内跨市（地）运输且运距在 100 千米以上的货物 0.50 元 / 吨；跨省运输货物 0.80 元 / 吨。当年，全县征收水路交通建设费 0.65 万元。2000 年，全县征收水路交通建设费 10 万元。2001 年，全县代征水路交通建设费 10.86 万元。

2007 年，浙江省人民政府办公厅下达《关于开展规章和行政规范性文件清理工作的通知》，省交通厅废止（浙交〔2007〕310 号）文件，该项收费即停止征收。

乡镇船舶管理费

1987 年，交通部、农牧渔业部等 8 个单位联合下达《关于加强乡镇船舶安全监督管理的通知》，规定航运管理部门可向营运的乡镇船舶征收乡镇船舶管理费。嵊泗县 1989 年 1 月 1 日起执行。征收标准：拖轮每月每马力 0.30 元，其他机动船每月每总吨 0.80 元，非机动船每月每载重吨 0.30 元。1993 年 7 月 22 日，中共中央办公厅、国务院办公厅下达《关于涉及农民负担项目审核处理意见的通知》，取消征收乡镇船舶管理费。

船舶检验费

按国家船舶检验局《全国地方船舶检验费规定》，嵊泗县从 1983 年 1 月 1 日起执行，分为建造中检验和营运中检验，征收标准按规定执行。1980 年、1993 年和 1997 年，国家物价局数次调整船舶检验费。

1998 年，国家发展计划委员会批准颁发《中华人民共和国船舶检验局船舶检验计费标准》，1998 年 6 月 1 日起执行。《标准》中的“K”值，根据浙江省实际情况确定。营运船舶检验计费标准如下：

营运钢质船舶检验计费标准表

表 6–2–47　　单位：吨、元

吨　位	N （基　数）		
	年度检验	期间 / 中间检验	定期 / 特别检验
未满 20	50	110	240
20 ～未满 50	150	300	600
50 ～未满 100	220	440	880
100 ～未满 300	430	860	1720
300 ～未满 700	690	1380	2760

营运船舶轮机检验计费标准表

表 6–2–48　　单位：千瓦、元

功　率	N （基　数）		
	年度检验	期间 / 中间检验	定期 / 特别检验
未满 20	20	50	80
20 ～未满 40	40	90	150

续表 6–2–48

功　率	N（基　数）		
	年度检验	期间 / 中间检验	定期 / 特别检验
40 ～未满 60	50	130	210
60 ～未满 80	80	190	310
80 ～未满 100	100	240	380
100 ～未满 200	150	300	480
200 ～未满 300	200	420	680
300 ～未满 400	250	620	990

营运船舶轮机检验计费标准表

表 6–2–49　单位：千瓦、元

功　率	N（基　数）		
	年度检验	期间 / 中间检验	定期 / 特别检验
未满 5	30	60	90
5 ～未满 10	60	120	180
10 ～未满 25	110	205	300
25 ～未满 50	200	380	560
50 ～未满 100	335	635	930
100 ～未满 250	550	1040	1520

营运船舶载重线检验计费标准表

表 6–2–50　单位：吨、元

吨　位	N（基　数）	
	年度检验	定期 / 特别检验
未满 20	15	30
20 ～未满 50	25	60
50 ～未满 100	50	115
100 ～未满 300	150	350
300 ～未满 700	260	785

营运船舶消防检验计费标准表

表 6–2–51　单位：吨、元

吨　位	N（基　数）		
	年度检验	期间 / 中间检验	定期 / 特别检验
未满 30	10	25	40
30 ～未满 80	20	50	90
80 ～未满 150	40	100	180
150 ～未满 300	80	200	360
300 ～未满 500	130	325	585

营运船舶救生设备检验计费标准表

表 6-2-52　　单位:吨、元

吨　位	N （基　数）		
	年度检验	期间 / 中间检验	定期 / 特别检验
未满 30	20	50	90
30 ～未满 80	30	75	135
80 ～未满 150	45	115	210
150 ～未满 300	70	185	335
300 ～未满 500	95	240	435

营运船舶航行设备检验计费标准表

表 6-2-53　　单位:吨、元

吨　位	N （基　数）		
	年度检验	期间 / 中间检验	定期 / 特别检验
未满 30	10	10	20
30 ～未满 80	10	10	30
80 ～未满 150	10	20	40
150 ～未满 300	20	50	80
300 ～未满 500	40	100	180

营运船舶信号设备检验计费标准表

表 6-2-54　　单位:米、元

船长	N （基　数）		
	年度检验	期间 / 中间检验	定期 / 特别检验
未满 12	10	25	40
12 ～未满 20	20	50	90
20 ～未满 50	50	130	230
50 ～未满 100	70	190	340

营运船舶无线电或无线电话通讯设备检验,取基数 N ＝ 800。

营运船舶防止油类污染(油船)检验计费标准表

表 6-2-55　　单位:吨、元

吨位或载重量	N （基　数）		
	年度检验	期间 / 中间检验	定期 / 特别检验
未满 150	300	400	500
150 ～未满 4000	600	800	1000

营运船舶船员舱室设备检验计费标准表

表 6-2-56　单位：人、元

船员数	N（基　数）		
	年度检验	期间 / 中间检验	定期 / 特别检验
未满 16	免收	250	500
16 ～未满 51		375	750

营运船舶坞内检验计费标准表

表 6-2-57　单位：吨、元

吨　位	N（基　数）
未满 100	160
100 ～未满 500	320

营运船舶艉轴抽出检验计费标准表

表 6-2-58　单位：千瓦、元

主　机　功　率	N（基　数）
未满 100	140
100 ～未满 200	230
200 ～未满 750	430

营运船舶临时检查及其他计费标准表

表 6-2-59　单位：吨、元

吨　　位	N（基　数）
未满 200	120
200 ～未满 1000	240

2007 年 12 月，县物价局《关于船舶检验杂项费收费标准的批复》，核定船舶营运检验杂项费为：县内检验 250 元 / 艘，县外检验 500 元 / 艘；船舶附加检验杂项费为：县内检验 100 元 / 艘，县外检验 100 元 / 艘。2007 年 11 月 25 日起执行。

1993—2014 年嵊泗县水路规费征收情况表

表 6-2-60　单位：万元

年份	沿海港政费	货物港务费	船舶港务费	船舶检验费	水路运输管理费	港口基础设施费
1993	48.9	8.38	4.35	4.27	16.18	4.14
1994	56.71	7.72	6.75	10.84	14.13	4.30
1995	80	8	8	8	14	3
1996	103.74	11.31	9.57	8.97	16.45	2.86
1997	98.09	14.42	9.36	6.22	16.57	2.21

续表 6-2-60

年份	沿海港政费	货物港务费	船舶港务费	船舶检验费	水路运输管理费	港口基础设施费
1998	131.58	12.52	30.69	10.97	18.98	1.42
1999	137.41	28.75	43.49	13.58	29.81	1.88
2000		39.59	54.12	15.25	64.14	
2001		33.74	6.33	16.5	70.3	
2002		51.77		22.79	76.81	
2003		84.53		32.01	89.91	
2004		96.62		36.83	144.7	
2005		88.53		28.15	163.67	
2006		69.83		28.28	288.77	
2007		99.16		45.60	359.98	
2008		62.9		45.7	360.56	
2009		48.0		66.5		
2010		65.0		64.76		
2011		42.95		60.4		
2012		5.68		40.93		
2013		2.98		41.85		
2014		2.69		53.17		

2014 年，全县征收船舶检验费 53.13 万元。

第三章　公路管理

嵊泗系海岛县，公路管理主要是在泗礁山、大洋山、嵊山、枸杞等较大岛屿上的公路路政、公路养护与绿化、道路运输市场、车辆维修、运价、规费征收等内容。

第一节　路政管理

1975 年 10 月，成立嵊泗县交通监管站，履行全县公路路政管理职责。1982 年，国务院《关于加强路政管理，保障公路安全畅道的规定》明确公路管理的职能部门和管理职责。1983 年 7 月，县交通管理局明确路政管理以车辆监理为主，养路工区出车出人，检查公路，清除路障，保证道路畅通。1984 年 8 月，县交通部门贯彻浙江省人民政府《关于划定公路用地和留地范围的通知》,规定县、乡道公路留地宽度15米。形成交通部门指导,养路工区管理,道班配合的路政管理格局。1985年4月,嵊泗县车辆监理站与嵊泗县公路运输管理所合并,成立嵊泗县交通监理所,负责县内公路交通、公路运输、路政管理等。1987年10月,国务院制定《中华人民共和国公路管理条例》。1988年6月,交通部制定《中华人民共和国公路管理条例实施细则》。11月,浙江省人大常委会规定,公路边沟外缘距建筑物的最小向距:县道不小于10米,乡道不小于5米。1989年11月,县公路段配备兼职路政员。1990年3月,执行省交通厅《关于完善我省公路路政管理机构的通知》。4月,成立嵊泗县公路段路政队,管理县、乡路产、路权,配备路政人员2名。1990年9月17日,省人民政府《关于加强对公路两侧建筑管理的通知》,强调建立公路两侧建筑红线管理审批制度、督促检查、违章纠正、加强领导等方面的规定。1990年9月24日,交通部《公路路政管理规定(试行)》,进一步明确"路产""路权"范围及各级路政机构、路政人员的职责,路政案件的管辖、处理程序、处罚、复议、强制执行等规定。1990年11月20日,省交通厅《浙江省超限运输车辆行驶公路管理规定实施办法》,明确超限运输的界定、审批程序、管理职责及补偿和处罚标准。

1993年3月19日,舟山市交通委员会批准,嵊泗县公路管理段内增挂嵊泗县公路路政管理大队牌子,路政股保留。是年,成立嵊泗县人民法院驻嵊泗县公管所、稽征所执行室和嵊泗县人民法院驻嵊泗县公路段执行室,监督管理公路两侧建筑红线实施,参与审议签发涉及公路建筑控制区的城乡规划编制、土地征用、建筑许可证、营业许可证的意见,公路标志标线划定及公路养护和绿化。同月,嵊泗县人民政府下达《嵊泗县公路两侧建筑红线管理暂行规定》,境内公路两侧红线范围分三类区域:第一类规划开发区,第二类主要村、镇及待开发区,第三类乡、村区。各区域公路两侧建筑红线范围:第一类不少于15米,第二类不少于9米,第三类不少于7.5米。规定有关部门和单位因特殊需要在红线范围内埋置管线、电缆,须经公路管理部门审批,签署协议并划定埋置范围。有关部门及乡(镇)、村在编制城乡规划、办理土地征用、审批建设项目(包括新建、改建、扩建及临时建筑、私人建筑)、核发规划许可证和营业许可证时,涉及到公路两侧建筑红线,必须经公路管理部门确认,方可审批。1996年11月12日,浙江省人民政府下达《浙江省公路路政管理办法》,进一步明确路政管理范围、机构、职责、路产保护、法律责任。1998年1月1日,《中华人民共和国公路法》实施。4月,浙江省交通厅、浙江省公安厅联合下达《关于公路交通标志标线管理工作移交的有关事项通知》,7月1日起,全省公路交通标志标线的设置和管理工作,统一由各级交通主管部门负责。县交警大队于同年6月30日前,将公路标志标线的档案移交给路政大队。12月30日,嵊泗县人民政府制定《嵊泗县公路建筑控制区管理规定》,明确公路两侧建筑控制区范围:第一类公路为通往港区、旅游区的主要公路,建筑控制区范围不少于15米;第二类公路按城建街道标准,建筑控制区范围不少于10.5米;第三类公路为通往各旅游景点及主要乡村的公路,建筑控制区范围不少于9米。2000年2月,贯彻交通部《超限运输车辆行驶公路管理规定》,县公路管理段路政大队印发超限车辆管理公开信、《路政管理规定》《路政管理办法》和《告公路沿线单位、群众书》,制作画报下乡巡回宣传,开展法律、法规咨询活动。

2003年5月，嵊泗县人民政府再次制定《嵊泗县公路两侧建筑控制区管理办法》，规定境内公路两侧建筑控制区的范围为四类：第一类公路为通往主要码头、旅游景点及沿海的公路，建筑控制区范围不少于15米；第二类公路按城建街道标准，建筑控制区范围不少于10.5米；第三类公路为通往各旅游景点及主要乡村的公路，建筑控制区范围不少于9米；第四类公路为穿村（镇）公路及一般性公路，建筑控制区范围不少于7.5米。进一步明确公路两侧建筑控制区管理主体、职责及各部门、乡镇涉及公路两侧建筑控制区地面、地下施工等事项的审批、责任等。是年，专项整治公路两侧非公路标志标牌、倾倒垃圾和汽车装载石子污染路面等，拆除违章建筑2.3平方米，清理堆积物83平方米，拆除非公路标牌27块，收缴赔（补）偿费39544元。12月，建立嵊泗县公路行政执法大队，为嵊泗县交通局下属事业单位，负责辖区公路路政、公路运政稽征等相关的行政监督管理和执法。2005年8月，嵊泗县人民政府第三次制定《嵊泗县公路两侧建筑控制区管理办法》，除重申公路防护、养护需要以外，禁止在公路两侧建筑控制区修建建筑物、地面构建物。确需在建筑控制区埋设管线、电缆等设施的，应事先经公路管理部门批准。

2006年，《浙江省公路路政管理条例》颁发实施一周年，结合《嵊泗县公路两侧建筑控制区管理办法》实施，管理管理部门开展路政整治月活动，出动宣传车8天次、宣传人员32人次，分发宣传资料400多份。2007～2009年，县公路管理段路政大队巡查公路800天，出动巡查车14辆次。巡查人员2156人次。

2011年，参与检查的路政人员98人次、交警人员19人次、运管人员51人次，巡查车48辆次。设置道口标柱21块，减速带70米，凸面镜12个；划设标线1760.15平方米。

2012年，整治公路用地及控制区内违法建筑和构建场、非公路标牌、公路周围乱堆乱放物品、集市贸易、摆摊设点、占道经营等非法占路行为，专项治理休渔期在公路晒网、补网、堆网和基湖旅游景区占道经营、摆摊设点行为。劝导随意设摊、占道、停放车辆等违规行为98次，2013年，根据县“三改一拆”（改造旧住宅、旧厂区、城中村，拆除违法建筑）要求，调查、摸排公路用地、公路两侧建筑控制区内的违法建筑，拆除李五线路段右侧两处违法建筑，计230平方米。2014年，继续开展车辆超限超载专项整治，制定整治超限车辆方案，在李柱山客运码头、金青大桥实地检测过往车辆，减载、限载。

第二节　公路养护与绿化

公路养护

1959年，菜园至基湖公路段完成改建，县航运管理站派员组织该路段养护。1960年3月，开通菜园至马关公交线，专业养护延伸到马关，养护里程6.1千米。1962年，嵊泗境内公路归舟山地区运输段（后称舟山地区养路工区）管理，派人来嵊泗组建养路道班，养路道班人员9人。5月，菜园至五龙线路开通公交车，公路列入专业养护范围，养护里程12.5千米。1970年5月，成立县乡养路道班，人员6人，归专业养路道班管理。1971年起，驻岛解放军在泗礁山岛修建的公路大部分移交地方交通部门管养，养护里程 41.15 千米（其中专业养护 12.5 千米）。1972 年 7 月，撤销专业养护，改为县乡养护，成立嵊泗县乡道路养护片，设青沙、基湖、石柱、马关、高场湾、五龙 6 个道班。1979 年 5 月，成立嵊泗县养路工区，恢复青沙、基湖、五龙 3 个专业道班，保留高场湾、石柱、马关 3 个县乡养路道班。1983 年改为高场湾、马关 2 个道班。1985 年成立县乡养护班。贯彻落实交通部《推行和完善公路养护经济责任制若干意见的通知》，公路养护实施以站为承包实体，责任到人，“以分计奖，拉开奖金分配档次”的承包方法，并逐年完善。1986 年改建菜园、五龙 2 个专业道班和高场湾、石柱、马关 3 个县乡养护班，有专业养路人员 19 人。养护公路 57.7 千米，其中专业养护 37.63 千米、县乡养护 20.07 千米。1991 年 7 月，根据舟山市公路管理处文件，菜园、五龙道班改名菜园、五龙公路养护管理站。1992 年，县乡养护班改称县乡养护站，县乡养路人员 5 人。1994 年，撤销县乡养护站，建立菜园公路管理站，专业养护。1998 年，根据省、市公路局公路养护成立大道班要求，结合嵊泗高级、次高级路面养护里程 70%的实际，解决养护职工多、经费支出难问题，菜园、五龙公路养护管理站合并，成立菜园公路养护管理站，专业养护职工 19 人。

1999 年 9 月，成立嵊泗县兴盛交通工程有限公司，下辖养护管理站。是年 12 月，公路养护体制下放，舟山市公路局为主管理的嵊泗县公路管理段划归嵊泗县管理。2000 年 9 月，市交通委制定《舟山市公路养护与管理发展纲要（2001—2010 年）》。10 月，省交通厅公布第一批公路养护工程资质单位名单，嵊泗兴盛交通工程有限公司为 C 级资质。是年，公路养护拥有机具设备包括桑塔纳轿车 1 辆、轻型养护车 2 辆、8 ～ 10 吨和 10 ～ 12 吨压路机各 1 台、混凝土搅拌机 2 台、柴油发电机 2 组。当年，养护公路 58.10 千米，其中水泥混凝土路面 36.10 千米，沥青路面 6.13 千米，砂石路 15.87 千米；专业养护 37.63 千米，县乡养护 20.47 千米。专业养护好路率 60.7%，县乡养护好路率 21.8%。

2002 年，投入人工 4607.5 工、路料 870 立方米。专业公路养护里程 37.92 千米，平均好路率 66.68%；县乡公路养护里程 19.46 千米，平均好路率 24.8%。2003 年 6 月，实行公路养护招投标，签订养护合同，以“监督考核，合同管理，计量支付”原则，建立公路养护质量监督体系。专业公路养护里程 37.92 千米，平均好路率 63.99%；县乡公路养护里程 19.46 千米，平均好路率 41.47%。2004 年，专业公路养护里程 40.41 千米，平均好路率 67.68%；县乡公路养护里程 18.87 千米，平均好路率 42.45%。油漆公路护栏 13.61 千米。2005 年，完成 1.09 公里公路油改砼改建工程。李五线、菜马线公路两侧危险地段设置间断式混凝土护栏 450 米，油漆新建沿海公路（李插线、高五线）护栏 16.17 千米。专业公路养护里程 41.76 千米，平均好路率 69.58%；县乡公路养护里程 18.87 千米，平均好路率 43.71%。

2006 年，实行一月一次例会制，小修保养检查考核，每月根据考核情况计量支付费用。2007 年，推行全县管养公路小修保养招投标，嵊泗县兴盛公路养护工程有限公司中标，公路管理部门与兴盛公司签订 2007 年公路养护合同。全县专业公路养护好路率 70.37%，县乡公路养护好路率 45.93%。2008 年，安装边南线钢制波形护栏 2.3 千米。保洁公路 8521.61 千米。全县县道公路好路率 71.3%，乡道公路好路率 47.80%。

2008年12月，嵊泗县人民政府下达《嵊泗县农村公路养护与管理办法的通知》，制定《嵊泗县农村公路养护与管理办法》，明确政府在农村公路养护与管理的责任，强化交通主管部门的养护与管理职能，建立以县为主、乡（镇）村配合的农村公路养护与管理体制，负责筹措和落实农村公路养护资金。2009年1月1日起，实施《嵊泗县农村公路养护与管理办法》，乡镇建立以副乡镇长为站长的公路管养机构，明确农村公路养护与管理的主体责任和资金来源。10月，成立黄龙乡公路养护站、五龙乡农村公路养护与管理站、花鸟乡公路养护站，11月成立菜园镇渔农村公路管理领导小组。是年，安装钢质护栏20727米，浇筑钢筋砼护栏6737米。全县县道公路好路率72.5%，乡道公路好路率48.91%。2010年4月14日成立洋山镇公路管理站。2011年，设立乡镇公路养护工，落实养护人员，实行委托养护、分段承包，建立乡镇公路养护检查、考核制度。是年，全县乡道优良路率70.42%。新置应急抢险车1辆、养护清扫车1辆，投资80多万元购置装载机、自卸车等沥青路面养护设备。2012年，全县县道公路优良路率84.40%，乡道优良路率71.27%。2013年，清扫路面8242.08千米，清理路肩252428平方米，清理边沟704.11千米，清理边坡233.62千米，清扫桥面113.4千米，疏通涵洞2688座次、26329.2米。全县县道公路优良路率84.98%，乡道优良路率72.1%。2014年，建立公路管理养护联动机制，县道好路率85.54%，乡道好路率71.268%。

1986—2000年嵊泗县公路养护经费支出情况表

表6-3-1　　单位：元

年份	合计	小修保养	大中修	水毁	改建	绿化	道班房	事业费	其他	县乡养护补助
1986	17.92	6.49	5.70	0.50			0.62	1.60	0.30	2.71
1987	21.30	7.72	8.95	0.29		0.08		0.96	0.51	2.79
1988	46.77	9.78	12.55	0.50		0.10	6.36	8.18	0.47	8.83
1989	81.03	10.83	2.71	1.25	42.18	0.05	5.08	6.57	1.00	11.36
1990	75.12	11.04	5.28	0.84	38.25	0.16	0.64	6.94	0.83	11.14
1991	55.84	13.14	4.39	0.63	19.59			6.85	0.98	10.26
1992	95.46	14.40	5.20	0.49	28.90	0.05	19.51	10.73	1.74	14.44
1993	80.92	17.61	4.26	0.87	27.89	0.09	2.00	9.98	2.93	15.29
1994	96.04	26.57	7.37	2.35		0.27	3.10	36.00	3.28	17.10
1995	76.45	30.46	4.27	2.58		0.22		17.50	10.12	11.30
1996	208.07	36.70	27.47	1.15		0.59		113.17	5.46	23.53
1997	157.31	35.59	14.91	4.70		0.04		69.07	6.20	26.80
1998	124.32	34.20	11.99	0.74		4.02	10.00	31.37	7.51	24.49

续表 6-3-1

年份	合计	小修保养	大中修	水毁	改建	绿化	道班房	事业费	其他	县乡养护补助
1999	132.85	42.69	14.32	3.39		4.04		25.02	10.57	32.82
2000	217.77	43.81	18.03	41.70	20.94	14.40	11.04	22.11	11.17	34.57

1993—2000 年嵊泗县公路养护里程表

表 6-3-2 单位:米

年份	专业养护	乡道养护	合计	其中		
				水泥路面	沥青路面	砂石路面
1993	23.70	22.94	46.64	10.30	6.31	30.03
1994	27.68	22.07	49.75	13.56	7.03	29.16
1995	27.68	22.07	49.75	13.8	7.03	28.92
1996	28.63	22.67	51.30	15.11	7.03	29.16
1997	28.63	22.67	51.30	23.05	7.03	21.22
1998	28.63	22.67	51.30	23.05	7.03	21.22
1999	37.63	20.47	58.10	35.40	6.13	16.57
2000	37.63	20.47	58.10	36.10	6.13	15.87

2003—2014 年嵊泗县公路养护里程表

表 6-3-3 单位:千米

年份	县道养护	县乡养护	合计	其中		
				水泥路面	沥青路面	砂石路面
2003	37.921		37.921	35.895		0.94
2004	40.405	18.873	59.278	51.763	1.086	6.429
2005	41.756	18.873	60.629	54.381	1.086	5.162
2006	41.756	17.44	59.196	59.196		
2007	59.529	16.78	76.309	76.309		
2008	59.529	16.78	76.309	76.309		
2009	67.223	9.086	76.309	76.309		
2010	69.364	8.816	78.18	72.677	5.503	
2011	69.364	8.816	78.18	72.677	5.503	
2012	69.364	8.816	78.18	69.14	9.04	
2013	69.333	8.186	78.149	68.218	9.931	
2014	69.333	8.186	78.149	67.232	10.917	

1993—2002年嵊泗县公路养护拥有机具情况表

表 6-3-4

机具名称		1993	1994	1995	1996	1997	1998	1999	2000	2001	2002
小桥车	辆	1			1	1	1	1	1	1	
吉普车	辆	1	1	1	1						
	吨	4	4	4	4						
轻型养护车	辆	4	4	4	4	4	4	2	2	2	2
	吨	4	4	3	3	4	4	2	2	2	2
方向盘式拖拉机	辆	1	1	1							
	吨	0.7	0.7	0.7							
农用三轮车	辆	1	1	1	1	1					
	吨	0.7	0.7	0.7	0.7	0.7					
压路机	辆	2	2	2	2	2	3	3	2	2	2
	吨	22	22	22	22	22	32	32	22	22	22
手扶震动压路机	辆	1	1	1	1	1	1	1			
	吨	0.7	0.7	0.7	0.7	0.7	0.7	0.7			
混凝土搅拌机	台	1	1	1	1	2	2	2	2	3	3
沥青洒布机	辆	1	1	1	1	1	1	1			
	吨	1	1	1	1	1	1	1			
中型破碎机	台	1	1	1	1	1	1	1			
变压器	台	1	1	1	1	1	1	1			
	KM	50	50	50	50	50	50	50			
柴油发电机	组				2	2	2	2	2	2	2
	KM				30	30	30	30	30	30	30

2003—2008年嵊泗县公路养护拥有机具情况表

表 6-3-5

机具名称		2003 年	2004 年	2005 年	2006 年	2007 年	2008 年
轻型养护车	辆	1	1	1	1	1	1
	吨	1.5	1.5	1.5	1.5	1.5	1.5
洒水车	辆					1	1
	吨					1.5	1.5
压路机	辆	2	2	2	2	2	2
	吨	20	20	20	20	20	20

续表 6-3-5

机具名称		2003 年	2004 年	2005 年	2006 年	2007 年	2008 年
普通货车	辆					1	1
	吨					0.5	0.5

2009—2014 年嵊泗县公路养护拥有机具情况表

表 6-3-6

机具名称		2009 年	2010 年	2011 年	2012 年	2013 年	2014 年
轻型养护车	辆	1	1	2	2	2	3
	吨	1.5	1.5	3	3	3	4.5
洒水车	辆	1	1	1	1	1	
	吨	1.5	1.5	1.5	1.5	1.5	
压路机	辆	2	2	2	1	1	
	吨	20	20	20	10	10	
普通货车	辆	1	1	2	1	1	1
	吨	0.5	0.5	1	0.5	0.5	0.5
路面清扫车	辆		1	1	1	1	1
	吨		1.7	1.7	1.7	1.7	1.7
专用作业车	辆			1	1	1	1
	吨			1.5	1.5	1.5	1.5
装载机	辆		1	1	1	1	1
	吨		5	5	5	5	5
挖掘机	辆				1	1	1
多功能养护车	辆				1	1	1
	吨				8.7	8.7	8.7
挖掘装载机	辆					1	1
	吨					9.1	9.1
综合养护车	辆					1	1
高空作业车	辆						1
山猫滑移机	辆						1
沥青灌缝车	辆						1

公路绿化

1988年起，进行公路绿化，在公路站、交叉路口，公路沿线，设置花坛，种植梧桐、雪松、龙柏、冬青等乔木、灌木、花草等。2000年，投入资金8万多元，砌花池300多个，种植梧桐、冬青、花柏球、黄杨球、蜀桧柏、香樟等花草树木。2002年，主要路段绿化带宽度3米以上，多行种植，乔灌搭配。2003年春季，投入9万元，在公路两侧植树1800株，成活率95%。2004年，县交通局设立公路绿色通道工程办公室，县公路段具体负责绿化工程管理。完成李五线5千米的绿色通道人工绿化带，绿化李插线、菜马线6.4千米，新植、补植苗木18460株。2005年，绿化新建沿海公路(李插线、边礁岙至高场湾线、五龙黄沙村路段)，新植、增植苗木13170株。2006年，公路绿化7.9千米，新植、增植苗木12000株。2007年，绿化李五线、高五线和菜马线，种植海桐球、夹竹桃等树木866株，补种夹竹桃864株。2007—2010年，公路绿化8.4千米，种植海桐、红叶、香樟等苗木10余种85000余株。2008年，嵊泗县人民政府制定《嵊泗县农村公路养护与管理办法》，明确农村公路养护责任主体，落实养护资金。2010年，县公路管理部门考核乡镇管理农村公路养护工作。

2011年，种植香樟、花柏、蜀桧柏、红叶石楠等苗木13673株，补插夹竹桃4895株，种植草坪300平方米，绿化修枝110.28千米，清除杂草527640平方米。

2012年，开展公路绿化改造整治专项工程，重新布局泗礁山岛主干公路全线绿化，补植和绿化缺损的绿化带和未覆盖绿化的地段。种植杜鹃、茶梅、冬青树、白玉兰、铁树等苗木11.3万余株，种植草坪3900平方米。2014年，清理杂草280216平方米，绿化修枝140.12千米，绿化除虫害140.11千米。

第三节　公路普查登记和交通量观测

1979年，交通部开展第一次全国公路普查。同年9月11日至10月22日，嵊泗县养路工区按照上级交通部门要求，进行境内公路普查工作。全县有公路计76.54千米，其中泗礁山岛50.07千米、嵊山岛8.97千米、枸杞岛9.05千米、大洋山岛8.45千米。同时列入普查马关插旗岗隧道、大洋猢狲岙隧道和青沙李柱山公路桥。

1990年，浙江省交通厅下达《关于开展县乡公路路况登记工作的通知》。8月22日，舟山市交通局召开县乡公路路况登记工作会议，嵊泗县交通管理局成立县乡公路路况登记办公室。1991年12月5日至1992年3月30日，调查登记全县9个岛屿的公路，共55条，计113.08千米：泗礁山岛33条，计61.88千米；花鸟山岛2条，计5.73千米；东绿华岛、西绿华岛3条，计5.93千米；嵊山岛3条，计11.25千米；枸杞岛4条，计9.11千米；大黄龙岛3条，计6.29千米；大洋山岛5条，计9.72千米；小洋山岛2条，3.17千米。调查登记菜园隧道、马关插旗岗隧道、嵊山泗洲塘隧道、大洋猢狲岙隧道、小洋老厂干隧道5座，延长705.7米；李柱山桥、绿华桥2座，延长168.4米；石质里程碑45块；石质百米桩240块。

2000年3月7日，交通部和国家统计局联合下达《关于开展第二次全国公路普查工作的通知》。按照《第二次全国公路普查工作手册》《浙江省第二次全国公路普查工作方案》，2001 年 3 月，成立嵊泗县公路普查协调办公室和公路普查小组。普查内容包括，路线现状、技术等级、车道特征、用地宽度、平曲线、纵曲线、横断面、断链、重复里程、不纳入里程的断头路段、养护范围、城管路段、交叉路口、绿化现状、文明样板路、桥梁现状、涵洞状况、公路隧道状况、公路渡口、交通管理设施、交通设施等 22 项。4 月 18 日开始，7 月 3 日结束。普查境内 9 个岛屿公路 64 条，计 130.39 千米。其中，泗礁山岛 39 条 76.846 千米，花鸟山岛 2 条 5.694 千米，东绿华岛、西绿华岛 2 条 4.95 千米，嵊山岛 3 条 9.50 千米，枸杞岛 9 条 13.954 千米，大黄龙岛 2 条 6.024 千米，大洋山岛 4 条 9.67 千米，小洋山岛 3 条 3.751 千米。同时普查隧道 7 座，计 1725.0 米，公路桥 3 座，计 374.0 米。

2006 年 3 月，调查全县农村公路通达情况，使用 GPS 卫星定位仪和计算机采集农村公路数据。全县农村公路共有 143.715 千米，其中县道 59.769 千米、乡道 32.226 千米、专用公路 9.601 千米、村道 42.119 千米；桥梁 3 座，888.8 千米；隧道 5 座，1893.7 千米。

交通量观测，由各线路所管养的公路站负责，公路段监督检查，并负责汇总上报。观测点设在基湖道班，每月 5 日观测。根据浙江省公路局 3000 米以上的线路均设立观测点”的要求，增加菜园至李柱山、菜园至马关路段的观测。1990 年，设菜李线、菜马线、高五线 3 个路段的观测点，观测路段长 20.35 千米，混合交通量折算值合计 2482.4。1992 年改为菜李线、菜五线、高马线 3 个路段设观测点。1994 年，观测点增至 8 个，观测路段延长 51.027 千米，混合交通量折算值合计 3510.1。2003 年，混合交通量折算值合计 16555.3。2006 年，观测点增至 10 个，观测路段长度 60.334 千米，混合交通量折算值合计 20445.9。2014 年，全县有交通量观测点 10 个，混合交通量折算值合计 29480.4。

1993—2001 年嵊泗县公路交通量汇总表

表 6-3-7　　单位：千米、辆

年份	线路名称	观测点	观测点编号	观测路段长度	机动车合计		混合交通量折算值合计
						汽车	
1993	菜李线	1+900	1	6.00	503.5	439.5	742.4
	菜五线	0+630	2	9.55	1293	956	768
	高马线	3+300	3	4.27	911	681	768
1994	菜李线	1+900	1	6.00	680.5	507.5	766.3
	菜五线	0+630	2	9.55	1280	1018	1569.5
	高马线	3+300	3	4.27	659	549	686.9
	菜青线	1+040	4	4.25		298	487.4

续表 6-3-7

年份	线路名称	观测点	观测点编号	观测路段长度	机动车合计		混合交通量折算值合计
						汽车	
1995	菜李线	1+900	1	5.80	1129	1170	2134
	菜五线	0+630	2	9.55	1715	1710	2056
	高马线	3+300	3	4.27	658	646	785
	菜青线	1+040	4	4.25	1001	796	1277.8
1996	菜李线	1+900	1	5.80		1477	2702
	菜五线	0+630	2	10.50		1602	1887.2
	高马线	3+300	3	4.27	680	677	1098
	菜青线	1+040	4	4.25	1126.5	1088.5	2021
1997	菜李线	1+900	1	5.80	571.5	533.5	670.4
	菜五线	0+630	2	10.50	1463.5	1449.5	1773.5
	高马线	3+300	3	4.27	279	272	284.6
	菜青线	1+040	4	4.25	760.5	690.5	821.6
1998	菜李线	1+900	1	5.80		993	1010.9
	菜五线	0+630	2	10.50		1407	1936.8
	高马线	3+300	3	4.27		513	559.6
	菜青线	1+040	4	4.25		915	1148.5
1999	菜李线	1+900	1	5.80		992.5	1010.9
	菜五线	0+630	2	10.50		1407	1936.8
	高马线	3+300	3	4.27		513	599.6
	菜青线	1+040	4	4.25		915	1148.5
2000	菜李线	1+900	1	5.80			围垦不通车
	菜五线	0+630	2	10.50		1674	2773.5
	高马线	3+300	3	4.27		419	495
	菜青线	1+040	4	4.25		470.5	1093.5
	菜马线	0+440	5	6.80		1537	3388.5
2001	菜李线	1+900	1	5.80			围垦不通车
	菜五线	0+630	2	10.50	3968	2798	2388.3
	高马线	3+300	3	4.27		876.5	691.8
	菜青线	1+040	4	4.25	1603	843	1216.0
	菜马线	0+440	5	6.80	4410	2974	1846

2002—2005年嵊泗县公路交通量汇总表

表6-3-8　单位：千米、辆

年份	线路名称	观测点	观测点编号	观测路段长度	机动车合计	非机动车合计	混合交通量折算值合计
2002	李五线	K4+450	1	4.450	2599	1438	2021.5
	李五线	K8+086	2	11.60	3192.8	1550.1	2433.8
	菜马线	K0+065	3	7.753	3107.5	2036.1	2422.3
	高马线	K3+326	4	4.207	965.3	121.4	620.3
	青石线	K3+920	5	9.911	4211.3	28.3	2143.8
	高大线	K0+285	6	3.844	314.5		191.7
	嵊马线	K0+030	7	4.098	478.8	727.8	780.5
	石插线	K2+450	8	5.162	321.5		180.9
2003	李五线	K4+056	1	5.47	2542	988	1680
	李五线	K6+926	2	10.58	3017	368	2391.8
	菜马线	K0+065	3	7.753	3142	988	2508.5
	高马线	K3+326	4	4.207	1126	115	795.2
	青石线	K2+700	5	9.911	3597	2178	2599.7
	高大线	K0+300	6	3.844	641	25	396.4
	嵊马线	K0+450	7	4.098	723	716	6012.3
	石插线	K1+103	8	5.162	304	0	171.4
2004	李五线	K4+056	1	5.47	1407	294	1188.4
	李五线	K6+926	2	10.58	2018	3455	2810.3
	菜马线	K0+065	3	7.753	2549	3511	2498.2
	高马线	K3+326	4	4.207	613	311	740.5
	青石线	K2+700	5	9.911	2406	2177	2712.9
	高大线	K0+300	6	3.844	462	79	431.7
	嵊马线	K0+450	7	4.098	388	436	532.1
	石插线	K1+103	8	5.162			公路改建
2005	李五线	K4+056	1	5.47	922	287	660.6
	李五线	K6+926	2	10.58	2217	3238	2219.8
	菜马线	K0+065	3	7.753	3132	4266	2546.3
	高马线	K3+326	4	4.207	700	209	531.2
	青石线	K2+700	5	9.911	3582	2172	2633.8
	高大线	K0+300	6	3.844	695	125	717
	嵊马线	K0+450	7	4.098	592	272	560.3
	石插线	K1+103	8	5.162	260	16	184.4

2006—2009 年嵊泗县公路交通量汇总表

表 6-3-9　　单位：千米、辆

年份	线路名称	观测点	观测点编号	观测路段长度	机动车合计	非机动车合计	混合交通量折算值合计
2006	李五线	K4+056	1	5.47	742	72	776.2
	李五线	K6+926	2	10.58	2891	2414	3738.3
	菜马线	K0+065	3	7.753	4790	3137	5930.2
	高马线	K3+326	4	4.207	749	255	825.2
	青石线	K2+700	5	9.911	3571	1837	4188.7
	高大线	K0+300	6	3.844	399	57	426.1
	嵊马线	K0+450	7	4.098	456	51	510.8
	石插线	K1+103	8	5.162	201	12	220
	青金线	K0+060	9	3.835	2608	1327	3074.5
	高五线	K3+600	10	5.474	702	172	755.9
2007	李五线	K4+056	1	5.47	663	88	692.2
	李五线	K6+926	2	10.58	3219	2373	4009.3
	菜马线	K0+065	3	7.753	4253	3301	5367.3
	高马线	K3+326	4	4.207	794	202	855.8
	青石线	K2+700	5	9.911	3835	1464	4382
	高大线	K0+300	6	3.844	365	32	383.4
	嵊马线	K0+450	7	4.098	380	45	428.9
	石插线	K1+103	8	5.162	203	72	218
	青金线	K0+060	9	3.835	2704	1299	3167.7
	高五线	K3+600	10	5.474	631	146	673.5
2008	李五线	K4+056	1	5.47	737	122	777.1
	李五线	K6+926	2	10.58	3420	2533	4353.1
	菜马线	K0+065	3	7.753	4553	3105	5605.8
	高马线	K3+326	4	4.207	890	282	970.3
	青石线	K2+700	5	9.911	3963	1646	4606.9
	高大线	K0+300	6	3.844	399	76	428.8
	嵊马线	K0+450	7	4.098	349	51	388.7
	石插线	K1+103	8	5.162	208	23	223.2
	青金线	K0+060	9	3.835	2693	1100	3173
	高五线	K3+600	10	5.474	744	199	801.3

续表 6-3-9

年份	线路名称	观测点	观测点编号	观测路段长度	机动车合计	非机动车合计	混合交通量折算值合计
2009	李五线	K4+056	1	5.47	939	197	1001.9
	李五线	K6+926	2	10.58	4501	2652	5496.8
	菜马线	K0+065	3	7.753	4796	3372	5907.4
	高马线	K3+326	4	4.207	1243	520	1413.7
	青石线	K2+700	5	9.911	4162	1771	4778
	高大线	K0+300	6	3.844	458	98	494.8
	嵊马线	K0+450	7	4.098	420	129	484.9
	石插线	K1+103	8	5.162	260	35	276.1
	青金线	K0+060	9	3.835	3092	1482	3555.3
	高五线	K3+600	10	5.474	702	455	748.7

2010—2014 年嵊泗县公路交通量汇总表

表 6-3-10 单位：千米、辆

年份	线路名称	观测点	观测点编号	观测路段长度	机动车合计	非机动车合计	混合交通量折算值合计
2010	李五线	K3+948	1	5.47	917	212	971.7
	李五线	K6+760	2	10.58	4270	2567	5218.3
	菜马线	K0+060	3	7.753	4535	3214	5566.9
	高马线	K3+798	4	4.207	1123	467	1252.6
	青石线	K2+420	5	9.911	4137	1599	4623
	高大线	K0+195	6	3.844	440	65	457.2
	嵊马线	K0+200	7	4.098	398	136	472.6
	石插线	K1+040	8	5.162	238	31	246.3
	青金线	K0+120	9	3.835	2930	1330	331.1
	高五线	K3+563	10	5.474	654	137	532.6
2011	李五线	K3+948	1	5.47	830	155	868.5
	李五线	K6+760	2	10.58	4191	3966	5696.4
	菜马线	K0+060	3	7.753	4254	4516	5592.8
	高马线	K3+798	4	4.207	1198	673	1402.5
	青石线	K2+420	5	9.911	5160	2994	6044.8
	高大线	K0+195	6	3.844	833	107	895.1
	嵊马线	K0+200	7	4.098	447	177	545.2
	石插线	K1+040	8	5.162	244	61	262.9
	青金线	K0+120	9	3.835	3490	2628	4181.5
	高五线	K3+563	10	5.474	846	201	940.7

续表 6-3-10

年份	线路名称	观测点	观测点编号	观测路段长度	机动车合计	非机动车合计	混合交通量折算值合计
2012	李五线	K3+948	1	5.47	430	180	466.7
	李五线	K6+760	2	10.58	3879	3701	5098.4
	菜马线	K0+060	3	7.753	3851	5778	5485.1
	高马线	K3+798	4	4.207	1794	1775	2371.2
	青石线	K2+420	5	9.911	6409	4594	7859.7
	高大线	K0+195	6	3.844	693	161	752.2
	嵊马线	K0+200	7	4.098	676	689	898.2
	石插线	K1+040	8	5.162	137	26	141.2
	青金线	K0+120	9	3.835	3556	3664	4713.4
	高五线	K3+563	10	5.474	816	258	895.9
2013	李五线	K3+948	1	5.47	315	196	358
	李五线	K6+760	2	10.58	4357	4300	5753.3
	菜马线	K0+060	3	7.753	3756	6068	5388.8
	高马线	K3+798	4	4.207	5831	5176	7823.5
	青石线	K2+420	5	9.911	678	234	773.1
	高大线	K0+195	6	3.844	348	500	481.2
	嵊马线	K0+200	7	4.098	118	36	129.7
	石插线	K1+040	8	5.162	3184	4402	4706
	青金线	K0+120	9	3.835	819	384	959.8
	高五线	K3+563	10	5.474	2323	2737	3290.8
2014	李五线	K3+948	1	5.47	275	189	315.1
	李五线	K6+760	2	10.58	4056	4869	5721.9
	菜马线	K0+060	3	7.753	3656	6884	5574
	高马线	K3+798	4	4.207	5178	5434	7190.7
	青石线	K2+420	5	9.911	711	325	843.1
	高大线	K0+195	6	3.844	821	1295	1147
	嵊马线	K0+200	7	4.098	117	22	126.2
	石插线	K1+040	8	5.162	3066	4671	4669.6
	青金线	K0+120	9	3.835	759	437	923.7
	高五线	K3+563	10	5.474	2060	2614	2969.1

第四节　车辆管理

1975 年 10 月，成立嵊泗县交通监理站，负责全县车辆监理工作。1985 年 4 月，嵊泗县交通监理站与嵊泗县公路运输管理站合并，建立嵊泗县交通监理所，车辆、驾驶员归属县交通监理所管理。1986 年，县交警部门完善新购自行车登记、打印、发放行驶证、自行车过户手续、户主变更手续等管理。开展2次反盗窃自行车专项行动，期间检查自行车12000余辆，查处被窃可疑自行车118辆、违规280辆，查获窃车嫌疑人9人。1987年9月。撤销嵊泗县交通监理所，交通监理划归公安管理，建立嵊泗县交通警察队，管理县内城乡道路交通，履行路检、交通处理和年检、年审等职责。汽车、摩托车驾驶证核发工作由市公安局车辆管理所办理，营业性车辆管理和驾驶员从业资格证办理仍由交通部门负责。1988年7月，在沙河路和东海路三岔口设立交通指挥岗亭。1992年1月起，建立全县营运车辆技术档案。同年，嵊泗县汽车运输公司和嵊泗县海港运输公司分别成立客车出租站和旅游汽车出租服务站。县公路运输管理（稽征）所明确出租汽车必须有明显标志，车身外部喷上运价标准，出租车驾驶员挂牌服务等。嵊泗县人民政府规定，1993年1月1日起，禁止手扶拖拉机进入县城区菜园街道。是年，全县纳入行业管理的机动车347辆计1015座、559吨，其中营业性客车57辆计823座，货车38辆计107.5吨；非营业性客车81辆计492座、货车42辆计89吨；简易机动车、手扶拖拉机145辆计112.5吨。交通运输企业客车18辆计538座；货车28辆计112.5吨。同年，贯彻省人民政府《浙江省道路运输管理办法》及省、市交通管理部门关于道路运输证审验、换证工作的规定，审验、换发全县营运车辆《道路运输证》。

1994年10月，换发“九二”式机动车号牌和行驶证，嵊泗机动车号牌代号为“浙LB”，换发190辆摩托车类牌证。12月，嵊泗县人民政府办公室制定《菜园镇营业性人力三轮车管理暂行办法》，规定从事人力三轮车营运者，必须具备菜园镇居住户口；具有一定交通法规知识，能适应体力劳动；年龄在18周岁到50周岁的男性公民；无固定职业，待业青年或村民；具备经营条件的人力三轮车，必须在车辆明显处挂示公安交警、交通管理部门发放的牌照，经营者须随身携带有关部门发放的证照，严禁无证照人力三轮车营运。11月，拆除危及安全的脚踏车动力装置。规定8座以上客运车辆必须驶入公用型停车场停放，统一始发。不准机动车随意停靠妨碍街道交通。1995年6月，制定《菜园街道车辆停放暂行规定》。整治无证无牌机动车，查处无证无牌摩托车11辆、农用车3辆，无证驾驶员7名。10月，开展《浙江省非机动车管理办法》活动，18辆机动车、8辆三轮车和200名小学生在菜园环城游行宣传。是年，换发600余辆机动车牌证。

1992—1995年嵊泗县《道路运输证》审验、换证情况表

表6-3-11　单位：辆

年份	汽车		三卡		人力三轮车		手板车	
	数量	占应验数	数量	占应验数	数量	占应验数	数量	占应验数
1992	125	93.3%	98	95.1%	26	100%	87	100%
1993	130	98.3%	98	97.6%	49	100%	85	100%
1994	155	95.5%	98	93.2%	49	100%	85	100%
1995	167	91.3%	97	90%	61	100%	87	100%

1996年，嵊泗县公路运输管理（稽征）所印发《关于整治人力三轮车运输秩序的通告》，取缔无证无牌非法营运的人力三轮车，没收其车辆和非法所得每天100元，并处以1～3

倍的罚款；乱出租的人力三轮车处以500～1000元的罚款，并扣证（车），停止营运15天，写出书面保证；屡教不改的，取消其经营资格；不按规定挂示营运标志的，处100元以下罚款，并扣营运证7天；无营运证或使用无效营运证、未办理过户手续营运的，分别处以200元罚款，并责令其补办有关手续；强行要价或随意抬价或违反道路运输管理法规、规章及违反价格管理，除物价管理部门按规处罚外，处以扣营运证5～10天，责令其停止整顿，并违章记录1次；转让、倒卖运输票证的，处以1000元以下罚款；抗拒运管人员检查管理及其他情节严重的，分别给予扣留营运证、停业整顿。同时，组织全县出租车客运行业开展优质服务百日竞赛活动。

1997年旅游期间，开展“为旅客服务，为嵊泗争光，争创文明出租车”活动。重点治理出租汽车在公用型车站门口压价、拉客，与班线车争揽客源，扰乱运输秩序的现象。在公用型车站门口设置30米红线，禁止出租汽车进入红线拉客。10月，嵊泗县公路运输管理（稽征）所制定《关于康复车参加道路客运的有关规定》，规定新审批的康复车经营者须持乡、镇人民政府证明（并携带残疾证）到公路运输管理部门办理有关手续，按规定经工商、税务、保险、交警等部门审核批准；参加营业性客运的残疾人，须经岗前培训，取得《服务资格证》后，方能参与营运；遵守道路运输法规、规章；缴纳公路规费。已营运的康复车，在年审时按新审批的康复车规定执行，缴纳同等金额的公路规费，按规定向保险公司办理保险等事宜。12月起，组建经营性的出租汽车公司，须按交通行业有关规定办理审批手续，工商部门凭交通部门核发的道路运输经营许可证办理营业执照；实行个体出租车公司化管理，个体出租车纳轨到经交通部门审查合格准予开业的单位或由交通行业管理部门指定单位，实行挂靠代管。个体出租车纳轨管理后，统一采用代管单位名称编号，其产权性质不变；客运出租汽车经营单位，须建立代管车辆的各项管理责任和服务项目制度，经物价部门批准，经营单位可向个体业主收取挂靠代管服务费。1998年8月，嵊泗县交通管理局批复同意嵊泗县汽车运输公司成立出租轿车管理站，同意嵊泗县公路运输（稽征）所属下嵊泗县道路运输货物配载信息服务站作为出租汽车挂靠的实体单位。确定此两家为出租汽车代管单位，纳轨管理全县出租汽车。个体出租汽车驾驶员在规定期限内，可自由选择一家代管单位，超过期限，由运管部门指定代管单位；拒不纳轨管理的出租汽车，按交通行政处罚有关规定予以处罚，代管单位按规定提供各项有偿服务。同月，县人民政府办公室制发《嵊泗县人力客运三轮车管理暂行规定》，人力客运三轮车须经公安交通管理部门检验合格，取得号牌、行驶证，编打钢印号码后，方准在道路上行驶。规定整车颜色为绿色或红色。绿色三轮车只允许凌晨6时至18时行驶，红色三轮车只允许18时至次日凌晨6时行驶。界定9月21日至10月31日为换发《道路运输证》的期限，此前《道路运输证》作废。持废证者，按照“道路运输行政处罚规定”依法处罚。因企业转制，下岗人员增多，出现人力三轮车擅自出租、废牌及无证无牌非法营运现象。为解决下岗人员就业困难，政府增加30辆人力三轮车营运额度，缓解就业紧张局面。

2001年，运管部门制定车辆改造计划，提高车辆档次，更新18辆中巴车，报废4辆农用载客车，淘汰一批车况差的营运车辆。全县923辆超标助动车改换机动车牌照。2002年，根据市交通委员会、市公安局和市、县交通工作会议要求，3 月 1 日至 5 月底，全县 78 辆出租轿车统一着色。车身上部为草绿色，下部为银灰色，费用按车辆使用年限承担。1998 年 12 月 31 日前上牌的车辆，政府承担 60%、车主承担 40%的费用；1999 年 1 月 1 日至 2000 年 7 月 31 日上牌的车辆，政府承担 80%、车主承担 20%的费用；2000 年 8 月 1 日至 2002 年 1 月 31 日上牌的车辆，政府承担全部费用；2002 年 2 月 1 日后新置或报废更新的客运出租车，费用由车主自理。是年，年检年审汽车 367 辆、农用车 147 辆，占应检率分别为 93.4%和 89.6%。

2003 年 1 月，舟山市交通委员会批复同意洋山镇机动车辆纳入交通部门营运管理，洋山镇无证机动车辆一次性纳入公路运政管理。规定机动车辆从事道路客货运输，须经机动车辆综合性能检测站检验合格，并按规定办理车辆营运手续。7 月，县人民政府同意调控和纳轨管理正三轮摩托车进行客运。规定营运的正三轮摩托车须按规定办理道路营运证，报废后不再享受新政策。全县禁止发展正三轮摩托车（包括家庭自备车）。是年，整治出租汽车车容车貌，要求出租汽车车内卫生，车套无污迹，标志鲜明，无严重锈斑和脱漆现象。2004 年，治理整顿“黑车”非法营运行为，上路 260 天次，参与检查人员 1200 人次，检查车辆 3015 辆次，处罚 8 起，罚款 6.16 万元。2006 年，县公路运输管理（稽征）所开展枸杞乡、嵊山镇无证客运车辆纳规基础性工作和客运驾驶员从业资格培训、车辆检测、车辆建档等，为纳轨的 41 辆小型客车和 6 辆小型货车发放临时营运证，为嵊山镇 8 辆本地牌照正三轮车发放临时营运证。会同县交警大队进行取缔无牌无证的外地正三轮车。

2007 年 3 月，舟山市交通委员会制定《舟山市客运出租汽车车容车貌标准（试行）》，规范和要求出租汽车的车辆外观、车内环境、车体卫生和车身张贴、悬挂物件等。同月，市交通委员会制定《舟山市出租汽车客运经营服务规范（试行）》，要求出租汽车依法经营、诚实信用、公平竞争，为乘客提供便捷、舒适、整洁、规范的客运服务，并以此作为考评经营者经营活动和驾驶员服务质量的基本依据。7 月，邀请市驾校教员到嵊泗进行 3 天实地培训，70 名客货车辆驾驶员参加培训，成绩全部合格。

2008 年旅游季节，县运管（部门）组织人员路检路查非法营运客、货车辆，暂扣涉嫌非法营运车辆 12 辆。同年，县运管、交警部门组织力量赴嵊山、枸杞等海岛宣传教育交通法规，整治无证无牌车辆。

1995—2010 年嵊泗县出租车拥有量

表 6-3-12 单位：辆

年份	数量	年份	数量	年份	数量	年份	数量
1995	40	1999	79	2003	79	2007	135
1996	73	2000	78	2004	79	2008	139
1997	79	2001	77	2005	86	2009	144
1998	80	2002	75	2006	131	2010	148

2014年5月，嵊泗县人民政府批复同意嵊泗县交通运输局在7月1日至10月8日临时调用社会非营运客车，缓解道路客流高峰期运力紧张。县道路运输管理局严格把关调用车辆的技术性能、驾驶员技能等安全条件。市运管部门界定在2014年3月31日前购入、车龄8年以下、车籍所在地嵊泗、登记座位7座（含）以上15座（含）以下、按规定通过二级维护和检测、技术等级达到三级以上的社会非营运客车和年龄不超过60周岁、取得机动车驾驶证、3年内无重大以上交通责任事故记录，经市级道路运输管理机构在有关客运法规、机动车维修和旅客急救基本知识考试合格，并取得从业资格证的驾驶员，作为调用社会非营运客车的基本条件。优先调用旅行社和农村社区渔家宾馆自备客车，限定每家旅行社和农村社区渔家宾馆调用的车辆为1辆。2013年1月1日至2014年3月31日期间购置，且符合上述条件的社会非营运客车，要求调为营运的，由县运管局以抽签的方法确定。调用的车辆持县运管局发放调用证明，有效期1个月，期满由县运管局根据调用车辆经营服务状况，决定是否继续调用。同时规范临时调用的社会非营运客车经营行为，制定《嵊泗县临时调用车辆经营行为考核办法》《嵊泗县临时调用车辆经营行为考核计分标准》，签署《运输服务承诺书》等。旅游客流高峰期间，县运管局临时调用社会非营运客车57辆503座。

是年，根据《中华人民共和国大气污染防治》《浙江省大气污染防治行动计划（2013～2017年）》和《舟山市机动车排气污染防治管理办法》等规定。明确各县（区）人民政府是辖区内黄标车淘汰工作的实施主体，负黄标车淘汰工作总责。规定注册登记的新车或转入二手车，须达到国Ⅳ标准，不符合污染物排放标准的机动车，不予办理机动车注册登记或转入登记，禁止机动车销售单位销售不符合标准的新车。2015年前淘汰的私人或企业黄标车给予政府奖励补助，淘汰补助费用由所在地政府承担。《方案》下达嵊泗县黄标车淘汰任务，2014年为158辆，2015年完成辖区内全部434辆黄标车淘汰任务。

第五节　驾驶员管理

1970年前，驾驶员管理工作由嵊泗县交通管理站负责。1975年10月，成立嵊泗县交通监理站，负责全县驾驶员培训和管理工作。12月，执行《浙江省城市和公路交通管理规划实施细则》，驾驶员须经公安、交通管理机关考核发给驾驶证，方具有驾驶资格。驾驶证须每年进行一次审验，未通过年审签证的，不准继续驾驶车辆。1978年10月，交通监理站改建为嵊泗县车辆监理站。1979年，县劳动局在菜园镇基湖村老虎头开办技工学校，内设汽车驾驶专业，学制2年，招收学员18人，毕业后由劳动部门统一分配。1985年4月，嵊泗县车辆监理站与嵊泗县公路运输管理站合并，建立嵊泗县交通监理所，管理全县车辆和驾驶员。1987年9月，县交通监理所撤销，监理人员转为公安交通警察，由公安部门管理驾驶员。10月，国务院《关于改革道路交通管理体制的通知》规定，公安机关可以委托农业部门负责道路行驶拖拉机的安全技术检验、驾驶员考核工作。1988年3月，舟山市交通培训中心成立，汽车驾驶员由各单位自行选送和个体经营者自费报名参加培训。同年，执行《浙江省机动车驾驶员管理暂行规定》，加强驾驶员借、聘手续和跨地区培训管理。1989年，嵊泗县执行《启用机动车新驾驶证实施细则》，换发驾驶证384本，培训专用机械驾驶员2期14人。1987年至1990年，县农机站先后培训拖拉机驾驶员44人。1992年，驾驶员进行救护培训。1994年6月，237名驾驶员参加路面驾驶技术考试，签署安全行车责任书。1995年6月，成立嵊泗县机动车驾驶员协会。1994年至1997年，培训驾驶员320人。

2000年8月，实施《机动车驾驶员交通违章计分办法》。2001年，审验驾驶员2714人，审验率90.6%。培训驾驶员417人。2002年，按照交通部制定的营业性道路运输驾驶员从业资证的规定，全县换证、发证360人。1995年至2003年，查纠违规驾驶员1902人次，查扣驾驶证232本，查处无证无牌车辆22辆。2004年6月，嵊泗县泰安驾驶技术培训中心成立，经营普通机动车驾驶员培训，是年培训驾驶员562人，合格427人。2008年培训驾驶员578人，合格420人。

2007年7月，市交通委员会印发《舟山市出租汽车驾驶员客运资格证管理办法（试行）》，规定申请出租车的驾驶员年龄不超过60周岁，身体健康，须取得相应的机动车驾驶证，并在三年内无重大以上交通责任事故记录，符合上述条件的人员可向道路运输机构申请考试。出租车驾驶员客运资格考试在原“驾驶技能”和“车辆安全检视”的基础上新增职业道德、行业相关法规、服务规范、计价与保险、机动车维修知识、安全营运与治安防范、旅客急救与应急处理、城市交通地理等8方面内容。对出租车驾驶员实行IC卡记分制，是道路运输管理机构对出租车驾驶员服务质量信用考核的一种新型积分制度，衡量出租车驾驶员所在企业经营行为、经营水平和管理能力高低，是行业管理部门对企业考评重要依据，更是出租车驾驶员应聘资历、企业择优招聘参考依据。

2009年，专项整治驾校市场，引导驾培企业增加投入，完善驾培设施；审查驾校经营资格、技术状况、管理水平。11月起，舟山市统一实行驾培模拟操作，学员上路学车前，首先操作驾培模拟器，然后再上路行驶。

2010年，单程远距在400公里以上（高速公路600公里以上）的长途客运车辆，配备2名以上驾驶员。同年7月，嵊泗县吉马驾驶培训有限公司成立，经营普通机动车驾驶员培训。

2013年至2014年培训驾驶员1039人，合格929人。

第六节　汽车维修与检测管理

1976年，马关汽车修配厂成立，为境内汽车维修业之始。1987年10月，成立嵊泗县公路运输管理所，承担全县汽车维修管理和车辆综合性能检测职能。是年，菜园镇基湖村建立振兴汽车修理厂，翌年停办。1988年，菜园农工商合作社与上海东昌装卸运输公司在菜园镇联合创办东昌汽车修理厂。1989年8月，浙江省计划经济委员会、工商管理局、交通厅制定《浙江省汽车维修行业管理实施细则》，规定对汽车维修行业管理部门的主要职责、开业和歇业、开业技术条件和经营范围、汽车维修质量管理、收费和票证管理、维修车辆的管理等。9

月，浙江省交通厅下达《浙江省汽车维修行业开业技术条件的通知》，具体规定汽车维修行业开业的基本技术条件、修理技术标准。1990 年 6 月，交通部制定《汽车运输业车辆技术管理规定》，县公管所组织汽车维修企业学习交通部《规定》和上级有关汽车维修质量管理等文件，选送 17 名汽车维修人员赴市参加业务培训，帮助维修企业制定车辆保修制度、汽车维修岗位责任制和安全操作规程，建立车辆进厂、竣工、出厂检验制度，强调汽车维修质量，严格计费标准。1991 年 12 月，县交通管理局和马关镇人民政府协商决定，县交通管理局所属东昌汽车修理厂与马关镇人民政府所属汽车修配厂合并，成立嵊泗县汽车修配厂，隶属县交通管理局管理，翌年，改用嵊泗县曙光汽车修理厂名称。1992 年 9 月，舟山市公路运输管理处核定，嵊泗县曙光汽车修理厂为经营汽车总成大修（一类）企业。同年 10 月，嵊泗县海港运输公司汽车机械修配厂成立，翌年，市公路运输管理处认定该厂经营汽车三级维护（二类）企业，收费标准按 3.5 元 / 工时执行。1992 年，嵊泗县纳入管理的汽车维修行业有：嵊泗县曙光汽车修理厂、嵊泗县第二机械汽车修配厂、基湖农用车修配站、嵊泗县顺达摩托车大修厂、长城五金汽配厂、基湖汽车轮胎修补点等。同年，县公安部门检验 781 辆车辆技术状况。1994 年 6 月，集中检验 348 辆机动车安全技术状况，提高上路车辆安全技术状况完好率。1997 年 8 月，嵊泗县运输公司兼并嵊泗县曙光汽车修理厂，更名为嵊泗县运输公司汽车修理厂。1999 年 1 月，省交通厅转发的交通部关于对机动车维修业是否纳入公共场所特殊行业许可证管理和车辆清洗业管理职能复函的通知，明确汽车维修业不属特殊行业，不实行特殊行业许可证管理，汽车清洗业是汽车维修业的一部分，纳入汽车维修行业管理。6 月，市公路局在全市汽车维修行业工作会议上提出，凡符合国家标准条件的汽车维修均允许开业。同月，建立嵊泗县机动车辆综合性能检测站，市公路运输管理处同意嵊泗康桥汽车修理厂开展运输车辆进行二级维护作业。8 月，嵊泗县公路运输管理所设立汽车维修管理股，负责全县汽车维修行业管理。1998 年，县交警大队购置机动车检测器，全年检测机动车 602 辆，受检率 92.4%。1999 年 6 月，成立车辆综合性能检测站，C 级站，承担全县营运车辆及部分非营运车辆检测任务，协助汽车修理厂送检维修竣工车辆质量监督检测，保障各种营运车辆处于良好状况。建立车辆检测制度，公开收费项目。2000 年，检测车辆 741 辆次，应检率 95%，经维修厂二级维护车辆送检合格率 98%。2001 年，检测车辆 983 辆次，一次检测合格率 98%。2002 年，检测二级维护竣工车辆 887 辆次，入户新车 64 辆，一次检测合格率 96%。

2000 年，全县汽车维修、摩托车维修、配件经销、汽车清洗、轮胎补修业户在清理整顿的基础上，登记造册，建立健全“一厂一档”档案制度，建立各经营点的厂名台账。是年，全县有车辆维修行业 21 家，其中二类企业 1 家、三类企业 9 家、应急修理点 1 家、摩托车维修 10 家，从业人员 60 人。

2003 年 4 月，省运输厅道路运输管理局《关于 2002 年度全省汽车综合性能检测站年审情况的通报》称，嵊泗县车辆综合性能检测站审验合格。2005 年 4 月，省运管局《关于 2004 年度全省汽车综合性能检测站年审情况的通报》，嵊泗县车辆综合性能检测站审验合格。是年，检测二级维护竣工车辆 796 辆次，入户新车 58 辆，一次检测合格率 95%。5 月，县人民政府综合治理菜园镇城区市容环境卫生，公路运输管理部门根据县城规划，治理菜园城区摩托车维修市场弱、小、散、乱现象，摩托车维修点迁至西方庵，建立摩托车维修中心。5月至10月，维修中心安排5名维修技术人员进行初级定级、初级升中级、中级升高级技术培训，提高维修技术人员水平。2004年，按照《浙江省汽车及摩托车维修企业（户）开业条例》和《舟山市汽车及摩托车维修企业（户）开业暂行条例》，对照、查实全县2家二类汽车维修厂、12家三类汽车维修厂、8家摩托车维修点的设备、人员、经营场地、经营行为等，通过审验，符合开业条件；上岗从业人员58人，持证率100%。11月，嵊泗县物价局《关于同意收取汽车综合性能检测等有关收费的批复》同意嵊泗县机动车辆综合性能检测站作为经营服务性项目执收汽车综合性能检测费。二级维修车辆竣工检测收费每辆200元；车辆技术等级评定收费每辆每次230元；不合格项目返修，首次返检费免收，第二次及以后返检，按单项检测项目标准收费；未进汽修厂维修的车辆，不合格项目调整和小修收费，按每工时6.50元计算；检测站未检测或为调修的项目，不得收费；检测前需清洁的车辆，清洁费按每辆每次15元收取。

车辆检测收费项目和标准表

表6-3-13　单位：元

收费项目	计费单位	收费标准	收费项目	计费单位	收费标准
大修竣工检测	次	230	侧滑	台	15
二级维护检测	次	200	前照灯	台	15
车辆检测清洁	辆	15	喇叭声级	台	5
外观检测	辆	10	机油质量	台	10
发动机性能	台	25	废气分析	台	15
电气性能	台	15	制动性能（一）	辆	15
气缸漏气率	台	5	制动性能（二）	辆	25
气缸表面状况	缸	5	滑行性能	台	5
转向操纵性能	台	10	传动系游隙	台	10
前轮定位	轴	20	噪声	台	5
轴重	台	15			

2011年9月，成立嵊泗县和盛机动车安全技术综合性能检测有限公司，国有独资企业，承担营运车辆技术状况检测、车辆维修竣工质量检测及委托检测。2006—2012年，进行维管检查543天次，参检人员990人次，走访维修企业442家次，查处未签证车辆114辆次。

2014年3月，嵊泗县道路运输管理局开展汽车维修优质服务月活动，召开全县汽车维修厂长（业主）会议，布置"服务月"活动内容，落实责任。运管局和3家汽车维修企业相继成立活动领导组（小组），设立安全机构和专职安全员，在"服务月"检查中，发出企业整改通知书2份，完善规章制度2个，制定整改措施2个。根据县交通运输局制定的《嵊泗县机动车维修行业专项整顿工作方案》要求，县运管局调整人员岗位，3名人员组成机动车维修市

员资格不符合不出站、客车证件不齐全不出站、出站登记表未经签字审核不出站）；配置客车安全带、营运客车和危险品运输车行车记录仪；严禁使用改装、拼装车辆从事道路运输经营活动；严格从业人员持证上岗，加强长途客运驾驶员配备管理，单程运距在400千米以上（高速公路600千米以上）的车辆，配备2名以上驾驶员；加强非法营运车辆和危险品企业安全管理。2008—2014年，开展营运客车专项整治和“打黑”整治活动，上路检查1610天次，参检人员6598人次，检查车辆17295辆次，纠正违章车辆727辆次，处罚违章事件45起，罚款9.78万元。2014年，全县有道路运输经营户70户。班线客运经营户2户，拥有班车62辆、1392座。客运班车线路20条。出租客车经营户73户，拥有客车151辆，其中轿车90辆。货运业经营户68户，拥有营业性货车236辆。全年实现道路客运量384万人次，货运量172万吨。

第八节　运价管理

本节叙述客车票价管理和货车运价管理。

客车票价管理

1959年下半年嵊泗县汽车站成立，1960年3月开通菜园至马关客运线，1962年5月开通菜园至五龙客运线，1971年12月开通菜园至青沙客运线，1975年开通菜园至李柱山客运专线，客运价格按上级主管部门规定执行。1975年，菜园至马关客运票价0.15元，至五龙0.25元，至青沙0.10元。以后，自主权部分逐步扩大，省、市、县物价、交通部门多次调整运输价格。

菜园至李柱山专线7000米，票价1.00元。

1993年1月，嵊泗县物价局、嵊泗县交通管理局根据省物价局、省交通厅文件精神，结合嵊泗客车营运费用实际，重新核定嵊泗县汽车客运票价，确定嵊泗县公路客车客运票价每人每千米0.092元（含省、市公路建设基金0.026元）。县人民政府批准增收汽车更新基金每票0.10元、价格调控基金每票0.05元。从1月4日起执行。春运期间票价可按原票价上浮10%。

1993年春运菜园客运汽车票价表

表6-3-16　　单位：千米、元

起止地点	里程	核定票价	春运票价
菜园—基湖	3	0.40	0.50
菜园—高场湾	5	0.60	0.70
菜园—田岙	8	0.90	1.10
菜园—黄沙岙	8	0.90	1.10
菜园—边礁岙	13	1.20	1.40

续表 6-3-16

起止地点	里程	核定票价	春运票价
菜园—青沙黄沙岙	3	0.40	0.50
菜园—青沙	5	0.60	0.70
菜园—石柱	7	0.80	1.00
菜园—马关	9	1.00	1.20
菜园—李柱山	7	1.50	1.70

4月15日起，执行县物价局、县交通管理局《关于调整客运轿车、面包车、简易车票价的通知》，轿车、面包车、简易车收费标准按不同车型不同起止点计价。

1993年嵊泗县客运轿车、面包车、简易车运价表

表 6-3-17 单位：元/座

起 止 地 点	收 费 标 准		
	轿车	面包车	简易车
菜园汽车站—五龙边礁岙码头	4.50	3.50	3.00
菜园汽车站—边礁岙	4.00	3.00	2.50
菜园汽车站—石柱、田岙、五龙、黄沙岙、大悲山、马关、李柱山	3.50	2.50	2.00
菜园汽车站—青沙、基湖、高场湾、南长涂、小菜园码头	3.00	2.00	1.50

说明：包车按整车座数计价：轿车每小时30元，13～19座面包车每小时36元，简易车每小时18元；起点为1小时，超过1小时，不足半小时按半小时计价。

1994年7月，县物价局、县交通管理局核定人力三轮车、出租汽车收费标准。人力三轮车收费标准：以海味酒家（东海路沙河路口）为起点，到小菜园客运码头，每车乘1人2元、乘2人3元；到县政府（嵊泗中学）门口、菜园隧道口、教师进修学校，每车乘1人1元、乘2人2元；乘客携带的货物超过30千克按1人计价。出租汽车收费标准（含公路建设基金）：桑塔纳等豪华型轿车每车每千米3元，奇观、夏利等普通型轿车每车每千米2.50元；基价（起步价）里程4千米，基价里程内或菜园城区不得收空驶费，单程租车超过基价里程的，超过里程按车型每千米收取50%的空驶费；夜间行车（22时至次日5时）每千米加收0.20元。大洋镇人力三轮车收费参照此标准执行。此标准自8月1日起施行。

1995年5月，县物价局、县交通管理局行文调整客运车辆收费标准。轿车、中巴、面包车、农用面包车、计程面包车收费标准按不同车型不同起止点计价，调整后收费标准如下：

1995 年嵊泗县客运轿车、中巴、面包车、农用面包车、计程面包车运价表

表 6-3-18　单位：元

起止地点	收费标准				
	中巴	农用客车	9 ～ 13 座面包车	桑塔纳（含桑塔纳）以上轿车	桑塔纳以下轿车
菜园车站—五龙码头	78	30	52	30	26
菜园车站—五龙车站	69	25	46	26	23
菜园车站—马关车站	51	20	34	20	17
菜园车站—石柱车站	33	13	22	15	13
菜园车站—青沙站	33	13	22	15	13
菜园车站—李柱山	55	20	28	20	17
菜园车站—大悲山	55	20	34	20	17
菜园车站—五龙黄沙	55	20	34	20	17
起步价（4 公里内）	25	10	16	14	12
计时包车（每小时）	120	40	80	56	50

说明：1.22 时至次日 5 时夜间包车按不同车型上浮 20%。

2. 表内所列地段以外地段，参照表内地段收费标准计价。

包车按整车座位数票价计价。起点 1 小时，超过 1 小时不足半小时按半小时计价。

马前岗隧道开通后，菜园至马迹山营运线路缩短。2000 年 6 月，县物价局调整菜园至马迹山客运车辆运价。

2006 年菜园至马迹山客车运价表

表 6-3-19　单位：元

车辆类型	计程包车					面包车	简易车
	中巴	农用客车	3 ～ 13 座面包车	桑塔纳（含桑塔纳）以上轿车	桑塔纳以下轿车		
运　价	69	26	46	26	23	3	2.50

金青大桥通车后，2001 年 7 月，县物价局核定嵊泗县永盛汽车运输有限责任公司营运金平至菜园、至青沙、至李柱山码头客运车票价格：菜园—金平小平头 2.5 元，菜园—金平黄泥坎 3.00 元，青沙—金平小平头 0.50 元，青沙—金平黄泥坎 1.00 元，金平黄泥坎—李柱山码头 3.00 元。面包车包车按金平至李柱山码头计，每车 30 元，菜园至金平每车 25 元。

2005 年 6 月 15 日起，县物价局核定洋山顺达汽车客货运输有限公司营运洋山镇第一条客运班线各站点票价均为 2 元。6 月 25 日起，县物价局调整嵊泗县永盛汽车运输有限责任公司中营运泗礁山岛客运班线票价：菜园—金平金鸡岙 3.00 元，菜园—五龙边礁岙码头、李柱山码头 4.00 元，菜园—马迹山、金平黄泥坎 3.00 元，菜园—五龙田岙、黄沙岙 3.00 元，菜

园—五龙边礁岙 3.50 元，菜园—石柱、大悲山、金平小平头 2.50 元，菜园—青沙、基湖、高场湾、南长涂、小菜园码头、马关 2.00 元、金平黄泥坎—李柱山码头 3.00 元、青沙—金平小平头 1.00 元、青沙—金平黄泥坎 1.50 元。中巴包车价格：菜园—五龙码头、马迹山、五龙会城岙 75 元，菜园—五龙边礁岙 70 元，菜园—石柱、金平、高场湾 40 元，菜园—李柱山码头 60 元，菜园—大悲山、五龙田岙、黄沙岙 55 元，菜园—田岙小木屋景区 60 元，菜园—六井潭景区 100 元，菜园—火葬场 150 元；中巴起步价（4 千米内）30 元；普通中巴计时包车每小时 100 元，空调中巴计时包车每小时 120 元；中巴包车单程行驶，可按规定价格加 50%的放空费。2006 年 6 月 1 日起，县物价局调整客运中巴车部分线路包车价格，菜园—李柱山由 60 元调整为 70 元，菜园—大悲山景点由 55 元调整为 60 元，菜园—六井潭景点由 100 元调整为 110 元；普通中巴客车计时包车由每小时 100 元调整为每小时 110 元，空调中巴客车计时包车由每小时 120 元调整为每小时 125 元。

2007 年 3 月，县物价局调整嵊泗县永盛汽车运输有限责任公司空调中巴客车包车浮动价格，同意在旅游季节期间空调中巴客车包车价格按普通中巴包车价格上浮 30%。2008 年 12 月，县物价局核定马前岗隧道封闭维修期间，菜园至马关客运临时票价，中巴客运班车 2.50 元，桑塔纳以上轿车（包车）20 元。

2013 年 5 月，嵊泗县永盛汽车运输有限责任公司被嵊泗县交通投资有限公司以股权方式收购，企业性质由私营企业转变为国有独资企业。6 月，嵊泗县物价局核定泗礁山岛农村客运班线票价。

货车运价管理

1990 年 1 月 1 日起，执行舟山市汽车货物运输短途（25 千米以下）收费标准。

舟山市汽车货物运输短途（25 千米以下）收费标准表

表 6-3-20　　单位：千米、元 / 吨千米

车类				里程							
				2～4	6～7	8～10	11～13	14～16	17～19	20～17	23～25
中型3～39吨普通货车	普通货物	一等货物		0.97	0.78	0.68	0.63	0.58	0.56	0.53	0.51
		二等货物		1.00	0.80	0.70	0.65	0.60	0.58	0.56	0.53
		三等货物		1.02	0.82	0.71	0.68	0.63	0.60	0.58	0.56
	特种货物	长大笨重货物	长度 6–10 米 重量 4 吨以上至 8 吨	1.05	0.87	0.77	0.71	0.68	0.65	0.61	0.60
			长度 10–14 米 重量 8 吨以上至 20 吨	1.11	0.90	0.80	0.77	0.41	0.68	0.66	0.65
			长度 14 米以上 重量 20 吨以上	1.16	0.95	0.85	0.80	0.77	0.73	0.71	0.68
		危险货物	二等危险品	1.11	0.90	0.80	0.77	0.71	0.68	0.66	0.65
			一等危险品	1.16	0.95	0.85	0.80	0.77	0.73	0.71	0.68
			贵重及特种鲜活品	1.11	0.90	0.80	0.77	0.71	0.68	0.66	0.65

续表 6-3-20

车类			里程							
			2～4	6～7	8～10	11～13	14～16	17～19	20～17	23～25
小型1～2.5普通货车	普通货物	一等货物	1.17	1.02	0.90	0.83	0.80	0.75	0.73	0.71
		二等货物	1.22	1.05	0.95	0.88	0.83	0.80	0.78	0.75
		三等货物	1.26	1.11	1.00	0.94	0.88	0.83	0.82	0.80
	特种货物	二等危险品	1.31	1.16	1.04	0.97	0.94	0.88	0.87	0.83
		一等危险品	1.34	1.19	1.09	1.02	0.97	0.94	0.90	0.88
		贵重及特种鲜活品	1.31	1.16	1.04	0.97	0.94	0.88	0.87	0.83
特种车		冷藏车、专用车	1.05	0.88	0.78	0.71	0.66	0.61	0.60	0.58
		槽罐车	1.16	0.97	0.87	0.80	0.75	0.71	0.68	0.66

9月，县交通管理局、县物价局转发省交通厅、省物价局《关于整顿公路汽车货物运价的补充通知》，汽车货物基本运价，由0.16元/吨千米调整为0.26元/吨千米，普通货物分类级差按《价格法》规定：一等货物0.24元/吨千米，二等货物0.29元/吨千米，三等货物0.30元/吨千米，其余特种货物费率、小型货车费率、特种车费率，亦作适当调整。省际、省内汽车零担运价：一般零担运价，普通货物调整为每吨千米的0.38元，特种货物调整为0.50元，快件零担（只有快件零担班车、挂牌营运、24小时内起运的）运价分别加成20%，县乡零担运价分别加成30%。短途货物运价计算办法，由分段计算改为运价加吨次费，为消弭长短途临界里程的运价反差，反差里程实行吨次费递减费率给予补偿。12月，市物价局、市交通局关于整顿公路汽车货物运价的补充规定：短途货运扎口（1～5千米）运输运价，2千米内运输里程仍按市原规定，不足2千米按2千米计算，费率执行省定标准。实行海岛区域差价后，舟山岛与外岛干线、支线不再实行运价比差，区域差价仍按原经省批准的执行。即按省规定短途货物运价加成，加差后运价由各运输企业自行计算，运价尾数计算到分，分以下四舍五入，货物运价区域差价在舟山市范围内实行。

1992年12月，省物价局、省交通厅制定《浙江省汽车运价规则实施细则》，统一规定全省汽车运价计算办法。1998年，省物价局调整管理范围，除特种货物运价外，汽车货物运输价格不再列入政府定价范围，实行市场调节。

第九节　规费征收

嵊泗海岛公路交通运输规费，主要有公路养路费、公路运输管理费、车辆购置附加费、公路建设基金。

公路养路费

1953年10月，交通部《公路养路费征收暂行办法》规定，养路费由县人民政府负责征收。

1958年，改由舟山专署交通运输管理局征收。

1960年2月，交通部、财政部《公路养路费征收和使用暂行规定》，运输企业车辆费率为运价的4%～10%，行驶公路的社会车辆按吨位按月计征，偶尔行驶公路的社会车辆按次计征，每吨0.05元。胶轮拖拉车按每20马力折合1吨位计征，其拖斗不计征。履带式拖拉机可按轮式拖拉机费额加倍征收。1963年，按《浙江省公路养路费征收和使用暂行规定》征收，以路养路，专款专用。

1964年6月，交通部、财政局、农业部下达《关于农业部门的拖拉机暂行规定减免养路费的通知》，农业部门拖拉机从事田事作业、运送公粮的，免征养路费，从事营业性运输的须缴养路费，履带式拖拉机免征。1972年7月，舟山地区交通邮政局按照省革命委员会《关于调整社会车辆公路养路费征收规定》，制定《关于调整社会车辆公路养路费征收费率的规定》，向境内公路车辆计征养路费，社会货车每吨每月由60元调整为80元，专业运输企业营运车辆按营业收入的10%调整。

1978年10月，嵊泗开始征收公路养路费。1980年1月，县人民政府制定经省人民政府批准的《公路养路费征收和使用的实施办法》。1月1日起，养路费征收的费率标准：专业公路运输企业、其他部门的专业出租车、三轮客车，按月以营运收入总额的14%计征；社会车辆均按月按行驶证核定载重量吨位，主车每月每吨80元计征，随车拖带的客、货拖挂车，按核定吨位每月每吨40元计征；企事业单位以及不属国家行政的小吉普车，按每辆每月40元计征；拖拉机按发动机每20马力折合1吨，不另征费；手扶拖拉机每台每月以20元计征；各种重型汽车核定载重10吨及不足10吨的按40元计征。大型平板车，核定载重20吨及以下的，按每月每吨40元计征；超过20吨以上部分每吨按20元计征。不能载货的特种车，按自重，每月每吨40元计征。1985年5月，省人民政府批准省计经委、财政厅、物价局制定的“关于调整公路养路费征收标准的意见”称，6月1日起，调整征费标准：企业、事业、合作社等单位和个体户、专业户、联户、个人的车辆以及交通运输企业的非营运车辆，按核定载重吨位每月每吨80元调整为105元征收。汽车拖带的挂车每月每吨减半计征；交通部门公路专业运输企业的营运车辆和其他部门的专业出租汽车，按营运收入的总额14%调整为15%计征，若低于社会车辆征收标准的，改按每月每吨105元征收；农民个人和联户的机动车辆养路费，专业从事营业性运输的手扶拖拉机，按每月每台20元调整为30元征收，轮式拖拉机每20匹马力折合1吨，按每吨每月32元调整为按42元征收。

1988年6月15日，浙江省人民政府制发的《浙江省公路养路费附加费征收实施办法》规定，养路费附加费征收标准：按每吨每月105元标准计征养路费的车辆，其养路费附加费按每吨每月25元计征，两者合计征收每吨每月130元；按每吨每月53元标准计征养路费的车辆，其养路费附加费按每吨每月12元计征，两者合计征收每吨每月65元；按每吨每月42元标准计征养路费的车辆，其养路费附加费按每吨每月10元计征，两者合计征收每吨每月52元，按每辆每月30元标准计征养路费的车辆，其养路费附加费按每辆每月6元计征，两者合计征收每辆每月36元；按每吨每月26元标准计征养路费的车辆，其养路费附加费按每吨每月6元计征，两者合计征收每吨每月32元。

1990年11月起，按省人民政府《关于开征摩托车养路费和调整部分车辆养路费征收标准的通知》，开征摩托车（包括侧三轮、二轮、轻骑）养路费：侧三轮摩托车每辆每年150元，二轮摩托车每辆每年100元，轻便摩托车每辆每年50元。调整部分车辆养路费征收标准：按核定载重吨位计征养路费的车辆（包括后三轮机动车），其征费标准从每吨每月105元调整为每吨每月145元；5座及5座以下非营运客车按1个载重吨起计征。营业性客车按营运收入总额的15%计征，征收实绩低于按吨计征费额的，补足到按吨计征费额。拖拉机（包括方向盘和手扶式）按拖挂车的核定载重量计征，其费额补足调整为每吨每月50元。1992年12月，舟山市物价局、市交通委《关于核定公路规费标准的通知》，1993年1月1日起执行重新核定全市规费征收标准：养路费按营运收入总额15%征收的营业性客运车辆，测算营收折合定额养路费为征收标准：跨地市客运大客车、5座以下轿车，每月每吨320元；公交微型车、海岛微型车（8～30座）、7座以下微型车每月每吨280元；四轮厢式载客车每月每吨220元；海岛大客车每月每吨180元；简三轮载客车每月每辆100元。

1994年4月起执行浙江省人民政府制发的《浙江省公路养路费征收管理办法》，停收养路附加费，养路费从145元调整至165元。

2003年12月，浙江省交通厅等联合下达《关于调整公路养路费征收标准的通知》规定，从2004年1月起，货车和非营业性客车公路养路费征收标准由每月每吨165元调整为每月每吨200元。2004年，执行经省人民政府同意，省交通厅、省财政厅联合下达的《关于对农村短途客运班车养路费等公路规费实行优惠的通知》，12月起，嵊泗县乡镇之间客运班车养路费全免。

2008年12月22日起，执行财政部、国家发展改革委、交通运输部、监察部、审计署联合下达的《关于公布取消公路养路费等涉及交通和车辆收费项目的通知》，从2009年1月1日起，实施燃油税费改革，全国范围内统一取消公路养路费、公路运输管理费、公路客货运附加费。

公路运输管理费

1979年1月，舟山地区行政公署《关于统一征收民间交通运输管理费的通知》规定，农村社队办的运输社（队）、城镇街道办的和企事业单位的家属搬运组以及个体运输业者参加运输的车辆及搬运装卸，须缴纳民间运输管理费，费率按营业总收入的3%缴纳，由县交通局或所属站负责征收。1983年7月，国家经委、交通部《关于改进公路运输管理的通知》规定，交通部门向从事营业运输的单位和个人按运输营业额征收不超过1%的运输管理费。

1985年1月1日起，嵊泗县向从事客货运输、搬运装卸、车辆维修、运输服务企业和个人征收按营业收入1%的运输管理费。难以计算营业收入的按月定额征收。征收标准：个体货运汽车每月每吨12元。单位自备车辆每月每吨8元；个体出租客车每月每座5元，简易三轮机动车每月每辆10元，手扶拖拉机每月每吨12元。

1987年10月，舟山市交通局行文调整公路运输管理费征收办法：从事营业性公路客货运输、搬运装卸、运输服务的单位和个人以及驻军参加地方营业性运输的车辆，均须缴纳运管费。车辆运输单位或个人经营旅客运输、货物调度、产供销运输、搬运装卸及运输服务等发生各种方式费用结算的，均列入公路运输管理费征收范围。交通运输企业按运输、运输服务费收入额的1%征收，非专业运输单位的客货运输、运输服务，有营业额的参照执行。非交通运输企业车队、厂矿企事业单位自备车辆和个体车辆，营业额难以计算的，按月定额征收，客车每月每座位1.50元。货车运输管理费征收执行以下3种标准：跨市从事货物运输的每月每吨8元，个体货车每月每吨10元。从事货物运输的，每月每吨7元，个体货车每月每吨8元。舟山市境内季节性从事货物运输的每月每吨5元。1988年11月，舟山市公路运输管理处行文统一舟山市运输管理费征收标准：专业运输单位客货车，按营业收入1%征收，非专业运输单位货车按月定额每月每吨征收8～12元；客车按座位，7座以下（含7座）每月收5元，8座以上减半计征。

1990年11月，省财政厅、省交通厅、省物价局制发《浙江省公路运输管理费征收和使用规定实施细则》，规定运管费征收范围与征收标准：从事营业性公路客、货运输的单位和个人的客、货运输车辆，按应收运费的1%计征，从事营业性搬运装卸和运输服务的单位和个人的汽车维修，按不超过营业总额的0.5%计征，应收运费、营业收入难以计算的，也可核定按月定额征收。1992年1月，舟山市交通局、市物价局下达《关于整顿公路运输管理费的通知》，规定舟山市公路运输管理费征收标准：公路专业运输企业，统计资料齐全、营业额准确的，按运输营业额的1%征收。统计资料不齐、营业收入不准确的，定额征收。其他客货车辆（有营运证），无法准确确定营业收入的，实行定额计征，货车每月每吨12元，不足半吨按半吨计征，超过半吨按1吨计征。客车每月每座5元，10座以下扣1座，10座以上扣2座。从事营业性运输的手扶拖拉机每年每辆100元，轮式拖拉机每吨每月8元，微型（简）四轮小货车每月每辆15元，三轮车每月每辆10元，人力三轮车每月每辆6元，也可按票证营收额1%征收。小板车每月每辆4元。

2005年5月1日起，省统一规定，停止征收出租汽车运输管理费和客运管理费。2009年1月1日起，全国统一取消征收公路运输管理费。

车辆购置附加费

1985年4月，国务院下达《车辆购置附加费征收办法》通知，规定5月1日起，向购置车辆的单位和个人开征车辆购置附加费。国内生产和组装并在国内销售和使用的大客车、小客车、通用型载货汽车、越野车、客货两用汽车、摩托车、牵引车、半牵引车以及其他运输车和挂车、半挂车、特种挂车等的车辆购置附加费，费率10%，国外进口的车辆由海关代征，费率15%。1986年，省计经委下达《关于更新汽车减半征收车辆购车附加费的通知》，汽车报废后购车的单位，持报废证明，一年内减半征收购置附加费。1987年10月，省交通厅、省公安厅、省农业厅联合下达《关于办理车辆购置附加费"免办凭证"的通知》，向1985年5月1日前落户的机动车、挂车以及轻骑摩托车，核发"免办凭证"。机动车以行驶证上牌照日期为准，手扶拖拉机和挂车以购车发票日期为准，此后落户的机动车，行驶证上未盖"车辆购置附加费已缴”印章的，凭购车发票价格补缴附加费。

1990 年 1 月，舟山市启用和换发全国统一的车辆购置附加费凭证，车辆购置附加费每车征收 1 次，征收的费用作为公路建设的专项基金专款专用。

1995 年，交通部、财政部行文调整车辆购置附加费，国产车按购车总价的 10%征收、进口车按购车总价的 15%征收，全部调整为按购车总价的 10%征收。1997 年 2 月，设立嵊泗县车辆购置附加费征收管理办公室，办公地址设在县公路运输管理（稽征）所内，由嵊泗县公路运输稽征所负责征收车辆购置费。

2001 年 1 月 1 日起，实行《中华人民共和国车辆购置税暂行条例》，交通部门征收管理的“车辆购置附加费”改为“车辆购置税”，国税局负责征收管理，由公路部门负责代征。2004 年 10 月，国家税务总局、交通部、人事部、财政部、中央编办联合下达《关于做好车辆购置税费改革人员财产业务划转移交工作的通知》，2005 年 1 月 1 日起，嵊泗县公路稽征所不再行使代征职责，车辆购置税由国税部门自行征收。

公路建设基金

1988 年 8 月，省计经委、财政厅、物价局、交通厅制定《浙江省公路建设专用基金征收实施办法》，1988 年 7 月 1 日起征收的公路客、货运输附加费，作为公路建设专用基金。征收范围：经营客、货运机动车辆的单位和个人均向旅客和货主代征公路建设专用基金。征收标准：客运在客票里程每人千米征收 0.003 元的基础上增收 0.007 元，即每人千米征收 0.01 元，起征点 0.05 元，由经营者在发售客票时向旅客代收；货运按货票里程每吨千米征收人民币 0.01 元，起征点 0.05 元，由经营者在承运、签发货票的同时向托运单位，货主代收。个体（联户）货车每月每吨计征 30 元，社会车辆每月每吨计征 10 元，拖拉机每月每吨计征 10 元。客运建设基金的 70%和货运建设基金，用于高等级公路建设，客运基金的 30%，用于公路客运站场及公路设施的改造和建设。1989 年，开征市客改基金。

1992 年 3 月，市物价局、市交通局下达《关于整顿“公建金”和“客改基金”标准的通知》，规定舟山市“公建金”和“客改基金”征收标准。4 月 1 日起执行。县交通部门严格按规定费率收取。1995 年，开征公路重点建设基金。1998 年停征“客改基金”。1999 年 9 月 1 日起，停征出租汽车、拖拉机重点建设基金，其他货运车辆继续征收。

2009 年 1 月 1 日起，统一取消征收公路建设基金。

1993—2008 年嵊泗县公路规费征收情况表

表 6-3-21　单位：元

年份	公路养路费	公路运输管理费	车辆购置附加费	公路建设基金	摩托车养路费
1993	729501	167847	76091	492962	950
1994	852040	202890	57802	486542	350
1995	1086892	295437	66503	843282	6200
1996	1412055	446143	72002	1008597	11175

续表 6-3-21

年份	公路养路费	公路运输管理费	车辆购置附加费	公路建设基金	摩托车养路费
1997	1568082	430580	88601	1181548	5600
1998	1531322	344974	86472	507897	14290
1999	1522842	365491	81294	503091	4800
2000	1534840	359748	102786	506453	14900
2001	1557271	292291		495864	13300
2002	1589988	341932		501535	34500
2003	1553829	358904		451661	15775
2004	2165498	253811		554875	35400
2005	2311857	271355		540215	41700
2006	2797008	278058		547265	39250
2007	3355662	300317		616152	60500
2008	3955968	348037		679205	57600

第四章　安全管理

嵊泗县交通安全管理以县、乡人民政府责任制为核心，以交通主管部门的行业管理为重心，以交通安全监督机构监督检查为保障的格局。

1992 年 12 月，嵊泗县交通管理局成立交通安全领导小组，10 人组成，邵德士为组长，副局长裴年根、金根夫为副组长。1993 年 10 月，嵊泗县交通管理局设安全监督科。1994 年 1 月，成立中华人民共和国舟山港务监督（舟山市海上安全监督局）嵊泗监督站。

2002 年 4 月，嵊泗县交通局贯彻国务院《特别重大事故调查处理程序暂行规定》（1989 年 3 月）、国务院《关于特大安全事故行政责任追究的规定》（2001 年 4 月）和交通部《关于进一步明确水上交通安全管理工作职责的通知》（2001 年 12 月）文件精神，在全县交通运输企业由于人为过失造成的责任事故或自然灾害事故中，未达到规定标准但性质特别严重、影响重大的事故，以及危险品爆炸、泄露等造成重大危害的事故，制定《嵊泗县交通系统重特大事故应急处理预案》，具体规定重特大事故的标准、事故报告制度、应急救援制度、事故调查处理制度、事故结案等。

2005 年，撤销嵊泗县交通局安全生产领导小组，成立嵊泗县交通局交通安全生产委员会，下设水路、道路、工程交通安全 3 个专业领导小组。同时制定《嵊泗县交通局安全生产委员会工作规则》，建立一年四次例会制度，进行行业安全管理。2007 年，根据舟山港务管理局转发的《关于在全省交通系统开展安全生产隐患排查治理专项行动的通知》和嵊泗县安全生产委员会办公室《转发浙江省安全生产委员会办公室关于有关重点行业和领域开展安全生产隐患排查治理专项行动》要求，结合嵊泗港航安全生产实际，嵊泗港务分局成立专项行动领导小组，召集水上运输企业、港口企业、在建工程施工单位，召开专项行动动员大会，部署安全生产隐患排查治理，确定辖区内11家水上运输企业、159艘船舶（客、渡船舶17艘、货运船舶142艘）、31家港口企业、4项在建工程为排查治理范围和对象，并提出具体要求。按照省、市交通主管部门要求，县交通局撤销安全生产领导小组，成立安全生产委员会，制定工作规划，明确职责分工，组成水路、道路、工程交通安全专业领导小组。

2010年4月，港航指挥中心建成投入使用，启动安全监控平台，全方位、全过程、全天候实时监控境内港航各领域。2011年，开展“全国安全生产月”和“安全生产规范年”活动，采用企业自查自纠，行业管理部门督查方法，排查集团企业26家次，查获安全隐患369项，整改348项。

2014年5月，建立嵊泗县交通运输（港航）系统“三防”（防台风、防水涝、防干旱）领导小组，局长钱海彬为组长，副局长郭华、董凯云、叶海章、何琪明和孙忠祥、朱龙华为副组长。修订《嵊泗县交通运输（港航）系统2014年“三防”工作预案》。根据嵊泗县实际情况，“三防”工作的重点：防台，主要预防和减轻台风、热带气旋灾害造成的损失，防止台风、热带气旋引发的大风、暴雨、风暴潮等灾害造成的恶性事故的发生。目标：把台风、热带气旋、暴雨等恶劣天气对水陆交通、港口经营、在建工程造成的损失降低到最低程度，减少人员伤亡，减轻国家和人民群众财产损失。主要任务：修订和完善“三防”工作预案，督促指导水陆运输企业、交通（水运）工程施工企业的“三防”工作；组织人员准备“三防”工作，保证指挥机构、抢险人员、抢险设备设施到位；组织力量抢险救灾，灾后协助政府恢复和重建工作。

第一节　港口安全管理

1958年下半年，嵊泗各地相继成立海上运输企业。船舶签证由嵊泗县公安局各派出所负责，检查船舶有否装运或携带危险物品。1962年冬汛，嵊泗县航运管理站重申严禁船舶装运易爆、易燃危险物品。“文化大革命”期间，嵊泗县军管会严加检查车站、码头，禁止运输船装运危险物品；严禁客车、客轮携带雷管、炸药、酒精、农药等危险品。

1980年2月，浙江省交通厅转发交通部《严禁旅客带危险品进站、进码头、上车、上船的紧急通知》，重申严格贯彻国务院、中央军委《关于加强燃爆物品管理通知》和国务院《关于违反爆炸、易燃危险品管理的处罚暂行办法》，旅客不准携带危险物品乘坐车、船、飞机，违者除没收危险物品外，根据情节给予处分、处罚，造成重大事故致人伤亡和国家财产遭受严重损失的，依法追究刑事责任。1987年，县公安局设立李柱山码头派出所，管理李柱山客货码头秩序，检查危险物品，保证客运安全。贯彻执行交通部《船舶装载危险货物监督管理规划》，载运爆炸品、压缩气体、液化气体、剧毒品、放射性物品、自然液体、氧化剂、易燃固体、自燃物品、遇水燃料物品、腐蚀物品以及其他与上述物品性质、危害程度相当的物品的船舶，必须办理签证手续。木质船或货主自备的小型船舶载运危险物品，须有船方或货主在装卸或装运前办理签证手续。1987 年 2 月，贯彻交通部《化学危险物品安全管理条例》。1996 年 7 月，舟山港务管理局《关于加强港口码头安全管理的通知》，具有码头管理职能和具体使用的企事业单位，必须按照码头的性质和功能管好用好，加强码头船舶靠离、人员上下、货物进出的管理；严禁非客渡船在港口码头搭客下客，旅客上下客运码头必须凭当班有效船票；严禁客渡船客货混装；禁止无证船舶靠泊港口码头和超吨位车辆上下接送货物；港口码头不得擅自进行易燃易爆、有毒有害物品装卸及不符合卫生要求的作业；做好港口机械设备保养工作。1997 年，现场监管危险品及油船 35 艘次，15591 载货吨。1995 年至 1999 年，监装监卸危险物品 239 次。2000 年，监管水上、水下施工作业 8 起，完成初审油码头作业许可 6 座，办理油码头许可 2 座；办理油船、危险品船舶申报手续 44 艘次 36393 货吨。2001 年，检查港口安全 12 次，查处危险物品 7 起，其中烟花爆竹 1600 余响，油漆 17 千克，液化气 3 桶 180 千克，管制刀具 24 把。

2002 年 11 月，《中华人民共和国安全生产法》实施。2005 年，开展“平安交通”活动。制定完善“三防”工作预案，完善避台、抗台应急救助、通讯联络。2008 年，成立港口保安联合检查队和“奥运”安保督查组，加强港区治安管理和督查，通过安检、巡查、查堵，查获一般性违禁物品 6 起。

2006 年，开展“水上危险品运输‘百日会战’安全专项整治行动”，港务分局港政科和港航检查大队检查辖区 4 家从事港口危险品经营企业和 4 家水路运输企业的经营资格和安全营运环境。码头装卸、消防等设施；作业人员持证上岗和码头装卸许可范围等情况。参与检查人员 87 人次，组织检查 24 次，检查企业 8 家，查处安全隐患 13 起，责令限期整改 4 起。

2007 年，县交通、安监、公安部门联合制定《嵊泗县采石企业水路运输装载暂行管理办法》，采石宕口配备安全管理员，由交通、安监、公安和乡镇统一管理，加强宕口采石现场管理，严格控制船舶装载石料运输量。

2009 年 4 月，资质年审辖区内危险品企业的作业点，审批危险货物港口作业 373 家次，作业申报危险货物吞吐量 120.7 万吨。

上海世博会期间，围绕“环沪护城河”安保工作中心，配置 130 多万元的安保设备，签署安保责任状，落实安保措施。截止 11 月 15 日，安检出港旅客 25.78 万人次、摆渡车辆 5284 辆次，查获违禁物品 473 件，查获网上通缉嫌疑犯和其它嫌疑犯各 1 人。建立完善港口经营企业重大安全生产事故应急预案、自然灾害（三防）应急预案、港口危险品货物安全生产事故应急预案、旅客紧急疏散应急预案，督促指导港口企业开展应急预案演练 8 次，保安训练 21 次。2010 年，规范危险货物港口作业网上申报工作，审批危险货物港口作业 181 家次。2011 年，审批危险货物港口作业 66 家次，申报危险货物吞吐量 5 万吨，年审辖区内 24 家港口经营企业和 7 个油品码头作业点。2013 年，排查港口经营企业 83 家次，查处整改隐患 82 项，现场核查重点危险货物作业 40 次，审批危险货物港口作业 116 家次，作业危险货物吞吐量

5.71万吨，完成辖区内21家港口经营企业年审。宝钢嵊泗马迹山港和洋山深水港国际石油储运有限公司《港口设施安保符合证书》年度核验工作。2014年，开展港口危险货物经营企业油气输送管线安全和省际包装危险货物运输安全专项整治活动，建立完善重大危险源备案制度。建立码头安全管理长效机制，制定《包装危险品装卸报告制度》《包装危险品装卸作业安全管理制度》等。

第二节　海上运输安全管理

1954年3月，舟山航运管理处设航政股，负责辖区海事处理。1955年2月，嵊泗县航运管理站成立，负责境内一般性海事调解和处理。同年5月，成立舟山地区港航安全生产委员会及其办公室，负责辖区港航安全管理。1956年，舟山航管处设港监股，为海事处理专职机构。此后，嵊泗境内发生的海事，均由舟山航管处港监股（科）负责受理。1959年，舟山县交通运输管理局制定《舟山县海上木帆船安全航行规章》，具体规定船舶航行、船员职责、安全操作等。1960年11月，舟山航管处组织各县航管站18人，成立舟山航区安全生产工作组，制定工作计划。1961年后，嵊泗境内机动运输船舶逐年增多，重大海事由舟山港监部门负责办理，木帆船和机动船舶发生的一般性海事，由嵊泗航管站负责办理。1963年10月，舟山交通运输管理局成立安全生产检查委员会，10月至11月，采用“三结合”（组织力量与船员自查相结合，自查和互查相结合，领导、技术人员、老工人相结合）办法，在辖区开展“十查”活动。1966年11月，成立舟山专署交通运输管理局嵊山渔场工作组，在壁下、花鸟、洛华设分点，全面负责渔场交通运输安全工作。

1976年8月23日，嵊泗县革命委员会设立嵊泗县交通安全管理委员会，由县革命委员会分管交通的负责人任主任，交通部门负责人任副主任，航管部门和其他有关部门的负责人任委员，负责全县海上交通安全工作。各运输船舶配备安全员，协助船长落实安全岗位责任制和船上安全的具体事项。

1974—1980年海上交通事故统计表

表6-4-1

年份	事故数（起）	沉船数（艘）	死亡失踪人数（人）	直接经济损失（万元）
1974	2	0	0	0.25
1976	1	0	0	0.2
1977	3	1	2	2.89
1978	15	1	0	8.13
1979	6	0	1	0.80
1980	11	0	0	0.89

1988年1月，成立嵊泗县渡口安全管理办公室，归口县交通管理局，监督、检查全县渡口

安全管理工作，在金平、五龙、黄龙、嵊山、枸杞、大洋、小洋、滩浒8个乡镇各配备1名乡管员，专管渡口、渡船安全。1989年6月起，县渡口管理办公室与11个渡口乡镇人民政府签署渡口、渡船安全管理责任书。1995年，县交通部门开展交通运输安全年和反“三违”（违章指挥、违章操作、违反劳动纪律），发放宣传资料300余份，出动检查人员280人次，检查各类船舶250余艘次，纠正违章船舶40余艘。1998年，安排13名应届交通系统中专学校毕业生担任乡镇船舶（渡口）安全监督员。1999年，舟山海星轮船有限公司所属“海星6”客轮“10·2”重大海难事故和山东航运集团烟大汽车轮渡股份有限公司客滚轮船“大舜”轮“11·24”特大海难事故后，嵊泗交通部门发出《关于进一步加强水上交通安全的通知》，全面检查辖区内水上客运企业和客（渡）船、客滚船。发现的安全缺陷，由港监发出《客（渡）船安全检查通知书》或《督办通知书》。2000年，交通部提出为“水上运输安全管理年”。4月，县交通管理局成立“安全管理年”活动领导小组，制定活动方案，利用广播、电视、宣传车、简报、黑板报、横幅、标语等形式向全社会宣传，有10个单位参与活动，召开教育动员会25次。结合安全生产周和反“三违”（违章指挥、违章操作、违反劳动纪律）月活动，组织3个检查组。交通部全国水上交通安全工作紧急电视电话会议和国家海事局关于开展船舶集中检查会战的紧急通知后，在省航运局统一部署下，7月11日至31日，辖区内客（渡）船开展安全大检查。按照舟山港务管理局（航管处）年初部署，县交通管理局开展“三项整治”（客滚轮专项整治、小型船舶集中整治、重点通航水域专项整治）活动，集中整治嵊泗中心渔港营运的小型船舶，协助上级港监培训考核上年核发船名牌的121艘港内小机船，配合船检进度，完成68艘办理船舶登记手续和营运手续。通航水域重点整治确定洋山港区水域、李柱山港区水域和嵊泗中心渔港水域。11月1日至10日，重点检查菜园、嵊山、枸杞等地区的营运船舶，参与检查人员25人次，检查船舶20艘，查处违章船舶8艘，扣证2本，补办临时营运证书2本，补缴规费5000元。

2000年，根据交通部重点整治客滚轮运输企业的要求，嵊泗港务分局、县航运公司投入60万元，评估审核县航运公司所属客滚轮“舟桥1”轮运输安全，检查和更换该船通讯、导航、消防、救生等设备。是年，出动检查人员902人次、港监艇39艘次，检查企业24家，渡口、码头119处次，船舶389艘次。调处海上交通事故14起，组织海事救助10起，救助危难船舶8艘，挽回经济损失580万元。发放《整改通知书》、《责令停航通知书》及有关安全督办文书90份，查处非法客船载客8次，阻止非客船载客行为6起。

1986—2000年海上交通事故统计表

表6-4-2

年份	事故数（起）	沉船数（艘）	死亡失踪人数（人）	直接经济损失（万元）
1986	17	3	2	26.29
1987	18	4	1	36.54
1988	9	2	0	28.75

续表 6-4-2

年份	事故数(起)	沉船数(艘)	死亡失踪人数(人)	直接经济损失(万元)
1989	18	2	0	20.89
1990	16	3	0	39.63
1991	20	0	5	30.67
1992	26	3	0	35.78
1993	20	0	0	12.26
1994	10	0	0	26.2
1995	17	1	16	60.55
1996	13	1	1	100.48
1997	17	0	0	118.68
1998	3	1	0	95.3
1999	4	1	15	63.48
2000	4	1	0	84.2

2001 年 4 月，嵊泗海事处成立，履行水上安全管理职责，根据辖区内航路、锚地、船舶、码头较多的特点，突出重点监管“四客一危”船只（客滚船、客渡船、高速客轮、普通客轮、危险品船）和马迹山港区、绿华山平台，强化监管砂石运输船和重大节假日等重要时段的安全。同年开展第二个水上安全管理年活动，结合安全生产周和反“三违”月两大主题，运用广播、电视、横幅、宣传车等载体，宣传交通安全。共召开各类会议 18 次，电视宣传 16 天，悬挂宣传横幅 8 条，分发各类安全生产资料 200 份，并通过上码头、下船舶检查机会进行面对面宣传。进行乡镇船舶安全管理大检查和无证搭客检查，采用正常检查、突出检查、集中检查和分片检查相结合的方法，检查乡镇船舶 137 艘，查处违章船舶 21 艘，补缴规费 2.9 万元，行政处罚案件 4 件，罚款 4.07 万元，查封 2 艘长期无营运证的运输船舶；拉网式检查无证搭客，检查乡镇 34 次，企业 32 家次，船舶 202 艘次，查处违章船舶 21 艘次。2002 年 11 月，县交通局成立整改领导小组，负责县航运公司和大洋船务公司两家跨省水运企业在年底通过有关部门的审核。2003 年 6 月，建立嵊泗县交通系统海上应急救助中心，成立新的领导小组和启动救助指挥中心。救助指挥中心设在县交通局四楼航运公司值班室，24 小时值班。客船均配有海上救助通讯网络及客轮就近互救船舶匹配，货船均配有高频通讯设备。

2004 年，如期完成全县乡镇客渡船更新改造计划。2005 年，建立乡镇船舶管理站与辖区内运输船舶三项联系制度。嵊泗港务分局联合上海洋山港海事处、县安全监督局、洋山镇人民政府等组成专项整治活动领导小组，在洋山地区进行 40 天的营运船舶专项整治活动，整治从事采石装运的港口经营企业，查处超船检规定载重吨位配载等非法经营行为，加强船舶超载和超风力航行现象的源头查处。是年，开展各类运政检查 15 次、专项整治活动 4

次，出动检查人员740人次，检查艇35航次，检查各类船舶332艘次，处罚违章船舶114艘。2007年，开展全国第六个“安全生产月”活动，进行各种形式宣传和专项整治。2009年10月，组织由县安全生产监督管理局、县交通局、上海洋山港海事处、嵊泗海事处、县边防大队、各乡镇人民政府共同组成，成立嵊泗县水路运输安全监管联合执法领导小组，由常务副县长任组长，每年3月、4月、11月、12月为联合执法重点时段，其他时段每月联合执法不少于10天。规定在嵊泗注册的水路运输企业，乡镇运输船舶经营者所属的500总吨以下运输船舶须安装船舶AIS系统（船载自动识别系统设备），水路运输安全监管联合执法部门做好船舶AIS系统的领导、指导、安装、把关、检查、动态监管等工作，船舶AIS系统安装工作纳入水路运输企业年审、运力新增、船舶检验的前置要求和相关标准。新增特定船舶、高危船舶进入运输市场前必须经过综合评估。2010年，落实水路运输安全管理六项制度。制定船员培训基金管理办法，落实40万元专项培训基金，举办AIS实际操作和应用培训、洋山地区低级船员技能实操培训。水路运输安全管理六项制度被表彰为舟山市安全生产“十佳新措施”。

2014年，落实安全生产“党政同责、一岗双责、各抓共管”制，县交通运输局与局属（管）单位、站点、渡口乡镇和管辖企业签署安全生产责任书。联合沪浙两地海事、边防、海洋、渔业、乡镇等部门开展辖区内水路运输联合执法行动，建立安全例会制度、春季联合执法巡查制度。3月，县交通运输局联合洋山海事、洋山镇人民政府开展为期一个月的春季海上运输安全整治活动，检查船舶69艘次，立案查处船舶无营运证经营行为47例，罚款19万元，

2001—2014年嵊泗海上交通事故统计表

表6-4-3

年份	事故数（起）	沉船数（艘）	死亡失踪人数（人）	直接经济损失（万元）
2001	4	1	0	169.68
2002	8	8	7	1114.8
2003	5	3	3	118.4
2004	8	2	0	1156.86
2005	8	4	0	912
2006	9	4	12	493
2007	4	1	17	6600
2008	8	5	1	1094
2009	4	2	1	3940
2010	6	2	0	442
2011	9	0	0	261
2012	5	1	0	125
2014	3	0	0	340

2001—2014年海上搜救行动及效果表

表6-4-4

年份	搜救数(次)	获救船(艘)	获救人员(人)	人员救助成功(%)
2001	5	4	45	100
2002	4	2	37	84
2003	8	5	202	98.5
2004	11	9	96	100
2005	8	4	57	100
2006	13	4	52	100
2007	10	3	41	100
2008	20	11	331	98.5
2009	13	4	127	96.2
2010	37	2	33	100
2011	18	4	62	100
2012	8	1	32	100
2013	18	1	23	100
2014	17	2	36	100

附:历年海上事故选录

1937年5月20日晚,上海公大渔行“金裕隆”号冰鲜船在佘山洋面收鲜,被日本“大贞”号白皮渔轮撞沉。全部船货落水,日轮见死不救,后获国内途经渔船救护。

1949年1月27日,上海中联轮船公司豪华客船“太平”轮由上海驶往台湾基隆。晚11:45,在白节山附近与货船“建元”轮相撞。“建元”轮撞后沉没,船上74人,72人死亡,2人获救。“太平”轮于28日约0:10沉没于白节山海域,船上900余名旅客和124名船员,近千人遇难,39人获澳大利亚军舰救护。

1955年11月4日,英籍商轮“贝克斯普罗”号在嵊泗浪岗山岛东南海面,撞沉定海县新生渔业生产合社6号渔船,渔民死亡3人,伤3人。

1964年10月5日,金平渡轮在小菜园老码头停靠时,船体碰撞码头,菜园搬运站副站长乐秀方急以手推抗,被涌浪卷落水中,夹在渡轮与码头之间轧伤,抢救无效死亡。

1968年6月9日,小菜园老码头驳船驳客至“浙江811”客轮,因载客多翻船,驻军某部航保处工程师陆熙彦落水身亡。

1981 年 9 月 1 日，菜园农业队运输船“浙嵊副机 19”触衢山西北水桶礁翻沉，死亡 1 人，直接经济损失 6 万元。

1986 年 5 月 12 日，大洋运输站运输船“嵊机 402”在上海长江口南支航道 21 号灯标附近搁浅，直接经济损失 4.7 万元。

同年 7 月 14 日，菜园运输站运输船“嵊机 101”在金鸡尾巴里侧约 500 米处沉没，直接经济损失 6 万元。

同年 10 月 5 日，青沙个体联户运输船“嵊副机 24”在上海松江县米市渡下游与邻船碰撞，死亡 2 人，直接经济损失 1.09 万元。

同年 12 月 1 日，五龙个体联户运输船“嵊副机 29”在菜园港触损沉没，直接经济损失 5 万元。

1987 年 3 月 8 日，滩浒乡 13 吨位、24 马力机动渔船从定海长白修理出厂返回途中翻船沉没，42 人遇难。

同年 3 月 27 日，大洋建材厂“嵊副机 61”号船在大洋大梅山长礁嘴头触礁沉没，直接经济损失 4.47 万元。

同年 7 月 4 日，大洋工程队“嵊副机 64”号船在平湖乍浦港触礁沉没，直接经济损失 4.2 万元。

同年 7 月 8 日，马关个体联户运输船“嵊副机 71”在上海崇明奚家港触礁沉没，直接经济损失 5 万元。

同年 7 月 24 日，嵊山渔业二队“嵊副机 41”号船在岱山宫山浪损沉没，死亡 1 人，直接经济损失 5.5 万元。

同年 11 月 23 日，菜园农工商合作社运输船“嵊副机 19”冒雾航行，在定海火烧门团鸡山东北角触礁，直接经济损失 15 万元。

同年 11 月 26 日，马关渔工商联合公司“嵊副机 57”船在上海长兴岛触礁沉没，直接经济损失 3 万元。

1988 年 5 月 2 日，五龙运输站“浙嵊 89015”号船在上海横沙岛附近搁浅沉没，直接经济损失 5.5 万元。

同年 7 月 21 日，大洋镇无证渔船违章搭客，遇风翻沉，船上 18 人失踪。

同年 8 月 20 日，菜园农工商合作社运输船“浙嵊 86042”在温岭石塘三蒜岛附近遭涌浪，船上货物移位，船体倾斜沉没，直接经济损失 18 万元。

1989 年 7 月 25 日，枸杞个体联户“浙嵊 96015”船在枸杞岛状头龙洋面受急流冲击失控，船体倾斜进水，直接经济损失 2.5 万元。

同年 10 月 11 日，菜园综合公司“浙嵊 86028”船在金鸡山湾口触损，直接经济损失 3.6 万元。

同年 11 月 2 日，大洋工程队“浙嵊 97069”船在上海金山卫 6 号坝遭风浪冲击损毁，直接经济损失 10 万元。

1990 年 3 月 7 日，青沙个体户运输船“浙嵊 88024”在上海松江内河触礁沉没，直接经济损失 6.2 万元。

同年 4 月 27 日，菜园镇个体运输船“浙嵊 86031”在上海长兴岛南因风大浪急走锚碰撞石坎损坏，直接经济损失 18 万元。

同年 7 月 27 日，福建平潭县苏沃运输队“苏航 107”船，在嵊泗唐脑山附近触礁沉没，经济损失 35 万元。

同年 11 月 13 日，大洋化工厂“浙嵊 97016”号船在大洋圣姑码头装卸作业，因带电铁钩与装有甲醇的铁桶碰撞引发火灾，直接经济损失 16.8 万元。

1991 年 1 月 23 日，定海册子乡个体“浙嵊 97070”船在大洋山雄鹅头外口，因忘记关闭海底阀门引起船体大量进水沉没，直接经济损失 6.77 万元。

同年 1 月 24 日，大洋镇个体“浙嵊 97065”船在滩浒洋面受风浪冲击，船体尾部油灰脱落，造成大量进水沉没，死亡 5 人，直接经济损失 6.84 万元。

同年 3 月 29 日，马关镇个体运输船“浙嵊 87057”在花鸟海域从花鸟南岙开往北岙，途中触礁沉没，直接经济损失 4 万元。

1992 年 5 月 13 日，小洋乡手工业社“浙嵊 98029”船在上海金山卫附近受大风、涌浪袭击沉没，直接经济损失 5.13 万元。

同年 7 月 17 日，金平乡小平头村忻德根个体联户运输船“浙嵊 90033”在小关岙装载石子 80 吨夜航开往金平，途经李柱山后侧洞山山嘴触礁，直接经济损失 1.3 万元。

同年 9 月 7 日，菜园基湖村个体运输船“浙嵊 86002”在长江口 3 号浮标西南 1 海里处遇风浪袭击沉没，直接经济损失 6 万元。

同年 9 月 11 日，金平乡个体运输船“浙嵊 90026”在滩浒洋面鸡娘礁触礁沉没，直接经济损失 7.7 万元。

同年 11 月 23 日，小洋手工业社“浙嵊 98014”号船在小洋大岙口触礁，直接经济损失 5.35 万元。

1993 年 7 月 17 日 6 时 30 分，嵊泗县航运公司“浙舟 732”货船从温州乐清黄毕锚地装运 170 吨黄沙驶往嵊泗县菜园镇，在石浦下湾门触寨兰礁，幸无人员伤亡。

1996 年 1 月 10 日 18 时 50 分，嵊泗县海运公司“浙舟 701”轮触碰中心渔港防浪堤东南侧水下鸭脚板礁，直接经济损失约 5 万元。

1996 年 3 月 22 日 19 时 50 分，嵊泗县石油公司“浙嵊商 107”轮从小菜园开往金平途中，碰撞锚泊船“浙嵊商 103”轮，直接经济损失 1.4 万余元。

同年 4 月 15 日 14 时 15 分，嵊泗县海运公司客船“嵊翔”轮在菜园港小菜园码头加柴油后离码头，因水深不足造成螺旋桨打到水底石头，螺旋桨和尾轴报废，直接经济损失 14 万元。

同年 4 月 19 日 3 时 40 分，嵊泗县大洋花岗石经营公司金涛所有“浙嵊 97041”船装运石块 120 吨锚泊大洋港圣姑礁西北侧，遇大风浪后货物移位，倾覆沉没，死亡 3 人，失踪 12 人，直接经济损失 115 万元。

同年 4 月 19 日 14 时 30 分，嵊泗县马关镇徐阿华“浙嵊 87036”船靠泊嵊山箱子岙码头，因骤起大风，无法出港，碰撞码头，直接经济损失 3.4 万余元。

同年 4 月 19 日，大洋镇新宫村“浙嵊 97041”货船由大洋驶往上海，在大洋山圣姑礁西侧，风灾翻沉，3 人死亡，12 人失踪，经济损失 112 万元。

同年 5 月 27 日 6 时 30 分，嵊泗县海运公司客船“金沙”轮在青沙牛踏渡启锚开往李柱山码头，途中遇浓雾与“浙岱渔 06829”船碰撞，双方经济损失 14.56 万元。

1997 年 3 月 1 日 21 时，嵊泗县大洋镇刘文标“浙嵊 98076”船由上海横沙返回大洋港，锚泊大洋港长坑码头装载石块 200 吨后离码头，因装载不均，与锚泊中的“浙嵊 97086”船相撞，直接经济损失 3.45 万元。

3 月 29 日 9 时 40 分，嵊泗县大洋镇刘善龙“浙嵊 97080”船由上海横沙返回大洋港，遇浓雾，在大洋港圣姑礁附近与“浙嵊渔 10174”船相撞，直接经济损失 4.65 万元。

3 月 29 日 16 时 50 分，嵊泗县小洋乡孔其孟个体“浙嵊 98083”船由小洋珠山塘口开往小洋冷库码头加水，倒车时离合器操纵绳崩断致船艄碰触码头，直接经济损失 1.37 万元。

4 月 21 日 9 时 48 分，嵊泗大洋船务公司客船“有财 2”轮由泗礁开往镇海，遇雾航行进衢山港，与“浙岱渔 04471”船相撞，2 人落水获救，直接经济损失 5.77 万元。

4 月 28 日 2 时 40 分，嵊泗县马关镇邱松定“浙嵊 87046”船由黄龙大岙轧石场码头运载石子 220 吨开往上海，在外高桥附近碰触水下不明物，船体大量进水下沉，在外高桥冲滩，直接经济损失 1.7 万元。

5 月 25 日 22 时 40 分，嵊泗县马关镇马阿毛“浙嵊 87054”船由乍浦港装载瓶装液化气 60 余吨返回泗礁港，在剑门水道与“浙嵊渔 13350”船相撞，直接经济损失 1.8 万元。

1998 年 5 月 18 日，大洋“浙嵊 97076”船装载块石 230 吨，由大洋镇大梅山石宕驶往岱山港，在岱山蓬莱山西北侧海域触及水下不明物，产生重度左倾，所载石块移位，船舶沉没，10 名船员全部获救，直接经济损失 85 万元。

1999 年 4 月 12 日，小洋乡石料建材公司袁阿定“浙嵊 98015”货船从上海金汇港驶往嵊泗，距小乌龟灯桩以西约 3 海里处遇风浪沉没，2 人死亡，13 人失踪，经济损失 100 万元。

2000 年 12 月 26 日 7 时 20 分，“浙嵊 97015”装载 110 吨石块从小洋山客货码头外锚地开往上海南汇大河沿港。7 时 20 分行至小戢山西侧，船体右倾，仓内积水晃涌返回；8 时 30 分在小乌龟灯桩东南侧约 300 米处沉没。8 名船员 6 人获救，2 人失踪。

2002 年 5 月 2 日 14 时 25 分，嵊泗县工商局“嵊工商检 1”船在嵊泗小菜园码头驶往嵊山途中，因浓雾与一拖带船组在绿华山锚地南侧发生碰撞沉没，船上 7 人，2 人获救，5 人失踪。

2004 年 2 月 10 日，嵊泗县江山公司“浙嵊 97071”船在上海川沙附近被荷兰“华沙”轮撞沉，死亡 6 人，4 人失踪。

2005 年 1 月 1 日 7 时 20 分，“玉龙”轮在“航锋 1”及“航锋 2”拖带下从营口开往汕尾，拖带中受大风浪影响拖缆断裂，因通风筒及应急逃生孔被打烂，船舶进水沉没，幸无人员伤亡。

2006年11月10日3时30分左右，新加坡籍化学品运输船“WULANSARI”轮从宁波开往新加途中，在舟山浪岗山东北约5海里附近水域与“浙普渔42263”船发生碰撞，“浙普渔42263”船沉没，船上6名渔民全部失踪。

同年12月12日0时左右，“浙定渔14413”船与一艘不明身份的大轮在舟山浪岗山东北约6海里水域发生碰撞，造成“浙定渔14413”船沉没，7名船员全部落水，1人获救，6人失踪，事发后，大轮擅自离开现场。

2007年3月17日22时50分，“惠荣”轮由天津开往泰国曼谷途中，在舟山嵊泗浪岗山东北水域与由黄骅港驶往广州港的“鹏延”轮发生碰撞，“惠荣”轮沉没，17人失踪。

2008年5月23日凌晨4时，嵊泗县江山海运有限公司委管的“浙嵊97156”在大黄龙西北侧附近水域触礁沉没，船上船员10名，9人获救，1人失踪。

2009年3月9日，嵊泗鑫达海运有限公司经营的“浙岱82399”运输船从上海港装载钢材运往温州港，8时15分途经舟山桃夭门大桥水域，因潮流急，所载钢材移位，船体倾斜侧翻，7名船员全部落水。1人获救，6人失踪。

同年11月1日4时30分左右，伊朗籍杂货船“ZOORIK”轮因受寒潮大风影响，在绿华北锚地走锚触礁，船体断裂，约510吨燃油外溢入海，幸无人员伤亡。

2010年6月15日1时左右，“浙嵊86108”船装载石子400吨由小黄龙开往嵊泗中心渔港，在淡菜屿东面触礁，沉没，幸无人员伤亡。

2013年4月14日约20时40分，“丰祺油供2”轮在从嵊泗北鼎星水域起锚，返回舟山定海途中，与锚泊在嵊泗北鼎星西面水域候潮的干货船“六航机266”轮碰撞，“六航机266”轮进水后沉没，幸无人员伤亡。

2014年4月2日22时46分，马绍尔籍散货船“CHRISTINE”轮从绿华南锚地新双峰海减载船离泊开往上海，与锚泊在绿华海域的日本籍散货船“PLEIADES　DREAM”轮碰撞，双方船体受损变形，幸无人员伤亡。

第三节　陆上运输安全管理

1975年10月，成立嵊泗县交通监理站，负责全县车辆监理及陆上交通事故处理。1994年至1997年，县公安交警部门大规模整顿交通秩序16次，参与警力15725人次，检查各种车辆35391辆次，查处违章车辆7907辆次。1987年9月，县公安局交通警察大队负责陆上交通事故处理。1995年，开通“122”交通事故报警电话。1999年，实行事故处理公开。当年事故结案率98%，责任认定结案率100%。

1998年，运输企业加强承包车、租赁车、挂靠车安全管理，规定聘用驾驶员户籍原则上必须在嵊泗本县(除长途班车驾驶员外)，A型驾驶员年资4年以上、B、C型驾驶员年资2年以上的，方可测试应聘。经企业技术测试合格的，报请公路运输管理部门审核，上岗培训合格，发放驾驶员上岗证后，由交警、公证部门办理有关聘用、公证手续，签署承包、租赁、挂靠合同。聘用驾驶员定期与企业签署行车安全责任书。

2001年，开展安全管理年活动。规范客运市场，杜绝站外载客和装卸货物、车辆排班公开公平，持证进站，客车司乘人员持证上岗。检查各工地无牌无证车辆参与营运，复审经营者经营资格和清理挂靠车辆。进行始发车安全管理，建立门检、场检制度，严禁超载、客货混运。是年，县交警部门受理交通事故警情237起，当场调解及快速处理224起，立案侦查49起，受伤25人，死亡1人。2002年，开展全国第一个"安全生产月"活动。县交通局成立嵊泗县交通运输安全监督领导小组，"安全生产周"改为"安全生产月"，和"反三违月"一起进行。县交通局制定《嵊泗县交通系统重特大事故应急预案》，制定事故报告制度、应急救援制度、事故调查制度，明确各部门职责，确定辖区内事故应急处理办法及嵊泗车辆在境外发生事故和外地车辆在境内发生事故的应急处理和调查办法。11月1日，《中华人民共和国安全生产法》实施。2004年6月，县运管部门开展全国安全生产月和"反三违月"活动，检查道路运输企业、汽车维修企业安全生产，检查客运车辆，落实车辆不超载、不超速、不疲劳驾车、不带易燃易爆危险品行车的"四不"情况，检查汽车维修企业落实谁修理谁负责、谁送检谁负责、谁检测谁负责的"三负责"工作责任制情况。2005年，成立嵊泗县交通安全生产委员会，制定新的工作规则，建立道路交通安全领导小组。实行一年4次安全例会制度，总结通报安全状况，分析安全事故原因。开展全国安全生产月活动，与运输企业属地管理的乡镇签署安全管理责任书，签署率100%。2006年，制定《道路运输安全（重特大事故）应急预案》，以"安全生产月"和"反三违月"活动为主线，开展专项检查13次，上路上站场212天次，参与人员724人次，检查车辆2535辆次，纠正违章事件35起，补缴公路规费3.8万元。2007年，县有关部门与道路运输企业签署安全生产目标责任书，企业与驾驶员签署安全目标责任状。召开安全工作会议5次，进行运输企业安全专项检查15次，检查运输企业60家次。建立洋山、嵊山、枸杞交通安全工作站。2009年，县运管所成立嵊泗县道路运输行业安全生产"三项行动"工作领导小组，制定《嵊泗县道路运输行业安全生产"三项行动"工作实施方案》，结合"关爱生命，安全发展"为主题的第八个全国安全生产月活动，进行宣传，举办安全生产培训班，举行安全生产知识竞赛。落实道路运输行业安全生产责任制。制定《安全生产隐患排查治理和安全质量年工作实施方案》，落实陆上客货运输企业道路运输安全生产责任制，设立安全生产管理机构和管理人员。

2010年，制定《2010年道路运输安全目标管理计划》。2012年12月进行交通安全宣传，设摊发放交通安全宣传资料，组织观看交通安全图片展览和交通事故录像资料。2013年，开展"安全生产月""安全生产大排查大整治""道路客运安全年""打非治违""隐患排查年"等活动，进行各项安全生产检查36次，检查企业38家，发现隐患40处，发放整改通知书13份。2014年，排查危险品运输车辆及从业人员资格，检查危险品运输车辆的安全设施设备配备、危险品标志、承运人保险、技术等级和二级维护执行情况、GPS定位装置、安全卡携带等。

1993—2014年嵊泗县道路交通事故情况表

表 6-4-5

年份	事故数(起)	受伤(人)	死亡(人)	经济损失(万元)
1993	36	16	2	3
1994	37	10	1	4.1
1995	72	11		6.4
1996	80	20	1	15.1
1997	94	16	1	9.2
1998	217	11	2	5.25
1999	133	27	1	18.3
2000	55	25		24.86
2001	45	24	1	20.88
2002	43	28		12.1
2003	30	33	1	13.1
2004	20	25	1	4.21
2005	21	23		3.41
2006	21	24	1	3.4
2007	20	23	1	3.26
2008	19	22	1	3.36
2009	19	22	1	3.35
2010	19	21	1	3.35
2011	19	21	1	3.34
2012	18	20	1	3.32
2013	17	20	1	3.3
2014	12	13	1	3.1

附:嵊泗县交通运输(港航)系统2014年“三防”工作预案(2014年5月修订)

目 录

五.“三防”抢险救灾工作程序

六.应急抢险救灾预备力量

七.全县交通运输(港航)系统三防抢险救灾队及设备一览表

附表:

1. 台风期间港航企业船舶动态明细表

2. 浙江省公路水毁统计表

3. 浙江省国、省道公路受灾情况统计表

4. 浙江省县乡公路受灾情况统计表

5. 浙江省水上受灾情况统计表(港航管理单位)

6. 浙江省水上受灾情况统计表(船舶企业)

7. 全省交通系统“三防”工作受灾情况数据统计表

一、“三防”工作目标及主要工作任务

根据嵊泗县实际情况,“三防”工作的重点是防台,主要是预防和减轻台风、热带气旋灾害造成的损失,防止台风、热带气旋引发的大风、暴雨、风暴潮等灾害造成的恶性事故的发生。目标是将把台风、热带气旋、暴雨等恶劣天气对嵊泗县水陆交通、港口经营、在建工程造成的损失降低到最低程度,全力减少人员伤亡,减轻国家和人民群众财产损失。主要任务:

1. 在嵊泗县人政府和上级交通运输(港航)部门领导下,做好“三防”的各项工作,减少灾害可能造成的损失。

2. 从我县的地理环境、气候条件等实际出发,修订和完善“三防”工作预案,督促指导水陆运输企业、交通(水运)工程施工企业做好“三防”工作。

3. 接到市、县“三防”指挥部、市交通运输局和市港航局的抗灾警报后,立即组织人员进入临战状态,充分做好“三防”的各项准备工作,保证指挥机构、抢险人员、抢险设备设施及时到位,全力做好各类应急处置工作。

4. 灾害发生后,在县政府的统一领导下,及时组织力量做好抢险救灾工作,迅速了解受灾损失,并及时上报上级主管部门。

5. 积极协助县政府做好灾后生产恢复和重建工作,组织做好本行业灾后生产恢复和重建工作。

二、组织指挥机构

(一)嵊泗县交通运输(港航)系统“三防”领导小组及办公室

组　长:钱海彬　5088598(办)　手机(略)

副组长:郭　华　5593088

董凯云　5087825

叶海章　5087781

何琪明　5083579

孙忠祥　5088158

朱龙华　5082674

成　员：刘益宾 5084301、夏宇 5086499、张于 5865061、於立军 5081743、江银福 5081709、周维 5083364、王斌 5083042、徐运 5083706、裴波涛 5057573、马驰 5081326、王斌（运管）5088195、刘贤海 5078858、郑晓东 5586669。

领导小组下设办公室，办公室设在运输（安全）科。

办公室主任：刘益宾（兼）5084031

办公室副主任：徐运　5083706

办公室副主任：周维　5083364

值班电话：

白天：5082043（兼传真）、5083575（兼传真）、5084301。

夜间：5083575（兼传真）。

（二）嵊泗县交通运输（港航）系统"三防"工作组织联络表

表 6-4-6

单　位	组长	常务副组长	办公室主任、副主任	联系电话
舟山市交通运输局	余本年	梁　栋 蒋海平 李建杭 陈仁军 方志浩	主　任：周立新 副主任：金伟龙	2285067、2285066 2285078（传）
舟山市港航局	方　敏	张军华	朱　斌	2067256、2067114（传）
嵊泗县三防指挥部	何国忠	韩鸿亮		5082562（传）
嵊泗县交运输通局（港航分局）	钱海彬	叶海章	刘益宾	5087781、5082043（传）
嵊泗县运管局	孙忠祥	曾国军		5081752
嵊泗县公路局	朱龙华		陈元定	5081451
嵊泗客运总站	王志军	张青岳	顾　恩	5078021、5078858（传）
嵊泗县兴盛养护工程公司	郑晓东	王安军		5586950、5586995（传）
嵊泗县同舟海运有限公司	林敏海	蒋水国	朱　斌	5085937
嵊泗县江山海运有限公司	张　跃	张亚龙	周伟龙	5051994
嵊泗县鑫盛海运有限公司	龚文革		高仁良	5086716.5088327（传）
上海宝钢马迹山港区	叶海波		陆春荣	5865088
嵊泗浦远减载平台	冯少波	徐惠明	俞　斌	13454061115
嵊泗县永盛运输公司	张平定			663803
嵊泗县洋山镇船舶管理站	毛　军	662007	李　波	5053636
嵊泗县菜园镇船舶管理站	刘建军	660220	沈贤伟	5087997
嵊泗县嵊山镇船舶管理站	何英俊	669565	刘嘉厉	5021667

续表 6-4-6

单　位	组长	常务副组长	办公室主任、副主任	联系电话
嵊泗县枸杞乡船舶管理站	王海斌	660283	刘　琛	5213308
嵊泗县五龙乡船舶管理站	许　晖	611612	夏　辉	5101081
嵊泗县黄龙乡船舶管理站	郑　虎	672296	余其平	5811424（传）
嵊泗县花鸟乡船舶管理站	刘伟东	667122	郑　立	5261008

（三）嵊泗县交通运输（港航）系统“三防”指挥体系及“三防”情况上报程序

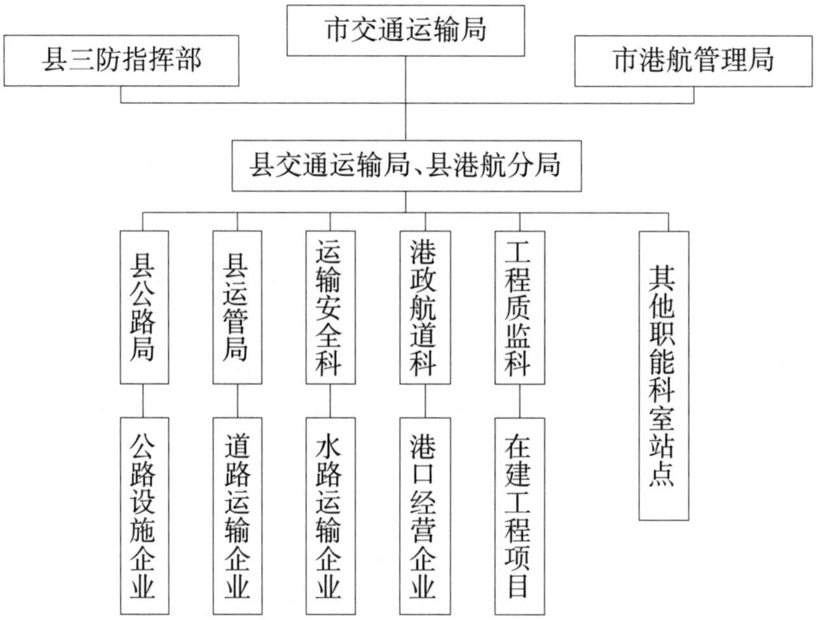

（四）嵊泗县交通运输局、嵊泗港航分局机关值班抢险小分队

队长：刘益宾（联系电话：5084301）

成员：於立军、徐运、周维、张于、夏宇、唐广余、沈毅斌、唐建东、车磊、郑友兵、肖辉、金波、张琪、陆群伟、梁傲然、虞磊、王琪。

三、“三防”领导小组及各部门职责

为落实“三防”工作职责，实行分级负责制，按照“统一领导、分工负责”“坚持管行业必须管安全、管业务必须管安全、管生产必须管安全，党政同责、一岗双职、齐抓共管”的工作原则，现明确领导小组、各科室、部门、岗位和各主要领导的职责：

（一）“三防”领导小组职责

1. 贯彻执行上级有关“三防”工作的方针、政策、指示和要求，指挥、协调全县交通运输（港航）系统“三防”工作和抢险救灾工作；

2. 组织修订和完善“三防”工作预案，研究审定应急措施和抢险救灾方案；

3. 部署“三防”总体工作，组织防台检查，督促有关部门和企业落实各项准备工作；

4. 督促落实交通运输（港航）系统抢险救灾物资装备的储备和调用，组织抢险救灾和灾后处置工作；

5. 负责向公众、新闻媒体发布有关信息。

（二）“三防”工作领导小组办公室职责

1. 具体承担系统“三防”工作预案修订完善工作，督促、监督和检查交通运输（港航）系统“三防”工作落实情况；

2. 掌握气象和台风动态，及时向领导小组报告台风位置和未来预测走向，提供决策信息和建议，并在全局内作通报；

3. 台风警报或接到县“三防”指挥部和上级“三防”指挥部指示后，向局“三防”领导小组报告，及时启动“三防”预案，根据领导小组指示召开“三防”工作会议或防御台风紧急工作会议；

4. 督促落实全县交通运输（港航）系统“三防”抢险救灾队伍、物资装备，组织协调开展“三防”工作的检查督查工作；

5. 负责“三防”领导小组的日常工作，履行“三防”值班、信息传递汇总和综合协调职能，安排“三防”值班，保证指令畅通；

6. 台风期间发现异常情况或接到险情报告后，立即向领导小组汇报，并及早采取施救措施；

7. 做好“三防”工作的总结、评估及灾后损失的统计报告工作；

8. 负责市、县防指及上级交办的其他工作。

（三）领导小组组长和副组长职责

1. 局党委书记、局长钱海彬为交通运输（港航）“三防”工作责任人，负责召开“三防”领导小组成员工作会议，按上级有关“三防”工作的精神，结合实际情况，部署交通运输（港航）系统“三防”工作，指挥协调各分管领导做好各项工作。

2. 局党委副书记郭华　负责指挥协调县交通投资公司所属企业“三防”工作，组织所属企业开展应急抢险和救援工作。

3. 局党委副书记、纪委书记董凯云　负责“三防”工作思想教育、劳动保护等，组织协调各单位的人员、装备、物资的落实工作，灾后“三防”抢险人员慰问安抚，以及“三防”工作行政监督、责任追究、党纪政纪处分等工作。

4. 副局长叶海章　负责水陆客运“三防”工作，负责掌握所有客货运船舶的避风港口、动态，组织好水路客运抢险、水路货运抢险、物资装卸指挥、旅客疏运、船舶统一指挥和协调工作，避风期间指挥各港航管理检查站的防台、抗台工作。负责各乡镇渡口、渡船“三防”各项工作，组织协调好各乡镇及渡口运输企业做好“三防”及抢险工作。

5. 副局长何琪明　负责交通（港航）基础设施及在建工程项目和港口领域的“三防”工作，负责工程项目施工监理单位、港口企业和码头“三防”工作的落实，码头、工程现场安全管理工作，灾后交通（港航）基础设施的修复以及灾后各类损失的评估、测算、报告等。

6.公路局局长朱龙华　负责"三防"期间公路巡查、公路路障清理、全县灾后公路抢修恢复以及灾后公路损失的评估、测算、报告等工作。

7.运管局局长孙忠祥　负责陆上道路运输企业"三防"工作，组织做好陆上抢险、车辆调度、协调指挥工作。

（四）部门、科室和行业机构职责

1.局运输（安全）科、渡口办职责：负责督促检查水陆运输企业、乡镇渡口、局属各单位的"三防"工作落实情况。安排局机关的"三防"值班工作，台风前负责掌握气象动态、台风位置，并及时报告局"三防"办；深入各防抗台现场督促和检查"三防"落实情况，台风后做好"三防"工作总结、评估以及灾后损失统计和上报工作。

2.工程建设科、工程质量监督站职责：负责掌握在建交通工程"三防"准备情况，督促交通施工单位落实防、抗措施，并及时组织现场抢险，汇总各项工程防御、抢险、灾损等情况。

3.船检科职责：协助做好本局的"三防"工作，及时做好灾前、灾后船舶的检验工作。

4.执法大队职责：落实好港航执法艇"三防"各项工作，参与局组织的"三防"检查工作。

5.港政科职责：负责督促检查港口经营企业的"三防"工作落实情况，负责辖区内港口水域利用及港口岸线、通航水域、航道的使用管理以及港口、航道基础性设施的管理。掌握航道通航情况及锚泊密度，并报局"三防"办，并保障航道畅通，汇总各港口企业防御、抢险、灾损等情况。

6.办公室职责：负责做好机关防抗台物资准备；组织安排值班车辆；保障防抗台值班人员的后勤供应；做好防抗台工作进展情况、抢险救灾、灾后恢复、抗台人物和事迹的宣传报导工作。

7.交通港航指挥中心职责：落实台汛期间港航指挥中心设施、设备的系统保障和现场操作人员值班，确保应急指挥信息系统正常使用，协助局"三防"领导小组进行应急指挥。

8.县公路局职责：负责公路、桥隧等基础性设施"三防"工作。及时落实"三防"现场巡查，掌握通阻情况，并报局"三防"办；有效组织和落实公路应急保畅工作，确保公路通行安全，汇总公路等设施防御、灾损等情况。

9.县运管局职责：负责道路运输行业"三防"工作。督促检查道路运输企业的"三防"工作落实情况，掌握相关信息，并报局"三防"办；组织道路运输企业开展应急抢险和救援工作，汇总各道路运输企业防御、抢险、灾损等情况。

（五）局"三防"值班人员职责

认真收记"三防"气象信息，及时为局领导提供有关气象信息；做好上情下达、下情上报工作，并做好记录，保证"三防"工作信息畅通；检查全县交通运输（港航）系统"三防"值班人员到岗情况，督促系统各单位值班人员按时到岗，抢险人员、车、船、机具及时到位；负责灾情的统计、收集工作，并按要求及时上报；完成局"三防"领导小组交给的其它工作。

（六）有关各单位负责人职责

1.水路客运企业负责人职责：负责确定船舶避风港锚地，督促各部门对所辖客船导航设备、动力设备、甲板部设备的全面检查和修复，提升船舶的适航性能和续航能力。抗台期间各负责人要到船舶第一线进行避台和抗台指挥，督促建立各船舶抗台领导小组和各船舶的互动、互救机制和网络，牢记抗台期间职工生命安全第一，财产为次的抗台主次原则，及时上报船舶动态、灾损情况等“三防”信息。

2. 县客运总站负责人职责：负责所辖码头各种客运设施的保护抢险工作，做好与各航运单位的协作、联系工作；准确、及时发布船期通告，做好旅客滞港疏运和旅客解释等工作，严禁客船超载，确保旅客安全，及时各站点灾损情况等“三防”信息。

3. 道路货运企业负责人职责：负责对公司所辖车辆、车站、厂房、仓库、码头、机电机械设备的全面检查和修复，发现隐患及时整改。制订大型装卸设备和港区、车站重点部位的防汛、防台抢运预案，及时装卸和运输抢险物资，组织落实抢险的车辆和人员，随时听从局“三防”领导小组的调遣，及时上报“三防”信息。

4. 各水路货运企业负责人职责：负责本公司货运船的避台工作，及时掌握所属船舶的动态，有效落实“船舶三项报告”制度，随时听从局“三防”领导小组的调遣，及时上报“三防”信息。

5. 陆上客运企业负责人职责：负责陆上人员疏散工作，配合局“三防”办做好台风前后的旅客疏散工作以及台风期间受灾群众的应急运输工作，加强客运车辆检修，确保抢险救灾客运车辆能正常营运，随时听从局“三防”领导小组的调遣，及时上报“三防”信息。

6. 港口经营企业负责人职责：负责对公司所属车辆、车站、厂房、仓库、码头、机电机械设备的全面检查和修复，发现隐患及时整改。制订大型装卸设备和港区、车站重点部位的防汛、防台抢运预案，及时装卸和运输抢险物资，组织落实抢险的车辆和人员，随时配合局防汛、防台领导小组的调遣，及时上报“三防”信息。

四、“三防”应急预案的启动与实施

（一）预案的启动前提条件

当县气象台发布以下台风（含热带低压、热带风暴、强热带风暴）信息时启动本预案。本预案适用于我县出现的特大寒潮、风暴潮、暴雨等灾害性天气，启动的前提条件有以下几点。

1. 台风消息

当县气象台发布台风消息，台风正在生成、发展，有可能对嵊泗县产生影响。

2. 台风警报

当县气象台发布台风警报，台风正向嵊泗县靠近，将对嵊泗县产生严重威胁。

3. 台风紧急警报

当县气象台发布台风紧急警报，台风将在嵊泗县附近海域经过并有可能正面袭击嵊泗县，台风位置处于东经 124 度以西转向北上。

4. 台风影响范围

在气象台发布台风消息后，在 1000 公里警戒线内台风预报途经的嵊泗县海域被预测为

台风影响范围后。

5. 气象预报发布的其他寒潮风暴、暴雨等灾害性天气。

（二）分级响应

按照台风影响范围和程度，分为四级：特别重大（Ⅰ级、红色预警）、重大（Ⅱ级、橙色预警）、较大（Ⅲ级、黄色预警）、一般（Ⅳ级、蓝色预警）。

当气象部门发布台风消息或市（县）防指启动Ⅳ应急响应时：

1. 局“三防”办公室应加强值班，密切注意台风动向，标绘台风路径图，及时收听气象信息，掌握台风发展趋势。局“三防”办主任或副主任要及时到岗到位，并通知交通运输（港航）系统内各单位做好防台各项准备，并及时通报、传达上级“三防”指挥部的指令。

2. 系统内各“三防”成员单位要及时落实人员进岗进位，保持24小时有人值班和通信联络畅通，按照预案做好各项防御准备工作。运安部门与乡镇船舶管理站、海运企业要掌握出海营运船舶的动向，适时通知出海运输船舶避风；加强对港口企业三防落实情况的检查，发现隐患要及时督促整改；各海运企业要加强对船舶设备设施的检查，落实好防台救灾设备物质。

当气象部门发布台风消息或市（县）防指启动Ⅲ应急响应时：

1. 局“三防”工作领导小组分管副组长进岗到位，“三防”办制定值班计划，增派人员，进入24小时值班，局属（管）各单位“三防”办进入昼夜值班。

2. 根据市（县）“三防”指挥部指示和对台风的预测分析，局“三防”工作领导小组召开防台专题会议，传达上级指示精神，研究部署防台工作；及时下发防台工作指示，督促各单位、各部门加快落实防台工作措施。

3. 按指令通知港口企业停止生产作业，组织人员检查港航企业、由自备交通船相关企业按照防台工作预案落实港口码头、营运船舶和自备船防台措施，督促水运工程施工单位停止施工落实防台措施，及时上报局“三防”办相关统计表格。完成港航检查艇的防台避风工作。

当气象部门发布台风消息或市（县）防指启动Ⅱ应急响应时：

1. 局“三防”工作领导小组组长、副组长和成员进岗到位，研究部署防台各项准备，组织对重点口子部位进行检查、巡查，县“三防”值班室展开工作，进行24小时值班，通知各单位、各成员进一步做好防台准备。

2. 局“三防”工作领导小组根据台风发展趋势和上级防台指令，及时召开港航系统防台紧急会议，局领导分组带队分赴港口企业、航运企业和在建工程指导、督查防台工作措施的落实，查漏补缺，并将检查情况书面汇总到局“三防”办。

3. 各“三防”成员单位领导应进岗到位，加强值班，运输安全科要立即督促企业通知运输船舶就近港（锚地）避风，统计上报船只避风动态和值班安排，港政科重点做好客货运码头、附属设施设备以及在建工程施工机械设备等加固防护工作，同时做好危险区域内人员转移准备；工程建设科、工程质量监督科要通知在建工程施工单位，撤离人员、设备，加强值班；公路段要加强对道路重点区域的巡查；各“三防”成员单位的抢险队伍、车船、机具、物资应处于待命状态。

当台风正面袭击或市(县)防指启动Ⅰ应急响应时:

1. 局“三防”工作领导小组、“三防”办要严守岗位,实施不间断的协调指挥,及时查询掌握港航系统抗台避风动态情况,当发生危急或造成灾害时,在确保人员安全的前提下,及时处理和组织抢救,并将发生的情况和处置措施及时报告上级;遇重大、紧急问题不能解决的,应立即请求县政府和上级部门的援助。

2. 局“三防”领导小组根据台风发展趋势和上级有关指令,召开全系统防汛防台紧急会议,动员和部署全系统做好抗台抢险救灾各项工作,落实抢险任务,组织和调动系统抢险小分队协助受灾单位抢险救灾。

3. 各“三防”成员单位应全部进岗到位,按照预案重点做好危险区域人员的转移安置和本辖区本单位的抢险救灾工作;同时根据市局“三防”领导小组和县“三防”指挥部的指令,指挥所属抢险分队到指定地点,完成抢险任务;各单位要及时上报灾情和抢险救灾及人员、船舶转移情况。

当气象部门发布台风警报解除或市(县)防指解除应急响应时:

各单位的“三防”值班应转入“三防办”值班状态,各单位还应:

1. 各单位“三防”领导小组要领导到岗,根据实际情况进一步部署灾后自救和处理灾后相关工作。

2. 各单位要根据灾害损害程度,迅速组织抢险人员,投入港口、码头等交通(港航)设施的抢修工作,尽快恢复生产,确保水陆交通企业安全、有序、畅通。

3. 各有关部门要按照各级“三防”指挥部的指令,落实抢险救灾车辆,及时运送抢险救灾物资和人员。

4. 各单位要做好灾害损失情况的统计上报工作,在规定时间内上报县气象局“三防”办,我局“三防”办汇总后上报县“三防”办和上级“三防”办。各单位对灾情、抗灾情况及经验教训要进行认真总结,并及时报局“三防”办。

五、“三防”抢险救灾工作程序

1. 局“三防”办接到遇险报告后,要详细了解遇险情况,如:遇险地点、险情性质、程序、伤害情况等,并做作好记录,同时及时向“三防”领导小组报告。

2. “三防”领导小组根据遇险地点及性质进行正确评估,确定抢险救灾方案,主要内容是抢险队伍人员、装备、物资及指挥组织,有关行动保障工作,安全防护注意的问题,与乡镇政府和受灾单位的联系方法等,并及时向上级“三防”办汇报。

3. “三防”办按方案迅速通知抢险救灾队伍及有关部门,组织实施抢险。为争取时间,掌握主动,“三防”办应将获悉的险情、灾情及时通报准备执行抢险任务的有关单位,同时展开抢险准备工作。

4. 抢险队在“三防”领导小组副组长的现场指挥下,实施抢险行动,现场指挥人员员和随行的机关人员必须及时、准确地掌握抢险救灾行动的有关情况,特别是灾害的发展变化情况，同时将情况或建议及时报告给领导小组。

5. “三防”领导小组根据反馈的现场情况及时分析并针对性地调整抢险方案，再下达到抢险现场，适时向上级汇报抢险进展情况。

6. “三防”办要对整个抢险行动做好记录，抢险结束后做出总结，对抢险中表现突出的个人和集体要进行表彰；对抢险中因玩忽职守造成人员伤亡、财产严重损失的要做出处理。

六、应急抢险救灾预备力量

（一）抢险救灾车、船及机械设备

交通运输（港航）系统落实指定抢险救灾车辆 32 辆，其中货车 12 辆、客车 13 辆、特种 4 辆，巡查车 3 辆，船舶 7 艘。具体分布如下：

1. 县运管局组织落实指定抢险救灾车辆 20 辆：

客车 10 辆：浙 LB0398. 浙 LB0623. 浙 LB0626. 浙 LB0631. 浙 LB0696. 浙 LB0325. 浙 LB0272. 浙 LB0303. 浙 LB0669. 浙 LB0265。

货车 10 辆：浙 LB0297. 浙 LB0738. 浙 LB0708. 浙 LB0739. 浙 LB0705. 浙 LB0288. 浙 LB0776. 浙 LB0799. 浙 LB0296. 浙 LB0268。

2. 嵊泗县兴盛养护有限责任公司落实指定抢险救灾货车 9 辆，装载机、挖掘机、高压水车、起吊机各 1 辆，自卸货车 2 辆，巡查车 3 辆；

3. 嵊泗县同舟客运公司组织落实指定抢险救灾船舶（客轮）2 艘，嵊鹰 3 轮、茂盛 2 轮，中巴 2 辆：浙 LB1116. 浙 LB0688；

4. 嵊泗县江山海运有限公司组织落实指定抢险救灾货船 2 艘，船名：浙嵊 97278. 浙嵊 97507；

5. 嵊泗县鑫盛海运有限公司组织落实指定抢险救灾货船 2 艘，船名：磊鑫 2 号、磊鑫 3 号；

6. 上海宝钢马迹山港区落实指定抢险救灾拖轮 1 艘，船名：宝钢拖 3 号，客车：沪 CF8787。

（二）抢险救灾突击队队员及队长（11 支共 86 名）

1. 县运管局 9 名，队长：王斌；

2. 县公路局 9 名，队长：马驰；

3. 县永盛运输公司 9 名，队长：张平定；

4. 县同舟客运公司 6 名，队长：戴军；

5. 客运总站 8 名，队长：刘贤海；

7. 县兴盛养护公司 10 名，队长：郑晓东；

8. 上海宝钢马迹山港区 10 名，队长：陆春荣；

9. 嵊泗浦远减载平台 6 名，队长：张文明；

10. 县江山海运公司 4 名，队长：张亚龙；

11. 县鑫盛海运公司 4 名，队长：高仁良。

七、嵊泗县交通运输(港航)系统三防抢险救灾队及车船机具设备一览表

表 6-4-7

单　位	抢险队		抢险车船、机具							
	队数	人数	货车	客车	铲车	吊车	装卸车	拖轮	货轮	客轮
局机关	1	18								
县运管局	1	10	10	10						
县公路局	1	10								
县兴盛养护公司	1	11			1	1	1			
县永盛汽运有限公司	1	10	2							
县客运总站	1	9								
县同舟客运公司	1	7		2						2
县江山海运有限公司	1	5							2	
县鑫盛海运有限公司	1	5							2	
上海宝钢马迹山港区	1	11		1				1		
上海浦远减载平台	1	7								
合　计	11	103	12	13	1	1	1	1	4	2

第五章　口岸管理

1994 年 5 月，建立嵊泗县人民政府口岸办公室，负责泗礁、大洋口岸管理，与嵊泗县港口规划开发办公室合署办公。2001 年，撤销嵊泗县人民政府口岸办公室，成立嵊泗县口岸管理委员会办公室，与嵊泗县港口规划开发办公室合署办公。2003 年 3 月，嵊泗县招商局成立，县口岸办、港口办与县招商局合署办公。2006 年 7 月，成立嵊泗县港口规划开发管理委员会办公室，与县口岸办合署办公，内设综合科、口岸开放科、港口规划科。县口岸办开展港口规划、港口配套产业、港口项目政策研究与协调、口岸管理等工作，参与海关、边检等口岸查验机构的联系协调。1996 年 12 月，省人民政府批准大洋山为二类口岸。至 2000 年，全县已开放泗礁、嵊山、大洋 3 个二类口岸和绿华、马迹 2 个一类口岸。

1974 年，经中央军委总参谋部和南京军区批准，洛华(绿华) 山作为外轮进出上海、减载过驳、引水入港的外轮锚地，为嵊泗最早对外开放的口岸。1975 年，上海港务监督站在洛华岛设置外轮引航站。1981 年 6 月 1 日，设立上海港务监督洛华(绿华)监督站。1995 年 11 月，舟山港务监督嵊泗监督站独立行使港务监督职能。1999 年 11 月，舟山进出口商品检验局嵊泗办事处改称嵊泗出入境检验检疫局。2001 年 4 月，成立舟山海事局嵊泗海事处。

2005年5月，马迹山边防检查站成立。同年6月，舟山海关嵊泗办事处开关，负责嵊泗区域内(除小洋山)海域和陆域的进出口货物、物品运输工具等监督任务。7月1日，舟山港务管理局履行绿华山锚地港政管理职能，负责绿华山锚地至过驳平台的船舶引航和作业过程中的移泊工作，由舟山港务管理局嵊泗分局负责该辖区港政管理的具体工作。

2011年5月，嵊泗出入境检验检疫局、马迹山边防检查站、舟山海事局嵊泗海事处、舟山海关嵊泗办事处等口岸查验单位共同签署以“加强协作，联合监管，共推口岸安全高效发展”为主题的战略合作备忘录，在信息合作、执法联动、疫情疫病防控、口岸设施建设、突发事件联合应急处置、锚地管理与防止海洋污染和口岸文明建设等方面建立战略合作机制，按照“资源共享、优势互补”原则，发挥各自职能，协作配合，强化口岸查验单位的执法把关能力。

第一节　海事管理

2001年4月，中华人民共和国舟山嵊泗海事处成立，依照法律规定和上级授权，依法承担嵊泗县境内除洋山水域外的辖区水域(范围：西、北两侧邻上海海事局辖区海域，南邻岱山海事处辖区海域，东侧以海礁、浪岗两点向东延伸)水上安全监督管理、防止船舶污染，并履行嵊泗县海上搜救中心办公室的职责。

嵊泗海事处管辖水域范围表

表6-5-1

序	名　称	北　纬	东　经
1	北界	北纬30° 44′ 06″向东延伸线	
2	海礁灯塔	30° 44′ 06″	123° 08′ 32″
3	花鸟山灯塔	30° 51′ 40″	122° 40′ 20″
4		30° 44′ 20″	122° 16′ 58″
5		30° 35′ 20″	122° 12′ 54″
6		30° 31′ 23″	122° 32′ 48″
7		30° 26′ 100″	122° 32′ 48″
8	蜂巢岩灯桩	30° 22′ 20″	122° 41′ 15″
9	中块岛灯桩(浪岗山)	30° 26′ 10″	122° 56′ 02″
10	南界	北纬30° 26′ 10″向东延伸线	

2001—2014年船舶监管情况表

表6-5-2

年份	进出港签证(万艘次)	口岸查验(艘次)	船舶安检(艘次)	巡航巡查(次/里程)
2001	0.86	254	85	75/1946
2002	0.96	278	92	86/2140
2003	0.97	282	102	103/1937

续表 6-5-2

年份	进出港签证（万艘次）	口岸查验（艘次）	船舶安检（艘次）	巡航巡查（次 / 里程）
2004	1.21	276	112	97/2882.7
2005	1.06	240	113	80/2458.3
2006	1.41	297	139	101/2320.7
2007	1.82	361	129	192/3073
2008	1.82	423	122	201/3896
2009	1.80	444	125	212/6347.5
2010	1.92	415	200	205/3487
2011	2.22	439	206	232/3731
2012	2.19	445	198	230/5068
2013	2.24	435	178	215/5376
2014	2.70	510	201	290/7401.1

第二节　海关管理

舟山海关驻嵊泗办事处为杭州海关隶属下舟山海关的副处级派驻机构。2002 年 12 月 21 日，国务院批复浙江省人民政府，同意马迹山港区对外籍船舶开放，并设立相应海关机构。2005 年 6 月 8 日，中华人民共和国舟山海关驻嵊泗办事处成立，地址：嵊泗县菜园镇基湖村。主要负责嵊泗区域（除小洋山、绿华锚地）内海域和陆域进出境运输工具、货物、物品等的监管任务。

2005 年—2014 年舟山海关驻嵊泗办事处各项业务情况表

表 6-5-3

年份	监管船舶量（艘次）	监管货运量（万吨）	监管货值（亿美元）	海关税收量（亿元）
2005	149	670.2	3.6	2.7
2006	290	1200.2	6.1	7.3
2007	373	1617.4	10.5	9.2
2008	513	2601.5	26.3	24.4
2009	450	2641.2	20.4	24.7
2010	494	2821.6	33.2	34.8
2011	518	3027.2	49.8	46.6
2012	537	2729	35.8	48.3
2013	534	2864.6	38	44.3
2014	515	2958	31.1	32.6

第三节　检验检疫

1992 年 6 月，设立中华人民共和国舟山进出口商品检验局嵊泗办事处。1993 年 7 月改为中华人民共和国嵊泗进出口商品检验局，1999 年 11 月组建成立中华人民共和国嵊泗出入境检验检疫局，正处级行政单位，国家检验检疫总局的分支机构，浙江出入境检验检疫局在嵊泗的直属机构，实行浙江出入境检验检疫局垂直领导的管理体制。负责嵊泗口岸辖区的出入境检验检疫、鉴定和监管工作。

2001—2014 年嵊泗口岸出入境检验检疫情况表

表 6-5-4　　单位：吨、亿美元

年份	检验检疫出入境货物		其中					
			出境水产品			入境铁矿石		
	批次	货值	批次	重量	货值	批次	重量	货值
2001	643	0.26	632	13146.74	0.31			
2002	339	0.56	286	3609.35	0.11	51	271.96	0.44
2003	349	0.21	120	1674.41	0.05	224	1175.09	2.06
2004	414	4.09	186	3374.77	0.08	227	1277.59	4.01
2005	476	6.09	295	3352.54	0.08	217	1243.53	6.01
2006	634	6.82	397	4645.27	0.11	236	1319.67	6.71
2007	669	10.66	376	4942.03	0.11	293	1626.71	10.55
2008	998	27.189	609	5865.17	0.13	389	2681.56	27.06
2009	476	18.67	177	3507.15	0.66	288	2400.23	18.60
2010	591	33.56	216	4273.53	0.86	351	2916.10	33.42
2011	529	48.49	134	2589.55	0.92	359	2914.70	48.36
2012	548	40.47	165	2891.87	0.08	381	3031.01	40.40
2013	520	41.99	144	2349.41	0.06	374	3207.30	41.93
2014	439	31.96	95	1677.41	0.06	344	2934.96	31.91

第四节　边防管理

2003 年 3 月，公安部批准组建马迹山边防检查站，正团级建制，隶属浙江省边防总队。主要担负嵊泗马迹山港中外籍船舶及其人员的出入境边防检查及监管任务。检查、监护和管理出入境人员及行李物品、交通运输工具、运载货物；防范和打击违法犯罪活动，维护国家主权和尊严，保卫国家安全，为经济建设服务。

2002年，马迹山港临时接靠第一艘外轮澳大利亚籍“阿瑞绍萨”轮。2008年4月8日，依法查处柬埔寨籍“东亚7”轮违规驶入对外开放口岸以外地区案。2012年10月7日，依法查处中国籍“金色海洋”轮非法靠搭外国籍船舶案。2015年4月18日，受理上海海事法院派员携带相关法律文书请求，依法协助扣押停泊在马迹山港2号锚地的日本籍“BAOSTEELEMOTION”（宝韵）轮。11月17日，依法查处巴拿马籍“大西洋麦特”轮违规上下人员、装卸货物案。

2002—2014年马迹山边防检查站出入境检查情况表

表6-5-5　单位：艘次、人次

年份	出入境（港）船舶（艘次）	出入境员工（人次）	出入境旅客（人次）
2003	282	3666	0
2004	274	3562	0
2005	282	3657	0
2006	294	3631	0
2007	378	4807	5
2008	514	6978	0
2009	448	6158	0
2010	500	6684	0
2011	544	7421	0
2012	539	12557	0
2013	543	12346	0
2014	515	11832	0

第六章　行政审批　行政执法

1976年4月，嵊泗县交通管理局成立。1983年10月，撤销嵊泗县航运管理站，建立嵊泗县航运管理所。嵊泗境内水上运政、航政、船检行政执法，由嵊泗县交通管理局委托嵊泗县航运管理所内设港务监督股履职。1987年10月，成立嵊泗县公路运输管理（稽征）所。1991年6月，嵊泗县公路段更名嵊泗县公路管理段。嵊泗县公路运输管理（稽征）所、嵊泗县公路管理段行政执法处罚，均由嵊泗县交通管理局委托进行。2003年8月，《中华人民共和国行政许可法》颁布，明确行政执法职能。嵊泗县交通局、嵊泗县公路管理段、嵊泗县公路运输管理（稽征）所各为交通行政执法独立主体。县交通局负责辖区内水路运输和航道管理，依法行政事项承办由运输安全科和工程（航道）科实施，行政处罚由港政监察大队负责。县公路管理段负责辖区内公路路政管理，依法行政事项承办由路政执法大队实施。县公路运输管理(稽征)所负责辖区内道路运输管理，依法行政事项承办由运管股、维管股、稽征股实施。2004年7月，《中华人民共和国道路运输条例》颁布实施，嵊泗县公路运输管理(稽征)所成为独立行政执法主体。是月起，嵊泗县公路运输管理(稽征)所成为独立行政执法主体。2005年4月，《浙江省公路路政管理条例》实施，嵊泗县公路公路段成为独立行政执法主体。

2006年，交通系统梳理各执法部门行政许可、非行政许可事项，依据相关法律法规，开展航政、港政、路政、运政等各类行政执法工作，依法打击、处罚违反交通法律法规行为。是年，受理各类交通行政许可项目296件，其中水路航政173件、港政21件、公路路政18件，道路运政84件；办理处罚案件29件，罚没款3700元。2008年，依法受理各类行政许可项目302件，其中水路运政198件、港政10件、航政3件、道路运政75件、公路路政16件。

2010年1月，舟山港务管理局嵊泗分局港务检查大队改为舟山市港航管理局嵊泗分局港航检查大队。4月，浙江省交通厅开发的交通行政执法管理系统正式运行。5月，嵊泗县交通局设立行政审批科。是年，依法受理各类行政许可项目214件，其中水路行政许可78件、陆路行政许可59件；承办行政处罚案件12件，收缴罚没款7720元。

2014年11月，浙江省第十二届人民代表大会常务委员会第十四次会议修改《浙江省公路路政管理条例》，规定涉及县道、乡道的许可，由县级公路管理机构审批。

第一节　行政审批

2001年9月。嵊泗县审批办证服务中心成立，2002年4月对外运作。2007年，执行《浙江省水路运输经营资质管理工作规程(试行)》，受理行政许可项目151项次，其中嵊泗交通港航部门审批发证43项次、许可发证14项次，市局委托审批54项次，转报18项次，注销上报22项次。

2010年5月，县交通局设立行政审批科，依法履行局机关及下属机构行政许可事项、非行政许可事项的许可、认定、验收、初审、备案、延续等工作，指导局行政审批工作。行政许可审批职能20项：交通建设工程许可；水路运输经营许可；船舶营业运输证核发许可；设置专用航标记，航标搬迁、拆除许可；公路建设项目竣工验收许可；占用、挖掘公路或使公路改线作业许可；跨越、穿越公路作业许可；公路用地范围内架设、埋设管线等设施许可；公路两侧建筑控制区内埋设管线等设施许可；铁轮车、履带车和其他可能损害公路路面的机具行驶公路许可；增设公路平面交叉道口许可；超限运输车辆行驶公路许可；公路用地范围内设置非公路标志许可；公路用地林木更新、砍伐许可；出租汽车客运经营许可，驾驶员客运资格证考核、核发许可；客运经营许可(含班线、旅游、包车)；货运经营许可；机动车驾驶员培训经营许可；机动车维修经营许可；道路运输站(场)经营许可(含货物集散服务、货运配载服务、货运代理服务和仓储理货服务)。非行政许可审批职能9项：建设项目使用港口岸线许可；港口工程竣工验收许可；交通建设工程施工许可；港口经营许可；港口内采掘、爆破等活动许可；

危险货物港口作业许可；港口内建设危险货物作业场所、实施卫生除害处理的专用场所许可；危险货物港口作业资质认定许可；临、跨（拦）航道建筑物许可。是年，办理水路运输行政许可 119 件，其中准予行政许可 70 件，审核转报 49 件。2010 年，受理行政许可 274 件，其中水路行政许可 78 件、陆上行政许可 59 件。

2014 年 1 月 1 日起，行政审批科全部进驻嵊泗县审批服务与招投标管理办公室，由行政审批科统一受理、直接办理和统一送达，专人审查和核准。是年，承办交通行政审批项目 76 项，办结审批项目 217 件，其中港口行政审批项目 13 件，水路行政审批项目 150 件，道路行政审批项目 54 件。

第二节　行政执法

1976 年 4 月，成立嵊泗县交通管理局。境内水上运政、航政、船检行政执法由嵊泗县交通管理局委托嵊泗县航运管理站（1983 年 10 月起称嵊泗县交通管理所）履职。1987 年 10 月，嵊泗县公路运输管理（稽征）所成立；1991 年 6 月，嵊泗县公路段更名为嵊泗县公路管理段。受嵊泗县交通管理局委托，先后履行道路运政和路政执法职责。

1994 年 1 月，舟山港务管理局嵊泗分局成立，设立港务检查大队，下属洋山、嵊山、马迹山、绿华 4 个港务管理检查站。1999 年，嵊泗县交通管理局成立行政执法工作领导小组，实行行政首长负责制。严防出现错案、程序不合法案、越权执法案件。2000 年，水上行政立案 49 件，结案 47 件，其中一般案件 24 件，结案率 96%。

2002 年，嵊泗县公路运输管理（稽征）所设立公路运输管理路查大队。组织执法人员赴外地业务交流 2 次，54 人分批分期参加上级部门举办的行政执法业务培训，培训率 100%。当年，查办交通行政执法案件 27 件，其中一般案件 18 件，简易案件 9 件，无行政复议案件，收缴罚款 2330 元。

2003 年 8 月，《中华人民共和国行政许可法》颁发，行政执法职能明确，县交通局、县航运管理所及所属工程科、运输科，县公路公路段所属路政股，县公路运管所所属运管股、维管股等。12 月，县交通局组建嵊泗县交通行政执法大队，成员在县公路段和县公管所抽调，履行县公路段、县公管（稽征）所的路政、运政、稽征行政执法监督检查权、行政处罚权职能。是年，办理行政执法案件 79 件，结案率 100%。

2004 年 1 月，《中华人民共和国港口法》实施，舟山港务管理局嵊泗分局（嵊泗县航运管理所）为独立行政执法主体。7 月，《中华人民共和国道路运输条例》颁布实施，嵊泗县公路运输管理（稽征）所为独立行政执法主体。是年，依法查处水、陆各类交通行政处罚案件 54 件，结案率 100%，无行政复议和诉讼案件，补缴各类规费 3.94 万元，收缴罚没款 3970 元。2005 年 4 月，《浙江省公路路政管理条例》实施，嵊泗县公路管理段成为独立行政执法主体。10 月，《浙江省航道管理办法》施行，明确嵊泗港务分局（嵊泗县航运管理所）为嵊泗境内航政、港政、运政独立行政执法主体。是年，结合各项专项活动，开展航政、港政、路政、运政等各类行政执法，依法处罚违反交通法律法规行为。8 月 1 日，交通部第 7 号令《道路运输车辆维护管理规定》实施，嵊泗县公路运输管理所依法履行车辆维护行政执法。至 2008 年，共查处各类交通违法违规案件 194 件，依法受理行政处罚案件 104 件，其中公路运政 15 件，路政 10 件，港政、航政 79 件，无行政复议和诉讼案件。

2008 年，嵊泗县港务检查大队更名为嵊泗县港务执法大队，下属洋山、嵊山、马迹山、绿华 4 个港务管理检查站，行使行政监管和行政执法的职能，赋予简易程序案件的处置权。

2009 年，县交通局制定《嵊泗县交通局重大案件集体讨论制度》、《嵊泗县交通局行政处罚与罚款收缴分离制度》和《嵊泗县交通局行政执法案件公示制度》，推行执法与处罚分离，罚款与缴纳分离的执法新模式，加大行政执法透明度。是年，受理水上交通行政处罚案件 25 件，其中运政处罚案件 23 件，港口处罚案件 2 件；收缴罚没款 6.184 万元。

2010 年 1 月，舟山港务管理局嵊泗分局港务检查大队改为舟山市港航管理局嵊泗分局港航检查大队。4 月，建立并运行由省交通厅开发的交通行政执法管理系统。是年，依法承办交通行政处罚案件 36 件，其中公路路政 10 件，道路运政 20 件，水路航政、港政 14 件。

2011 年，依法承办交通行政处罚案件 12 件，收缴罚没款 7720 元。无行政复议和上诉案件。

2012 年，受理行政许可事项 233 件，准予行政许可 153 件，同意上报事项 80 件。收缴罚没款 2.31 万元。

2014 年，行政处罚 2 件，缴纳赔（补）偿费 17.8 万元；公路举报案件 41 件。

公路路政执法

1990 年 9 月，成立舟山市公路管理处召开各县（区）路政管理队大会，县公路段选配专职路政人员 2 人，负责管理县、乡路产路权。路政行政执法处罚权由嵊泗县交通管理局委托实施。9 月 17 日，浙江省人民政府下达《关于加强对公路两侧建筑管理的通知》。9 月 24 日，交通部颁布《公路路政管理规定（试行）》，明确路产、路权范围，各级路政机构及路政人员的职责，路政案件的管辖、处理程序、处罚、复议、强制执行等。11 月 20 日，省交通厅制发《浙江省超限运输车辆行驶管理规定实施办法》，明确超限运输的规定、审批程序、管理职责及补偿和处罚标准。

1991 年 4 月，省交通厅制发《浙江省公路及其附属设施损坏赔（补）偿标准》，明确赔（补）偿的范围、标准和费用使用办法。1993 年 3 月，设立嵊泗县人民法院驻嵊泗县公路管理段执行室，设主任、副主任各一职，分别由嵊泗县人民法院执行庭负责人、嵊泗县公路段负责人兼任，提供法律服务，依法执行由公路段向人民法院申请强制执行的行政处罚案件。执行室设在嵊泗县公路段内。同月，嵊泗县人民政府制定《嵊泗县公路两侧建筑红线管理暂行规定》。市交通委员会批准嵊泗县公路段内增挂嵊泗县公路路政管理大队牌子，专职路政人员 4 名。是年，检查违章车辆 201 辆，签发违章车辆通知书 37 份。

1996 年 3 月 17 日，《中华人民共和国行政处罚法》颁布，10 月 1 日起实施。9 月，交通部制定《交通行政处罚程序规定》，规范路政执法行为，规范路政处罚统一格式。11 月，浙江省人民政府第 78 号令发布《浙江省公路路政管理办法》。1999 年，查处公路违章建筑案 7 起件，结案率100%。2001年，拆除公路违章建筑133平方米，清除公路堆积物550平方米，查处污染公路400平方米，收缴赔偿款42184元。2002年，查处路政违法案2件，拆除违章临时棚屋10平方米，清理违章电线杆5根。2003年4月1日，交通部第2号令《路政管理规定》施行。5月，县人民政府再次发布《嵊泗县公里两侧建筑控制区管理办法》（第一次发布在1998年）。12月24日，成立嵊泗县交通行政执法大队，县公路段、县公路运输管理（稽征）所的路政、运政、稽征行政执法检查的职能移交嵊泗县公路行政执法大队。2005年4月1日，《浙江省公路路政管理条例》实施。5月，县人民政府第三次发布《嵊泗县公路两侧建筑控制区管理办法》。

2006—2007年，贯彻省公路局《关于进一步加强公路路政巡查的通知》，路政执法人员出巡521天，1171人次，巡查里程29676千米，拆除违章建筑375.1平方米，清除公路堆积物10948平方米，查处违章案件285件、行政处罚案件9件，收缴赔（补）偿款31.21万元；办理路政许可32件，其中公路建筑控制区设置非公路标牌2件，公路两侧建筑控制区内埋设电缆、管线14件，设置平面交叉道口3件。2008年初，省十届人大常委会第36次会议修改《浙江省公路路政管理条例》，村道纳入路政管理，4月1日起，依法履行村道路政许可、处罚及相关监督管理职责。县公管所宣传车向公路沿线单位和群众广泛宣传，分发宣传资料300多份，在街道、车站、停车场等处悬挂横幅。查办行政处理案件16件、行政处罚案件1件。结办路政许可16件，其中公路两侧建筑控制区内埋设电缆、管线10件，增设交叉道口2件，挖掘公路4件。2009年，路政执法人员出巡280天，651人次，巡查里程11559千米。

路政执法

2011年8月，组织路政、交警、运政部门检查、整理菜马线、青金线、马迹门大桥、金青大桥等重点线路和桥梁及总重量55吨以上货运车辆。

2012年5月，开展公路"打非治违"（打击非法生产经营建设、治理纠正违规违章行为）加大公路巡查力度、密度和频率，与交警、运管等部门和菜园、五龙等乡镇联合执法，治理休渔期公路晒网、补网、堆网和基湖等旅游景区随意占道经营、摆摊设店现象。开展"飓风三号"超限超载专项整治活动，在泗礁山岛设置流动治超监测点。2011～2012年，路政执法人员出巡505天，1315人次，巡查里程22005千米，清除公路堆积物13217平方米，清除非公路标牌7块，收缴赔（补）偿款63.36万元，查办行政处理案件18件、行政处罚案件4件。

道路运政执法

嵊泗县公路运输管理（稽征）部门道路行政执法处罚权，由嵊泗县交通部门委托履行。

1993年3月，设立嵊泗县人民法院驻嵊泗县公路运输管理所、公路稽征所执行室，执行室设在嵊泗县公路稽征所内。1995年3月，成立嵊泗县公路运输管理（稽征）所稽查队。1998年，申请人民法院强制执行行政处罚案件36件，结案2件。1996—1998年，检查车辆7296辆次，纠正违章违规车辆1261辆次，发出违规通知书239份、处罚决定书142份。

1999年，县公路管理所建立《舟山市交通行政执法案件登记表》、《舟山市交通行政复议、行政应诉案件登记表》制度。是年，发出违章通知书30份、处罚通知书30份，收缴罚没款2500元。2000年，加大执法力度，上路检查134天，参检人员536人次，检查车辆1817辆次，纠正违章车辆197辆次，扣证43本，发出处罚通知书17份，追缴公路规费2.5万元，收缴罚没款1.2万元。2002年，设立嵊泗县公路运输管理路查大队。开展道路运输市场专项整治工作，稽查车站、码头等旅客及货物集散地，重点查处"二超"（超客、超载）、"三无"（无驾驶证、为运行证、无牌照）、"两客"（（旅游客车、班线客车））等扰乱市场秩序违规行为。10月，县公管所设立"96520"投诉热线电话，24小时值班，受理举报的"倒客""卖客""斩客"及垄断、欺诈违章行为。2003年，嵊泗县公路运输管理路查大队改建为嵊泗县公路运输管理路稽大队。12月，县交通局组建嵊泗县交通行政执法大队，县公路运输管理路稽大队人员并入县交通行政执法大队。

2004年7月1日，《中华人民共和国道路运输条例》颁布。嵊泗县公路运输管理（稽征）所结束由县交通局委托的道路运政执法，成为独立行政执法主体。2005年，贯彻《中华人民共和国道路运输条例》，调整行政许可办理程序，并予公布，明确申请项目许可主体、法律法规依据、办理程序、法定期限和具体负责人等。当年，上路上站场检查230天，参与人员735人次，检查车辆3271辆次，纠正违章车辆153辆次，处罚15起，收缴罚没款5150元；办理道路运输许可81件，无行政复议和上诉案件。2006年，开展"天网二号"整治无证营运专项活动，制定"营运客车专项整治方案"，运用电视、宣传车、街头设摊等形式，广泛进行宣传，与公安交警部门联合执法6次，上路执法检查79天，检查车辆948辆次，纠正违章3起，疏散和罚款客车超载5次，查获并暂扣涉嫌无证营运车辆4辆。2007年，县运管部门与交警部门开展联合"打黑"整治活动。同时，在嵊山、黄龙乡镇的配合和协助下，采用整治和服务相结合的办法，进行大规模上路突击检查，查扣各类无牌无证车辆44辆，符合条件的，统一补办上牌和营运证件手续。2008—2014年，继续开展联合"打黑"整治活动及道路运政执法工作，上路检查1741天，参与人员7076人次，检查车辆18742辆次，纠正违章车辆693辆次，处罚47起，收缴罚没款9.82万元。

港航行政执法

1992年前，嵊泗境内水上运政、航政、船检等行政执法由嵊泗县交通管理局委托嵊泗县航运管理站履责。1993年3月，设立中华人民共和国舟山港务监督嵊泗监督站，负责进出嵊泗口岸外贸运输船舶进出口联检及辖区内海上交通安全监督、管理等，开展行政执法工作。2000年，海上行政处罚立案49件，结案47件。

2001年，依法受理水上行政案件49件，结案47件。2002年，查办交通行政执法案件

27件，其中一般案件18件，简易案件9件，无行政复议案件，收缴罚款2330元。2003年1月1日，《浙江省水路运输管理条例》实施。8月，舟山港务管理局嵊泗分局港务检查大队建立，负责水上行政执法工作和违法案件处理。是年，结合乡镇船舶安全管理，查处船舶53艘，补缴规费10.12万元，收缴罚款5万元。2004年1月1日，《中华人民共和国港口法》实施，整治无证营运、超载运输及逃缴、漏缴规费等违法、违章行为。参与人员693人次，港务检查艇77艘次，检查船舶325艘次，查处船舶103艘，补缴规费13.4万元，收缴罚款4.75万元，依法受理水上行政案件54件。

2005年港航执法人员检查洋山运石船舶

2005年，联合上海洋山港海事局、嵊泗县安全监督局、洋山镇人民政府等，检查洋山海域从事石块装运的营运船舶超载、超风力航行等。历时25天检查，参与人员132人次、港务检查艇35艘次，查处违章违规船舶73艘，补缴规费5.23万元，收缴罚款0.75万元。是年，依法受理水上行政案件35件。2006年起，在洋山、小黄龙、马迹山海域进行以海上反超载运输、查处无证运石运沙船舶及拖欠规费船舶为主要内容的专项整治活动。依法受理水上行政案件25件。2006—2008年，参与人员1451人次、港务检查艇221艘次，检查船舶624艘次，收缴罚款16.74万元。2009年，加强水上运输船舶营运状况和危险品运输的监管和指导，检查无证运输船舶及超载船舶。参与人员804人次、港务检查艇78艘次，参与车辆267辆次，现场监管危险品装卸119次，受理水上运政案件22件、港政案件3件，收缴罚款9.67万元。2010—2011年，参与人员1970人次，检查车辆583辆次，出巡港务检查艇2937艘次，巡航2937海里。2008—2010年，依法受理港航行政案件73件。2011年，参与执法检查人员878人次、出巡检查艇81天次，检查船舶192艘次，查处水路运政案件7件。

2013年，联合海事、边防等部门整治小黄龙水域非客船搭客现象，联合上海洋山港海事处检查小洋山北侧围垦工程，与洋山镇人民政府联合开展砂石料运输船舶专项整治活动。2014年，建立春季联合执法巡查制度。3月，联合洋山海事、政府部门进行为期一个月的春季水上运输安全整治活动，检查船舶69艘次，查处船舶无营运证违法经营行为47例，收缴罚款19万元。全县进行非客运载客专项整治，查处非客船非法载客案件12件，收缴罚款6.57万元。

海事行政执法

2001年4月，嵊泗海事处从嵊泗港监析出新建，负责嵊泗辖区水上交通安全监督管理，依法行政。至2014年，受理行政处罚案件920件，收缴罚款404.382万元，扣证57人次，违法记分2269人/3350分。

2001—2014年嵊泗海事行政处罚统计表

表6–6–1

年份	处罚（件）	罚款（万元）	扣证（人次）	违法记分（人/分）
2001	23	4.28		/
2002	97	15.9		/
2003	116	25.13		/
2004	135	29.2		/
2005	109	23.85		/
2006	9	4	12	493
2007	65	38.7	5	118/334
2008	57	32.1	4	185/392
2009	65	30.3	6	228/431
2010	44	28	5	401/587
2011	65	42.5	9	447/652
2012	38	39.4	4	388/479
2013	30	30.167	9	306/380
2014	67	60.855	3	196/295

第七篇　旅游交通

嵊泗，素有“海上仙山”之美誉。1985年，嵊泗列岛被浙江省人民政府定为省级风景名胜区。1988年8月1日，国务院批准嵊泗列岛为国家重点风景名胜区。列岛景区内有文物保护单位14处(国家级1处、省级2处、县级11处)。辟有9条旅游线路，拥有“黄龙岛一日游”“五龙蓝色海岸生态一日游”“花鸟岛两日游”“贻贝之乡枸杞岛三日游”“嵊山岛海钓休闲三日游”“泗礁山岛海洋生态游”等多个旅游项目。景区开发，旅游发展，带动和促进交通运输业的发展。

第一章　旅游景区

嵊泗以列岛置县，全境由500多个岛屿，形成多组列岛，散居在浩瀚无际之东海，岛海相依，水天相连，以“海瀚、礁美、滩佳、石奇、洞幽”之景独秀，是一幅独具列岛风情的自然之美的画卷。嵊泗列岛景区按自然岛礁群分布，以主岛泗礁山岛为中心，向东南、东北、西南展开，有泗礁景区、嵊山枸杞景区、花鸟绿华景区和洋山景区。

第一节　泗礁景区

泗礁景区以碧海金沙、渔家休闲、海鲜美食为特色，主要景点在泗礁山岛、大黄龙小黄龙岛和马迹山及其附近诸岛。景区内怪石奇生，连绵亘长的碧海金沙特优，拥有大小优质沙滩14处。

基湖沙滩浴场

基湖沙滩

在泗礁山岛，沙滩东西绵亘，呈弯月形微倾入海，长2300米、宽300米，面积0.4平方千米。华东最大的沙滩。华东地区最佳海滨旅游胜地之一。滩地坚实，沙质洁净，滩下水域平缓，水深在 0.2 米～ 0.4 米之间。沙滩上，辟有海滨浴场，配有冲浪、帆船、海浴、沙浴、篝火晚会、摩托艇、野营、沙滩排球、自助烧烤等娱乐配套设施。近沙滩海域中有里小山、外小山两小岛。里小山是滩上的高台，山上遍满花草和小松树，岩壁上有人工凿成的小山洞，游客可攀援登顶极目滩海。

南长涂沙滩

泗礁山岛南侧中部海湾，与基湖沙滩有“姐妹沙”之誉，两个沙滩仅以一座虎头山岗相隔。沙滩滩长 2750 米，宽 200 米，由毗连的南长涂、高场湾和石柱 3 个小沙滩组成，其中，南长涂与高场湾两沙滩衔接处，有崖石拱立如石门，称大龙眼石和小龙眼石。南长涂沙滩滩面洁净柔软，呈乳黄色。辟有海浴、沙滩足球、野味烧烤、掏蟹洞等特色旅游项目。

六井潭

六井潭

泗礁山岛东端，海边突起的山峦因有 6 个深通大海的井潭而得名。木质长廊如天梯，凌空而架，融海蚀地貌的雄奇和耸峙的奇峰险崖于一体，集海光山色之大成。开发过程保持了其原生态的景观特色和回归自然的野趣，成就探奇寻幽、野营拓展、岸礁垂钓等活动为一体的海洋生态旅游区。观赏海上日出之绝佳地。晴天的黎明，看一轮红日破海而出，给你震撼和惊艳。

元宝石

大黄龙岛峙岙元宝山上，石分大小两块，耸立于山岗悬崖之上，形如元宝。大元宝顶宽底窄，高约 6 米，重约百吨，如一把巨大折扇。小元宝依偎其西，长 4 米，重约 5 吨，两头翘起，中间凹下，底弧形。圆转光洁，似神来之石，搁置在倾斜向下的崖顶，危似一触即落。传两人牵线，能从石底划过。人能双手触石推动，站立其上，蹬之，则上下颠簸，“咯咯”作声，呈从崖顶跌落之险，令人心惊肉跳，然千年兀立。堪称东海第一大奇石。大元宝石西壁，刻有“东海云龙”四个大字，字高 0.68 米、宽 0.55 米，方正峭拔，为清光绪三十四年（1908 年）四明张传隆巡海时所题。摩崖石刻“东海云龙”列为嵊泗县级文物保护单位。

元宝石

大悲山灵音禅寺

大悲山

泗礁山岛东部，山为嵊泗列岛第三高峰，西带群峰，东濒大海，与基湖沙滩、南长涂沙滩成等边三角。大悲山以佛教观音文化中的大慈大悲得名。依山而起的大悲山灵音寺，建于清同治十一年（1873 年），为嵊泗佛教圣地，占地总面积 2000 平方米。主建筑大雄宝殿，供如来佛象，高达 1 丈，壁后为千手观音，演绎慈悲善意，天王殿、罗汉堂等参差成群。佛期佳节，嵊泗各岛村民结伴群至，烧香拜佛数罗汉。盛极一时。

第二节　嵊山枸杞景区

嵊泗列岛风景名胜区的最东部，主要景区分布在嵊山岛、枸杞岛，以渔港、海崖和渔俗为特色。

东崖绝壁

嵊山岛最东段，高处有灯塔和铁塔。山势在山腰陡然下跌，上耸数十丈，绵延 3 千米。沿岸景致奇幻壮丽，动人心魄。大海凝笔生寒，石壁直削入海，磐石临崖偃卧，巉岩刀插剑立，灌木丛野草山花从高坡泻下，悬附崖壁。崖下惊涛拍岸，溅起无数水花，沉雷阵阵，震山摇崖，岩穿崖裂，白浪吞吐。此处视野开阔，海景一览无余，东面临大海，是亲近和拍摄日出的地方。

东崖绝壁

山海奇观

山海奇观

枸杞岛五里碑（里西岗墩）峰巅一巨石，高 9 米，宽 7.3 米，座西朝东，东壁镌刻“山海奇观”四个大字，苍劲有力，气势磅礴。明万历十八年（1590 年）浙直总兵都督侯继高督汛至此题刻，是中华民族保卫国家海疆的历史见证。周围松林茂郁，环境清幽。登上五里碑山顶俯瞰碧波大海，帆影渔踪，海上牧场，尽收眼底。摩崖石刻“山海奇观”为浙江省级文物保护单位。

第三节 花鸟绿华景区

马鞍列岛北部，主要景点在花鸟岛、东绿华、西绿华岛，及其周围诸多岛礁，远东第一大灯塔——花鸟灯塔和雾岛最具特色。

花鸟灯塔

花鸟灯塔

花鸟山岛西北角山嘴。1870年，英国人建造，建造历史悠久，建筑雄伟壮观，誉称“远东第一大灯塔”，是国际和中国沿线南北航线上的船舶进入上海港的重要航行标志。有无线电铁塔、发电房、机房、仓库、宿舍、码头等附属设施，整体占地约2.2万平方米，建筑和装饰保留欧式风格。灯塔建筑面积1万平方米，圆柱形塔身塔高16.5米，上黑下白。塔分四层，铜铸小梯从底层绕柱而上。聚光灯安装在灯塔顶层中央，采用2千瓦卤素灯，周围置四面透镜和旋转机组，每分钟旋转一圈，聚光灯同时射出四道光线，射程24海里。灯塔除用光源导航外，还有无线电指向标和雾警。雾警供雾天近距离导航，警声传10多海里之外，预告来往船舶。警声发生器是国内传程最远的汽雾喇叭，声沉波远，居民称其为“老黄牛”叫。花鸟灯塔为全国重点文物保护单位。

第四节 洋山景区

在嵊泗列岛西部的崎岖列岛，主要景点分布在大洋山岛和小洋山岛。以幻石灵礁和现代港桥为特色。景区内花岗石露岩遍布，怪异横生，暗石疑藏虎，盘根似卧龙，摩崖题刻众多。景内的洋山深水港是上海最大的港口中心。连接海岛内陆的跨海大桥——东海大桥，卧波凌空，煞是壮观。

圣姑礁

圣姑礁

大洋山岛北侧三姑礁（岛）组内。圣姑礁居岛组东侧，全岛石骨凌厉，中有石峰，凌空突起，危崖削石，高达4丈余，崖下一小庙，曰圣姑庙。庙后峭壁上，有摩崖石刻三方：“群贤毕至”，直书，每字高 0.36 米，宽 0.28 米，劲峭瘦硬，铁笔银画，左落款 12 字，右落款 32 字，系清光绪十四年（1888 年）武官，湘潭人雷玉春率 7 人巡海至此所题，为嵊泗县级文物保护单位；“海宇澄清”，直书，“万顷晴波”，横书。礁东悬崖上，镌刻“泛波”两个大字，每字高 0.5 米、宽 0.4 米，左边落款 11 字，右边落款风化不辨，系清光绪二十六年（1900 年）所立。为嵊泗县级文物保护单位。

石龙

小洋山岛东北部大城子山中，登大城子山走一千米山路，两边危崖夹峙，奇石相随，十步一景，五步一观。石龙居山深处，约有百米之长，十米之围。龙分两条，上下相叠，头西尾东，蜿蜒上岗。腹白，断续悬空。背黑，龙鳞斑驳，如银圆闪烁。颌边，石纹波涌，龙须飘拂。前端有球状石数颗，故又称双龙抢珠。头顶一小水潭，承积雨水，终年不枯，水清如镜，称龙眼井。龙尾细长坚挺；尾端，乱石丛杂，中有一洞，为石龙洞，传说此洞入海，直通大岙洋山庙后殿。南临百丈绝岸，北隔小路临深涧，涧北石壁高达千寻，连绵不绝。幽壑石龙，鬼斧神工，令人心悸魂惊。

小洋山岛石龙

小观音山古摩崖石刻群

小洋山岛小观音山。山小而嶙峋，白石磊磊，无数天然石碑错杂叠接，古摩崖荟萃，犹如碑石之林，已发现 8 处。

小洋山岛摩崖石刻

“海阔天空”。镌于山顶岩壁石匾中，横书，每字高 0.7 米，宽 0.55 米，左边落款 9 字，右边落款 6 字，系明万历三十六年（1608 年）游兵都司张文质所书。嵊泗县文物保护单位。

“鲲鹏化处”。镌于南麓一粉红色峭壁上，直书，每字高约 0.85 米，宽约 0.65 米，左有落款 31 字，系明万历三十六年（1608 年）游兵都司张文质书。嵊泗县级文物保护单位。

“倚剑”。镌于西坡石壁中，横书，每字高约 3.8 米，宽约 3.5 米，遒劲奔放气势撼人，左右落款 8 字，系明万历四十一年（1613 年）举人，昌乐县知县李锴书。嵊泗县级文物保护单位。

“中流砥柱”两处。一处镌于“海阔天空”一侧石壁上，每字高 0.65 米，宽 0.8 米，落款不明；一处镌于“倚剑”两大字之间。落款不明。

“三星石”。镌于西麓石壁上，每字高 0.31 米，宽 0.21 米，落款不明。

“水天阔处”。镌于“倚剑”附近石壁上，落款不明。

“海晏波宁”。镌于“海阔天空”西侧石壁上，每字高 0.3 米，宽 0.25 米，落款不明。

姐妹石

姐妹石

小洋山岛大观音山南麓公路边。两巨石并肩而立，南眺大海。左石高5米，右石略低，如姐妹相依，手足情深；又如情侣相偎，喁喁细语，故又称鸳鸯石。两肩摩接，下方成一空隙，人立其中，凉意阵阵，炎夏无暑。

第二章　旅游客运

2002年确立以旅游带动运输业发展的指导思想，坚持“旅游包装客车，旅游带动运输”原则。记述旅游市场与客运市场相结合，分陆运、海运、空运三节。

第一节　陆　运

景区内各景点均有班线和就近班车，出租客车随叫随到，直达各景点。此外，还开通旅游专线，贯穿主要景点。

公交班车

菜园—五龙线　菜园至五龙，途经基湖沙滩、海景湾游乐中心、天悦湾大酒店(需步行约200米)、大悲山、东海渔村、和尚套、六井潭景点。每天5:20至18:00，车站发车，10分钟至20分钟一班。

菜园—石柱线　菜园至石柱，车站发车至石柱渔家乐。每天5:20至18:00，10分钟至20分钟一班。

2014年9月28日，开通了洋山公交专线；开通了菜园至大悲山班车。

旅游专线

菜园—北朝阳　菜园台客隆超市门口发车，途经基湖海滨浴场、高场湾海景湾游乐中心、大悲山、五龙老鼠山、田岙东海渔村、五龙会城岙至五龙北朝阳海钓基地。发车时间：7:30、8:20、9:10、10:00、10:30、13:30、14:30、15:30、16:30，北朝阳返回时间：8:10、9:00、9:50、10:40、11:10、14:10、15:10、16:10、17:10。

第二节　海　运

境内各岛景点上的往来游客均有客船接送。

往绿华岛、花鸟岛、壁下岛、枸杞岛、嵊山岛方向的景点，菜园小菜园客运码头乘普通客船和高速客船。菜园至嵊山、枸杞，普通客船开船时间7:30，高速客船开船时间11:00。菜园至绿华、花鸟，普通客船开船时间 7:30，高速客船开船时间 11:50。

往大黄龙岛方向的景点，菜园乘坐班车或旅游专车到五龙边礁岙码头，转乘客渡船到黄龙。开船时间 6:30、8:00、10:00、13:00、14:40、16:00，航时约 20 分钟。

往大洋山岛、小洋山岛方向的景点，李柱山码头乘高速客船。开船时间 8:05、8:35、14:40，航时 45 分钟至 1 小时。

往来大洋山岛、小洋山岛，大洋乘船。1 天 6 航班，开船时间 7:30、9:00、10:00、13:10、14:05、16:20。

李柱山码头是县境外游客进出嵊泗列岛的集散地，有到上海、杭州等地的车船联运，有到岱山、定海的客船。

上海—泗礁　上海南浦大桥客运站乘车至沈家湾客运站，转乘船至泗礁李柱山码头。上海南浦大桥发车时间 7:15 至 14:00，每天 6 班。沈家湾开船时间 9:15 至 20:00，每天 8 班。

杭州—泗礁　杭州九堡客运中心乘车至沈家湾客运站，转乘车渡船至泗礁李柱山码头，杭州九堡发车时间 8:00。杭州汽车南站乘车至沈家湾客运站，转乘车渡船至泗礁李柱山码头，杭州汽车南站发车时间 10:15。

定海——泗礁　定海三江码头乘高速客船至泗礁李柱山码头，开船时间 8:40、10:30、12:00、14:50、15:35，每天 5 班。

2014 年开通沈家湾至嵊山枸杞高速客轮直达航班、沈家湾至花鸟旅游专线。

第三节　空　运

普陀山机场在嵊泗泗礁山岛青沙和枸杞岛、嵊山岛，建造直升机停机坪。作为民用交通定点航线的交通工具，供游客空中观光海岛。舟山普陀山机场至嵊泗泗礁山岛青沙停机坪，往返时间约 100 分钟。可供 11 名乘客乘坐。

每年 7 月 28 日至 10 月 31 日（旅游季节），普陀山机场周一至周四、周六 8:30 起飞，星期日 16:00 起飞；嵊泗机场周一至周四、周六 9:00 起飞，星期日 16:30 起飞。每天 1 班。

第三章　旅游服务

第一节　机构组织

1984 年，建立嵊泗县旅游开发公司。1985 年，与上海市旅游局合作，成立四海旅游联合开发总公司，时任县长黄忠壵任董事长，上海市旅游局副局长黄德隆任副董事长。1987 年 5

月，设立嵊泗县旅游事业管理办公室。1990 年 11 月，成立嵊泗县风景旅游事业管理局。内设办公室、海钓办公室、嵊泗列岛旅游总公司。局属企业有北界村饭店、嵊泗旅行社、金沙大酒店、基湖海滨游乐中心、南长涂海上乐园。有员工 163 人。

2003 年 6 月 11 日，成立嵊泗列岛旅游发展有限公司。2004 年 4 月 23 日，成立嵊泗远东长滩旅游开发有限公司。2010 年 8 月，成立嵊泗风景旅游投资有限公司。

2013 年 9 月，嵊泗旅游局更名为嵊泗列岛风景名胜管理局。同月，设立泗礁诸岛风景管理处。

2014 年，全县有旅行社 20 家，从业人员（导游）195 人。是年，接待游客 365.41 万人次。

2014 年嵊泗县旅行经营企业情况表

表 7–3–1

名　　称	成立日期	经理	地　　址
嵊泗泗海旅行社有限公司	2009.8	郑军海	嵊泗县菜园镇横山园 B 楼 102 东海路 18 号
嵊泗县春秋旅行社有限公司	2009.8	杨　琴	嵊泗县菜园镇东海路 268 号
嵊泗金沙旅行社有限公司	2012.7	姚行华	嵊泗县菜园镇东海路 127 号
嵊泗东海旅行社有限公司	2009.9	费小玉	嵊泗县菜园镇沙河路 202 号
嵊泗县嵊客旅行社有限责任公司	2009.9	王志军	嵊泗县菜园镇东海路 108 号
嵊泗县康泰旅行社有限公司	2011.4	傅　苗	嵊泗县菜园镇云龙路 133 号
嵊泗县畅游旅行社	2011.3	俞　玲	嵊泗县菜园镇海滨中路 33 号一楼 106 室
嵊泗阳光旅行社有限公司	2012.6	张　燕	嵊泗县菜园镇山海路 82 号
嵊泗县天岚旅行社	2009.9	蔡升霞	嵊泗县菜园镇沙河路 125 号
嵊泗县风光旅行社	2009.8	贺海波	嵊泗县菜园镇东海路 166 号
嵊泗县假日旅行社有限公司	2009.9	屠晓峰	嵊泗县菜园镇东方之珠苑 6 幢一楼
嵊泗县海天旅行社	2009.9	戴艳艳	嵊泗县菜园镇海滨中路 26 号
嵊泗县天地旅行社有限公司	2009.9	龚业盈	嵊泗县菜园镇沙河路 91 号
嵊泗青年旅行社有限公司	2009.8	蒋伟军	嵊泗县菜园镇粮盐北弄 1 幢底层
嵊泗康辉旅行社有限公司	2009.9	洪光跃	嵊泗县菜园镇沙河路 285 号
嵊泗洋山深水港旅游观光有限公司	2011.11	吴　斌	嵊泗县菜园镇菜圃路 53 号
嵊泗县海钓旅行社有限公司	2012.4	龚仁祥	嵊泗县菜园镇海滨中路 228 号 316 室
嵊泗岛际旅游有限公司	2013.7	郑军海	嵊泗县菜园镇望海路 188 号 190 号
嵊泗县洋山港岛旅行社有限公司	2014.3	倪方斌	浙江省嵊泗县洋山镇大洋共建路 5 号
嵊泗山水旅行社有限公司	2009.9	周赛伟	嵊泗县菜园镇东海路 358 号

第二节　宾馆饭店

1990年代，菜园基湖村开始兴起季节性的个体旅社37家。2013年，有宾馆、旅社459家，床位1000张。2014年全县有各类渔家民宿675家，社会宾馆86家，度假酒店2家，总床位17259张，从业人员约4000余人；旅行社20家，从业人员259人；渔家乐企业8家，渔家乐船舶183艘，从业人员428人。

嵊泗饭店

1975年建造，嵊泗县第一家较大规模的国营商业饭店。建筑面积3054.12平方米，占地面积760平方米。1985年隶属县商业局饮服公司。2000年，企业转制为股份制民营企业。经改造装修，二楼开设舞厅、卡拉OK厅。一楼有临街商铺房12间。2014年，由“万事达”企业整体售买。2017年开始拆造重建，称新时代商座大楼。

北界村饭店

嵊泗县人民政府招待所，1990年新建，更名北界村饭店。1991年划归县旅游局。有客房74间，大小会议室5间，可供300人同时开会。2001年转制解体。2002年，出售给普陀华侨友谊有限公司，更名为华侨饭店。

2014年嵊泗县高档宾馆选介表

表7-3-2

饭店名称	客房数(间)
丰华国际大酒店	156
华侨饭店	81
非诚勿扰度假酒店	138
天悦湾度假酒店	132
君豪大酒店	68
洋山大酒店	24
泽成大酒店	60
金弘宾馆	42
天鸿宾馆	28
天缘宾馆	20
嵊山镇鑫荣大酒店	24

第八篇 群英录

第一章 人物传

戴阿宝(1893—1950)

嵊泗县菜园镇人。出身渔工家庭,初小文化程度。因家境贫寒一直受雇佣在私营运输船当水手、老大,为人忠厚善良。1950年7月,中国人民解放军二九三团奉命进军嵊泗,戴阿宝上船担任向导。7月7日,部队进发嵊山岛,船抵近嵊山洋面时,遭守敌炮击,中弹牺牲。嵊泗县人民政府追认他为烈士。先安葬于青沙乡黄沙岙烈士墓,1990年代,迁葬至嵊泗县革命烈士陵园。

为嵊泗交通港航事业牺牲的客籍人员名录

表8-1-1

姓　名	单位及职务	籍贯	出生年份	牺牲年月	牺牲地点
桂友富	嵊泗航务局船长	浙江定海	1921	1957.8	嵊泗洋面
计志友	“曙光”轮船员	浙江象山	1909	1957.10	嵊泗
郑新春	嵊泗守备区战士	江苏阜宁	1941	1960.08	嵊泗
章明祥	6383部队测绘员	浙江嘉兴	1932	1963.12	嵊泗

第二章 荣誉录

第一节 劳动模范

全国劳动模范

叶中央　嵊泗县马关人,宁波海上安全监督局镇海航标区灯塔工。1989年获全国劳动模范。

全国运输系统劳动模范

张跃平　嵊泗县菜园镇人，嵊泗县同舟客运轮船有限公司副总经理。2015年4月，人力资源社会保障部、交通运输部联合表彰为全国运输系统劳动模范。

省级劳动模范

姜孝财　嵊泗县嵊山镇人，嵊山搬运站站长。1963年获浙江省劳动模范或浙江省先进生产者。

叶中央　嵊泗县马关人，宁波海上安全监督局镇海航标区灯塔工。1988年获上海市劳动模范。

市级劳动模范

金亚芬　嵊泗县菜园镇人，嵊泗县公路管理段职工。2002年中共舟山市委、舟山市人民政府表彰为劳动模范。

劳动模范简介

叶中央　男，1940年生，嵊泗县马关人，宁波海上安全监督局镇海航标区灯塔工。其祖父、父亲均是灯塔工。1959年，其父在一次抗台中以身殉职。为继承父业，叶中央即上白节山岛护守灯塔，几十年如一日，忠于职守，无私奉献。1971年春节，他照例让其他职工回家团聚，自己值班守塔。妻子和女儿渡海来岛和他欢度佳节，不幸旅途罹难。叶中央强忍悲痛，说服母亲，谢绝组织照顾，仍日夜与灯塔为伴。1984年，他送儿子做了灯塔工。1987年，他所领导的白节山灯塔班，获交通部“双文明”建设先进班组。翌年，他被评为全国优秀水运工作者和最佳灯塔工，获“金锚”奖。同年被评为上海市劳动模范，并获全国“五一劳动奖章”，1989年被评为全国劳动模范。2003年3月，叶中央从宁波航标处白节山灯塔主任的岗位上退休。

张跃平　男，1967年生，嵊泗县菜园镇人，嵊泗县同舟客运轮船有限公司机务副总经理。1991年参加工作，从一名普通的轮机员成为公司甚至舟山市同行业公认的轮机行家。2009年以来，随着公司的发展，公司高速客轮船用齿轮箱连续发生故障，他针对ZF齿轮箱配件订货周期长、技术垄断、费用高等特点，大胆提出用高精度齿轮国化代替进口齿轮的设想，并组织人员与杭州前进客车变速箱有限公司和ZF公司有关技术人员共同研究讨论，在最短的时间内生产出足以跟进口齿轮相媲美的产品，该产品现已在公司各船舶中广泛推广和应用。2010年在公司散货船上成功使用电热蒸汽发生器替代废气锅炉，为企业单船节约燃油成本十几万元。他大胆推进先进技术产品取代陈旧的设备，利用外加电流阴极保护装置代替锌块阴极保护装置；用“申龙”三号A轴承材料代替铜轴承；利用国产海淡水热交换器冷却器芯子、增压器国产喷嘴等一系列改装技术；使用燃油节能装置“土帕能”等，为企业节约大量资金，仅年维修成本就节约近百万元。

身为机务副总经理，张跃平深入一线，任劳任怨。尤其在每年的5～10月嵊泗旅游客流高峰期间，他能准确、迅速地排除船舶故障，保证船舶正常航行。二十几年如一日，张跃平为嵊泗交通港航事业的发展树立了榜样，2009年至2011年，连续三年被评为浙江省优秀职工。先后获得浙江省“五一劳动奖章”、浙江省交通行业“百名最美职工”称号，2015 年被授予全国交通运输系统劳动模范称号。

金亚芬　女，1958 年生，嵊泗县菜园镇人，县公路管理段退休职工。1979 年参加工作，二十九年如一日，勤勤恳恳、任劳任怨坚守在公路养护第一线。曾被评为嵊泗县“十佳”职工、“三八红旗手”，舟山市巾帼奉献先进积极分子、优秀职工、先进个人，浙江省先进女职工。2003 年 9 月，被授予 2000—2002 年度舟山市劳动模范称号。

第二节　先进个人

全国“五一劳动奖章”获得者

叶中央　嵊泗县马关人，宁波海上安全监督局镇海航标区灯塔工，1988 年获全国“五一”劳动奖章。

省“五一劳动奖章”获得者

张跃平　嵊泗县菜园镇人，嵊泗县同舟客运轮船有限公司副总经理，2013 年 4 月获浙江省总工会授予的浙江省“五一劳动奖章”。

省部级先进个人

刘世和　嵊泗县航运公司党支部书记，获中共浙江省委 1994 年度百名优秀政工师。

张仲正　嵊泗县交通局综治办主任，获中共浙江省委、省人民政府 2002 年度浙江省综合治理先进个人和战备先进工作者；获中共浙江省委、省人民政府 2003 年度浙江省综合治理先进个人。

地厅级先进个人

张仲正　李柱山客运站派出所所长，获浙江省交通厅 1993 年度保卫工作先进个人。

马典民　嵊泗县公路（稽征）所副所长，获浙江省公路稽征局 1993 年度先进个人；获浙江省公路稽征局 1994 年度先进个人；获浙江省公路稽征局 1996 年度先进个人称号；获浙江省公路局 1997 年度、1998 年度稽征工作获浙江省公路局、全省公路系统先进工作者。

唐志芳　嵊泗县航运公司“舟桥 1”船长，获浙江省交通厅航运管理局、中国人民解放军驻浙江省航务军事代表办事处 1999 年度“军交”工作先进个人。

陈泽青　李柱山客运站副站长，获浙江省交通厅航运管理局、中国人民解放军驻浙江省航务军事代表办事处表彰的 1999 年度“军交”工作先进个人。

张仲正　嵊泗县交通管理局综治办主任。获中共浙江省委办公厅、省人民政府办公厅 1996—2000 年度法制宣传教育先进个人。

陆　瑛　嵊泗县交通局计财科科长，获浙江省总工会 2007 年度“经审”工作先进个人。

朱友祥　嵊泗县客运总站主办会计，获浙江省总工会 2007 年度优秀工会积极分子。

王　斌　嵊泗县公路运输管理所，获浙江省道路运输管理局 2007 年度先进分子。

曾琼霞　李柱山客运分站售票问讯处副班长，获浙江省妇联 2009 年度“巾帼建功”标兵。

范　峥　嵊泗县航运管理所统计员，2009 年获浙江省港航管理局水路运输量专项调查及专项补充调查先进个人。

金　嵩　舟山港务管理局嵊泗分局办事员，2009 年获浙江省港航管理局第三次全国港口普查先进个人。

张跃平　嵊泗县东方海运有限责任公司副总经理，获中共浙江省委宣传部、浙江省总工会表彰的 2009 年度优秀职工；2010 年获中共浙江省委宣传部、浙江省总工会浙江省第三届“金锤奖”评选活动优秀职工；2011 年获中共浙江省委宣传部、浙江省总工会第四届浙江省优秀职工；2013 年获浙江省总工会颁发的“五一劳动奖章”。

毛卫平　嵊泗县公路运输管理所办公室主任，获浙江省道路运输管理局 2009 年度先进个人。

袁敏敏　嵊泗县公路运输管理所，2009 年获浙江省道路运输管理局文明示范。

曾琼霞　李柱山客运分站售票问讯处副班长，获浙江省总工会 2009—2010 年度“五一巾帼标兵”。

郭信安　李柱山客运分站站长，2010 年获浙江省交通运输厅“世博”安保先进个人。

曾国军　嵊泗县公路运输管理（稽征）所运管股股长，获浙江省道路运输管理局 2010 年度先进个人；2010 年获浙江省道路运输管理局“文明行”先进个人。

许岳定　嵊泗县交通管理局党总支书记，1998 年任嵊泗县交通管理局党委书记。获中共舟山市委 1993 年度优秀党务工作者；1996 年度优秀党务工作者；获中共舟山市委 1998 年度优秀党务工作者。

金亚芬　嵊泗县公路管理段职工，获中共舟山市委、市人民政府 2000—2002 年度劳动模范。

姜祥安　嵊泗县东方海运有限责任公司董事长、总经理，2012 年获中共舟山市委、市人民政府表彰的舟山市第三届优秀中国特色社会主义事业建设者。

第三节　先进集体

省部级先进集体

1993—2013 年获省部级表彰的荣誉称号先进集体

表 8-2-1

单　位　名　称	荣誉称号	授予部门	获奖年份
嵊泗县航运公司“碧海”轮	1993 年度文明单位	中共浙江省委、省人民政府	1994
嵊泗县航运公司“金沙”轮	1994 年度文明单位	中共浙江省委、省人民政府	1995
嵊泗县公路管理段	2008 年度文明单位	中共浙江省委、省人民政府	2009
嵊泗县客运总站	2008 年度文明单位	中共浙江省委、省人民政府	2009

续表 8-2-1

单　位　名　称	荣誉称号	授予部门	获奖年份
嵊泗县客运总站工会委员会	2009 年度模范职工之家	中华全国总工会	2010
嵊泗县客运总站李柱山分站	世博交通运输保障先进集体	交通运输部	2010
嵊泗县交通局（港航分局）	2010 年度文明单位	中共浙江省委、省人民政府	2011
嵊泗县东方海运有限责任公司“茂盛 2”轮	安全诚信船舶	中华人民共和国海事局、交通部	2012
嵊泗县客运总站李柱山分站	全国工人先锋号	中华全国总工会	2013
嵊泗县同舟客运轮船有限公司“茂盛 2”轮	全国模范职工小家	中华全国总工会	2013

地厅级先进集体

1994—2012 年获得地厅级荣誉称号的先进集体

表 8-2-2

单　位　名　称	荣誉称号	授予部门	获奖年份
嵊泗县客运站	全省水路文明客运站	浙江省交通厅	1994
嵊泗县航运公司“金沙”轮	全省水路文明客运船	浙江省交通厅	1994.
嵊泗县客运总站	春运优质服务活动先进集体	浙江省航运管理局	1994
嵊泗县航运公司“碧海”轮	春运优质服务活动先进集体	浙江省航运管理局	1994
嵊泗县汽车运输有限责任公司	安全先进集体	浙江省安全委员会	1994
嵊泗县汽车运输有限责任公司	卫生先进集体	浙江省爱卫会	1994
嵊泗县客运总站	文明客运站	浙江省交通厅	1995
嵊泗县汽车运输有限责任公司	安全先进集体	浙江省爱卫会	1995
嵊泗县汽车运输有限责任公司	卫生先进集体	浙江省爱卫会	1995
嵊泗县公路运输管理（稽征）所	先进集体	浙江省公路管理局	1996
嵊泗县汽车运输有限责任公司	卫生先进集体	浙江省爱卫会	1996
嵊泗县客运总站	三级文明客运站	浙江省交通厅	1997
嵊泗县客运总站	交通系统行风建设先进集体	浙江省交通厅	1997
嵊泗县公路运输管理（稽征）所	稽征工作先进单位	浙江省公路稽征局	1997
嵊泗县航运公司“金沙”轮	文明单位	浙江省文明办	1999
嵊泗县交通管理局	省级治安安全单位	浙江省安全委员会	2001
李柱山客运分站	省交通系统三星级水路客运站	浙江省交通厅	2003
嵊泗县航运公司“舟桥 2”轮	全省水运系统安全优秀船舶	浙江省总工会交通运输工会工委、交通厅安全生产委员会	2005
嵊泗大洋船务有限公司“甬兴”轮班组	全省水运系统安全优秀班组	浙江省总工会交通运输工会工委、交通厅安全生产委员会	2005

续表 8-2-2

单　位　名　称	荣誉称号	授予部门	获奖年份
嵊泗县客运总站工会委员会	模范职工之家	浙江省委组织部、浙江省总工会	2007
李柱山客运分站班组	全省水运系统安全优秀班组	浙江省交通运输工会、浙江省交通厅安委会	2007
嵊泗县客运总站	厂务公开民主管理工作先进单位	省推行厂务公开工作办公室	2009
嵊泗县东方海运有限责任公司“舟桥 2”轮	工人先锋号	浙江省总工会	2010
李柱山客运分站班组	安全优秀班组	浙江省交通运输工会、浙江省交通运输厅委员会	2010
嵊泗县公路路政管理大队	“群众满意基层站所(服务窗口)”创建先进单位	浙江省交通运输厅	2010
李插线(李柱山—插旗岗)	文明公路	浙江省交通运输厅	2010
嵊泗港航分局	世博会“环沪护城河”水上安保工作先进集体	浙江省港航管理局	2010
李柱山客运分站	世博安保先进集体	浙江省交通运输厅	2011
嵊泗县东方海运有限责任公司“舟桥 2”轮	省“安康杯”竞赛优胜班组	浙江省总工会、省安全生产监督管理局、省卫生厅	2011
李柱山客运分站	交通运输行业文明示范窗口	浙江省交通运输厅	2011
嵊泗县东方海运有限责任公司	民企党建百家助推转型升级示范典型企业	浙江省工商行政管理局、浙江省民营企业发展联合会	2011
李柱山客运分站	“群众满意基层站所(服务窗口)”创建先进单位	浙江省运输厅	2012
李柱山客运分站	工人先锋号	浙江省总工会	2012
嵊泗县运输公司	先进基层党组织	中共舟山市委	1995
嵊泗县交通管理局	综合治理先进单位	中共舟山市委、市人民政府	1996
嵊泗县航运公司“金沙”轮	1994～1995 年度市级文明单位	中共舟山市委、市人民政府	1996
嵊泗县运输公司	先进基层党组织	中共舟山市委	1996
嵊泗县客运总站	1994～1995 年度市级文明单位	中共舟山市委、市人民政府	1996
嵊泗县交通管理局	综合治理先进单位	中共舟山市委、市人民政府	1997
嵊泗县运输公司	先进基层党组织	中共舟山市委	1997
嵊泗县航运公司	先进基层党组织	中共舟山市委	1997
嵊泗县客运总站	1998～1999 年度市级文明单位	中共舟山市委、市人民政府	2000

续表 8-2-2

单　位　名　称	荣誉称号	授予部门	获奖年份
嵊泗县公路运输管理(稽征)所	2002 ～ 2003 年度文明单位	中共舟山市委、市人民政府	2004
嵊泗县公路运输管理(稽征)所	2004 ～ 2005 年度文明单位	中共舟山市委、市人民政府	2006
嵊泗县交通局	市级文明单位	中共舟山市委、市人民政府	2008
嵊泗县公路管理段	市级文明单位	中共舟山市委、市人民政府	2008
嵊泗县公路运输管理(稽征)所	市级文明单位	中共舟山市委、市人民政府	2008
嵊泗县客运总站	市级文明单位	中共舟山市委、市人民政府	2008
嵊泗县交通局	2008 ～ 2009 年度文明单位	中共舟山市委、市人民政府	2010
嵊泗县交通局	世博会“环沪护城河”安保工作先进集体	中共舟山市委、市人民政府	2010
嵊泗县东方海运有限责任公司	2009 ～ –2010 年度舟山市优强航运企业	中共舟山市委、市人民政府	2011
嵊泗县交通局	2006 ～ 2010 年度舟山市依法治市和法制教育先进集体	中共舟山市委、市人民政府	2011
嵊泗县公路运输管理稽征所	文明单位	中共舟山市委、市人民政府	2012

第三章　专业技术人员

嵊泗县交通运输(港航)系统获专业技术职称人员名单

表 8-2-3

姓　名	职称	工作单位
刘世和	政工师	航运公司
赵信岳	助理政工师	航运公司
孙亚萍	会计师	航运公司
姜燕芳	会计员	航运公司
戴英娣	会计员	航运公司
潘　英	会计员	航运公司
车志刚	经济师	运输公司
张信久	经济师	运输公司
陈彪军	助理工程师	航运公司
徐欢俊	助理工程师	航运公司
裴波涛	助理工程师	航运公司

续表 8-2-3

姓　名	职称	工作单位
薛亚芬	助理档案馆员	航运管理所
张　愉	技术员	航运管理所
沈亚球	会计师	航运管理所
张晓琴	会计师	航运管理所
沈宏伟	助理政工师	航运管理所
张群红	助理政工师	航运管理所
应存芳	工程师	航运管理所
应　俊	助理工程师	航运管理所
钟浩潮	政工师	航运管理所
姚行耀	工程师	航运管理所
孙平宽	助理经济师	航运管理所
杨忠根	助理经济师	航运管理所
孔良芳	经济员	航运管理所
金保华	经济师	航运管理所
徐　洲	工程师	航运管理所
许明开	工程师	航运管理所
姚行耀	经济师	航运管理所
许明开	经济师	航运管理所
魏　敏	会计员	航运管理所
陆　瑛	会计师	航运管理所
魏　敏	助理经济师	航运管理所
张　于	助理经济师	航运管理所
徐　运	经济师	航运管理所
傅平平	助理经济师	航运管理所
贺玖玫	档案馆员	航运管理所
郑友兵	工程师	航运管理所
傅平平	助理会计师	航运管理所
林敏海	助理经济师	航运管理所
何琪明	工程师	航运管理所
王　斌	工程师	航运管理所
肖　辉	助理工程师	航运管理所
李金泉	助理工程师	航运管理所
唐天雨	助理经济师	航运管理所

续表 8-2-3

姓　名	职称	工作单位
沈丽婷	档案馆员	航运管理所
张　琪	助理工程师	航运管理所
周　维	工程师	航运管理所
戴文雄	助理经济师	航运管理所
唐广余	助理经济师	航运管理所
刘益宾	助理工程师	航运管理所
沈毅斌	助理工程师	航运管理所
江银福	助理经济师	航运管理所
王　琪	助理工程师	航运管理所
牟信国	高级汽车驾驶员	交通管理局
俞国平	政工师	交通管理局
於亚红	政工师	交通管理局
朱志清	工程师	交通局
方志浩	高级工程师	交通局
刘艺玲	助理会计师	交通运输局
王虎龙	工程师	公路管理段
郑晓东	助理工程师	公路管理段
叶文中	公路养护高级工	公路管理段
赵　捷	公路养护高级工	公路管理段
陈元定	公路养护高级工	公路管理段
金亚芬	公路养护高级工	公路管理段
虞亚庆	公路养护高级工	公路管理段
黄信祥	公路养护高级工	公路管理段
王时伟	工程师	公路管理段
赵海明	高级计算机操作员	公路管理段
张瑞雄	助理工程师	公路管理段
刘群力	助理工程师	公路管理段
马　驰	助理工程师	公路管理段
张　慧	档案馆员	公路管理段
鲍珊媛	助理会计师	公路管理段
赵海明	助理工程师	公路管理段
刘　丽	助理工程师	公路管理段
陈元定	公路养护技师	公路管理段

续表 8-2-3

姓　名	职称	工作单位
邵　维	工程师	公路管理局
曾国军	助理经济师	公路运输管理（稽征）所
朱健伟	助理会计师	公路运输管理（稽征）所
王　斌	助理经济师	公路运输管理（稽征）所
袁敏敏	助理经济师	公路运输管理（稽征）所
王海平	汽车驾驶员中级工	客运总站
车　磊	助理工程师	客运总站
陈德信	公路养护高级工	兴盛公路养护工程有限公司
张国富	公路养护高级工	兴盛公路养护工程有限公司
王明祥	公路养护高级工	兴盛公路养护工程有限公司
金　辰	助理工程师	兴盛公路养护工程有限公司
姜祥安	运输船舶驾驶中级	东方海运有限责任公司
陈保国	运输船舶驾驶中级	东方海运有限责任公司
陈国胜	运输船舶驾驶中级	东方海运有限责任公司
蒋水国	运输船舶驾驶中级	东方海运有限责任公司
董良华	运输船舶驾驶中级	东方海运有限责任公司
张小国	运输船舶驾驶中级	东方海运有限责任公司
邵亚岳	运输船舶驾驶中级	东方海运有限责任公司
房志芳	运输船舶驾驶中级	东方海运有限责任公司
顾志康	运输船舶驾驶中级	东方海运有限责任公司
陈和国	运输船舶驾驶中级	东方海运有限责任公司
朱永祥	运输船舶驾驶中级	东方海运有限责任公司
沈志军	运输船舶驾驶中级	东方海运有限责任公司
黄信定	运输船舶驾驶中级	东方海运有限责任公司
唐志芳	运输船舶驾驶中级	东方海运有限责任公司
盛松飞	运输船舶驾驶中级	东方海运有限责任公司
王岳忠	运输船舶驾驶中级	东方海运有限责任公司
徐伟康	运输船舶驾驶中级	东方海运有限责任公司
郑　吉	运输船舶轮机中级	东方海运有限责任公司
郭和根	运输船舶轮机中级	东方海运有限责任公司
周益康	运输船舶轮机中级	东方海运有限责任公司
李其康	运输船舶轮机中级	东方海运有限责任公司
王伟表	运输船舶轮机中级	东方海运有限责任公司

续表 8-2-3

姓　名	职称	工作单位
高宏兵	运输船舶轮机中级	东方海运有限责任公司
张跃平	运输船舶轮机中级	东方海运有限责任公司
邵松岳	运输船舶轮机中级	东方海运有限责任公司
郭央水	运输船舶轮机中级	东方海运有限责任公司
陈彪军	运输船舶轮机中级	东方海运有限责任公司
陈伟涛	运输船舶轮机中级	东方海运有限责任公司
傅平国	运输船舶轮机中级	东方海运有限责任公司
戴志英	运输船舶轮机中级	东方海运有限责任公司
胡卫波	运输船舶报务中级	东方海运有限责任公司
周鹏年	运输船舶报务中级	东方海运责任有限公司
李　军	运输船舶报务中级	东方海运责任有限公司
张跃国	运输船舶报务中级	东方海运责任有限公司
徐欢俊	运输船舶报务中级	东方海运责任有限公司
於文海	运输船舶驾驶助级	东方海运有限责任公司
曾永祥	运输船舶轮机助级	东方海运有限责任公司
郑岳贤	运输船舶轮机助级	东方海运有限责任公司
顾　宇	运输船舶轮机助级	东方海运有限责任公司
於文严	运输船舶轮机员级	东方海运有限责任公司
秦王勇	运输船舶轮机员级	东方海运有限责任公司
朱世杰	运输船舶轮机中级	东方海运有限责任公司

第九篇　丛　录

第一章　文件选辑

中华人民共和国上海港务监督革命委员会关于洛华山外轮锚地影响渔业生产等问题的复函

浙江省嵊泗县洛华人民公社：

中国外轮代理公司上海分公司转来你公社8月16日关于停泊外轮严重影响渔业生产情况报告收悉。

为了维护国家主权利益和对外政治影响，解决对外轮的避风、候潮、停待泊位减载过驳等问题的实际需要，1974年总参谋部和南京军区批准了规定洛华山二处地方作为外轮减载过驳锚地（1、洛华山南锚地：北纬30° 48′ / 东经122° 37′、北纬30° 48′ / 东经122° 38′、北纬30° 47′ / 东经122° 37′、北纬30° 47′ / 东经122° 38′的四点连线范围内。2、洛华山北锚地：北纬30° 50.9′ / 东经122° 37.5′）。

1974年国家计委决定在洛华山设置外轮引航站（交通部指定上海港监具体联系办理建造工程。今后镇海和宁波对外轮开放时也将使用这个引航站）。

1976年国务院、中央军委批准了规定外轮避风锚地10处：荣城湾、黄家塘湾、洛华山、南韭山、上下大陈岛、隘顽湾、泉州湾、东山湾、甲子港、海陵山港。

上述规定的锚地等有关情况，已在国务院、中央军委批准的对外轮出版供应的海图和航海资料上表明和刊载。上海港监曾在1974年11月7日向嵊泗县交通局、水产局、洛华公社发过电报请转知有关单位切勿在洛华山外轮锚地（南锚地和北锚地）以及进出锚地的航道上放置渔网和桩头等，以免造成损失。关于影响渔业生产的问题，1976年国务院、中央军委的国发（1976）55号文件规定："……在这些港湾锚地生产的集体渔民，因外轮避风需调整渔区而受的经济损失，由沿海有关省、市给予适当补贴。"

对外轮排放废油污水而污染水域和影响水产养殖的问题，1974年国务院国发（1974）11

号文件转发交通部《中华人民共和国防止沿海水域污染暂行规定》，船舶排放油类或油性混合物以及其他有害物质，要远离港区锚地，应按照港章的有关规定，违者予以查处。凡对海水造成污染的肇事者，视情节之轻重，给予警告，或处以人民币二万元以下的罚款，或并处以六个月以内的监禁。肇事一方必须负担消除油类污迹的费用和对所造成一切损失的赔偿金。

对国家规定的洛华山锚地和建造外轮引航站的工程，你公社的报告中表示“这是坚决执行毛主席革命外交路线的需要，也是我们国家兴旺发达的必然趋势，这也给绿华岛争了光，添了彩，我们洛华广大干部、渔工、贫苦渔民是欢迎的，并为顺利完成岛上各项工程施工而给予支持和协助”。你们从国家整体利益出发的革命精神，使我们很受教育，我们应向你们很好学习。浙江省和嵊泗县有关领导部门，特别是你公社的大力支持和协助，我们再次表示感谢。

为了搞好对外轮在洛华锚地的管理工作和保障渔业生产的安全，维护国家主权利益和对外政治影响，正确及时的处理有关问题，请你公社积极协作配合并内部加强宣传教育：

（1）外轮锚地范围内及进出的航道上，切勿设置渔网和桩头等，以免造成损失（如果由此造成了外轮受损，有关渔业单位还要负责赔偿）。

（2）在外轮锚地范围外及进出的航道外，所设的渔网和桩头等渔具，应有明显易见的标志，以能使来往船舶引起注意（对被外轮碰损的，应将发生的时间、地点和肇事者的船名、国籍、特征、烟囱标志、船壳颜色以及造成的损失、要求赔偿的金额等实际情况，在洛华山外轮引航站未建成以前，请先发电报并速补书面向港务监督报告，以便及时调查处理。如果外轮上有我边防、海关、港务监督的执勤同志，可以与他们先联系反映一下。）

（3）发现外轮排放废油污水，按上述（2）内的同样要求，并计算提出清除油类污迹的费用和对所造成损失的赔偿金额以及对罚款处理的建议意见，如果有条件的话请拍摄现场照片，速报港务监督查处。

关于你公社由于外轮锚地的关系需调整渔区而受的经济损失，请按上述1976年国务院、中央军委的国发〔1976〕55号文件规定，向省有关领导部门反映解决。

中华人民共和国上海港务监督革命委员会（印）

一九七七年十月五日

关于要求地区航运公司将浙江802轮固定行驶泗洛花壁乘线的报告

地区革委会：

我县地处东海前哨，是国防重地、军事要地，又是闻名全国的四大渔场之一，尤在冬季带鱼汛有六省一市一万多艘渔船十多万渔民云集乘山渔场，近几年春、夏两汛外省、外区、本省、本区的渔船在乘山附近海域捕鱼渔船亦日益增多。于此泗礁至洛华、花鸟、壁下、乘山的工、农、兵旅客也随之不断增加。

交通运输是联系城乡的纽带，是发展国民经济的先行。为实现英明领袖华主席提出的抓纲治国的伟大战略发展。目前地区航运公司派遣来我县行驶有浙江806或811或813三条小客轮。他们是采取一个季度轮返执勤，港航配合不是很好。另一个原因，也就是一个主要原因，船小，航速低，抗风力差。据去年四季度和今年一、二季度三个季度的统计：开航仅158航次，不开航有110个航次，开航仅占百分之五十九，不开航要占百分之四十一，连续停航最长一次有九天（1976年11月10日至11月18日），当时正是带鱼旺汛时间，由于交通不便，影响工农兵旅客送往迎来，特别是影响另星军需物资运送，影响机要文件的递送，部队、机关、团体看不到报纸，群众收不到信件，对此工农兵群众意见甚大，多次向县委、县革委会提出，要求尽快改善这种先行不先的后进面貌。为尽快解决这一实际困难，特此报告地革委会，请求地区交通管理局、地区航运公司尽予照顾我县偏僻岛屿的交通，将即将建成投产的浙江802轮（航速10海里，客位210个，抗风7级）调来我县行驶泗礁—洛华—花鸟—壁下—乘山航线，以适应实际需要。

上述报告，请批示解决。

嵊泗县革命委员会（印）

一九七七年七月四日

嵊泗县人民政府关于印发《嵊泗县公路两侧建筑红线管理暂行规定》的通知

各乡镇人民政府，县政府直属各单位：

现将《嵊泗县公路两侧建筑红线管理暂行规定》印发给你们，请遵照执行。

加强公路两侧建筑红线管理，是保证公路畅通和行车安全及加快公路建设养护的需要，各乡镇各部门要统一思想认识，摆正路政管理和城乡建设的关系，积极支持配合公路管理部门做好各项工作。

附：《嵊泗县公路两侧建筑红线范围》

嵊泗县人民政府（印）

一九九三年三月十八日

嵊泗县公路两侧建筑红线管理暂行规定

为加强公路路政管理，严格控制公路两侧建筑红线范围内的违章建筑，根据《中华人民共和国公路公路条例》及其《实施细则》和省人民政府〔1990〕99号文件精神，结合嵊泗实际情况，特制定嵊泗县公路两侧建筑红线管理暂行规定。

一、公路两侧建筑红线范围三类区域：

第一类为规划开发区；第二类为主要村、镇及待开发区；第三类为乡、村区。

公路两侧建筑红线范围以公路中心线与公路两侧永久性工程设施（包括房屋、灌溉渠道、电杆、广告标语牌、砖窑等，下同）靠公路一侧的边缘的间距计算。

各区域内的待改建公路及规划线路的公路两侧建筑红线范围必须符合本区域的公路两侧建筑红线范围的规定。

二、各区域的公路两侧建筑红线范围：

第一类区域不少于 15 米；第二类区域不少于 9 米；第三类区域不少于 7.5 米。

以上规定适用平地路段，路堤、路堑及弯道内侧规定视距范围在以上规定以外另行增加。

各类区域的公路及规划线，以及各线路、各路段的建筑红线范围详见附件。

三、有关部门和单位确因特殊需要在红线范围内埋置管线、电缆的，必须经公路管理部门审批，签订协议并划定埋置范围，以后因工路建设影响管线、电缆时管线、电缆所有者必须按时无偿迁移。

公路两侧砌筑围墙必须在中心线两侧 7.5 米以外，弯道内侧按技术标准确定，并符合透视及路面以上不超过 2 米的标准。砌筑围墙必须经城建规划部门和公路管理部门审批，签订协议后方可施工。以后因公路建设影响围墙时，围墙所有者必须按时无偿拆除。

菜园—李柱山新线 2K+200M ～ 2K+600M，即公路段料场—石子岙沙滩路段的建筑红线范围由城乡建设局确定。

除菜园镇及已形成街道的乡（镇）村外，镇、村建设应向公路横向发展，避免形成公路街道化。

四、有关部门及乡（镇）、村在编制城乡规划、办理土地征用、审批建设项目（包括新建、改建、扩建及临时建筑、私人建设）、核发规划许可证和营业许可证时，凡涉及公路两侧建筑红线的，必须经公路管理部门划定公路两侧建筑范围，并在审批表上签署意见，有关部门方可审批。对不符合规定的，公路管理部门可提请审批单位予以纠正，对不及时纠正或纠正不力的，县人民政府要追究有关部门的责任。

五、建设单位或个人因出让公路两侧建筑红线范围而确需重新征用、审批土地的，县土地局、乡（镇）人民政府、村委等有关部门要及时给予解决，并给予优先照顾。

六、本规定适用于交通管理部门规划、建设、管理、养护的公路及已列入改建规划的未成、未养公路。各乡（镇）及有关单位的自养公路可参照本规定自行制定本乡（镇）、本单位公路两侧建筑红线管理规定，并报请县政府批准后实施。城镇街道的建筑红线范围由县城乡建设局规划制定。

公路与城镇道路的划分按浙交办〔91〕1451 号和城乡建设厅〔1991〕函乡字 77 号文件规定由交通局与城乡建设局协商确定。

七、本规定从公布之日起实施。有关规定与本规定不一致的按本规定执行，本规定未提及的条款，按国务院、交通部、省人民政府的规定执行。

八、本规定由县交通管理局负责解释，县公路管理段负责实施。

嵊泗县公路两侧建筑红线范围

第一类区域

1. 菜园—五龙线 0+520M ～ 320M，即菜园隧道基湖口—高大线叉路口。

2. 菜园—李柱山新线 2K+600M ～ 5K+200M 及石子岙沙滩—李柱山桥东桥台。

3. 菜马隧道马关口—县食品公司马关门市部（规划线）。

4. 高场湾—马关线 0+000 ～ 2K+190M，即高场湾岗墩绿化池—石柱村渠道朱阿祥房屋东山墙。右侧不少于 10 米，左侧不少于 20 米。

第二类区域

1. 菜园—五龙线 3K+320M ～ 6K+280M，即高大线叉路口—田岙车站。

2. 高场湾—马关线 2K+850M ～ 3K+830M，即石柱村杜文龙房屋—县食品公司马关门市部。

3. 基湖—石柱线 0+000 ～ 2K+860M，即基湖综合商店—石柱村杜文龙房屋。

4. 县乡公路：高场湾—大悲山线，菜园—基湖线，天罗岗线，插旗岗线。

5. 马关陆军招待所—插旗岗—马迹山（规划线）。

第三类区域

1. 菜园—五龙线 6K+800M ～ 9K+300M，即五龙黄沙车站—五龙邮电所。

2. 高场湾—马关线 2K+190M ～ 2K+730M，即石柱村朱阿祥房屋—石柱村顾国华房屋。

3. 县乡公路：长弄堂线，陆招线，菜园—青沙线。

4. 石子岙沙滩—青沙沙滩—剑门山咀（规划线）。

5. 单侧偏宽路段

①菜园—五龙线 6K+500M ～ 6K+800M，9K+300M ～ 9K+600M，即五龙黄沙村付伟平房屋—五龙黄沙岙车站，五龙邮电所—五龙车站，左侧边沟不少于 1 米，再往公路右侧留足 15 米。

②高场湾—马关线 2K+730M ～ 2K+850M，即石柱村顾国华房屋—石柱村杜文龙房屋，右侧边沟外不少于 1 米，再往公路左侧留足 15 米。

③高场湾—马关线 3K+830M ～ 4K+220M，即县食品公司马关门市部—马关车站，左侧边沟外不少于 1 米，再往公路右侧留足 15 米。

嵊泗县人民政府关于印发《嵊泗县公路两侧建筑控制区管理办法》的通知

各乡镇人民政府，县政府直属各单位：

《嵊泗县公路两侧建筑控制区管理办法》已经县政府研究同意，现印发给你们，请遵照执行。

嵊泗县人民政府（印）

二〇〇五年八月四日

嵊泗县公路两侧建筑控制区管理办法

为了加强公路路政管理，保障公路的完好、安全和畅通，根据《中华人民共和国公路法》、《浙江省公路路政管理条例》及有关法律、法规，结合嵊泗实际，制定本管理办法。

一、公路两侧建筑控制区范围和分类。

公路两侧建筑控制区范围是指公路中心线到公路两侧建筑物、地面构筑物靠公路一侧边缘的距离。

第一类公路为通往主要码头、旅游景点及沿海的公路，建筑控制区范围不少于15米，第二类公路按城建街道标准，不少于10.5米；第三类公路为通往各旅游景点及主要乡村的公路，不少于9米，第四类公路为穿村（镇）公路及一般公路，不少于7.5米。

以上建筑控制区范围适用于平地及直线路段，路堤、路堑边坡的水平宽度、弯道内侧规定加宽值及会车视距所需的宽度按公路工程技术标准另行增加。

二、各路线、路段的公路分类按附件《嵊泗县各类公路明细表》。

以后在《嵊泗县各类公路明细表》以外新增加的公路，由县交通局报请县政府确定公路类别，并按本办法实施管理。

三、除公路防护、养护需要的以外，禁止在公路两侧建筑控制区修建建筑物、地面构筑物。确需在建筑控制区埋设管线、电缆等设施的，应当事先经县公路管理段批准。

四、公路两侧边沟和截水沟外墙、路堤坡脚、护坡道、路堑坡顶、挡土墙、护墙、路田分界墙外缘起不少于一米为公路用地。

五、确需在公路上设置平面交叉道口或接线接坡的必须经县公路管理段批准，并按公路工程技术标准建设。接线接坡严格按“一低二化三包”要求，及公路两侧建筑物排水必须低于公路路面，不得往公路排水；修建规范化的边沟，种植统一规格的绿化；不乱堆物料，保持公路及附属设施完好。

六、有关行政主管部门审批临近公路建筑控制区的建设用地和建设项目，应当按照本办法注明建筑物、地面构筑物与公路中心线的控制距离，并告知县公路管理段。建设单位开工时，公路管理段应当派员进行现场监督。

七、村际公路及专用公路可参照本办法由有关单位自行制定公路两侧建筑控制区管理办法，并报请县政府批准后实施。

八、本办法由县交通局负责解释。

九、本办法自公布之日起实施。二○○三年五月十四日嵊泗县人民政府印发的《嵊泗县公路两侧建筑控制区管理办法》同时作废。

嵊泗县人民政府办公室关于印发《嵊泗县人力客运三轮车管理暂行规定》的通知

各乡镇人民政府,县政府直属各部门、各单位:

为进一步加强人力客运三轮车的管理,提高城镇文明水平,经县政府研究,制定《嵊泗县人力客运三轮车管理暂行规定》,现印发给你们,望遵照执行。

嵊泗县人民政府办公室(印)

一九九八年八月十七日

嵊泗县人力客运三轮车管理暂行规定

第一章 总 则

第一条 为了加强人力客运三轮车管理,保障道路交通安全、畅通、有序,保护公民合法权益,结合本县实际,制定本规定。

第二条 本规定所称的人力客运三轮车是指在非机动车道或者道路右侧行驶的,由人力脚踏驱动,车轮直径 51 厘米以上,载客营运的三轮车(不在同一直线)车辆。

第三条 人力客运三轮车实行总量调控,具体调控指标根据实际可能和需要,由公安交通管理部门会同交通管理部门提出方案,经县人民政府批准后执行。

第四条 取缔擅自加装各种辅助驱动装置的人力客运三轮车。

第五条 人力三轮车驾驶人必须加入自我教育,自我管理的群众性安全组织(安全片组)。安全组织(片组)应经常教育所属人员遵守本规定和有关法律、法规及规章制度。

第六条 本规定由公安机关交通管理部门负责实施。

第二章 车辆驾驶人

第七条 人力客运三轮车,必须经公安交通管理部门检验合格,取得号牌、行驶证,编打钢印号码后,方准在道路上行驶。号牌、行驶证不得转借、挪用、涂改或者伪造,任何单位和个人不得自行编打钢印号码。号牌、行驶证,编打钢印号码的收费标准,由物价部门核准。

第八条 人力客运三轮车号牌应当安装在车厢后侧正中位置,遮阳篷布等不准遮盖号牌。

第九条 人力客运三轮车,必须是经省级以上有关部门依法鉴定定型的合格产品,不得改装、拼装,不得擅自安装动力装置。

第十条 购置人力客运三轮车,事前必须向公安交通管理部门提出申请,经同意后方准购置并申领牌证。

第十一条 申请购置人力客运三轮车,必须符合下列条件。

一、具有泗礁山岛常住户口,年龄在 18 周岁以上 60 周岁(女性在 55 周岁)以下;

二、系城镇失业人员、乡村富余劳动力或其他无固定职业人员;

三、无妨碍安全驾驶的生理缺陷，能适应强体力劳动。

第十二条　投入运营的人力三轮车，应持购置车辆的批准文件、购车发票、居民身份证，在购车1个月内，按下列顺序办理有关手续。

一、到公安交通管理部门进行车辆检查，编打钢印号码，领取号牌、行驶证。

二、按规定申领运输经营许可证、营业执照，进行税务登记。

申领牌证的三轮车车铃、车闸、反光镜等须完好有效，车厢必须牢固，整车颜色为绿色或红色。

第十三条　人力客运三轮车，必须每年一次到公安交通管理部门接受车辆合格检验，每3年一次换发牌证。

第十四条　车辆号牌或者行驶证遗失、损坏的，应当凭车辆和车主身份证，在1个月内向公安交通管理部门申请补发、换发。

第十五条　已领牌证的人力客运三轮车过户，应当凭车主居民身份证及合法的交易凭证，在1个月内到公安交通管理部门和交通、工商、税务等部门办妥过户手续，不得私下交易、过户。

第十六条　人力客运三轮车有下列情形之一的，须在1个月内办理变更手续。

一、改变车辆颜色的；

二、车主更换家庭住址的；

三、调换有钢印的车架或者车把的。

调换有钢印的车架、车把，必须凭旧部件及新购件发票、行驶证到公安交通管理部门办理补打钢印手续。换下的旧部件由公安交通管理部门收缴销毁。

第十七条　人力客运三轮车车主自行报废旧车，并重新购置新车的，可办理变更手续，旧车由公安交通管理部门收缴销毁。

第十八条　人力客运三轮车车主允许聘用一名菜园镇常住户口人员从事营运，但须到县公安局以管理机构办理聘用手续，领取行驶证，方准驾驶。要求被聘用人具备的资格条件，与车主具备的资格条件相同。

第三章　行驶、停放和装载

第十九条　人力客运三轮车驾驶人，必须遵守下列规定：

一、服从交通警察和纠察人员指挥；

二、横穿道路或者转弯钱应当看清来往车辆减速慢行；

三、不得在车行道上停车交谈；

四、不得双手离把，攀扶其他车辆或者手中持物；

五、超越前车，不得妨碍被超车辆的行驶；

六、不得并行、滑行、互相追逐或者曲线竞驶；

七、车闸失效时，必须下车推行；

八、禁止醉酒驾驶。

第二十条 绿色三轮车只允许凌晨6时至18时行驶，红色三轮车只允许18时至次日凌晨6时行驶。

第二十一条 人力客运三轮车，必须在指定地点停放，在海滨菜场、人民医院等繁华路段停放时不准堵塞通道。在其他地方临时停放，不得影响其他车辆、行人通行。

第二十二条 人力客运三轮车乘客不得超过2人，但允许随乘12周岁以下的儿童1人，乘客不得站立车上，身体任何部位不得超出车身。

第二十三条 人力客运三轮车载物，所载物品高度从地面算起不得超过200厘米，高度左右两侧各不得超过车身10厘米，长度前端不得超过车身，长度后端不得超过100厘米，质量不得超过300千克。

第四章 处 罚

第二十四条 根据《浙江省非机动车辆管理办法》，行政相对人有下列情形之一的，没收车辆。

一、在道路上驾驶无牌号、无钢印、无合法来历证明车辆的；

二、擅自拼装三轮车

三、私自编打钢印，制作号牌的

第二十五条 行政相对人有下列行为之一的，给予以下处罚：

一、未按期办理过户或转籍手续的，处5元以下罚款和警告，情节严重的，可以并处7天以下扣车；

二、未领取行驶证，在道路上驾驶无号牌、无钢印车辆的，处5元以下罚款和警告，可以并处15天以下扣车；

三、未按规定停车的，处以警告并责令纠正；妨碍或影响其他车辆、行人通行的，可以并处5元以下罚款。

第二十六条 人力客运三轮车驾驶人其他违章行为实施行政处罚和采取行政强制措施，依据《中华人民共和国道路交通管理条例》、《浙江省非机动车辆管理办法》等法规、规章执行。

第二十七 行政相对人不服公安交通管理部门行政处罚决定的，可以依法申请行政复议；对复议决定不服的，可以依法向人民法院提起诉讼。

第五章 附 则

第二十八条 本规定由县公安局负责解释。

第二十九条 本规定从1998年9月1日起施行。1994年12月22日嵊泗县人民政府办公室印发的嵊政办〔1994〕85号关于印发《菜园镇营业性人力三轮车管理暂行办法》的通知同时废止。

一九九八年八月十七日

中华人民共和国交通部
关于绿华山锚地港政和航政管理的协调意见

上海市港口管理局、浙江省交通厅：

根据部领导指示精神，部水运司、规划司、海事局于2005年3月28日召集上海市港口管理局、浙江省港航管理局、上海国际港务（集团）有限公司、舟山市港务管理局等有关单位，在北京召开了绿华山锚地港政和航政管理权属问题协调会。现提出如下协调意见。

1974年，为满足上海港口生产和发展的需要，上海港务局开辟了长江口绿华山锚地，为进出上海港的大型船舶提供减载服务。由于历史原因，绿华山锚地和减载平台一直由原上海港务局负责管理和经营。鉴于绿华山锚地位于浙江省舟山市行政区划内，根据《港口法》的规定，绿华山过驳锚地的港政管理今后由浙江省舟山市港务管理局负责。鉴于绿华山过驳平台主要为上海港生产服务，为有利于上海港生产的组织衔接，现将有关问题明确如下：

一、绿华山过驳平台港口建设费征收维持现行渠道不变，即仍由上海国际（集团）有限公司征收，舟山市港务管理局暂不负责通过绿华山过驳平台货物港口建设费的征收工作。

二、从今年7月1日开始，舟山市港务管理局对绿华山锚地履行港政管理职能，负责绿华山锚地至过驳平台的船舶引领和作业过程中的移泊工作；上海港负责船舶进出上海港的引领工作。绿华山锚地港政管理职能明确后，减载船舶引航费维持现上海港实际收取的两次移泊、两次引航费共1.8元/净吨不变，舟山和上海港引航站各按0.9元/净吨计收。

三、通过过驳平台的货物港务费维持现状不变，待上海市港口管理局开始履行上海国际港务（有限）公司所属码头的货物港务费征收职责后，再进行调整。

四、关于绿华山锚地等海事管辖权属问题，按交通部海事局《关于确定各直属海事局海域管辖范围的通知》(海人教〔2002〕161号）执行。

2005年5月19日

嵊泗县人民政府办公室
关于重新确认嵊泗县渡口渡船名称的通知

各乡镇人民政府，县政府直属各单位：

因乡镇撤、扩、并及跨海大桥的建成通车，水上渡口整合、新建，渡船也进行了更新、改造。根据《嵊泗县2006～2007年渡口渡船安全管理专项整治方案》要求，我县现有渡口、渡船进行重新确认。

一、黄龙乡渡口：峙岙、北岙。

二、五龙乡渡口：边礁岙，渡船：五渡1、双龙2。

三、洋山镇渡口：滩浒、大洋，渡船：泽成1、泽成2。

四、嵊山镇渡口：泗洲塘、箱子岙。

五、枸杞乡渡口：三大王、乌沙岙，渡船：嵊枸渡2。

2007年7月10日

嵊泗县人民政府办公室
关于印发《嵊泗县大桥管理暂行办法》的通知

各乡镇人民政府，县政府直属各单位：

《嵊泗县大桥管理暂行办法》已经县政府第四十一次常务会议通过，现印发给你们，请结合实际，认真贯彻执行。

2011年9月8日

嵊泗县大桥管理暂行办法

第一章 总 则

第一条 为加强嵊泗县境内大桥管理，保障人民生命财产安全，确保大桥及其附属设施安全、完好，保障大桥安全、畅通，根据《中华人民共和国公路法》《中华人民共和国海上交通安全法》等法律法规，结合本县实际，制定本暂行办法。

第二条 本办法适用县境内大桥的养护、使用和管理活动。

第三条 在大桥安全保护范围内通行的车辆、船舶、行人和进行相关活动的单位和个人，应遵守本办法。

第四条 大桥及其附属设施手受国家法律保护，任何单位和个人不得侵占、破坏或非法占用大桥及其附属设施。

第五条 本办法所称大桥，是指嵊泗县枸杞交通码头至嵊山公路三礁江大桥、金青大桥，马迹门大桥，包括大桥主桥、引桥及其附属设施。

本办法所称的大桥主桥、引桥是指大桥所承受车辆运输负荷的桥跨上部结构和下部结构，包括桥跨结构、支座系统、桥墩、桥台、墩台基础；大桥附属设施是指为保护、维护大桥和保障大桥安全畅通所设置的监控、交通安全、消防、照明、测量标志、给排水、界桩、航标、输变电服务等设施、设备和其他构筑物。

本办法所称的大桥安全保护区，是指主桥、引桥垂直投影面两侧各200米范围内的水域、岸线，陆上引桥、引导垂直投影面两侧各30米范围的陆域。

第六条 交通运输、公安、海事、港口、海洋与渔业、安全生产等管理部门按照各自职责，依法履行大桥的监督管理职职。

嵊泗县公路管理部门履行大桥及其附属设施的养护，大桥的公路行政管理职责。

大桥所在地的镇（乡）人民政府和村（社区）应当协助县公路管理部门做好管理工作。

第二章　大桥养护

第七条　县公路管理部门应当按照国家规定的技术规范操作流程，养护维修大桥及其附属设施，确保养护维修质量，保持大桥及其附属设施的完好、整洁。

县公路管理部门应当合理安排养护、制定维修计划，报县交通运输行政主管部门备案。

第八条　县公路管理部门应日常巡视和检测大桥及其附属设施。定期巡查大桥安全保护区域的状况，并根据具体情况采取相应的措施。

第九条　在大桥上行驶的车辆，发生泄漏、散落的，车辆驾驶人、押运人员应当及时采取措施处理；无法处理的，应当在适当距离外设置警示标志，并迅速报告公路管理部门。未及时采取措施处理，造成他人人身、财产损害的，道路运输企业、车辆驾驶人应当依法承担赔偿责任。

第十条　任何单位和个人不得在大桥安全保护区域内堆物、设摊、锚泊、捕捞、养殖、挖沙取土、倾倒废弃物以及利用桥墩带揽靠舶，或进行其他有损于大桥安全、整洁、畅通的活动。

第十一条　须在大桥保护区域内从事下列活动的，应当事先向县公路管理部门提出书面申请，经同意后，方可按规定进行；影响车辆、船舶通行的，还应征得公安机关或海事、港航监督机构的同意。

(一) 安装、维修供电、通讯、供水等公共设施

(二) 进行打桩、挖掘、爆破、顶进等作业和明火作业；

(三) 设置广告、构造建筑物；

(四) 使用桥孔和附属设施；

(五) 其他可能危及大桥安全的行为

提出书面申请，其内容应包括聪明还是该项活动的目的、期限、范围，对大桥安全可能造成的影响和相应的安全技术措施方案。

第十二条　造成大桥损坏的，责任者应当立即报告县公路管理部门，并接受现场调查。

第三章　通行管理

第十三条　过桥车辆和船舶，应当遵守大桥交通标志、标线、航标所示的车道、航道通行。

第十四条　通过大桥的车辆，禁止下列行为：

(一) 转弯、掉头；

(二) 试刹车、倒车；

(三) 停车、超车、超速行驶

(四) 下坡熄火或空挡滑行

因紧急情况发生停车的，应立即开启危险报警闪光灯或在车位设置紧急停车标志。

第十五条　下列材料禁止上桥通过：

(一) 有明显“跑”“冒”“漏”“滴”车辆;

(二) 超过大桥限载标准(汽车—20 级、挂车—100)的车辆;

(三) 运载石子、沙、煤、土、垃圾等未经密闭处理的车辆;

(四) 装载超长、超宽的车辆。

装载不可解体物品,导致装载超长、超宽的车辆,从事运输的单位和个人应当提前向公路管理机构申请办妥公路超限许可,可能影响公路安全的,公路管理机构应当在审批超限运输申报前,征得公安机关交通管理部门同意。运输单位和个人应按照制定的时间、路线和速度行驶,并悬挂明显标志。

第十六条 轮式专用机械、铁轮车、履带车和可能损害路面的机具不得上桥。确需过桥的,经县公路管理部门同意,并采取有效的防护措施。按照公安机关指定的时间、路线行驶。造成公路损害的,应当按照损害程度予以补偿。

第十七条 装载易燃、易爆物品、剧毒品和其他危险物品的车辆过桥,应按国家规定办理爆炸物品运输手续和道路危险物品运输手续。

第十八条 行人过桥,靠右侧人行道行走,禁止横穿桥面或在机动车道行走,学前儿童过桥必须有成人带领。

第十九条 海事主管部门应当根据大桥设计桥下净空高度和船舶、设施高度,结合船舶吃水和当时潮位,控制船舶、设施从桥下安全通过。

第二十条 大桥因养护、维修、气候影响及其他特殊原因,需要暂停车辆通行或船舶通航的,分别由公安机关或海事、交通港航监督机构实施交通管制。

第四章 责 任

第二十一条 违反本办法规定的,按照相关法律、法规、规章的规定予以处罚

第二十二条 行政主管部门、公路管理机构的工作人员玩忽职守、徇私舞弊、滥用职权,构成犯罪的,依法追究刑事责任。

第五章 附 则

第二十三条 本办法自公布之日起 30 日后施行。

嵊泗县人民政府关于成立
“嵊泗县社会经济发展战略领导小组”的通知

各乡镇人民政府,县政府直属各单位:

根据中共中央(1992)2 号文件精神,按照开发海洋,建设海岛的要求,为适应当前的形势,抓住有利时机,加快我县改革开放和经济发展的步伐,经研究决定,成立“嵊泗县社会经济发展战略领导小组”。由下列同志组成:

组 长:张家盟

副组长：唐隆光　民　山

成　员：张志远　孙为民　张学文　宋建华

顾　问：王永根　沈善法

领导小组下设办公室，张志远同志兼任办公室主任，戴晓忠同志任副主任。

县社会经济发展战略领导小组的主要任务是：依据嵊泗潜在的和现实的优势，从长远的、战略的、宏观的角度出发，对全县社会经济的发展，提出思路和设想，进行研讨和论证，制定策略和规划；研究、落实全县社会经济发展和改革开放的重大科题及项目。同时，对外广泛地开展宣传和联络，了解、掌握外地改革开放和经济发展的信息、动态，拓宽思路，开阔视野，广交朋友，争取上级和各方面对我县的支持。

1992 年 4 月 14 日

中共嵊泗县委
关于成立洋山港开发协调领导小组的通知

各乡镇党委、政府，县属各部门：

经县委、县政府研究决定．成立洋山港开发协调领导小组。名单如下：

第一组长：钟　达

组　长：忻海平

副组长：邵德忠

李永清

成　员：蔡　琦（县委办）

邬志鹰（县府办）

韩雪年（县计委）

方延安（县经委）

贺才学（县港口办）

王志杰（县财政局）

彭善定（县交通局）

洪忠祥（县城建局）

刘存华（县水产局）

李亚舫（县农状局）

王　勇（县旅游局）

狄承勇（县人劳局）

周振海（县教委）

陈　峰（县卫生局）

周　峰（县委宣传部）

朱荣国(县公安局)
朱忠宽(县房管局)
刘信华(进出口商品检验检疫局)
应亿军(洋山镇委)
余继光(洋山镇政府)
杨福友

2001年2月15日

嵊泗县人民政府
关于贺才学等同志任职的通知

各乡镇人民政府,县政府直属各部门、各单位:

为确保洋山港开发各项配合,协调工作的有序进行,经县政府研究决定:

贺才学同志任嵊泗县洋山港开发协调领导小组办公室(综合办公蜜)主任(兼):

扬福友同志任嵊泗县洋山港开发协调领导小组动迁办公室主任:

林维宏同志任嵊泗县洋山港开发协调领导小组办公室(综合办公室)副主任:

浦敏同志任嵊泗县洋山港开发协调领导小组办公室(综合办公室)副主任:

陈完章同志任嵊泗县洋山港开发协调领导小组办公室(综合办公室)副主任:

吴斌同志任嵊泗县洋山港开发协调领导小组办公室(宗合办公室)副主任:

邹松余同志任嵊泗县洋山港开发协调领导小组动迁办公室副主任。

2001年5月10日

注:“嵊泗县社会经济发展战略领导小组”“洋山港开发协调领导小组”是嵊泗改革开放大潮萌动时期——群众称为“特殊年代”时期,中共嵊泗县委、县人民政府引领全县人民,探求地方经济社会改革开放突破口,实践中央改革开放理论和政策的“特殊”领导班子。工作的重点即是嵊泗港口资源的开发开放,发力在引进“外资”“内资",借它山之石攻玉,寻求并利用一切县外力量开发深水良港资源。班子组成人员顶着“嵊泗列岛风大浪高,不宜建港”说法的压力,既是指挥员,又是战斗员,帷幄擘划、踏勘考察,亲力亲为。终于时应运起,开启了嵊泗县国民经济发展新局面。用事实证明“不宜建港”说法之错误。1998年开建的马迹山港;2005年12月开港的上海国际航运中心洋山深水港,都有这两个“小组”成员的一份不可磨灭的功绩。

第二章　文稿节录

浙东又新开航轮

华商包大廷等集资五十万元创办开利公司，开辟上海至象山等处新航线，中经宁海、黄龙、泗礁、衢山、岱山、沈家门、高亭等埠。已购得日轮一艘、改建客位，船名定开元号，约三星期内可开班、暂定统舱一种，由沪至黄龙泗嵊每人定三元，衢山岱山定2元，余定1元5角客货水脚每吨定5元至8元。渔汛时兼行普陀，将来发达再添一轮云。

1930年12月9日《申报》

江苏外海诸山岛纪

苏省外海诸海岛，地属从崇明而距县治三四百里。昔时交通，全籍帆舟。

水师巡哨，明用苍船，首狭尾宽，桅末有斗，可坐二三人瞭远，亦称犁罾船。清用赶缯，底尖，起自独木，面阔舱深。然外洋巡哨，船虽特制，较胜平底沙舟，行驶仍极危险不便。清游击顾金策《防海议》中言外洋行舟云：独至外洋，昼夜之间，潮有涨落，倏忽至倾，风有转移，顺则瞬息千里，逆则尺寸难前。洋中岛屿，距崇近者五六百里，远者千余里，茫无涯际；况高廖二嘴，暗伏水中，来往舟船，必尝水味之淡咸，始别洋汛之内外，名曰汇头。是乃江海咽喉，行船最险之处。凡巡哨官兵，自崇登舟，必候西北东北等风开帆，纵遇长潮，风不让水，竟日可低羊山。若船未出汇头，忽转南风，惟回戗向北，仍归崇汛，或就便寄泊吴淞，再候北三面风而行。如船在外洋，必候东南风，自岛岙开船，纵遇潮落，风能欺水，亦可本日回营。如船未进汇头，忽转北风，亦惟换戗西南，仍收山岙，再候南三面风而行。倘勉强行驶，逞风由水，雾雨昏黑中，不辨方向，偏北则触铜碗等沙，立成齑粉，南则陷泥沙涂坳，船即倾欹。巡洋哨船，行驶之难如是，其他渔船于小船之险难，可以推知矣。惟时往来诸海岛间者，只海盗、渔民、水师而已，故交通之险恶不便，不为一般地方人士所注意。近数十年来，江苏海外诸岛形成沿海渔业之重要区域。每至渔讯，渔舟以嵊山为根据者，恒数千号，渔获收值，年约三千万元，商政人士，往来亦多；更以渔民必需品之运输，银款之汇划，交通大感不便矣。今日苏省外海之交通，有二线：一自上海，出吴淞口，经铜沙洋、大戢山、小洋山，而泗礁，而嵊山；一自宁波，出镇海，经舟山沈家门，而泗礁，而黄龙，而嵊山。嵊沪之线，除渔轮冰鲜船及黄砂运输船外，无载客货之商船，山民之往来，大都商搭相熟之冰鲜船。彼辈往来次数稀少，惯习风浪，自不觉若何艰难，而他人来往，则每有无路与不易之叹也。嵊鄞之线，除冰鲜船外，尚有专载客货之商轮。现有小轮二:一曰普兴;一曰东海。宁波嵊山间,船资大洋三元二角,乘客渔商较多,一星期来回一次。客货寥寥,全恃渔汛。更以沿途海盗出没无常,故行旅交通,虽有商轮,仍感不便。至各岛之交通,渔民自有渔船,且亦有小航船可雇渡也。

作者:陆养浩(摘自《江苏月报》1935年第2期)

嵊山渔村调查

江苏省立渔业试验场

嵊山孤悬海中,陆地交通,完全断绝;海上交通,亦极不便,仅有东海、岱山二商轮,航驶宁(宁波)嵊间。虽有班期,然遇大风,仍不能如期航驶,往往在船二三日,不能到达目的地,行旅之苦,有非身受者所能道。兹将二商轮班期,开列如左。

东海商轮——每逢星期五早晨,自浙属宁波驶出,于星期六下午七时左右到嵊。一俟旅客货物上下齐备后,即行起碇,或于翌晨航驶,途经泗礁、黄龙、岱山、高亭、普陀、沈家门、定海、镇海等埠而达宁波。川资房舱大洋三元二角,酒资约一元余,饭食仍须另备,每餐大洋二角。行程最少二日,由宁驶嵊时,在高亭过夜。由嵊驶宁时,则在沈家门过夜。

岱山商轮——每逢古历每月一、六两日自定(定海)驶嵊,三、八两日由嵊驶定。川资大洋二元五角。船身甚小,一遇大风,即难航行。

其他亦有帆船专运客货。他若冰鲜船分赴上海、宁波,咸鲜船驶往温州,要以运贩为主,非为交通计也。如遇商轮岁修,交通完全断绝,则嵊山如同世外遗民矣。

中华民国二十五年(1936年)编印

辟浙省“宁波”“奉化”“定海”沪同乡会
请划嵊泗列岛归浙说

东海轮于二十二年冬,由甬定班展线至嵊泗,每星期一次。本年以嵊泗与上海之间金融联系日密,故辟嵊泗沪线,同时有“同源”“三北”两轮之多。至崇嵊间交通,一昼夜可达。例如第一日下午五时由嵊泗开出,次日上午七时到沪,转乘九时沪崇班,至下午二时即达县城。“须时四日之久”,实非事实,且即以帆船言,“一潮可达”吴淞口,亦无需“四日之久”。

马鞍群岛距崇明县治约计一百二十余公里,离定海县治仅一百公里,是该岛稍偏近于定海,若就最近之地论之,则定属之黄龙,仅一水之隔。而崇明与该群岛间,尚无专轮航行,设公务人员,欲往嵊山者,必须绕道上海再由定海而达目的地,须时四日之久,交通之不便如此,虽怪该县政府徒有管辖之名,而无治理之实,而兴鞭长莫及之叹也。若以定海与该岛间之交通论之,现有航轮三艘,曰东海,曰朝阳,曰小岱山,每星期来复往来,朝发夕至,旅人称便,故岛民之食粮,及日用必需品,皆仰给予宁波或定海,盖其位置完全处于浙境故耳。

作者:陆养浩〔摘自《江苏研究》中华民国二十四年(1935年)第1卷第3期〕

嵊泗列岛管辖问题之检讨

交通之便利与否，应以人民生活之需要为论断，嵊泗各岛人民生活为渔，其生产品全部为海产，吴淞上海为其运销之目的地。帆船为其唯一交通之利器，川沙、南汇、崇明、吴淞、上海一潮可达，且舟行必讲风水，就舆图而观水流之方向，与苏为顺，与浙为逆。盖潮水涨落为东西行，而非南北行，此又天然之形势也。浙人以每周有东海轮船航行于嵊山宁波之间，遂认为交通便利，此便利乃少数人之便利，与全部人民无关痛痒，譬如现在航行嵊泗上海间者亦有同源轮船，试查阅东海、同源两轮公司航行此线之状况，不过极小之一部分而已，即可知其实在。且不久将停航矣。就民食而论，个岛居民，喜食北米，商人皆千百担雇船从镇江等地运去，舟山群岛亦如是，此可就镇江个米厂调查，更知吾言为不谬矣。次因吾国行业尚无冷藏等设备，在渔业运轮上航船实较轮船为便，各岛现有运货装客船四十二只，来往各岛淞沪之间，每客舟资食宿只需二元，大小渔船一千六百五十九只，往来于各岛之间，故极便利。试更举一例，譬如嵊泗之民，装载渔获物之淞沪等处销售，如装载轮船，不但费用昂贵，则轮船到达后，货物必须起卸，如一时不能出售，势必上栈，栈必付租。不但此也，货物虽已上站，而人之食宿亦存在需费。如装帆船，货价不合，即可不售不起，货载于船，人食宿于船，皆不需费。脱货购物，从容不迫，行之裕如，盖帆船装载只付一次水脚也。故在昔行驶嵊甬线朝阳大连岱山普兴，行驶嵊沪之三北等轮，今皆因亏折先后停航矣。目前之东海同源两轮，不过视为点缀品，然浙有之。苏亦有之。苏人之往嵊泗者，总不若如浙人所云录须绕道宁波需程三四日之久也。

作者：程梯云〔刊于《苏衡》中华民国二十五年（1936年）第9期〕

略记舟山市原交通局局长郑福员

一

1986年，北京。

天高气爽，万里无云。

宽敞明亮的交通部会议室座无虚席。来自全国各省、市、自治区的交通厅局长，聚精会神地倾听着一个50出头的中年男子在会上发言“解放已经30多年了，海岛的交通情况又怎么样了呢？”他声音清澈、沉静，嗓门不高，那话却引起了人们的注意。“很多小岛仍然不通航，没有码头。老百姓乘船只好把孩子放在竹篮里背着从滩涂上爬上岸去，这种状况如果不改变，不仅制约经济发展，影响国防建设，更严重的是会引起人种退化！”

语惊四座，与会的部、厅、局长们瞪起了疑惑的眼睛。交通阻塞影响人种优劣，这观点闻所未闻。

他没理会这疑惑，用清澈沉稳的声调，讲了两个小小的故事。

第一个故事发生在汪洋中一个由三个小岛组成的村落。岛上村民彼此看得见叫得应，“鸡犬之声相闻”。可是岛岛之间风大浪急，要聚在一起见个面开个会什么的十天半月也办不到，比北京飞纽约都要犯难几倍。民谣说：小岛三块山，上落十万难，家有薄粥喝，永不上此山。这样的鬼地方，又有哪个外地姑娘肯往这里嫁？为了繁衍后代，村民们只好“自产自销”近亲婚配，于是乎畸形儿倍出，痴呆、残疾、侏儒、鸡胸驼背……造成了人种的严重退化。……

第二个故事发生在一个不大不小的海岛。有年初夏，驻岛陆军一个超期服役的班长接到了妻子要乘船到岛探亲的电报，那天一早，班长就请假来到了聊供轮船停靠得埠头。中午时分，姗姗来迟的船影终于出现在眼前。班长迅即站起身，焦急地搜索着甲板上的人影。终于，他看到了她。看到了她手中挟着的那个红网兜，甚至闻到了网兜中五香茶叶蛋诱人的香味。

他盼望着轮船早点靠岸，盼望着妻子甜蜜而热情的温情。

然而，个把小时过去了，轮船仍然在海湾徜徉。妻子拼命呼喊着他的名字，眼眶中闪烁着一汪晶莹的泪花。他也不停地朝妻子挥手，叮嘱妻子千万不要着急。

然而，轮船终于无可奈何地吼叫一声，喘着粗气！重新驶上那黄橙橙的海洋。

班长急疯了，找到航运负责人。

“浪太大了，我们这里没有码头，往临时埠头上靠太危险。……

班长呆住了，狠狠咬着嘴唇。扑上礁岸的浪花，湿透了他的鞋子和裤脚……

交通部部长钱永昌（戴墨镜者）省交通厅厅长邵尧庭（左2）到舟山，舟山市交通局、港务局局长郑福员（前右1）陪同 （摄于1989年5月）

中年人宽大的喉结在微微地颤动，他在控制自己的情绪。

“解放那么多年了，海岛的交通还是这样落后。作为舟山地区交通局长，我感到问心有愧，我呼吁部领导把发展海岛交通作为一项战略任务，下大力气改变海岛交通落后面貌，否则，我们就不配把自己称作是为人民服务的共产党人！”

会场上一片沉静，沉静地可以分辨每个人滞重的呼吸声。过了许久，一阵热烈的掌声终于在沉静中爆起。

“郑福员，你很有见地，很有眼光，很有胆略。当然，你还有一条，很会讲话！”

部领导紧握着他的手，发出一阵爽朗的笑声。

他没笑，他笑不出声。他知道前面的路将有何等的漫长。

二

那是1987年的一个傍晚，郑福员突然接到地委通知：国家计委负责投资的一位领导同志要去视察新建的老塘山码头。他立即飞车赶往老塘山。陪同视察完毕已经是五点多了，按照计划，负责同志此次只考察老塘山码头。完毕之后，就直接返回宾馆驻地。在车队启动前，郑福员匆匆地同带队小车司机打了个招呼，要他将车队开往定海港。到达港区后，还没等人们弄清楚怎么回事，郑福员已经麻利地拉开了负责同志的车门。

“局长，这就是定海港。”

“这就是定海港？”局长皱着眉头朝四周瞥了一眼。局长是坐飞机第一次来舟山，他没想到一个刚刚批准对外轮开放的港口竟是这样破烂、陈旧、拥挤不堪。他瞅了瞅郑福员，不明白地嘟噜了一声：“定海港就这么一点地方？”“可不是？”郑福员叹了一口气，他已经看出了局长脸上表情的滞重。说实在话，他希望的就是这种滞重。他领着局长在卷扬机、平板车之间 。他要让局长亲身体验一下定海港扩建改造的迫切性。

“你们准备怎么办？”

果然，局长主动地挑明了话题。

“改建扩建定海港。”郑福员回答。他把扩建改造定海港的计划与经费预算简短明了地汇报了一遍。

局长默不作声，过了许久才有力地点了点头：“好吧，让我们考虑考虑！”

几个月后，在市计委、省交通厅的积极配合下，国家计委决定投资600万元，正式批准了定海港改造计划。郑福员改造定海旧港的梦终于开始变成灿烂的现实。

他自嘲这样做是“强讨饭”，类似的他还真做了不少。

三

但丁曾经说过一句话：走自己的路，让别人说去吧！

郑福员就是这样的一个人。只要是他认准了的理，十万马力也别想把他拉回头。为此他得罪过一些人，郑福员也深知这种倔犟脾气往往是吃亏的根源，可是要紧关头他总是按捺不住要“跳将出去”。

1987年夏，根据国务院的指示，舟山地区交通局在全区范围内开展了整顿运输市场。正在这时，普陀山航运监理所送来一个紧急报告：一艘非客运船，未经交通管理部门批准和鉴定，往返定海——普陀山搞客运。这艘船自制船票，超员载客。普陀山航监所两次警告，但他们自恃无恐，不予理睬。

郑福员掂着这张报告，他知道碰到了一个棘手的难题。违章船隶属一个很有影响的单位。30几年来，这个单位为舟山地区做出了卓越的贡献。制止这艘违章船，人家怪罪下来，他吃得消吗？

第二天，郑福员亲自率领港监艇登船检查，严正警告那艘违章船，立即停止违章客运。但是次日下午，违章船仍然趾高气扬地驶入定海港。当郑福员率港监艇向它抛出钢缆绳。

违章船上的水手竟用太平斧斩断缆索，扬长而去。

郑福员离开海港回到家中已经是八点多了。妻子端出饭菜，嗔怪地瞪了他一眼，他近来胆结石病老是发作，胃也不大好，妻子多次关照他要按时吃饭按时吃药按时休息，可他总是什么也按时不了。他负疚地望了妻子一眼，默默地拿起了碗筷。

菜烧得很新鲜，郑福员却一点食欲也没有。

传来了急促的叩门声，一个热心的老朋友匆匆忙忙的走了进来。

“老郑，这几天到底出了什么事了！”

“你听到什么事了？”

“岂止听到，”老朋友气喘吁吁，昏黄的眼珠中布满了焦急的忧虑。“有人叫我带信给你，明天如果港监艇再去拦船，他们就要采取强硬措施。老郑，不看僧面看佛面，关系搞僵了对你没有好处！”

“我不看僧面也不看佛门，我要的是法。你告诉你那位朋友：明天下午我站在港监艇的最前面，要来硬的，就冲我来。”

老朋友走了，但郑福员也吃不下饭。

第二天下午，郑福员第一个跨上港监艇，他倒要看看违章船的强硬措施到底硬到什么程度。

当港监艇在波涛中迅驰，郑福员叉着腿，冷冷地注视着辽阔的海面，已经过去了一个小时，违章船仍然没有露面。又过了半个小时，对讲机中出现了一个兴奋的呼喊：违章船舶今天没有出航。

遥望滔滔大海，郑福员轻轻吁了一口气。

四

1982年他担任嵊泗县委书记时，明确规定自己到基层检察工作，第一件事是听取群众的申诉，接待群众的来访，第二件再听取基层干部工作汇报。当他通过来访了解到黄龙公社一个渔民的宅基地被公社副主任侵占；公社不闻不问、渔民告状无门的情况后，立即严肃批评这个副主任侵犯群众利益的错误行为，当场责成副主任把宅基地退还给原主，上访渔民感动得热泪盈眶，连声高呼：“到底是共产党好。”

在嵊泗任县委书记时，他所做的第一个报告就是强调加强干部职工教育、提高干部职工素质，他报告中所讲的第一句话就是：嵊泗为什么这么苦？苦就苦在没有文化上，嵊泗为什么这么穷？穷就穷在缺乏人才上，他所批的第一个文件就是采取优惠政策，吸引外来人才。他所批准兴建的第一个基建工程就是知识分子楼。当机关行政科按规定给他安排一套住房时，他毫不犹豫地把它让给一位缺房的机械厂的工程师。

当他闻知原浙江水产学院的王清友老师对船体检测很有研究时，立即带政治处副主任赶往学院，把王清友“挖”到交通局，让他挑起负责船体检测的重担。

当他发现轮船公司副经理陈兆源很有开拓精神时，立即大胆、果断地把陈兆源提上经理的岗位，使陈兆源勇敢地投入了“开拓黄金水道”的宏伟工程。

……

“共产党员无论职位高低，都是人们的勤务员。”这话在某些人看来已经是背时的了，但郑福员却不以为然：“舟山的干部不为舟山人民办事，怎么对得起舟山老百姓！”

他这样说，也这样做。1990年，上级主管部门到舟山交通局搞了两次民意测验，局里99%的干部投了郑福员的信任票。这就是对他行为的最好说明。

作者：黄仁柯

（摘自《中国现代水运奉献者》新华出版社1991年10月第一版　辑录时有删节）

1950年代嵊泗交通四个“第一”

登上解放后的嵊泗列岛，举目眺望，呈现在眼前的是：广阔的海域，蔚蓝的海水，奇特的礁石，金色的沙滩，山间的松林，港湾的渔火，真是绝美的海岛自然风光。可是当时嵊泗的海、陆交通仍处于落后状态：海上，只有捕捞作业的渔船、收购鱼货的冰鲜船等运输船，没有一条航线班船；陆上，只有当地群众上山劳动行走的羊肠小道，来往只能步行。岛屿之间往来全靠搭乘便船，出入县镜更是难上加难。1950年代开始，嵊泗县历届人民政府在交通建设方面大力开拓创新，启动了四个“第一”。

第一条开通嵊泗至上海的固定航线

嵊泗解放初期，出县境办事很难预先确定往返时间。由于天气或海况变化，再加上等待搭乘便船，往往办一件事或外出开会，途中需要耽误十天或半个月，日报当作周刊、半月刊来看是经常的事。苏南行署给予嵊泗县特殊政策，将嵊泗海岛小县行政人员编制增至278人，内定三分之一的人在机关工作，三分之一的人下基层工作，三分之一的人在县外办事、开会，在编人员各项经费直接向行署财政报销。虽然享受这一特殊待遇，但由于受交通不便的困扰，工作仍然难以全面开展。

县人民政府为适应形势发展的需要，1952年春，将一艘70吨位的顶松头木帆船改装为机动船，命名为“英雄1”，投入嵊泗县泗礁至上海公平路码头的固定航线。航线开通后，乘客火爆，往往超载航行。为适应需要，又将百吨以上的一艘大型木帆船改装成机动船命名为“英雄2”，随后又将运输船“英雄6”改为客货两用船，命名为“华象”轮。当时交通船上，没有固定座位，更无睡铺，乘客上了船找空地就坐，舱内舱面挤得满满的。就是这样差的条件，乘客们也没有怨言，与搭乘便船相比好得多了。因为搭乘便船，一是不知何时乘什么船？到什么地方乘船？船主是否同意搭乘？二是就算搭上了便船，也难保证顺利到达目的地。有时乘上了船，开到吴淞口站潮，收听气象预报7～8级大风，船就回港避风，搭乘便船的人只好全部上岸，被折腾一天的乘船人真是有苦难言。三是安全问题，可以说搭乘便船安全没有保障。有一次，邮政所职工家属到嵊泗探亲，返回家乡时搭乘去上海的便船，途中遇到了强风暴，船偏离航向，在黄沙岛附近触礁，造成船翻人亡的悲惨结局。

固定航线的开通，虽为乘客提供了许多方便，但县里自办的交通船，同国家交通部门的船舶相比，仪器设备、驾驶技术、安全设施配置等方面都存在很大差距，因此在安全上仍存在着难以预料的隐患。

1952年秋，“英雄2”号碰到一次狂风巨浪的侵袭。根据收听到的气象预报是可以开船的，但对海况及海浪的分析不透，船只从上海出发航行到大戢洋面时遇上了狂风巨浪。船往前开，风浪这么大，非常危险，船长向指导员张春富提出调转船头往回开。船上有经验的渔民认为，船绝对不能调头，如果调头时一个横浪打过来船即刻覆没。指导员根据渔民的意见，要船长顶着风浪前进，而此时船长坚持要调头往回开，指导员当即拔出驳壳枪，顶着船长背部：只许向前，不能往后！船长没办法，只好顶着狂风巨浪向前航行。大浪一个接着一个泼过来，海浪从船的两侧涌进涌出，人躺在舱板上的海水里滚来滚去。经过两个多小时的搏斗，船靠近泗礁岛附近，浪头逐渐小了下来。等开到泗礁港口时，有的乘客已爬不起来了，上了岸的乘客也像从海水里捞起来似的，真是死里逃生。

1953年春，又遇上一次大雾的危险。“华象轮”轮，从上海开往泗礁，在吴淞口外遇上大雾，只好就地抛锚过夜。第二天上午10时许，大雾有点揭开，船长准备启航时发现罗盘有故障，移锚后的方位定不准了，怎么办？船长决定减慢船速摸着开，只要看到一处标记，就可定准方位。连续开了5个多小时，什么标记也没看到，大雾不仅没有揭开，反而更浓了，“华象”轮只好就地抛锚过夜。第三天早晨，大雾仍未消散。收听到的气象预报，当天傍晚起，偏北风7～8级，阵风9级。根据当时的雾气情况，大风到来前雾气揭不开，等到大风揭开浓雾，再开船就有危险了。而最严重的问题是，当时船在什么方位还未搞清楚，船上的指导员和船长就找乘客商量航行大计。乘客中的2名渔民、1名解放军以及县法院院长杨其昌、税务局局长朱涛，加上指导员和船长7人组成临时指挥小组，经研究后，船上指导员发布指挥小组研究决定，第一、现在船抛锚的地点及方位不明，傍晚有大风不能原地等待，决定在雾中摸着航行，如果发现岛、礁、船、物体及标记立即报告；第二，船上吃的东西只有淡水和大米，包括船员在内只能限量供应；第三，如有情况及时发布信息。这时，乘客们慌而不乱，挤着到船头参与观察情况。船从上午9时许启航，连续开了4个多小时未见雾散，也未见任何物体，只见蔚蓝色海水的颜色越来越深，船员把锚链全部放完，锚也未着落到海底。指挥小组当即决定改变航向往回开。又航行了3个多小时，突然船头的观察人群齐声大叫，有一条帆船！有一条帆船！好像帆船在大雾中从天而降，紧靠“华象”轮擦边而过。这时，人叫声、鸣笛声响彻在浓雾中。好心的帆船老大落下了帆蓬。“华象”轮靠过去，船员询问：“请问老大从哪里来？到哪里去？”帆船老大回答：“刚从衢山出来，要到宁波去。”交通船与帆船时同一方向航行，这才知道船的方位，于是立即调回东北偏北方向航行，同时加强观察力量，加速航行，2个多小时后，听到了渔民打桩的号子声。船上不断鸣笛，朝着打桩号子声开去，一会儿船闯进了黄龙的打樁桁地，请两位渔民为“华象”轮领航，从桁地开往黄龙南港避风。此时已是晚上8点多，海上刮起大风，雾也散了，浪也大了，若不是帆船老大指路，还不知会遇上何种灾难，直到第四天下午才回到泗礁。从上海登船到到达泗礁离船上岛，已是4天4夜，将近100个小时。

县里自办交通船坚持多年，直到1956年6月，舟山专区航运管理处同意将“英雄5”号调去宁波，“英雄3”号调去舟山，代之以“中浙2”轮，开通定海—衢山—泗礁—上海3天来回1航次的航线后，嵊泗出入县境的交通状况和乘船条件才开始改善，乘客的安全也得到了一定保障。

第一艘公务船

自从泗礁至上海的航线开通后，往上海方向方便多了，但往舟山、宁波等地还是靠搭乘便船，或是要从上海兜个大圈子，特别是遇到急事，诸如海上抢险救灾，护送危急病人转外地就医，县里同各乡、镇的往返交通等问题仍不能很好解决。为此，县政府于1952年11月，向苏南行署专呈(报告)配备一艘公务船以利开展工作，并派专人前往汇报。行署领导非常重视，很快核准购船专项经费20亿元(旧币，相当于现在人民币20万元)。1953年初，县政府将借用的一艘百吨铁壳机动船命名为“曙光”。有了这艘公务船办起事来方便多了，上级通知开会，除天气海况等特殊情况外，一般都能按时报到。县里召开全县性会议，沿着各岛屿兜一圈，就能达到预定目的，特别是对海上抢险救灾或护送危急病人转外地就医有了保障。公务船除执行公务外，主要在渔业生产第一线指导生产，渔民们在海上生产，如突遇风暴渔船回不了港，公务船得知后便立即出海营救抢险。所以，渔民们称公务船是“生产指导船”，也有许多老百姓称公务船是“救命船”。

(附注:曙光轮于1958年5月,被劫持逃往台湾)

第一条公路

随着生产建设事业的发展，菜园镇的原有老路实在不适应了，广大干部群众迫切要求在菜园镇上兴建一条连接环山简易道路的公路，便于车辆通行。县有关部门规划从县政府大门口至驻军三营礼堂外的路面相接。这就需要填平沙河路老街中一条长而深的活水沙沟(原居民住房两边是小路，在沙沟最窄处搭块长石板往返走过)，还要在“八角井”地段开山辟路，才能连接环山简易路。

在确定路面宽度时，争议很多。规划部门要求两车顺利交汇，两边要有人行道。当时县里的主要领导认为，嵊泗哪有那么多车？要求按公路最低标准路面宽度确定。那时县里的车辆确实很少，县机关及县属各单位均无公务汽车。所以，泗礁山岛只开通了菜园至基湖、石柱、马关的公交车线路，共有两辆中型公交汽车运营。公路开通后，当时对菜园镇和泗礁山岛的交通条件确实是有所改善。但时隔不久，路面宽度不适应车辆发展的要求，又重新拓宽了路面。后来又沿沙滩新筑了一条道路，也只是适应了当时的交通状况。

第一座浮码头到固定码头

嵊泗先后开通了往返上海和定海的固定航线，县内还有一艘公务船，所以迫切需要一座相匹配的靠船码头。

1958年春节，浙江省春节慰问团乘客船“中浙2”轮到达嵊泗，因无停靠的船码头，交通船只好在小菜园外面的海上抛锚。小舢板一船又一船把慰问团的成员驳到菜园的沙滩边，再脱掉鞋袜、卷起裤脚，赤脚跳下海水才能走上岸。一月份的海水冰冷刺骨，迎接慰问团的同志们不忍心看着慰问团成员跳入刺骨寒冷的海水。这时，县委书记王尊贤发出号令：“同志们，我们一齐下水把亲人们背上来。”大家一拥而上，把慰问团的全部成员背上了岸。慰问团的团长问道：“县里领导有没有来？”被问的同志指着王尊贤回答：“这是我们县委书记，刚才就是在他带领下把慰问团的同志们从小船背上岸的。”穿着渔民大棉袄、卷着裤脚赤着脚的王书记就站在慰问团团长身边，“太感谢了！”慰问团团长连声道谢。

王书记的这一举动真的感动了“上帝”。多年来嵊泗一直要求建造一座码头始终没有落实。而就在这一年的3月，县计委同志去省里开计划会议，翻开省政府1958年建设项目安排表册，其中竟列着嵊泗县建造码头勘测设计经费3万元。后来一打听，才知道是省春节慰问团的领导同志帮了大忙。

县里得知喜讯后，很快抽调县计委、船管站等部门组成筹建工作班子办理此事。首先，根据“中浙2”轮3.80米的水深以及能靠500吨的船位、进出港口方便、避风条件好并能衔接陆上交通等方面，进行选址。经多处筛选，最后确定石柱。但由于没有任何水文、海况等基础资料，在石柱设立港口办公室，并聘用当地两名临时观察员测量各项数据。为了又快又好又省地办理此事，县里又派人专程去南京航务工程学校要求给予支援。校方当时派张国华老师带领毕业班的40多名学生到嵊泗石柱港口参与测绘，预定2个月完成港池等测绘任务。一个月后，提供了大量的测绘图纸，经办人员带着图纸等资料到上海建筑设计施工单位。经上海市政府办公厅推荐，落实到上海第三航务工程局。该局从未在外海建造过固定式码头，经专家多次研讨，由总工程师等工程技术人员到石柱港口先行调研。一个月后，提供了建造500吨固定式深水码头的设计图纸及施工预算。当时，最需要的是300吨高标号水泥，此时，全国正处于“大跃进”时期，建材非常紧张，先后跑了沪、江、浙三地许多水泥供货单位，没有一个单位可以提供300吨高标号水泥。形势逼着县里改变了设计方案，将原固定码头改为趸船式浮码头，一方面请东海舰队爆破工程队，进行水下爆破清理港池及码头位置前沿，另一方面请上海船厂设计趸船及引桥。船厂根据当时原材料供应情况，选择试制钢丝网水泥趸船及钢架结构引桥。1959年初夏，32×16×2.4米的趸船及18×6米的两座引桥试造成功，随即投入托运及安装施工。

1959年6月中旬，“中浙2”轮首次停靠浮码头，现场锣鼓喧天，船上乘客和码头上的人们群情激昂、喜笑颜开。这时公交车也开始配套运行，改变以往步行、肩挑、小船驳运的情景。可是，好景不长，交通船停靠码头后仅仅一个多月，就遇上了一次9级以上的东南大风，巨大的浪涛把引桥同趸船连接处的链条冲击扯断，造成趸船一只角隔舱进水倾斜而下沉。后经专家多次论证，外海使用浮码头风险太大，改建固定码头比较保险，为此，县里通过同舟山交通局协商，趸船、引桥由舟山交通局拖到定海港使用，再由舟山交通局为嵊泗建造固定码头。由于嵊泗县的行政区划变动，1962年由上海划归浙江后，舟山行署交通局才把嵊泗建造码头列入议程。经过多年努力争取，1975年9月，在青沙李柱山终于建成可停靠千吨级船舶的固定码头。

作者：王宜康(中国文史出版社2005年《留住那一段历史》)

嵊泗交通历史性变革

——缩短海上之路的五次提升

嵊泗列岛，开门见海，出门乘船。嵊泗各岛屿和内陆之间的往来都是用船作为交通工具，嵊泗交通是以发展海上交通为重中之重。没有快捷、舒适、安全的交通船只和设施齐全的陆上客运码头，人流出不去，进不来，嵊泗建设再好也只是一个花盆一样的摆设。解放后，特别是十一届三中全会以来，嵊泗交通港航事业迅猛发展，同解放初相比，真是起了翻天覆地的变化。回忆海上交通发展的历程，有五次明显提升。

第一次提升，李柱山码头建成

嵊泗解放以前，岛上没有交通码头，进出海岛乘船的人，先从海边的滩横(礁石)爬上爬下，由小驳船把人来往渡到大船或滩横，进出海岛既不便又危险。1962年，在小菜园造了个简易码头，虽然用不着爬滩横，但还得用小驳船渡人来往于大船和码头之间。

那时我在部队当兵，部队宣传队演出一个题为《顶风冒雨接亲人》的说唱节目，说的是嵊泗因没有船只靠泊码头，从上海开往嵊泗的“中浙2”轮只好停泊在剑门外海域。一位来海岛探亲的部队家属，带着刚满周岁的孩子从大船乘着小驳船摇摇摆摆驶向滩横，因风浪大，小驳船靠不上滩横，这位家属带着孩子只得回到大船，随船返往定海，等风浪小了后又从定海到嵊泗，谁知小驳船又因滩横边的搅头浪靠不上滩横，只得再次回大船，这对军人夫妻迟迟不能相会，只能满怀遗憾，挥泪道别。这个节目反映的是嵊泗当时的交通情况。有时遇到东北风风浪大，交通船还要停靠在石柱。时任嵊泗县交邮局局长的汤昌耀，带领交通人爬山越岭、不辞辛劳勘探泗礁岛岸线，选址在悬水小岛李柱山造码头，建起了一座75米长的李柱山到泗礁岛的连接桥。李柱山码头于1974年9月开工，1975年9月竣工，同年11月首次靠泊“浙801”轮。李柱山码头的建成，使876吨位的“浙801”轮和1884吨位的“815”轮能直接靠上码头，从此结束了客轮在嵊泗不能靠码头的历史。

第二次提升，“金沙”轮开通芦潮港航线

上世纪90年代初之前，泗礁开往上海十六铺的客轮要用9个多小时，晚上10时左右到达上海，再找旅馆(那时旅馆很紧张，有时开不到就住地下室和浴室)，一般要到深夜12时左右才能睡觉。如遇到雾天或风浪等气象原因，潮水错过，就要到第二天凌晨的三四时才能到。

夏天，晴天还好；冬天，雨雪天真是把人折腾死。一次时任浙江省省长沈祖伦来嵊泗考察，当时县交通局局长刘宽宏及其他局领导向他汇报嵊泗海上交通情况。从地图上看，泗礁离内陆最近的距离是上海市南汇县的芦潮港要求造一艘常规客轮能开通这条航线。

沈省长听了我们的汇报后很高兴，表扬我们这个方案提得好。省长感到能实实在在为全省最北面的边远海岛人民解决通往大陆交通是省政府的重要职责之一。1989年5月18日，沈祖伦省长在我县计经委的请示文件上作了重要批示："省计经委、财政厅：此事甚为重要。我意予以支持，列入海岛建设项目，由省财政配套贷款解决。该轮一定要议价售票，以便回收。"在省政府的支持下，我县在杭州钱江船厂建造通往上海芦潮港的第一艘客轮——"金沙"轮。"金沙"轮总投资为442.9万元，省财政补助255万元，贷款185万元，县航运公司自筹2.9万元。金沙轮于1991年4月投入设泗礁至芦潮港航线，3个小时航程（航时缩短了6小时左右），当天一个来回，结束了夜间进入上海的时代。

第三次提升，高速客轮营运

"金沙"轮的通航，开辟了嵊泗到内陆捷径的客运航线，但还不能从根本上解决嵊泗进出内陆快速的海上客运交通。时任交通局局长的我和全体交通人，解放思想，统一认识，一致认为必须要走"高科技兴交，高速度发展之路。"

1994年，嵊泗交通局着手筹建高速客轮，载客座300客位，航速30节左右（到芦潮港航时为1小时）。原打算从国外引进，曾与两家外商接触，澳大利亚一家开价美元450万元（当时美元与人民币汇率1∶10.7），折合人民币8000万元。挪威一家美元450万元，折合人民币5000万元。当时我县地方财政收入仅2000多万元，财力上实在无能为力，这是主要原因。另一个原因是国外进口的基本上都是铝合金的双体船。其间我们曾试乘过宁波到芦潮港的"甬兴"轮，那天风力为6至7级，阵风8级，到了芦潮港大多数乘客都吐得很厉害，我们同去的三位老船长也晕船，中饭都没想吃，我也是被扶上码头的。因为双体船船身短，只有30米左右，行驶中被两个浪峰夹住（两浪峰间距34米左右），双体又不能破浪，更不能消浪，只会吞浪"青蛙跳"，乘客舒适度极差。靠码头时船身撞击码头很厉害，亏得当时芦潮港码头是趸船浮码头，铝合金船体撞木头不碍事，但海岛是固定码头，铝合金船体根本经不起砼码头的碰撞，铝合金的双体高速轮在海岛不适用。经考察、论证，认定适用海岛的高速轮应该是单体、钢质、船身长于34米。单体破浪性能强，钢质经得起撞击，长于34米的船身不管在任何情况下都能压在一个浪峰上而不被两个浪夹住。鉴于资金实力有限和国外引进的船只不适用海岛，我们决定向全国主要船舶设计单位实施船舶设计档案招标，标的造价在2000万元以内，航速在30节左右，船身长37米以上，单体钢质，双桨高速客轮。从汇总的招标书看，其他条件都符合，但航速最高的设计方案也只能23节，招标无结果。

浙江是海岛大省，交通部要解决岛际和与内陆交通的任务7年前就交给了省交通厅，但因种种原因一直没有办好，时任分管副厅长周志清带领省厅、省"海总"等相关技术人员去马来西亚考察，刚好发现我们所需的同类型高速客轮，最高航速达32节，于是带回来由舟山

“一海”实施这一项目的开发，但舟山“一海”因顾虑效益风险太大，没有接受这一项目。我们得到这一消息后，我和县政府主要领导立即赶到舟山，在磋商会议上我们就把这一项目的开发任务接了过来。为解决资金问题，由县政府主要领导牵头，我们航运公司入股34%，出资620万元，香港国际茂盛公司股份30%，出资540万元，省厅委托省“海总”入股30%，出资540万元，普陀山管理局入股6%（后改为3%，另3%加给香港方）出资110万元，合计1810万元。成立嵊泗县第一家中外合资的浙江茂盛高速客轮股份有限责任公司，解决了嵊泗方独资无力的难题。

建造方由马来西亚厂方介绍给武汉交通科技大学的一批教授在海南开办的海南南华高速船舶工程公司。由于观念上的认识问题，挂牌五年，未被全国沿海所接纳，没有一家委托他们建造。我们把他们请到杭州，借用杭州钱江船厂场地，投资美元182万元，建造348吨，282客位，两台主机2864千瓦，航速32节，抗风等级8级的高速客轮，于1993年12月开工，1995年3月28日投入营运泗礁至三江、泗礁至芦潮港航线，定名“茂盛”。常规客轮到定海航线79海里，航行时间需要7至8小时，“茂盛”轮改为停靠定海三江码头，航线56海里，航行时间只需2小时，航时缩短近2小时。由于“茂盛”轮是我国自行设计制造的第一艘高速客轮，经验不足，很多技术数据达不到原设计要求，设计航速32节，而实际航速是28节，合同工期6个月，实际造船时间拖延1年，所以实际价格按合同要求从美元182万元(折合人民币1950万元)，降为人民币1579万元。

“茂盛”轮投入营运后，存在缺陷很快显露，特别是两台主机，为节省50万元 ×2 主机的买价，没有选择德国和美国的名牌主机，却选择了没有定型的英国主机，刚投入营运不到一周就“插蜡烛”（机器发生故障），前后两年多时间共出故障近百次。每当下半夜听到电话声，我都会从床上蹦起来，心惊肉跳，知道“茂盛”轮主机又出现当夜修不好的故障，第二天要停航。其中最严重的2次爆炸性故障，连杆活塞冲破机体和气缸头，造成一次停航9个月(没有备机，国外按订单制造，从订单到开始建造，再从进出关到船上安装调试)。由于故障频繁，轮机人员十分辛苦，当时我们没有高级轮机人员，轮机长是借用舟山“一海”张峰老轨(张峰老轨责任性特别强，每天晚上要保养或修理到深夜12时以后，为发展嵊泗交通做了很大贡献。)。因故障迫使高速轮经常停航，快捷客轮时开时停，在群众中造成很大的反响。为了解决这一问题，我们曾去长江三峡工地考察，看到和咨询他们用的柴油机清一色是美国制造的“卡特皮拉”，于是筹资500万元，于1997年上半年购进两台新主机，保证了“茂盛”轮正常营运。自该主机换上后，基本上没有发生过因主机故障而造成客轮停运，营运效益十分喜人，群众得益，赞声不断。

芦潮港地处长江、钱塘江的交融处，江中泥沙汇流在该处沉积，港口淤泥堵积造成水位逐年下降，芦潮港码头搬迁接连不断，原“甬兴”轮靠的是河蚌口趸船码头，“金沙”轮靠的是河蚌外的固定码头，后再外移到右侧新建的固定码头。因码头外移，急需第四次兴建的码头，需投资近亿元，如这次码头不兴建，不但“金沙”轮无处停靠，更严重的是要失去嵊泗客轮捷径的停靠点，影响嵊泗海上客运的发展。时任芦潮港镇长、上海市人大代表李堂龙，原是中外合资的浙江茂盛高速客轮股份有限责任公司的股东，股份为10%。但在几次股东会议讨论资金筹集时，他总是说资金紧张，无法到位，最后一次会议他才讲实话，说正在千方百计筹集资金要将芦潮港上亿元投资的新码头建起来，所以资金暂时无法到位。我想李镇长这也是在为我们做大事，股东们一致同意他退股，让他集中精力筹建码头。为建造这座码头，在每次友好县(当时嵊泗县与南汇县是结成友好县)的互访会上，我县领导都是大力宣传该新建码头对于发展南汇县经济的重要地位和作用。我曾几次到南汇县，在南汇南园宾馆与当时南汇县的政协主席、常务副县长商谈，宣传建造芦潮港新码头对南汇的作用和重要性，如果芦潮港这座新码头不建起来，南汇县的海上交通就要中断，交通不通，和浙江沿海包括舟山及以南沿海各省份交往带来很大的困难，南汇县的农产品、水产品及桃子等水果的流通单靠陆上交通是不行的，这个海上出口绝对不能堵上，虽说投资大一点，但必须把这个码头建起来。在南汇县领导的高度重视下，在芦潮港镇领导，特别是李堂龙镇长的努力下，投资近亿元的第四次新码头终于建起来了。后因淤积水浅，利用围垦造地的收益又将码头向外接出300米，同时建好车客渡轮的停靠码头，彻底解决了我县客轮在芦潮港停靠问题。

我县高速客轮营运的成功，为舟山、浙江及全国沿海做出了示范性的贡献，从“茂盛”轮投入营运成功起，我国沿海在海上客运交通上没有向国外引进过一艘高速客轮(公务船除外)。目前全国沿海营运的200多艘高速客轮，基本上都是武汉南华高速船舶工程公司建造的。单体钢质(内河铝合金)高速客轮，投资少见效快，基本达到舒适、快捷、安全的标准。我们小小的海岛县完成交通部要求解决我国沿海岛际和岛陆高速交通的任务，备感自豪和幸运。

第四次提升，海上蓝色公路——车客渡通航

嵊泗海上高速客轮的营运，人流进出岛的交通得到了较圆满的解决，但车辆仍不能出入海岛与大陆，解决车辆出入海岛的问题必须尽快提到议事日程。

在县委、县政府的高度重视下，在高速客轮开始建造的同时就着手筹建车客渡轮，计划建造一艘15车渡，1477吨位，主机马力1600千瓦，航速15节(为当时全国航速最快的车客渡轮)，抗风等级9级(上海方向8级)，客位324座的车客渡轮，按设计预算造价为1600万元。

建造车客渡轮，首先遇到的又是资金的筹集，在地方财政十分困难的情况下，只能依靠银行贷款，但嵊泗各家银行总量又很小，一家银行无力解决，必须几家银行联合起来几家，也就是要以银团贷款形式，但这一做法舟山从无先例。时任人民银行行长刘瑶君(后任杭州渤海银行常务副行长)积极向上争取，最后经得省人民银行同意，实施银团贷款，由嵊泗人民银行出贷，工商银行、建设银行、农业银行3家拼盘落实1500万元，解决车渡船的全部建造资金，开创了舟山银行系统银团贷款的第一例。资金落实后，设计方案经上下左右多方会审，经省内造船行业招投标，由舟山杨帆船厂中标，于1994年6月开工建造。

开通海岛到内陆的蓝色公路，除建造车客渡轮外，海岛与内陆两头的靠泊码头也是关键，必须同步建造。李柱山南面第一座车渡码头，早已列入交通部“八五”规划。车渡码头是我局尚未接触过的新项目，根据嵊泗海域高低潮落差很大，又要遇到台风季节安全度汛，

在技术上要求很高。这个任务由时任分管副局长朱志清负责建造，委托上海船舶货运通道设备公司承建。我们到过大连港参观，在大连港车渡码头的基础上，进行研究改正，设计上具有国内最先进的液压升降式平台，既解决潮差升降带来的问题，又解决台风季节的安全度汛。李柱山车渡码头于 1995 年 3 月建造，1995 年年底完工，跟上车客渡轮建造速度，芦潮港车渡码头也按我们的设计同步建造。

"舟桥 1"车客渡轮于 1996 年 2 月 6 日开通了嵊泗至芦潮港航线，架起了嵊泗到内陆的蓝色公路，从此结束汽车不能进出嵊泗的历史。随着车客渡开通的沪、杭、嘉、甬、温等长江三角洲沿海开放城市群的直达联运线，对促进嵊泗经济的发展，发挥重要的作用。

第五次提升，沈家湾码头启用

上海国际航运中心在小洋山建造我国最大的深水港集装箱装卸码头，东海大桥的建成，又一次拉近了嵊泗到上海的海上距离，给嵊泗交通带来了方便。李柱山码头到芦潮港航距为 31 海里，而李柱山到上海同盛集团在小洋山建造的临时客运码头航距为 25 海里。时任县交通局局长的彭善定为缩短这 6 海里航距而努力争取。2006 年 3 月，小洋山临时码头启用，嵊泗客轮全部从芦潮港停靠点移到小洋山临时客运码头。虽然进入集装箱港区时高速客轮要减速但航时仍可少 10 分钟左右，车渡轮可缩短半个小时左右。

按以舟山市交通建设规划，洋山海域的舟山市客运中心位置确定在小洋山的小乌龟山，离泗礁李柱山码头有 25 海里之多，而且要经过集装箱港区，高速客轮必须减速，高速客轮从乌龟山到李柱山码头的航时在 80 分钟左右，现有车渡轮需开 2 个小时。离李柱山码头最近的是洋山沈家湾，李柱山码头到沈家湾的航程为 17 海里，而且不经过集装箱港区，不用减速。高速客轮航时为 45 分钟，车渡轮航时为 1 个半小时。如沈家湾造客运码头，高速客轮可缩短航时 35 分钟，车客渡轮可缩短航时近 1 个小时。如嵊泗王永根老县长等老同志说法："不能小看这 35 分钟和 1 个小时，在这短短时间里可能会挽救嵊泗多少条生命。"按照市里规划客运码头建在小乌龟山，以老县长为首的嵊泗人民强烈呼吁应建在沈家湾。时任县委书记刘宏明和县长周艳高度重视，两人亲自跑省、市强烈要求："如码头不能建在沈家湾，我们就无法面对嵊泗人民，无法向嵊泗群众交代。"在县委、县政府领导和县交通局等有关部门的共同努力下，克服了因地域辖区和经济区域不一致性的种种困难，终于得到了市政府的同意。原规划小洋乌龟山的舟山客运中心一分为二，嵊泗客运码头就建在沈家湾，舟山客运中心仍旧规划在小乌龟山。规划选址解决后，项目立项报批，落实建设资金筹集渠道又是一大难题。时任县交通局长徐嵊军带领交通人在县委、县政府重视和努力下，到省市领导和上级相关部门汇报、沟通。克服种种困难，争得上级领导和相关部门的理解和支持，项目由市上报省，终于获得立项，落实了建设资金的筹集渠道。

沈家湾码头总投资为 3.1 亿元，于 2010 年 11 月开工，2011 年 12 月竣工，2012 年 7 月正式启用。从此嵊泗的海上交通更加快捷、舒适、安全。

作者：邵德士〔嵊泗政协文史资料第 16 辑《列岛记忆》〕

李柱山码头建造经过

我是1952年参加工作的，从宁波市职业工程会计训练班毕业，不久后就调到了舟山。1953年舟山成立专区时，需要大量的干部，就从外地调了很多人过去。主要有两个来源，一个是杭州的临安专区，调了很多干部到舟山，另一个是从江苏也调了一些干部。当时舟山设有航运管理所，属于宁波航管处的派出机构，那里缺人，就把我调过去了。到了舟山后，我还是搞计划统计工作，但我一直对搞工程有兴趣，也有意识的向这方面发展。定海道头码头那幢老的交通大楼就是我搞起来的，我是中层干部，但我想法多，有很多鬼点子，领导也挺信任我。那时从省里争取了45万元资金，打算30万元用在定海至沈家门公路的拓宽改造工程，15万用来造交通大楼。我测算了一下，公路改造工程用不了这么多资金，于是我就向领导建议，把两个项目调换了一下，15万元搞定沈公路，30万元造大楼，结果大楼造的又高又好，领导也很满意。

后来，我又调到运输公司等等，但一直没有离开交通这块内容，从我参加工作到退休，一直是搞航运管理工作，一直没有调离过，所以对这个业务很了解，和省里上上下下的同志也很熟悉。

1964年，搞四清运动时，把我调到了嵊泗，任航管所所长。到嵊泗后，我心里一直不踏实，夜里也睡不好，为啥呢？因为那时的嵊泗交通事业很落后，没有像样的码头，从县外来的客轮无码头可以靠，只能停在海面上，再用小舢板把客人驳上驳下，特别碰到有些风浪时，很不安全。我担心我管的这块工作早晚要出事情，总有一天我要坐牢。后来我找了几个领导反映情况，说这样不行，要想办法调只登陆艇来。不久后，从定海调了一只部队退役的登陆艇，情况稍微好了一些。

我为啥下决心要调登陆艇呢？是有原因的，出过事故。有一年，东海舰队航标处的总工程师，年纪还不到30岁，有事到嵊山去，船靠不拢，用小舢板驳过去，结果小舢板翻了，人扣在了船底，救上来已经没气了。后来部队上派了只大炮艇，来把遗体接回去，我也陪着去，一路上很难过，现在想起来还很内疚。当时触动很大，就下决心要调登陆艇。

登陆艇来了以后，每次要接驳客人时，我肯定到场的，我水性好，胆子也大，就跟着登陆艇亲自接客人上船下船。有时候心里也想，我是尽力做好我的本分，如果再出事故，要抓我去坐牢，那也没有办法了。以前，嵊泗老百姓开玩笑说，在嵊泗乘船要有运动员的本领，要会跳远，还要会跳高，但是老是让客人跳上跳下，也不安全，万一出个事情，我肯定要背责任的。

当时就形成一个主导思想，要改变这种状况，必须造码头。找县里面的领导商量，都说嵊泗的地理条件不适合造码头，你就不要费心思了。又去找驻军的运输部门，我和他们挺熟，想听听他们的建议，哪里可以造码头。驻军也劝我说，老汤，你就不要费这个脑筋了，嵊泗没有地方造码头的，要造的话，我们老早就造了。

我这个人挺倔，偏不信邪，这么大一个嵊泗，难道找不到一个造码头的地方？我就带了几个工程勘测人员，到处找地方选址，大悲山、高场湾、插旗岗……都走遍了。几遍走下来，感觉青沙的李柱山不错，这个位置挺适合的，又结合海图来研究，发现最低潮位有两米以上，潮水落差也不大。再进一步勘测后，地质条件挺理想的，礁石的水下部位很陡峭，用来造码头很适合，于是大家商量了一下，码头的选址就初步定下来了。

地址选定后，就要找设计单位了，我就联系了杭州的省交通设计院。嵊泗那时候和外界的关系都挺好，因为上世纪70年代物资供应紧张，嵊泗的水产品成了搞好关系的有力武器。省交通设计院一听我是从嵊泗来的，热情的不得了，纷纷托我带些海蜒、黄鱼鲞过去。我就尽量满足他们的要求，每次去都是大包小包一大堆。那时社会风气挺好，不作兴送礼，这些水产品都按原价卖给他们。

他们还托我代买些上海产的毛线，那时的上海毛线出名呀，因为嵊泗离上海近，能相对地容易买到。就你带一斤，他带两斤，一来二去，都混熟了，关系好得不得了。

搞码头设计还要经过实地勘测，省设计院就派了些技术人员来嵊泗，安排住在招待所里，吃住费用都是他们自己承担。那些人都喜欢吃海鲜，那时螃蟹便宜，五角钱能买一篰箩，我就帮着去买些螃蟹，让招待所加工了给他们吃。这些人回杭州后称赞说，嵊泗地方太好了，天天吃大螃蟹。结果搞得设计院的人从上到下都抢着来嵊泗。

省设计院勘测后，认为这个码头不好造，有难度。李柱山的水位是够了，但是有个缺点，就是没有腹地，进深不够，以后要发展没有可用的空间。大家商量以后，认为有困难可以克服，再说也找不出比李柱山更适合的位置。经过综合考虑，就决定把码头造在李柱山的南面偏西位置，前面是广阔的港湾，能停泊大量的船只，也利于轮船的进出。而且这个位置西北风根本没有问题，只有在东南风很猛烈的情况下才有些影响。

设计方案出来后，由省海港工程队来负责施工。造码头一般都要打桩，然后再浇筑平台。但是李柱山下面全是坚硬的岩石，根本没法打桩，这可怎么办？省交通设计院动了很多脑筋，也用了很多办法，终于解决了这个难题。先派潜水员下去，把水下凹凸的礁石用炸药炸平。这活不好干啊，很费时费力，像啃骨头一样，一点一点的把礁石基本弄平整，形成基础，然后在基础上浇筑水泥承重柱。用空的大木桶一个一个套在基础上，四周堆上沙袋固定，还要密封不能漏水。等到大潮汛潮水退下去的时候，马上用抽水机把桶里的积水抽干，放上钢筋网，立即用混凝土浇灌。用的是快速水泥，凝固的也快，等潮水涨上来时，基本不受影响了。

基础施工我们特意选在了七八月份，因为那个时间大潮汛潮位退的特别低，对浇筑混凝土非常有利。就这样，今天浇一米，明天再浇一米，有了一定高度后，就算小潮汛也同样可以施工了。我们开玩笑说，这方法是“抢潮水”。码头承重柱都浇筑好后，剩下就是浇平台了，相对的施工难度就小了很多。后来我们的这个方法还成了全国典型经验，面向全国推广。

码头施工期间，还有个非常有趣的事。工程队进嵊泗后，一吃到嵊泗的海鲜后，吃出味道来了。但那时的水产品都是按计划供应，凭票向水产公司购买，工程队没有门路，买不到，只好来找我。我心想，要高质量造好码头，必须要让施工队吃好呀。于是我就出面向水产公司要求，公司负责的童友根一听情况，马上表示要全力支持的。以后施工队买水产品就一路绿灯，都一箭一箭的买回来，吃不光还都晒干了寄回家。所以说造这个李柱山码头，嵊泗的水产品有一半的功劳。

造码头的同时，大桥、公路等配套的工程也相继完成。本来我还打算，想把朝南的山头劈掉一些，用来造候船室，但是因为经费上的困难，这个想法没有落实。

码头前后施工刚好一年，从 1974 年 9 月开始建，直到 1975 年 9 月完工，11 月正式使用。造好后的码头平台长 50 米，宽 10 米，总投资是 45 万元，可以停靠千吨级的轮船。

码头正式使用的那天，来了很多人看热闹，人山人海，挤都挤不进去。老百姓都很高兴，从此以后可以从码头直接上船了。现在有认识我的人会跟我说，老汤，李柱山这个码头造的好啊，都 40 年了，现在还在使用。我心里想想，其实也没什么，算是我为嵊泗老百姓尽的一份责任吧。

作者：汤昌耀〔《列岛记忆 2》嵊泗政协文史资料第 17 辑〕

码头革命开始了

走进新国企

记者来到上海洋山深水港时，一艘装载了数个集装箱的驳船正停靠在东海大桥最南端的泊位处装卸货物。但不寻常的是，码头上空无一人，巨大的桥吊自行挥舞着巨臂，从船上精准抓箱。无人驾驶的电动卡车来来回回地运送着货物…

洋山深水港四期工程是目前全球最大的单体智能自动化码头．于 2014 年 12 月开工建设。于 2017 年建成。并投入使用。“我们已为洋山四期提供了 10 台岸桥、58 台轨道吊、50 台自动化引导小车（agv）七个泊位全部投运，可一次形成 400 万标准箱的吞吐能力。”震华重工集团副总裁张健告诉记者。

一个世界纪录诞生了

“在洋山港前三期建设中，我们只提供了主要设备，就是传统硬件。这次不一样，我们承担了智能化硬件和软件系统的研制任务”张健表示，洋山四期工程有望成为集团从传统制造向智能制造转型的代表作。事实上，洋山四期全自动化码头不仅是震华重工的集大成之作，也是中国全自动化码头建设的一次重大跨越

现场工程人员告诉记者，届时，上海港年吞吐量将突破 4000 万标准箱。等于美国所有港口吞吐量之和，体量达到目前全球港口年吞吐量的十分之一。

给码头装上“中国芯”

振华重工技术工程师告诉记者，自动化码头建设的关键在于智能化，随着码头规模扩大，自动控制的难度将呈几何级数上升。洋山四期将统一调度 130 辆自主研发的无人驾驶车，还得控制他自行到换电站更换电池，难度可想而知。

面对挑战，振华重工与业主方上港集团通力合作，双方分别自主研制了 ecs 软件系统（设备控制系统）和 tos 系统（码头操作系统）二者共同组成洋山四期全自动化码头的“大脑”与

“神经”业界专家告诉记者，这两套系统的研制成功与应用推广将让国内全自动化码头第一次用上“中国芯”。

强大的“中国芯”为码头装卸作业打开了更广阔的发展空间。振华重工方面的资料显示，洋山四期海侧岸桥和陆侧轨道吊都将实现自动化远程控制。其中，可实现双箱自动化起吊的规道吊是振华重工自主研发并首次投放的产品。使用自动化双箱轨道吊，再配合自动化双箱岸桥作业，可以大幅释放岸线空间，提高码头使用率。理论上能够提升工作效率 50% 左右。

作者：李治国（光明日报记者）（辑录时有删节）

第三章　灯塔纪事

灯塔纪事

灯塔起源古代烽火，女人们在山顶点燃火堆，用火光引导男人驾船安全返回。在古老的灯塔中，意大利的莱戈恩灯塔至今仍在使用。这座灯塔是建于 1304 年，用石头砌成，高 50 米。此后，1823 年建成透镜灯塔，1858 年建成电力灯塔，1885 年首次用沉箱法在软地基上建造灯塔，1906 年落成第一座气体闪光灯塔……

据中国航标史记载，清代同治七年（1868），有位名叫慈领的法师东游“蓬莱仙岛”，听说长涂岛的西鹤嘴外五虎礁异常险峻，时有船只触礁沉没，便毅然决定留驻西鹤嘴，独自搭起简陋肚饿茅棚，每晚 5 盏油灯，为过往的船只指航引路。当地渔民为感激指航人，常去西鹤嘴捐款。不久，慈领法师就用渔民的捐款铸了一口铜钟，凡遇雾天便撞击铜钟警告过往船只，保证船舶行驶安全。后来，他又在西鹤嘴建造了一座灯塔，名曰西鹤嘴灯塔。慈领法师默默无闻守此终生，后人为纪念他，在茅棚外建了一座庵，取名“传灯庵”，以示指航精神代代相传。

1997 年，世界航标协会在全球范围选择 106 座灯塔命名为“世界历史文物灯塔”，中国有 5 座灯塔入选，其中就有位于舟山群岛最北端的嵊泗花鸟灯塔，它是长江口至太平洋航线上的特大型灯塔。花鸟灯塔体现了 19 世纪末世界上最先进的航标科技水平，并且随着科技的进步，不断更新，是中国沿海数百座灯塔中规模最大、功能最齐全、设备最先进、历史最悠久的一座，被誉为“远东第一灯塔”。

清朝末年，上海、宁波以及长江内河港口相继开埠后，到日本以及太平洋的航线日益繁忙。花鸟岛濒临公海，正处在国际航线的必经之处，且附近岛礁密布，当时清代海关海务科筹划设立的第一批灯塔中便有花鸟灯塔。最终花鸟灯塔由英国人出资，从上海招来劳工建造，于 1870 年建成。灯塔由英国管理，1916 年进行了重修，抗战时期，被日军占领。花鸟灯塔曾历经多次战火的洗礼，但至今仍完好无损。

花鸟灯塔雄踞花鸟岛西北角三面是悬崖峭壁的山嘴上，圆柱形黑白相间的塔身拔地而起，下部为混凝土砖石结构，上部为铁板，圆顶为铜铸，塔高16.47米。灯塔内部分为四层，顶层使用巨大的玻璃作为墙体，塔内设置四周圆柱形头等镜机牛眼透镜，每面透镜用8圈三菱形水晶玻璃拼装，其下一层有外置廊台，可凭栏远眺。灯塔周围相关建筑布局完整，有无线电铁塔、发电站、机房、仓库、宿舍、码头等附属设施，占地约2.2万平方米。导航方式也十分完备，有光波、电波和声波，可全天候为不同距离的船只提供不同的导航手段。

花鸟灯塔的光源更是随着时代不断变化：1870年始建时，灯器为"旋转镜机，每一分钟旋转一周，且用四芯灯头，燃以植物油，烛力三万八千枝"；1899年，灯器改燃煤油。设置"十二加仑压油灯，并配以六芯灯头，烛力增为四万五千枝"……1996年，采用2000瓦金属卤化物灯作为光源。聚光灯安装在顶层中央，周围置四面透镜和旋转机组，每分钟旋转一圈，路过花鸟岛的船舶在黑夜中可根据灯塔的光束来确定船舶方位。

1997年，花鸟灯塔被列为浙江省文物保护单位，同年10月被国际航标协会（IALA）列为世界历史文物灯塔。2001年，花鸟灯塔被国务院公布为全国文物保护单位，列入国家灯塔邮票系列。如今，花鸟灯塔里仍保留着当年手动上弦的电机，历经百余年，这些设备仍被保养得光亮可鉴。

（作者：周永章）

清朝四灯塔

白节山灯塔

船由下三星西北偏北行约十二里，即抵白节山灯塔，该灯乃系指示船只行驶白节门（或称白节海峡）之用者也，白节门适居川湖岛（译称八格或巴克列岛）之中、形势险阻、但为驶往扬子江口之要道，天气晴时舟行该处，大戢山灯光，即已隐约可见，该塔地位重要，建于光绪九年（1883年），上置三等红、白二色替光灯，每一分钟红白二光各闪一次，光力相同，镜机则为旋转者，红光乃由镜片映照所致，唯以光线经过红光玻璃之后，减去烛力百分之六十，故欲使红白闪光烛力相同，则不得不将红色镜片扩大至白色玻璃二倍又半焉，该灯红白二色闪光烛力，原为八千枝，迨宣统二年（1910年）增为三万二千枝，洎乎民国十八年（1929），则又增为七万五千枝，以该年该灯转轴灯机已易为水银浮槽及承轴灯机矣，此外该灯之光所照东北两方九十度弧形区域，因为他山遮蔽，故不克望见也。

灯站建于岛之南端山脊之上，而山脊则向南倾斜，塔基距水极近，站址原系壁立峭石，故修建之初，须以人工开凿使平，方得从事建筑，至院落之中，本系赤裸岩石、土壤乃由他处运来，管理员则于灯塔所属区域之内，种植各项草子、松实及桉树子，以期增多景色，故今日院落之中，芳草如茵，唯灌木矮树于生长耳。

岛内东坡之上，曾经开地成田，以为菜圃，唯以岩石陡峭，以致所建炮台二座，形势突出，不啻三十年前战舰所置之炮座也，至若阴雨连绵之际，灯站所通达两处码头之路，则成小溪，欲其修缮坚固，实觉乎难矣。

塔为生铁所造，外观红、白二色横纹，灯光高出水面二百三十七尺，改岛北端有一广大渔村，惟距站甚远，非目力所能及，至于站之附近，从未见有农人从事耕种焉。

白节门为海上交通之孔道，每日驶傍晚灯塔船只，络绎不绝，附近失事船只，虽数见不鲜，而其最著者，厥为光绪十八年（1892 年）［北京］轮船于浓雾中停泊白节门之际，被撞沉没耳。

该站自民国十六年以来，即由华籍职员管理矣。

半洋山灯塔

半洋山位于白节门之中，去白节山灯塔西北偏西约三里，乃一出水上礁，体积微小，地势甚低，英文名曰［纽扣礁］可谓名实相符矣，光绪三十年（1904 年）灯塔始建其上，用以标示改山方位所在，俾航行船只得知避焉，且该山灯光若与大戢山灯光成为一线时，即为白节门内之航行正路，循此而行，即足避红山之危，红山者，亦系航路中可畏障碍物之一也。

改塔系以上海陆家嘴海关材料处所制之混凝土块造成，外节黑色，高三十二尺，灯则置于塔顶，而覆以小罩，高出平均高潮水面仅六十七尺耳，该站除岩石外，并无他物，全岛所生草木，亦不过二三种而已。

该站仅有华籍管理员二人，惟以该站为白节山灯塔之分站，时有船只往来两地，以通消息焉。该山灯塔未建以前，附近未闻有船只失事者，但自该塔成立以后，船只遇险案件，反有五起之多，前后矛盾若此，殊足令人诧异，缘夫该塔未建以前，往来船只，咸存戒心，距礁远行，希免于难，迨塔筑成之后，船员以为有恃无恐，复不谙该处横流湍急而傍礁行驶，于是每值浓雾或风雨之时，近礁船只，互为怒潮激荡，以致驾驭不克自由，因而触礁之事，随时有所闻焉，惟损失最重者厥为［寄生］号轮船，于民国十八年三月（1929）在该处东南角坐礁，船裂为二，该船损失，遂致一无所余也。

大戢山（译名葛词拉夫）灯塔

凡南来船只，行经白节海峡之后，即达杨子江口，改口内外标识林立，出进口水道中所设之灯船浮椿外，尚有伟大之灯塔三座，为护口外，均系海关最先所设而为极关重要者焉，即南曰大戢山，东曰花鸟山，北曰畲山（即沙尾山）三灯塔是也。

大戢山兀峙海中，景象孤寂，居于五拓航线之中，介乎扬子角（亦名南雁嘴）与北鼎新山之间，与该两处之距离均相等，该塔之建设，乃海务科成立后借灯塔计划中之最先建筑者也。

该灯原设于同治八年（1869 年）惟当时有灯无塔，仅与岛巅西端土丘之上，树架置灯而已，初为三等白色定光灯，烛力一千八百五十枝，四周均可瞭及，至光绪二十六年（1900 年）始于旗杆地址附近，岛巅东端突起之处建筑钢塔一座，而旗杆则移至岛之西端，并装以横杠及起重机，以为悬挂信号之用，至昔日之土丘，则易作守望台，同时并置旋转镜机一具，每五秒钟急闪一次，且屏弃植物油而该燃煤油，因而邓刚特别强烈，烛力增为三万四千枝矣，迨民国十九年（1930），复改设水银浮槽承轴旋转镜机及新式推动机，同时并配以白织纱罩灯头，闪光烛力遂增至二十七万枝，旋转速度，亦随之激增，而为每三秒钟又四分之三即刻旋转一周，令且开始建筑无线电椿，俾与业经设置之花鸟岛山无线电椿，及行将敷设之畲山无线电椿，协同工作，以利航行，而开中国航行标识史一新纪元焉。

凡往来扬子江口之旅客，对于大戢山灯塔，则为习见之物，以航行干路，距站之东，仅五里许耳，该岛形似椭圆，草木丛生，站之北面，尤为苍翠，其景色之佳，上海区域塔站之中，仅畲山灯站堪与比拟，大北公司丹籍电报员，曾沿全岛斜坡之下，开辟环路一条，约半句钟，即可环游一周，路旁矮桑及野无花果树，苍成林，蔚为大观，该站自有史以来，静谧异常，从无事故发生，凡洋籍管理员，多视为桃源乐土，而华籍职员，则互不愿往，实缘该岛既无村落聚居，而渔人亦鲜止，未免过嫌寂寞也，岛上树木，禁止砍伐，惟在昔时，须恃武力，方克制住，今则此项禁例，似为公众所承认亦，岛中耕植事业，迄今犹无尝试之者，良以狂风时临，足以戕贼果蔬之生机焉，云，全岛野鼠甚多，四出滋扰，所有岩穴之中，以及树根之下，无不为斯物藏身之处也。

该塔高四十六尺有半，外节白色，灯光高出水面二百八十三尺，由站登高远眺，附近各灯映入眼帘者，不下八处之多，凡九段、铜沙、及扬子江进口各灯船与夫花鸟山、白节山、半洋山、唐脑山各灯塔，皆可望及，倘值澄明之夜，下三星灯塔，亦隐约可见，而天气清朗，潮水低降之时，沙尾。

花鸟山（亦名北马鞍岛）灯塔

花鸟山灯塔，为卫护扬子江口三大灯塔之一，距大戢山东偏北约二十六里，对于取道近海航线经由舟山本岛而南驶之船只，虽无直接功用，然其指导由上海直达日本以及经过太平洋之远海航路，厥功则，而为绝不可少之标识也，且该灯适居航路分野交叉之地，北往船只固得恃以测定航行正路，以避难骨礁之险，即驶入扬子江口之船舶，亦可藉以照耀于后焉。

该站建于同治九年（1870年）亦为海关海务科筹设灯塔计划中首先所筑之一也，该灯设置之初，即具特殊优点，原为旋转镜机，每一分钟旋转一周，且用四芯灯头，燃以植物油，烛力三万八千枝，迨光绪二十五年（1899年）改置十二加伦油灯，并配以六芯灯头，烛力增为四万五千枝，洎民国五年（1916），复改置头等镜机，旋转于水银浮槽之上，并装置煤气等灯头，以五十五公厘白织纱罩，每十五秒钟闪光一次，烛力增至五十万枝，嗣于民国十七年，又将所用之微小纱罩三个撤销，而易以一百十公厘“自燃式”大纱罩一个，于是烛力增为七十四万枝矣。

该站建筑，异常坚固，自成立以迄宣统二年（1910年）约四十载，始行大加修葺，同年，并以海底电钟，作为试验，其法即将电钟置于岛旁海底，而以海底电线策动使之发声，当时海务科且以数种海底信号，交相试验，以期研究何者于浓雾之际最为适用也，该站试用之电钟，凡设有无线电收音机之船只，均可闻及，所有海关巡轮之上无不装有收音机，故其所获效果，皆称圆满，惟吃水较深之船只，则以所驶航线，非电钟声浪所及，遂致无从利用，该项雾钟，曾经试用数载，结果虽佳，终以该项设置，对于实际功用，究属甚微，遂于民国二年，予以撤销，顾当此时期，他种海底信号，亦曾先后于畲山、大戢山、小山等站，及扬子江口各灯船，相继试验，迨民国十二年（1923），花鸟岛始增置头等地雅风雾笛一具，以资应用，而将画有雾炮，即予撤销。民国十八年该站又复设置无线电椿，以作试验，效果殊，航海人等，无不交相称赞，遂于民国十九年成为正式航行标识矣，现在畲山及大戢山两灯塔站，亦步武其后，相继设置，但花鸟岛山实开识项标识之先河，故其设置情形，颇有叙述之价值焉。

花鸟山无线电椿，共有方格铁桩二架，上悬天线，每架各高七十三尺，耸立云霄，一设于灯塔之旁，一设于该岛东坡站址南界，并借有巨大蓄电池一具，以为广播无线电信号之用其中所蓄之电，系以六马力之“提赛尔”引擎二架中之一具磨制之，该项引擎，设于地雅风引擎复自动停止，至传播电波之际，所有应用各电池，均由一自动连接及隔离器具支配，如是无论电压状态如何，而电池之电量，永得平衡，此外电槽策动之交流电机二架，则为供给发报机电力之用，该椿发放信号之电码为“XNS”系用拍发器以为传播，而信号之拍放或停止，则借发条运行焉。

该椿信号系用继续电波传播，波长一千公尺，电码即为上述之“XNS”，而发放次数，天气晴时，每半旬钟发放四次，昼夜不息，至每次发放电码时间，须一分钟，其停止时间，则为二分钟，但值天气阴暗或浓雾时，该椿所发电码，虽仍系每三分钟一次，但继续不已，迄至天气晴，方复原状，至晴天与雾时，信号互相变更之际，仅将电门调换即可矣。

该椿所发电码，凡有相当无线电机设置之船只，于一百里内，均可接收，藉以推定确方位，但距该站二百里之船只，有时亦能接收，恐难确耳，将来大戢山及畲山两灯站之同样无线电椿工程完竣，凡往来扬子江及其进口水道中各船只，均可借其信号得以测定方位，无论天气如何阴暗或浓雾，悉能履险如夷，航行安全也。

花鸟岛灯站既设有头等巨灯，复配以地雅风雾号，及无线电椿，故在海关所辖灯塔之中，可称规模最大者也，该站适位于花鸟岛山东北角山肩之上，肩则倾斜，直达于海，该站至大戢山，舢板可以相通，如有所需，由东南至西南一段，因被高达七百八十二尺之岛巅所遮，灯光不可照及耳，站之北端向海地方，即为地雅风设置之所，次即引擎室，而附设者，则无线电室也，塔为砖造，下半饰以白色，上半则涂黑色，其原有塔基，乃在站之东北隅，自经重建以后，始移于站之中央矣，塔之四周，牛山濯濯，草木绝少，而灯站院落虽堆石为界，但无墙垣，以资卫护，樵夫不时侵入，植物悉被摧残，惟码头西坡之上，辟有菜圃，外围以墙，饥羊蹂躏庶得免焉。

该岛东南湾地方，距站一里又半，有广大渔村一处，村内建有洋式旅馆一所，系造于二十五年以前者，以为假期海滨游憩之用，惟因营业失败，业已倒闭，其巍峨大厦，今仍用为兵营及政府官员办公之所矣，此外灯站附近，岛之西南湾地方，亦有一较小之村落焉，该岛每值夏日，土人咸来捕鱼，致灯站附近所建茅屋，鳞次栉比，次殆借为临时休憩及曝晒鱿鱼之用者也，其捕鱼方法，亦不一致，岛中土人，捕鱼以网，而温州移来渔夫，则以竹篮五六，贯串成组，前者最小，依次增大，牵以绳索，以资捕获，惟两地渔夫，各不相容，时起纠纷，至酿成流血惨剧，至灯站职员与岛中土人，则相处甚得，以故华南各站职员与土人龃龉情事，该站从来之见也。

该站档案，不幸销毁，故五十年前经过事故，业已无从稽考，但近年船只遇险案件，则有数起可资叙述，如光绪十三年（1887 年）法轮“孟萨雷”号，光绪二十九年（1903 年）之英轮“彭布鲁克塞”号，光绪三十三年（1907 年）之日轮盛航丸，及民国六年（1917）之俄轮“博洛塔瓦”号，均于附近失事也。

花鸟山西南约三里许，有岛名绿华，亦名旁马鞍山，其南面深涧之中，设有自动验潮器一具，乃海关海务科因有浦局之助，于民国四年建立者也，但自落成之后，即移交海军部海道测量局管理，惟海关巡轮，仍不时前往巡弋，俾资照料，现有职员二名，住于山旁小屋之内，以便管理，自小屋远眺，花鸟山灯塔之风景，咸得历历在目焉。

海关副税务司班思德著，署副税务司李廷元译（民国二十一年（1932））

——摘自上海海关总税务司公署 1933 年版《中国沿海灯塔志》

第四章　奇闻　轶事

“海天”遗影

——“海天”舰失事 110 年祭

嵊泗列岛的泗礁山西侧有座紧邻大戢洋的岛，叫做北鼎星。周边众星拱月般围聚着外皇坟、里皇坟、前小山、后小山等岛礁。附近水域激流暗布海况险恶，本地渔船也不敢轻易涉足其中。据资料记载，清末有“海天”号军舰南下时触礁沉没于外皇坟北侧。时为清光绪三十年三月初十日（1904 年 4 月 25 日）。“海天”舰为中国近代失事的最大军舰，曾引起清廷朝野一番震动，至今仍让人为之扼腕惋惜。细细爬梳这段历史，不禁产生诸多的疑问。当时最为先进的军舰缘何会在此失事？时隔百十年后的今天，“海天”舰是否还安然地躺在北鼎星海域的波涛之下？那一段泥沙掩盖的岁月，是否会激荡起人们对于强盛海军的期待和梦想？

一、海天舰的前世今生

甲午战败后不久，清朝政府决心重建北洋舰队，于 1896 年向英国订购了两艘海天级钢甲巡洋舰，分别命名为“海天”“海圻”。

该型舰由著名设计师菲利普·瓦茨操刀设计，全长 129.2 米，宽 14.26 米，吃水 5.5 ～ 5.9 米，排水量 4300 吨（不到 6 米的吃水，完全是为了适应中国港口的条件）。动力系统采用先进的双轴推进方式，马力 17000 匹，最大航速 24 节，属于当时世界上最快的巡洋舰之一。而火力系统也同样优越，配置 8 英寸主炮 2 门，4.7 英寸副炮 10 门，另装备 47 毫米机关炮 12 门，

37毫米乒乓炮4门，马克沁机枪6门，鱼雷发射管5具。每艘造价328242英镑。无论是航速还是火力的配备，都达到了当时世界最顶尖的水平。对比于同时代的巡洋舰，“海天”级毫无疑问是当时的佼佼者。

当年11月11日，“海圻”舰率先在阿姆斯特朗公司的劳沃克船厂开工，编号667。三个月后的1897年2月16日，“海天”舰在阿姆斯特朗公司的埃尔斯维克船厂开工建造，编号668。为保证建造质量，清政府派遣相关工程师及海军军官程璧光、林国祥、卢守孟、谭学衡、陈镇培、黎弼良等六人前往英国，分驻两厂负责监造。两艘军舰开工时间有先后，有趣的是，晚几个月开工的“海天”舰反而于开工当年的11月28日提前完工下水。而“海圻”舰则迟至翌年1月24日才下水。这是否暗合了某种宿命，急匆匆来到世间的“海天”舰甚至没有施展其身手，便急匆匆的夭折在东海波涛之下。

军舰的建造过程十分顺利，这也让急需新舰的清政府非常满意。但是船款的支付则让清政府焦头烂额。根据与阿姆斯特朗公司的合同，清政府要分三次支付船款。当“海天”“海圻”分别下水并顺利通过试航后，就该清政府支付最后的船款了。国库空虚的清政府刚刚靠贷款向日本交清当年“马关条约”的赔款。从何处再腾挪这笔巨款，着实让总理衙门的大员们焦虑不已。无奈之下，只得催促各省迅速解拨海防经费，同时出售持有的英国政府公债，来凑齐最终的尾款。此时，陷于窘境的清政府无异于捉襟见肘的破落户，靠着拆东墙补西墙的方式来维持“天朝大国”的运转，这多少让人心头萌生悲凉，也预示着大清的日薄西山辉煌不再。

1899年，“海天”“海圻”先后归国，成为清政府重建海军的双子巨星。以“海天”舰为核心，辅以“海圻”“海筹”“海容”“海琛”四艘巡洋舰为骨干，以“海龙”“海青”“海华”“海犀”四艘鱼雷艇为羽翼，一支高机动性的轻型舰队卓然成型。至此，五艘巡洋舰，四艘鱼雷艇，使得北洋海军的实力猛增18000吨，尤其是“海天”“海圻”，是中国近代海军史上，仅次于“定远”“镇远”的大吨位军舰，对于复兴海军起到了举足轻重的作用。

如同明星般万众瞩目，并被清政府寄予厚望的“海天”舰，在归国数年后，却遭遇了一场使之万劫不复的灾难。光绪三十年（1904）2月，日俄战争在中国东北爆发。清政府无力阻止这场发生在自己国土上的战争，只能屈辱的宣布中立。并调集军队对辽宁地区进行警戒，以防范战火向其他区域蔓延。4月下旬，“海天”舰在管带刘冠雄的指挥下，由烟台南下至江阴装运军火物资，以便北上援辽。4月25日凌晨，冒雾急行的“海天”舰在长江口外的大戢洋北鼎星岛触礁，经抢救后无效而沉没。

时任北洋大臣的袁世凯在给光绪皇帝的奏折中，报告了海天舰触礁的详细情形。“海天兵轮自三月初八日放洋之后，初九遇雾，入夜更重。该管带补用游击刘冠雄，因迎提军火深恐迟误，冒雾前进。初十日丑刻驶近长江口，核计水程表里数正拟下锚，忽闻船左鸣角甚近，该管带知有民船，急令快轮转舵，迨避过民船之后，船首适触礁石，前舱进水，巳刻雾退，西北风骤起，波浪汹涌，船礁磨荡伤形渐重”。“海天”舰触礁后，根本没有抢救打捞能力的清政府只好请求外国公司的协助，经过几番打捞折腾之后，无奈回天乏术，“海天”舰最终深眠在东海的波涛之下。在一年多的打捞过程中，一些可拆卸的机器设备被尽可能的打捞出水。如锅炉、舰炮、弹药等等，经修理、保养至可用状态，以备其他中国军舰使用，其中的8英寸口径主炮、4.7英寸口径副炮等大都装备到吴淞口炮台。30多年后，抗战军兴。1942年，占领嵊泗列岛的日军探知了“海天”舰的沉没位置，又进行了多次盗捞，除盗走十多吨重的铜质螺旋桨外，还掠走几十箱其他物资。在甲午海中惨败的中国海军，又一次遭受到老对手的羞辱。

近年来，文化考古部门对“海天”舰做过多次考察，发现情况不容乐观。由于受长期海水腐蚀侵袭和人为破坏，“海天”舰的船体仅存60余米长，不到当年的一半，如果再不作有效的保护措施，若干年后，“海天”舰终将消亡殆尽。而且附近水域深达十五六米，海况复杂，对于如何保护，也的确是个棘手的难题。

二、刘冠雄其人

刘冠雄是中国近代著名的海军将领，清末曾任当时海军最大的巡洋舰“海天”舰的管带，入民国后，又担任海军总长达8年之久。

刘冠雄，字子英，或作资颖。咸丰十一年（1861）出生于福建侯官县。父亲刘穆斋，以箍桶为生，家境贫寒，所生五子，刘冠雄为最幼。光绪元年（1875），刘冠雄考入中国最早的海军学校——福州船政学堂第四届驾驶班。清朝后期，面对西方列强的侵略和太平天国的打击，清政府及一班洋务运动官员深感“船坚炮利”的重要性，开始学习西方科技，开办各类新式学校，培养专门人才。福州船政学堂为左宗棠创办，以培养军事人才为宗旨，作为中国近代第一所科技专门学校，其影响之深远是任何一所学校无法企及的。左宗棠提出“习造轮船，非为造轮船也，欲尽其制造驾驶之术耳，非徒求一二人能制造驾驶也，欲广其传使中国才艺日进……故必开义局，选少年颖悟子弟习其语言、文字，诵其书、通其算学，而后西法可衍于中国……”

两年后刘冠雄从船政学堂毕业，被派到“扬武”船上见习，随后又到“镇南”“扬威”“定远”等舰任职历练，由于天性聪慧，更兼所学知识丰富，渐渐崭露头角进入海军高层的视线。1886年，随着北洋海军建设进入高潮，大量新式装备列装的同时，对人才的需求也更显迫切。清政府选派青年才俊34人留学英国，学习海军技术，刘冠雄亦在其列。时出使英国的薛福成对这位优秀的海军军官印象颇深，其在日记中写到“习操放大炮枪队阵图大副等学兼驾驶铁甲兵船者8员，刘冠雄……考试皆列高等。”

如果说学习成绩的优异，仅能说明刘氏的刻苦好学和天性颖悟，那么在甲午海战中的出色表现，则展露出刘冠雄英勇果敢灵机应变的特质了。甲午海战以大东沟之战最为惨烈，激战中，北洋舰队的旗舰中弹，提督丁汝昌负伤，丧失了指挥能力，舰队群龙无首，眼看就有被全歼的危险。时任“靖远”舰帮带的刘冠雄意识到“此而不从权发令，全军覆矣”。他急请管带叶祖珪代替旗舰行使指挥权，令北洋舰队重整队形，迎击日舰，才避免了全军覆灭的境地。战后，大部分的海军将领都受到处分，唯独刘冠雄得到朝廷的嘉奖。事后，袁世凯曾评价说“我自甲午一役，海军歼焉。然大东沟一战，胜负相当，以视陆路诸军，犹有生色……”。可以说刘冠雄此时已经进入袁世凯的视线，也为日后成为袁氏的得力干将打下了伏笔。1900年，义和团运动爆发，八国联军入侵中国。清政府企图利用义和团的力量来打外来势力。一些封疆大吏却并不支持朝廷的策略，刘坤一、张之洞等人与驻上海的各国领事签订“东南互保章程”，当时的山东巡抚袁世凯极力促使海军南下，以避开八国联军，保存实力。在海军将领中，率先响应这一号召的是时任“海天”舰管带的刘冠雄。这是与袁世凯的又一次交集，此时的袁世凯难免对刘冠雄又增添了几分好感。“海天”舰沉没后，刘冠雄在袁世凯的力保之下，仅被革职查办了事。躲过一劫的刘冠雄的命运自此与袁世凯捆在了一起。

1911年，辛亥革命爆发，海军起义，刘冠雄也随同反正。翌年3月30日被袁世凯任命为海军部总长。从此开始了他历经几届政府内阁、长达八年之久的海军总长生涯。一时权势熏天，炙手可热。刘冠雄深感袁世凯知遇之恩，力图报效。上任之后，卖力推行袁世凯的专制制度，积极鼓吹并拥护其立宪称帝，同时利用海军大肆镇压各地反袁运动。袁世凯死后，刘冠雄失去了赖以依附的靠山，周旋于掌权的皖系和直系军阀之间。虽名义上仍为海军总长，但受两派斗争处处掣肘，难有作为，逐渐被排挤出内阁。失去海军总长宝座后的刘冠雄，多少有些心灰意冷。1923年11月，辞去所任职务寓居天津。1927年6月24日，因患肠出血溘然病逝于天津居所，享年67岁。

刘冠雄是近代具有争议的政治人物，首先，他投靠袁世凯并支持其称帝，这一点足以被世人诟病。但从另一方面来讲，刘冠雄在海军总长任内也有些建树。他主张中国海军“应采取攻守兼营主义”，从战略守势出发制订海军发展计划。为改变海防力量薄弱的现状，强调发展海军的重要性，并颇具眼光的筹造飞机潜艇，在马尾创办飞潜学校和飞机工厂，为中国海军建设做出了贡献。

三、触礁之后

得到“海天”舰触礁消息后，北洋海军代都统萨镇冰火速赶到现场，组织进行援救。面对受损严重的战舰，萨镇冰痛心不已，暴怒之下，随手给了刘冠雄几个巴掌。而此时的刘冠雄也极为内疚，深感罪责重大，难免一死，甚至几次想自杀谢罪。“海天”舰上所载兵员四百余人，触礁时3名落水失踪，另348人由招商局轮船运送返回内陆，留下60人由刘冠雄率领进行抢险工作，并先行拆卸了火炮等比较重要的器械。萨镇冰与驻沪副总税务司裴式楷等人取得联系，请上海耶松洋厂提供帮助，用抽水机抽出海水，以希望船体上浮。可惜船体受损严重，海水“旋抽旋灌”，没有丝毫成效。

时任北洋大臣的袁世凯在汇总各方情况后，于六月初十日给光绪皇帝上了第一道奏折，此时距“海天”舰触礁恰好3个月整。奏折中为刘冠雄做了极力的开脱，“因迎提军火深恐迟误，……知有民船，急令快轮转舵”。然后又避重就轻地建议将刘冠雄革职，“身膺重任，宜如何小心谨慎，乃竟冒雾遄行，致毁巨舰，虽系因公奋往，究属不审事机，粗疏贻误，未便稍事故容，相应请旨……即行革职……”损毁巨舰，按清廷律例当斩。极为恼怒的光绪皇帝考虑到袁世凯的一再呈请：“其罪可诛，其才可录”，只好无奈免了刘冠雄的死罪，仅将他“革职”了事。

这道奏折中还奏报了丹麦捞船公司提出的三个条件：

一、“如能将海天船出险……。值银一百五十万两之数，约按三分之一，应给工银费四十七万五千两”。

二、“如……船已毁坏无从下手，应给装运器具来回费银一万二千五百两”。

三、“如……只能设法起捞机器锅炉等件，即将此件发售或公估，所值价银若干应给该公司一半”。

此时的清政府，表现出末日王朝的优柔寡断来，考虑的层面竟然是打捞“海天”舰值不值得，是否合算。“兵轮巨舰，弃之诚属可惜，惟该船入险日久，究竟起捞后能否适用入坞修理需费若干是否合算，该公司既有如不能出险，只能捞起机器锅炉变价一层，是出险与否，该公司亦无把握。若枉费数十万金巨款，仅能变卖机器锅炉，殊觉不值…… .”。惶惑无计的光绪皇帝，只得下旨“著袁世凯悉心通筹，再行核议具奏”。

6 月 18 日，袁世凯又上了第二道奏折，汇报了“核议”结果，打消了光绪的顾虑。

“……不为打捞，则全船尽付洪流，势将一无所得……无论拆卖总售，均不止四十七万余两，除付捞费之外，计尚有余”。

“只将机器锅炉等项变价分给一半，我仍可得一半，较之尽付洪流一无所得者，究属有益”。

“不起则全行沉没，起之尚有希望，收回一分价值，即有一分补救”。

袁世凯甚至以国际声誉作为理由，来说服朝廷，这一招无疑正中光绪皇帝的弱点。“且战舰存没，各国视之极重，但能设法，未便袖手，犹之军队被困，不得不竭力救援。现在设法起捞，非止希冀能有所获，亦便各国之环视者，皆知我于军舰绝非视若无足重轻之物，掷以不甚爱惜之思，其于中国声誉亦有关系。”

冠冕堂皇无懈可击的辩词，清政府自然无法拒绝，随即同意与丹麦公司签订合同，起捞“海天”舰。

但无奈的是，经过一年多的努力，至 1906 年初，丹麦公司也未能救出“海天”舰。中方此前自行打捞起的火炮、鱼雷等器材，约值二十三万余两，丹麦公司只捞起了部分炮位、子弹、器械、舱面等配件。最终付给丹麦公司四万七千两现银和价值七千两的铜铁配件作为打捞费，并付给一万二千五百两作为打捞器械的来回运输费用。至此，“海天”舰终于黯然消失在北鼎星岛畔的海天之间，化作一段令人痛惜的历史。被寄予重振海军期望的“海天”双雄，此后只剩“海圻”舰一艘，孤单地充当着北洋海军的骨干中坚。

作者：周苗〔《海中洲》2014 年第四期〕

“海鹰”折翼

——嵊山武装护渔船被劫事件

中国拥有幅员辽阔的海疆，但历史上的统治者们很少会关注到这片蔚蓝色的国土。“天朝大国”保守狭隘的海洋视野，加剧了“有海无防”的局面。在嵊泗列岛的嵊山就曾发生过这荒唐的一幕，一条叫“海鹰”的武装护渔船，被海盗劫持数日，直至惊动了江浙两省当局的高层。

据相关材料记载，1922年，江苏海州渔业传习所在上海新造一艘“海鹰”号铁壳渔轮。“海鹰”长100尺，宽22尺，45马力，时速8英里，200吨位。这样的配置，与当时传统渔业的木质渔船相比，无疑是非常先进的。1922年9月，“海鹰”渔轮竣工后，当时的江苏省省长韩国钧特别委派省立第一工业学校校长陈有丰到上海负责竣工验收。陈有丰曾留学日本、美国，有着工学硕士的身份，韩省长的这一安排，可见其对“海鹰”的重视程度。

1923年，旅沪浙江渔商公会考虑到每年春汛期间，海盗猖獗，就向国民政府农商部呈请，要求暂借“海鹰”轮从事渔业生产保护，“自阴历三月初五起，至五月初五日止，在江浙海面巡弋，以安渔民”。农商部接到呈请后，韩国钧收到呈请后，同意“海鹰”轮参与护渔。同时，旅沪浙江渔商公会另设护渔委员会，由各船帮委派一人组成，专门负责护渔的各项事宜。“海鹰”轮也在上海的小东门和吴淞的蓬莱公所设立办事处，以方便船商联络接洽。

此后的“海鹰”轮在缉私、征税、护渔、捕盗等方面发挥了作用。

骁勇无敌，“海鹰”轮随后遭到了海盗们的羞辱。这一幕发生在嵊泗列岛的嵊山。当时的嵊山由于渔业资源丰富，吸引了众多的渔民至此捕捞、居住，并逐渐形成了繁盛的市面。1930年2月15日晚上，大批海盗聚集在嵊山洋面，准备伺机攻上嵊山进行劫掠。驻守嵊山的水警和保安团得知这一消息后，据守滩岸，阻止海盗登陆，于是双方开枪攻击。激战到翌日清晨5时左右，海盗们发现出海护渔的“海鹰”轮正在附近，久攻嵊山不下的他们竟然掉转船头，一哄而上把“海鹰”轮团团围住。在几十艘船，上百名海盗的围困中，“海鹰”轮只得放弃抵抗。随后，一百多名海盗登上“海鹰”轮，胁迫船员驾驶“海鹰”轮向东南海域逃窜。而岸上的水警和保安团，只能眼睁睁地看着“海鹰”轮被海盗劫持。唯一能做的就是通过电台，向吴淞水警第四区署汇报，请求派遣舰只出海营救“海鹰”轮。吴淞水警第四区署接到报警后，区长朱秉政急忙派遣第十六队队长徐咏华、游击队队长王庆甫等人率队乘坐“沪汉”舰和几艘巡船出海，到嵊山附近洋面搜索海盗踪迹，营救“海鹰”轮。同时，海鹰轮的上级主管单位江浙渔业事务局局长钟衍庆，分别致电，向财政部、江浙两省政府等汇报情况，请求派遣海军军舰出海协助营救。随后，海军的“勇胜”舰在杨姓舰长的率领下，出海营救。2月21日，“勇胜”舰行驶至岱山鼠狼湖附近，终于发现了“海鹰”轮的踪迹。于是，经过一番激战，海盗被击溃，四散逃亡。随即“勇胜”舰护送着“海鹰”轮抵达岱山，移交当地的渔业部门。至此，“海鹰”被劫持事件告一段落。日后，“海鹰”轮仍行使着护渔的职责，并有多次擒获海盗的记载。

关于这次“海鹰”轮被劫持的原因至今无权威的说法，按照常理，像“海鹰”这样的铁质轮船，即便没有武器的情况下，仅凭坚固的船体就能冲撞开海盗船的重围。但令人费解的是，船上还配备有机关枪、盒子炮等武器十余件，士兵和船员应该也不会少于此数，但为何没有任何抵抗，束手就擒呢？在当时的《申报》上曾披露过一条讯息：“……是日船员多士兵等因事上岸，轮上只留一人看守，被三匪船得知，遂来劫去……”。根据这一资料，“海鹰”被劫事件似乎就不那么费解了。上世纪三十年代的嵊山，渔业的兴旺带来了小镇市面畸形的繁荣，花天酒地，活色生香。这一切对“海鹰”轮上过着枯燥生活的船员和士兵们具有极大的诱惑，于是上岸快活一番就在所难免了。而嵊山小小的弹丸之地，各色人等鱼龙混杂，其中肯定会有些海盗的眼线，于是机密泄露，翱翔的“海鹰”最终成了海盗们的瓮中之鳖。

作者：周苗〔2016 年 10 月 11 日《舟山日报》，略有删节〕

“太平轮”海难事件

民国三十七年十二月廿九（1949 年 1 月 27 日），嵊泗白节山海域发生了震惊中外的“太平轮”海难事件，罹难者近千人。这一历史悲剧影响深远，至今仍受到海内外同胞的关注，被称为“东方的泰坦尼克号事件”。

一

“太平轮”是上海中联轮船公司的豪华客轮。该船由美国制造，1920 年下水，排水量 2490 吨，1946 年以 17 万美元卖给中国。此时来往于台湾海峡两岸，主要运送乘客及货物。1948 年开始，蒋介石有计划地把中国大陆黄金、白银以及大批国家级文物、档案源源运往台湾。“太平轮”此次航行除了黄金、白银、珍宝等，还有更金贵的“蒋介石运台黄金案”的全部秘密档案。时值上海解放前夕，搭乘去台人多，一票难求，一些人用金条换船票，或靠关系才搞到船票。“太平轮”搭载的最后一批乘客共约 1000 人（有船票乘客 508 人、船员 124 人、无票者约 300 人），另载沉重货物，包括 600 吨钢条、《东南日报》印刷器材与白报纸 100 多吨、中央银行重要文件 1000 多箱、国民党档案、迪化街订购的货物等。

太平轮

1949 年 1 月 27 日，（农历除夕前一天）下午 4 时 50 分，“太平轮”起航驶离上海黄浦江，驶往目的地台湾基隆港。夜间航行遵“战时灯火管制令”，没开航行灯。晚间 11 时 45 分，在白节山附近与一艘装有 2700 吨煤炭及木材由基隆出发的“建元”轮相撞。拦腰被撞的“建元”轮立即沉没，船上 74 人有 72 人死亡、2 人获救。“太平轮”发出求救电信后企图冲向附近灯塔搁浅待援，未成。约于 28 日零时 10 分沉没白节山海域（今上海洋山深水港以东，宝钢嵊泗马迹山矿石中转码头正南 2 海里处）。“太平轮”上旅客 800 余人、船员 124 人，除被澳大利亚军舰救起 39 人外，余皆冻溺死难。

二

当时搭乘“太平轮”的乘客中，有不少是达官贵人、富商，许多人是携妻带口、随带着黄金珠宝家财，大搬家式迁徙。此次重大海难给众多家庭及其亲友造成永久的伤痛。

遇难者包括：辽宁省政府前省主席徐箴全家，在海南岛接受日本军队投降的王毅将军，蒋介石奉化姻亲、机要室主任毛庆祥中将的儿子，杭州《东南日报》准备迁台的编辑部人员以及世界著名“神探”李昌钰之父李浩民等。李昌钰是年 11 岁，是李家最小的孩子。李家自此失去主要经济来源，生活陷入困境，李昌钰无力读大学，只好投考不收学杂费且供食宿的警校。

常子春是经营珠宝古董的巨商，曾创建台北市清真寺，早在 1948 年就到台北开业。1948 年底，他认为大陆战乱，而台湾经商前景良好，于是嘱夫人、弟弟售出大陆所有产业，携带珠玉翠宝及金条美钞连同 7 子女共 9 人赴台，不料遇难，亲人财产尽失，常子春后移居美国。著名音乐家、公立南京音乐学院院长吴伯超（世界驰名钢琴家吴漪曼之父）急于赴台湾为学院迁台觅选新址，谁知竟遇海难英年早逝。2004 年，中央音乐学院等 23 单位联合举行作曲家、音乐教育家吴伯超百年诞辰纪念音乐会，吴漪曼应邀到北京与会。台“立法委员会”梁肃戎当年从南京到上海，全家已拿到 1 月 27 日“太平轮”的船票。因刚出生的女儿突发感冒高烧，不得不退掉船票，因而幸免于难。梁肃戎后任台湾“立法”院院长。

船沉后，海上漂泊许多珠宝首饰、佛像牌位、木箱文牍及棉花等，令附近的渔民大吃一惊，急忙上报当地政府。事后，上海法院判决中联轮船公司赔偿，但因当时战乱流离、赔偿金额又属天文数字，“太平轮”的保险是上海华泰保险公司投保，出事后这家保险公司宣布倒闭，因此中联轮船公司只有自负盈亏。中联轮船公司最后结束营运，旗下另外两艘轮船被铁链深锁在高雄港，最后全部烂掉，此事遂不了了之。

三

台湾著名女作家张典婉是苗栗头份人，因不满日本统治压迫欺负，只身到祖国北京求学，曾任驻新加坡、日本领事馆外交官。解放战争时，其父先回台湾。

其母则搭乘出事前一航次的“太平轮”安抵台湾。张典婉曾任记者，交往面广，对“太平轮”海难有较多了解与关注。2004 年，香港凤凰卫视与岛内有关人士合作录制纪录片《寻找太平轮》。张典婉、洪慧真接受委托，在台湾、香港、大陆寻访幸存者和遗属，向各地文史、档案馆搜集文件、报纸等资料。2005 年，该片摄制完成，在台湾“东森电视台”首先播放，引起海峡两岸和香港地区及海外的强烈反响。这也鼓舞了张典婉持续不懈深入采访，经过 5 年的努力耕耘，张典婉力作《太平轮一九四九》2009 年在台北举行新书发布会。

2009 年，由当年罹难旅客和船员亲属及相关人士组成的“太平轮之友会”，决定组团。2010 年春到浙江舟山群岛沉船海域寻踪祭拜，并到普陀山观音圣地举办佛教超度法会。同时，他们会同台湾民意代表、传媒界人士向台湾当局提出两项诉求：

一、1951 年，由国民党元老于右任所题《太平轮遇难旅客纪念碑》，树立在基隆港 16 号码头上，要求当局以此为基础，在基隆扩建纪念园区，为纪念碑加记沉船历史和蒙难者姓名，并由出生在“太平轮”上（海难前一航次）的著名艺术家周舟女士策划制作地景艺术，以便民众前往追思缅怀，以慰长眠深海和历史洪流中的亡灵。

二、1949 年前，内战中由大陆各地近 200 万人赴台，众多外省同胞在台均经受不同的困厄苦难，有都为宝岛台湾繁荣兴盛付出心血贡献。这不仅是中华民族历史上，也是人类历史最大规模的迁徙活动之一。无论对这场大迁徙作何解读，它是台湾及两岸历史无法抹去的一页。因而提请台湾当局将每年1月27日定为法定节日——“大移民纪念日”，以促进族群和谐，消除省籍对立，增强民众凝聚力。

作者：毛德传（中国社会科学院《台湾周刊》2010年第四期）

美间谍迪恩1956年魂断嵊泗浪岗海域

2005年10月，素来对华强硬的美国国防部部长拉姆斯菲尔德在访华时，曾私下向中国方面表示，希望中国帮助寻找一名美国间谍的下落，这位拉氏青年时代的好友于1956年在一场对中国的空中侦察活动中失踪。这个人是谁？为何会让美国国防部长牵挂了50多年之久？

曾与拉氏一起死里逃生，常借拉氏小屋幽会女友

这位神秘人物叫小詹姆斯·B·迪恩，他在大学期间经同乡介绍，与拉姆斯菲尔德成为好友。1954年，他们一起进行飞行训练，迪恩成了拉氏的副驾驶。在拉氏的印象里，当时年仅24岁的迪恩身体强壮，诙谐幽默。拉氏称：“我们总是形影不离，他是我最好的朋友。”

又一次，两人共同驾机训练，飞机离地的一瞬间突然出现异常，迪恩立刻驾机返回机场。发生故障的飞机与地面发生剧烈摩擦，拉氏和迪恩握住操纵杆的手臂几乎因此失去感觉，但最终化险为夷。这次死里逃生的经历让两人的关系更进了一步。

那时，迪恩的女朋友贝弗莉·沙弗经常到基地与他相会。由于迪恩没有房子，所以沙弗一般都会临时住在拉氏家里，拉姆斯菲尔德的小房子成了迪恩和沙弗爱情进展的圣地，直到他们在1956年5月19日结为夫妻。然而迪恩和沙弗的幸福生活被美国的冷战政治打破，当年5月底，迪恩所在的部队移防到日本，小夫妻也一起搬到海军航空站军营。从此以后，拉姆斯菲尔德再也没有见过迪恩。

我战机夜战美侦察机，美间谍魂断浪岗山

迪恩服役的海军第1电子战中队（VQ—1）绰号“全球守望者”，是美国老牌电子侦察部队，他们经常沿中国大陆、苏联及朝鲜海岸线飞行，收集各种电子情报，有时为了诱使对方雷达或其他电子设备开机，飞行员甚至冒着被击落的危险闯入别国领空。

冷战开始后，美国为搜集中国军事情报，处心积虑对大陆纵深进行战略侦察，仅1951～1953年期间，美机侵犯中国领空就达3万多架次，严重威胁中国安全，当时中国空军的主力战机还没有雷达，夜晚拦截时，只能靠地面雷达引导攻击，十分困难。为了寻求更好的侦察效果，美侦察机一般选在明朗的月夜入侵，这倒给中国空军提供了利用劣势装备拦截敌机的机会。

1956年8月22日深夜，一架美国海军P4M—1Q型电子侦察机从台湾新竹机场起飞，偷偷摸摸接近大陆，机上16名成员中就包括迪恩。这架飞机沿着S形路线飞行，擦着中国领海线时进时出，多次闯入中国领海，电子侦察军事设施。让迪恩等人万万没想到的是，他

们的行踪早已落入解放军雷达部队布下的天罗地网，中国飞行员张文逸奉命驾驶歼击机立即起飞拦截。虽然当晚是下弦月，影响飞行员的视线，由于地面雷达精确测定了美机的航向、高度和位置，张文逸很快在舟山附近上空发现目标，美侦察机却毫无察觉，迪恩一行成了瓮中之鳖。

地面上，空4军军长高厚良少将和南京军区空军司令员聂凤智中将也一直注视着雷达荧光屏。由于夜晚难以辨别机徽，再加上雷达探测距离有限，无法准确判断该机到底是从日本、韩国还是台湾飞来的，因此难以判断到底是国民党飞机还是美国飞机。最后首长决定，只要该侦察机再此跨入中国领空就把它坚决消灭。

当这架飞机再一次窜入衢山岛黄泽山上空时，高厚良果断地下令开炮攻击。张文逸驾机在短暂的几十秒钟内连续向美侦察机三次开炮，敌机拖着浓烟拼命地朝公海方向逃去，最后消失在舟山群岛东北部浪岗山附近海域。这是美国海军第1电子战中队在冷战期间的第一批殉葬者。在整个冷战期间，这个中队共有47人丧生，其损失之惨重在美军中相当惊人。

周总理亲自修改新闻稿，解放军逼退美航母舰队

由于空战发生在夜间，中国空军当时未能确认敌机的国别。为避免扩大事态，周总理亲自修改新华社的新闻稿："新华社23日讯：本月23日零时后，在上海东南海面上空发现蒋军飞机一架，窜入我马鞍列岛上空，我空军飞机当即起飞，蒋机继续窜入嵊泗列岛上空，与我机在衢山岛之黄泽山上空遭遇，被我击伤，敌机当即向东南方向逃去。"此文一不提"美机"二字，二点明"遭遇"是在"中国领土上空"，三交代"敌机当即向东南方向逃去"，任美国要什么花样都找不出破绽。

在美国，P4M1Q侦察机在中国领空失踪，立即引起一阵恐慌。8月25日，美国海军第7舰队司令赖德中将率航母战斗群出现在中国东海海域，摆开决战的架势，从3艘航母上起飞的200架飞机密布天空。面对危机，聂凤智命令只派几架正常巡逻的飞机，保持在领空内巡逻，不主动向美军攻击，静观事态变化。面对解放军的严阵以待，美舰队最终灰溜溜逃走了。美国政府也不得不发表声明，承认飞机可能飞越了中国的岛屿，但又诡称中国空军的攻击是"不正当"的，要求中国承担这次事件的责任。这种无理要求立即遭到中国政府的严词拒绝。

为取得美机侵入我国的物证，1957年1月，我海军奉命开到浪岗山海域进行搜索，潜水员先后打捞出发动机、机翼、雷达仪器等飞机残骸。舟山渔民又用渔网捞起两具美军飞行员尸体，由于天气炎热怕尸体腐烂，渔民们将尸体装在大缸里密封，运到上海 ×× 部队。出于人道主义考虑，中方将那两个装尸体的大缸从上海港装上英国商船，海运至美国夏威夷。最后，美军加上自己搜到的两具尸体，得到4具机组成员尸体，包括迪恩在内的其他12名机组成员下落不明。

苦寻间谍好友20载，拉氏不惜擅用国防部长特权

拉姆斯菲尔德对迪恩的失踪一直耿耿于怀，他担任福特总统的国防部长时，开始秘密调查迪恩的下落。当时美中两国刚刚恢复官方交往，福特政府通过外交渠道，希望中国政府透

露关于迪恩和其他失踪机组人员的信息，时任美国国务卿的基辛格在当年备忘录中这样写道：“中国私底下告诉我们，他们没有找到任何尸体，也没有发现任何相关情况。”

20 世纪 90 年代末，应拉姆斯菲尔德的要求，美海军前高级情报官员理查德·海弗再次调查迪恩事件，还是得出悲观的结论：通过分析 P4M1Q 侦察机的残骸可以证明这次坠机的一刹那，飞机是机头入水的，这是“难以让人生还的入水方式”，迪恩生还的概率微乎其微。但中国方面经过细致调查，仍只能给予拉氏这样的回答：“我们没有发现什么。”

作者：佚乐（《文史天地》第 801 页）

与交通有关的中考高考作文题

最早出现：

1977 年，全国高考浙江卷，作文题目《路》。

1977 年，寂落 10 年的高考再度复苏。而这一年的高考题目是《路》，这既代表着青年人面对不同选择的十字路口，也代表着我国社会将发生重大变化。

最哲学：

2005 年，广西中考南宁卷（课改区），作文题目《学会放弃》。

这是一题材料作文题，讲述的是发生在火车上的小故事，以此引申“学会放弃”的主题。

最有法律意识：

2015 年，新课标高考全国卷Ⅰ，作文题目《女儿举报老爸》。

这是一道材料作文题，讲述父亲在高速公路开车时接电话，女儿举报父亲，此时引发热议。要求给女儿、父亲或其他相关方写一封信，阐述个人的看法。

最孤独：

2012 年，高考北京卷，作文题目《火车巡逻员的故事》。

老计一个人工作在大山深处，负责巡视铁路，防止落石、滑坡、倒树危及行车安全，每天要独自行走二十多公里。大山深处的独自巡视，庄重的巡礼，久久回响的汽笛……这一个个场景带给你怎样的感受和思考？

最诗意：

2016 年，四川中考达州卷，作文题目《桥》。

桥有百态，其形象有的长虹卧波、雄伟壮观，有的小巧精致、市井喧嚣；行路过桥的人和桥记录下的日子，则更诗意幽远。要求考生以“桥”为题目写一篇作文。

最国际化：

2017 年，高考全国卷Ⅰ，作文题目《老外眼中的中国关键词》。

据一项对来华留学生的调查，他们较为关注的“中国关键词”有很多，题目中涉及交通的有“共享单车”“高铁”这两个关键词。根据关键词，写一篇文章帮助外国青年读懂中国。

作者：张灵芝（摘自《光明日报》）

第五章 传说 习俗

泗 礁 山

泗礁山在古代称马迹山，其岛形状像匹骏马，马屁股在马关岙。不知哪个朝代，马关岙出了个青年英俊的小后生，名叫马郎。有一天，马郎去海边赶潮，看见一条生得七棱八角浑身披着金鳞的怪鱼搁在浅滩上，一只斑斓大虎从山顶窜下来，眼看就要把那条怪鱼吃了。马郎心地善良，见怪鱼眼泪汪汪，似有哀求之意，于是用鱼叉掷向老虎，把那只老虎赶跑了。那条虎口余生的怪鱼是误潮搁浅的东海龙王。东海龙王为了感谢马郎的救命之恩，把最心爱的小女儿嫁给他作妻子。龙王嫁女了，龙宫里热闹非凡，嫁妆摆满了十里街，珍珠、玛瑙、珊瑚、贝雕自然不说，就说那顶嵌珠镶玉的大花轿，用三千六百九十九颗南海王后所赠的猫儿眼绿珠串成，远看一层碧，近望一轿绿，实为海中之宝。龙王宠爱娇女，出嫁时命“大鱼”在前敲锣打鼓开道，“金鸡”引颈喝道，又派“黄龙”和“五龙”几个龙太子保驾护轿，4 只海老鼠抬着大花轿趁着夜潮涨水，离开龙宫向泗礁岛进发。轿到基湖海湾，突然，那只斑斓大虎从山顶上窜下来，吼向花轿，把 4 只抬轿的海老鼠吓昏了。原来，基湖四脚凉亭有个潭叫老虎潭，里面住着一只大老虎，那一天老虎欲吞怪鱼被马郎赶跑，一直怀恨在心，今晚听说马郎娶亲，便乘机出来报复。俗话说“老鼠怕猫”，老虎似猫，威武更胜于猫。夜色中，高山上突然窜下这么一只大花猫，海老鼠惊恐万分，赶紧身子往下沉，只露出一个鼠头观看海面动静。龙女的花轿停下来不动了，龙女出嫁，半路上是不能停花轿的，这一停可坏事了，一停就停了几千年。马郎站在马关岙海滩上，面朝浪岗，一直盼望花轿到来，盼呀，盼呀……日子长久了，就成了一座石人像。至今，石像依然伫立在礁岩上，人称“马郎礁”。送龙女出嫁的黄龙和五龙想不到半途会发生如此意外，一时也无良策可施，为保护龙女不受损害，他们在附近定居下来，就是现在的黄龙岛和五龙。敲锣打鼓的大鱼和喝道的金鸡在轿子前头，不知后面发生的事，见花轿迟迟不来，就在金鸡岛上歇脚，日后化为两个岙口，一个叫大鱼岙，一个叫金鸡岙。

现在人们在基湖沙滩能看到海湾里几块造型奇特的礁岛，其中一块礁像顶花轿，叫花轿礁；有 4 块老鼠形的小礁岩，只露出鼠头和拱起的背脊，叫海老鼠礁。

张 其 岛

传说很久以前，沿海一带实行海禁，不分男女老幼必须一律迁到大陆内地居住。官兵们日日夜夜赶，家家户户查，搞得海岛鸡飞狗跳，哭声连天。大批岛民迫于朝廷压力，不得不打理行装，携儿带女，挑箩挟担，背井离乡，跟随官兵乘船迁移。

传说有个名叫姜七的青年，他凭着身强力壮和一身好水性，早在官兵动手之前就偷偷做了充分的准备。在一个伸手不见五指的夜晚，带着他心爱的妻子毅然弃岛而走，靠着一支大毛竹的浮力，顺潮水漂流，飘到一座无名岛，他们夫妻俩以野萝卜、葛藤球等野菜充饥，在无名岛上扎根落户，艰难度日。

时间一晃就20来年过去了，他们苍老了许多。生活艰难，衣衫褴褛，他们似乎毫不在意，在意的倒是年近半百，膝下却无一男半女。于是他们早上起来，对着太阳升起的方向跪拜，祈求老天爷能赐给他们夫妻俩一男半女以了却心愿。夫妻俩坚持跪拜，终于有一天被路过无名岛上空的观音菩萨看见了，于是大发慈悲，设法让姜七的妻子怀了孕，并嘱咐麒麟等到正月初七让婴儿出生。

自从妻子怀了孕，姜七更是对妻子关爱备至，家事里里外外都自己做，不让妻子沾手，还经常到海礁上采些牡蛎、贻贝做汤，给妻子滋补身子。姜七的妻子在丈夫的精心照料下，肚子一天天大了起来。

姜七夫妇自从来到无名岛上，只知日出而作，日落而息，哪知过年过月？外界的事情也全然无知。忽然有一日，麒麟脚踏火轮至无名岛，对姜七夫妇说观音菩萨今命我前来送子，恭喜恭喜。正说着，姜妻突然肚子剧痛，是顺产征兆。麒麟想人家生育不便久留，还是先回去吧。没等麒麟告辞，忽听火神爷在空中喝道："大胆麒麟，还不快把火轮缴来。"麒麟一听，坏了，今天是送火神爷的日子，凡是火种一律由火神爷收回，火轮被收，就难回天庭。于是，麒麟不顾一切，冲向无名岛山嘴，可是晚了，火轮已被火神爷收去。麒麟没有火轮，顿时失去功力，一头撞在无名岛的石峰上。石峰轰然倒下一大堆，巨大的岩石重重地把麒麟压在底下。火神爷一看，闯下了人命关天的大祸，连忙下来救麒麟。此时麒麟正奄奄一息，但心里仍记挂姜七的妻子是不是顺产了，用极度微弱的声音连声喊两声"姜妻……姜妻……"，便咽气了。火神爷听麒麟喊"姜妻"，以为这个岛叫"张其"，回去后禀告观音菩萨，麒麟在张其遇难了。从此，无名岛就称为张其岛。张其岛上有龙华桩礁，那是麒麟的角。

野 猫 洞

野猫洞在安基岛上。传说很早以前，有一位老尼姑在安基岛上定居，在岛上建造一座小庵，设神龛供奉南海观世音菩萨。尽管岛上人烟稀少，与外界基本隔绝，却是修身养性的好去处。那老尼一生无忧无虑无烦恼，虔诚烧香，拜佛诵经，虽年过六旬，但依然红粉雪白，体态婀娜，风姿犹存犹如青春少妇。老尼除诵经拜佛外，还开荒种些蔬菜、土豆、番薯等作物，以维持生计。

一日，老尼正在地里耕作，忽见空中从远处飞来一只五彩鸟，停在她的脚跟傍，只见五彩鸟"咯咯"几声，从嘴里吐出颗青豆大的、圆圆的核，然后用嘴啄啄泥土便飞走了。老尼弄不清这是什么核，但猜想是吉祥鸟，这颗核一定很珍稀，不可随便乱种。老尼选来选去，决定把这颗核种在安基岛西南山坳里的一个山洞边，那洞中泉水甘甜，洞外阳光充足，是栽树育苗的好地方，树苗长高后，老尼才认出是杨梅树。经过5年培育，杨梅树年年开花结果，结出的杨梅颗颗有核桃那么大，乌黑锃亮水汪汪，甜蜜无比。因为杨梅树长在山洞边，久后，那山洞便称为杨梅洞。

清朝光绪年间，嵊泗东部沿海岛屿乌贼旺发，衢山、岱山、宁波等地渔民纷至沓来，消息还传到温州一带，平阳、乐清、瑞安等地渔民也纷纷带着拔浆船、乌贼笼，举家北上来安基、壁下落户，搭草厂、垒灶头从事乌贼捕捞。杨梅洞旁更是人丁兴旺，厂连草厂，灶头碰灶头，简直是无路无缝，连杨梅树也难逃厄运。

由于温州人大量涌入安基、壁下，形成了讲温州方言的群体。温州话与嵊泗话不同，如“杨梅”，温州话的语音为“野蛮”。嵊泗人根据“野蛮”的语音，用文字表达为“野猫”，“杨梅洞”也成为“野猫洞”。

大戢山和小戢山

戚继光的两个儿子率兵到东海抵御倭寇。戚继光的大儿子长得高大魁梧，大家叫他大戚；小儿子长得端庄秀丽，人们叫他小戚。兄弟俩杀敌都很骁勇，倭寇一听到戚家兄弟的名字，就吓得发抖。一天，小戚带着战船出海巡逻，碰到一小股倭寇，小戚把红旗一挥，战船就“呼呼呼”扑了上去，不一会，其他战船渐渐落后了。杀呀杀呀，小戚杀到嵊泗洋面，忽然来了大批倭船，把戚家船围住了，小戚中了计。

大戚得到消息，一边派人给戚继光送信，一边跳上一只小舢板，飞快地划着木浆木撸，带领戚家军，箭一般赶来，倭寇碰到他，纷纷落水。大戚杀进包围圈，跳上小戚的战船，大戚和小戚两条打不烂、杀不败、当当响的汉子，挥舞着两把寒光闪闪的宝剑，遇人头落，碰船板碎，刀来刀断，枪来枪折，箭不能入，盾不能当，直杀得倭寇像烂田里的癞蛤蟆一样，咕咕直叫。

倭寇一见硬的不灵，就来软的。他们朝戚家船喊话“你们，大大的被包围。抵抗，死啦死啦地。投降，吆西吆西……”不管倭寇怎样狂喊，大戚小戚就是不停地杀！杀！杀！倭寇见软的也不行，就狗急跳墙，拿出49门猪娘炮，“轰隆隆，轰隆隆”，打了九九八十一炮。戚家船中了炮弹，其他兄弟也受了重伤。小戚嘴里淌着血水，屹立船头，两眼像电光；大戚咬着嘴唇，握着利剑，倾听大海的呼啸声。一阵震耳的螺号声从海面传来，戚继光率领的船队从远处疾驶而来。就在这时，“轰——”又一排炮弹飞来，戚家船被打沉了，戚家兄弟手举宝剑，呼喊着跳下海去。一霎时波涛汹涌风吼海啸，十丈浪头象开口狮子，吞没了九九八十一只倭寇船。

不久，在一个大雾天，潮急风猛，倭寇又偷偷摸摸来到嵊泗洋面。隐隐约约地看见左侧有无数篷帆影，好像是戚家军朝他们杀来。倭寇慌了，连忙开炮，“轰隆隆，轰隆隆”，从三更打到五更，炮弹打尽了，戚家军仍然不动。天亮了，大雾散去，倭寇往前一瞧，大吃一惊，原来他们打了一夜竟是一块礁，礁附近还有两座新冒出海面的山头。这时四面螺号齐鸣，篷帆遮天，戚继光布下天罗地网，把倭寇杀得干干净净。

那座礁后来被人们叫篷礁。人们传说，篷礁是戚家船的化身，附近两座山是戚家兄弟，大戚山和小戚山。由于嵊泗方言“戚”和“戢”两字同音，于是就叫“大戢山”和“小戢山”。

造船习俗

船舶是海岛居民不可缺少的生产和交通工具，造新船称“打船”，打船非常隆重，有一系列讲究的程序，自古来成了一种习俗。

祭龙王。打船前，要举行祭祀龙王的仪式，祭祀时间要合着龙（辰）时，即上午7时至9时；祭祀地点设在临潮口的海滩上或在龙王庙庙外，传说海滩造船，有潮神菩萨保佑，庙外造船，有庙神菩萨保佑。祭龙王前，船主人要沐浴净身，穿戴一新；在造船场上摆一张八仙桌，桌上供“素三牲”（六盘素菜、六盘糕、二盘馒头二盘枣）、二支红烛、三炷香、十二只酒杯（不放筷子），祭龙王开始，船主点香、燃烛、敬酒、放鞭炮，随后跪拜。祈祷海龙王保佑“木龙”（新船的敬称）顺利降世，乘风破浪，汛讯平安。

安装船眼睛。船头两边装有两只炯炯有神的眼睛，称船眼睛，也称龙眼。船体结构大致打造完成后，在船头上安装一块称“金头”的横木，“金木”两侧安置两只船眼。船眼用上好的硬木精制，形状为扁平半球形，眼珠凸出朝下，船眼外圈涂上白漆表示眼白，内侧涂上黑漆表示眼珠，显示船眼活灵活现，栩栩如生。安装船眼要选一个吉利日子，这个日子必须与船主的生肖、“八字”相合；船眼安装时间必须在辰时（上午7时至9时）或海水涨潮时；把船眼安装在船角下首两侧，叫“定彩”，定彩时间按金、木、水、火、土五行，用五色丝线扎在钉船眼的银钉子上，由船主将它嵌在船头，然后用新的红丝绸布蒙住，俗称：“封眼”；新船下海，在一片热闹的锣鼓鞭炮声中，船主亲自把封眼的红绸布揭下，称“启眼”。龙眼启封，龙目闪光，新造的“木龙”神气活现地遨游大海。

安装船魂灵，或称水魂灵。在一小块木头上挖个圆形小孔，小孔内放入铜钱、铜板、银圆等，也有用妇女的头发、手帕之类缚在铜钱上一起放入小孔，然后把小孔密封，小孔内物品象征船魂灵，新船骨架搭成后，把安放船魂灵的一小块木头安装在新船的水舱梁头上。安装时，船主人用鱼、肉、糕点等供品祭船魂灵，以求吉兆。其中还有许多讲究，如钉小木头的钉要用铜钉或银钉，不能用铁钉，因水舱储水，铁钉易锈不吉利；铜或银能驱邪镇妖。

设神龛或神舱。神龛内供船官老爷或船菩萨，船官老爷以三国时期的关云长为原型，船菩萨以宋朝淑女寇承女或天妃林默娘为原型。船官老爷或船菩萨两侧有小神，左称顺风耳，右称千里眼。新船设神龛，祈求船官老爷保佑新船平安、丰收。

船饰。新船描红漆绿，船头、船尾、船舷两侧、船壁、挡板等处绘有图画、图案。画面内容丰富广泛，有足踏莲台的南海观世音菩萨、鳌鱼顶乾坤、哪吒闹海、孙悟空拜观音、二龙抢珠、二龙戏珠及关羽、岳飞、杨家将、武松等神话和历史英雄人物。新船船首、船尾、船舱、桅杆等各部位的漆色均有俗定的规矩。

新船打造完毕后下海，称“木龙赴水”，除敲锣打鼓，鸣放鞭炮外，船主还要站在船头抛

“新船馒头”，馒头抛得越高越远越好。船主边抛馒头边唱“木龙”歌谣：

新造木龙闯大海，八路神仙护航来。

寅时开插卯时发，一网装重双满载。

一双馒头抛过来，二龙随船赴大海。

青龙船上保太平，黄龙护船顺风开。

船主抛馒头后，就在船上办一席酒宴，先谢船神、海龙王，然后和船员及打船师傅共饮“新船酒”。开宴前，先取少许菜肴连同一杯酒倒入海中，意寓让海龙王先尝第一口。

木帆船上的十二生肖

早先海岛的木帆船上各重要部位，都有特定的重要用途，为记住这些部位，用十二生肖为其命名。

鼠　老鼠角——船头的两只角

牛　牛头肖——用来固定桅杆舱面部位的长肖

虎　老虎猛——把锚缉抛入海中后，在船上将锚缉固定牢的一根木棍

兔　兔地樘——在桅杆最下面起固定桅脚作用

龙　龙王桩——船头两只角中间的两根木桩，能控制住锚缉不让左右滑动

蛇　蛇皮稍——附在篷的撑篷杆子上的绳子，能使帆篷伸缩卷曲

马　马鞍卧——在壁壳边，桅放下时搁桅的物件

羊　羊角栿——在船中舱两边，放网时用来拴梗或拴绳索

猴　猢孙头（“猴”的嵊泗方言）——固定于桅杆，不让桅杆晃动

鸡　雄鸡——在船屁股用来固定舵

狗　勾头（狗头）——在桅杆顶端的滑轮，用来升篷帆

猪　橹垫柱（“柱”与“猪”谐音）——船屁股左侧能让橹左右摇动的橹心子

船上忌讳

忌船头撒尿（对船老爷不敬）

忌妇女上船，尤其跨船头（冲犯船关老爷）

忌在船上说不吉利的话（亵渎船关老爷）

忌七男一女乘船（意为“八仙过海”曾与海龙王交恶，防海龙王错当成“八仙”不吉利，要翻船）

忌在船上双脚伸出船舷（以免被水鬼拖走）

忌饭后筷子放在空碗上（船搁浅的意思）

忌吃饭时羹匙、酒杯、碗翻放（意为翻船）

忌吃饭时盘中鱼翻身(意为翻船)
忌在船上吹口哨(以免引浪招风)
忌在船上讲“碰石岩”“碰滩横”等不吉利的话

第六章　诗歌　谚语

苏　州　洋

宋·文天祥

一叶飘摇扬子江,白云尽处是苏洋。
便如伍子当年苦,只少行头宝剑装。

誓师海上二首

明·尹伊

一

一片朱旗十里戈,艨艟为鹤复为鹅。
天吴也奉中军令,敛却鲸鲵不敢波。

二

诸岛烟消水色清,三门棋布亚夫营。
莫愁百雉非天险,灵气常看海筑城。
注:尹伊,明万历苏松兵备道。

誓师海上

明·尹伊

一望滔天东海湾,全凭貔虎扼雄关。
午潮西上三千尺,战舰高于马迹山。

重到羊山忆旧与定西侯维舟于此

明·张苍水

海国天空一柱撑，重过画鹢似逢迎。
双牙旧忆联翩驻，八翼新看跳荡行。
化去鸾旗难入梦，分来龙剑尚孤鸣。
羊山亦有羊公泪，片石应同岘首情。

滃　州

清·林时跃

滃州天堑隔蛟门，浪里行朝万艘屯。
马浦横洋秋汐险，羊山孤岛黑云昏。
一帆幸脱厓门惨，万骨都沉出窟瑰。
指点扶桑日出处，兴亡难与昔时论。

巡　洋

清·陈天培

薄海晴空画角鸣，艨艟队队列旄旌。
金戈日耀山根岙，铁甲云屯水面城。
雕鹗风高迎箭镞，鱼龙浪静肃军声。
太平安敢忘边计，横槊题诗曰治兵。

注：陈天培，清雍正崇明总兵。

海天浴日二首

一

清·沈龙翔

飞乌暂不停，阳精热苦毒。
东海正清凉，昼夜时一浴。

二

清·吴标

瀛洲东去是扶桑，夜半先腾万里光。
巨掌拍浮应夸父，铭盘藻洁想商汤。
幽都何用龙衔照，眇目宁须扪烛方。
漫说秦观泰山顶，请来崇海看朝阳。

注：1. 沈龙翔，字默，清雍正崇明教谕。
2. 吴标，清康熙进士。
3. 海天浴日，瀛洲十二景之一。清雍正《崇明县志》："五更登高望东洋日出，不减泰岱奇观。"

洋山耸翠五首

一

清·沈龙翔

在洋山名洋，在山翠如被。
翠峰晴矗空，何不名洋翠。

二

清·胡骥

泽国衍平野，四顾少屏蔽。
惊涛涌嵯峨，出没隐天际。
黛色远更浓，盈盈入遥霁。
对此苍茫间，时为豁双睇。

三

清·金本任

矗空海峤孤，风净烟云蔽。
潮气湿浮光，岧嶢落天际。

仿佛三神山，苍翠明初霁。
临风隔一尘，仰首得遥睇。

四

清·施大智

谁将黛色浮东海，云水中央岛屿深。
共指晴霞拂青嶂，尽妆烟霭结春林。
槎游未卜明庭使，柯烂能无紫府心。
胜却蓬壶寻不到，欲从碑兀豁幽襟。

五

明·张世臣

缥缈壶天镜欲平，苍龙突兀向中横。
山根落处流空翠，石磴飞来掩太清。
势压群峰惊逸兕，气蒸五岳吸长鲸。
遥瞻陡起乘槎兴，为作江南一柱青。

注：1. 洋山耸翠：瀛洲（崇明）十二景之一。清雍正《崇明县志》云："洋山耸翠，高家廖角二嘴之外洋，即大洋山。为会哨之所。"
2. 沈龙翔，字默，清雍正崇明教谕。
3. 胡骥，山阴人。
4. 金本任，字莘斋，长洲人。
5. 施大智，字成之，清康熙举人。
6. 张世臣，明代万历年崇明县的知县。此诗收录在清代出版的《百城烟水》崇明卷中，所以作者曾被误认为是清代人。

渔　洋

清·郎镜涵

蜃楼海市总虚悬，岂若洋山人海阗。
闻说今年渔汛好，畅销行市是冰鲜。

小 洋 山

清·姚承绪

海外郁嵯峨，万象豁屏蔽。
闻说山多羊，叱石出岩际。
巡洋大府来，登陟趁晴霁。
四顾碧天空，寰海供一睇。

马 迹 山

清·姚承绪

序：马迹山，在小洋山东北，渔人多渔于此。田腴可耕，旧有民人居之。国朝康熙间，总兵穆廷栻恐萑苻潜匿，各遣还乡，焚其庐舍。

古瀛环海多名山，就中马迹尤孱颜。
凌波万顷荡空碧，排云次第梳烟鬟。
渔人散网踞山麓，鸣榔击榜歌鱼蛮。
地广沃野近千里，惜无土著成市阛。
跳梁小丑萃渊薮，海氛何以清奸顽。
穆公靖海先靖寇，搜山各遣乡民还。
焚庐虽烈不为害，绿林无警山云闲。
四时会哨经此地，弓衣小队时登攀。

乍浦竹枝词

清·林中麟

五月腥风少妇愁，今年渔税未曾抽。
劝郎箄竹频添置，捕网多张出斗牛。

注：摘自清乾隆《乍浦志》。斗牛，即斗牛山，今滩浒境内之对口山。该岛近旁海域，明清时为繁盛的张网渔场。

乍浦竹枝词

清·沈季友

小洋山后大洋山，郎舶知停第几湾。
好与潴宫还归浦，乘潮重到圣塘关。

注：摘自清乾隆《乍浦志》。沈季友，字客子，平湖人。

题护龙宫

清·张菊香

黄陇岗上护龙宫，当年建立董家翁。
划分两省归江浙，南北交通避雨风。

注：1. 张菊香，清末秀才，黄龙私塾，岱山人。
2. 护龙宫，又称石宫，位于黄龙南港山腰，原是座凉亭，由黄龙老人改建为宫。

过花脑山有感

清·王之春

吴淞出口水苍茫，花脑[1]山前夕阳黄。
使者咸称张博望[2]，将军谁是戚南塘[3]。
西来大意非观海，东国殊风敢擅场。
我欲访寻徐福后，二千年里说沧桑。

注：1. 花脑即花鸟。
2. 张博望即张骞。
3. 戚南塘即戚继光。

飞定海放舟嵊泗

民国·丁治磐

便作飞仙侣，倏然不可留。
摩天云欲响，拂日火如流。
仆仆风尘外，依依沧海头。
碧虚容去鸟，局促又孤舟。

注：丁治磐，江苏省东海县人，1948年任江苏省政府主席。1950年初，江苏省政府退守嵊泗枸杞岛，嵊泗解放前夕，离嵊泗去台湾。

海山谣

大戢山：大戢一只狗，吴淞抓到手。
三礁江：老大好当，三礁江难闯。
灌门：老大好做，灌门难过。
花鸟：胡须鬓白，难识花鸟港水法。
衢山：衢东潮水反过西，鼠浪转回竹厂基。
金塘山：乍浦老大勿用学，沥港开船朝西北。
五龙：五龙对面是黄龙，六井嘴潭潮水汹。

谚 语

东风浪涌大如山，调转西风雨打弹。
东风打雨不回洋，西风挫转喊爹娘。
一日北风三日晴，三日南风雨淋淋。
夏至西南风，连日雨蒙蒙。
海上起漫涌，必定有大风。
六七月里吹北风，一两日内有台风。
东北风，雨太公；东南风，燥烘烘。
一朝南风一朝暴，三朝南风狗钻灶。
清明断雪，谷雨断霜。清明要明，谷雨要雨。
冷冷三九，热热高秋。

夜虹有雨，早虹有风。
天上鱼鳞斑，晒鲞勿用翻。
天起黄云，必有猛风。
云势像鱼鳞，明朝风不轻。
今朝花花云，明朝晒煞人。
小暑一声雷，翻转重做霉。
重阳大雨一冬冰，重阳无雨一冬晴。
日落西山半天红，勿是雨来就是风。
日落西山一点红，半夜起来搭雨篷。
早看东、夜看西，天上飞云必有雨。
二更上云三更开，三更上云雨就来。
春雾雨，夏雾热，秋雾风，冬雾雪。
立秋晴，一秋晴；立秋雨，一秋雨。
春雨带入梅，饿煞英雄好汉。
雷响惊蛰前，七七四十九日不见天。
海鸥飞进岙，早晚要打暴。
日晕三更雨，月晕午时风。
海冒猪头云，无雨即起风。
大旱勿过七月半。

暴期口诀

正月十三上灯暴。
正月十八落灯暴。
二月初二土地暴。
二月十九观音暴。
二月廿四癞司出洞暴。
三月廿三娘娘暴。
九月初九重阳暴。
十月十五三官暴。
十月廿三沙和尚过江暴。
十月三十犁星落地暴。
十二月初五乌龟暴。
十二月廿四掸尘暴。

潮水口诀

初一月半昼过平，潮水落出吃点心。

初二、十六，早北晏北。

初三、十七，潮涨日出。

初四、十七起更爬。

初五、二十潮，早晏落半潮。

初八、廿三三平潮，早涨夜落昼涨平。

初九、廿四，早夜南水。

初十、廿五昼着底。

十七、八，爬山划。

十八、九，坐灯收。

二十盛盛，月上二更。

廿一难算，月上二更半。

廿五、六，潮涨早饭熟。

廿七、十二鸡啼涨，潮到埠头大天亮。

廿九、十四潮水旺，网膛扯开剩根纲。

上半个月月催潮，下半个月潮催月。

编后记

登高攀援上，回首最惊心。

《嵊泗交通港航志》成稿成书，付梓出版，编撰者感慨良多，别有一番滋味在心头。这一项交通文化工程的竣工，是嵊泗县交通运输局、舟山市港航管理局嵊泗分局几届领导班子的领导、关心、支持，接力传承的结果，更是我们第三任编撰者不厌其烦、锲而不舍、觅食般地搜集资料，反复修改，克服种种困难取得的辛劳结晶。

早在2007年，局领导决定重修《嵊泗交通志》，曾先后两次外聘人员，组织编撰班子。然费时耗财一阵子后，均告夭折，胎死腹中，不见只字片稿，毫无收获。可见难度之大。

局领导班子矢志不渝。2014年初，时任中共嵊泗县交通局党委书记、局长钱海彬，提交党委会讨论并通过，决定再启重修《嵊泗交通志》，由时任局党委副书记郑志维、原副局长潘明具体负责，重新组织新的编辑班子。两位领导慎重物色、挑选，敲定5名人员。挨到7月，原定5名编撰人员到位4名。4人就4人分工，并立即拟定《纲目初稿》。经市局和县局编委领导及编审专家们研讨通过，工作进入搜集、查找资料阶段。不久1名编辑因故离职，3人只好又重新分工，各自加大工作量，继续工作。坚持前行期间，先后数次到马迹山港，洋山深水港，上海松江交通局、档案局，崇明县交通局、档案局，舟山市档案局、嵊泗县档案局，嵊泗商检局，嵊泗海关，嵊泗海事处、嵊泗边检站、嵊泗口岸办及舟山民航管理局等部门和单位查阅、搜集资料。得到同仁们有力支持。但由于行政隶属关系不同等原因，诸如上海宝钢马迹山码头和上海洋山深水港的资料收集难度很大，让编撰者们吃足了苦头。想方设法，数次迂回侧入，找寻、沟通，采用不同途径，拜托、依靠各方面相关人物，集腋成裘，终于获得所需的珍贵资料。

因时制宜，与时俱进。经编审专家和编委领导研究决定，重修交通志定名为《嵊泗交通港航志》。

编撰人员穿梭往来于局属各科室、各站点、各港口企业、航运企业，反复查找资料，核实数据；包括到老局长汤昌耀、顾宽信、邵德士及原客运站站长杨忠根、王信友等老同志处，获取大量珍贵资料信息。至2015年4月，收集资料达到300多万字．经筛选、核实，开始编写资料长篇稿。同时继续核对、补充有关数据。

2016年，局领导班子调整，以王伟波为局长的新领导班子，一如既往地关心和支持编撰工作。分管领导、编委会常务副主任吴汉平把编撰《嵊泗交通港航志》工作视作大事要事来抓。新领导班子的高度重视，接力传承，更调动了编撰人员的积极性。编撰者为采集资料，四处奔波，不耻下问，恭敬拜访，充满艰辛。但看到资料日益丰厚，志稿日臻完美，便乐而忘忧，内心喜悦，童趣由衷。

是年12月，形成资料长篇稿150多万字。

2017年初，在编审和专家们审改、辅导下形成初稿，并及时送省交通厅编撰办审阅，得到省厅的指导和鼓励。是年8月，邀请部分专家到嵊泗初审和复审初稿。包括调整纲目、结构，改设8篇为9篇。内容上更突出嵊泗港口建设，并相应补充、修改、完善。形成100多万字的“终审稿”。

2018年3月，通过省市县专家组的评审验收。送出版社按国家正式出版物标准审改出版。

嵊泗县交通运输局、舟山市港航管理局嵊泗分局新领导班子，高瞻远瞩的文化自信理念，为《嵊泗交通港航志》顺利按时出版奠定了政治基础，为编撰者依法修志、开门修志、众人合力修志指明了政治方向。

众人修志，众手成志，是社会主义一代新方志的基本特征。值此机会，我们要向为此大力给以支持的各部门、各单位和提供各种文字资料、口述资料、照片图集的热心人们，表示崇高敬意和深切谢忱。

由于编者水平有限，时间紧迫，仅在短促时间里就按原计划期限成稿成书，虽具效率，难免有疏漏、不当谬误之处，敬请阅者赐教匡正。

编者

2018年3月

索　　引

人名索引

（按姓氏笔画顺序排列，不收录“大事记”和“丛录”中人名）

七画

八画

九画

海域环境索引

（按笔画顺序排列）

航道、水道

岛 屿

(按笔画顺序排列)

灯塔、灯桩

（按笔画顺序排列）

港区、港口、码头

（按笔画顺序排列）

公路、桥梁、隧道

（按笔画顺序排列）

船　舶

（按笔画顺序排列）

货　船

（载重量1000吨以下的散货船不收录）

表格索引

(按表格顺序排列。表号首位数为篇,二位数为章,三、四位数为表序)

插 图 索 引

(按插图顺序排列,包括照片、地图、示意图,不收录“丛录”中插图)

《嵊泗交通港航志（送审稿）》评审专家组成员

组　长：周永富

副组长：章新亚

成　员：龚烈沸　方长生　贲可斌　方交良　李世庭　解永绥　徐瑞兴　周　苗　彭宪初

《嵊泗交通港航志（送审稿）》终审意见

2018 年 3 月 23 日，在舟山财富君庭大酒店召开了《嵊泗交通港航志（送审稿）》终审会。会议认为，编撰《嵊泗交通港航志》符合国务院《地方志工作条例》，指导思想明确，机构组织健全，程序合法，操作规范。志书体例完备，结构合理，资料翔实，文字流畅。具有时代特色、海岛地方特色、交通行业特色。彰盛事，志伟绩，展示经验教训，反映客观规律。在嵊泗交通发展史上具有重要史料价值 .

专家组在肯定《嵊泗交通港航志（送审稿）》的基础上，也提出了志稿尚存在的一些问题和修改意见。希望《嵊泗交通港航志》编委会分类整理，查漏补缺，继续修改完善，形成定稿。早日付梓出版。

专家组成员（签名）

撰稿及提供文字、照片、口述资料人员名单

（以姓氏笔画为序）

丁治磐	马　驰	王　东	王　斌	王　辉	王虎龙	王历历	王群燕	王萍菊
王信友	王宜康	毛德传	毛佳妮	毛定飞	车志刚	车　磊	方　丹	冯身达
朱志清	江银福	孙志超	孙海平	孙红艳	孙菊青	孙信祥	孙利吉	孙平宽
孙旭敏	刘亚岳	刘燕琴	刘昌明	刘菲菲	吕士振	任水国	汤昌耀	戎永法
李国忠	李存华	李沪萍	佚　乐	忻永恩	应启新	应霞薇	何志国	杨忠根
杨红萍	杨　英	邬晓东	张信久	张跃平	张亚龙	张莉妍	张灵芝	陈善英
陈银章	陈慧子	陈盛燕	邵德士	邵正元	吴满祥	郑　红	郑书怡	郑燕芬
郑海东	郑国忠	郑秀才	陆燕君	陆群伟	金　霞	金亚芬	金　波	周　益
周健嵊	周银琴	周　苗	周　军	周江瑜	范　峥	赵　捷	俞忠义	俞展伟
胡青云	贺才学	姜祥安	夏明芸	顾宽信	徐　运	徐海东	徐　磊	徐　超
唐志芳	钱银萍	郭　华	陶仲贤	陶烨明	章　啸	龚燮明	曾国军	韩雪年
韩富杰	董晨波	董叶浩	鲍国钢	蔡立恒				

图书在版编目（C I P）数据

嵊泗交通港航志 / 嵊泗县交通运输局，舟山市港航管理局嵊泗分局编.
—北京：方志出版社，2018.3
ISBN 978-7-5144-3035-6

Ⅰ.①嵊… Ⅱ.①嵊… ②舟… Ⅲ.①交通运输业—概况—嵊泗县
Ⅳ.①F 512.755.4

中国版本图书馆CIP数据核字（2018）第059251号

嵊泗交通港航志

编　　者：嵊泗县交通运输局　舟山市港航管理局嵊泗分局
责任编辑：李志瑜
出 版 人：冀祥德
出 版 者：方志出版社
地址　北京市朝阳区潘家园东里9号（国家方志馆4层）
邮编　100021
网址　http://www.fzph.org
发　　行：方志出版社图书经销中心
电话（010）67110500
经　　销：各地新华书店
印　　刷：舟山市定海同润图文印刷中心
开　　本：889 × 1194　1/16
印　　张：34
字　　数：724千字
版　　次：2018年3月第1版　2018年3月第1次印刷
印　　次：0001 ~ 1500册
ISBN 978-7-5144-3035-6　定价：200.00元